U0922506

南昌统计年鉴

NAN CHANG STATISTICAL YEARBOOK

2014

(总第 20 期)

中国统计出版社
China Statistics Press

图书在版编目(CIP)数据

南昌统计年鉴. 2014/南昌市统计局——北京
中国统计出版社, 2014.09
ISBN 978-7-5037-7214-6
Ⅰ. ①南… Ⅱ. ①南… ②国… Ⅲ. ①统计资料–南昌市–2014–年鉴 Ⅳ. ①C832.561-54
中国版本图书馆 CIP 数据核字(2014)第 186578 号

南昌统计年鉴——2014

作　　者/南昌市统计局
责任编辑/陈越月
责任校对/许卫群　熊泽荣
出版发行/中国统计出版社
通信地址/北京市丰台区西三环南路甲 6 号
邮　　编/100073
电　　话/邮购(010)63376909　书店(010)68783171
网　　址/http://csp.stats.gov.cn
印　　刷/江西宏达彩印有限公司
经　　销/新华书店
开　　本/889×1194 毫米　1/16
字　　数/980 千字
印　　张/32
印　　数/1-400 册
版　　别/2014 年 09 月第 1 版
版　　次/2014 年 09 月第 1 次印刷
书　　号/ISBN 978-7-5037-7214-6
定　　价/400.00 元

《南昌统计年鉴—2014》

编 者 说 明

一、《南昌统计年鉴 -2014》是一部按年连续出版的大型统计资料书。真实记录了2013年南昌的经济和社会各方面的发展变化,以及历史重要年份和改革开放以来的主要统计数据。

二、全书内容分为17个篇目:1.综合;2.人口·劳动力;3.人民生活;4.物价;5.固定资产投资;6.城市公用事业;7外贸和旅游;8.财政·金融;9.农业;10.工业;11.建筑业;12.运输和邮电;13.国内贸易;14.房地产;15.科技·教育·文化;16.卫生·体育·其他;17.附录,在附录部分收集了2013年国家和江西省统计公报,全国各省(市区)、省会城市和江西省各设区市主要经济指标及2013年南昌市统计局工作大事记。为便于读者正确使用资料,每个篇章后面附有主要统计指标解释。

三、本年鉴总量指标计算所采用的价格除注明外均为当年价格。

四、本年鉴资料主要来自年度统计报表,一部分来自抽样调查。

五、本年鉴部分数据合计数或相对数由于单位取舍不同产生的计算误差均未作机械调整。

六、本年鉴表中的符号使用说明:"空格"表示该项统计数据不详或无该项数据;"#"表示其中项。

七、读者在使用历史资料时,凡与本年鉴有出入的,均以本年鉴为准。

八、《年鉴》公开出版以来,受到了广大读者的关心和支持,对此我们深表谢意。欢迎读者对年鉴内容、编排等方面提出宝贵意见,帮助我们进一步提高编辑水平,更好地为读者服务。

中共江西省委常委、常务副省长莫建成（右四）等领导视察
南昌市第三次经济普查登记启动工作

2013年11月南昌市市委副书记、市长郭安会见
江西省统计局局长王建农

2013年12月江西省统计局局长王建农（右二）到南昌市调研
第三次经济普查工作，市政府常务副市长张鸿星（右一）参加

2013年11月江西省统计系统经济形势分析现场会在南昌召开，南昌市市长郭安（右三），常务副市长张鸿星（右二)出席

2013年11月江西省统计局局长王建农(右三)及全省统计系统干部实地考察南昌地铁项目

2013年6月江西省统计局局长王建农巡视南昌市统计从业资格考试工作

2013年12月江西省统计局巡视员彭师怀（左二）一行在南昌市参加“送法律进园区进企业”活动

2013年5月江西省统计局纪检组长姚睿钦（右二）一行深入南昌市湾里区进行调研

2013年6月中部省会城市统计局长在第六届中部省会城市经济形势分析会上合影

2013年12月南昌市举办第三次全国经济普查宣传日活动

2013年9月南昌市第三次全国经济普查综合试点工作动员会在安义县召开

2013年8月南昌市统计局与东华理工大学合作共建教学实习基地

2013年3月南昌市统计局参观新四军廉洁思想教育展

2013年12月南昌市统计局开展摄影登山活动

荣获2013年度全省统计工作优胜单位

一等奖

江西省统计局
二〇一四年一月

2013年度南昌市“我奉献、我快乐”志愿服务活动

先进单位

南昌市精神文明建设指导委员会
二〇一四年三月

2012年度社会管理综合治理目标管理

先进单位

中共南昌市委
南昌市人民政府
2013年7月

一、综 合

二、人口·劳动力

三、人民生活

四、物　　价

五、固定资产投资

六、城市公用事业

七、外贸和旅游

八、财政·金融

九、农　业

十、工　业

十一、建 筑 业

十二、运输和邮电

十三、国内贸易

十四、房　地　产

十五、科技·教育·文化

十六、卫生·体育·其他

附 录

一、综　　　合

GENERAL SURVEY

本篇内容包括：

1.南昌市 2013 年国民经济和社会发展统计公报
2.《南昌市 2013 年统计公报》解读
3.主要年份国民经济指标及发展

地区生产总值

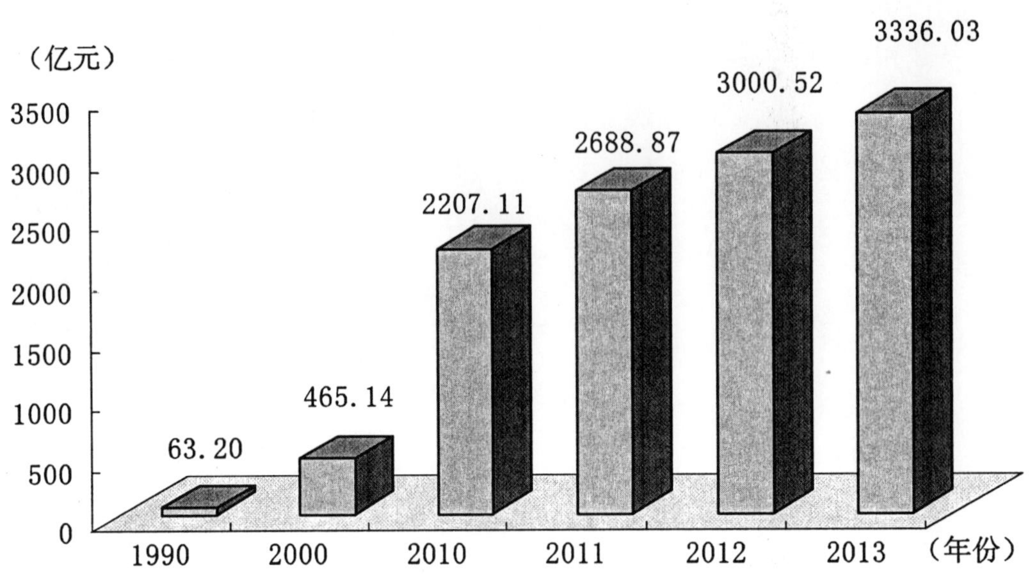

2013年地区生产总值构成

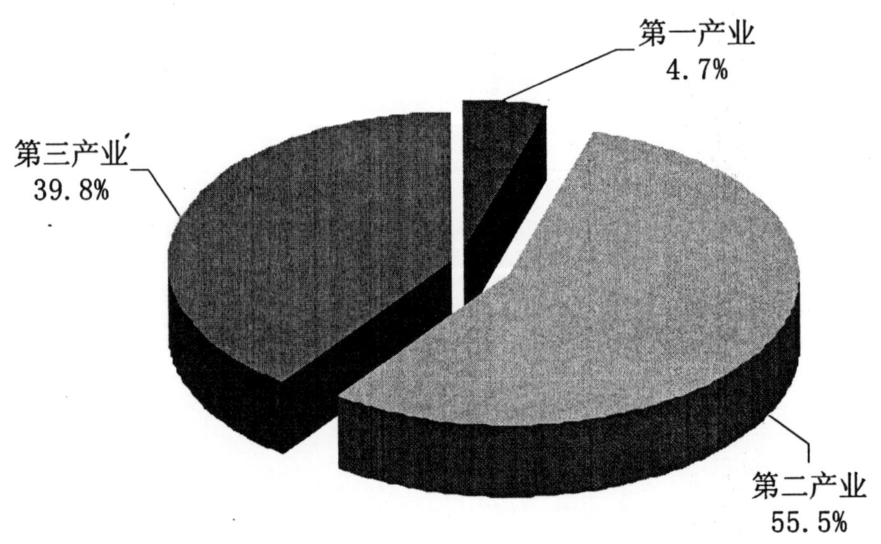

南昌市2013年国民经济和社会发展统计公报

南昌市统计局

2014年3月27日

2013年是全面深入贯彻党的十八大精神的开局之年,是实施"十二五"规划承前启后的关键一年。面对严峻复杂的国内外发展形势,在市委、市政府的坚强领导下,全市上下团结奋进、开拓进取,国民经济保持了平稳较快的良好发展态势,各项社会事业全面进步,人民生活持续改善,全市经济社会发展再上新台阶。

一、综　合

据初步核算,全年实现地区生产总值(GDP)3336.03亿元,按可比价格计算,比上年增长10.7%。其中GDP超500亿元县区1个,为南昌县,完成500.06亿元;超400亿元县区3个,为青山湖区、西湖区、东湖区,分别完成444.52亿元、406.30亿元、404.13亿元。全市三次产业结构调整为4.7:55.5:39.8。人均生产总值64678元,增长9.7%。在全市生产总值中,非公有制经济实现增加值1931.56亿元,增长11.6%,占全市生产总值的比重由上年的57.3%提高到57.9%。

图1:2008—2013年地区生产总值及其增长速度

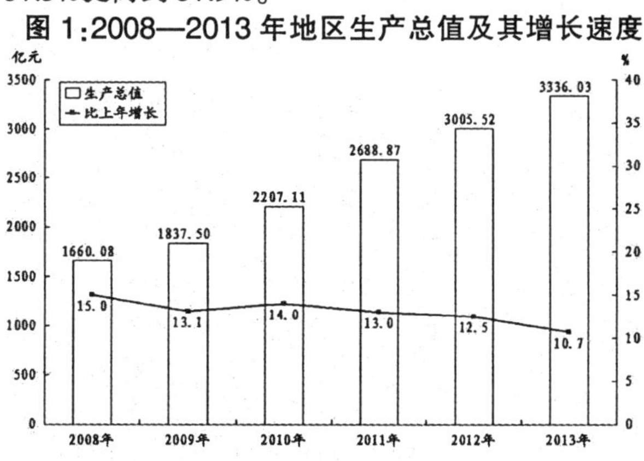

全年财政总收入558.02亿元,比上年增长11.6%。其中,地方公共财政预算收入291.91亿元,增长21.6%。从收入完成情况看,完成增值税21.19亿元,增长39.5%;营业税102.04亿元,增长17.2%;企业所得税30.13亿元,增长16.9%。县域财力显著增强,全年财政总收入超10亿元的县区10个,其中南昌县超70亿元,高新开发区、西湖区超50亿元,东湖区、红谷滩新区、青山湖区超40亿元。全年地方公共财政预算支出417.77亿元,比上年增长20.9%。其中,教育支出74.16亿元,增长17.1%;社会保障和就业支出44.16亿元,增长16.9%;城乡社区事务支出67.56亿元,增长47.8%;医疗卫生支出38.56亿元,增长24.3%;农林水事务支出30.92亿元,增长20.1%;科学技术支出5.42亿元,增长20.9%。

图2:2008—2013年财政总收入及其增长速度

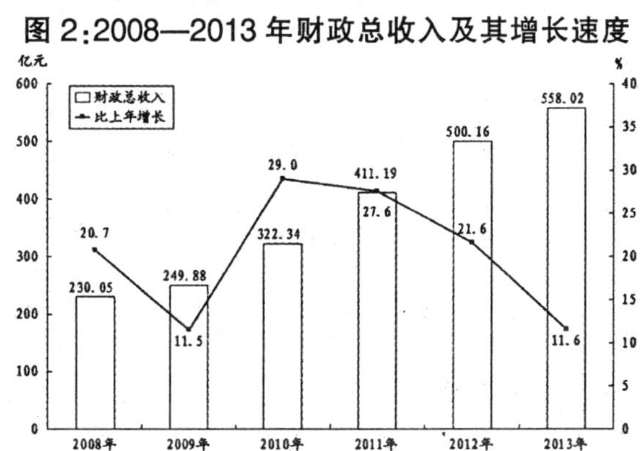

全年居民消费价格总水平(CPI)比上年上涨2.3%。其中,消费品价格上涨2.2%,服务价格上涨2.6%,商品零售价格上涨1.3%。工业生产者出厂价格99.46%,工业生产者购进价格99.60%。

表1:2013年居民消费价格情况

指　标	涨跌幅度(%)
居民消费价格总水平	**2.3**
#食品	4.6
烟酒及用品	0.3
衣着	3.9
家庭设备用品及服务	0.6
医疗保健及个人用品	0.3
交通和通信	-0.2
娱乐教育文化用品及服务	1.7
居住	1.0

全市年末社会从业人员 326.14 万人，比上年末增加10.22 万人，增长 3.23%。年末在岗职工 106.0 万人，其中国有单位在岗职工 38.13 万人。全年城镇新增就业人员 8.85 万人；安置“4050”等困难群体 0.97 万人；新增转移农村劳动力 4.57 万人。全年发放小额担保贷款 6.46 亿元，直接扶持个人创业 41859 万元。

二、农　业

农业生产：全年完成农林牧渔及服务业现价总产值 266.12 亿元，比上年增长 3.1%。其中，农业产值 98.32 亿元，增长 3.8%；林业产值 3.19 亿元，增长 7%；牧业产值 98.36 亿元，增长 2.1%；渔业产值 60.93 亿元，增长 2.9%；农林牧渔服务业产值 5.33 亿元，增长 9.5%。

农牧产品产量：全年粮食种植面积 555.08 万亩，比上年下降 0.7%；油料种植面积 131.50 万亩，增长 1.2%；棉花种植面积 2.88 万亩，下降 14.7%；蔬菜种植面积 61.95 万亩，增长 6.3%。全年粮食总产量 246.07 万吨，比上年增长 1.0%；油料总产量 13.00 万吨，增长 3.4%；肉类总产量 36.66 万吨，增长 1.8 %；生猪出栏数 349.80 万头，增长 2.1%；家禽出笼 4859.06 万羽，增长 1.2%；禽蛋总产量 16.66 万吨，增长 0.1%；牛奶产量 5.22 万吨，下降 9.7%。

渔业：全年水产品总产量 37.68 万吨，比上年增长 2.1%。其中特种水产品产量 11 万吨，增长 2.8%。

林业：全年造林 6913 公顷，比上年增长 2.7%；全市森林覆盖率达到 21.96%。

表 2：2013 年主要农产品产量及其增长速度

产品名称	单位	产量	比上年增长(%)
粮　　食	万吨	246.07	1.0
棉　　花	万吨	0.29	-43
油　　料	万吨	13.00	3.4
生猪出栏	万头	349.80	2.1
禽　　蛋	万吨	16.66	0.1
水 产 品	万吨	37.68	2.1
蔬菜及食用菌	万吨	123.75	7.6
水果总产量	万吨	12.21	-4.6
茶　　叶	万吨	0.17	22.60

生产条件：全市已建成中小型水库 492 座，年末农田有效灌溉面积 19.03 万公顷；年末农业机械总动力 215.5 万千瓦。年内完成机耕面积 31.66 万公顷、机插面积 5.27 万公顷；机械收获面积 27.36 万公顷。

农业产业化：市级以上龙头企业发展到 427 家，比上年增长 15.1%。其中国家级 12 家，占全省总量的 30%；省级 77 家、市级 314 家，分别比上年新增 24 家、32 家。427 家龙头企业实现销售收入 1117.58 亿元，比上年增长 47.6%；农产品市场交易额 217.58 亿元，增长 15.7%；实现利润 47.1 亿元，增长 43.4%；农业产业化从业人员 13.68 万人，带动农户 123.1 万户。

三、工业和建筑业

工业生产：全年完成规模以上工业增加值 1159.48 亿元，比上年增长 12.9%。规模以上工业中，国有企业增加值增长 14.2%；集体企业增加值增长 19.6%；股份制企业增加值增长 13.3%；股份合作企业增加值增长 18.8%；私营企业增加值增长 14.9%。全市 35 个工业大类中农副食品加工业，计算机、通信和其他电子设备制造业，非金属矿物制品业，化学原料和化学制品制造业，汽车制造业等 13 个行业增速高于全市平均水平。

图 3:2008—2013 年规模以上工业增加值及其增长速度

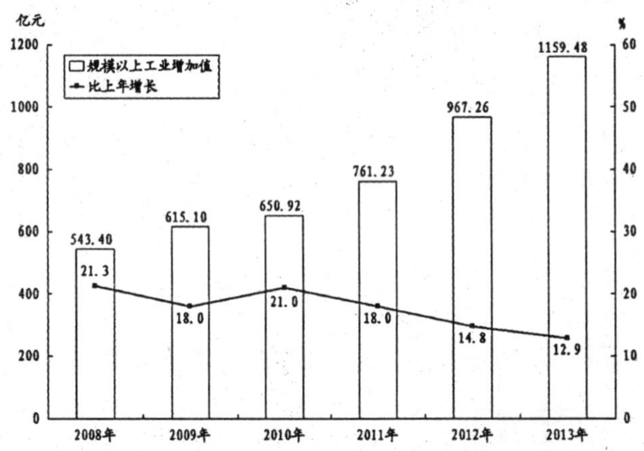

工业经济效益：全年规模以上工业产品销售率为 98.2%，比上年下降 0.4 个百分点；实现利润 244.57 亿元，增长 17.1%；实现利税 461.56 亿元，增长 16.5%。工业经济效益综合指数达到 323.7%。

全年规模以上工业实现主营业务收入 4506.83 亿元，比上年增长 15.8%，其中主营业务收入过百亿元的行业达到 15 个，较上年增加 1 个，分别是：农副食品加工业(566.95 亿元)；汽车制造业(554.85 亿元)；电力、热力生产和供应业(497.31 亿元)；医药制造业(265.56 亿元)；电气机械和器材制造业(260.25

亿元);计算机、通信和其他电子设备制造业(255.46 亿元);纺织服装、服饰业(239.69 亿元);非金属矿物制品业(182.59 亿元);黑色金属冶炼和压延加工业(164.11 亿元);化学原料和化学制品制造业(145.47 亿元);有色金属冶炼和压延加工业(141.77 亿元);专用设备制造业(141.72 亿元);金属制品业(141.69 亿元);烟草制品业(139.65 亿元);通用设备制造业(123.46 亿元)。

表 3:2013 年主要工业产品产量及其增长速度

产品名称	单位	绝对量	比上年增长(%)
饲　　料	万吨	1023.89	22.7
精制食用植物油	吨	157964	101.6
软饮料	万吨	191.05	17.4
卷　　烟	亿支	639.00	6.7
布	万米	8807.60	24.7
农用化肥	万吨	0.24	34.7
化学药品原药	吨	17278	8.4
彩色电视机	万台	18.06	18.2
水　　泥	万吨	514.85	27.1
商品混凝土	万立方米	1364.37	17.3
生　　铁	万吨	303.07	2.6
粗　　钢	万吨	347.54	5.9
钢　　材	万吨	385.22	5.8
交流电动机	万千瓦	96.86	22.6
汽　　车	万辆	26.22	20.4
房间空调器	万台	319.87	14.1

工业园区:全市七个省及省以上工业园区累计完成工业增加值 876.43 亿元,同比增长 16.4%;主营业务收入突破“三千亿”大关,达到 3206.38 亿元,同比增长 17.4%;实现利税 345.76 亿元,同比增长 19.6%,税金 163.72 亿元,增长 19.7%。其中,高新技术开发区工业主营业务收入超千亿元,达到 1014.43 亿元,增长 14.3%,是全省各设区市中唯一超千亿元的开发区。

建筑业:全市共有资质以上建筑业企业 479 家,全年完成施工产值 1723.31 亿元,比上年增长 29.5%;施工面积 10994.52 万平方米,增长 32.9%;竣工面积 3998.09 万平方米,增长 21.7%。以建筑业产值计算的全员劳动生产率为 39.22 万元/人,增长 10.6%。

四、固定资产投资

投资总量:全市 500 万元及以上项目共完成投资额 2909.76 亿元,比上年增长 21.6%,其中,工业投资 1246.61 亿元, 增长 24.5%; 房地产开发投资 406.14 亿元, 增长 17.9%。全年全市投资施工项目 7054 个,其中新开工项目 6202 个。

投资结构: 全市 500 万元以上固定资产投资中第一产业完成投资 25.59 亿元, 比上年下降 1.2%;第二产业完成投资 1285.92 亿元,增长 25.2%;第三产业完成投资 1598.25 亿元,增长 19.2%。三次产业在固定资产投资中所占比重由 2012 年的 1.1:42.9:56.0 调整为 2013 年的 0.9:44.2:54.9。

图 4:三次产业投资比例

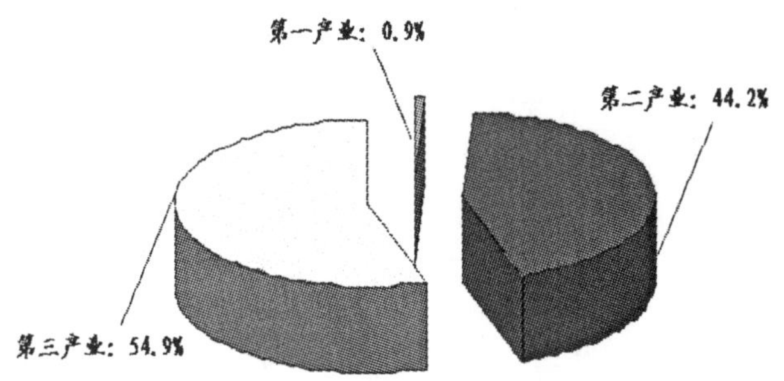

从投资主体看,全市 500 万元以上固定资产投资中国有经济完成投资 525.23 亿元,比上年增长 14.0%,占投资比重为 18.1%;非国有经济完成投资 2384.53 亿元,增长 23.4%,占投资比重为 81.9%。其中,民间投资完成 2155.73 亿元,增长 28.2%。

城市建设:朝阳大桥、南昌文化旅游产业城、九洲大道高架快速路、象湖隧道、西客站南北广场工程等重点工程全面开工,轨道交通一号线、天然气利用工程加速推进,梅岭景区旅游公路沿线环境改造完工,艾溪湖以西市政基础设施、西客站地下出租车通道投入使用,九龙湖新城建设迈出坚实步伐。全年全市完成城镇基础设施投资达到 256.07 亿元,比上年增长 10.9%;新开通公交线路 15 条,公交线路已达到 188 条,比上年增加 15 条;城市道路总长度 1647.23 公里,增长 5.8%;城市道路总面积达到 3458.28 万平方米,增长 8.3%;自来水供水管道长度 3862.44 公里,增长 7.0%。

五、国内贸易

消费品市场:全市实现社会消费品零售总额(法人口径)1270.01 亿元, 比上年增长 13.7%。分地域看,城镇实现零售额 1200.32 亿元,增长 13.7%;农村实现零售额69.68亿元,增长14.3%,城乡消费市场同步发展。分行业看,批发和零售业实现零售额1132.77亿元,增长13.8%;住宿和餐饮业实现零售额137.24亿元,增长13.0%。

图5:2008—2013年社会消费品零售总额及其增长速度

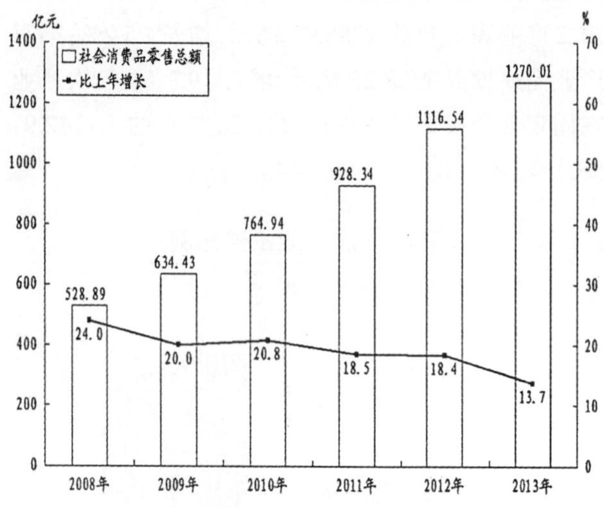

2013年,在限额以上批发零售业零售额中,食品、饮料、烟酒类零售额增长22.6%;服装、鞋帽、针纺织品类增长4.2%;金银珠宝类增长5.7%;中西药品类增长23.3%;家具类增长33.4%;汽车类增长18.1%;建筑及装潢材料类增长8.8%。其中,汽车类消费成为最大的消费亮点,实现零售额248.28亿元,占限额以上批零住餐零售额比重为32.1%。

商品交易市场:全市共有各类商品交易市场153个,其中,年成交额亿元以上的商品交易市场有33个,成交总额957.21亿元,比上年增长22.5%。其中,洪城大市场年交易额278.39亿元,增长7.0%;南昌(深圳)农产品批发市场年交易额157.7亿元,增长11.8%。

六、对外经济

对外贸易:据海关统计,2013年南昌地区内企业(含中央、省属公司)实现进出口总额97.22亿美元,比上年增长17.3%。其中,出口总额73.11亿美元,增长13.1%;进口总额24.11亿美元,增长32.3%。在出口产品中,高新技术产品出口11.65亿美元,增长34.1%,机电产品出口31.9亿美元,增长12.9%;一般贸易出口57.96亿美元,增长45%,加工贸易出口13.03亿美元,增长11%。

图6:2008—2013年进出口情况

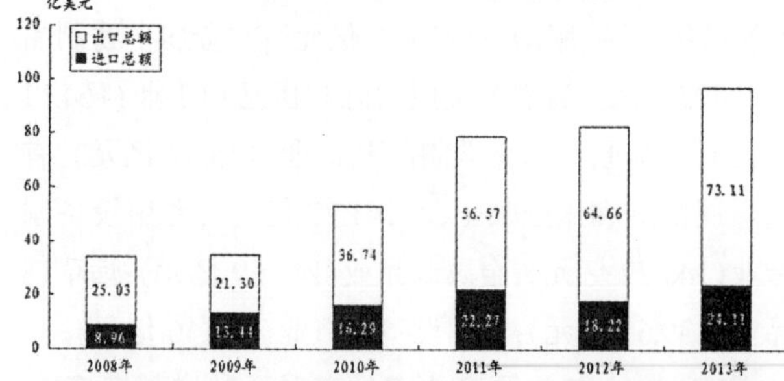

利用外资:全市实际利用外资29.64亿美元,比上年增长12.3%。其中,第二产业9.36亿美元,第三产业19.74亿美元,所占全市份额分别为31.6%和66.6%。2013年,全市批准外商投资企业176家。其中,中外合资企业占13.64%,外商独资企业占85.8%。全年实际利用内资819.76亿元,增长15.3%。实际引进省外单项投资5000万元以上项目资金505.34亿元,增长20.2%。

七、交通、邮电和旅游

交通运输:全市各种运输方式共完成货物运输量10534.06万吨,比上年增长10.6%。其中,民航1.7万吨,增长3.7%;公路9545万吨,增长12.2%;铁路239.26万吨,下降19.4%;水运748.1万吨,增长4.5%。全年民航、铁路、公路完成旅客运输量11757.55万人,比上年增长10.7%。

表4:2013年民航、铁路、公路、水路完成客货运输量及其增长速度

指　　标	单位	绝对数	比上年增长(%)
旅客运输量	万人	11757.55	10.7
民　　航	万人	227.00	3.2
铁　　路	万人	2372.55	69.3
公　　路	万人	9158.00	1.7
旅客周转量	亿人公里	153.73	21.7
民　　航	亿人公里	24.01	1.8
铁　　路	亿人公里	54.49	91.1
公　　路	亿人公里	75.23	1.4
货物运输量	万吨	10534.06	10.6
民　　航	万吨	1.70	3.7
铁　　路	万吨	239.26	-19.4
公　　路	万吨	9545.00	12.2
水　　运	万吨	748.10	4.5
货物周转量	亿吨公里	388.72	3.2
民　　航	亿吨公里	0.19	1.8
铁　　路	亿吨公里	58.87	-43.4
公　　路	亿吨公里	315.79	20.7
水　　运	亿吨公里	13.87	28.2

汽车保有量：年末民用汽车保有量63.1万辆，增长10.7%。年末民用轿车保有量32.70万辆，增长20.0.%，其中私人轿车保有量26.39万辆，增长25.3%。

邮电通信：全市完成邮电业务总量66.02亿元，比上年增长15.1%。其中，邮政业务总量11.54亿元，增长72.4%；电信业务总量54.48亿元，增长7.5%。发送快递4772.76万件，其中国内同城快递801.96万件、国内异地快递3945.45万件、国际及港澳台快递25.35万件，快递业务收入6.56亿元，订销报刊累计数9873.26万份。年末全市固定电话用户127万户，下降8.0%；移动电话用户629万户，增长1.2%，其中3G移动电话用户169万户，增长64.1%；互联网宽带接入用户数89.15万户，增长7.3%。年末移动电话交换机容量达1489.35万户，新增54.24万户。

旅游：全年共接待国内游客3282.16万人次，比上年增长30.3%；接待入境游客20.18万人次，增长9.4%。实现国内旅游收入271.99亿元，增长36.9%；旅游创汇6389.73万美元，增长20.6%。截至2013年末，全市拥有星级宾馆(饭店)58家；拥有旅行社229家，其中出境组团社28家。

八、金融、证券和保险业

金融业：全市金融机构各项存款余额为6624.57亿元，比年初增长15.7%。其中，单位存款3909.53亿元，增长18.1%；城乡居民储蓄存款2051.16亿元，增长10.7%。金融机构各项贷款余额5464.22亿元，比年初增长14.4%。其中，短期贷款2130.80亿元，增长17.6%；中长期贷款3273.14亿元，增长14.1%。

证券业：全市拥有证券营业部53家，全年证券机构股民资金账户数99.84万户，比上年增长1.8%。全年客户交易结算资金35.60亿元，下降10.6%；A股交易额7400.35亿元，增长12.4%；B股交易额7.44亿元，下降75.1%。

保险业：全市共有保险公司34家。全年实现保费收入77.49亿元，比上年增长19.7%。其中，财产保险25.92亿元，增长20.8%；人寿保险44.61亿元，增长18.0%。全年赔款及给付28.01亿元，增长39.4%。其中，财产保险14.50亿元，增长11.2%；人寿保险11.25亿元，增长1.1倍。

九、教育和科学技术

教育：全市拥有各级各类学校2114所(不含技工学校)，教职工10.18万人，其中专任教师7.53万人。全年招收研究生7036人，在校研究生2.10万人，毕业研究生7203人。全市共有普通高校43所，招生14.00万人，在校生50.58万人，毕业生14.35万人。中等专业学校46所，招生4.10万人，在校生11.08万人，毕业生3.12万人。普通高中67所，招生3.43万人，在校生9.90万人，毕业生2.99万人。普通初中199所，招生6.61万人，在校生19.62万人，毕业生6.88万人，初中阶段适龄少年入学率99.7%。职业高中12所，招生2329人，在校生6192人，毕业生4275人。小学972所，招生7.43万人，在校生39.49万人，毕业生6.73万人，小学适龄儿童入学率100%。特殊学校8所，特殊教育招生220人，在校生863人，毕业生153人。幼儿园767所，在园幼儿13.25万人。

表5:2013年各类全日制学校基本情况

项　目	学校数(个)	招生数(人)	在校生(人)	毕业生(人)
高等学校	43	140 021	505 792	143 488
中等学校	46	40 988	110 793	31 223
普通中学	266	100 326	295 132	98 760
职业高中	12	2 329	6 192	4 275
小　　学	972	74 295	394 882	67 300
特教学校	8	220	863	153

科技：全市公示新认定高新技术企业67家，累计拥有高新技术企业199家。累计拥有国家级生产力促进中心4家，省级生产力促进中心9家，市级生产力促进中心16家。全年服务园区企业1208家，为社会增加就业12629人，为企业增加销售收入489205万元。获得国家科技进步奖4项，省级自然科学奖17项，技术发明奖3项，科技进步奖55项，市级科技进步奖50项。2013年，全市专利申请量6190件，专利授权量3380件，分别比上年增长37.1%和12.6%。全年登记技术合同1967项，技术合同成交金额18.50亿元，比上年增长27.6%。全市新增省级产业技术创新联盟1家。获国家重点新产品12项、省级重点新产品156项。

十、文化、卫生和体育

文化:全市文艺创作获省级以上奖项 19 个,其中国家级奖项 3 个。年末全市拥有各类专业艺术表演团体 3 个,公共图书馆 10 个,文化馆 10 个,博物馆、纪念馆 9 个,全国重点文物保护单位 9 处。年末全市有线电视用户 78.53 万户,其中数字电视 55.76 万户。农村直播卫星电视用户 790 户。

卫生:全市拥有各类医疗卫生机构 1901 个,其中医院 87 个;拥有床位 30607 张,其中医院床位 21400 张。拥有各类专业卫生技术人员 41545 人,其中执业(助理)医师 11369 人。农村卫生服务得到改善,参加新型农村合作医疗的人数达 252.14 万人,参保率由上年的 98.21%提高到 98.9%。全市婴儿死亡率为 4.68‰,5 岁以下儿童死亡率为 6.93‰,每十万孕产妇死亡人数为 12.83 人。

体育:2013 年,全市运动员参加比赛人数 0.6 万人次,共获得金牌 221 枚,银牌 181 枚,铜牌 149 枚。全年举办单项比赛 26 次,举办全民健身活动 803 次,其中千人以上的活动 48 次,参加活动的人数总计 100 余万人。全年完成全民健身路径工程 130 个,总投资 130 万元。全年发行体育彩票 3.63 亿元,比上年增加0.65 亿元。

十一、人口、人民生活和社会保障

人口:据公安户籍统计,全市年末户籍总人口 510.08 万人,比上年末净增 2.21 万人。其中,非农业人口 235.96 万人,增加 1.68 万人。根据人口变动情况抽样调查统计,年末常住人口 518.42 万人,比上年末增长 1.0%。全年出生人口 6.70 万人,出生率 12.98‰;死亡人口 3.19 万人,死亡率 6.19‰;自然增长率 6.79‰,比上年下降 0.42 个千分点。

人民生活:据抽样调查,城镇居民人均可支配收入 26151 元,比上年增长 10.8%。城镇居民人均消费性支出 17944 元,增长 9.1%。城镇居民家庭恩格尔系数为 35.2%。年末城镇居民人均住房建筑面积 29.18 平方米,比上年末增加 0.14 平方米。农民人均纯收入 10806 元,增长 11.1%。农民人均生活消费支出 5682 元,增长 9.1%。农村居民家庭恩格尔系数为 42.9 %。全市城镇化率达到 69.83%,较上年提高 1.05 个百分点。

图 7:2007—2012 年城乡居民收入水平

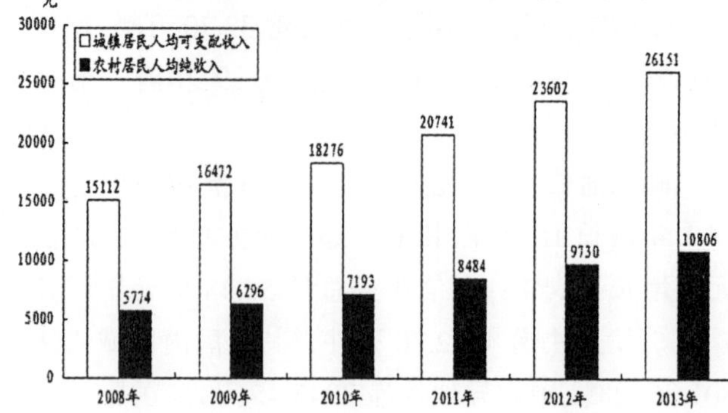

社会治安:全年共破获各类刑事案件 16012 起,破获经济案件 353 起,挽回经济损失 6004.1 万元。

住房公积金:全市(市本级)归集公积金(未含本年利息)33.89 亿元 ,比上年增长 21%;发放住房公积金贷款 31.35 亿元,比上年增长 62%;发放户数 9323 户,比上年增长 43%;提取住房公积金 18.28 亿元,比上年增长 37%。

社会保障:全市城镇职工参加基本医疗保险人数 96.7 万人,比上年增加 11.9 万人,增长 14%;参加失业保险人数 58.52 万人,比上年减少 3.29 万人,降低 5.3%;城镇参加基本养老保险人数为 153.57 万人,其中参保职工 111.96 万人,参保离退休人员 41.6 万人;企业养老金社会化发放率达到 100%。全市共有 18.30 万人享受最低生活保障,其中,农村 11.14 万人。2013 年建设廉租住房 1000 套、公租房 17000 套,国有林区、垦区 4828 套,完成农村危房改造 2620 套。

社会福利:全市拥有各类社会福利单位 35 个(不含敬老院),各类收养性社会福利单位床位数 5500 张,收养各类人员 3400 多人。城镇社区便民、利民、为民服务网点 604 个,其中综合性社区服务中心 449 个。

十二、资源、环境与安全生产

环境质量:全市拥有国家级生态示范县 2 个,自然保护区 9 个(含省级),自然保护区面积 10.20 万公顷;已批准国家级生态乡镇 13 个。全年空气质量优良天数达 222 天;空气质量优良率达 60.82%。城市生活污水集中处理率 93%以上;集中式饮用水源水质达标率达到 100%;区域环境噪声均值控制在 53.6 分贝以下;交通干线噪声均值控制在 67.3 分贝以下;工业固废综合利用率达到 95%以上。

城市园林绿化：全市拥有园林绿地面积 10010 公顷，绿化覆盖面积 10583 公顷，公园绿地 2959 公顷，城市绿化覆盖率达到 43.05%，人均公共绿地面积达到 12.04 平方米。

节能减排：全年淘汰 3 个落后产能项目。初步核算，全年万元生产总值综合能耗下降 3.99%。2013 年我市化学需氧量、氨氮、二氧化硫和氮氧化物排放总量分别较上年下降 1.5%、2.52%、8%和 8%，四项指标均圆满完成我省下达的减排目标任务，全市环境质量持续改善。2013 年，按照空气质量新标准评价，全市空气质量优良率 60.82%，综合指数在中部 6 个省会城市中列第一。饮用水源地水质，赣江、抚河南昌段 14 个段面水质达标率均为 100%，主要地表水体达到功能要求。

安全生产：全市共发生各类生产安全事故 2065 起，死亡 247 人，与去年同期相比，事故起数上升 14.77%，死亡人数上升 2.76%。其中，发生生产经营性事故 15 起，死亡 21 人，与去年同期相比，事故起数减少 1 起，死亡人数增加 1 人。发生道路交通事故 313 起，死亡 224 人(其中生产经营性道路交通事故死亡人数 90 人)，与去年同期相比，事故起数下降 0.63%，死亡人数下降 0.44%。

注：

1、本公报中统计数据为初步统计数，正式数据以《南昌统计年鉴-2014》为准。

2、规模以上工业是指年主营业务收入 2000 万元及以上的法人工业企业；固定资产投资为城乡计划总投资 500 万元及以上项目固定资产（含房地产投资）；限额以上企业是指年主营业务收入 2000 万元及以上的批发业企业、500 万元及以上的零售业企业、200 万元及以上的住宿和餐饮业企业。

3、地区生产总值及各产业增加值绝对数按现价计算，增长速度按可比价计算。

4、社会消费品零售总额 2008-2010 年为在地口径，2011 年起改为法人口径。

5、邮政业务总量从 2013 年开始包含快递业务量。

科学发展　稳健前行

——《南昌市2013年统计公报》解读

南昌市统计局党组书记、局长　万昱原

马年之春,《南昌市2013年国民经济和社会发展统计公报》(以下简称《统计公报》)如期发布了。《统计公报》中的一笔笔数据、一张张表格,从不同的角度生动客观地展示了市委、市政府面对复杂多变的国内外环境和各种重大挑战并存的严峻形势,团结带领全市人民攻坚克难,紧紧围绕打造核心增长极这个目标不动摇,强力推进大投入、大建设、大发展,经济社会呈现科学发展、稳健前行的良好局面。

一、综合实力稳步前进,核心增长极凸显"看头"

《统计公报》显示,2013年,市委、市政府始终坚持"区域聚焦、产业聚焦、政策聚焦、资源聚集"四个聚焦的方法不动摇,不断推进昌九一体化建设,通过扩总量、强实力,助推南昌成为带动全省经济发展的核心增长极,全市经济社会发展呈现了"四个一"的良好发展态势。即:一个加快、一个提升、一个前移、一个突破。2013年全市实现地区生产总值(GDP)3336.03亿元,按可比价格计算比上年增长10.7%,增幅位居全省设区市第二位。其中南昌县地区生产总值达到500.06亿元,增长12.0%,是全市首个突破500亿元的县区;高新技术开发区工业主营业务收入达到1014.43亿元,增长14.3%,是全省设区市中唯一超千亿元的开发区。

发展加快:主要经济指标增速快于全国、全省平均水平。2013年度,全市主要经济指标不断换档加速,多项主要经济指标增速均实现两位数增长。其中,GDP、规模以上工业增加值、500万元以上固定资产投资、社会消费品零售总额、财政总收入、地方公共财政预算收入、海关出口总值、实际利用外资、城镇居民人均可支配收入等九项主要经济指标均快于全国、全省平均水平。

占比提升:2013年,全市主要指标首位度不断提升。其中全市GDP、规模以上工业增加值、500万元及以上固定资产投资、财政总收入、地方公共财政预算收入、海关出口总额、实际利用外资等七项指标占全省比重较上年同期分别提高0.1、0.3、0.4、0.3、0.5、0.3、0.1个百分点。

位次前移:2013年,全市主要经济指标增速在全省排位继续前移。其中,我市财政总收入、地方公共财政预算收入、城镇居民人均可支配收入等3项指标在全省排位同比分别前移1、4、4位。

总量突破:2013年,全市主要经济指标总量实现三大突破。全市人均GDP突破6万元,达到64678元;规模以上工业增加值总量突破千亿元,达到1159.48亿元,同比增长12.9%,高出全省增速0.5个百分点;农民人均纯收入首次突破万元,达到10806元,同比增长11.1%。

2013年的各项数据表明,全市经济实力稳步增长,核心支撑能力不断加强,进一步彰显了全市在打造核心增长极过程中抓机遇、凝力量的强劲势头。

二、三次产业结构继续优化,层次布局趋于融合

全市产业结构继续优化,逐步形成一产稳健、二产主导、三产加快的发展格局。《统计公报》显示,2013年,我市三次产业结构从2012年的4.9:56.4:38.7调整为4.7:55.5:39.8,产业结构呈现三次产业协调发展格局,经济结构进一步向合理化方向演变,为全面提升南昌经济的整体质量和效益,提高城乡居民的生活水平打下了较为坚实的产业基础。

一产稳固。我市农业基础地位持续牢固,农业经济呈现良好发展态势。2013年,粮食生产迎来历史首个"十连丰",粮食单产、总产超过2012年水平,双创历史新高。全市共实现农林牧渔业增加值157.24亿元,同比增长3.1%。全市粮食播种面积555.08万亩,单产443.27公斤/亩、总产246.07万吨。

二产主导。工业总量继续扩大、工业质量继续提升,工业经济继续领跑发展轨道。2013年,工业经济规模再上台阶,全市规模以上工业增加值达到1159.48亿元,同比增长12.9%,高出全省0.5个百分点;总量占全省比重达到20.1%,比去年提高0.3

个百分点。全市30个制造业行业中有27个保持同比增长，其中汽车制造业、农副食品加工业和烟草制品业增加值突破百亿元大关。主要产品产量稳步增长。在轻工业产品中，饲料、精制食用植物油、软饮料、纱、布、机制纸及纸板同比分别增长22.7%、101.6%、17.4%、19.0%、24.7%和12.9%；在重工业产品中，水泥、化肥、汽车、气体压缩机，交流电动机同比分别增长27.1%、34.7%、20.4%、21.5%和22.6%。

三产加速。第三产业提速增长，比例份额不断增大。在第三产业中，现代服务业、新兴服务业等发展态势良好，服务产业融合发展，电子商务、现代航运服务业和战略性新兴产业成为重要增长点。2013年，全市第三产业增加值占GDP比重达39.8%，比上年提高1.1个百分点。其中邮电业务总量66.02亿元，比上年增长15.1%；国内旅游收入271.99亿元，增长36.88%；旅游创汇6389.73万美元，增长20.56%。

三、内外需"齐发力"，助推经济换档加速

《统计公报》显示，2013年全市内外需对经济增长支撑的协调性不断增强，为我市经济社会发展提供强有力的支撑作用，推动我市经济社会稳定向好。

固定资产投资较快增长。2013年，随着南昌轨道一号线工程、南昌华南城、西客站北广场工程、南昌朝阳大桥工程等一系列重大项目顺利推进，进一步助推了我市固定资产投资加快发展。全市500万元及以上固定资产投资完成2909.76亿元，同比增长21.6%，比全省增幅高1.6个百分点。其中，工业投资是拉动我市投资增长的主要因素。2013年，全市工业投资完成1246.61亿元，同比增长24.5%，占全市投资比重为42.8%，占比较去年同期提高1.0个百分点，拉动全市投资增长10.2个百分点。

消费市场持续增长。2013年，市委、市政府审时度势、科学决策，采取了一系列促消费、惠民生的重要举措，全市消费需求继续扩大，消费品市场保持了稳定发展势头。全市实现社会消费品零售总额1270.01亿元，同比增长13.7%。分城乡看，城镇实现零售额1200.32亿元，增长13.7%；乡村实现69.68亿元，增长14.3%。其中，全市实现限额以上消费品零售总额774.29亿元，同比增长13.8%。分商品类型看，中西药品，粮油、食品、饮料、烟酒，家用电器和音像器材，汽车类同比涨幅均超过全市平均水平，同比分别增长23.3%、22.6%、19.5%、18.1%。

对外贸易稳步增长。2013年，我市不断优化投资环境，充分利用国际市场，积极主动深化对外开放，对外开放取得新成效。全市实现海关进出口总额97.22亿美元，同比增长17.3%，其中出口总额73.11亿美元，增长13.1%，分别高于全国、全省平均水平5.2、0.9个百分点。与此同时，我市实际利用外资规模不断扩大。全年完成实际利用外资29.64亿美元，同比增长12.3%，增速较上半年提高0.7个百分点。

四、经济运行环境持续改善，运行质量稳步提升

《统计公报》显示，2013年，面对复杂严峻的国内外宏观环境，我市上下认真贯彻落实中央决策部署和宏观调控政策，紧紧围绕稳中有进的工作总基调，全市经济保持平稳较快增长，经济运行环境持续改善，运行质量稳步提高。

市场环境逐步趋优。一是金融市场平稳运行。12月末，全市金融机构(含外资)人民币各项存款余额为6624.57亿元，比年初增长15.7%，全市金融机构(含外资)人民币各项贷款余额5464.22亿元，比年初增长14.4%。二是居民消费价格基本稳定。2013年全市居民消费价格同比上涨2.3%，涨幅较上年同期回落0.6个百分点，分别低于全国、全省0.3、0.2个百分点。

经济质量稳步提高。一是财政收支结构优化。2013年，全市税收收入占财政总收入、地方公共财政预算收入比重分别为91.7%、84.1%，均位居全省第一位，其中税收收入占地方公共财政预算收入比重连续三年保持中部第一；全市地方公共财政预算支出突破400亿元，达到417.8亿元，增长20.9%。全市用于教育、医疗、住房保障、农林水事务、社会保障和就业等民生支出占全市支出总量比重近一半，支出结构继续优化。二是居民收入平稳增长。2013年，我市加大力度合理调整收入分配格局，完善促进城乡居民增收的政策措施。全市城镇居民人均可支配收入达26151元，同比增长10.8%；农民人均纯收入达10806元，同比增长11.1%，高于城镇居民人均可支配收入增速0.3个百分点。

五、社会事业齐头并进，民生保障出现新亮点

万事民为先。长期以来，市委、市政府将做好民生实事，增进民生福祉作为一切工作的出发点和落脚点，不断加大民生投入，切实解决好人民群众最直接、最关心的问题，着力推动了全市各项社会事业稳步发展。

民生工程不断推进。2013 年，我市不断完善就业政策，积极帮助城乡居民实现充分就业，努力拓展居民增收渠道，不断提高人民生活水平。一方面，就业形势稳定，人民生活水平迈上新台阶。全市劳动力需求稳步扩大，全年城镇新增就业人数 88499 人，完成全年任务的 128.8%，新增转移农村劳动力人数 45674 人，完成全年任务的 137.2%。另一方面，社会保障工作显著加强。全市纳入城市最低生活保障的居民 7.16 万人，发放城市低保资金 2.66 亿元；纳入农村最低生活保障的居民 11.14 万人，发放农村低保资金 2 亿元，比上年增加 0.25 亿元。全市城镇最低生活保障标准从上年的每人每月 350–380 元提高到 400–430 元，农村最低生活保障标准从每人每年 200 元提高到 240 元。

社会事业齐头并进。2013 年，全市教育事业加快发展，教育网点不断优化，学前教育三年建设行动计划深入实施，学校标准化建设扎实推进，“名校放大工程”有序展开，在南昌举行的 2013 年度长三角城市群教育科研共同体城市论坛推动着南昌教育走向全国乃至世界。农村卫生服务得到改善，参加新型农村合作医疗的人数达 252.14 万人，参保率由上年的 98.21%提高到 98.9%。文化体育蓬勃发展，全年全市文艺创作获省级以上奖项 19 个，其中国家级奖项 3 个。全年举办单项比赛 26 次，举办全民健身活动 803 次，其中千人以上的活动 48 次，参加活动的人数总计 100 余万人。

2013 年，我市始终坚持以经济建设为中心，紧紧围绕全面打造核心增长极重要战略目标，凝心聚力促改革，开拓创新谋发展，有效应对了社会经济发展中的一系列困难和问题，取得了经济社会同步发展的喜人成绩。但肯定成绩的同时，我们也清醒的看到我市经济欠发达现状并没有根本改变，经济和社会发展中一些深层次矛盾仍然存在；与中部其它省会城市相比仍然存在差距，经济总量仍然较小，城市规模和功能仍有待完善等。

2014 年是贯彻落实党的十八届三中全会重要精神的开局之年，也是我市打造核心增长极实现“两年有看头”的攻坚年。我们坚信，只要全面贯彻落实党的十八大、十八届三中全会和习近平总书记系列重要讲话精神，紧紧围绕市委、市政府的战略部署，坚持稳中求进、改革创新的工作总基调，抢抓各种有利因素和战略机遇，不断解放思想、先行先试、奋发有为、努力拼搏，南昌经济社会发展必将迈上新的台阶。

自然、地理、资源

位　置

南昌市位于东经115°27′~116°35′北纬28°09′~29°11′。地处江西省中部偏北，赣江、抚河下游，东北方滨临我国最大的淡水湖鄱阳湖。

地势、面积

全市以平原为主，东南地势平坦，西北丘陵起伏。全市总面积7402.36平方公里。南北长约112.1公里，东西宽为107.6公里。

山脉、河流、湖泊

位于西北部的西山山脉，呈东北向逶迤绵延，山脉中段的梅岭为市区最高点，其主峰洗药峰海拔841.4米。

全市境内江河纵横，湖泊池塘星罗棋布。主要河流有赣江、抚河、锦江和潦河等。湖泊主要有军山湖、青岚湖、金溪湖、瑶湖等，市区有青山湖、贤士湖，市中心错落着东湖、西湖、南湖、北湖等四个人工湖。

气　候

南昌气候湿润温和，属亚热带季风区，雨量充沛，四季分明，春秋季短，冬夏季长。2013年平均气温19.0℃，极端最高气温39.4℃，极端最低气温-3.4℃。年降水量1431.8毫米，降水日为114天，年平均相对湿度为73%。年日照时间2034.1小时。年平均风速1.9米/秒。年无霜期304天。冬季多偏北风，夏季多偏南风。适合植物、花卉生长，是营造“花园城市”的理想地区。但是，由于每年季风强弱和进退迟早不同，气温变化较大，降水分布不均，高温干旱，低温冷害和暴雨洪涝等气象灾害发生较频繁，给人们生产、生活带来不利影响。

土地资源

全市土地面积7402.36平方公里，其中耕地面积27.93万公顷。在耕地面积中，有效灌溉面积19.11万公顷，占68.41%。

水力资源

全市水力资源蕴藏量为7.18万千瓦，可开发的资源3.42万千瓦，占蕴藏量的47.6%。

森林资源

全市林地面积13.9万公顷，森林覆盖率21.96%；活立木蓄积量522.1万立方米。野生动、植物资源品种繁多。

矿产资源

以非金属建矿为主，兼有燃料、矿泉水等各类矿产28余种。已发现矿点、矿化点100处，尤其以建筑用砂、砖瓦粘土、饰面石材、石英石、石灰石和矿泉水等具有较好的开发前景。花岗石、砂卵石、砖瓦粘土储量巨大，开采历史悠久。

1-1 土 地 面 积

(2013 年)　　单位:平方公里

地　区	总面积
全　市	**7 402.36**
市　区	820.36
南 昌 县	1 670
新 建 县	2 275
安 义 县	666
进 贤 县	1 971

1-2 行政区划

（2013年） 单位：个

地区	街道办事处	居委会	镇	乡	村委会
全市	**30**	**584**	**51**	**29**	**1 158**
区	30	449	15		251
东湖区	9	90			6
西湖区	10	116	1		13
青云谱区	5	69	1		12
湾里区	2	13	4		35
青山湖区	3	87	5		75
经济开发区		16	1		26
高新开发区		9	2		48
红谷滩新区	1	48	1		33
桑海开发区		1			3
县		155	36	29	907
南昌县		56	9	7	263
新建县		40	11	7	276
安义县		19	7	3	105
进贤县		40	9	12	263

1-3 水文、气象

项　　目	2012	2013
最高水位(八一桥水面,米)	21.39	18.98
最低水位(八一桥水面,米)	12.34	11.82
全年平均水位(八一桥水面,米)	16.75	15.30
全年降雨天数(天)	161	114
全年降雪天数(天)	1	4
全年降水量(毫米)	2 059.8	1 431.8
全年无霜期总天数(天)	321	304
全年日照时数(小时)	1 622.0	2 034.1
全年蒸发量(毫米)	888.3	1 073.1
全年平均气温(度)	18.0	19.0
极端最高气温(度)	36.9	39.4
极端最低气温(度)	–2.9	–3.4
全年相对湿度(%)	77	73
全年平均风速(米/秒)	1.9	1.9

1-4 主要年份国民经济主要指标

项　　目	1978	1980	1985	1990	1995	2000	2009	2010	2011	2012	2013
一、年末总人口(户籍,万人)	**306.82**	**317.23**	**335.31**	**372.59**	**395.16**	**432.55**	**497.33**	**502.25**	**504.95**	**507.87**	**510.08**
二、年末社会从业人数(万人)	**131.13**	**136.03**	**165.46**	**199.00**	**211.79**	**214.96**	**282.80**	**292.56**	**303.64**	**315.92**	**326.14**
#职工人数	53.14	58.51	72.22	82.04	89.04	58.77	62.06	63.21	84.78	86.99	106.01
三、地区生产总值(亿元)	**14.37**	**16.95**	**32.57**	**63.20**	**245.41**	**465.14**	**1 837.50**	**2 207.11**	**2 688.87**	**3 000.52**	**3 336.03**
四、农　　业											
农业总产值(亿元)(按当年价)	4.50	5.56	10.77	23.65	58.50	69.44	187.20	204.66	229.70	249.35	266.12
主要农产品产量											
粮食(万吨)	117.43	120.16	160.11	170.81	153.79	156.12	229.21	220.85	236.90	243.65	246.07
棉花(万吨)	0.22	0.29	0.16	0.11	0.33	0.33	0.20	0.38	0.38	0.51	0.29
园林水果(万吨)			0.71	0.94	0.50	0.92	2.21	2.36	2.48	3.07	3.13
水产品(万吨)	0.83	1.16	2.22	5.52	13.74	22.00	34.25	34.57	35.81	36.90	37.68
肉类总产量(万吨)			5.34	9.07	16.52	20.80	32.86	32.97	34.09	36.03	36.66
猪年末存栏(万头)	78.45	77.43	99.80	121.32	162.10	166.13	191.81	195.99	204.80	213.04	214.42
当年出栏肉猪(万头)			68.44	140.98	188.17	208.18	312.61	317.77	324.29	342.76	349.80
五、工　　业											
规模以上工业增加值(亿元)						88.77	615.10	650.92	761.23	967.26	1 159.48
轻　工　业						49.03	310.33	329.19	362.45	486.48	563.06
重　工　业						39.74	304.77	321.73	398.79	480.78	596.42
主要工业产品产量											
纱(万吨)			2.18	2.33	2.42	2.61	2.45	3.00	3.34	3.43	4.08
布(万米)	7 976	12 294	9 174	9 923	13 565	13 285	10 468	12 691	6 838	7 061	8 808

1-4 续表 1

项　　目	1978	1980	1985	1990	1995	2000	2009	2010	2011	2012	2013
机制纸及纸板(万吨)	2.85	4.35	5.90	6.03	8.30	8.16	34.76	37.09	35.09	34.42	38.85
发电量(亿千瓦小时)	7.54	7.91	7.88	15.46	17.69	31.13	10.89	77.81	88.53	76.87	80.38
水泥(万吨)	6.65	8.64	13.77	20.85	35.31	33.00	345.32	319.17	312.43	405.00	514.85
效益指标											
年末固定资产原值(亿元)	13.71	15.32	23.15	42.81	119.09	218.93	1 030.36	1 192.22	1 425.15	1 636.30	1 850.89
年末固定资产净值(亿元)	8.63	9.42	14.16	27.47	86.78	152.21	653.00	717.18			1 159.90
利润和税金总额(亿元)	2.07	3.25	6.14	6.12	9.73	32.93	212.04	278.48	332.74	401.26	471.57
六、邮电、运输											
货物运输量(万吨)			606	2 820	3 074	3 171	7 543	8 326	8 844	9 524	10 535
#民　　航			0.07	0.07	0.74	0.95	2.00	1.70	1.66	1.64	2.00
铁　　路			235	221	201	224	435	412	513	297	239
公　　路	261	257	262	2 298	2 541	2 784	6 620	7 244	7 645	8 510	9 545
水　　运	150	77	109	301	331	163	486	668	684	716	749
旅客运输量(万人)			1 733	3 297	3 101	3 983	8 672	10 683	10 396	10 624	11 758
#民　　航			4	8	75	78	178	187	209	220	227
铁　　路			680	517	625	906	1 486	1 977	1 420	1 401	2 373
公　　路	352	634	955	2 720	2 357	2 978	7 008	8 519	8 767	9 003	9 158
水　　运	87	96	94	52	44	20					
邮电业务总量(万元)	469	596	3 262	8 252	42 100	218 524	522 819	467 178	535 354	573 643	660 191
七、固定资产投资											
全社会固定资产投资(万元)	12 209	21 075	46 575	103 225	542 553	798 684	12 573 569	16 039 880	19 408 648	24 032 370	29 064 342

1–4 续表 2

项　　目	1978	1980	1985	1990	1995	2000	2009	2010	2011	2012	2013
八、贸　　易											
社会消费品零售总额(亿元)	5.26	7.49	15.29	29.49	82.41	161.65	634.43	764.94	943.11	1 116.54	1 270.01
实际利用外资额(万美元)			155	1 129	12 537	3 288	158 295	201 800	228 737	263 988	296 437
九、财　　政											
财政总收入(亿元)	2.55	3.42	5.57	10.00	22.04	41.54	249.88	322.34	411.19	500.16	558.02
地方公共财政预算收入(亿元)					10.06	18.30	115.88	146.47	187.03	240.14	291.91
财政支出(亿元)	0.90	1.14	2.45	5.51	10.21	23.79	181.70	232.03	298.80	345.99	419.37
十、物价指数(以上年价格为 100)											
商品零售价格指数	99.7	107.4	110.5	101.8	114.4	97.8	99.4	103.0	105.2	102.4	101.3
居民消费价格指数	99.7	106.6	111.0	103.3	116.2	102.6	99.7	103.2	105.0	102.9	102.3
十一、教育、文化、卫生											
高等学校在校学生数(人)	11 989	18 359	25 809	30 939	45 934	78 252	484 890	490 241	488 901	509 239	520 148
中等专业学校在校学生数(人)	7 841	11 970	13 724	20 437	45 453	80 622	95 311	99 202	94 199	97 143	103 585
普通中学在校学生数(万人)	18.90	17.17	18.44	20.97	20.15	26.15	29.66	30.21	31.15	30.83	29.51
小学在校学生数(万人)	42.25	47.12	49.30	37.86	39.10	40.94	44.58	43.66	43.28	41.63	39.49
图书馆藏书量(万册)	208	228	314	338	366	332	390.47	439.62	417.06	465.69	493.74
卫生机构数(个)	918	923	818	832	790	932	821	798	1 843	1 883	1 900
卫生技术人员数(人)	13 470	14 830	19 267	21 658	22 259	22 477	26 187	27 980	27 966	30 198	31 582
# 医生	5 582	6 304	8 048	9 473	9 701	9 527	9 775	10 330	10 251	11 084	11 369
医疗卫生机构病床数(张)	13 149	14 005	15 000	16 205	16 345	15 130	18 593	20 025	20 876	23 403	25 600
十二、人民生活											
在岗职工平均工资(元)	577	732	1 038	1 798	4 931	8 756	30 452	35 038	39 614	43 771	46 744
城镇居民人均可支配收入(元)		339	639	1 349	3 591	5 734	16 472	18 276	20 741	23 602	26 151
农民人均纯收入(元)	121	184	412	721	1 626	2 390	6 296	7 193	8 484	9 730	10 806
城乡居民储蓄存款余额(亿元)	0.89	2.02	7.06	32.15	138.25	276.89	1 181.82	1 417.58	1 603.96	1 853.57	2 051.16

1-5　主要年份国民经济主要比例关系

单位:%

项　　目	1978	1980	1985	1990	1995	2000	2009	2010	2011	2012	2013
地区生产总值三次产业比例	**100.0**	**100.0**	**100.0**	**100.0**	**100.0**	**100.0**	**100.0**	**100.0**	**100.0**	**100.0**	**100.0**
第一产业	29.3	26.8	24.2	21.9	16.2	10.9	6.1	5.5	5.0	4.9	4.7
第二产业	49.2	48.4	52.6	39.7	45.4	45.8	55.3	56.7	58.7	56.4	55.5
第三产业	21.5	24.8	23.2	38.4	38.4	43.3	38.6	37.8	36.3	38.7	39.8
农业中农林牧副渔及服务业比例	**100.0**	**100.0**	**100.0**	**100.0**	**100.0**	**100.0**	**100.0**	**100.0**	**100.0**	**100.0**	**100.0**
农　　业	85.4	84.1	65.2	55.6	51.2	41.9	38.0	37.1	37.3	37.3	36.9
林　　业	0.9	0.9	1.5	1.1	1.7	1.5	1.2	1.1	1.1	1.2	1.2
牧　　业	11.8	12.6	22.4	31.2	35.2	35.2	38.0	39.2	39.6	37.6	37.0
渔　　业	1.4	1.3	4.6	6.4	11.9	21.4	20.9	20.7	20.1	22.0	22.9
农林牧渔服务业	0.5	1.1	6.3	5.7			1.9	1.9	1.9	1.9	2.0
规模以上工业中轻重工业增加值比例						**100.0**	**100.0**	**100.0**	**100.0**	**100.0**	**100.0**
轻工业						55.2	50.5	50.6	47.6	50.3	48.6
重工业						44.8	49.5	49.4	52.4	49.7	51.4
财政收入占地区生产总值的比例	**17.7**	**20.2**	**17.1**	**16.1**	**9.0**	**9.6**	**13.6**	**14.6**	**15.3**	**16.7**	**16.7**
科教文卫事业费占财政支出的比例	**29.9**	**31.2**	**29.1**	**24.6**	**29.6**	**22.8**	**25.8**	**26.7**	**28.9**	**29.7**	**28.7**

1-6 主要年份主要指标每人年平均水平

项　　目	1978	1980	1985	1990	1995	2000	2009	2010	2011	2012	2013
一、地区生产总值(元)	474	538	977	1 719	6 074	10 861	37 127	43 961	53 023	58 715	64 678
二、农业总产值(元)	148	176	295	648	1 492	1 609	4 041	4 076	4 530	4 859	5 133
三、规模以上工业增加值(元)						2 056	13 279	12 965	15 011	18 849	22 366
四、财政总收入(元)	84	109	167	277	562	957	5 394	6 420	8 108	9747	10 764
五、主要农产品产量											
粮食(千克)	386.96	381.91	481.14	464.44	392.35	361.62	494.83	439.9	467.15	474.80	474.65
棉花(千克)	0.73	0.91	0.47	0.30	0.84	0.76	0.43	0.76	0.75	0.99	0.56
园林水果(千克)			2.13	2.54	1.28	2.12	4.77	4.70	4.89	5.98	6.05
水产品(千克)	2.74	3.68	6.65	15.00	35.05	50.96	73.94	68.85	70.62	71.91	72.69
肉类总产量(千克)			16.03	24.67	42.15	48.18	70.95	65.68	67.22	70.21	70.72
六、主要工业产品产量											
纱(千克)			6.54	6.33	6.17	6.04	5.29	5.98	6.59	6.68	7.88
布(米)	26.28	29.07	27.52	26.98	34.61	30.77	22.60	25.28	13.48	13.76	16.99
发电量(千瓦小时)	248.42	251.39	236.26	417.08	451.35	721.06	235.10	1 549.83	1 745.76	1 497.97	1 550.48
钢材(千克)	25.53	65.69	76.17	60.63	106.87	187.27	665.01	611.74	616.63	709.20	743.06
水泥(千克)			41.29	54.46	90.08	76.44	745.49	635.71	616.10	789.22	993.11
七、人民生活											
在岗职工平均工资(元)	577	732	1 039	1 798	4 931	8 756	30 452	35 038	39 614	43 771	46 744
城镇居民人均可支配收入(元)		339	639	1 349	3 591	5 734	16 472	18 276	20 741	23 602	26 151
农民人均纯收入(元)	121	184	412	721	1 626	2 390	6 296	7 193	8 484	9 730	10 806
城乡居民储蓄存款余额(元)	29	64	210	863	3 404	6 382	23 826	28 364	31 629	36 121	39 566

1-7 主要年份平均每天主要社会经济活动

项　　目	1978	1980	1985	1990	1995	2000	2009	2010	2011	2012	2013
一、地区生产总值(万元)	394	464	892	1 731	6 723	12 744	50 342	60 469	73 668	82 206	91 398
二、农业总产值(万元)	123	152	385	648	1 603	1 903	5 129	5 607	6 293	6 832	7 291
三、规模以上工业增加值(万元)						2 432	16 852	17 833	20 856	26 500	31 766
四、财政总收入(万元)	70	94	153	279	604	1 138	6 846	8 831	11 265	13 703	15 288
五、主要工业产品产量											
纱(吨)			59.7	63.8	66.3	71.5	67.1	82.2	91.5	94.0	111.9
布(万米)	21.9	33.7	25.1	27.4	37.2	36.4	28.7	34.8	18.7	19.4	24.1
发电量(万千瓦小时)	207.0	217.0	216.0	424.0	485.0	852.9	298.4	2 131.8	2 425.5	2 106.0	2 202.2
水泥(吨)	182.2	236.7	377.3	571.2	967.4	904.1	9 460.8	8 744.3	8 559.8	11 095.8	14 105.4
六、社会消费品零售总额(万元)	144	205	418	720	2 284	4 478	17 382	20 957	25 839	30 590	34 795
七、其他经济活动											
货物运输量(万吨)			1.66	7.73	8.42	8.69	20.67	22.81	24.23	26.09	28.86
旅客运输量(万人次)			4.75	9.03	8.50	10.91	23.76	29.27	28.48	29.11	32.21
全社会固定资产投资总额(万元)	33	58	128	283	1 486	2 188	34 448	43 945	52 188	65 842	79 628
函件(万件)	3.65	4.77	14.26	13.10	15.46	8.26	14.87	20.59	12.28	7.52	5.63

1-8 国民经济主要指标占全省比重

(2013年)

项　　目	江　西	南　昌	南昌所占比重(%)
一、土 地 面 积(平方公里)	166 933	7 402.36	4.4
二、年末总人口(抽样调查数,万人)	4 522.15	518.42	11.5
三、地区生产总值(亿元)	14 338.50	3 336.03	23.3
四、农业总产值(亿元)	2 578.35	266.12	10.3
五、规模以上工业增加值(亿元)	5 755.50	1 159.48	20.1
六、主要工业产品产量			
发电量(亿千瓦小时)	788.10	80.38	10.2
钢材(万吨)	2 463.82	385.22	15.6
化肥(折纯量,万吨)	106.29	0.24	0.2
汽车(万辆)	36.81	26.22	71.2
水泥(万吨)	9 204.20	514.85	5.6
布(万米)	77 615.20	8 807.59	11.3
七、主要农产品产量			
粮食(万吨)	2 116.10	246.07	11.6
棉花(万吨)	13.09	0.29	2.2
油料(折油,万吨)	119.22	13.00	10.9
水产品(万吨)	242.65	37.68	15.5
肉类总产量(万吨)	344.52	36.66	10.6
八、全社会固定资产投资(亿元)	12 850.25	2 906.43	22.6
九、社会消费品零售总额(亿元)	4576.05	1 270.01	27.8
十、接待海外旅游者人数(人次)	1 636 100	201 782	12.3
十一、旅游收汇(万美元)	52 508	6 390	12.2
十二、财政总收入(亿元)(省口径)	2 357.13	477.57	20.3
十三、普通高等学校在校学生(万人)	86.18	52.01	60.4
中等专业学校在校学生(万人)	18.17	10.36	57.0
普通中学在校学生(万人)	263.11	29.51	11.2
职业高中在校学生(万人)	20.71	0.62	3.0
小学在校学生(万人)	408.11	39.49	9.7
十四、卫生技术人员(万人)	19.02	3.16	16.6
#医生	7.03	1.14	16.2
十五、卫生机构病床数(万张)	17.43	2.56	14.7

1-9 主要年份地区生产总值

年份	地区生产总值（万元）	第一产业	第二产业	第三产业	人均地区生产总值（元）
1949	14 278	8 804	1 152	4 322	107
1952	21 667	13 045	2 943	5 679	154
1957	37 287	18 053	10 601	8 633	223
1962	42 877	12 109	15 716	15 052	222
1965	65 435	21 413	28 837	15 185	315
1970	93 305	22 785	51 086	19 434	389
1975	107 291	34 267	47 251	25 773	382
1978	143 727	42 065	70 744	30 918	474
1979	158 303	42 494	74 784	41 025	511
1980	169 513	45 361	82 026	42 126	538
1981	189 093	53 874	91 014	44 205	593
1982	204 423	61 052	97 054	46 317	632
1983	212 229	62 386	100 002	49 841	649
1984	257 925	79 281	116 105	62 539	781
1985	325 718	78 735	171 408	75 575	977
1986	369 492	82 109	185 935	101 448	1 093
1987	435 864	90 367	193 554	151 943	1 266
1988	518 161	96 081	231 734	190 346	1 474
1989	591 567	120 079	252 286	219 202	1 647
1990	632 034	138 479	250 705	242 850	1 719
1991	728 886	143 295	285 370	300 221	1 904
1992	946 665	178 041	395 972	372 652	2 429
1993	1 293 955	225 343	584 546	484 066	3 279
1994	1 818 436	334 901	801 503	682 032	4 550
1995	2 454 072	398 415	1 115 241	940 416	6 074
1996	3 105 911	496 539	1 394 535	1 214 837	7 610
1997	3 752 067	536 822	1 702 856	1 512 389	9 100
1998	3 992 606	440 170	1 853 634	1 698 802	9 584
1999	4 237 630	500 233	1 940 558	1 796 839	10 074
2000	4 651 411	506 973	2 128 661	2 015 777	10 861
2001	5 245 868	535 141	2 406 607	2 304 120	11 974
2002	6 019 950	571 461	2 831 427	2 617 062	13 680
2003	7 054 437	604 223	3 415 536	3 034 678	15 501
2004	8 511 066	687 834	4 293 532	3 529 700	18 418
2005	10 077 025	725 990	5 321 257	4 029 778	21 530
2006	11 838 973	772 964	6 424 463	4 641 546	24 966
2007	13 898 920	867 328	7 542 682	5 488 910	28 925
2008	16 606 317	1 014 774	9 198 648	6 392 895	34 078
2009	18 375 008	1 119 023	10 164 345	7 091 640	37 127
2010	22 071 059	1 205 625	12 520 386	8 345 048	43 961
2011	26 888 724	1 349 201	15 792 927	9 746 596	53 023
2012	30 005 236	1 471 886	16 936 475	11 596 875	58 715
2013	33 360 265	1 572 381	18 504 866	13 283 018	64 678

注：2013 年数据为快报数。

1-10 主要年份地区生产总值指数

(按可比价计算)

单位:%

年份	地区生产总值	(以1978年为100)			地区生产总值	(以上年为100)			人均地区生产总值
		第一产业	第二产业	第三产业		第一产业	第二产业	第三产业	
1978	100.0	100.0	100.0	100.0	114.2	101.3	116.4	128.3	111.8
1979	115.5	101.0	105.7	148.4	115.5	101.0	105.7	148.4	113.1
1980	121.9	100.6	117.9	149.4	105.5	99.6	111.5	100.7	103.7
1981	130.4	107.0	135.9	141.1	107.0	106.4	115.3	94.4	105.7
1982	142.2	122.6	140.8	162.1	109.1	114.5	103.6	114.9	107.6
1983	154.8	135.3	162.3	174.4	108.8	110.4	115.3	107.6	107.6
1984	185.7	147.1	196.2	222.4	120.0	108.7	120.9	127.5	118.8
1985	216.2	157.1	239.8	251.7	116.4	106.8	122.2	113.2	115.3
1986	241.5	164.5	254.4	326.5	111.7	104.7	106.1	129.7	110.2
1987	256.9	185.5	233.8	416.6	106.4	112.8	91.9	127.6	104.5
1988	288.8	186.4	264.7	493.7	112.4	100.5	113.2	118.5	110.1
1989	306.7	216.8	268.1	529.2	106.2	116.3	101.3	107.2	103.9
1990	323.9	250.0	266.5	568.4	105.6	115.3	99.4	107.4	103.2
1991	366.6	260.0	315.3	647.9	113.2	104.0	118.3	114.0	109.6
1992	425.6	268.6	379.9	773.6	116.1	103.3	120.5	119.4	114.1
1993	497.1	281.2	470.7	902.8	116.8	104.7	123.9	116.7	115.3
1994	588.1	304.0	588.0	1 051.8	118.3	108.1	124.9	116.5	116.8
1995	682.8	316.1	699.1	1 251.7	116.1	104.0	118.9	119.0	114.8
1996	788.0	347.4	799.7	1 490.7	115.4	109.9	114.4	119.1	114.2
1997	891.2	371.1	901.3	1 732.2	113.1	106.8	112.7	116.2	112.0
1998	960.7	320.6	1 008.6	1 929.7	107.8	86.4	111.9	111.4	106.7
1999	1 046.2	353.3	1 094.3	2 105.3	108.9	110.2	108.5	109.1	107.8
2000	1 142.4	363.9	1 195.0	2 336.9	109.2	103.0	109.2	111.0	107.3
2001	1 280.7	378.8	1 349.1	2 652.4	112.1	104.1	112.9	113.5	109.6
2002	1 457.4	395.1	1 586.6	2 970.6	113.8	104.3	117.6	112.0	113.3
2003	1 683.3	412.5	1 886.4	3 389.5	115.5	104.4	118.9	114.1	111.7
2004	1 961.0	441.8	2 273.2	3 850.5	116.5	107.1	120.5	113.6	114.7
2005	2 290.5	463.9	2 755.1	4 366.4	116.8	105.0	121.2	113.4	115.3
2006	2 636.4	486.6	3 259.2	4 921.0	115.1	104.9	118.3	112.7	113.6
2007	3 042.4	515.3	3 803.5	5 664.0	115.4	105.9	116.7	115.1	114.6
2008	3 498.7	544.2	4 514.8	6 304.1	115.0	105.6	118.7	111.3	113.4
2009	3 955.8	586.1	5 171.8	7 040.3	113.1	107.7	114.6	111.7	111.4
2010	4 509.6	617.7	5 999.7	7 901.8	114.0	105.4	116.0	112.2	112.4
2011	5 095.8	644.9	6 833.7	8 913.2	113.0	104.4	113.9	112.8	111.9
2012	5 732.8	674.5	7 763.1	9 973.9	112.5	104.6	113.6	111.9	111.6
2013	6 346.2	695.5	8 686.9	10 951.3	110.7	103.1	111.9	109.8	109.7

注:2013年数据为快报数。

1-11 主要年份地区生产总值构成

（以地区生产总值为100）

单位：%

年份	第一产业	第二产业	工业	建筑业	第三产业	#交通运输仓储邮电业	#批发零售住宿餐饮业	#金融保险业
1978	29.3	49.2			21.5			
1979	26.8	47.2			26.0			
1980	26.8	48.4			24.8			
1981	28.5	48.1			23.4			
1982	29.9	47.5			22.6			
1983	29.4	47.1			23.5			
1984	30.7	45.0			24.3			
1985	24.2	52.6			23.2			
1986	22.2	50.3			27.5			
1987	20.7	44.4			34.9			
1988	18.5	44.7			36.8			
1989	20.3	42.6	40.7	1.9	37.1	6.6	11.7	10.5
1990	21.9	39.7	37.7	2.0	38.4	5.0	10.8	10.7
1991	19.6	39.2	35.1	4.1	41.2	4.0	10.6	10.4
1992	18.8	41.8	37.7	4.1	39.4	3.5	10.3	10.3
1993	17.4	45.2	41.0	4.2	37.4	5.0	7.9	5.3
1994	18.4	44.1	39.8	4.3	37.5	5.0	10.3	5.1
1995	16.2	45.4	39.0	6.4	38.4	5.4	11.9	5.1
1996	16.0	44.9	37.0	7.9	39.1	5.8	11.3	5.0
1997	14.3	45.4	34.8	10.6	40.3	6.1	11.5	4.9
1998	11.0	46.4	35.7	10.7	42.6	6.6	11.9	5.0
1999	11.8	45.8	35.1	10.7	42.4	6.7	11.7	4.8
2000	10.9	45.8	34.9	10.9	43.3	7.1	12.0	4.6
2001	10.2	45.9	35.0	10.9	43.9	7.5	11.5	4.3
2002	9.5	47.0	35.2	11.8	43.5	7.5	10.7	4.3
2003	8.6	48.4	35.9	12.5	43.0	7.8	9.7	4.0
2004	8.1	50.4	36.3	14.1	41.5	7.9	9.3	4.6
2005	7.2	52.8	37.2	15.6	40.0	9.4	8.6	4.4
2006	6.5	54.3	37.9	16.4	39.2	9.2	8.4	4.3
2007	6.2	54.3	38.4	15.9	39.5	8.3	8.3	5.2
2008	6.1	55.4	40.8	14.6	38.5	7.5	8.3	5.0
2009	6.1	55.3	41.0	14.3	38.6	7.3	8.8	5.6
2010	5.5	56.7	43.1	13.6	37.8	6.9	9.0	5.3
2011	5.0	58.7	45.5	13.2	36.3	6.3	8.8	5.2
2012	4.9	56.4	43.0	13.4	38.7	4.6	9.0	5.3
2013	4.7	55.5	41.9	13.6	39.8	4.4	8.9	5.7

注：2013年数据为快报数。

1-12　地区生产总值增长

单位:万元

项　　目	2012	2013	2013 年比上年增长%
地区生产总值	**30 005 236**	**33 360 265**	**10.7**
第一产业	1 471 886	1 572 381	3.1
第二产业	16 936 475	18 504 866	11.9
工　业	12 909 303	13 986 280	11.7
建筑业	4 027 172	4 518 586	12.6
第三产业	11 596 875	13 283 018	9.8

注:1、绝对数为当年价,增长速度按可比价计算。
2、2013 年数据为快报数。

1-13 县区地区生产总值

单位:万元、%

地　　区	地区生产总值		地区生产总值指数	
	2012	2013	2012	2013
东 湖 区	3 700 911	4 041 309	111.6	109.6
西 湖 区	3 927 742	4 063 000	111.7	109.0
青云谱区	2 320 654	2 585 600	112.4	111.1
湾 里 区	348 091	401 133	111.6	111.8
青山湖区	4 044 434	4 445 223	112.6	110.3
南 昌 县	4 375 736	5 000 649	113.7	112.0
新 建 县	2 406 108	2 706 379	113.4	111.5
安 义 县	753 407	860 844	113.5	112.8
进 贤 县	2 339 486	2 597 510	112.5	110.7
经济开发区	2 172 534	2 424 324	114.4	112.4
高新开发区	3 159 447	3 484 643	114.6	110.8
红谷滩新区	889 352	1 001 630	114.0	110.8
桑海开发区	89 686	103 800	117.5	113.8

注:2013 年数据为快报数。

主要统计指标解释

地区生产总值 即GDP,是一个国家(地区)所有常住单位在一定时间内按市场价格计算的生产活动的最终成果。国内生产总值有三种表现形态,即价值形态、收入形态和产品形态。从价值形态看,它是所有常住单位在一定时间内所生产的全部货物和服务价值超过同期投入的全部非固定资产货物和服务的差额,即所有常住单位的增加值之和;从收入形态看,它是所有常住单位在一定时间内所创造并分配给常住单位和非常住单位的初次分配收入之和;从产品形态看,它是最终使用的货物和服务减去进口货物和服务。在实际核算中,生产总值的三种表现形态为三种计算方式,即生产法、收入法和支出法。三种方法分别从不同的方面反映生产总值及其构成。这项指标名称全国为国内生产总值,各省、市、县都称地区生产总值。

增加值 指各部门(单位)在一定时期内从事经济、社会活动获得最终成果的货币表现。反映生产单位和部门对国内生产总值的贡献。增加值包括固定资产折旧、劳动者报酬、生产税净额、营业盈余。

三次产业 根据社会生产活动历史发展的顺序对产业结构的划分,产品直接取自自然界的部门称为第一产业,对初级产品进行再加工的部门称为第二产业,为生产和消费提供各种服务的部门称为第三产业。它是世界上通用的产业结构分类,但各国的划分不尽一致。我国的三次产业划分是:

第一产业是指农、林、牧、渔业。

第二产业是指采矿业,制造业,电力、燃气及水的生产和供应业,建筑业。

第三产业是指除第一、第二产业以外的其他行业。第三产业包括:批发和零售业,交通运输、仓储和邮政业,住宿和餐饮业,信息传输、软件和信息技术服务业,金融业,房地产业,租赁和商务服务业,科学研究和技术服务业,水利、环境和公共设施管理业,居民服务、修理和其他服务业,教育,卫生和社会工作,文化、体育和娱乐业,公共管理、社会保障和社会组织,国际组织。

最终消费支出 指常住单位在一定时期内对于货物和服务的全部最终消费支出,也就是常住单位为满足物质、文化和精神生活的需要,从本国经济领土和国外购买的货物和服务的支出;不包括非常住单位在本国经济领土内的消费支出。最终消费支出分为居民消费支出和政府消费支出。

居民消费支出 指常住住户在一定时期内对货物和服务的全部最终消费支出。居民消费支出除了直接以货币形式购买的货物和服务的消费支出外,还包括以其他方式获得的货物和服务的消费支出,即所谓的虚拟消费支出。居民虚拟消费支出包括以下几种类型:单位以实物报酬及实物转移的形式提供给劳动者的货物和服务;住户生产并由本住户消费了的货物和服务,其中的服务仅指住户的自有住房服务;金融机构提供的金融媒介服务;保险公司提供的保险服务。

政府消费支出 指政府部门为全社会提供公共服务的消费支出和免费或以较低价格向居民住户提供的货物和服务的净支出。前者等于政府服务的产出价值减去政府单位所获得的经营收入的价值;后者等于政府部门免费或以较低价格向居民住户提供的货物和服务的市场价值减去向居民住户收取的价值。

资本形成总额 指常住单位在一定时期内获得减去处置的固定资本和存货的净额,包括固定资本形成总额和存货增加两部分。

固定资本形成总额 指常住单位在一定时期内获得的固定资产减处置的固定资产的价值总额。固定资产是通过生产活动生产出来的,且其使用年限在一年以上,单位价值在规定标准以上的资产,不包括自然资产。可分为有形固定资本形成总额和无形固定资本形成总额。有形固定资本形成总额包括一定时期内完成的建筑工程、安装工程和设备器具购置(减处置)价值,以及土地改良、新增役、种、奶、毛、娱乐用牲畜和新增经济林木价值。无形固定资本形成总额包括矿藏的勘探、计算机软件等获得减处置。

存货增加 指常住单位在一定时期内存货实物量变动的市场价值,即期末价值减期初价值的差额,再扣除当期由于价格变动而产生的持有收益。存货增加可以是正值,也可以是负值;正值表示存货上升,负值表示存货下降。它包括生产单位购进的原材料、燃料和储备物资等存货,以及生产单位生产的产成品、在制品和半成品等存货。

当年价格 指报告期的实际价格，如工厂的出厂价格、农产品的收购价格、商业的零售价格等。按当年价格计算，是指一些以货币表现的物量指标加工农业总产值、国内生产总值等，按照当年的实际价格来计算总量。使用当年价格计算的数字，是为了使国民经济各项指标相互衔接，便于考察当年经济效益，便于对生产和流通、生产和分配、生产和消费进行经济核算的综合平衡。

按当年价格计算的价值指标，在不同年份之间进行对比时，因为包含有各年间价格变动因素，不能确切反映实物量的增减变动。必须消除价格变动因素后，才能真实反映经济发展动态。因此，在计算增长速度时都使用按可比价格计算的数字。

可比价格 指在不同时期的价值指标对比时，扣除了价格变动的因素，以确切表示物量的变化。按可比价格计算有两种方法：一种是直接按产品产量乘其不变价格计算；一种是用物价指数换算。

不变价格 指用同类产品的年平均价格作为固定价格，来计算各年产品价值。按不变价格计算的产品价值除了价格变动因素，不同时期对比可以反映生产的发展速度。新中国成立后，随着工农业产品价格水平的变化，国家统计局先后五次制定了全国统一的工业产品不变价格和农业产品不变价格。从 1949 年至 1957 年使用 1952 年工(农)业产品不变价格，从 1957 年到 1971 年使用 1957 年不变价格，从 1971 年到 1981 年使用 1970 年不变价格，从 1981 年到 1990 年使用 1980 年不变价格，从 1990 年开始使用 1990 年不变价格。

平均每年增长速度 在我国计算平均增长速度有两种方法，一种是习惯上经常使用的“水平法”又称几何平均法，是以间隔期最后一年的水平同基期水平对比来计算平均每年增长(或下降)速度。

另一种是“累计法”，又称代数平均法或方程法，是以间隔期内各年水平的总和同基期水平对比来计算平均每年增长(或下降)速度。

在一般情况下，两种方法计算的平均每年增长速度比较接近，但在经济发展不平衡，出现大起大落时，两种方法计算的结果差别较大。

本《年鉴》内所列的从某年到某年平均增长速度的年份，均不包括基期年在内。如改革开放以来 20 年的平均增长速度是以 1978 年为基期计算的，则写为 1979—1998 年平均增长速度，其余类推。

大中城市划分 是根据管理工作的需要，按市区(不包括市辖县)的非农业人口总数多少对城市规模进行划分。目前我国统计工作中将城市分以下几组：

(1)100 万人口以上的特大城市：

(2)50–100 万人口为大城市；

(3)20–50 万人口为中等城市；

(4)20 万人口以下为小城市：

上述分组，随着我国的政治经济和改革的深入发展，将会调整。

国民经济行业分类 在统计工作中为取得分行业的数据资料并统一分类和编码，正确反映国民经济各行业的结构和发展状况，便于研究国民经济的各项比例关系，而制定的国民经济行业划分标准。按现行统计制度规定，我国行业划分为 20 大类，排列顺序如下：

(1)农、林、牧、渔业(2)采矿业(3)制造业(4)电力、热力、燃气及水生产和供应业(5)建筑业(6)批发和零售业(7)交通运输、仓储和邮政业(8)住宿和餐饮业(9)信息传输、软件和信息技术服务业(10)金融业(11)房地产业(12)租赁和商务服务业(13)科学研究和技术服务业(14)水利、环境和公共设施管理业(15)居民服务、修理和其他服务业(16)教育(17)卫生和社会工作(18)文化、体育和娱乐业(19)公共管理、社会保障和社会组织(20)国际组织。

二、人口·劳动力

POPULATION AND LABOUR FORCE

本篇内容包括：

1.主要年份户数和人口
2.人口构成情况
3.人口变动情况
4.劳动力资源
5.从业人员的社会分布状况

年末总人口

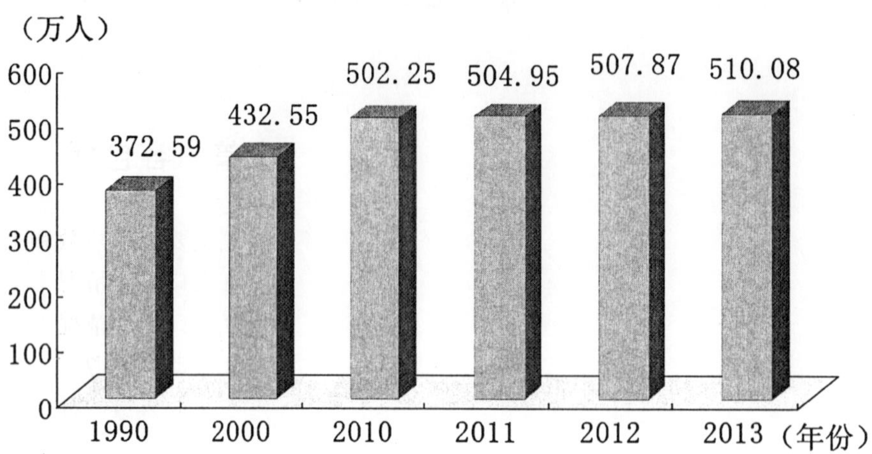

人口自然增长率

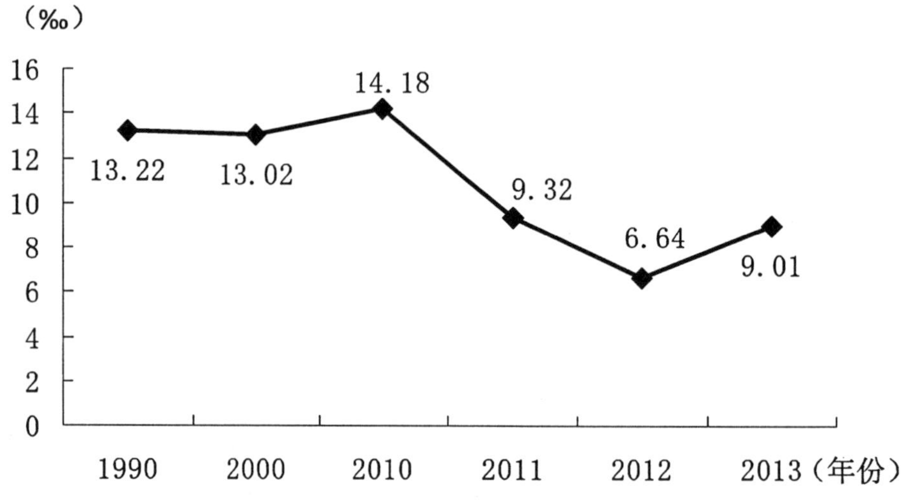

社会从业人员

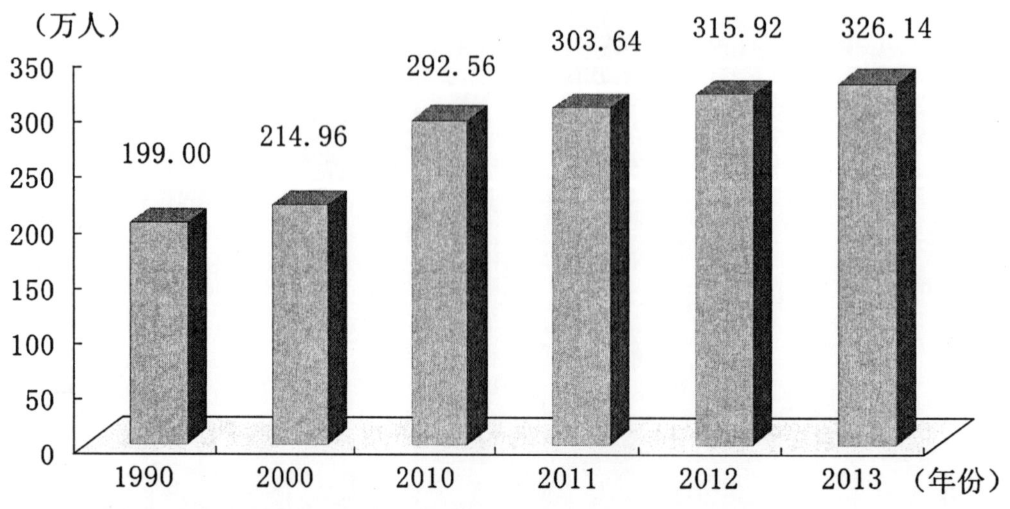

2-1 主要年份户数和人口数

(年末数)

年份	总户数 (万户)	总人口 (万人)	按性别分	
			男	女
1980	64.41	317.23	165.43	151.80
1990	86.70	372.59	193.70	178.89
2000	111.85	432.55	225.42	207.13
2010	145.20	502.25	262.55	239.70
2011	148.86	504.95	263.30	241.65
2012	152.56	507.87	264.41	243.46
2013	156.28	510.08	265.30	244.78

2-2 主要年份按农业和非农业分的人口数

(年末数)

年　份	按农业和非农业分的人口数(万人)		以年末总人口为100			
	农业人口	非农业人口	男	女	农业人口	非农业人口
1980	216.49	100.74	52.1	47.9	68.2	31.8
1990	235.79	136.80	52.0	48.0	63.3	36.7
2000	256.66	175.89	52.1	47.9	59.3	40.7
2010	268.22	234.02	52.3	47.7	53.4	46.6
2011	271.23	233.72	52.1	47.9	53.7	46.3
2012	273.59	234.28	52.1	47.9	53.9	46.1
2013	274.12	235.96	52.0	48.0	53.8	46.2

2-3 主要年份人口自然变动情况

年　　份	年平均人口（万人）	人口出生率（‰）	人口死亡率（‰）	人口自然增长率（‰）	人口密度（人/平方公里）
1980	315.10	12.54	5.32	7.22	429
1990	367.78	18.24	5.02	13.22	503
2000	428.39	18.75	5.73	13.02	584
2010	499.79	21.97	7.79	14.18	678
2011	503.60	12.46	3.14	9.32	680
2012	506.41	15.03	8.39	6.64	684
2013	508.97	14.42	5.41	9.01	688

2-4 各县区家庭户数和人口数

(2013 年)

地　　区	户 数(户)	总　人　口(人)				
		合　计	男	女	农业人口	非农业人口
全　　市	**1 562 781**	**5 100 753**	**2 652 975**	**2 447 778**	**2 741 191**	**2 359 562**
东　湖　区	135 088	458 192	229 787	228 405	7 828	450 364
西　湖　区	148 199	445 100	222 907	222 193	4 315	440 785
青 云 谱 区	83 384	267 821	138 705	129 116	21 618	246 203
湾　里　区	34 554	79 892	42 502	37 390	49 907	29 985
青 山 湖 区	142 750	445 838	229 791	216 047	164 512	281 326
南　昌　县	292 758	1 017 279	534 697	482 582	813 622	203 657
新　建　县	185 473	686 899	360 634	326 265	526 989	159 910
安　义　县	94 053	293 293	156 304	136 989	218 926	74 367
进　贤　县	270 914	839 693	440 039	399 654	654 304	185 389
经济开发区	35 757	122 134	65 360	56 774	48 784	73 350
高新开发区	68 027	228 595	121 095	107 500	176 462	52 133
红谷滩新区	61 655	189 789	97 669	92 120	45 674	144 115
桑海开发区	10 169	26 228	13 485	12 743	8 250	17 978

2-5 各县区人口变动情况

(2013 年)

地　　区	年平均人口(人)	机械变动(人)		自然变动(人)		人口出生率(‰)	人口死亡率(‰)	人口自然增长率(‰)	人口机械增长率(‰)
		迁　入	迁　出	出　生	死　亡				
全　　市	**5 089 723**	**61 508**	**65 084**	**73 396**	**27 517**	**14.42**	**5.41**	**9.01**	**–0.70**
东　湖　区	459 743	4 540	7 149	3 793	1 676	8.25	3.65	4.60	–5.67
西　湖　区	444 933	3 789	3 153	3 699	1 771	8.31	3.98	4.33	1.43
青 云 谱 区	266 563	3 482	2 780	2 184	820	8.19	3.08	5.11	2.63
湾　里　区	80 487	1 168	2 325	1 250	533	15.53	6.62	8.91	–14.37
青 山 湖 区	444 038	4 582	4 569	5 201	1 808	11.71	4.07	7.64	0.03
南　昌　县	1 013 145	10 896	9 677	16 160	9 111	15.95	8.99	6.96	1.20
新　建　县	686 855	4 231	6 253	11 829	3 758	17.22	5.47	11.75	–2.94
安　义　县	291 683	1 412	1 376	6 095	2 287	20.90	7.84	13.06	0.12
进　贤　县	840 460	11 882	5 377	12 905	3 527	15.35	4.20	11.15	7.74
经济开发区	124 538	4 603	9 941	1 635	359	13.13	2.88	10.25	–42.86
高新开发区	226 700	3 699	5 257	4 452	670	19.64	2.96	16.68	–6.87
红谷滩新区	184 337	7 056	6 860	3 867	1 109	20.98	6.02	14.96	1.06
桑海开发区	26 241	168	367	326	88	12.42	3.35	9.07	–7.58

2-6 各县辖镇家庭户数和人口数

(2013 年)

地　　区	户数(户)	总人口(人)				
		合　计	男	女	农业人口	非农业人口
全　　市	**560 271**	**1 860 480**	**977 449**	**883 031**	**1 328 704**	**531 776**
南 昌 县	**187 604**	**636 649**	**334 033**	**302 616**	**468 234**	**168 415**
莲 塘 镇	40 825	135 134	70 207	64 927	38 767	96 367
向 塘 镇	33 995	101 280	52 374	48 906	60 842	40 438
冈 上 镇	13 098	46 437	24 485	21 952	42 489	3 948
幽 兰 镇	24 215	76 756	40 759	35 997	69 760	6 996
武 阳 镇	16 309	53 901	28 654	25 247	49 815	4 086
三 江 镇	8 224	31 337	16 461	14 876	27 351	3 986
塘 南 镇	12 262	58 579	31 160	27 419	55 290	3 289
蒋 巷 镇	27 682	93 127	49 243	43 884	86 600	6 527
广 福 镇	10 994	40 098	20 690	19 408	37 320	2 778
新 建 县	**127 108**	**484 389**	**254 623**	**229 766**	**356 430**	**127 959**
长 堎 镇	33 891	124 444	65 744	58 700	35 235	89 209
望 城 镇	6 139	19 344	10 151	9 193	16 063	3 281
西 山 镇	9 619	43 983	23 225	20 758	41 065	2 918
石 岗 镇	15 077	57 034	30 291	26 743	50 436	6 598
松 湖 镇	9 022	38 289	20 311	17 978	34 865	3 424
乐 化 镇	8 457	25 174	12 991	12 183	18 193	6 981
樵 舍 镇	11 434	40 307	20 816	19 491	33 981	6 326
联 圩 镇	10 716	36 724	19 121	17 603	34 707	2 017
石 埠 镇	6 496	38 009	20 342	17 667	34 853	3 156
溪 霞 镇	8 013	30 718	15 883	14 835	28 781	1 937
象 山 镇	8 244	30 363	15 748	14 615	28 251	2 112
安 义 县	**80 174**	**246 241**	**131 102**	**115 139**	**175 020**	**71 221**
龙 津 镇	25 238	69 913	36 974	32 939	14 463	55 450
鼎 湖 镇	12 014	37 082	19 746	17 336	33 560	3 522
东 阳 镇	8 584	25 637	13 553	12 084	22 094	3 543
长 埠 镇	6 598	22 240	11 820	10 420	21 034	1 206
万 埠 镇	9 384	30 260	16 054	14 206	26 270	3 990
石 鼻 镇	13 086	42 900	23 037	19 863	40 209	2 691
黄 洲 镇	5 270	18 209	9 918	8 291	17 390	819
进 贤 县	**165 385**	**493 201**	**257 691**	**235 510**	**329 020**	**164 181**
民 和 镇	58 656	173 877	89 788	84 089	57 441	116 436
梅 庄 镇	13 545	39 750	20 764	18 986	37 520	2 230
前 坊 镇	11 578	36 375	18 784	17 591	33 161	3 214
温 圳 镇	16 037	46 971	24 894	22 077	34 573	12 398
李 渡 镇	14 200	44 080	23 002	21 078	29 917	14 163
文 港 镇	20 674	52 807	27 976	24 831	43 737	9 070
架 桥 镇	9 051	30 772	16 349	14 423	29 088	1 684
罗 溪 镇	10 715	33 099	17 290	15 809	31 007	2 092
张 公 镇	10 929	35 470	18 844	16 626	32 576	2 894

2-7 人口和计划生育情况

(2012 年 10 月—2013 年 9 月)　　单位:人

项　　目	合计	东湖区	西湖区	青云谱区	湾里区	青山湖区	南昌县
一、期末已婚育龄妇女数	**1 183 427**	**119 600**	**109 474**	**62 782**	**18 606**	**126 088**	**223 460**
无　孩	56 064	7 703	8 072	5 161	588	6 852	7 659
一　孩	546 872	92 530	78 448	47 281	7 981	72 060	72 770
二　孩	460 399	17 730	20 523	9 395	7 110	41 816	118 961
二、期末落实节育措施数	**1 117 250**	**110 424**	**100 896**	**58 471**	**17 855**	**116 998**	**213 106**
结　扎	470 604	8 945	11 342	5 313	8 501	38 010	122 560
上　环	422 374	57 545	44 430	31 218	6 990	52 765	66 262
皮　埋	309	42	19	14	43	58	19
药　具	222 998	43 883	45 076	21 913	2 316	25 634	24 088
其　他	965	9	29	13	5	531	177
三、期末领取独生子女证	**226 138**	**54 133**	**48 309**	**30 516**	**3 331**	**34 440**	**11 173**
四、期内出生人数	**63 884**	**4 133**	**4 122**	**2 193**	**926**	**5 902**	**14 693**
一　孩	39 618	3 441	3 465	1 845	569	4 203	8 197
二　孩	20 452	663	631	342	300	1 525	5 425

续表　　(2012年10月—2013年9月)　　单位:人

项　　目	新建县	安义县	进贤县	经济开发区	高新开发区	红谷滩新区	桑海开发区
一、期末已婚育龄妇女数	**150 188**	**68 797**	**196 021**	**22 648**	**42 556**	**37 469**	**5 738**
无　　孩	5 200	3 360	6 034	1 753	1 524	1 969	189
一　　孩	49 118	18 839	65 690	10 297	10 113	18 500	3 245
二　　孩	64 263	35 786	100 090	7 778	23 282	11 829	1 836
二、期末落实节育措施数	**145 486**	**64 101**	**188 742**	**20 385**	**40 310**	**35 107**	**5 369**
结　　扎	83 878	38 087	101 718	8 898	27 446	13 937	1 969
上　　环	45 651	18 412	66 023	7 255	7 552	15 546	2 725
皮　　埋	13	28	24	19	2	25	3
药　　具	15 853	7 539	20 933	4 210	5 308	5 591	654
其　　他	91	35	44	3	2	8	18
三、期末领取独生子女证	**10 358**	**6 001**	**16 949**	**3 275**	**1 932**	**4 220**	**1 501**
四、期内出生人数	**9 230**	**4 325**	**11 446**	**1 262**	**2 951**	**2 456**	**245**
一　　孩	5 125	2 278	6 103	824	1 722	1 674	172
二　　孩	3 348	1 704	4 433	346	976	692	67

2-8 主要年份劳动力资源

年　份	劳动力资源（万人）	社会从业人员（万人）	劳动力资源占人口比重（%）	劳动力资源利用率（%）
1980	152.67	136.03	48.1	89.1
1990	233.57	199.00	62.7	85.2
2000	296.74	214.96	68.6	72.4
2010	360.49	292.56	71.8	81.1
2011	370.42	303.64	73.4	82.0
2012	379.65	315.92	74.7	83.2
2013	390.39	326.14	76.5	83.5

2-9 主要年份社会从业人员

（按产业结构分）

年份	年末从业人员（万人）			构成（%）		
	第一产业	第二产业	第三产业	第一产业	第二产业	第三产业
1980	75.84	39.60	20.59	55.8	29.1	15.1
1990	94.57	60.98	43.45	47.5	30.7	21.8
2000	84.84	56.34	73.78	39.5	26.2	34.3
2010	71.41	73.01	148.14	24.4	25.0	50.6
2011	69.49	87.27	146.88	22.9	28.7	48.4
2012	70.40	113.57	131.95	22.3	35.9	41.8
2013	68.91	118.68	138.55	21.1	36.4	42.5

2-10 城乡劳动力资源配置

(2013 年)　　　　单位:万人

	合计	城镇	乡村
一、年末劳动力资源总数	**390.39**	**241.81**	**148.58**
#当年新增劳动力资源	6.63	4.36	2.27
1.年末 16 岁以上全部人数	479.24	297.76	181.48
#不计入劳动力资源的人数	88.49	55.02	33.47
2.机械变动差额跨地区调整数	-0.36	-0.93	0.57
二、经济活动人口	**327.45**	**189.69**	**137.76**
(一) 从业人员	326.14	188.38	137.76
按就业者身份分			
单位就业人员	119.58	119.58	
私营业主	6.77	5.62	1.14
个体户主	18.20	14.00	4.20
私营企业和个体从业人员	61.63	49.18	12.45
乡镇企业从业人员	58.45		58.45
农村从业人员	61.52		61.52
按经济类型分			
国有	43.01	43.01	
集体	116.35	3.27	113.08
股份合作	1.76	1.76	
联营	0.03	0.03	
有限责任公司	36.26	36.26	
股份有限公司	11.85	11.85	
港澳台投资	8.38	8.38	

(2013 年)

单位:万人

	合　计	城　镇	乡　村
外商投资	5.71	5.71	
私营	48.13	38.16	9.97
个体	38.46	30.64	7.82
其他	16.21	9.32	6.89
按国民经济行业分			
1.农、林、牧、渔业	68.91	3.12	65.79
2.采矿业	0.17	0.17	
3.制造业	63.68	46.14	17.54
4.电力、燃气及水的生产和供应业	1.79	1.79	
5.建筑业	53.05	46.19	6.86
6.交通运输、仓储和邮政业	13.84	8.18	5.66
7 信息传输、计算机服务和软件业	4.09	3.04	1.05
8.批发和零售业	41.09	32.35	8.74
9.住宿和餐饮业	11.35	6.49	4.86
10.金融业	3.38	3.38	
11.房地产业	2.93	2.93	
12.租赁和商务服务业	4.18	4.18	
13.科学研究、技术服务和地质勘查业	2.80	2.80	
14.水利、环境和公共设施管理业	1.42	1.42	
15.居民服务和其他服务业	5.07	5.07	
16.教育	6.48	6.48	
17.卫生、社会保障和社会福利业	3.99	3.99	
18.文化、体育和娱乐业	1.46	1.46	
19.公共管理和社会组织	7.30	7.30	
20.其他	29.16	1.90	27.26
(二)失业人员	1.31	1.31	
三、非经济活动人口	**62.94**	**52.12**	**10.82**
#16 岁以上在校学生	40.84	39.61	1.23

2-11 社会从业人员

(2013 年)　　　　单位:人

	合计	城镇	乡村
总计	**3 261 423**	**1 883 816**	**1 377 607**
一、按县区分			
南昌县	594 938	211 751	383 187
新建县	343 217	78 093	265 124
安义县	126 869	33 776	93 093
进贤县	417 113	69 403	347 710
市区	1 779 286	1 490 793	288 493
#东湖区	148 032	144 167	3 865
西湖区	315 070	302 123	12 947
青云谱区	261 779	239 927	21 852
湾里区	44 318	22 137	22 181
青山湖区	290 096	209 578	80 518
经济开发区	129 531	101 597	27 934
高新开发区	241 068	147 210	93 858
红谷滩新区	86 639	66 625	20 014
桑海开发区	16 339	11 015	5 324
二、按产业结构分			
第一产业	689 121	31 164	657 957
第二产业	1 186 827	942 798	244 029
第三产业	1 385 475	909 854	475 621
三、按国民经济行业分			
1.农、林、牧、渔业	689 121	31 164	657 957
2.采掘业	1 700	1 700	
3.制造业	636 801	461 368	175 433
4.电力、燃气及水的生产和供应业	17 861	17 861	
5.建筑业	530 465	461 869	68 596
6.交通运输、仓储和邮政业	138 378	81 764	56 614
7.信息传输、计算机服务和软件业	40 864	30 380	10 484
8.批发和零售业	410 827	323 460	87 367
9.住宿和餐饮业	113 533	64 907	48 626
10.金融业	33 766	33 766	
11.房地产业	29 324	29 324	
12.租赁和商务服务业	41 755	41 755	
13.科学研究、技术服务和地质勘查业	28 022	28 022	
14.水利、环境和公共设施管理业	14 216	14 216	
15.居民服务和其他服务业	50 687	50 687	
16.教育	64 785	64 785	
17.卫生、社会保障和社会福利业	39 934	39 934	
18.文化、体育和娱乐业	14 644	14 644	
19.公共管理和社会组织	72 958	72 958	
20.其他	291 782	19 252	272 530

2-12 主要年份职工人数

单位:人

年 份	合 计	国有单位	城镇集体单位	其他单位
1980	585 109	437 294	147 815	
1990	820 382	605 161	213 470	1 751
2000	587 729	402 485	92 152	93 092
2010	651 635	418 260	39 779	193 596
2011	847 804	383 695	58 381	405 728
2012	869 901	392 041	24 660	453 200
2013	1 060 080	381 262	24 572	654 246

2-13 单位从业人员数

(2013 年)

单位:人

	合 计	#女 性	国 有	城镇集体	其 他
总 计	**1 195 800**	**364 532**	**430 093**	**32 726**	**732 981**
一、按隶属关系分					
中 央	123 382	37 730	88 893	212	34 277
省 属	406 194	90 927	141 249	1 102	263 843
市 属	666 224	235 875	199 951	31 412	434 861
二、按县区分					
东 湖 区	42 246	18 459	12 253	853	29 140
西 湖 区	211 049	54 709	56 240	5 064	149 745
青云谱区	153 182	24 908	46 514	1 072	105 596
湾 里 区	7 312	2 016	3 334	357	3 621
青山湖区	51 931	21 312	6 414	3 702	41 815
南 昌 县	191 488	49 427	35 942	15 313	140 233
新 建 县	47 251	17 853	20 410	1 924	24 917
安 义 县	12 709	4 756	7 149	42	5 518
进 贤 县	47 550	20 409	15 307	1 087	31 156
经济开发区	80 652	19 779	6 576	401	73 675
高新开发区	106 567	37 751	13 048	1 018	92 501
红谷滩新区	42 983	11 055	13 875	938	28 170
桑海开发区	7 636	3 836	743		6 893
三、按企业、事业、机关分					
企 业	1 019 100	286 964	254 867	31 379	732 854
事 业	121 619	60 401	120 145	1 347	127
机 关	55 081	17 167	55 081		
四、按产业结构分					
第一产业	8 257	3 650	5 056	42	3 159
第二产业	732 998	181 350	114 728	30 041	588 229
第三产业	454 545	179 532	310 309	2 643	141 593

2-14 在岗职工人数

(2013 年)　　单位:人

	合 计	国 有	城镇集体	其 他
总　计	**1 060 080**	**381 262**	**24 572**	**654 246**
一、按隶属关系分				
中　央	114 069	81 137	212	32 720
省　属	336 373	119 410	203	216 760
市　属	609 638	180 715	24 157	404 766
二、按县区分				
东 湖 区	37 603	11 585	728	25 290
西 湖 区	190 031	43 929	1 353	144 749
青云谱区	116 666	36 945	141	79 580
湾 里 区	7 276	3 301	357	3 618
青山湖区	42 869	6 263	2 649	33 957
南 昌 县	181 203	35 867	8 415	136 921
新 建 县	34 021	13 363	1 924	18 734
安 义 县	11 909	6 769	42	5 098
进 贤 县	46 197	14 726	1 078	30 393
经济开发区	75 782	4 727	401	70 654
高新开发区	94 274	13 532	950	79 792
红谷滩新区	24 453	5 428	903	18 122
桑海开发区	7 660	322		7 338
三、按企业、事业、机关分				
企　业	888 346	210 942	23 285	654 119
事　业	118 825	117 411	1 287	127
机　关	52 909	52 909		
四、按产业结构分				
第一产业	7 913	5 056	42	2 815
第二产业	626 848	87 763	22 150	516 935
第三产业	425 319	288 443	2 380	134 496

2-15 单位从业人员年平均人数

单位:人

	合计		国有单位		城镇集体单位		其他单位	
	2012	2013	2012	2013	2012	2013	2012	2013
总　计	**932 603**	**1 178 985**	**431 143**	**425 702**	**30 276**	**30 901**	**471 184**	**722 382**
一、按隶属关系分								
中　央	134 349	123 999	103 793	88 574	292	212	30 264	35 213
省　属	296 572	363 809	155 262	140 777	1 078	1 078	140 232	221 954
市　属	501 682	691 177	172 088	196 351	28 906	29 611	300 688	465 215
二、按县区分								
东湖区	34 244	40 928	10 719	11 806	1 026	836	22 499	28 286
西湖区	109 660	197 936	38 112	52 008	4 798	5 040	66 750	140 888
青云谱区	145 257	149 818	48 624	45 473	1 100	1 076	95 533	103 269
湾里区	7 871	7 153	3 044	3 291	591	354	4 336	3 508
青山湖区	47 118	51 259	6 613	6 507	3 519	3 729	36 983	41 023
南昌县	139 044	188 583	24 530	34 880	11 114	13 268	103 400	140 435
新建县	36 678	49 381	19 507	20 648	1 742	1 845	15 429	26 888
安义县	12 732	12 721	7 176	7 134	46	42	5 510	5 545
进贤县	42 094	46 613	14 906	15 294	2 455	1 087	24 733	30 232
经济开发区	58 482	79 416	6 960	6 571		393	51 522	72 452
高新开发区	84 353	105 423	19 677	12 978	1 414	1 014	63 262	91 431
红谷滩新区	28 897	44 460	10 129	12 346	507	940	18 261	31 174
桑海开发区	6 732	7 871	3 089	743			3 643	7 128
三、按企业、事业、机关分								
企　业	719 915	1 000 074	219 822	248 261	28 983	29 558	471 110	722 255
事　业	157 222	124 088	155 855	122 618	1 293	1 343	74	127
机　关	55 466	54 823	55 466	54 823				
四、按产业结构分								
第一产业	7 831	8 338	7 789	5 139	42	42		3 157
第二产业	518 471	716 135	113 338	108 471	27 697	28 226	377 436	579 438
第三产业	406 301	454 512	310 016	312 092	2 537	2 633	93 748	139 787

2-16 在岗职工年平均人数

单位:人

	合计		国有单位		城镇集体单位		其他单位	
	2012	2013	2012	2013	2012	2013	2012	2013
总计	**843 862**	**1 043 302**	**381 216**	**380 607**	**23 132**	**22 940**	**439 514**	**639 755**
一、按隶属关系分								
中央	130 115	116 182	100 930	82 452	292	212	28 893	33 518
省属	262 636	294 579	134 258	119 186	201	201	128 177	175 192
市属	451 111	632 541	146 028	178 969	22 639	22 527	282 444	431 045
二、按县区分								
东湖区	31 030	36 706	10 428	11 356	865	733	19 737	24 617
西湖区	91 546	172 368	26 388	41 277	1 343	1 269	63 815	129 822
青云谱区	126 691	113 723	38 255	36 326	144	140	88 292	77 257
湾里区	7 971	7 117	3 044	3 258	591	354	4 336	3 505
青山湖区	42 758	42 342	6 343	6 361	2 963	2 613	33 452	33 368
南昌县	135 259	180 566	24 327	34 809	9 649	8 346	101 283	137 411
新建县	29 754	34 955	15 992	13 336	1 742	1 845	12 020	19 774
安义县	11 867	11 898	6 805	6 758	46	42	5 016	5 098
进贤县	40 582	45 218	13 816	14 715	2 375	1 078	24 391	29 425
经济开发区	57 812	74 562	6 813	4 819		393	51 032	69 350
高新开发区	78 000	99 079	18 909	13 940	1 358	951	57 733	84 188
红谷滩新区	12 057	25 271	3 286	5 428	474	905	8 297	18 938
桑海开发区	6 674	7 708	3 050	706			3 624	7 002
三、按企业、事业、机关分								
企业	647 125	870 547	185 738	209 272	21 947	21 647	439 440	639 628
事业	144 204	120 117	142 945	118 697	1 185	1 293	74	127
机关	52 533	52 638	52 533	52 638				
四、按产业结构分								
第一产业	7 780	7 995	7 738	5 139	42	42		2 814
第二产业	453 485	608 843	83 254	83 817	20 883	20 518	349 348	504 508
第三产业	382 597	426 464	290 224	291 651	2 207	2 380	90 166	132 433

2-17 各行业单位从业人员数

(2013年)

单位:人

	合　计	国有单位	城镇集体单位	其他单位
总　计	**1 195 800**	**430 093**	**32 726**	**732 981**
1.农、林、牧、渔业	8 257	5 056	42	3 159
2.采矿业	323		16	307
3.制造业	299 459	48 249	2 538	248 672
4.电力、燃气及水的生产和供应业	17 095	6 849		10 246
5.建筑业	416 121	59 630	27 487	329 004
6.交通运输、仓储和邮政业	66 494	58 397	168	7 929
7.信息传输、计算机服务和软件业	24 012	2 715		21 297
8.批发和零售业	59 453	9 549	374	49 530
9.住宿和餐饮业	19 901	3 225	117	16 559
10.金融业	32 772	17 090		15 682
11.房地产业	15 707	3 068	303	12 336
12.租赁和商务服务业	23 651	16 864	193	6 594
13.科学研究、技术服务和地质勘查业	23 357	18 056		5 301
14.水利、环境和公共设施管理业	13 339	12 077	130	1 132
15.居民服务和其他服务业	760	254	14	492
16.教育	55 097	54 180	36	881
17.卫生和社会工作	37 061	34 758	1 292	1 011
18.文化、体育和娱乐业	9 983	7 118	16	2 849
19.公共管理、社会保障和社会组织	72 958	72 958		

2-18 各行业在岗职工人数

(2013年)　　单位:人

	合　计	国有单位	城镇集体单位	其他单位
总　计	**1 060 080**	**381 262**	**24 572**	**654 246**
1.农、林、牧、渔业	7 913	5 056	42	2 815
2.采矿业	321		14	307
3.制造业	290 492	42 248	2 055	246 189
4.电力、燃气及水的生产和供应业	16 588	6 666		9 922
5.建筑业	319 447	38 849	20 081	260 517
6.交通运输、仓储和邮政业	59 370	52 652	123	6 595
7.信息传输、计算机服务和软件业	22 454	2 715		19 739
8.批发和零售业	56 799	8 469	306	48 024
9.住宿和餐饮业	19 259	2 799	82	16 378
10.金融业	31 449	16 696		14 753
11.房地产业	14 643	2 707	297	11 639
12.租赁和商务服务业	22 238	16 090	190	5 958
13.科学研究、技术服务和地质勘查业	21 762	16 603		5 159
14.水利、环境和公共设施管理业	11 063	9 847	84	1 132
15.居民服务和其他服务业	760	254	14	492
16.教育	52 492	51 609	36	847
17.卫生和社会工作	35 050	32 799	1 240	1 011
18.文化、体育和娱乐业	9 531	6 754	8	2 769
19.公共管理、社会保障和社会组织	68 449	68 449		

2-19 各行业女性从业人数

(2013 年)　　单位:人

	合计	国有单位	城镇集体单位	其他单位
总　计	**364 532**	**138 010**	**6 011**	**220 511**
1.农、林、牧、渔业	3 650	2 085	5	1 560
2.采矿业	74		10	64
3.制造业	119 616	11 189	1 007	107 420
4.电力、燃气及水的生产和供应业	5 344	2 374		2 970
5.建筑业	56 316	9 138	3 844	43 334
6.交通运输、仓储和邮政业	17 798	15 068	31	2 699
7.信息传输、计算机服务和软件业	5 569	1 492		4 077
8.批发和零售业	31 825	3 684	128	28 013
9.住宿和餐饮业	11 526	1 804	55	9 667
10.金融业	16 904	8 184		8 720
11.房地产业	5 705	1 048	75	4 582
12.租赁和商务服务业	6 895	3 590	76	3 229
13.科学研究、技术服务和地质勘查业	5 576	4 702		874
14.水利、环境和公共设施管理业	3 916	3 354	60	502
15.居民服务和其他服务业	396	98	2	296
16.教育	22 897	22 328	22	547
17.卫生和社会工作	23 795	22 395	687	713
18.文化、体育和娱乐业	3 869	2 616	9	1 244
19.公共管理、社会保障和社会组织	22 861	22 861		

2-20 各行业单位从业人员平均人数

(2013 年)　　单位:人

	合　计	国有单位	城镇集体单位	其他单位
总　计	**1 178 985**	**425 702**	**30 901**	**722 382**
1.农、林、牧、渔业	8 338	5 139	42	3 157
2.采矿业	321		16	305
3.制造业	295 452	47 404	2 524	245 524
4.电力、燃气及水的生产和供应业	17 147	6 918		10 229
5.建筑业	403 215	54 149	25 686	323 380
6.交通运输、仓储和邮政业	67 955	59 003	168	8 784
7.信息传输、计算机服务和软件业	23 979	2 736		21 243
8.批发和零售业	59 191	9 618	372	49 201
9.住宿和餐饮业	19 080	3 296	117	15 667
10.金融业	31 328	16 564		14 764
11.房地产业	15 464	3 046	305	12 113
12.租赁和商务服务业	23 773	16 921	193	6 659
13.科学研究、技术服务和地质勘查业	23 138	17 984		5 154
14.水利、环境和公共设施管理业	14 240	12 980	125	1 135
15.居民服务和其他服务业	751	254	13	484
16.教育	55 494	54 651	36	807
17.卫生和社会工作	37 492	35 276	1 288	928
18.文化、体育和娱乐业	10 004	7 140	16	2 848
19.公共管理、社会保障和社会组织	72 623	72 623		

2-21 各行业在岗职工平均人数

(2013年) 单位:人

	合计	国有单位	城镇集体单位	其他单位
总　计	**1 043 302**	**380 607**	**22 940**	**639 755**
1.农、林、牧、渔业	7 995	5 139	42	2 814
2.采矿业	319		14	305
3.制造业	286 672	41 642	2 041	242 989
4.电力、燃气及水的生产和供应业	16 635	6 733		9 902
5.建筑业	305 217	35 442	18 463	251 312
6.交通运输、仓储和邮政业	62 041	54 487	123	7 431
7.信息传输、计算机服务和软件业	22 591	2 736		19 855
8.批发和零售业	56 428	8 596	304	47 528
9.住宿和餐饮业	18 384	2 836	82	15 466
10.金融业	29 902	16 154		13 748
11.房地产业	14 402	2 665	299	11 438
12.租赁和商务服务业	22 224	16 189	190	5 845
13.科学研究、技术服务和地质勘查业	21 658	16 643		5 015
14.水利、环境和公共设施管理业	11 931	10 717	79	1 135
15.居民服务和其他服务业	751	254	13	484
16.教育	52 893	52 084	36	773
17.卫生和社会工作	35 536	33 362	1 246	928
18.文化、体育和娱乐业	9 572	6 777	8	2 787
19.公共管理、社会保障和社会组织	68 151	68 151		

主要统计指标解释

人口数 指在一定时点、一定地区范围内的有生命的个人的总和。

市镇人口 指市、镇区内的全部常住人口。包括市(镇)区与郊区、农业与非农业人口,但不包括市辖县人口。

乡村人口 指县(不含镇)的全部常住人口。

市 是指经国家批准成立“市”建制的城市。

镇 是指经省正式批准行政建制的镇。1963 年以前为常住人口在 2000 人以上,非农业人口占 50%以上的。1964 年改为常住人口在 3000 人以上,非农业人口占 70%以上,或常住人口在 2500 人以上,不满 3000 人,非农业人口占 85%以上的。1984 年后又调整为,凡县级地方国家机关所在地;或总人口在 20000 人以下的乡,乡政府驻地非农业人口超过 2000 人的;或总人口在 20000 人以上的乡,乡政府驻地非农业人口占全乡人口 10%以上;或少数民族地区、人口稀少的边远地区、山区和小型工矿区、小港口、风景旅游、边境口岸等地,非农业人口虽不足 2000 人,都可建镇。

人口密度 指一定时点一定地区的人口数与该地区的面积数之比，即一定时点的单位土地面积上的人口数,通常以每平方公里的居住人数来表示:

$$人口密度=\frac{该地区的人口数}{该地区的土地面积}$$

出生率 (又称粗出生率)指在一定时期内(通常为一年)一定地区平均每千人口所出生的人数的比率。它反映人口的出生水平,一般以千分率表示。计算公式:

$$出生率=\frac{年出生人数}{年平均人数}\times1000‰$$

死亡率 (又称粗死亡率)指在一定时期内(通常为一年)一定地区的死亡人数与同期平均人数(或期中人数)之比,一般以千分率表示。计算公式:

$$死亡率=\frac{年死亡人数}{年平均人数}\times1000‰$$

人口自然增长率 指在一定时期内(通常为一年)一定地区人口自然增加数(即出生人数减死亡人数)与该时期平均人数(或期中人数)之比,一般以千分率表示。计算公式:

$$人口自然增长率=\frac{本年出生人数-本年死亡人数}{年平均人数}\times1000‰$$

社会从业人员 指在劳动年龄内,有劳动能力,参加社会劳动取得劳动报酬或经营收入的人口。包括:(1)单位从业人员;(2)私营企业和个体从业人员;(3)乡镇企业从业人员;(4)农村从业人员;(5)其他共五个部份。这一指标反映了一定时期内全部劳动力资源的实际利用情况,是研究我国基本国情国力的重要指标。

单位从业人员 指在各类法人单位工作,并由单位支付劳动报酬的人员,包括在岗职工和其他从业人员。

在岗职工 指在本单位工作且与本单位签订劳动合同,并由单位支付各项工资和社会保险、住房公积金的人员,以及上述人员中由于学习、病伤产假等原因暂未工作,仍由单位支付工资的人员。为准确反映行业用工情况,从 2011 年起,将在岗职工中的劳务派遣人员进行了单独统计。

其他从业人员 指除在岗职工以外,实际参加本单位生产或工作并从本单位取得劳动报酬的人员。具体包括:非全日制人员、聘用的正式离退休人员、兼职人员和第二职业者,以及在本单位工作的外籍和港澳台方人员。

城镇个体和私营劳动者 城镇私营劳动者指在工商管理部门注册登记，其经营地址设有县城关镇及以上的私营企业的劳动者。包括私营企业投资者和雇工。城镇个体劳动者指在工商管理部门注册登记,并持有城镇户口或在城镇长期居住,经批准从事个体工商经营的劳动者。包括:个体经营者和个体工商户劳动的家庭帮工和雇工。

农村从业人员 指农村人口中经常参加社会劳动并取得劳动报酬的整半劳动力。包括在乡镇企业及其他集体经济组织和农户中参加各项生产的劳动者及外出从事个体经营的劳动者。从事家庭副业,其收入相当于当地一个社会劳动者最低收入水平或参加社会劳动累计在三个月以上的劳动者,也包括在内。

三、人民生活

PEOPLES LIVELIHOOD

本篇内容包括：

1.单位从业人员劳动报酬
2.在岗职工工资总额和平均工资
3.居民家庭基本情况
4.居民生活收入情况
5.居民拥有耐用消费品数量

在岗职工平均工资

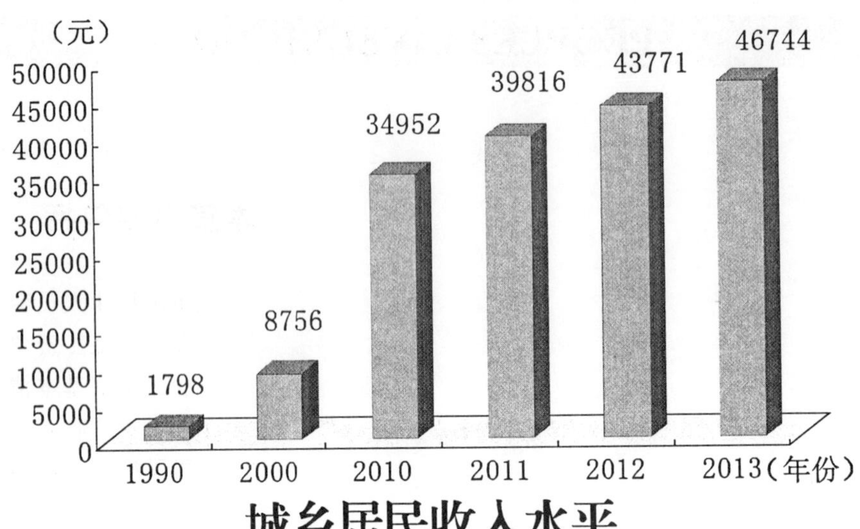

城乡居民收入水平

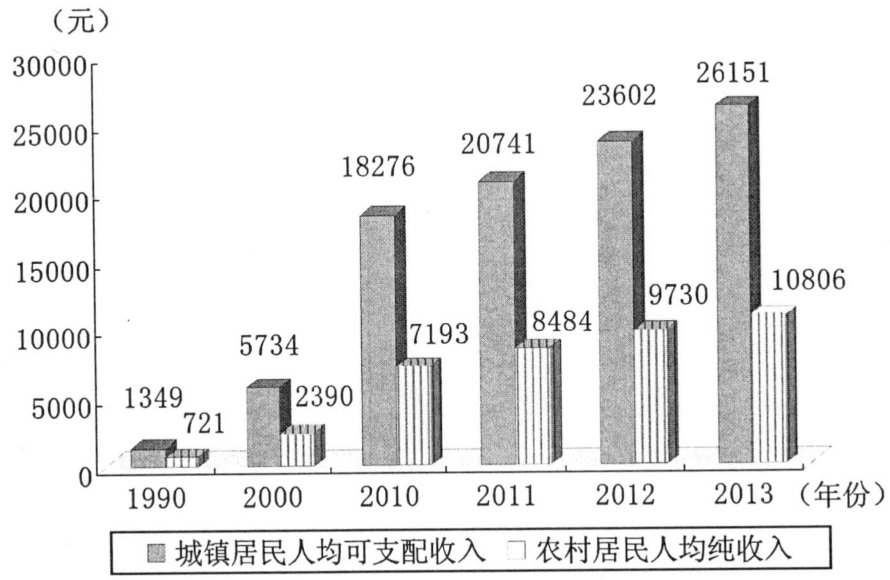

2013年平均每百户家庭耐用消费品拥有量

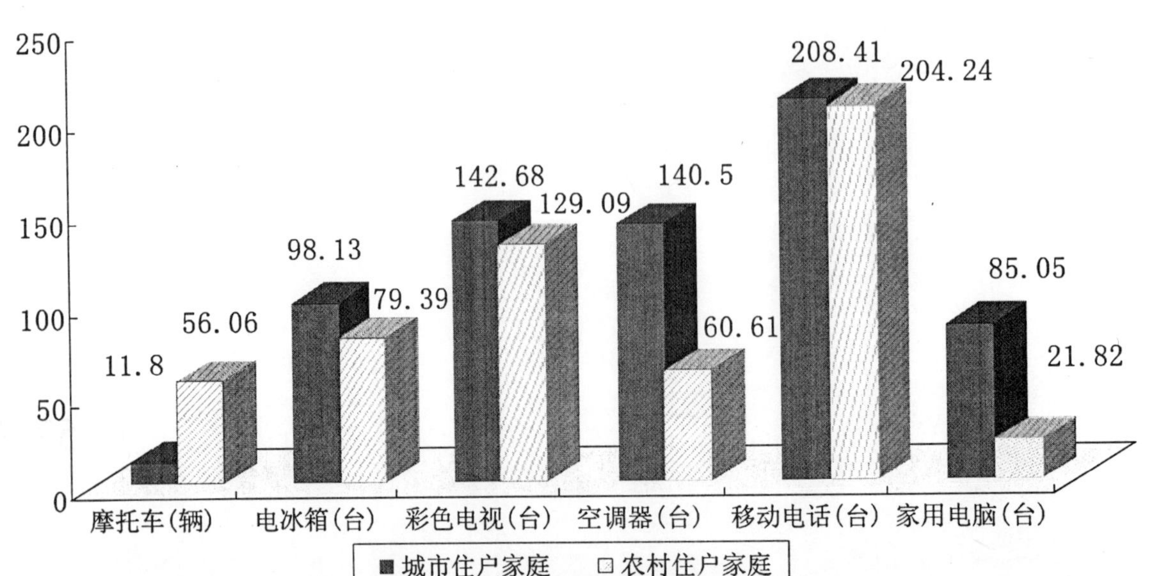

3-1 主要年份在岗职工年工资总额

单位:万元

年 份	合 计	国有单位	城镇集体单位	其他单位
1980	42 024	33 304	8 720	
1990	145 581	117 900	27 319	362
2000	511 784	375 482	45 363	90 939
2010	2 254 313	1 571 573	73 658	609 082
2011	3 309 458	1 652 237	141 337	1 515 884
2012	3 693 667	1 905 581	88 492	1 699 594
2013	4 876 812	2 213 845	93 016	2 569 951

3-2 主要年份在岗职工年平均工资

单位:元

年份	合计	国有单位	城镇集体单位	其他单位
1980	732	779	597	
1990	1 798	1 972	1 300	2 122
2000	8 756	9 335	5 123	9 708
2010	34 952	37 786	18 750	32 094
2011	39 816	43 606	24 262	38 406
2012	43 771	49 987	38 255	38 670
2013	46 744	58 166	40 548	40 171

3-3 单位从业人员年工资总额

单位:万元

	合计		国有单位		城镇集体单位		其他单位	
	2012	2013	2012	2013	2012	2013	2012	2013
总 计	**3 955 823**	**5 462 197**	**2 042 575**	**2 469 833**	**106 800**	**112 271**	**1 806 448**	**2 880 093**
一、按隶属关系分								
中 央	797 775	774 044	625 453	537 048	423	327	171 766	236 669
省 属	1 508 022	1 914 853	853 627	846 137	3 629	3 290	650 766	1 065 426
市 属	1 650 026	2 773 300	563 495	1 086 648	102 748	108 654	983 783	1 577 998
一、按县区分								
东湖区	107 693	151 259	39 503	50 070	2 081	2 328	66 109	98 861
西湖区	387 084	680 991	126 398	189 430	7 977	8 043	252 709	483 518
青云谱区	643 000	659 716	221 136	147 901	3 811	3 424	418 053	508 391
湾里区	23 741	27 805	11 035	13 678	1 707	1 503	10 999	12 624
青山湖区	172 590	191 972	26 073	28 617	9 225	8 443	137 292	154 912
南昌县	511 754	751 236	92 748	135 325	59 812	68 699	359 194	547 212
新建县	116 888	143 496	66 736	56 700	4 970	5 129	45 182	81 667
安义县	34 823	38 424	18 511	20 433	61	75	16 251	17 916
进贤县	134 689	158 067	46 608	55 486	6 239	3 559	81 843	99 022
经济开发区	206 417	331 118	25 481	20 027		1 529	180 936	309 562
高新开发区	342 613	482 203	102 564	73 893	4 197	3 478	235 852	401 832
红谷滩新区	97 898	171 777	29 521	33 590	2 912	6 060	65 465	132 127
桑海开发区	23 338	36 102	10 338	3 664			13 000	32 438
三、按企业、事业、机关分								
企 业	2 997 169	4 374 010	1 087 827	1 387 332	103 282	107 233	1 806 060	2 879 445
事 业	713 451	836 216	709 545	830 530	3 518	5 038	388	648
机 关	245 203	251 971	245 203	251 971				
四、按产业结构分								
第一产业	6 962	21 093	6 924	4 730	38	101		16 262
第二产业	1 962 587	2 752 916	466 726	479 622	101 000	104 464	1 394 861	2 168 830
第三产业	1 986 274	2 688 188	1 568 925	1 985 481	5 762	7 706	411 587	695 001

3-4 在岗职工年工资总额

单位：万元

	合计		国有单位		城镇集体单位		其他单位	
	2012	2013	2012	2013	2012	2013	2012	2013
总计	**3 693 667**	**4 876 812**	**1 905 581**	**2 213 845**	**88 492**	**93 016**	**1 699 594**	**2 569 951**
一、按隶属关系分								
中央	783 895	741 475	615 419	510 436	422	327	168 054	230 712
省属	1 391 926	1 625 403	782 929	785 729	453	508	608 544	839 166
市属	1 517 846	2 509 934	507 233	917 680	87 617	92 181	922 996	1 500 073
二、按县区分								
东湖区	947 487	141 042	38 877	50 447	1 923	2 380	56 687	88 215
西湖区	345 215	649 267	100 065	196 613	3 816	4 069	242 334	448 585
青云谱区	589 985	539 579	10 998	194 221	434	429	398 553	344 929
湾里区	23 647	27 719	10 941	13 600	1 707	1 503	10 999	12 616
青山湖区	154 612	162 288	25 198	30 046	7 719	6 631	121 695	125 611
南昌县	495 381	723 636	92 121	139 742	51 318	47 418	351 942	536 476
新建县	103 115	132 798	61 488	57 568	4 970	5 129	36 657	70 101
安义县	33 119	37 258	18 002	20 434	61	84	15 056	16 740
进贤县	131 023	156 338	43 866	55 490	6 078	3 529	81 079	97 319
经济开发区	203 087	349 867	25 161	21 070		1 529	177 926	327 268
高新开发区	319 209	457 228	100 808	73 534	4 014	3 242	214 387	380 452
红谷滩新区	43 116	134 662	10 811	38 140	2 857	6 788	29 448	89 734
桑海开发区	23 234	35 339	10 289	3 434			12 945	31 905
三、按企业、事业、机关分								
企业	2 769 349	3 820 857	984 926	1 163 453	85 217	88 100	1 699 206	2 569 303
事业	684 018	807 235	680 355	801 672	3 275	4 916	388	648
机关	240 300	248 720	240 300	248 720				
四、按产业结构分								
第一产业	6 916	20 407	6 879	4 730	37	101		15 576
第二产业	1 752 415	2 358 813	374 596	396 783	83 083	85 603	1 294 736	1 876 427
第三产业	1 934 336	2 497 592	1 524 106	1 812 332	5 372	7 312	404 858	677 948

3-5 单位从业人员年平均工资

单位:元

	合计		国有单位		城镇集体单位		其他单位	
	2012	2013	2012	2013	2012	2013	2012	2013
总　　计	**42 417**	**46 330**	**47 376**	**58 018**	**35 275**	**36 332**	**38 338**	**39 869**
一、按隶属关系分								
中　　央	59 381	62 423	60 260	60 633	14 486	15 425	56 800	67 211
省　　属	50 848	52 633	54 980	60 105	33 664	30 519	46 406	48 002
市　　属	32 890	40 124	32 745	55 342	35 546	36 694	32 718	33 920
二、按县区分								
东 湖 区	31 449	36 957	36 853	42 411	20 283	27 847	29 383	34 951
西 湖 区	35 299	34 405	33 165	36 423	16 626	15 958	37 859	34 319
青云谱区	44 266	44 034	45 479	32 525	34 645	31 822	43 760	49 230
湾 里 区	29 784	38 872	36 252	41 562	28 883	42 458	25 367	35 986
青山湖区	36 629	37 451	39 427	43 979	26 215	22 641	37 120	37 762
南 昌 县	36 805	39 836	37 810	38 797	53 817	51 778	34 738	38 966
新 建 县	31 869	29 059	34 211	27 460	28 530	27 799	29 284	30 373
安 义 县	27 351	30 205	25 796	28 642	13 261	17 857	29 494	32 310
进 贤 县	31 997	33 910	31 268	36 280	25 413	32 741	33 091	32 754
经济开发区	35 296	41 694	36 611	30 478		38 906	35 118	42 726
高新开发区	40 617	45 740	52 124	56 937	29 682	34 300	37 282	43 949
红谷滩新区	33 878	38 636	29 145	27 207	57 436	64 468	35 850	42 384
桑海开发区	34 667	45 867	33 467	49 314			35 685	45 508
二、按企业、事业、机关分								
企　　业	41 632	43 737	49 487	55 882	35 635	36 279	38 336	39 867
事　　业	45 379	67 389	45 526	67 733	27 208	37 513	52 432	51 024
机　　关	44 208	45 961	44 208	45 961				
三、按产业结构分								
第一产业	8 890	25 297	8 890	9 204	9 048	24 048		51 511
第二产业	37 853	38 441	41 180	44 217	36 466	37 010	36 954	37 430
第三产业	48 887	59 144	50 608	63 618	22 172	29 267	43 904	49 719

3-6 在岗职工年平均工资

单位:元

	合计		国有单位		城镇集体单位		其他单位	
	2012	2013	2012	2013	2012	2013	2012	2013
总　计	**43 771**	**46 744**	**49 987**	**58 166**	**38 255**	**40 548**	**38 670**	**40 171**
一、按隶属关系分								
中　央	60 246	63 820	60 975	61 907	14 452	15 425	58 164	68 832
省　属	52 998	55 177	58 315	65 925	22 527	25 274	47 477	47 900
市　属	33 647	39 680	34 735	51 276	38 702	40 920	32 679	34 801
二、按县区分								
东湖区	31 417	38 425	37 281	44 423	22 235	32 469	28 721	35 835
西湖区	37 819	37 667	37 921	47 633	28 413	32 065	37 974	34 554
青云谱区	46 569	47 447	49 928	53 466	30 174	30 643	45 140	44 647
湾里区	29 666	38 947	35 941	41 743	28 885	42 458	25 367	35 994
青山湖区	36 160	38 328	39 724	47 235	26 052	25 377	36 379	37 644
南昌县	36 625	40 076	37 868	40 145	53 184	56 815	34 748	39 042
新建县	34 656	37 991	38 449	43 167	28 532	27 799	30 496	35 451
安义县	27 908	31 315	26 454	30 237	13 239	20 000	30 016	32 836
进贤县	32 286	34 574	31 750	37 710	25 594	32 737	33 241	33 074
经济开发区	35 109	46 923	36 931	43 723		38 906	34 866	47 191
高新开发区	40 924	46 148	53 312	52 750	29 554	34 090	37 134	45 191
红谷滩新区	35 759	53 287	32 900	70 265	60 266	75 006	35 492	47 383
桑海开发区	34 812	45 847	33 733	48 640			35 720	45 566
二、按企业、事业、机关分								
企　业	42 795	43 890	53 028	55 595	38 829	40 698	38 668	40 169
事　业	47 435	67 204	47 596	67 539	27 637	38 020	52 432	51 024
机　关	45 743	47 251	45 743	47 251				
三、按产业结构分								
第一产业	8 889	25 525	8 890	9 204	8 809	24 048		55 352
第二产业	38 643	38 743	44 994	47 339	39 785	41 721	37 061	37 193
第三产业	50 558	58 565	52 515	62 140	24 341	30 723	44 901	51 192

3-7 各行业单位从业人员工资总额

(2013年)　　单位:万元

	合　计	国有单位	城镇集体单位	其他单位
总　计	**5 462 197**	**2 469 833**	**112 271**	**2 880 093**
1.农、林、牧、渔业	21 093	4 730	101	16 262
2.采矿业	1 264		23	1 241
3.制造业	1 175 591	229 168	4 956	941 467
4.电力、燃气及水的生产和供应业	85 545	27 570		57 975
5.建筑业	1 490 516	222 884	99 485	1 168 147
6.交通运输、仓储和邮政业	545 962	504 157	379	41 426
7.信息传输、计算机服务和软件业	135 223	16 579		118 644
8.批发和零售业	275 228	98 313	589	176 326
9.住宿和餐饮业	51 218	9 596	255	41 367
10.金融业	304 869	166 508		138 361
11.房地产业	65 221	9 503	571	55 147
12.租赁和商务服务业	109 720	73 658	558	35 504
13.科学研究、技术服务和地质勘查业	119 340	77 839		41 501
14.水利、环境和公共设施管理业	103 860	92 290	286	11 284
15.居民服务和其他服务业	2 618	1 004	39	1 575
16.教育	372 674	368 511	158	4 005
17.卫生、社会保障和社会福利业	216 585	207 987	4 712	3 886
18.文化、体育和娱乐业	65 752	39 618	159	25 975
19.公共管理和社会组织	319 918	319 918		

3-8 各行业在岗职工工资总额

(2013 年)

单位:万元

	合计	国有单位	城镇集体单位	其他单位
总计	**4 876 812**	**2 213 845**	**93 016**	**2 569 951**
1.农、林、牧、渔业	20 407	4 730	101	15 576
2.采矿业	1 258		17	1 241
3.制造业	1 161 523	223 805	4 496	933 222
4.电力、燃气及水的生产和供应业	83 586	26 884		56 702
5.建筑业	1 112 446	146 094	81 090	885 262
6.交通运输、仓储和邮政业	412 612	372 934	309	39 369
7.信息传输、计算机服务和软件业	130 322	16 579		113 743
8.批发和零售业	268 984	95 305	578	173 101
9.住宿和餐饮业	50 373	9 118	168	41 087
10.金融业	299 181	163 672		135 509
11.房地产业	64 022	9 056	565	54 401
12.租赁和商务服务业	103 888	70 231	532	33 125
13.科学研究、技术服务和地质勘查业	115 095	74 052		41 043
14.水利、环境和公共设施管理业	98 742	87 243	215	11 284
15.居民服务和其他服务业	2 618	1 005	39	1 574
16.教育	365 549	361 420	158	3 971
17.卫生和社会工作	207 883	199 354	4 643	3 886
18.文化、体育和娱乐业	64 968	39 008	105	25 855
19.公共管理、社会保障和社会组织	313 355	313 355		

3-9 各行业单位从业人员平均工资

(2013 年)　　单位:元

	合　计	国有单位	城镇集体单位	其他单位
总　计	**46 330**	**58 018**	**36 332**	**39 869**
1.农、林、牧、渔业	25 297	9 204	24 048	51 511
2.采矿业	39 377		14 375	40 689
3.制造业	39 790	48 344	19 635	38 345
4.电力、燃气及水的生产和供应业	49 889	39 853		56 677
5.建筑业	36 966	41 161	38 731	36 123
6.交通运输、仓储和邮政业	80 342	85 446	22 560	47 161
7.信息传输、计算机服务和软件业	56 392	60 596		55 851
8.批发和零售业	46 498	102 218	15 833	35 838
9.住宿和餐饮业	26 844	29 114	21 795	26 404
10.金融业	97 315	100 524		93 715
11.房地产业	42 176	31 198	18 721	45 527
12.租赁和商务服务业	46 153	43 531	28 912	53 317
13.科学研究、技术服务和地质勘查业	51 577	43 282		80 522
14.水利、环境和公共设施管理业	72 935	71 102	22 880	99 419
15.居民服务和其他服务业	34 860	39 528	30 000	32 541
16.教育	67 156	67 430	43 889	49 628
17.卫生、社会保障和社会福利业	57 768	58 960	36 584	41 875
18.文化、体育和娱乐业	65 726	55 487	99 375	91 204
19.公共管理和社会组织	44 052	44 052		

3-10 各行业在岗职工平均工资

(2013 年) 单位:元

	合　计	国有单位	城镇集体单位	其他单位
总　计	**46 744**	**58 166**	**40 548**	**40 171**
1.农、林、牧、渔业	25 525	9 204	24 048	55 352
2.采矿业	39 436		12 143	40 689
3.制造业	40 517	53 745	22 028	38 406
4.电力、燃气及水的生产和供应业	50 247	39 929		57 263
5.建筑业	36 448	41 221	43 920	35 226
6.交通运输、仓储和邮政业	66 506	68 445	25 122	52 979
7.信息传输、计算机服务和软件业	57 688	60 596		57 287
8.批发和零售业	47 669	110 871	19 013	36 421
9.住宿和餐饮业	27 400	32 151	20 488	26 566
10.金融业	100 054	101 320		98 566
11.房地产业	44 454	33 981	18 896	47 562
12.租赁和商务服务业	46 746	43 382	28 000	56 672
13.科学研究、技术服务和地质勘查业	53 142	44 494		81 840
14.水利、环境和公共设施管理业	82 761	81 406	27 215	99 419
15.居民服务和其他服务业	34 860	39 567	30 000	32 521
16.教育	69 111	69 392	43 889	51 371
17.卫生、社会保障和社会福利业	58 499	59 755	37 263	41 875
18.文化、体育和娱乐业	67 873	57 559	131 250	92 770
19.公共管理和社会组织	45 980	45 980		

3-11 主要年份城市住户基本情况

年份	调查户数（户）	平均每户家庭人口（人）	平均每户就业人口（人）	负担人口（人）	平均每人每月家庭总收入（元）	平均每人每月可支配收入（元）	平均每人每月消费支出（元）
1980	120	4.28	2.16	1.98		28.26	
1990	200	3.34	1.88	1.77	112.92	112.39	90.45
2000	300	3.21	1.67	1.92	481.72	477.8	327.07
2010	300	2.77	1.52	1.82	1 651.68	1 523.01	1 158.26
2011	300	2.79	1.5	1.86	1 857.31	1 728.43	1 269.52
2012	300	2.83	1.58	1.79	2 096	1 966.87	1 370.84
2013	321	3.03	1.68	1.8	2 322.46	2 179.25	1 495.32

注：“负担人口”指平均每个就业者所负担的人口，含就业者本人。

3-12 城市居民家庭生活基本情况

项　　目	2012	2013
家庭户数(户)	300	321
家庭人口(人)	849	985
就业人口(人)	474	540
平均每户家庭人口(人)	2.83	3.03
平均每户就业人口(人)	1.58	1.68
平均每户就业面(%)	55.8	55.4
平均每一就业者负担人数(含就业者本人)(人)	1.79	1.8
平均每人家庭总收入(元)	25 152.12	27 869.49
平均每人可支配收入(元)	23 602.39	26 151
平均每人可支配收入(新口径)(元)		26 446
平均每人消费支出(元)	16 450.03	17 943.82
家庭常住人口(人)	843	974
建筑面积(平方米)	24 480	29 737.9
平均每人建筑面积(平方米)	29.04	30.5
平均每户建筑面积(平方米)	81.60	92.51

3-13　城市住户基本情况

(按收入分组，2013 年)

项　目	总平均	最低收入户	低收入户	中低收入户	中等收入户	中高收入户	高收入户	最高收入户
调查户数(户)	321	32	32	64	64	64	32	32
家庭人口(人)	974	123	124	209	190	171	87	70
就业人口(人)	540	58	64	101	104	106	54	53
平均每户家庭人(人)	3.03	3.84	3.88	3.27	2.97	2.67	2.72	2.19
平均每户就业人(人)	1.68	1.81	2	1.58	1.62	1.66	1.69	1.66
平均每户就业面(%)	55.45	47.14	51.55	48.32	54.55	62.17	62.13	75.80
就业者负担人口(人)	1.8	2.12	1.94	2.07	1.83	1.61	1.61	1.32
平均每人家庭总收入(元)	27 869.49	13 011.01	16 596.49	21 132.47	25 246.162	31 301.90	41 678.12	69 228.48
平均每人消费性支出(元)	17 943.82	10 362.67	11 302.51	15 097.62	15 903.78	18 574.22	30 766.24	35 870.08
离退休人数(人)	156	9	20	32	45	31	14	5

3-14 城市住户平均每百户主要消费品年末拥有量

品　　名	2012	2013
摩托车(辆)	8.41	11.8
助力车(辆)	51.13	55.45
家用汽车(辆)	10.68	16.2
洗衣机(台)	101.62	96.88
电冰箱(台)	103.24	98.13
彩色电视(台)	150.49	142.68
淋浴热水器(架)	100	100
照相机(架)	44.98	44.55
中高档乐器(件)	2.91	
空调器(台)	147.25	140.5
组合音响(台)	17.15	11.84
微波炉(台)	78.96	78.5
电话(台)	75.4	59.5
移动电话(台)	200.32	208.41
计算机(台)	84.14	85.05
摄像机(台)	9.39	7.79
消毒碗柜(台)	12.62	15.26

注：家用电脑改为计算机

3-15 城市居民平均每人现金收支

单位:元

项　　目	2012	2013
一、期初手存现金	1 196.16	5 129.26
二、家庭总收入	25 152.12	27 869.49
(一)工资性收入	16 137.19	18 051.37
(二)经营净收入	1 752.33	1 957.05
(三)财产性收入	620.03	718.54
(四)转移性收入	6 642.57	7 142.54
1、赡养收入	145.97	244.98
2、养老金或离退休金	5 811.88	6 292.88
3、捐赠收入	400.27	283.28
4、记帐补贴	140.76	67.35
三、出售财物收入	2.61	24.38
四、借贷收入	6 694.43	2 479.39
#提取储蓄存款	6 694.43	2 422.3
借　入　款		22.86
五、家庭总支出	19 549.7	21 738.53
#赡养支出	354.47	234.94
捐赠支出	955.65	1 002.24
六、借贷支出	11 729.57	4 207.26
#存入储蓄款	11 286.53	3 490.88
归还借款	110.93	20.46
借　出　款	0.03	1.13
七、期末手存现金	1 744.6	1 234.6

3-16　城市居民平均每人现金收支

(按收入分组,2013 年)　　　　单位:元

项　　目	总平均	最　低 收入户	低收入户	中　低 收入户	中　等 收入户	中　高 收入户	高收入户	最　高 收入户
一、期初手存现金	5 129.26	3 409.55	4 034.34	5 034.88	5 794.95	6 264.75	5 110.01	5 552.24
二、家庭总收入	27 869.49	13 011.01	16 596.49	21 132.47	25 246.16	31 301.90	41 678.12	69 228.48
#可支配收入	26 151	11 520.48	15 471.12	19 610.48	24 288.41	29648.21	38 406.36	65 556.17
(一)工资性收入	18 051.37	10 792.54	12 945.82	14 857.60	14 494.12	18 246.46	27 050.71	43 774.64
(二)经营净收入	1 957.05				590.24	2 375.50	4 773.90	12 486.08
(三)财产性收入	718.54	87.58	210.41	260.66	388.36	551.50	890.41	4 870.60
(四)转移性收入	7 142.54	2 130.89	3 440.26	6 014.22	9 773.54	10 128.44	8 963.10	8 097.16
1、赡养收入	244.98	16.53	68.42	105.08	150.26	637.33	531.78	185.67
2、养老金或离退休金	6 292.88	1 800.62	3 080.71	5 606.59	9 201.59	8 828.76	7 667.11	5 369.81
3、捐赠收入	283.28	77.81	53.25	124.27	187.02	386.65	284.47	1 426.29
4、记帐补贴	67.35	55.15	53.21	64.77	72.69	73.11	70.66	85.90
三、出售财物收入	24.38	18.31	17.28	3.83	9.81	40.45	92.66	8.97
四、借贷收入	2 479.39	1 203.93	805.14	1 593.31	1 698.03	1 980.31	5 375.90	9 187.85
#提取储蓄存款	2 422.3	1 176.21	786.60	1 556.62	1 658.93	1 934.71	5 252.11	8 976.30
借入款	22.86	11.1	7.42	14.69	15.66	18.26	49.57	84.71
五、家庭总支出	21 738.53	12 340	13 096.16	17 665.24	18 459.53	22 798.11	37 010.45	48 195.12
消费性支出	17 943.82	10 362.67	11 302.51	15 097.619	15 903.78	18 574.22	30 766.24	35 870.08
服务性消费支出								
#赡养支出	234.94	54.92	19.96	39.32	113.93	339.33	403.42	1 250.52
捐赠支出	1 002.24	297.07	476.93	708.97	861.38	1 399.28	1 297.45	2 814.68
六、借贷支出	4 207.26	1 296.27	1 696.78	2 447.06	3 642.77	4 524.99	6 504.69	15 570.46
#存入储蓄款	3 490.9	1 117.76	1 456.82	2 040.57	3 038.97	3 869.79	5 489.29	12 291.47
归还借款	20.46			23.88				208.49
借出款	1.13					6.03		
七、期末手存现金	1 234.6	756.86	1 112.51	1 282.19	1 408.35	1 370.59	1 279.19	1 255.24

注:服务性消费支出无汇总数据

3-17 城市住户平均每人生活费支出及构成

项　　目	金额(元)		构成(%)	
	2012	2013	2012	2013
消费支出	**16 450.03**	**17 943.82**	**100**	**100**
1.食品	5 612.29	6 316.2	34.12	35.2
#粮食	458.81	464.7	8.18	7.38
油脂	203.16	244.18	3.62	3.87
肉禽蛋水产品类	1 726.41	1 952.87	30.76	30.92
蛋类	103.07	122.13	1.84	1.93
水产类	378.06	471.78	6.74	7.47
蔬菜类	755.21	904.76	13.46	14.32
烟类	316.94	315.25	5.65	4.99
酒和饮料	167.98	232.61	2.99	3.68
干鲜瓜果	445.74	501.94	7.94	7.95
糕点、奶及奶制品	395.42	453.34	7.05	7.18
2. 衣着	1 761.18	1 900.67	10.71	10.59
#服装	1 410.9	1 396.91	80.11	73.5
衣着材料	6.51	20.23	0.003	1.06
3.家庭设备用品及服务	1 505.41	1 600.61	9.15	8.92
耐用消费品	416.46	694.77	27.66	43.41
4.医疗保健	855.2	865.62	5.2	4.82
5.交通和通信	2 446.32	2 585.1	14.87	14.41
6.教育文化娱乐服务	1 799.44	2 014.49	10.94	11.23
文化娱乐用品	322.21	400.3	17.91	19.87
教育	679.99	790.89	37.79	39.26
文化娱乐服务	797.25	823.26	44.31	40.87
7.居住	1 731.52	1 858.81	10.53	10.36
8.其它商品与服务	738.66	802.32	4.49	4.47

3-18 城市住户平均每人购买消费品数量

品名	2012	2013
粮食(千克)	85.26	92.04
食用植物油(千克)	11.98	17.26
鲜菜(千克)	127.99	145.77
猪肉(千克)	30.18	30.25
牛羊肉(千克)	2.57	5.47
家禽(千克)	11.35	11.37
鲜蛋(千克)	9.32	10.91
鱼(不包括虾)(千克)	15.66	19.54
白酒(千克)	1.68	1.84
啤酒(千克)	3.04	6.03
鲜瓜(千克)	9	8.06
鲜果(千克)	42.19	45.68
糕点(千克)	5.31	9.15
鲜奶(千克)	26.55	26.58
服装(件)	8.56	
鞋(双)	2.64	3.57
液化石油气(千克)	18.97	27.82
管道煤气(立方米)	13.31	1.31

注：一体化改革后无服装汇总数量。

3-19 城市居民居住情况

单位:户

类　　别	2012	2013
调查户数	300	321
一、按住宅建筑式样		
单栋住宅	2	36
四居室	9	1
三居室	62	90
二居室	198	163
一居室	26	23
普通楼房	3	
平房及其他		8
二、按房屋产权		
租赁公房	9	2
租赁私房	2	20
原有私房	10	43
房改私房	196	133
商品房	83	111
借用房		4
其他		8
三、按自来水使用情况		
独用来水	300	319
公用自来水		1
其他(没有管道设施)		1
四、按卫生设备拥有情况		
无卫生设备		
有浴室、厕所	289	316
有厕所无浴室	10	3
公用卫生设备	1	2

3-20 城市居民家庭收入结构类型

项　　目	总平均	最　低 收入户	低收入户	中　低 收入户	中　等 收入户	中　高 收入户	高收入户	最　高 收入户
一、占总调查户数的比重(%)								
2012 年	100	10	10	20	20	20	10	10
2013 年	100	10	10	20	20	20	10	10
二、平均人口(人)								
2012 年	2.83	3.43	3.54	2.92	2.61	2.58	2.79	2.26
2013 年	3.03	3.84	3.88	3.27	2.97	2.67	2.72	2.19
三、人均可支配性收入(元)								
2012 年	23 602	10 397.72	13 963.34	17 699.29	21 921.32	26 758.77	34 663.37	59 167.23
2013 年	26 151	11 520.48	15 471.12	19 610.48	24 288.41	29 648.21	38 406.36	65 556.17
四、全年人均消费性支出(元)								
2012 年	16 450	9 500	10 361.6	13 840.77	14 579.82	17027.95	28 205	32 883.96
2013 年	17 943.82	10 362.67	11 302.51	15 097.62	15 903.78	18574.22	30 766.24	35 870.08

3-21 主要年份农村居民家庭基本情况

年　份	调查县区（个）	调查数（户）	平均每户常住人口（人）	平均每户整半劳动力（人）	平均每个劳动力负担人口（人）	纯收入(元/人)	生活用房面积(平方米/人)
1985	6	380	5.64	3.04	1.85	412.43	15.98
1990	6	410	5.25	2.95	1.78	721.21	19.50
2000	6	400	4.29	2.96	1.45	2 390.10	26.10
2010	7	400	3.98	2.85	1.40	7 193.25	46.64
2011	6	400	4.10	2.96	1.39	8 483.66	49.21
2012	6	400	4.07	2.91	1.40	9 730.43	48.86
2013	6	330	3.98	2.72	1.46	10 806	52.22

3-22 农村居民家庭基本情况

（分县区，2013 年）

地 区	调查数（户）	平均每户常住人口（人）	平均每户劳动力（人）	6-15 岁人口入学率（%）	人均经营耕地（亩）	人均经营山地（亩）	平均每人年末住房（平方米）	人均纯收入（元）
南昌市	**330**	**3.98**	**2.72**	**100.00**	**1.36**	**0.05**	**52.22**	**10 806.00**
湾里区	18	3.22	2.28	100.00	0.17		92.93	8 106.51
青山湖区	37	4.05	2.27	100.00	0.37		68.38	12 384.23
南昌县	57	4.47	3.07	100.00	1.20		45.87	11 322.83
新建县	70	4.19	2.90	100.00	2.59		50.31	10 190.18
安义县	68	3.51	2.38	100.00			48.91	9 775.54
进贤县	80	4.01	2.93	100.00	2.04	0.21	44.90	11 243.54

3-23 农村家庭房屋使用情况

项　　目	2012	2013	2013年 比上年增长%
一、新建房户数(户)	1	4	300.00
二、平均每户年内新建房屋面积(平方米)	0.55	1.66	201.82
三、平均每户年末使用房屋面积(平方米)	190.83	207.84	8.91
生活用房面积	190.83	207.84	8.91
#砖木结构	20.28	139.3	586.88
钢筋混凝土结构	170.54	68.61	-59.77
四、平均每人年末使用房屋面积(平方米)	48.86	52.22	6.88
#砖木结构	4.98	35	602.81
钢筋混凝土结构	41.88	17.24	-58.83

3-24 农村居民家庭总收入和构成

项　　目	平均每人(元)		构　成(%)	
	2012	2013	2012	2013
总　收　入	**14 656.72**	**13 834**	**100.00**	**100.00**
一、工资性收入	4 581.11	5 651	31.26	40.85
1.在非企业组织中劳动得到的收入	333.55		2.28	
2.在本乡地域内劳动得到的收入	2 581.19		17.61	
#在企业得到的收入	1 297.96		8.86	
3.常住人口外出从业得到的收入	1 666.37		11.37	
4.其他				
二、家庭经营收入	9 438.24	6 808	64.40	49.21
1. 农业收入	4 511.36	2 931	30.78	21.19
#种植业收入	4 482.48		30.58	
2.林业收入	15.02	10	0.10	0.07
3.牧业收入	3 511.89	1 295	23.96	9.36
4.渔业收入	177.04	414	1.21	2.99
5.工业收入	52.36	275	0.36	1.99
6.建筑业收入	138.85	97	0.95	0.70
7.交通、运输和邮电业收入	397.63	490	2.71	3.54
8.批发和零售贸易、餐饮业收入	516.61	1 019	3.52	7.37
9.社会服务业收入	23.25	236	0.16	1.71
10.文教卫生业收入	51.76		0.35	
11.其他家庭经营收入	42.48	40	0.29	0.29
三、财产性收入	254.90	272	1.74	1.97
四、转移性收入	382.47	1 103	2.61	7.97
#家庭非常住人口寄回收入	0.00			
亲人赠送	115.30	175	0.79	1.26
#农村外部亲友赠送	106.34	18	0.73	0.13

3-25 农村居民家庭总支出和构成

项　　目	平 均 每 人(元)		构　成(%)	
	2012	2013	2012	2013
总 支 出	**10 526.37**	**8757**	**100.00**	**100.00**
一、家庭生产经营支出	4 562.08	2560	43.34	29.23
农　　业	1 230.99	641	11.69	7.32
#种植业	769.17		7.31	
林　　业	2.51	13	0.02	0.15
牧　　业	2 752.74	900	26.15	10.28
渔　　业	119.67	194	1.14	2.22
工　　业	22.88	105	0.22	1.20
建 筑 业	64.44	10	0.61	0.11
交通运输和邮电业	121.65	164	1.16	1.87
批发和零售贸易、餐饮业	217.51	486	2.07	5.55
社会服务业	6.65	31	0.06	0.35
文教卫生业	10.13		0.10	
其他家庭经营支出	12.90	6	0.12	0.07
二、购置生产性固定资产支出	94.32	70	0.90	0.80
三、税费支出				
四、生活消费支出	5 208.69	5682	49.48	64.89
#文化娱乐用品及服务	305.49	447	2.90	5.10
五、财产性支出				
六、转移性支出	661.26	445	6.28	5.08
#寄给或带给在外人口				
赠送亲友	384.55	152	3.65	1.74
#赠送农村以外亲友	22.44		0.21	

3-26 主要年份农村居民家庭纯收入

（按人口平均）　　　　单位：元

项　　目	1990	2000	2010	2011	2012	2013
纯 收 入	**721.21**	**2 390.10**	**7 193.25**	**8 483.66**	**9 730.43**	**10 806**
一、按纯收入来源分						
工资性收入	50.32	1 012.63	2 687.38	4 055.62	4 581.11	5 339
家庭经营纯收入	632.06	1 283.12	3 623.81	3 975.46	4 617.08	4 845
第一产业	526.85	1 077.35	2 978.99	3 472.41	3 929.82	4 039
第二产业	24.40	96.03	178.87	113.14	83.59	101
第三产业	80.81	109.74	465.95	389.91	603.67	705
转移性收入	40.57	62.93	488.65	240.12	277.34	300
财产性收入	8.26	31.42	393.41	212.46	254.90	322
二、按纯收入性质分						
生产性纯收入	660.22	2 275.46	6 257.17	7 965.03	9 129.45	9 479
农 业 生 产	526.85	1 077.35	2 978.99	3 472.41	3 929.82	4 140
非农业生产	133.37	1 198.11	3 278.18	4 492.62	5 199.63	5 339
非生产性纯收入	60.99	114.64	936.08	518.63	600.98	1 327

3-27 农村住户平均每人纯收入

（分县区，2013 年）　　单位：元

地　区	纯收入	生产性纯收入			非生产性纯收入
			农业生产	非农业生产	
全　市	**10 806.00**	**9 479.00**	**4 140**	**5 339**	1 327.00
湾里区	81 06.51	7 255.00	1 343.00	5 912.00	851.51
青山湖区	12 384.23	9 693.00	1 253.00	8 440.00	2 691.23
南昌县	11 322.83	9 378.00	2 543	6 835.00	1 944.83
新建县	10 190.18	8 417.00	4 336	4 081.00	1 773.18
安义县	9 775.54	7 747.00	2 910	4 837.00	2 019.00
进贤县	11 243.54	8 830.54	4 967.00	3 863.54	2 413.00

3-28 农村住户生活消费支出

项　目	平均每人(元)		构　成(%)		商品性比重(%)	
	2012	2013	2012	2013	2012	2013
生活消费支出	**5 208.69**	**5 682**	**100.00**	**100.00**		
一、食　品	2 585.99	2 437	49.65	42.89	82.12	81.11
#主　食	405.93	392	7.79	6.90	37.84	38.51
副　食	1 231.26	1 856	23.64	32.66	85.32	88.84
二、衣　着	306.76	434.9	5.89	7.65	100.00	100.00
三、居　住	632.56	716.7	12.14	12.61	97.20	79.72
四、家庭设备、用品及服务	248.72	330.4	4.78	5.81	100.00	100.00
五、医疗保健	458.75	554.8	8.81	9.76	100.00	100.00
六、交通和通讯	542.12	537.6	10.41	9.46	100.00	100.00
七、文化娱乐用品和服务	305.49	447	5.87	7.87	100.00	100.00
文化教育娱乐用品	64.40	112	1.24	1.97	100.00	100.00
文化教育娱乐服务	200.36	335	3.85	5.90		
八、其他商品和服务	128.31	223.2	2.46	3.93	100.00	100.00

注：商品性比重是指生活消费品中商品性支出所占比重，不包括自产自用部分和文化及生活服务支出。

3-29 农村居民家庭现金收入和构成

项目	平均每人(元)		构成(%)	
	2012	2013	2012	2013
现金收入	**12 973.82**	**14 218**	**100.00**	**100.00**
一、工资性收入	4 580.52	5 559	35.31	39.10
在非企业组织中劳动得到的	333.55		2.57	
在本乡地域内劳动得到的收入	2 581.19		19.90	
常住人口外出从业得到	1 665.78		12.84	
其他				
二、家庭经营收入	7 768.70	7 225	59.88	50.82
出售产品	6 545.77	2 205	50.45	15.51
农业	2 736.98	2 368	21.10	16.65
#种植业	2 736.98	2 368	21.10	16.65
林业	15.48	21	0.12	0.15
牧业	3 468.93	1 748	26.74	12.29
渔业	173.93	585	1.34	4.11
工业加工费	52.36		0.40	
建筑业	138.85	113	1.07	0.79
交通运输业	397.63	521	3.06	3.66
批发和零售贸易、餐饮业	516.61	1 367	3.98	9.61
社会服务业	23.25	109	0.18	0.77
文教卫生业	51.76		0.40	
其他家庭经营	42.48	29	0.33	0.20
三、转移性收入	379.08	1212	2.92	8.52
四、财产性收入	245.52	222	1.89	1.56

3-30 农村居民家庭现金支出和构成

项　　目	平均每人(元)		构　成(%)	
	2012	2013	2012	2013
现金支出	**10 009.49**	**10 467**	**100.00**	**100.00**
一、生产费用支出	4 620.06	4 864	46.16	46.47
1.家庭生产经营费用	4 525.72	4 630.6	45.21	44.24
农　　业	1 214.77	1 312	12.14	12.53
#种植业	1 214.77	1 312	12.14	12.53
林　　业	2.51	19	0.03	0.18
牧　　业	2 732.63	1 327	27.30	12.68
渔　　业	119.67	290	1.20	2.77
工　　业	22.88	172	0.23	1.64
建筑业	64.44	25	0.64	0.24
运输业	121.63	199	1.22	1.90
批发和零售贸易、餐饮业	217.51	727	2.17	6.95
社会服务业	6.65	52	0.07	0.50
文教卫生业	10.13		0.10	
其他经营	12.90	5	0.13	0.05
2.购置生产性固定资产支出	94.32	101	0.94	0.96
二、税费支出				
三、财产性支出				
四、转移性支出	660.98	624	6.60	5.96
五、生活消费支出	4 728.44	5 079	47.24	48.52

3-31 农村住户储蓄借贷

项　　目	平均每人(元)		2013年比上年	
	2012	2013	增减额(元)	增长率(%)
一、借贷性现金所得	198.78	818	619.22	311.51
#从银行信用社得到的贷款	29.81	35	5.19	17.41
借入款	31.38	134	102.62	327.02
收回借出款	19.99	146	126.01	630.37
从银行信用社取回存款	117.61	423	305.39	259.66
收回投资款		79	79	
二、非消费性现金付出	525.50	830	304.5	57.94
#归还银行信用社贷款	43.54	68	24.46	56.18
借出款	4.26		-4.26	
归还借款	15.95	141	125.05	784.01
存入银行信用社款	161.20	254	92.8	57.57
支出投资款				
三、年末手存现金	1 082.52			
四、年末存款余款	8 206.28			

3-32 主要年份农村住户人均纯收入

(按收入水平分组)

单位:户

分　　组	1995	2000	2010	2011	2012	2013
调 查 户 数	**410**	**400**	**400**	**400**	**400**	**330**
200 元以下		3	6	3	1	
200-300 元						
300-400 元		2	1			
400-500 元		5				
500-600 元		4				1
600-800 元	15	12	2	2		
800-1000 元	34	14	2			
1000-1500 元	154	70	5			
1500-2000 元	100	67	6	2	1	2
2000 元以上	107	223	378	393	398	327

3-33 主要年份农村住户平均每人主要食品消费量

单位:千克

品名	1990	2000	2010	2011	2012	2013
粮食	351.35	295.10	215.88	169.4	156.19	191.06
蔬菜	172.72	97.82	86.68	83.69	82.73	88.94
植物油	6.66	8.30	9.02	9.55	10.24	12.1
动物油	1.64	1.55	0.26	0.49	0.49	0.66
猪肉	10.18	10.76	11.46	11.98	12.02	15.39
牛羊肉	0.33	0.35	0.39	1.13	0.93	1.35
奶和奶制品	0.21	0.44	4.06	5.71	5.55	5.55
家禽	1.49	2.48	3.7	4.13	4.23	5.6
蛋类	2.96	4.57	6.36	5.82	5.96	6.05
水产品	3.07	5.11	7.26	7.35	8.12	9.41
食糖	1.36	1.05	0.4	0.4	0.37	0.41
酒	3.52	6.97	13.19	12.52	13.43	17.31
茶叶	0.07		0.07	0.05	0.02	0.03
糖果、糕点	1.52	1.87				
水果	3.13	25.56	10.41	10.72	12.53	9.51

3-34 主要年份农村住户耐用物品拥有量

(按每百户年末平均拥有量计算)

品　　名	1990	2000	2010	2011	2012	2013
自　行　车(辆)	129	146.50	108.00	88.00	92.00	85.45
电　风　扇(台)	84	180.25				
洗　衣　机(台)	1	9.25	30.00	42.00	45.00	46.55
电　冰　箱(台)	3	19.50	67.00	82.00	87.00	79.39
摩　托　车(辆)		14.00	48.00	46.00	48.00	56.06
黑白电视机(台)	56	74.00	8.00	4.00	4.00	
彩色电视机(台)	6	48.75	121.00	127.00	130.00	129.09
收　录　机(台)	18	26.25				
照　相　机(架)	1	3.50	7.00	4.00	4.00	4.42
空　调　机(台)			36.00	54.00	56.00	60.61
电　话　机(部)			58.00	37.00	35.00	37.88
移 动 电 话(部)			148.00	187.00	200.00	204.24
影　碟　机(台)			32.00	23.00	24.00	
微　波　炉(台)			13.00	14.00	20.00	15.15
热　水　器(台)			36.00	49.00	55.00	49.70
家用计算机(台)			8.00	12.00	15.00	21.82
家用汽车(生活用)(台)			4.00	7.00	7.00	12.42

3-35 农村住户劳动力文化程度

（2013 年）

单位：百劳率（%）

地　　区	文盲或半文盲	小学程度	初中程度	高中程度	中专程度	大专以上程度
全　市	**2.56**	**27.06**	**57.96**	**10.10**		**2.32**
湾 里 区		10.00	73.33	16.67		
青山湖区	1.27	32.91	59.49	5.06		1.27
南 昌 县	0.57	28.57	62.29	5.71		2.86
新 建 县	2.65	33.86	49.74	12.70		1.06
安 义 县	4.43	13.92	68.35	10.76		2.53
进 贤 县	3.48	29.57	51.74	11.74		3.48

主要统计指标解释

工资总额 根据《关于工资总额组成的规定》,工资总额是指本单位在报告期内(季度或年度)直接支付给本单位从业人员的劳动报酬总额。包括计时工资、计件工资、奖金、津贴和补贴、加班加点工资、特殊情况下支付的工资。

工资总额是税前工资,包括单位从个人工资中直接为其代扣或代缴的房费、个人所得税、水费、电费、住房公积金和社会保险基金个人缴纳部分等。

工资总额不论是计入成本的还是不计入成本的,不论是以货币形式支付的还是以实物形式支付的,均应列入工资总额的计算范围。

工资总额由基本工资、绩效工资、工资性津贴和补贴、其他工资四部分组成。工资总额不包括病假、事假等情况的扣款。

基本工资也可称为标准工资、合同工资、谈判工资。指本单位在报告期内(季度或年度)支付给本单位从业人员的按照法定工作时间提供正常工作的劳动报酬。各单位给个人确定的底薪可作为基本工资。包括工龄工资(年功工资)。基本工资不含定时、定额发放的各种奖金、各种津贴和补贴、加班工资,也不包括补发的上一季度或上一年度的基础工资。

绩效工资也可称为效益工资、业绩工资。指根据本单位利润增长和工作业绩定期支付给本单位从业人员的奖金;支付给本单位从业人员的超额劳动报酬和增收节支的劳动报酬。具体包括:值加班工资、绩效奖金(如年度、季度、月度等)、全勤奖、生产奖、节约奖、劳动竞赛奖和其他名目的奖金;以及某工作事项完成后的提成工资、年底双薪等。但不包括入股分红、股权激励兑现的钱和各种资本性收益。

工资性津贴和补贴指本单位制定的员工相关工资政策中,为补偿本单位从业人员特殊或额外的劳动消耗和因其他特殊原因支付的津贴,以及为保证其工资水平不受物价影响而支付的物价补贴。具体包括:补偿特殊或额外劳动消耗的津贴及岗位性津贴、保健性津贴、技术性津贴、地区津贴和其他津贴;如过节费、通讯补贴、交通补贴、不休假补贴、无食堂补贴、单位发的可自行支配的住房补贴以及上的各种商业性保险等。上述各种项目均包括货币性质的,也包括实物性质的和各种形式的充值卡、购物卡(券)等。

其他工资指上述基本工资、绩效工资、工资性津贴和补贴三类工资均不能包括的发给从业人员的工资,如补发上一年度的工资等。

平均工资 是指在报告期内单位发放工资的人均水平。计算公式为:

$$平均工资=\frac{报告期工资总额}{报告期平均人数}$$

四、物　　价

PRICE

本篇内容包括：

1.居民消费价格指数
2.商品零售价格指数
3.工业生产者出厂价格指数
4.工业生产者购进价格指数

居民消费价格指数

（以上年价格为 100）

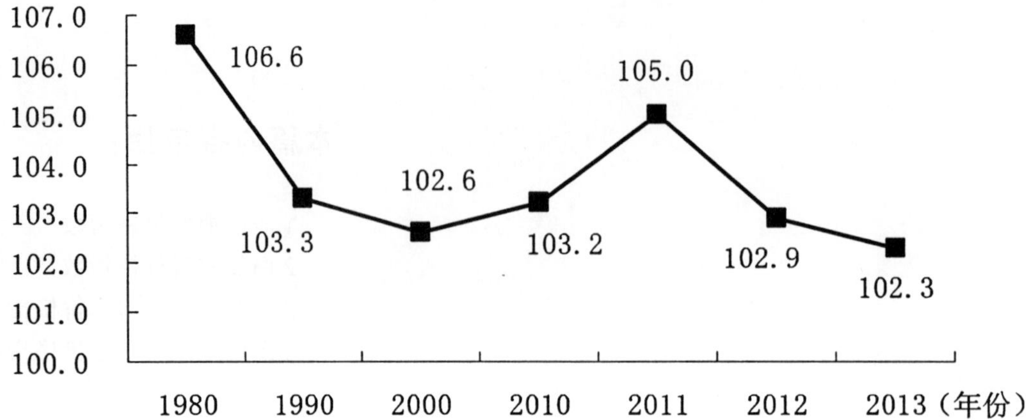

服务项目价格指数

（以上年价格为 100）

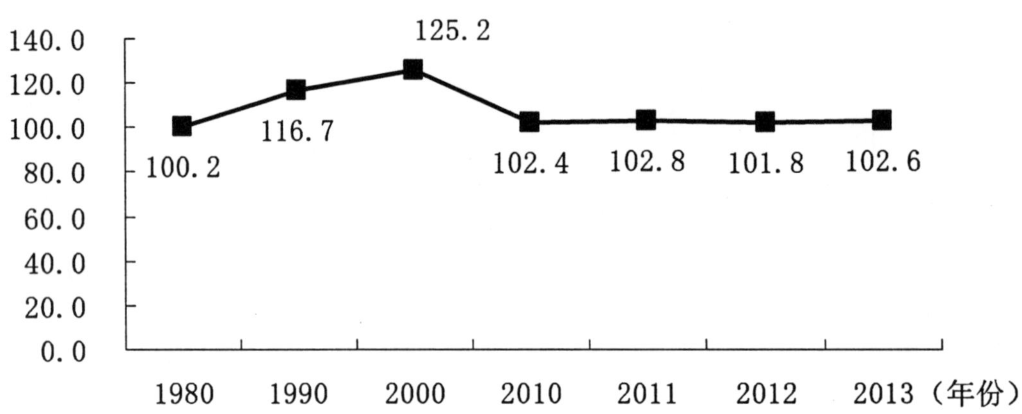

商品零售价格指数

（以上年价格为 100）

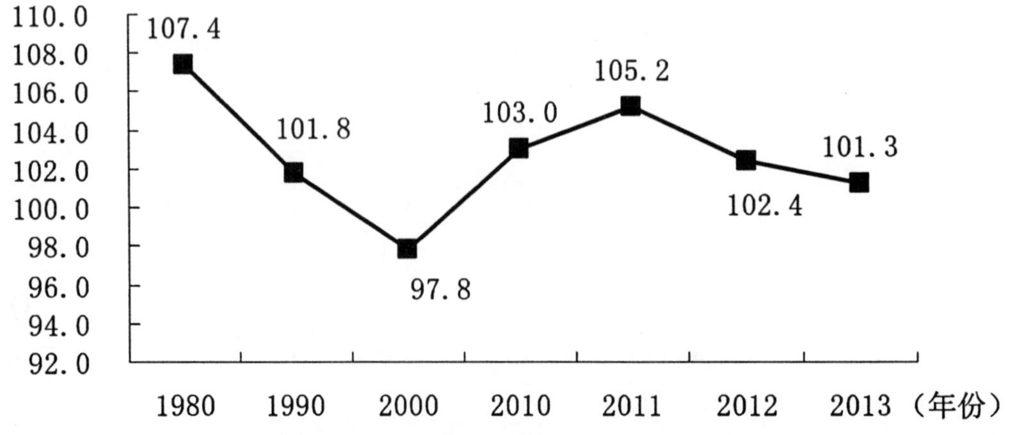

4-1 主要年份物价总指数

(以上年价格为 100)

年　　份	消费价格指数	#服务项目价格指数	零售价格指数
1980	106.57	100.20	107.44
1990	103.30	116.70	101.80
2000	102.60	125.20	97.80
2010	103.20	102.40	103.00
2011	105.00	102.80	105.20
2012	102.90	101.80	102.40
2013	102.30	102.60	101.30

4-2 居民消费价格指数

（以上年价格为100）

项　　目	2013	项　　目	2013	项　　目	2013
居民消费价格总指数	102.3	毛　　线	101.4	交　　通	100.8
一、食　　品	104.6	鞋	98.8	交通工具	100.3
粮　　食	102.0	袜　　子	100.0	车用燃料及零配件	99.5
油　　脂	98.1	衣着加工服务费	100.0	车辆使用及维修费	104.8
肉禽及其制品	104.4	四、家庭设备用品及维修服务	100.6	市区公共交通费	100.2
蛋	105.4	家　　具	96.3	城市间交通费	100.5
水产品	106.7	家庭设备	97.9	通　　信	99.1
鲜　　菜	109.0	室内装饰品	102.2	通信工具	93.2
干菜及菜制品	100.7	床上用品	103.7	通信服务	100.0
糖	99.9	家庭日用杂品	99.2	七、娱乐教育文化用品及服务	101.7
饮　　料	100.6	家庭服务及加工维修服务	114.7	文娱用耐用消费品及服务	95.9
鲜瓜果	105.5	五、医疗保健和个人用品	100.3	修理服务	103.4
干（坚）果	105.8	医疗保健	100.0	教　　育	101.9
糕点饼干	101.0	医疗器具及用品	100.0	教材及参考书	100.0
液体乳及乳制品	111.8	中药材及中成药	99.9	学前教育	110.7
在外用膳食品	103.1	西　　药	100.0	文化娱乐用品	95.3
其它食品	104.0	保健器具及用品	100.0	书报杂志	100.6
二、烟酒及用品	100.3	医疗保健服务	100.0	文娱费	99.8
烟　　草	99.8	个人用品及服务	100.8	旅　　游	107.1
酒	101.0	化妆美容用品	99.9	八、居　　住	101.0
三、衣　　着	103.9	清洁化妆用品	102.2	建房及装修材料	103.6
服　　装	105.8	个人饰品	94.7	租　　房	103.4
棉　　布	109.4	个人服务	107.2	自有住房	102.0
棉混纺布		六、交通和通信	99.8	水、电、燃料	98.8
化纤布	110.0				

4-3 商品零售价格指数

(以上年价格为 100)

项　　目	2013	项　　目	2013
商品零售价格总指数	**101.3**	棉混纺布	
一、食　　品	104.6	化 纤 布	110.0
粮　　食	102.7	毛　　线	101.4
油　　脂	98.1	其　　它	103.3
肉禽及其制品	104.4	五、家用电器及音像器材	98.7
水 产 品	106.6	六、文化办公用品	93.5
鲜　　菜	109.0	七、日 用 品	99.7
干菜及菜制品	100.7	日用百货	99.8
食　　糖	99.0	日用杂品	97.4
鲜 瓜 果	105.5	洗涤用品	101.2
干 坚 果	105.8	八、体育娱乐用品	101.1
糕点饼干面包	100.2	体育用品	101.9
液体乳及乳制品	111.7	娱乐用品	100.5
在外用膳食品	103.1	九、交通、通信用品	98.1
二、饮料、烟酒	100.4	十、家　　具	96.3
饮　　料	100.6	十一、化 妆 品	101.0
烟　　草	99.8	十二、金银珠宝	92.8
酒	100.9	十三、中西药品及医疗保健用品	100.0
三、服装、鞋帽	103.5	中药材及中成药	99.9
服　　装	105.4	西　　药	100.0
鞋 袜 帽	98.9	保健品及器具	100.0
其　　他	102.9	十四、书报杂志及电子出版物	100.3
四、纺 织 品	105.8	十五、燃　　料	98.8
棉　　布	109.4	十六、建筑材料及五金电料类	102.0

4-4 居民消费价格分月指数

(2013 年,以上年同月价格为 100)

类　　别	1 月	2 月	3 月	一季度平均	4 月	5 月	6 月	二季度平均	上半年平均
居民消费价格总指数	**101.4**	**102.2**	**101.6**	**101.7**	**102.4**	**101.6**	**101.9**	**102.0**	**101.8**
一、食　　品	100.9	101.5	101.3	101.2	105.0	102.1	102.7	103.3	102.2
粮　　食	100.6	101.5	101.7	101.3	101.7	101.7	101.8	101.7	101.5
大　　米	101.3	101.2	101.2	101.2	101.1	101.0	101.1	101.1	101.1
淀　　粉	100.0	100.0	100.0	100.0	100.0	100.0	100.0	100.0	100.0
干豆类及豆制品	101.8	102.3	102.4	102.2	102.7	104.2	104.5	103.8	103.0
油　　脂	104.2	103.8	104.9	104.3	103.7	97.8	96.3	99.3	101.8
肉禽及其制品	95.5	100.9	100.6	99.0	102.4	102.5	103.6	102.8	100.8
蛋	105.0	107.6	108.7	107.1	109.6	111.1	103.3	107.9	107.5
水 产 品	108.3	110.6	108.1	109.0	106.5	104.0	102.6	104.3	106.6
菜	97.9	89.7	87.4	91.6	111.1	94.2	102.0	102.2	96.7
鲜　　菜	97.5	88.0	84.9	90.1	112.0	92.5	101.0	101.5	95.5
干菜及菜制品	98.8	98.9	99.7	99.1	99.7	99.7	99.6	99.7	99.4
调 味 品	103.0	103.0	103.0	103.0	103.0	102.5	102.5	102.7	102.9
糖	101.6	101.8	100.4	101.3	100.4	100.4	100.4	100.4	100.8
茶及饮料	101.0	101.0	101.0	101.0	101.5	100.2	100.2	100.6	100.8
干鲜瓜果	99.6	103.0	104.6	102.4	106.3	108.2	103.8	106.1	104.3
鲜 瓜 果	97.6	101.9	104.0	101.1	106.5	109.6	104.1	106.7	103.9
干(坚)果	107.5	107.9	107.1	107.5	105.5	102.8	102.6	103.6	105.5
糕点饼干	101.0	100.5	101.7	101.1	100.7	100.7	100.5	100.6	100.9
液体乳及乳制品	110.2	110.2	107.0	109.1	107.0	107.0	107.0	107.0	108.0
在外用膳食品	104.5	104.5	104.5	104.5	104.5	104.5	104.5	104.5	104.5
其它食品	101.7	103.6	109.5	104.8	106.6	100.0	100.0	102.1	103.5
二、烟酒及用品	100.3	100.1	100.1	100.1	100.1	100.4	100.6	100.3	100.2
烟　　草	99.6	99.2	99.2	99.3	99.2	99.9	100.1	99.7	99.5
酒	101.4	101.4	101.4	101.4	101.4	101.3	101.3	101.3	101.3
三、衣　　着	104.7	109.7	109.0	107.8	108.8	106.7	103.7	106.4	107.1
服　　装	106.6	111.4	112.4	110.1	111.7	108.8	107.0	109.2	109.6
衣着材料	100.6	100.6	104.0	101.8	107.0	107.0	108.2	107.4	104.6
四、家庭设备用品及维修服务	101.8	103.9	102.0	102.5	102.4	102.7	102.2	102.5	102.5
五、医疗保健和个人用品	100.9	100.8	100.6	100.7	100.3	100.1	100.6	100.4	100.5
医疗保健	99.9	99.9	99.9	99.9	99.9	99.9	100.6	100.1	100.0
中药材及中成药	99.6	99.6	99.6	99.6	99.6	99.6	101.6	100.3	99.9
西　　药	100.0	100.0	100.0	100.0	100.0	100.0	100.0	100.0	100.0
医疗保健服务	100.0	100.0	100.0	100.0	100.0	100.0	100.0	100.0	100.0
个人用品及服务	102.7	102.3	101.8	102.3	101.2	100.7	100.5	100.8	101.5
六、交通和通信	99.2	100.6	100.3	100.0	100.0	100.0	100.4	100.1	100.1
交　　通	99.3	102.5	101.6	101.1	100.8	100.7	101.2	100.9	101.0
通　　信	99.1	99.3	99.4	99.3	99.4	99.6	99.9	99.6	99.4
七、娱乐教育文化用品及服务	99.1	100.9	100.3	100.1	99.2	98.6	99.1	99.0	99.5
文娱用耐用消费品及服务	96.6	96.9	97.4	97.0	95.0	95.3	95.8	95.4	96.2
教　　育	100.7	100.7	100.7	100.7	100.7	100.7	100.7	100.7	100.7
八、居　　住	103.2	101.8	100.4	101.8	99.6	101.2	103.0	101.2	101.5
租　　房	101.2	101.2	101.7	101.4	102.6	103.0	103.4	103.0	102.2
水、电、燃料	103.5	100.9	98.8	101.1	96.3	99.1	102.4	99.2	100.1

4-4 续表　　(2013 年,以上年同月价格为 100)

类　　别	7 月	8 月	9 月	三季度平　均	1 － 9 月平均	10 月	11 月	12 月	四季度平　均	全 年
居民消费价格总指数	**102.5**	**102.3**	**102.3**	**102.4**	**102.0**	**103.1**	**103.1**	**103.1**	**103.1**	**102.3**
一、食　　品	105.8	106.0	106.8	106.2	103.5	108.5	108.1	106.5	107.7	104.6
粮　　食	102.2	102.2	102.8	102.4	101.8	102.8	102.6	102.3	102.5	102.0
大　　米	101.6	101.5	102.4	101.8	101.4	102.4	102.4	102.4	102.4	101.6
淀　　粉	100.0	100.0	100.0	100.0	100.0	100.8	101.5	101.5	101.3	100.3
干豆类及豆制品	104.1	104.4	104.4	104.3	103.4	104.2	102.5	102.5	103.1	103.3
油　　脂	95.7	95.4	94.4	95.2	99.5	94.2	94.1	93.3	93.9	98.1
肉禽及其制品	105.3	107.5	108.4	107.1	102.8	108.4	110.6	108.5	109.2	104.4
蛋	106.3	101.9	103.8	103.9	106.3	105.0	103.6	100.0	102.8	105.4
水 产 品	104.7	105.3	106.2	105.4	106.2	107.7	108.2	108.7	108.2	106.7
菜	119.3	119.7	123.8	121.0	104.3	137.6	126.5	107.6	123.6	108.7
鲜　　菜	120.8	121.5	126.4	122.9	104.0	142.6	129.6	107.5	126.1	109.0
干菜及菜制品	101.2	101.5	101.9	101.5	100.1	102.4	102.6	102.6	102.5	100.7
调 味 品	101.6	101.6	101.6	101.6	102.4	100.7	100.7	100.7	100.7	102.0
糖	100.4	100.4	99.2	100.0	100.6	98.3	98.3	97.1	97.9	99.9
茶及饮料	100.2	100.2	100.2	100.2	100.6	100.1	100.0	101.0	100.4	100.5
干鲜瓜果	107.5	107.2	107.2	107.3	105.3	105.5	103.5	110.1	106.3	105.5
鲜 瓜 果	108.5	107.8	107.6	108.0	105.3	105.1	102.3	111.0	106.1	105.5
干(坚)果	103.7	105.1	105.7	104.8	105.3	107.2	108.1	106.9	107.4	105.8
糕点饼干	100.5	100.5	100.5	100.5	100.8	100.2	101.8	103.8	101.9	101.0
液体乳及乳制品	107.0	107.0	110.5	108.2	108.1	114.4	125.5	127.0	122.3	111.8
在外用膳食品	104.5	102.2	100.0	102.2	103.7	100.0	100.0	104.3	101.4	103.1
其它食品	100.0	100.0	104.0	101.3	102.7	107.7	107.7	107.7	107.7	104.0
二、烟酒及用品	100.5	100.5	100.3	100.4	100.3	100.2	100.2	100.2	100.2	100.3
烟　　草	100.1	100.1	100.1	100.1	99.7	100.0	100.0	100.0	100.0	99.8
酒	101.1	101.1	100.6	100.9	101.2	100.5	100.5	100.5	100.5	101.0
三、衣　　着	103.4	103.3	98.8	101.8	105.3	98.4	101.0	100.4	100.0	103.9
服　　装	107.0	107.0	99.9	104.6	107.9	99.1	100.6	99.9	99.9	105.8
衣着材料	107.4	105.6	105.6	106.2	105.1	109.4	116.3	113.6	113.1	107.1
四、家庭设备用品及维修服务	99.3	98.0	98.4	98.6	101.2	98.3	98.9	99.6	99.0	100.6
五、医疗保健和个人用品	100.2	100.2	100.1	100.1	100.4	99.9	99.9	99.9	99.9	100.3
医疗保健	99.9	99.9	99.9	99.9	100.0	100.0	100.0	100.0	100.0	100.0
中药材及中成药	99.9	99.9	99.8	99.8	99.9	100.0	100.0	100.0	100.0	99.9
西　　药	100.0	100.0	100.0	100.0	100.0	100.0	100.0	100.0	100.0	100.0
医疗保健服务	100.0	100.0	100.0	100.0	100.0	100.0	100.0	100.0	100.0	100.0
个人用品及服务	100.6	100.6	100.3	100.5	101.2	99.8	99.7	99.8	99.8	100.8
六、交通和通信	100.2	99.7	99.3	99.7	100.0	99.1	99.2	99.3	99.2	99.8
交　　通	101.6	100.9	100.4	101.0	101.0	99.9	100.0	100.3	100.1	100.8
通　　信	99.3	98.9	98.6	98.9	99.3	98.6	98.6	98.6	98.6	99.1
七、娱乐教育文化用品及服务	100.8	101.2	102.9	101.6	100.2	106.2	105.8	106.8	106.3	101.7
文娱用耐用消费品及服务	94.6	95.2	95.2	95.0	95.8	95.8	96.6	96.6	96.4	95.9
教　　育	100.7	100.7	104.8	102.0	101.1	104.1	104.1	104.1	104.1	101.9
八、居　　住	101.3	100.1	100.5	100.6	101.2	99.8	99.4	101.4	100.2	101.0
租　　房	104.2	105.0	105.2	104.8	103.1	104.0	104.3	104.5	104.3	103.4
水、电、燃料	98.9	96.5	97.2	97.5	99.3	96.7	96.1	100.0	97.6	98.8

4-5 居民消费价格分月指数

(2013 年,以上月价格为 100)

类　　别	1 月	2 月	3 月	4 月	5 月	6 月
居民消费价格总指数	**100.9**	**100.3**	**99.2**	**100.5**	**99.5**	**99.4**
一、食　　品	102.1	101.0	98.7	101.6	98.6	99.3
粮　　食	100.0	100.1	100.3	100.0	100.5	100.1
大　　米	100.0	100.0	100.0	100.0	100.6	100.1
淀　　粉	100.0	100.0	100.0	100.0	100.0	100.0
干豆类及豆制品	100.0	100.5	100.0	100.0	101.1	100.2
油　　脂	99.9	99.7	100.6	99.2	95.0	98.6
肉禽及其制品	102.6	104.3	97.3	97.3	98.1	100.3
蛋	101.0	99.8	95.5	98.9	98.5	101.3
水 产 品	102.1	102.9	99.6	102.0	101.7	99.2
菜	109.4	96.5	95.1	115.5	93.7	94.5
鲜　　菜	110.7	95.5	94.2	118.2	92.5	93.3
干菜及菜制品	100.0	100.0	100.0	100.0	100.0	99.8
调 味 品	100.0	100.0	100.0	100.0	100.0	100.0
糖	101.3	98.7	100.0	100.0	100.0	100.0
茶及饮料	100.0	100.0	100.0	100.0	100.0	100.0
干鲜瓜果	100.8	104.3	101.0	102.2	100.5	101.2
鲜 瓜 果	100.6	105.2	101.2	102.8	100.8	101.6
干(坚)果	101.5	101.0	100.0	100.0	99.5	99.5
糕点饼干	101.9	100.0	100.0	100.0	100.0	100.0
液体乳及乳制品	100.0	100.0	100.0	100.0	100.0	100.0
在外用膳食品	100.0	100.0	100.0	100.0	100.0	100.0
其它食品	100.0	100.0	100.0	100.0	100.0	100.0
二、烟酒及用品	100.2	100.0	100.0	100.0	100.0	100.0
烟　　草	100.0	100.0	100.0	100.0	100.0	100.0
酒	100.5	100.0	100.0	100.0	100.0	100.0
三、衣　　着	99.8	100.0	99.1	100.4	101.0	96.6
服　　装	100.0	100.0	100.5	101.0	99.0	98.5
衣着材料	100.0	100.0	103.3	103.2	100.0	100.0
四、家庭设备用品及维修服务	101.3	101.8	99.2	99.7	99.1	99.7
五、医疗保健和个人用品	100.1	99.9	99.9	99.8	99.8	99.9
医疗保健	100.0	100.0	100.0	100.0	100.0	100.0
中药材及中成药	100.0	100.0	100.0	100.0	100.0	100.0
西　　药	100.0	100.0	100.0	100.0	100.0	100.0
医疗保健服务	100.0	100.0	100.0	100.0	100.0	100.0
个人用品及服务	100.3	99.8	99.8	99.6	99.5	99.8
六、交通和通信	100.4	100.7	99.0	99.9	99.9	100.0
交　　通	101.0	101.7	97.5	99.9	99.8	100.1
通　　信	100.0	100.0	100.0	99.9	100.0	100.0
七、娱乐教育文化用品及服务	100.9	99.5	99.6	100.0	100.0	99.8
文娱用耐用消费品及服务	100.0	100.0	100.0	98.1	100.0	100.0
教　　育	100.0	100.0	100.0	100.0	100.0	100.0
八、居　　住	100.3	99.2	99.4	99.8	99.8	99.9
租　　房	100.0	100.0	100.4	100.9	100.4	100.3
水、电、燃料	100.4	98.1	98.8	99.0	99.4	99.4

(2013年,以上月价格为100)

类　　别	7　月	8　月	9　月	10　月	11　月	12　月
居民消费价格总指数	**100.6**	**100.3**	**101.1**	**100.9**	**100.1**	**100.3**
一、食　　品	101.7	101.4	101.8	101.2	99.1	99.8
粮　　食	100.5	100.2	100.8	100.0	99.9	99.9
大　　米	100.5	100.2	101.0	100.0	100.0	100.0
淀　　粉	100.0	100.0	100.0	100.8	100.7	100.0
干豆类及豆制品	100.3	100.2	100.0	100.1	100.0	100.0
油　　脂	100.3	100.0	99.2	100.0	100.4	100.3
肉禽及其制品	100.6	102.0	103.1	102.2	100.9	99.8
蛋	100.3	100.7	106.9	99.5	98.7	99.2
水 产 品	100.7	99.9	100.0	99.8	99.7	100.8
菜	112.9	107.0	103.0	101.7	90.3	91.7
鲜　　菜	114.7	108.1	103.9	102.1	89.1	90.4
干菜及菜制品	101.3	100.3	100.4	100.4	100.2	100.0
调 味 品	100.0	100.0	100.4	100.3	100.0	100.0
糖	100.0	100.0	99.2	99.1	100.0	98.8
茶及饮料	100.0	100.0	100.0	100.0	100.0	101.0
干鲜瓜果	98.0	99.9	100.8	100.0	97.7	103.6
鲜 瓜 果	97.1	99.6	101.0	99.8	96.8	104.4
干(坚)果	101.5	101.5	100.1	100.6	101.1	100.4
糕点饼干	100.0	100.0	100.0	100.0	100.9	100.9
液体乳及乳制品	100.0	100.0	106.3	107.6	109.8	101.1
在外用膳食品	100.0	100.0	100.0	100.0	100.0	104.2
其它食品	100.0	100.0	104.0	103.6	100.0	100.0
二、烟酒及用品	100.0	100.0	100.0	100.0	100.0	100.0
烟　　草	100.0	100.0	100.0	100.0	100.0	100.0
酒	100.0	100.0	100.0	100.0	100.0	100.0
三、衣　　着	99.1	99.9	99.9	100.4	103.4	100.9
服　　装	100.0	100.0	97.0	100.4	102.3	101.3
衣着材料	98.9	98.3	100.0	103.1	106.2	100.0
四、家庭设备用品及维修服务	99.4	98.4	100.2	100.2	100.5	100.2
五、医疗保健和个人用品	100.0	100.0	100.2	100.3	99.9	100.0
医疗保健	100.0	100.0	100.0	100.0	100.0	100.0
中药材及中成药	100.0	100.0	100.0	100.0	100.0	100.0
西　　药	100.0	100.0	100.0	100.0	100.0	100.0
医疗保健服务	100.0	100.0	100.0	100.0	100.0	100.0
个人用品及服务	100.0	100.1	100.6	100.7	99.7	100.0
六、交通和通信	99.7	99.8	99.9	100.0	100.0	100.1
交　　通	100.1	100.0	100.2	99.9	99.9	100.2
通　　信	99.4	99.6	99.7	100.0	100.0	100.0
七、娱乐教育文化用品及服务	101.5	99.5	102.7	103.4	99.6	100.1
文娱用耐用消费品及服务	98.5	100.0	100.0	100.0	100.0	100.0
教　　育	100.0	100.0	104.1	100.0	100.0	100.0
八、居　　住	100.1	100.2	100.8	100.2	100.4	101.4
租　　房	100.8	100.7	100.2	100.1	100.2	100.2
水、电、燃料	100.0	100.3	101.3	100.3	100.5	102.6

4-6 商品零售价格分月指数

(2013 年,以上年同月价格为 100)

类 别	1 月	2 月	3 月	一季度平均	4 月	5 月	6 月	二季度平均	上半年平均
商品零售价格总指数	**100.6**	**101.3**	**100.6**	**100.8**	**101.5**	**100.6**	**100.8**	**101.0**	**100.9**
一、食　品	100.7	101.4	101.1	101.0	105.0	102.1	102.8	103.3	102.2
粮　食	101.0	102.0	102.5	101.8	102.5	102.5	102.6	102.5	102.2
油　脂	103.6	103.5	104.5	103.9	103.3	97.8	96.3	99.1	101.5
肉禽及其制品	95.5	100.9	100.7	99.0	102.5	102.6	103.7	102.9	100.9
水 产 品	108.0	110.3	107.9	108.7	106.4	103.9	102.7	104.3	106.4
鲜　菜	97.5	88.0	84.9	90.1	112.0	92.5	101.0	101.5	95.5
干菜及菜制品	98.8	98.9	99.7	99.1	99.7	99.7	99.6	99.7	99.4
调 味 品	103.1	103.1	103.1	103.1	103.1	102.6	102.6	102.8	102.9
食　糖	102.8	99.8	100.0	100.9	100.0	100.0	100.0	100.0	100.4
糖　果	100.0	100.0	100.0	100.0	100.0	100.0	100.0	100.0	100.0
鲜 瓜 果	97.6	101.9	104.0	101.1	106.5	109.6	104.1	106.7	103.9
干(坚)果	107.5	107.9	107.1	107.5	105.5	102.8	102.6	103.6	105.5
糕点饼干面包	100.2	99.8	100.8	100.3	99.9	99.9	99.8	99.9	100.1
液体乳及乳制品	110.1	110.1	106.9	109.0	106.9	106.9	106.9	106.9	107.9
在外用膳食品	104.4	104.4	104.4	104.4	104.4	104.4	104.4	104.4	104.4
其它食品	101.7	103.6	109.5	104.8	106.6	100.0	100.0	102.1	103.5
二、饮料、烟酒	100.5	100.3	100.3	100.4	100.4	100.4	100.5	100.5	100.4
茶及饮料	100.9	100.9	100.9	100.9	101.4	100.2	100.2	100.6	100.8
烟　草	99.6	99.2	99.2	99.3	99.2	99.9	100.1	99.7	99.5
酒	101.3	101.3	101.3	101.3	101.3	101.2	101.2	101.2	101.2
三、服装、鞋帽	104.5	109.5	108.5	107.5	108.2	106.2	102.9	105.8	106.6
四、纺 织 品	96.8	103.5	104.2	101.5	107.3	105.5	106.2	106.3	103.9
五、家用电器及音像器材	99.3	99.8	98.1	99.0	97.7	98.4	98.8	98.3	98.7
六、文化办公用品	92.7	92.3	92.4	92.5	92.3	92.9	93.6	92.9	92.7
七、日 用 品	100.2	100.4	100.1	100.2	100.4	100.4	100.5	100.4	100.3
八、体育娱乐用品	101.8	101.6	101.4	101.6	101.4	101.4	101.4	101.4	101.5
体育用品	102.5	102.5	102.5	102.5	102.5	102.5	102.5	102.5	102.5
娱乐用品	101.3	100.9	100.5	100.9	100.5	100.5	100.5	100.5	100.7
九、交通、通信用品	97.8	98.1	98.4	98.1	98.2	98.6	99.1	98.6	98.3
十、家　具	98.4	98.4	98.4	98.4	98.4	98.4	93.6	96.8	97.6
十一、化 妆 品	101.7	101.8	101.7	101.7	101.2	100.9	100.9	101.0	101.4
十二、金 银 珠 宝	101.8	99.2	97.8	99.6	97.2	95.4	93.8	95.5	97.6
十三、中西药品及医疗保健用品	99.9	99.9	99.9	99.9	99.9	99.9	100.5	100.1	100.0
十四、书报杂志及电子出版物	100.3	100.3	100.3	100.3	100.3	100.3	100.3	100.3	100.3
十五、燃　料	104.7	101.9	98.6	101.7	92.9	94.4	98.8	95.3	98.4
十六、建筑材料及五金电料	102.9	103.1	100.5	102.2	101.1	102.1	102.0	101.7	101.9

4-6 续表 (2013 年,以上年同月价格为 100)

类　　别	7 月	8 月	9 月	三季度平均	1－9月平均	10 月	11 月	12 月	四季度平均	全年
商品零售价格总指数	**101.7**	**101.7**	**101.5**	**101.6**	**101.1**	**101.7**	**101.9**	**101.7**	**101.8**	**101.3**
一、食　　品	106.0	106.2	107.0	106.4	103.6	108.8	108.2	106.3	107.7	104.6
粮　　食	103.1	103.1	103.7	103.3	102.6	103.6	103.2	102.5	103.1	102.7
油　　脂	95.8	95.5	94.7	95.3	99.4	94.6	94.6	93.6	94.3	98.1
肉禽及其制品	105.4	107.5	108.4	107.1	102.9	108.4	110.6	108.4	109.1	104.4
水 产 品	104.8	105.3	106.2	105.4	106.1	107.8	108.2	108.7	108.2	106.6
鲜　　菜	120.8	121.5	126.4	122.9	104.0	142.6	129.6	107.5	126.1	109.0
干菜及菜制品	101.2	101.5	101.9	101.5	100.1	102.4	102.6	102.6	102.5	100.7
调 味 品	101.7	101.7	101.8	101.7	102.5	100.8	100.8	100.8	100.8	102.1
食　　糖	100.0	100.0	97.9	99.3	100.1	95.8	95.8	95.8	95.8	99.0
糖　　果	100.0	100.0	100.0	100.0	100.0	100.0	100.0	100.0	100.0	100.0
鲜 瓜 果	108.5	107.8	107.6	108.0	105.3	105.1	102.3	111.0	106.1	105.5
干(坚)果	103.7	105.1	105.7	104.8	105.3	107.2	108.1	106.9	107.4	105.8
糕点饼干面包	99.8	99.8	99.8	99.8	100.0	99.4	100.9	102.6	101.0	100.2
液体乳及乳制品	106.9	106.9	110.4	108.1	108.0	114.2	125.3	126.8	122.1	111.7
在外用膳食品	104.4	102.1	100.0	102.2	103.6	100.0	100.0	104.3	101.5	103.1
其它食品	100.0	100.0	104.0	101.3	102.7	107.7	107.7	107.7	107.7	104.0
二、饮料、烟酒	100.5	100.5	100.3	100.4	100.4	100.2	100.2	100.4	100.3	100.4
茶及饮料	100.2	100.2	100.2	100.2	100.6	100.1	100.0	101.0	100.4	100.5
烟　　草	100.1	100.1	100.1	100.1	99.7	100.0	100.0	100.0	100.0	99.8
酒	101.0	101.0	100.5	100.9	101.1	100.4	100.4	100.4	100.4	100.9
三、服装、鞋帽	102.7	102.7	98.5	101.2	104.8	98.3	100.9	100.4	99.9	103.5
四、纺 织 品	105.7	104.8	106.1	105.6	104.4	108.2	111.9	110.5	110.2	105.8
五、家用电器及音像器材	98.7	98.4	98.6	98.6	98.6	98.6	98.8	99.0	98.8	98.7
六、文化办公用品	93.1	93.9	93.8	93.6	93.0	94.6	95.4	95.6	95.2	93.5
七、日 用 品	99.4	98.7	98.9	99.0	99.9	98.4	98.8	99.9	99.0	99.7
八、体育娱乐用品	101.4	101.4	101.4	101.4	101.5	100.1	100.0	100.0	100.0	101.1
体育用品	102.5	102.5	102.5	102.5	102.5	99.9	100.0	100.0	100.0	101.9
娱乐用品	100.5	100.5	100.5	100.5	100.7	100.3	100.0	100.0	100.1	100.5
九、交通、通信用品	98.0	98.1	97.6	97.9	98.2	97.6	97.6	97.6	97.6	98.1
十、家　　具	93.8	95.4	95.2	94.8	96.7	95.2	95.2	95.2	95.2	96.3
十一、化 妆 品	100.9	100.7	100.3	100.6	101.1	100.4	100.7	100.7	100.6	101.0
十二、金 银 珠 宝	91.5	91.5	89.3	90.8	95.3	85.9	84.7	85.2	85.3	92.8
十三、中西药品及医疗保健用品	100.0	100.0	99.9	99.9	100.0	100.0	100.0	100.0	100.0	100.0
十四、书报杂志及电子出版物	100.3	100.3	100.3	100.3	100.3	100.3	100.3	100.3	100.3	100.3
十五、燃　　料	101.5	100.2	99.4	100.4	99.1	96.4	96.3	101.1	97.9	98.8
十六、建筑材料及五金电料	102.3	102.3	102.0	102.2	102.0	100.8	102.1	102.3	101.8	102.0

4-7 价格指数

(2013年,以主要年份为基期)

指　　标	居民消费价格指数	零售物价指数	服务项目价格指数
以1980年价格为100	676.0	476.1	1959.9
以1990年价格为100	323.3	227.8	963.0
以2000年价格为100	130.5	119.5	136.9
以2010年价格为100	110.5	109.1	107.4
以2011年价格为100	105.3	103.7	104.4
以2012年价格为100	102.3	101.3	102.6

4-8 工业生产者出厂价格指数

（以上年价格为100）

项　　目	2013	项　　目	2013
工业生产者出厂价格总指数	**99.46**	四、按行业大类分	
一、按轻重工业分		非金属矿采选业	100.00
轻工业	100.48	农副食品加工业	102.09
以农产品为原料	100.92	食品制造业	101.50
以非农产品为原料	99.44	饮料制造业	100.39
重工业	98.91	烟草制品业	100.13
采　　掘	100.00	纺织业	102.32
原　　料	99.78	纺织服装、鞋、帽制造业	98.16
加　　工	98.56	皮革、毛皮、羽毛(绒)及其制品业	98.79
二、按生产生活资料分		木材加工及木、竹、藤、棕、草制品业	100.05
生产资料	99.30	家具制造业	100.01
采　　掘	100.00	造纸及纸制品业	96.92
原　　料	99.78	印刷业和记录媒介的复制	99.52
加　　工	99.13	文教体育用品制造业	100.71
生活资料	99.81	石油加工、炼焦及核燃料加工业	98.60
食　　品	100.82	化学原料及化学制品制造业	100.46
衣　　着	100.84	医药制造业	98.04
一般日用品	96.77	橡胶制品业	98.93
耐用消费品	99.89	塑料制品业	99.10
三、按工业部门分		非金属矿物制品业	99.98
冶金工业	94.07	黑色金属冶炼及压延加工业	93.19
电力工业	99.94	有色金属冶炼及压延加工业	93.81
煤炭及炼焦工业	100.28	金属制品业	96.83
石油工业	98.60	通用设备制造业	100.20
化学工业	98.94	专用设备制造业	102.98
机械工业	100.01	交通运输设备制造业	99.69
建筑材料工业	101.52	电气机械及器材制造业	99.05
森林工业	100.04	通信设备、计算机及其他电子设备制造业	100.72
食品工业	101.30	仪器仪表及文化、办公用机械制造业	106.41
纺织工业	101.72	工艺品及其他制造业	104.09
缝纫工业	101.12	电力、热力的生产和供应业	99.94
皮革工业	97.76	燃气生产和供应业	100.28
造纸工业	96.92	水的生产和供应业	100.00
文教艺术用品工业	100.07		
其它工业	98.05		

4-9 工业生产者购进价格指数

(以上年价格为100)

项 目	2013	项 目	2013
工业生产者购进价格总指数	**99.60**	烟草制品业	105.98
一、按九大类分		纺织业	101.55
燃料、动力类	98.52	皮革、毛皮、羽毛(绒)及其制品业	118.11
黑色金属材料类	98.26	木材加工及木、竹、藤、棕、草制品业	100.12
其中:钢材	95.85	造纸及纸制品业	95.05
其它	101.26	印刷业和记录媒介的复制	104.10
有色金属材料及电线类	90.80	石油加工、炼焦及核燃料加工业	97.83
化工原料类	98.39	化学原料及化学制品制造业	97.85
木材及纸浆类	95.87	医药制造业	105.89
建筑材料及非金属类	100.06	橡胶制品业	102.05
其它工业原材料及半成品类	102.52	塑料制品业	99.63
农副产品类	98.79	非金属矿物制品业	101.07
纺织原料类	101.55	黑色金属冶炼及压延加工业	95.91
二、按行业分		有色金属冶炼及压延加工业	92.25
农业	100.87	金属制品业	97.11
林业	85.76	通用设备制造业	100.36
畜牧业	101.42	交通运输设备制造业	101.30
渔业	103.79	电气机械及器材制造业	88.94
煤炭开采和洗选业	92.84	通信设备、计算机及其他电子设备制造业	101.63
黑色金属矿采选业	101.30	仪器仪表及文化、办公用机械制造业	100.29
有色金属矿采选业	78.01	废弃资源和废旧材料回收加工业	93.10
非金属矿采选业	99.17	电力、热力的生产和供应业	101.41
农副食品加工业	103.72	燃气生产和供应业	100.31
食品制造业	102.63	水的生产和供应业	100.30
饮料制造业	99.38		

4-10 工业生产者出厂价格分月指数

(2013年,以上年同月价格为100)

类　　别	1月	2月	3月	4月	5月	6月
工业生产者出厂价格指数	**98.65**	**99.16**	**99.20**	**99.07**	**99.26**	**99.44**
一、按轻重工业分						
轻工业	99.73	99.68	99.88	99.98	100.24	100.88
以农产品为原料	100.55	100.29	100.29	100.42	100.79	101.50
以非农产品为原料	97.81	98.24	98.89	98.93	98.95	99.42
重工业	98.07	98.87	98.84	98.57	98.74	98.67
采　　掘	100.00	100.00	100.00	100.00	100.00	100.00
原　　料	99.60	99.66	99.63	99.66	99.63	99.84
加　　工	97.43	98.54	98.51	98.13	98.37	98.20
二、按生产生活资料分						
生产资料	98.28	99.06	99.06	98.81	99.02	99.02
采　　掘	100.00	100.00	100.00	100.00	100.00	100.00
原　　料	99.59	99.65	99.63	99.66	99.62	99.84
加　　工	97.80	98.84	98.85	98.50	98.80	98.73
生活资料	99.48	99.37	99.52	99.63	99.80	100.39
食　　品	101.64	101.63	101.21	101.06	100.77	100.80
衣　　着	98.20	97.67	98.48	99.66	101.54	103.86
一般日用品	96.01	95.92	96.75	96.55	96.27	96.85
耐用消费品	99.91	100.08	100.00	99.83	99.79	99.64
三、按工业部门分						
(1)冶金工业	92.58	95.06	96.50	93.78	91.75	90.31
(2)电力工业	100.00	100.00	100.00	100.00	100.00	100.00
(3)煤炭及炼焦工业	100.00	100.00	100.00	100.00	100.00	100.00
(4)石油工业	97.07	97.76	95.96	97.59	93.82	94.56
(5)化学工业	99.79	99.52	99.53	99.40	99.03	99.09
(6)机械工业	98.67	99.86	99.97	99.95	100.06	100.27
(7)建筑材料工业	97.51	96.49	92.36	96.09	104.31	106.29
(8)森林工业	100.48	100.28	100.23	100.17	100.08	100.00
(9)食品工业	102.12	101.87	101.44	101.31	101.12	101.20
(10)纺织工业	101.39	101.36	101.68	101.11	101.27	101.67
(11)缝纫工业	98.38	97.75	98.52	99.87	102.05	104.51
(12)皮革工业	96.29	96.60	97.51	97.24	96.47	97.60
(13)造纸工业	94.70	94.97	95.37	94.75	94.43	95.25
(14)文教艺术用品工业	100.47	100.31	100.24	100.08	100.15	100.03
(15)其它工业	92.95	93.98	95.42	95.62	96.75	98.25

4-10 续表 1　　(2013 年,以上年同月价格为 100)

类　　别	7 月	8 月	9 月	10 月	11 月	12 月	累计
工业生产者出厂价格指数	**99.37**	**100.10**	**99.97**	**99.75**	**99.76**	**99.80**	**99.46**
一、按轻重工业分							
轻工业	101.03	100.78	100.59	100.71	101.09	101.20	100.48
以农产品为原料	101.64	101.17	100.74	100.84	101.36	101.46	100.92
以非农产品为原料	99.60	99.84	100.25	100.41	100.46	100.59	99.44
重工业	98.47	99.73	99.64	99.24	99.03	99.05	98.91
采　　掘	100.00	100.00	100.00	100.00	100.00	100.00	100.00
原　　料	99.92	100.06	100.02	99.82	99.79	99.78	99.78
加　　工	97.90	99.62	99.52	99.02	98.73	98.76	98.56
二、按生产生活资料分							
生产资料	98.93	100.20	100.13	99.76	99.70	99.73	99.30
采　　掘	100.00	100.00	100.00	100.00	100.00	100.00	100.00
原　　料	99.92	100.07	100.02	99.81	99.79	99.78	99.78
加　　工	98.58	100.27	100.18	99.75	99.67	99.71	99.13
生活资料	100.36	99.88	99.65	99.76	99.88	99.97	99.81
食　　品	101.01	100.49	100.15	100.29	100.32	100.45	100.82
衣　　着	103.21	101.61	100.92	101.36	102.12	101.67	100.84
一般日用品	96.86	97.20	97.23	97.24	96.96	97.47	96.77
耐用消费品	99.64	99.64	100.15	99.80	100.13	100.13	99.89
三、按工业部门分							
(1)冶金工业	90.25	96.51	97.21	95.68	94.77	94.97	94.07
(2)电力工业	100.02	100.02	100.02	99.78	99.75	99.75	99.94
(3)煤炭及炼焦工业	100.00	100.00	100.00	100.00	100.00	103.40	100.28
(4)石油工业	98.90	100.22	102.07	102.07	102.07	102.07	98.60
(5)化学工业	98.81	98.64	98.57	98.49	98.08	98.33	98.94
(6)机械工业	100.18	100.26	100.21	100.16	100.37	100.17	100.01
(7)建筑材料工业	104.45	107.54	105.31	104.04	102.72	102.75	101.52
(8)森林工业	99.72	99.93	99.96	99.92	99.89	99.83	100.04
(9)食品工业	101.54	101.19	100.58	100.64	101.11	101.47	101.30
(10)纺织工业	102.43	102.37	102.32	102.34	101.89	100.78	101.72
(11)缝纫工业	103.72	101.95	101.08	101.58	102.40	101.86	101.12
(12)皮革工业	97.95	97.89	98.64	98.66	99.05	99.37	97.76
(13)造纸工业	96.05	97.92	99.54	99.10	100.42	101.16	96.92
(14)文教艺术用品工业	100.02	99.89	100.07	100.18	99.80	99.62	100.07
(15)其它工业	98.81	99.64	100.16	101.26	101.74	102.83	98.05

4-10 续表 2　　　　　　　　　　(2013 年,以上年同月价格为 100)

类　　别	1 月	2 月	3 月	4 月	5 月	6 月
四、按工业行业分						
非金属矿采选业	100.00	100.00	100.00	100.00	100.00	100.00
农副食品加工业	103.04	102.57	102.08	101.94	102.08	102.06
食品制造业	102.92	102.94	102.92	102.82	100.80	100.70
饮料制造业	100.45	100.31	100.61	100.17	99.87	100.79
烟草制品业	100.76	100.76	100.00	100.00	100.00	100.00
纺织业	100.92	100.16	100.95	102.13	103.07	105.55
纺织服装、鞋、帽制造业	93.80	94.02	94.36	94.47	98.34	98.80
皮革、毛皮、羽毛(绒)及其制品业	95.66	96.32	97.62	97.37	97.68	99.41
木材加工及木、竹、藤、棕、草制品业	100.63	100.32	100.31	100.22	100.10	100.00
家具制造业	100.00	100.13	100.00	100.00	100.00	100.00
造纸及纸制品业	94.70	94.97	95.37	94.75	94.43	95.25
印刷业和记录媒介的复制	100.01	99.69	99.70	99.48	99.58	99.40
文教体育用品制造业	100.62	100.96	100.51	100.61	100.61	100.71
石油加工、炼焦及核燃料加工业	97.07	97.76	95.96	97.59	93.82	94.56
化学原料及化学制品制造业	99.51	99.46	99.75	99.80	99.80	100.49
医药制造业	100.13	99.64	99.36	99.40	98.83	98.49
橡胶制品业	102.39	100.78	99.16	98.99	99.27	98.25
塑料制品业	97.71	98.46	99.81	98.89	98.11	99.00
非金属矿物制品业	94.18	93.77	90.92	94.20	101.66	104.05
黑色金属冶炼及压延加工业	88.16	93.90	97.06	91.94	89.51	86.53
有色金属冶炼及压延加工业	99.43	96.11	94.64	95.63	92.68	94.07
金属制品业	97.06	96.77	97.04	96.55	96.93	96.69
通用设备制造业	100.95	100.76	100.77	100.08	100.17	100.12
专用设备制造业	100.59	101.36	101.94	102.76	102.65	103.31
交通运输设备制造业	97.66	99.79	99.82	99.85	99.83	99.83
电气机械及器材制造业	97.91	98.62	98.43	98.66	99.23	99.99
通信设备、计算机及其他电子设备制造业	101.11	100.74	101.45	100.61	100.49	100.30
仪器仪表及文化、办公用机械制造业	105.50	105.57	106.98	106.72	106.36	106.41
工艺品及其他制造业	103.89	103.86	103.53	103.46	104.14	104.93
电力、热力的生产和供应业	100.00	100.00	100.00	100.00	100.00	100.00
燃气生产和供应业	100.00	100.00	100.00	100.00	100.00	100.00
水的生产和供应业	100.00	100.00	100.00	100.00	100.00	100.00

4-10 续表 2-1　　(2013 年，以上年同月价格为 100)

类　　别	7月	8月	9月	10月	11月	12月	累计
四、按工业行业分							
非金属矿采选业	100.00	100.00	100.00	100.00	100.00	100.00	100.00
农副食品加工业	102.46	102.05	101.20	101.17	101.95	102.57	102.09
食品制造业	100.79	100.83	100.75	100.75	100.89	100.95	101.50
饮料制造业	101.94	100.63	99.04	99.83	100.30	100.70	100.39
烟草制品业	100.00	100.00	100.00	100.00	100.00	100.00	100.13
纺织业	105.46	102.45	101.60	101.82	102.31	101.38	102.32
纺织服装、鞋、帽制造业	97.48	100.92	100.79	101.65	102.18	102.24	98.16
皮革、毛皮、羽毛(绒)及其制品业	99.69	99.65	100.30	100.31	100.69	100.99	98.79
木材加工及木、竹、藤、棕、草制品业	99.63	99.90	99.94	99.89	99.86	99.78	100.05
家具制造业	100.00	100.00	100.00	100.00	100.00	100.00	100.01
造纸及纸制品业	96.05	97.92	99.54	99.10	100.42	101.16	96.92
印刷业和记录媒介的复制	99.40	99.22	99.45	99.63	99.45	99.24	99.52
文教体育用品制造业	100.67	100.70	100.73	100.74	100.83	100.79	100.71
石油加工、炼焦及核燃料加工业	98.90	100.22	102.07	102.07	102.07	102.07	98.60
化学原料及化学制品制造业	100.65	101.23	101.10	101.31	101.32	101.16	100.46
医药制造业	98.12	97.52	96.89	96.29	95.59	96.19	98.04
橡胶制品业	96.62	96.32	98.09	99.02	98.79	99.55	98.93
塑料制品业	99.04	99.02	99.73	100.23	99.86	99.40	99.10
非金属矿物制品业	102.79	105.94	104.32	103.75	102.80	103.47	99.98
黑色金属冶炼及压延加工业	87.04	97.50	99.66	97.44	95.24	96.36	93.19
有色金属冶炼及压延加工业	92.47	94.52	92.40	91.17	91.97	90.48	93.81
金属制品业	96.82	96.29	97.12	97.10	96.91	96.73	96.83
通用设备制造业	100.14	99.98	99.73	100.06	99.97	99.67	100.20
专用设备制造业	103.76	104.13	103.87	103.65	103.84	103.88	102.98
交通运输设备制造业	99.83	99.81	99.87	100.03	100.07	99.92	99.69
电气机械及器材制造业	99.27	99.36	99.18	99.10	99.71	99.17	99.05
通信设备、计算机及其他电子设备制造业	100.68	101.03	101.10	100.10	100.38	100.62	100.72
仪器仪表及文化、办公用机械制造业	107.31	107.63	107.69	107.65	104.73	104.53	106.41
工艺品及其他制造业	104.53	103.97	103.97	104.96	104.89	103.01	104.09
电力、热力的生产和供应业	100.02	100.02	100.02	99.78	99.75	99.75	99.94
燃气生产和供应业	100.00	100.00	100.00	100.00	100.00	103.40	100.28
水的生产和供应业	100.00	100.00	100.00	100.00	100.00	100.00	100.00

4-11 工业生产者购进价格分月指数

(2013 年,以上年同月价格为 100)

类　　别	1月	2月	3月	4月	5月	6月
工业生产者购进价格指数	**99.12**	**99.67**	**99.74**	**99.19**	**98.96**	**98.74**
一、按九大类分						
燃料、动力类	98.94	99.01	99.14	98.90	98.87	97.65
黑色金属材料类	94.40	98.27	98.51	94.88	93.99	92.60
其中:钢材	93.55	95.06	94.73	94.95	94.39	93.74
其它	94.71	102.07	103.37	93.73	92.34	90.18
有色金属材料及电线类	93.95	91.47	90.72	89.21	88.41	89.58
化工原料类	99.13	99.07	98.55	97.56	96.68	97.30
木材及纸浆类	93.79	93.43	93.91	95.08	95.27	95.58
建筑材料及非金属类	96.71	97.34	96.53	97.81	99.07	101.74
其它工业原材料及半成品类	102.24	102.70	102.81	103.13	103.19	103.30
农副产品类	100.06	99.66	99.40	99.42	99.01	98.69
纺织原料类	101.00	100.13	101.19	101.55	101.42	102.76
二、按行业分:						
农业	101.46	101.52	101.75	101.99	101.32	101.04
林业	95.99	92.83	90.52	88.94	86.15	85.51
畜牧业	97.84	97.47	96.95	98.08	100.14	101.46
渔业	100.00	100.00	100.00	100.00	103.57	101.79
煤炭开采和洗选业	91.73	91.93	92.80	92.53	92.36	91.85
黑色金属矿采选业	94.03	101.91	103.26	93.05	91.60	89.52
有色金属矿采选业	61.52	63.55	65.00	65.21	66.04	69.57
非金属矿采选业	96.81	96.06	96.15	96.63	98.13	99.92
农副食品加工业	104.47	103.90	104.35	103.69	103.99	104.38
食品制造业	101.72	101.75	101.46	101.73	101.60	102.55
饮料制造业	98.84	99.11	99.19	99.21	99.00	98.88
烟草制品业	106.98	106.98	106.98	106.98	106.98	106.98
纺织业	101.00	100.13	101.19	101.55	101.42	102.76
皮革、毛皮、羽毛(绒)及其制品业	114.06	115.38	115.21	114.09	116.89	118.27
木材加工及木、竹、藤、棕、草制品业	100.32	100.67	100.57	99.81	99.79	99.37
造纸及纸制品业	92.36	92.19	92.77	94.18	94.39	94.78
印刷业和记录媒介的复制	102.56	102.56	102.56	104.64	104.64	104.64
石油加工、炼焦及核燃料加工业	100.56	99.90	98.74	95.82	95.30	96.50
化学原料及化学制品制造业	98.72	98.83	98.22	97.14	96.02	96.52
医药制造业	103.90	99.89	100.03	108.28	108.57	108.37
橡胶制品业	102.94	102.94	102.94	101.45	101.45	101.45
塑料制品业	99.80	99.08	98.78	98.22	98.14	99.39
非金属矿物制品业	96.59	98.66	96.95	99.15	100.22	103.84
黑色金属冶炼及压延加工业	93.84	95.25	94.95	95.15	94.62	93.89
有色金属冶炼及压延加工业	99.04	95.58	94.41	92.60	91.54	92.24
金属制品业	95.92	96.46	96.26	96.99	97.00	95.78
通用设备制造业	99.69	99.84	99.15	99.14	99.91	100.52
交通运输设备制造业	99.45	102.86	102.86	102.86	102.86	102.85
电气机械及器材制造业	92.92	91.40	91.61	90.88	89.81	88.70
通信设备、计算机及其他电子设备制造业	100.27	101.42	101.94	101.89	101.52	101.45
仪器仪表及文化、办公用机械制造业	102.13	102.13	100.00	100.00	100.00	100.00
废弃资源和废旧材料回收加工业	102.64	100.78	98.45	97.85	95.65	96.86
电力、热力的生产和供应业	102.56	102.66	102.55	102.70	102.83	100.65
燃气生产和供应业	100.00	100.00	100.00	100.00	99.86	100.00
水的生产和供应业	100.36	100.40	100.40	100.40	100.37	100.37

4-11 续表 (2013 年,以上年同月价格为 100)

类 别	7月	8月	9月	10月	11月	12月	累计
工业生产者购进价格指数	**98.74**	**99.48**	**100.69**	**100.32**	**100.23**	**100.42**	**99.60**
一、按九大类分							
燃料、动力类	97.61	98.00	98.49	98.64	98.55	98.49	98.52
黑色金属材料类	93.65	97.74	107.39	104.47	102.18	103.56	98.26
其中:钢材	94.85	96.84	99.24	98.75	97.53	97.23	95.85
其它	91.07	98.08	121.57	114.03	109.39	113.85	101.26
有色金属材料及电线类	89.10	91.55	91.35	91.19	92.28	90.90	90.80
化工原料类	97.92	98.64	98.65	98.60	99.13	99.55	98.39
木材及纸浆类	95.97	96.96	97.76	98.36	97.06	97.58	95.87
建筑材料及非金属类	100.82	101.11	102.84	102.16	102.38	102.62	100.06
其它工业原材料及半成品类	102.62	102.44	101.52	101.69	102.23	102.40	102.52
农副产品类	98.98	98.48	97.72	97.60	97.96	98.55	98.79
纺织原料类	102.18	101.68	102.34	101.89	101.94	100.60	101.55
二、按行业分:							
农业	101.09	100.70	99.46	99.52	99.92	100.75	100.87
林业	84.41	82.35	81.07	80.06	80.38	80.50	85.76
畜牧业	102.77	102.90	105.10	105.04	104.93	104.71	101.42
渔业	105.36	106.25	107.14	107.14	107.14	107.14	103.79
煤炭开采和洗选业	91.02	92.17	94.32	95.09	94.56	94.26	92.84
黑色金属矿采选业	90.48	98.05	123.59	115.46	110.42	115.25	101.30
有色金属矿采选业	77.71	89.66	99.60	103.20	105.58	101.99	78.01
非金属矿采选业	99.38	99.53	100.47	101.66	102.72	102.83	99.17
农副食品加工业	104.40	103.87	102.14	102.83	103.31	103.46	103.72
食品制造业	102.68	101.55	100.91	100.92	107.54	107.01	102.63
饮料制造业	99.73	99.68	99.61	99.67	99.82	99.81	99.38
烟草制品业	106.98	106.98	103.78	104.13	104.13	104.13	105.98
纺织业	102.18	101.68	102.34	101.89	101.94	100.60	101.55
皮革、毛皮、羽毛(绒)及其制品业	117.01	120.46	121.74	121.09	120.45	121.63	118.11
木材加工及木、竹、藤、棕、草制品业	100.15	100.65	100.32	99.46	99.95	100.46	100.12
造纸及纸制品业	95.20	96.30	97.25	98.01	96.54	97.21	95.05
印刷业和记录媒介的复制	104.64	104.64	105.26	105.26	105.26	102.63	104.10
石油加工、炼焦及核燃料加工业	99.19	99.72	97.80	96.87	96.76	97.04	97.83
化学原料及化学制品制造业	97.18	98.08	98.12	97.91	98.55	99.00	97.85
医药制造业	107.11	106.73	106.47	106.95	106.70	107.46	105.89
橡胶制品业	102.94	102.79	101.45	101.45	101.45	101.45	102.05
塑料制品业	99.60	99.80	100.04	100.63	100.84	101.26	99.63
非金属矿物制品业	102.49	102.83	105.50	102.75	102.07	102.40	101.07
黑色金属冶炼及压延加工业	94.94	96.77	99.06	98.56	97.37	97.08	95.91
有色金属冶炼及压延加工业	90.28	91.29	90.04	89.67	90.62	89.48	92.25
金属制品业	97.12	97.58	98.28	98.08	97.89	98.03	97.11
通用设备制造业	100.66	100.66	100.67	101.54	101.41	101.16	100.36
交通运输设备制造业	100.38	100.32	100.39	100.07	100.07	100.85	101.30
电气机械及器材制造业	87.76	86.86	86.71	86.77	86.98	86.44	88.94
通信设备、计算机及其他电子设备制造业	101.40	101.53	102.08	101.72	102.80	101.59	101.63
仪器仪表及文化、办公用机械制造业	100.00	99.99	99.66	99.67	100.00	100.00	100.29
废弃资源和废旧材料回收加工业	87.32	89.36	87.07	85.80	88.49	87.09	93.10
电力、热力的生产和供应业	100.58	100.52	100.52	100.51	100.51	100.52	101.41
燃气生产和供应业	99.86	100.00	100.00	100.00	101.97	101.97	100.31
水的生产和供应业	100.37	100.27	100.27	100.13	100.13	100.13	100.30

4-12 工业生产者出厂价格分月指数

(2013 年,以上月价格为 100)

项　目	1月	2月	3月	4月	5月	6月
工业生产者出厂价格指数	**100.05**	**100.14**	**99.91**	**99.80**	**100.08**	**99.70**
一、按轻重工业分						
轻工业	100.21	100.18	100.29	100.25	100.15	100.25
以农产品为原料	100.24	100.17	100.24	100.47	100.33	100.28
以非农产品为原料	100.13	100.22	100.40	99.74	99.74	100.18
重工业	99.97	100.12	99.71	99.56	100.04	99.40
采　掘	100.00	100.00	100.00	100.00	100.00	100.00
原　料	99.99	99.99	99.95	99.98	99.99	100.02
加　工	99.96	100.18	99.61	99.39	100.06	99.15
二、按生产生活资料分						
生产资料	100.01	100.16	99.78	99.66	100.08	99.46
采　掘	100.00	100.00	100.00	100.00	100.00	100.00
原　料	100.00	99.99	99.95	99.98	99.99	100.02
加　工	100.02	100.22	99.72	99.55	100.12	99.26
生活资料	100.14	100.12	100.21	100.12	100.07	100.24
食　品	100.32	100.06	100.05	100.05	99.94	99.99
衣　着	100.25	100.83	100.38	101.31	101.09	101.20
一般日用品	99.77	99.60	100.53	99.30	99.47	99.98
耐用消费品	100.00	100.17	99.92	100.02	100.00	100.02
三、按工业部门分						
(1)冶金工业	99.50	101.34	100.33	97.43	99.16	96.41
(2)电力工业	100.00	100.00	100.00	100.00	100.00	100.00
(3)煤炭及炼焦工业	100.00	100.00	100.00	100.00	100.00	100.00
(4)石油工业	102.22	100.00	98.17	100.00	101.87	97.33
(5)化学工业	100.43	99.64	100.05	99.73	99.59	99.70
(6)机械工业	100.15	100.32	99.99	99.84	99.78	100.08
(7)建筑材料工业	98.84	97.60	95.35	101.68	104.90	100.61
(8)森林工业	99.99	100.03	99.96	100.00	99.99	99.96
(9)食品工业	100.27	99.93	100.18	100.24	100.05	99.94
(10)纺织工业	100.03	100.16	100.12	100.17	100.10	100.09
(11)缝纫工业	100.29	100.87	100.43	101.47	101.22	101.26
(12)皮革工业	100.07	100.58	99.60	99.84	100.00	100.41
(13)造纸工业	100.18	99.89	100.52	99.83	99.83	100.01
(14)文教艺术用品工业	99.93	99.99	99.93	99.86	100.06	99.88
(15)其它工业	100.37	100.28	100.59	99.51	99.99	100.80

4-12 续表 1　　　　(2013 年,以上月价格为 100)

项　　目	7月	8月	9月	10月	11月	12月
工业生产者出厂价格指数	**99.66**	**100.32**	**99.90**	**99.94**	**100.29**	**100.01**
一、按轻重工业分						
轻工业	100.03	99.70	100.02	100.14	100.04	99.93
以农产品为原料	100.01	99.56	100.02	100.11	100.13	99.88
以非农产品为原料	100.07	100.03	100.02	100.19	99.83	100.05
重工业	99.45	100.66	99.83	99.83	100.42	100.05
采　　掘	100.00	100.00	100.00	100.00	100.00	100.00
原　　料	100.03	100.04	99.97	99.82	99.97	100.02
加　　工	99.22	100.91	99.77	99.83	100.60	100.06
二、按生产生活资料分						
生产资料	99.55	100.66	99.93	99.92	100.47	100.04
采　　掘	100.00	100.00	100.00	100.00	100.00	100.00
原　　料	100.03	100.04	99.97	99.81	99.98	100.02
加　　工	99.37	100.89	99.92	99.96	100.65	100.05
生活资料	99.91	99.55	99.83	99.97	99.88	99.94
食　　品	100.19	99.81	99.76	100.18	100.12	100.00
衣　　着	99.47	98.30	100.06	99.41	99.77	99.63
一般日用品	99.69	99.95	99.66	100.02	99.40	100.07
耐用消费品	99.99	100.01	100.00	100.00	100.02	99.99
三、按工业部门分						
(1)冶金工业	98.15	103.52	98.95	99.08	100.81	100.38
(2)电力工业	100.02	100.00	100.00	99.75	99.97	100.00
(3)煤炭及炼焦工业	100.00	100.00	100.00	100.00	100.00	103.40
(4)石油工业	100.00	100.73	101.85	100.00	100.00	100.00
(5)化学工业	99.70	100.01	99.79	100.04	99.70	99.95
(6)机械工业	99.95	100.03	100.05	100.00	100.07	99.91
(7)建筑材料工业	97.47	101.03	99.95	100.80	104.53	100.38
(8)森林工业	99.96	100.00	100.00	99.97	99.98	100.00
(9)食品工业	100.25	100.00	99.96	100.40	100.33	99.90
(10)纺织工业	100.30	99.90	100.08	100.08	99.64	100.11
(11)缝纫工业	99.43	98.20	100.06	99.31	99.75	99.61
(12)皮革工业	99.61	99.19	100.00	100.40	100.01	99.66
(13)造纸工业	99.82	99.96	100.38	100.23	100.20	100.30
(14)文教艺术用品工业	99.99	99.87	100.18	100.14	99.89	99.92
(15)其它工业	100.20	100.30	100.35	100.20	99.68	100.53

4-12 续表 2　　　　(2013 年,以上月价格为 100)

项　目	1 月	2 月	3 月	4 月	5 月	6 月
四、按工业行业分						
非金属矿采选业	100.00	100.00	100.00	100.00	100.00	100.00
农副食品加工业	100.33	99.89	100.16	100.46	100.14	99.82
食品制造业	100.95	100.01	100.05	99.92	100.06	99.94
饮料制造业	99.94	99.85	100.89	100.17	99.78	100.34
烟草制品业	100.00	100.00	100.00	100.00	100.00	100.00
纺织业	100.13	100.93	100.35	101.52	101.27	101.31
纺织服装、鞋、帽制造业	100.52	100.01	100.36	100.12	100.01	100.01
皮革、毛皮、羽毛(绒)及其制品业	100.07	100.54	99.61	99.85	101.03	101.04
木材加工及木、竹、藤、棕、草制品业	99.98	100.00	100.00	100.00	99.98	99.94
家具制造业	100.00	100.13	99.87	100.00	100.00	100.00
造纸及纸制品业	100.18	99.89	100.52	99.83	99.83	100.01
印刷业和记录媒介的复制	99.90	99.68	100.00	99.78	100.10	99.82
文教体育用品制造业	100.00	100.95	99.56	100.10	100.00	100.10
石油加工、炼焦及核燃料加工业	102.22	100.00	98.17	100.00	101.87	97.33
化学原料及化学制品制造业	100.57	99.82	100.36	100.08	99.96	100.16
医药制造业	100.19	99.50	99.87	99.62	99.54	99.61
橡胶制品业	101.58	98.87	98.83	100.43	99.11	98.46
塑料制品业	100.27	100.17	100.75	99.08	99.37	99.88
非金属矿物制品业	99.09	98.03	96.22	101.20	104.13	100.83
黑色金属冶炼及压延加工业	99.18	102.44	100.96	96.30	99.44	94.00
有色金属冶炼及压延加工业	100.22	99.88	99.04	98.61	98.04	99.75
金属制品业	99.48	99.97	100.09	99.34	99.79	99.34
通用设备制造业	100.12	100.20	100.01	99.58	99.79	100.06
专用设备制造业	101.03	100.82	100.39	100.08	100.09	100.52
交通运输设备制造业	100.02	99.99	99.99	100.03	99.98	100.01
电气机械及器材制造业	99.93	100.93	99.80	99.71	99.12	100.33
通信设备、计算机及其他电子设备制造业	100.34	100.22	100.03	99.38	100.01	99.61
仪器仪表及文化、办公用机械制造业	102.76	100.08	100.62	100.13	100.02	100.18
工艺品及其他制造业	100.97	99.97	99.99	100.05	100.52	100.52
电力、热力的生产和供应业	100.00	100.00	100.00	100.00	100.00	100.00
燃气生产和供应业	100.00	100.00	100.00	100.00	100.00	100.00
水的生产和供应业	100.00	100.00	100.00	100.00	100.00	100.00

4-12 续表 2-1　　(2013年,以上月价格为100)

项　　目	7月	8月	9月	10月	11月	12月
四、按工业行业分						
非金属矿采选业	100.00	100.00	100.00	100.00	100.00	100.00
农副食品加工业	100.27	100.24	100.29	100.62	100.45	99.87
食品制造业	100.06	100.02	99.84	100.03	100.09	99.97
饮料制造业	101.00	98.87	98.45	100.80	100.91	99.74
烟草制品业	100.00	100.00	100.00	100.00	100.00	100.00
纺织业	99.51	98.13	100.08	99.32	99.43	99.44
纺织服装、鞋、帽制造业	100.00	100.01	100.00	100.00	100.58	100.60
皮革、毛皮、羽毛(绒)及其制品业	99.52	99.25	100.03	100.37	100.01	99.69
木材加工及木、竹、藤、棕、草制品业	99.95	100.00	100.00	99.96	99.97	100.00
家具制造业	100.00	100.00	100.00	100.00	100.00	100.00
造纸及纸制品业	99.82	99.96	100.38	100.23	100.20	100.30
印刷业和记录媒介的复制	100.00	99.81	100.24	100.18	99.82	99.91
文教体育用品制造业	99.96	100.03	100.03	100.02	100.09	99.96
石油加工、炼焦及核燃料加工业	100.00	100.73	101.85	100.00	100.00	100.00
化学原料及化学制品制造业	100.07	100.18	99.88	100.20	99.97	99.91
医药制造业	99.47	99.81	99.53	99.59	99.33	100.05
橡胶制品业	99.52	100.80	101.40	99.94	100.74	99.93
塑料制品业	99.88	99.88	99.51	101.19	99.72	99.71
非金属矿物制品业	97.89	101.02	100.13	100.77	103.80	100.60
黑色金属冶炼及压延加工业	98.49	105.93	98.49	98.72	102.00	100.85
有色金属冶炼及压延加工业	96.11	101.39	99.37	99.30	98.90	99.54
金属制品业	99.80	99.46	99.76	99.83	99.78	100.03
通用设备制造业	99.95	99.74	99.94	100.19	100.06	100.03
专用设备制造业	100.52	100.31	99.77	99.84	100.23	100.22
交通运输设备制造业	100.00	99.99	100.06	99.99	100.02	99.85
电气机械及器材制造业	99.21	100.04	100.11	100.03	100.24	99.74
通信设备、计算机及其他电子设备制造业	100.73	100.19	100.16	99.95	99.85	100.15
仪器仪表及文化、办公用机械制造业	100.43	100.29	100.20	100.08	99.91	99.77
工艺品及其他制造业	100.00	100.61	100.02	100.52	99.95	99.86
电力、热力的生产和供应业	100.02	100.00	100.00	99.75	99.97	100.00
燃气生产和供应业	100.00	100.00	100.00	100.00	100.00	103.40
水的生产和供应业	100.00	100.00	100.00	100.00	100.00	100.00

4-13　工业生产者购进价格分月指数

(2013 年,以上月价格为 100)

项　　目	1月	2月	3月	4月	5月	6月
工业生产者购进价格指数	**101.10**	**100.47**	**99.97**	**99.56**	**99.75**	**99.39**
一、按九大类分						
燃料、动力类	100.51	100.15	100.03	99.63	99.95	99.29
黑色金属材料类	105.64	103.23	100.12	97.58	98.63	96.36
其中:钢材	100.32	101.14	100.19	99.83	98.83	98.78
其它	114.31	106.21	100.02	94.51	98.35	92.86
有色金属材料及电线类	99.12	100.33	98.86	97.12	98.20	99.00
化工原料类	100.02	99.98	99.77	99.34	99.67	99.72
木材及纸浆类	99.12	99.32	100.00	100.61	99.67	99.70
建筑材料及非金属类	99.51	100.02	98.76	99.78	100.67	101.60
其它工业原材料及半成品类	100.81	99.99	100.08	100.48	100.08	100.21
农副产品类	99.90	99.98	100.02	99.84	99.99	99.78
纺织原料类	100.69	99.82	100.18	100.39	100.06	100.65
二、按行业分						
农业	100.34	100.40	100.30	99.99	99.92	99.84
林业	98.31	98.10	98.67	98.26	97.69	99.66
畜牧业	99.20	99.98	100.05	101.11	100.89	100.96
渔业	100.00	100.00	100.00	100.00	103.57	98.28
煤炭开采和洗选业	101.61	100.18	100.01	98.86	99.94	97.76
黑色金属矿采选业	115.28	106.57	100.00	94.22	98.25	92.60
有色金属矿采选业	95.10	100.20	100.17	99.00	103.15	98.75
非金属矿采选业	99.49	98.96	99.68	99.81	101.27	100.91
农副食品加工业	100.59	99.97	100.48	99.81	100.37	100.39
食品制造业	99.87	99.89	99.42	100.12	99.87	102.28
饮料制造业	99.87	100.12	99.97	100.02	99.78	99.89
烟草制品业	103.78	100.00	100.00	100.00	100.00	100.00
纺织业	100.69	99.82	100.18	100.39	100.06	100.65
皮革、毛皮、羽毛(绒)及其制品业	101.79	101.01	102.64	102.42	103.53	102.29
木材加工及木、竹、藤、棕、草制品业	100.16	100.35	99.92	99.51	99.93	99.63
造纸及纸制品业	98.97	99.19	100.02	100.71	99.63	99.68
印刷业和记录媒介的复制	100.00	100.00	100.00	102.03	100.00	100.00
石油加工、炼焦及核燃料加工业	100.45	100.16	100.33	98.57	98.54	98.73
化学原料及化学制品制造业	99.80	100.06	99.74	99.28	99.65	99.58
医药制造业	99.32	99.41	100.07	109.12	100.45	100.26
橡胶制品业	101.45	100.00	100.00	100.00	100.00	100.00
塑料制品业	100.53	99.68	99.79	99.43	99.65	100.18
非金属矿物制品业	99.53	101.10	97.85	99.74	100.06	102.32
黑色金属冶炼及压延加工业	100.31	101.10	100.20	99.83	98.87	98.72
有色金属冶炼及压延加工业	99.64	100.35	98.70	96.89	97.58	99.03
金属制品业	100.07	100.54	99.99	99.15	100.06	98.89
通用设备制造业	100.19	100.17	99.97	99.99	100.02	99.88
交通运输设备制造业	100.40	100.00	100.00	100.00	100.00	99.99
电气机械及器材制造业	98.92	98.50	98.47	98.64	98.51	98.78
通信设备、计算机及其他电子设备制造业	99.96	101.19	100.50	99.93	99.65	100.09
仪器仪表及文化、办公用机械制造业	100.00	100.00	100.00	100.00	100.00	100.00
废弃资源和废旧材料回收加工业	100.28	100.74	97.68	97.28	97.22	98.58
电力、热力的生产和供应业	100.02	100.15	100.00	100.15	100.16	100.06
燃气生产和供应业	100.00	100.00	100.00	100.00	99.86	100.14
水的生产和供应业	100.10	100.03	100.00	100.00	100.00	100.00

4-13 续表　　　　(2013 年,以上月价格为 100)

项　　目	7 月	8 月	9 月	10 月	11 月	12 月
工业生产者购进价格指数	**99.68**	**100.36**	**100.34**	**99.76**	**99.92**	**100.12**
一、按九大类分						
燃料、动力类	99.32	99.61	100.07	99.95	100.03	99.95
黑色金属材料类	100.04	102.70	101.63	97.97	99.34	100.64
其中:钢材	99.73	100.01	100.23	99.29	99.16	99.72
其它	100.50	106.80	103.63	96.16	99.60	101.96
有色金属材料及电线类	98.52	101.60	100.99	99.33	98.50	99.02
化工原料类	100.01	100.37	100.09	100.04	100.23	100.32
木材及纸浆类	100.02	100.22	99.84	99.97	99.00	100.10
建筑材料及非金属类	98.93	100.07	100.55	100.65	101.58	100.51
其它工业原材料及半成品类	99.88	100.08	100.17	100.17	100.27	100.16
农副产品类	99.91	100.06	99.30	100.01	99.69	100.08
纺织原料类	99.48	99.61	100.73	100.17	99.31	99.53
二、按行业分						
农业	100.04	100.32	99.24	100.23	99.90	100.23
林业	96.89	97.42	97.45	98.75	98.06	99.29
畜牧业	100.27	101.15	100.96	100.08	99.92	100.06
渔业	103.51	100.85	100.84	100.00	100.00	100.00
煤炭开采和洗选业	97.55	98.62	100.16	99.86	99.93	99.69
黑色金属矿采选业	100.55	107.40	103.84	95.99	99.61	102.07
有色金属矿采选业	107.27	106.27	99.24	96.40	98.83	98.30
非金属矿采选业	99.14	99.31	100.48	101.61	102.12	100.07
农副食品加工业	100.03	100.31	100.92	100.85	99.81	99.91
食品制造业	99.99	99.99	99.99	100.01	106.03	99.52
饮料制造业	99.97	99.96	100.03	100.06	100.05	100.09
烟草制品业	100.00	100.00	100.00	100.33	100.00	100.00
纺织业	99.48	99.61	100.73	100.17	99.31	99.53
皮革、毛皮、羽毛(绒)及其制品业	100.00	102.40	101.15	100.00	100.00	102.59
木材加工及木、竹、藤、棕、草制品业	100.33	100.09	100.08	99.57	100.44	100.44
造纸及纸制品业	100.00	100.25	99.80	100.00	98.87	100.08
印刷业和记录媒介的复制	100.00	100.00	100.59	100.00	100.00	100.00
石油加工、炼焦及核燃料加工业	100.16	99.91	100.32	99.82	99.57	100.46
化学原料及化学制品制造业	99.96	100.47	100.10	99.92	100.13	100.31
医药制造业	98.97	99.97	99.85	100.30	99.86	100.01
橡胶制品业	100.00	100.00	100.00	100.00	100.00	100.00
塑料制品业	100.21	100.10	100.05	100.50	100.70	100.43
非金属矿物制品业	98.72	100.85	100.62	99.69	101.02	100.95
黑色金属冶炼及压延加工业	99.73	99.91	100.22	99.28	99.17	99.73
有色金属冶炼及压延加工业	97.34	100.91	101.26	99.78	98.45	99.12
金属制品业	99.98	100.07	99.57	99.70	100.38	99.61
通用设备制造业	100.12	100.00	100.01	100.80	100.00	100.00
交通运输设备制造业	100.00	100.00	100.00	99.68	100.00	100.78
电气机械及器材制造业	98.92	98.97	98.72	98.86	99.58	98.64
通信设备、计算机及其他电子设备制造业	99.98	100.13	99.97	99.97	100.08	100.14
仪器仪表及文化、办公用机械制造业	100.00	99.99	100.00	100.01	100.00	100.00
废弃资源和废旧材料回收加工业	93.17	100.76	100.35	99.86	99.45	101.17
电力、热力的生产和供应业	100.00	99.99	100.00	100.00	100.00	100.00
燃气生产和供应业	99.86	100.14	100.00	100.00	101.97	100.00
水的生产和供应业	100.00	100.00	100.00	100.00	100.00	100.00

主要统计指标解释

居民消费价格指数 (Consumer Price Index,简称 CPI)是反映居民购买并用于消费的一组代表性商品和服务项目价格水平的变化趋势和变动幅度的统计指标。调查内容既有城乡居民日常生活需要的各类消费品,也包括多种与人民生活密切相关的服务项目,如水、电、交通、教育、医疗等费用。该价格指数为分析和制定货币政策、价格政策、居民消费政策、工资政策以及进行国民经济核算提供科学依据。国际上通常将居民消费价格指数作为反映通货膨胀(或通货紧缩)程度的重要指标。

按照国际标准,居民消费价格的调查内容分为食品、烟酒及用品、衣着、家庭设备用品及维修服务、医疗保健和个人用品、交通和通信、娱乐教育文化用品及服务、居住等八大类。根据我国城乡居民消费模式、消费习惯,参照抽样调查原理选中的城乡居民家庭的消费支出数据,并结合其它相关资料,选取了 262 个基本分类、约 700 种商品和服务项目, 作为经常性调查项目。国家统计局直属的全国调查系统采取定人、定时、定点的直接调查方式,由专职调查员到不同类型、不同规模的农贸市场和商店现场采集价格资料。对于与居民生活密切相关、价格变动比较频繁的商品,至少每五天调查一次价格,从而保证了居民消费价格指数能够及时、准确地反映市场价格的变动情况。

由于价格指数是用一定数量的代表品种反映价格总水平的变化,必须确定每一种调查商品或服务项目价格对价格总水平影响的重要程度(称为权数),用以加权计算分类价格指数直至价格总指数。随着人民消费结构不断变化,还要根据城市居民家庭消费支出结构变化,每 5 年对权数进行调整。

商品零售价格指数 是反映城市商品零售价格变动趋势的一种经济指数。零售物价的调整变动直接影响到城市居民的生活支出和国家的财政收入,影响居民购买力和市场供需平衡,影响消费与积累的比例。因此,计算零售价格指数,可以从一个侧面对上述经营活动进行观察和分析。

工业生产者出厂价格指数 是反映全部工业产品出厂价格总水平的变化趋势和变动幅度的统计指标。其中包括工业企业销给商业、外贸、物资部门的产品,还包括销给工业和其他部门的生产资料,以及直接销给居民的生活消费品。其目的在于准确地反映工业产品价格的变动趋势及程度,为国民经济核算、计算工业发展速度、宏观经济分析和调控、理顺价格体系等提供科学、准确的依据。

工业生产者购进价格指数 是反映全部原材料、燃料、动力价格变动趋势和变动幅度的统计指标。其调查内容包括:燃料动力类、黑色金属材料类、有色金属材料及电线类、化工原料类、木材及纸浆类、建筑材料及非金属类、其它工业原材料及半成品类、农副产品类、纺织原料类。其目的在于准确反映中间投入的原材料、燃料、动力价格的变动趋势及程度,为国民经济核算、分析等提供科学、准确的依据。

五、固定资产投资

INVESTMENT IN FIXED ASSETS

本篇内容包括：

全社会固定资产投资

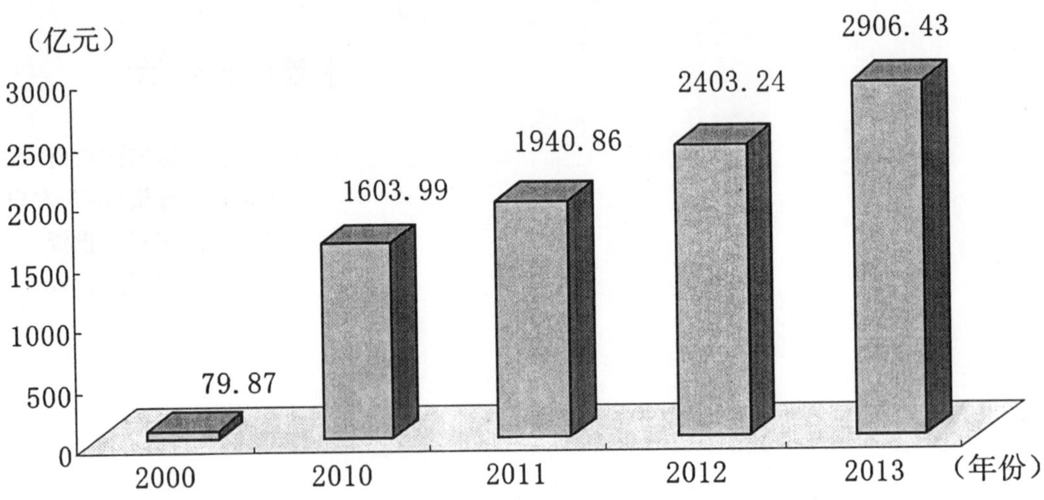

2013年三次产业投资比重

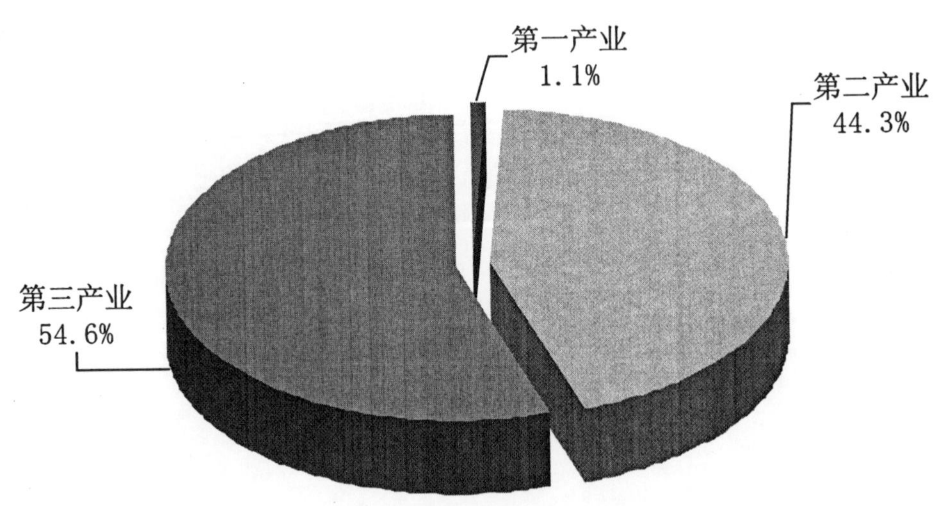

5-1 全社会固定资产投资

单位:万元

项目	2012	2013	2013年比上年增长%
总计	**24 032 370**	**29 064 342**	**20.9**
国有	3 724 709	4 533 022	21.7
集体	529 610	538 929	1.8
非公有制	18 737 801	22 983 231	22.7
500万元以上	23 930 288	28 968 649	21.1
国有	3 724 709	4 533 022	21.7
集体	529 610	538 929	1.8
非公有制	18 635 701	22 983 231	23.3
#房地产开发投资	3 443 607	4 061 358	17.9
国有	198 254	225 783	13.9
集体			
非公有制	3 221 420	3 807 461	18.2
农村农户投资	102 082	95 693	-6.3

5-2 主要年份全社会固定资产投资

项目	1980	1990	2000	2010	2011	2012	2013
一、投资总额(万元)	**21 075**	**103 225**	**798 684**	**16 039 880**	**19 408 648**	**24 032 370**	**29 064 342**
按隶属关系分							
中央、省属	9 099	37 947	238 557	1 586 946	1 295 626	896 464	1 830 110
市属	11 976	65 278	560 127	14 452 934	18 113 022	23 135 906	27 234 232
按经济类型分							
城镇国有	19 765	82 902	539 651	3 939 096	3 262 150	3 098 978	4 533 022
城镇集体	840	2 905	17 564	478 999	585 044	307 176	538 929
其他经济类型				10 396 076	14 244 514	19 112 994	22 157 475
农村非农户	230	4 320	178 096	1 065 709	1 116 940	1 411 140	1 739 223
农村个人	120	8 732	53 006	160 000	200 000	102 082	95 693
二、新增固定资产(万元)	**18 092**	**86 174**	**367 220**	**14 129 202**	**12 924 032**	**15 901 994**	**17 976 952**
#房地产开发		8 147	73 626	1 789 850	915 536	1 312 203	1 362 332
三、竣工房屋面积(万平方米)	**101**	**190**	**355**	**1 701**	**1 437**	**1 573**	**1 775**
#房地产开发		29	92	399	446	418	374
#住宅	58	132	266	508	519	482	389
#房地产开发		25	84	314	389	325	305

5-3 固定资产投资(不含农户)

(2013 年)　　单位:万元

指　　标	总 计	中 央	省	市	县	其 他
一、本年完成投资	28 968 649	417 102	1 413 008	2 061 070	4 591 407	20 484 138
#住宅投资	266 725		19 370	3 654	215 708	27 993
1.按企业登记注册类型分						
内　　资	26 848 066	417 102	1 399 575	2 061 070	4 476 798	18 491 597
国　　有	4 533 022	190 222	584 675	1 193 460	2 207 827	356 838
集　　体	538 929		4 450	4 836	250 871	278 772
股份合作	186 133		51 800	10 790	2 740	120 803
联　　营	74 530		12 686		48 554	13 290
有限责任公司	11 890 274	174 234	518 085	734 107	1 732 164	8 731 357
股份有限公司	1 042 329	52 646	205 759	73 877	87 810	622 237
私　　营	7 178 299		22 120		1 340	7 153 242
其他内资	1 404 550			44 000	145 492	1 215 058
港澳台投资	806 573				99 929	706 644
外商投资	631 851		13 433		14 680	603 738
个体经营	682 159					682 159
2.按建设性质分						
#新　　建	11 038 674	103 115	548 311	927 003	1 590 026	7 870 219
扩　　建	2 164 771	9 920	17 156	91 880	637 005	1 408 810
改建和技术改造	13 343 525	110 790	70 727	380 874	1 755 227	11 025 907
3.按构成分						
建筑工程	15 636 333	204 640	1 062 573	1 133 761	3 415 995	9 817 767
安装工程	5 622 695	18 773	140 443	158 678	417 817	4 886 984
设备工器具购置	5 799 896	127 590	105 411	315 443	562 578	4 688 874
其他费用	1 909 725	66 099	104 581	453 188	195 017	1 090 513
4.按产业分						
第一产业	308 220				29 486	278 734
第二产业	12 840 816	211 208	195 897	402 651	1 530 063	10 500 997
第三产业	15 819 613	28 349	483 117	1 250 398	2 516 471	11 541 278
二、本年新增固定资产	17 976 952	192 330	392 425	742 531	3 528 117	13 119 282
三、本年资金来源合计	36 960 736	670 534	2 123 784	2 665 307	5 622 445	25 876 553
#本年资金来源	34 332 879	641 247	1 761 381	2 346 700	5 449 340	24 132 318
国家预算内资金	612 809		63 964	90 928	342 328	115 589
国内贷款	3 280 071	2 000	198 323	673 879	549 992	1 855 877
债券	2 990				2 990	
利用外资	310 501		1 989		73 999	234 513
自筹资金	24 830 980	246 671	936 064	1 267 102	3 781 793	18 597 457
其他资金来源	5 295 528	392 576	561 041	314 791	698 238	3 328 882

5-4 各行业固定资产投资

单位:万元

行　　业	2012	2013	2013 年比上年增长%
总　　计	**23 930 288**	**28 968 649**	**21.1**
农、林、牧、渔业	336 150	308 220	-8.3
工　　业	10 013 341	12 423 369	24.1
采 矿 业	47 369	57 733	21.9
制 造 业	9 669 375	11 809 322	22.1
农副食品加工业	618 612	1 002 936	62.1
食品制造业	351 346	430 177	22.4
酒、饮料和精制茶制造业	191 991	168 062	-12.5
烟草制品业	2 710		
纺织业	277 413	375 625	35.4
纺织服装和服饰业	1 012 872	1 238 358	22.3
皮革、毛皮、羽毛及其制品业	99 465	146 609	47.4
木材加工及木、竹、藤、棕、草制	206 440	208 166	0.8
家具制造业	132 070	160 628	21.6
造纸及纸制品业	152 470	211 247	38.5
印刷业和记录媒介的复制	298 043	406 650	36.4
文教、美工、体育和娱乐用品制造业	130 029	131 461	1.1
石油加工、炼焦加工业	20 515	20 073	-2.2
化学原料及化学制品制造业	352 617	458 422	30.0
医药制造业	363 486	460 062	26.6
化学纤维制造业		5 588	
橡胶和塑料制品业	214 201	349 919	63.4
非金属矿制品业	692 609	591 678	-14.6
黑色金属冶炼和压延加工业	290 226	287 773	-0.8
有色金属冶炼和压延加工业	159 896	153 466	-4.0
金属制品业	624 530	731 391	17.1
通用设备制造业	361 640	504 902	39.6
专用设备制造业	771 898	912 685	18.2
汽车制造业	807 554	776 397	-3.9
铁路、船舶、航空航天和其他运输设备制造业	298 976	367 818	23.0
电气机械及器材制造业	577 940	730 922	26.5
计算机、通信和其他电子设备制造业	400 758	600 411	49.8

单位:万元

行　　业	2012	2013	2013 年比上年增长%
仪器仪表制造业	150 385	244 192	62.4
其他制造业	22 462	83 625	272.3
废弃资源综合利用业	46 093	31 733	-31.2
金属制品、机械和设备修理业	36 468	18 346	-49.7
电力、燃气及水的生产和供应业	296 597	556 314	87.6
电力、热力的生产和供应业	168 429	270 512	60.6
燃气生产和供应业	27 866	50 029	79.5
水的生产和供应业	100 302	235 773	135.1
建筑业	292 159	417 447	42.9
批发和零售业	2 301 224	2 970 490	29.1
交通运输、仓储和邮政业	867 446	656 607	-24.3
铁路运输业	8 320		
道路运输业	696 613	471 898	-32.3
仓储业	89 683	74 147	-17.3
邮政业	13 148	27 567	109.7
住宿和餐饮业	970 800	1 049 541	8.1
信息传输、软件和信息技术服务业	309 540	389 794	25.9
#电信、广播电视和卫星传输服务业	59 050	87 595	48.3
金融业	177 615	225 579	27.0
房地产业	4 168 224	4 963 449	19.1
租赁和商务服务业	792 190	938 350	18.5
科学研究和技术服务业	220 577	353 202	60.1
水利、环境和公共设施管理业	1 738 008	2 133 471	22.8
水利管理业	128 755	160 797	24.9
生态保护和环境治理业	21 940	14 957	-31.8
公共设施管理业	1 587 313	1 957 717	23.3
居民服务和其他服务业	418 438	531 026	26.9
教育	602 059	558 511	-7.2
卫生和社会工作	205 346	250 009	21.8
#卫生	175 445	223 169	27.2
文化、体育和娱乐业	300 638	493 974	64.3
公共管理和社会组织	216 533	305 610	41.1

5-5 各行业固定资产投资

(按登记注册类型分,2013 年)　　单位:万元

指　　标	总 计	内 资					
			国 有	集 体	股份合作	联 营	有　限 责任公司
总　　计	**28 968 649**	**26 848 066**	**4 533 022**	**538 929**	**186 133**	**74 530**	**11 890 274**
农、林、牧、渔业	308 220	295 658	19 036	10 895	11 090		55 915
工　　业	12 423 369	11 691 749	991 927	138 292	73 845	10 957	6 226 795
采 矿 业	57 733	57 733	5 358	11 378			14 727
制 造 业	11 809 322	11 087 846	648 338	115 804	73 845	8 067	6 085 445
农副食品加工业	1 002 936	875 779	16 680	7 532	5 394		393 171
食品制造业	430 177	411 234	16 841	2 740			246 101
酒、饮料和精制茶制造业	168 062	131 235		5 750			68 491
烟草制品业							
纺织业	375 625	369 881		9 852	14 572		231 864
纺织服装和服饰业	1 238 358	1 149 837		5 509	11 654		549 009
皮革、毛皮、羽毛及其制品业	146 609	135 068	2 760	4 182			55 760
木材加工及木、竹、藤、棕、草制	208 166	184 150					86 522
家具制造业	160 628	160 628		2 830			108 725
造纸及纸制品业	211 247	183 321	2 976			2 250	96 127
印刷业和记录媒介的复制	406 650	392 746	35 618	8 537	10 519		194 752
文教、美工、体育和娱乐用品制造业	131 461	119 522	2 852				79 188
石油加工、炼焦加工业	20 073	20 073					14 097
化学原料及化学制品制造业	458 422	445 884	500		2 922		219 805
医药制造业	460 062	439 861	7 198	2 823			305 192
橡胶和塑料制品业	349 919	339 079	8 867	26 273	2 775	2 926	220 422
非金属矿制品业	591 678	549 488	14 298	11 530	4 422		251 268
黑色金属冶炼和压延加工业	287 773	281 902	2 988				93 252
有色金属冶炼和压延加工业	153 466	144 618	15 314		2 970		73 427
金属制品业	731 391	712 680	14 825				275 532
通用设备制造业	504 902	493 034	36 750	10 330	5 658		270 826
专用设备制造业	912 685	869 492	37 812	5 267	5 699	2 891	490 546
汽车制造业	776 397	764 884	293 980				398 415
铁路、船舶、航空航天和其他运输设备制造业	367 818	367 818	118 444	2 986			163 078
电气机械及器材制造业	730 922	661 773	16 640				484 236
计算机、通信和其他电子设备制造业	600 411	509 093	2 995	5 798	4 262		418 071
仪器仪表制造业	244 192	241 194		3 865	2 998		202 869

(按登记注册类型分,2013 年)　　单位:万元

指　　标				港澳台投资	外商投资	个体经营
	股份有限	私　营	其　他			
总　　计	**1 042 329**	**7 178 299**	**1 404 550**	**806 573**	**631 851**	**682 159**
农、林、牧、渔业	5 860	157 658	35 204	4 950	900	6 712
工　　业	460 077	3 509 251	280 605	232 690	421 249	77 681
采 矿 业	2 600	17 712	5 958			
制 造 业	422 126	3 469 193	265 028	225 698	418 097	77 681
农副食品加工业	13 826	411 300	27 876	48 297	56 927	21 933
食品制造业	11 788	115 897	17 867	2 960	10 353	5 630
酒、饮料和精制茶制造业	34 679	20 349	1 966	5 908	30 919	
烟草制品业						
纺织业	5 750	101 216	6 627	2 986	2 758	
纺织服装和服饰业	8 346	565 546	9 773	2 770	85 751	
皮革、毛皮、羽毛及其制品业		72 366		2 730	8 811	
木材加工及木、竹、藤、棕、草制	1 438	90 850	5 340	6 319	14 722	2 975
家具制造业	8 817	33 656	6 600			
造纸及纸制品业	5 909	76 059		15 965	11 961	
印刷业和记录媒介的复制	9 840	121 601	11 879	2 885	2 518	8 501
文教、美工、体育和娱乐用品制造业		32 326	5 156		11 939	
石油加工、炼焦加工业		5 976				
化学原料及化学制品制造业	40 281	170 740	11 636	1 051	11 487	
医药制造业	9 010	110 030	5 608	11 560	8 641	
橡胶和塑料制品业		73 461	4 355	5 831	2 994	2 015
非金属矿制品业	21 367	234 932	11 671	2 988	30 917	8 285
黑色金属冶炼和压延加工业	18 457	163 785	3 420		3 011	2 860
有色金属冶炼和压延加工业		52 907			8 848	
金属制品业	39 800	342 653	39 870	198	4 197	14 316
通用设备制造业	21 076	115 372	33 022	3 902	5 034	2 932
专用设备制造业	52 973	254 652	19 652	16 823	20 456	5 914
汽车制造业	17 461	55 028			11 513	
铁路、船舶、航空航天和其他运输设备制造业	48 197	29 573	5 540			
电气机械及器材制造业	38 939	105 789	16 169	16 008	53 141	
计算机、通信和其他电子设备制造业	11 492	50 167	16 308	70 119	21 199	
仪器仪表制造业	2 680	28 782		2 998		

指　　标	总 计	内 资					
			国 有	集 体	股份合作	联 营	有　限 责任公司
其他制造业	83 625	80 225					69 122
废弃资源综合利用业	31 733	31 733					13 147
金属制品、机械和设备修理业	18 346	16 026					9 680
电力、热力、燃气及水的生产和供应业	556 314	546 170	338 231	11 110		2 890	126 623
电力、热力的生产和供应业	270 512	270 512	179 975	5 362			77 235
燃气生产和供应业	50 029	46 029	16 344				17 529
水的生产和供应业	235 773	229 629	141 912	5 748		2 890	31 859
建筑业	417 447	411 487	27 396	6 425			198 038
批发和零售业	2 970 490	2 664 964	21 203	11 201	10 569	12 800	1 053 700
交通运输、仓储和邮政业	656 607	643 151	87 717	2 880			439 125
铁路运输业							
道路运输业	471 898	461 283	39 491				366 887
水上运输业	42 759	42 759	36 827				2 970
航空运输业	4 754	4 754					1 958
装卸搬运和运输代理业	32 557	32 557	3 659				12 701
仓储业	74 147	74 147	1 800	2 880			46 033
邮政业	27 567	24 726	5 940				5 651
住宿和餐饮业	1 049 541	855 887	3 586	7 008			165 957
信息传输、软件和信息技术服务业	389 794	368 461	28 371		5 305	2 473	238 844
#电信、广播电视和卫星传输服务业	87 595	68 722	22 907			2 473	16 120
金融业	225 579	220 401	114 366	3 510		5 100	52 910
房地产业	4 963 449	4 489 817	715 286	101 261	28 114	1 750	2 565 746
租赁和商务服务业	938 350	756 337	39 666	49 339			339 486
科学研究和技术服务业	353 202	339 547	53 504	2 786	2 520		163 439
水利、环境和公共设施管理业	2 133 471	2 084 724	1 720 878	75 268		3 614	149 914
水利管理业	160 797	160 797	144 273	14 564			
生态保护和环境治理业	14 957	14 957	8 096				5 885
公共设施管理业	1 957 717	1 908 970	1 568 509	60 704		3 614	144 029
居民服务和其他服务业	531 026	466 570	2 955		51 800		91 188
教育	558 511	548 171	248 604	56 774		37 836	46 064
卫生和社会工作	250 009	240 204	150 751	14 825	2 890		17 747
#卫生	223 169	213 364	131 411	14 825	2 890		17 747
文化、体育和娱乐业	493 974	467 928	46 006	34 984			93 377
公共管理和社会组织	305 610	303 010	251 899	23 481			1 900

(按登记注册类型分,2013 年)

单位:万元

指　　标				港澳台投　资	外商投资	个体经营
	股份有限	私　营	其　他			
其他制造业		11 103		3 400		
废弃资源综合利用业		18 586				
金属制品、机械和设备修理业		4 491	1 855			2 320
电力、热力、燃气及水的生产和供应业	35 351	22 346	9 619	6 992	3 152	
电力、热力的生产和供应业		5 390	2 550			
燃气生产和供应业	2 960	9 196		4 000		
水的生产和供应业	32 391	7 760	7 069	2 992	3 152	
建筑业	1 890	94 965	82 773		2 980	2 980
批发和零售业	83 824	1 128 422	343 245	15 290	9 603	280 633
交通运输、仓储和邮政业	9 697	75 475	28 257	8 367	2 248	2 841
铁路运输业						
道路运输业	2 549	42 939	9 417	8 367	2 248	
水上运输业		2 962				
航空运输业		2 796				
装卸搬运和运输代理业	1 253	3 600	11 344			
仓储业	5 895	14 863	2 676			
邮政业		8 315	4 820			2 841
住宿和餐饮业	15 545	564 423	99 368	19 359	5 669	168 626
信息传输、软件和信息技术服务业	17 771	60 007	15 690	2 460	16 921	1 952
#电信、广播电视和卫星传输服务业	4 529	19 773	2 920		16 921	1 952
金融业	13 997	12 389	18 129		2 228	2 950
房地产业	297 028	641 252	139 380	341 582	131 000	1 050
租赁和商务服务业	62 654	180 037	85 155	168 500	4 199	9 314
科学研究和技术服务业		94 868	22 430			13 655
水利、环境和公共设施管理业	57 176	37 587	40 287	7 930	34 854	5 963
水利管理业			1 960			
生态保护和环境治理业	976					
公共设施管理业	56 200	37 587	38 327	7 930	34 854	5 963
居民服务和其他服务业	2 410	256 454	61 763			64 456
教育	2 890	93 524	62 479			10 340
卫生和社会工作	1 580	23 208	29 203			9 805
#卫生	1 580	15 708	29 203			9 805
文化、体育和娱乐业	9 930	243 849	39 782	2 845		23 201
公共管理和社会组织		4 930	20 800	2 600		

5-6 各行业固定资产投资

(按技术构成分,2013 年)　　单位:万元

指　　标	本年完成投　　资	建筑工程	安装工程	设备工器具购置	其他费用
总　　计	**28 968 649**	**15 636 333**	**5 622 695**	**5 799 896**	**1 909 725**
农、林、牧、渔业	308 220	193 893	41 134	49 670	23 523
工　　业	12 423 369	5 228 891	3 116 466	3 562 398	515 614
采矿业	57 733	17 217	27 854	12 662	
制造业	11 809 322	4 825 467	3 029 804	3 495 526	458 525
农副食品加工业	1 002 936	500 630	204 653	261 833	35 820
食品制造业	430 177	190 614	83 795	142 836	12 932
酒、饮料和茶制造业	168 062	60 961	79 006	24 222	3 873
烟草制品业					
纺织业	375 625	163 769	88 653	111 681	11 522
纺织服装、服饰业	1 238 358	629 790	180 356	377 238	50 974
皮革、毛皮、羽毛(绒)及其制品业	146 609	82 373	28 702	33 004	2 530
木材加工及木、竹、藤、棕、草制	208 166	84 336	80 841	37 087	5 902
家具制造业	160 628	60 309	50 082	43 609	6 628
造纸及纸制品业	211 247	91 350	67 235	50 455	2 207
印刷业和记录媒介的复制	406 650	123 150	94 959	179 944	8 597
文教体育及娱乐用品制造业	131 461	43 080	51 305	36 054	1 022
石油加工、炼焦及核燃料加工业	20 073	7 684	6 960	4 759	670
化学原料及化学制品制造业	458 422	173 436	160 912	112 062	12 012
医药制造业	460 062	215 076	101 362	112 710	30 914
橡胶及塑料制品业	349 919	131 377	73 366	136 888	8 288
非金属矿物制品业	591 678	238 233	192 470	146 485	14 490
黑色金属冶炼及压延加工业	287 773	94 738	160 833	25 294	6 908
有色金属冶炼及压延加工业	153 466	51 849	58 826	29 106	13 685
金属制品业	731 391	319 962	201 776	168 468	41 185
通用设备制造业	504 902	149 029	209 388	128 466	18 019
专用设备制造业	912 685	364 427	281 718	221 023	45 517
汽车制造业	776 397	263 447	73 673	422 041	17 236
铁路、船舶、航空和其他设备制造业	367 818	156 811	44 536	133 162	33 309
电气机械及器材制造业	730 922	285 315	189 724	225 484	30 399
通信设备、计算机及其他电子设备	600 411	189 125	120 049	257 215	34 022
仪器仪表制造	244 192	94 616	90 076	50 718	8 782

(按技术构成分,2013 年)

单位:万元

指　　标	本年完成投　资	建筑工程	安装工程	设备工器具购置	其他费用
其他制造业	83 625	43 176	31 374	8 315	760
废弃资源综合利用	31 733	9 487	17 574	4 672	
金属制品机械和设备修理	18 346	5 095	3 513	9 448	290
电力、燃气及水的生产和供应业	556 314	386 207	58 808	54 210	57 089
电力、热力的生产和供应业	270 512	189 188	15 738	18 473	47 113
燃气生产和供应业	50 029	12 545	30 494	5 200	1 790
水的生产和供应业	235 773	184 474	12 576	30 537	8 186
建筑业	12 175 702	7 141 656	2 082 152	2 124 424	827 470
批发和零售业	11 758 255	6 984 405	2 003 307	1 961 681	808 862
交通运输、仓储和邮政业	8 787 765	5 407 549	1 333 496	1 368 374	678 346
铁路运输业					
道路运输业	471 898	249 013	49 266	54 629	118 990
仓储业	74 147	35 302	12 572	22 509	3 764
邮政业	27 567	15 871	7 648	3 456	592
住宿和餐饮业	1 049 541	542 642	219 263	240 737	46 899
信息传输、软件和信息技术服务业	389 794	120 128	73 681	192 986	2 999
#电信、广播电视和卫星传输服务	87 595	34 149	30 231	22 283	932
金融业	6 691 823	4 395 051	944 511	847 288	504 973
房地产业	10 527 602	7 365 476	1 272 709	842 271	1 047 146
租赁和商务服务业	938 350	572 225	193 324	146 449	26 352
科学研究和技术服务业	353 202	197 477	60 387	81 663	13 675
水利、环境和公共设施管理业	2 133 471	1 661 104	215 133	47 838	209 396
水利管理业	160 797	140 345	8 626	3 382	8 444
生态保护和环境治理业	14 957	10 050	1 996	2 675	236
公共设施管理业	1 957 717	1 510 709	204 511	41 781	200 716
居民服务、修理和其他服务业	531 026	252 452	121 352	145 413	11 809
教育	558 511	337 264	87 677	105 502	28 068
卫生和社会工作	1 049 593	619 812	139 508	209 188	81 085
#卫生	223 169	126 802	26 483	55 162	14 722
文化、体育和娱乐业	493 974	236 881	72 677	129 708	54 708
公共管理、社会保障和社会组织	305 610	241 574	34 423	19 748	9 865

5-7 各行业固定资产投资

(按建设性质分,2013年)　　单位:万元

指　标	本年完成投资	#新建	#扩建	#改建和技术改造
总　计	**28 968 649**	**11 038 674**	**2 164 771**	**13 343 525**
农、林、牧、渔业	308 220	214 749	32 304	47 466
工　业	12 423 369	3 229 771	765 679	6 974 786
采矿业	57 733	8 500	8 558	34 707
制造业	11 809 322	2 997 862	645 975	6 743 629
农副食品加工业	1 002 936	244 704	69 272	599 336
食品制造业	430 177	51 438	36 357	286 534
酒、饮料和茶制造业	168 062	29 180	7 845	125 157
烟草制品业				
纺织业	375 625	101 983	35 940	196 950
纺织服装、服饰业	1 238 358	141 764	73 793	835 489
皮革、毛皮、羽毛(绒)及其制品业	146 609	4 680	10 262	131 667
木材加工及木、竹、藤、棕、草制	208 166	13 574	12 583	170 882
家具制造业	160 628	7 103	5 160	144 226
造纸及纸制品业	211 247	26 407	14 593	146 435
印刷业和记录媒介的复制	406 650	2 840	45 229	243 572
文教体育及娱乐用品制造业	131 461	8 300	12 569	95 295
石油加工、炼焦及核燃料加工业	20 073		2 669	17 404
化学原料及化学制品制造业	458 422	114 087	30 740	260 711
医药制造业	460 062	172 868	26 172	221 571
橡胶及塑料制品业	349 919	41 971	34 659	196 882
非金属矿物制品业	591 678	106 110	25 908	414 973
黑色金属冶炼及压延加工业	287 773	97 203	8 798	173 186
有色金属冶炼及压延加工业	153 466	73 556	2 763	68 262
金属制品业	731 391	345 313	47 412	301 326
通用设备制造业	504 902	63 594	35 532	345 486
专用设备制造业	912 685	276 606	23 637	539 731
汽车制造业	776 397	207 008	10 226	293 295
铁路、船舶、航空和其他设备制造业	367 818	221 984		134 401
电气机械及器材制造业	730 922	260 251	34 247	340 825
通信设备、计算机及其他电子设备	600 411	255 282	30 153	259 202
仪器仪表制造	244 192	77 996	8 562	124 718
其他制造业	83 625	52 060		29 115
废弃资源综合利用	31 733			31 733
金属制品机械和设备修理	18 346		894	9 677

（按建设性质分，2013 年）

单位：万元

指　　标	本年完成投资	#新建	#扩建	#改建和技术改造
电力、燃气及水的生产和供应业	556 314	223 409	111 146	196 450
电力、热力的生产和供应业	270 512	112 939	41 051	110 652
燃气生产和供应业	50 029	37 597	86	9 546
水的生产和供应业	235 773	72 873	70 009	76 252
建筑业	12 175 702	3 532 796	1 366 788	6 321 273
批发和零售业	11 758 255	3 532 626	1 299 266	6 088 155
交通运输、仓储和邮政业	8 787 765	3 378 688	947 250	3 775 550
铁路运输业				
道路运输业	471 898	386 789	13 638	55 241
仓储业	74 147	35 047	5 760	24 769
邮政业	27 567		2 788	24 779
住宿和餐饮业	1 049 541	73 770	96 600	828 858
信息传输、软件和信息技术服务业	389 794	45 749	26 766	152 057
#电信、广播电视和卫星传输服务	87 595	28 002	11 774	36 205
金融业	6 691 823	2 798 710	786 607	2 662 781
房地产业	10 527 602	6 836 644	771 057	2 492 807
租赁和商务服务业	938 350	349 364	86 048	437 266
科学研究和技术服务业	353 202	66 814	25 118	219 997
水利、环境和公共设施管理业	2 133 471	1 062 466	409 778	610 255
水利管理业	160 797	37 313	26 852	96 632
生态保护和环境治理业	14 957	2 850		12 107
公共设施管理业	1 957 717	1 022 303	382 926	501 516
居民服务、修理和其他服务业	531 026	62 000	48 093	366 161
教育	558 511	208 348	79 949	215 502
卫生和社会工作	1 049 593	494 743	58 756	405 190
#卫生	223 169	91 267	26 850	71 300
文化、体育和娱乐业	493 974	157 580	17 887	267 528
公共管理、社会保障和社会组织	305 610	230 996	14 019	56 732

5-8 各行业新增固定资产和项目

(2013 年)

指　　　标	本年完成投　资(万元)	本年新增固定资产(万元)	施工项目(个)	#本年新开工	本年投产项　目(个)
总　计	**28 968 649**	**17 976 952**	**7 001**	**6 152**	**6 029**
农、林、牧、渔业	308 220	263 438	100	67	81
工　业	12 423 369	8 056 875	3 246	2 849	2 773
采矿业	57 733	27 781	16	16	16
制造业	11 809 322	7 581 540	3 064	2 679	2 610
农副食品加工业	1 002 936	715 824	299	279	265
食品制造业	430 177	310 745	134	116	118
酒、饮料和茶制造业	168 062	72 745	50	44	48
烟草制品业					
纺织业	375 625	272 851	98	89	92
纺织服装、服饰业	1 238 358	1 030 947	375	336	306
皮革、毛皮、羽毛(绒)及其制品业	146 609	119 118	48	45	44
木材加工及木、竹、藤、棕、草制	208 166	112 486	74	69	66
家具制造业	160 628	102 946	55	52	51
造纸及纸制品业	211 247	113 568	60	55	57
印刷业和记录媒介的复制	406 650	316 550	97	90	90
文教体育及娱乐用品制造业	131 461	82 893	42	39	42
石油加工、炼焦及核燃料加工业	20 073	11 858	7	7	7
化学原料及化学制品制造业	458 422	278 391	126	111	111
医药制造业	460 062	259 621	118	98	100
橡胶及塑料制品业	349 919	294 256	98	86	88
非金属矿物制品业	591 678	366 609	188	161	162
黑色金属冶炼及压延加工业	287 773	74 577	84	76	50
有色金属冶炼及压延加工业	153 466	143 158	34	25	26
金属制品业	731 391	565 759	170	132	141
通用设备制造业	504 902	250 143	148	134	136
专用设备制造业	912 685	512 354	247	219	207
汽车制造业	776 397	583 645	138	106	114
铁路、船舶、航空和其他设备制造业	367 818	193 133	34	22	25
电气机械及器材制造业	730 922	427 916	161	137	133
通信设备、计算机及其他电子设备	600 411	225 489	90	69	61
仪器仪表制造	244 192	91 287	54	50	43
其他制造业	83 625	21 165	16	14	11
废弃资源综合利用	31 733	15 544	12	11	11
金属制品机械和设备修理	18 346	11 642	5	5	13

5–8 续表 (2013 年)

指标	本年完成投资(万元)	本年新增固定资产(万元)	施工项目(个)	#本年新开工	本年投产项目(个)
电力、燃气及水的生产和供应业	556 314	447 554	166	154	147
电力、热力的生产和供应业	270 512	211 358	79	76	76
燃气生产和供应业	50 029	34 079	14	11	9
水的生产和供应业	235 773	202 117	73	67	62
建筑业	12 175 702	8 294 307	3 655	3 236	3 175
批发和零售业	11 758 255	7 976 719	3 543	3 134	3 067
交通运输、仓储和邮政业	8 787 765	5 615 577	2 364	2 076	1 993
铁路运输业					
道路运输业	471 898	76 031	46	37	32
仓储业	74 147	57 596	25	19	19
邮政业	27 567	19 645	11	10	10
住宿和餐饮业	1 049 541	745 584	387	373	366
信息传输、软件和信息技术服务业	389 794	307 291	87	70	64
#电信、广播电视和卫星传输服务	87 595	77 458	22	17	17
金融业	6 691 823	4 380 819	1 787	1 551	1 484
房地产业	10 527 602	5 598 948	1 710	1 477	1 415
租赁和商务服务业	938 350	593 700	246	220	212
科学研究和技术服务业	353 202	261 472	112	101	99
水利、环境和公共设施管理业	2 133 471	1 473 629	574	498	449
水利管理业	160 797	167 020	57	50	54
生态保护和环境治理业	14 957	9 973	6	6	5
公共设施管理业	1 957 717	1 296 636	511	442	390
居民服务、修理和其他服务业	531 026	327 433	169	166	159
教育	558 511	413 587	162	139	141
卫生和社会工作	1 049 593	681 175	256	217	216
#卫生	223 169	201 766	52	39	45
文化、体育和娱乐业	493 974	320 201	131	125	122
公共管理、社会保障和社会组织	305 610	140 068	63	48	44

5-9 各行业固定资产投资资金来源

(2013 年) 单位:万元

指标	本年累计资金来源	#本年到位资金						
			国家预算内资金	国内贷款	债券	利用外资	自筹资金	其他
总计	**36 960 736**	**34 332 879**	**612 809**	**3 280 011**	**2 990**	**310 501**	**24 830 980**	**5 295 528**
农、林、牧、渔业	331 321	331 301	9 576	8 550			309 810	3 365
工业	13 050 653	12 953 178	21 445	1 161 868	2 990	226 667	11 436 015	104 193
采矿业	57 745	57 745					49 245	8 500
制造业	12 429 856	12 334 965	577	1 123 312	2 990	220 785	10 894 570	92 731
农副食品加工业	1 039 720	1 037 120		76 582		57 076	891 892	11 570
食品制造业	449 220	446 090		65 915		8 650	365 865	5 660
酒、饮料和茶制造业	172 683	172 683		22 440		12 530	137 040	673
烟草制品业								
纺织业	406 176	404 276		17 364		5 500	379 168	2 244
纺织服装、服饰业	1 253 366	1 253 279		86 006		36 230	1 121 512	9 531
皮革、毛皮、羽毛(绒)及其制品业	148 579	148 579		20 255		5 500	110 952	11 872
木材加工及木、竹、藤、棕、草制	209 836	206 432		14 270			189 385	2 777
家具制造业	161 625	161 625		40 686			118 625	2 314
造纸及纸制品业	220 567	220 567		13 028		4 084	203 255	200
印刷业和记录媒介的复制	419 886	417 566		15 190			401 739	637
文教体育及娱乐用品制造业	132 755	132 755		8 500		5 540	116 036	2 679
石油加工、炼焦及核燃料加工业	20 073	20 073		8 632			11 441	
化学原料及化学制品制造业	502 485	496 708		24 133		5 458	464 814	2 303
医药制造业	472 367	462 457	260	76 099		5 920	379 775	403
橡胶及塑料制品业	369 490	367 134		26 478		11 224	327 259	2 173
非金属矿物制品业	634 389	628 188		43 211		18 300	562 351	4 326
黑色金属冶炼及压延加工业	388 482	386 782		3 680			382 802	300
有色金属冶炼及压延加工业	171 804	168 541		12 200			156 341	
金属制品业	802 288	802 288		79 991		2 790	706 886	12 621
通用设备制造业	516 799	515 283		38 145		1 150	472 851	3 137
专用设备制造业	952 810	948 010		109 861		5 241	827 927	4 981
汽车制造业	788 142	787 242		193 039		2 550	590 409	1 244
铁路、船舶、航空和其他设备制造业	325 815	314 815		12 870			298 394	3 551
电气机械及器材制造业	774 919	763 645		71 529	2 990	24 510	664 407	209
通信设备、计算机及其他电子设备	656 415	635 662		22 630		5 537	601 147	6 348
仪器仪表制造	288 299	286 299	317	14 908		2 995	268 079	
其他制造业	91 233	91 233		2 780			88 453	
废弃资源综合利用	33 710	337 10					32 732	978
金属制品机械和设备修理	20 335	20 335		2 890			17 445	

5-9 续表 (2013 年) 单位:万元

指　　标	本年累计资金来源	#本年到位资金	国家预算内资金	国内贷款	债券	利用外资	自筹资金	其他
电力、燃气及水的生产和供应业	563 052	560 468	20 868	38 556		5 882	492 200	2 962
电力、热力的生产和供应业	264 284	264 284	7 479	15 834			238 009	2 962
燃气生产和供应业	57 695	57 695		8 682			49 013	
水的生产和供应业	241 073	238 489	13 389	14 040		5 882	205 178	
建筑业	13 900 617	13 668 657	581 788	1 013 893		83 535	11 543 637	445 804
批发和零售业	13 477 220	13 245 260	581 788	1 004 970		79 805	11 136 445	442 252
交通运输、仓储和邮政业	10 139 365	9 907 405	581 788	935 247		33 444	7 941 043	415 883
铁路运输业								
道路运输业	685 626	588 879	651	256 219			154 439	177 570
仓储业	98 636	98 636	800	15 153			82 683	
邮政业	27 567	27 567					27 567	
住宿和餐饮业	1 075 474	1 075 201	4 586	9 321		11 895	1 046 503	2 896
信息传输、软件和信息技术服务业	413 121	411 980	2 940	11 091		2 000	394502	1 447
#电信、广播电视和卫星传输服务	92 959	92 959	2 680	5 926			83 301	1 052
金融业	7 726 667	7 592 868	539 203	625 494		19 549	6 174 755	233 867
房地产业	17 139 676	14 745 070	539 203	1 721 254		19 848	7 488 732	4 976 033
租赁和商务服务业	1 100 539	1 046 204	3 900	189 649		9 849	743 900	98 906
科学研究和技术服务业	416 495	415 325	3 612	15 546		2 000	392 253	1 914
水利、环境和公共设施管理业	2 491 335	2 480 957	192 325	299 653		2 700	1 951 433	34 846
水利管理业	167 657	159 827	21 260				124 431	14 136
生态保护和环境治理业	14 957	14 957	8 096				6 861	
公共设施管理业	2 308 721	2 306 173	162 969	299 653		2 700	1 820 141	20 710
居民服务、修理和其他服务业	541 887	538 045		8 960		2 000	526 555	530
教育	623 919	623 739	37 805	3 080			554 092	28 762
卫生和社会工作	1 349 206	1 345 336	75 270	48 521		2 000	1 160 637	58 908
#卫生	242 089	241 229	43 782	12 700		1 000	179 647	4 100
文化、体育和娱乐业	716 425	716 425	14 768	33 421		1 000	641 021	26 215
公共管理、社会保障和社会组织	362 452	359 442	14 020	2 400			314 429	28 593

5-10 各县区固定资产投资

(按技术构成分,2013年)　　单位:万元

指　　标	合 计	建筑工程	安装工程	设备工器具购置	其他费用
全　　市	**28 968 649**	**15 636 333**	**5 622 695**	**5 799 896**	**1 909 725**
东 湖 区	1 142 741	536 992	94 667	418 691	92 391
西 湖 区	2 277 410	1 382 258	419 823	252 297	223 032
青云谱区	1 428 240	489 533	115 837	725 484	97 386
湾 里 区	300 678	234 293	39 084	16 228	11 073
青山湖区	4 303 374	1 975 053	744 585	1 391 432	192 304
南 昌 县	4 994 869	2 877 297	565 642	1 403 970	147 960
新 建 县	2 282 002	1 895 072	276 050	100 745	10 135
安 义 县	674 040	315 889	174 198	124 052	59 901
进 贤 县	907 532	641 810	19 091	163 111	83 520
经济开发区	3 690 596	1 070 364	2 412 741	124 700	82 791
高新开发区	3 278 753	1 580 872	122 695	906 131	669 055
红谷滩新区	2 955 889	2 153 202	587 315	128 003	87 369
桑海开发区	137 581	95 528	14 571	15 199	12 283

5-11 各县区固定资产投资

(按登记注册类型分,2013 年)　　单位:万元

指标	合计	内资					
			国有	集体	股份合作	联营	有限责任公司
全市	**28 968 649**	**26 848 066**	**4 533 022**	**538 929**	**186 133**	**74 530**	**11 890 274**
东湖区	1 142 741	1 084 177	184 288	15 394			611 409
西湖区	2 277 410	1 800 277	237 884	45 662	16 864	4 723	793 253
青云谱区	1 428 240	1 393 796	350 644				295 188
湾里区	300 678	296 528	121 517		4 930		48 279
青山湖区	4 303 374	4 067 545	29 290	164 605	43 433		2 557 922
南昌县	4 994 869	4 657 988	411 798	15 146		48 866	2 193 561
新建县	2 282 002	2 253 008	1 169 289	67 181	57 550		341 045
安义县	674 040	673 686	41 300		6 160		17 855
进贤县	907 532	839 884	166 660			5 364	288 511
经济开发区	3 690 596	3 362 673	193 954	31 916	36 231	15 577	1 887 832
高新开发区	3 278 753	3 050 136	755 375	169 115	2 750		1 910 146
红谷滩新区	2 955 889	2 648 045	620 993				519 465
桑海开发区	137 581	125 379	21 186				71 327

5-11 续表　　(按登记注册类型分,2013 年)　　单位:万元

指标				港澳台投资	外商投资	个体经营
	股份有限	私营	其他			
全市	**1 042 329**	**7 178 299**	**1 404 550**	**806 573**	**631 851**	**682 159**
东湖区	77 158	238 928	5 790	2 629	2 889	53 046
西湖区	130 723	348 084	223 084	37 671	13 914	425 548
青云谱区	89 376	325 474	284 989	14 186	18 085	
湾里区	25 795	92 007	4 000	4 150		
青山湖区	32 511	1 229 061	10 723	86 802	21 910	127 117
南昌县	69 722	3 466 527	105 988	97 405	202 018	37 458
新建县	89 828	454 578	73 537	18 064	900	10 030
安义县	99 750	453 479	55 142	354		
进贤县	1 500	611 037	15 534	27 691	36 350	3 607
经济开发区	158 226	1 007 341	31 596	82 783	245 140	
高新开发区	77 828	122 812	12 110	180 283	45 834	2 500
红谷滩新区	178 293	752 845	576 449	243 855	43 309	20 680
桑海开发区		27 258	5 608	10 700	1 502	

5-12 各县区工业投资

(2013年) 单位:万元

指标	合计	采矿业	制造业	电力、燃气及水的生产和供应业
全市	**12 423 369**	**57 733**	**11 809 322**	**556 314**
东湖区	58 385	2 457	33 879	22 049
西湖区	52 482		52 482	
青云谱区	681 351		678 542	2 809
湾里区	107 150		107 150	
青山湖区	2 577 717		2 566 002	11 715
南昌县	2 763 145		2 739 356	23 789
新建县	787 356	8 380	490 363	288 613
安义县	538 769		538 769	
进贤县	451 368		415 559	35 809
经济开发区	3 036 750	29 450	2 991 574	15 726
高新开发区	1 206 203	11 488	1 081 312	113 403
红谷滩新区	52 444	5 958	33 233	13 253
桑海开发区	81 101		81 101	

5-13 各县区施工项目和资金到位情况

(2013 年)

指标	本年新增固定资产(万元)	本年施工项目(个)	#本年新开工	本年投产项目(个)	本年累计到位资金(万元)	#本年实际到位
全市	**17 976 952**	**7 001**	**6 152**	**6 029**	**36 960 736**	**34 332 879**
东湖区	1 103 870	269	257	263	1 352 050	1 294 989
西湖区	1 813 603	767	751	748	2 838 450	2 690 251
青云谱区	938 836	203	176	170	1 783 946	1 598 680
湾里区	60 970	47	17	16	438 184	398 514
青山湖区	3 495 594	1 285	1 151	987	4 601 621	4 463 802
南昌县	3 787 656	1 416	1 245	1 369	6 538 061	6 031 592
新建县	2 227 019	739	682	629	3 425 594	3 363 637
安义县	578 982	71	29	50	728 185	681 525
进贤县	1 175 663	176	106	140	1 180 680	1 059 116
经济开发区	183 171	1 135	1 032	950	4 503 439	4 458 525
高新开发区	1 379 717	335	209	214	3 688 193	3 273 823
红谷滩新区	1 206 659	513	473	484	4 829 245	4 079 710
桑海开发区	18 673	37	21	8	237 083	218 457

主要统计指标解释

全社会固定资产投资 固定资产投资额(又称固定资产投资完成额)是以货币形式表现的在一定时期内建造和购置固定资产的工作量以及与此有关的费用的总称。它是反映固定资产投资规模、结构和发展速度的综合性指标,又是观察工程进度和考核投资效果的重要依据。

全社会固定资产投资包括城镇500万元投资、房地产开发投资、农村非农户投资和农村农户投资。

固定资产按国民经济行业分 国民经济行业类别是按企业、事业、行政单位所从事的生产或其他社会经济活动性质的同一性进行的分类。固定资产投资统计中的国民经济行业分类,基本建设项目只能属于一种国民经济行业;更新改造、其他固定资产投资根据整个企、事业单位所属的行业来划分,一般情况下,一个企、事业单位只能属于一种国民经济行业。为了更准确地反映国民经济和行业之间的比例关系,联合企业(总厂)所属分厂属于不同行业的,原则上按分厂划分行业。

固定资产投资按建设性质分 建设项目的性质一般分为新建、扩建、改建、单纯建造生活设施、迁建、恢复、单位购置。是指固定资产再生产的性质。基本建设根据整个建设项目的情况确定;更新改造和其他固定资产投资按整个企业、事业、行政单位的情况确定。一般情况下,一个基本建设项目或企业、事业、行政单位只能有一种建设性质。目前基本建设和更新改造是根据我国现行的计划管理体制区分的,所以基本建设和更新改造都可以分别按新建、扩建和改建等划分。

(1)新建 一般是指从无到有,"平地起家"开始建设的企业、事业和行政单位或独立的工程。现有企业、事业、行政单位一般不属于新建。但如有的单位原有基础很小,经过建设后新增的固定资产价值超过该企业、事业、行政单位原有固定资产价值(原值)三倍以上的也应作为新建。

(2)扩建 是指在厂内或其他地点,为扩大原有产品的生产能力(或效益)或增加新的产品生产能力,而增建主要的生产车间(或主要工程)、分厂、独立的生产线的企业、事业单位。行政、事业单位在原单位增建业务用房(如学校增建建学用房、医院增建门诊部、病房等)也作为扩建。

(3)改建 是指原有设施进行技术改造或更新(包括相应配套的辅助性生产、生活福利设施),没有增建主要生产车间、分厂等的企业、事业单位。现有企业、事业单位为适应市场变化的需要,而改变企业的主要产品种类,或原有产品生产作业线由于各工序(车间)之间能力不平衡,为填平补充充分发挥原有生产能力而增建不增加本企业主要产品设计能力的车间,也应用为改建。

(4)单纯建造生活设施 是指在不扩建、改建生产性工程和业务用房的情况下,单纯建造职工住宅、托儿所、子弟学校、医务室、浴室、食堂等生活福利设施的企业、事业及行政单位。

(5) 迁建 是指为改变生产力布局或由于城市环境保护和安全生产的需要等原因而搬迁另地建设的企业、事业单位。在搬迁另地建设过程中,不论是维持原来规模还是扩大规模都按迁建统计。

(6)恢复 是指因自然灾害、战争等原因,使原有的固定资产全部或部分报废,以后又投资恢复建设的单位。不论是按原规模恢复还是在恢复的同时进行扩建的都按恢复统计。尚未建成投产的基本建设项目或企业、事业单位,因自然灾害而损坏的,不作为恢复项目,仍按原有建设性质划分。

(7)单纯购置 是指现有企业、事业、行政单位单纯购置不需要安装的设备、工具、器具、而不进行工程建设的单位。有些单位当年虽然只从事一些购置活动,但其设计中规定有建筑安装活动,应根据文件的内容来确定建设性质,不得作为单纯购置统计。

固定资产投资按构成分 固定资产投资活动按其工作内容和实现方式分为建筑工程、安装工程、设备、工具、器具购置、用于更新的设备、购置旧设备、其他费用、其中:土地购置费、旧建筑物购置费。

(1)建筑工程 是指各种房屋、建筑物的建造工程,又称建筑工作量。这部分投资额必须兴工动料,通过施工活动才能实现,是固定资产投资额的重要组成部分。

(2)安装工程 是指各种设备、装置的安装工程,又称安装工作量。安装工程包括:①生产、动力、起重、运输、传动和医疗、实验等各种需要安装设备的装配和安装，与设备相连的工作台、梯子、栏杆等装设工程，附属于被安装设备的管线敷设工程，被安装设备的绝缘、附腐、保温、油漆等工作；②为测定安装工程质量，对单个设备、系统设备进行单机试运、系统联动无负荷试运工作（投料试运工作台不包括在内）。在安装工程中，不包括被安装设备本身价值。

(3)设备、工具、器具购置　是指建设单位或企、事业单位购置或自制的，达到固定资产标准的设备、工具、器具的价值。①设备：指各种生产设备、传导设备、动力设备、运输设备等。分为需要安装的设备和不需要安装的设备两种。②工具、器具：是指具有独立用途的各种生产用具、工作工具的仪器。

(4)用于更新的设备　是指为更新陈旧设备而购置的设备。用于更新的设备与原有设备在台数和价值上不一定相等。

(5)购置旧设备　是指从外单位购入的，已经使用过的各种设备，不包括从国外购进的旧设备。

(6)其他费用　是指在固定资产建造和购置过程中发生的。

(7)其中：土地购置费　是指建设项目通过划拨方式或出让方式取得土地使用权而支付的各项费用。

(8)旧建筑物购置费　是指购置已使用过的各种旧房屋及其他建筑物的费用。

施工项目　是指报告期内进行过建筑或安装施工活动的项目。凡是报告期内施过工的建设项目，不论施工时间长短，均作为施工项目统计。施工项目个数可以反映一定时期固定资产投资的实际规模，与同期建成投产的建设项目个数相比，可以从建设速度的角度反映固定资产投资的效果。根据建设项目施工活动的不同性质，施工项目又分为：本年正式施工项目、本年收尾项目和以前年度全部停缓建项目。

全部建成投产项目　工业项目是指设计文件规定形式能力的主体工程及其相应配套的辅助设施全部建成，经负荷试运转，证明具备生产设计规定合格产品的条件，并经过验收鉴定合格或达到竣工验收标准，与生产性工程配套的生产福利设施可满足近期正常生产的需要，正式移交生产的建设项目；非工业项目是指设计文件规定的主体工程和相应配套工程全部建成，能够发挥设计规定的工程效益，经验收鉴定合格或达到竣工标准，正式移交使用的建设项目。

新增生产能力　是指通过固定资产投资活动而增加的设计能力（或工程效益），是以实物形态表现的固定资产投资成果的指标，也是考核投资经济效果的重要依据之一。新增生产能力的计算，是以能独立发挥生产能力或效益的单项工程（或项目）为对象。当单项工程（或项目）建成，经有关部门鉴定合格、正式移交投入生产，即可计算新增生产能力。新增生产能力的数量一般按设计能力计算。设计文件中规定的在正常情况下能够达到的生产能力，而不论投产后的实际产量如何。以设备数量、建筑物容积、面积、长度等表示为新增生产能力（或效益），则按建成的实际数量计算。

新增固定资产　新增固定资产（又称交付使用的固定资产），是指已经完成建造和购置过程，并已交付生产或使用单位的固定资产的价值。新增固定资产是表示固定资产投资成果的价值指标，也是反映建设进度，计算固定资产投资效果的重要数据。

六、城市公用事业

URBAN PUBLIC UTKITIES

本篇内容包括：

1.城市自来水供应
2.市政公共设施
3.城市公共交通
4.园林绿化
5.环境保护，环境卫生
6.用电情况

市政道路面积

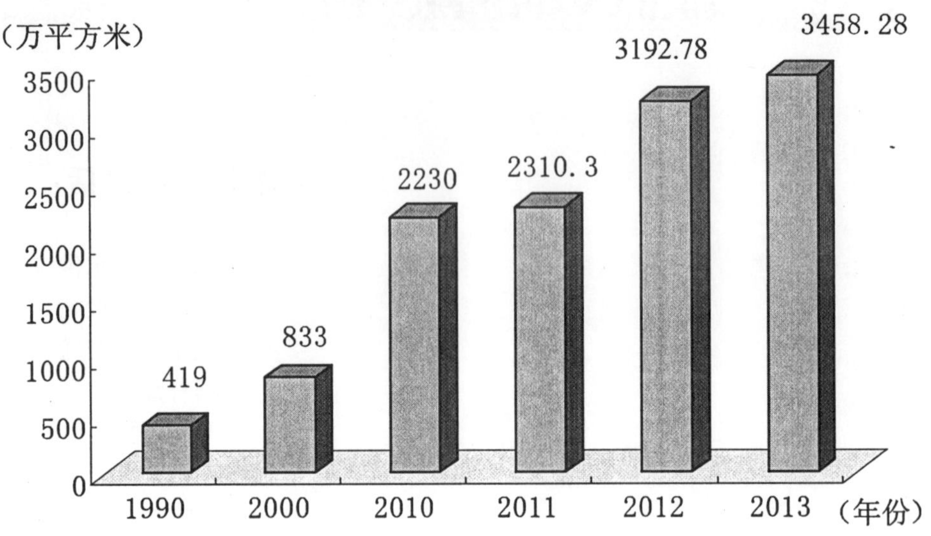

城 市 供 水

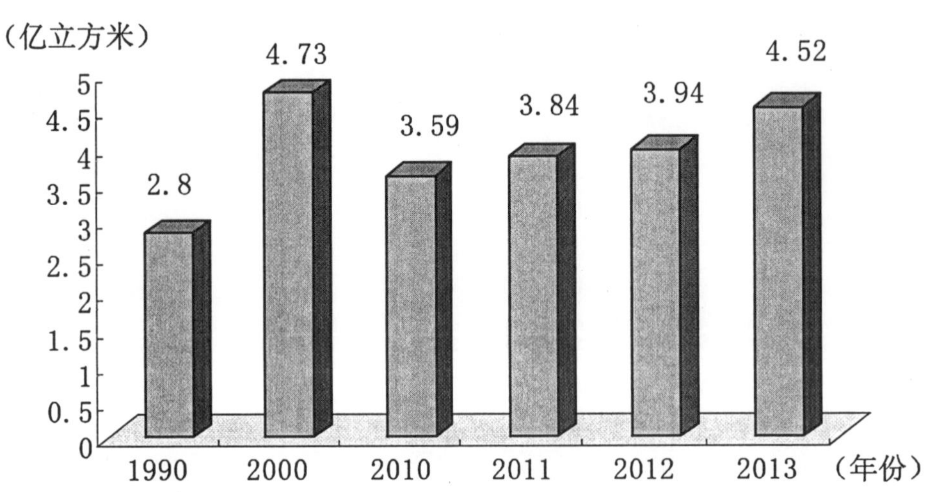

城 市 用 电

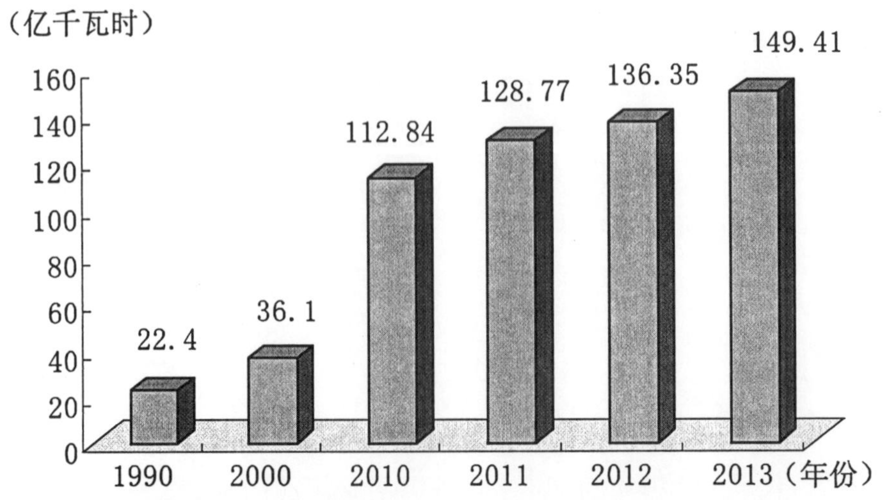

6-1　市政公用设施

项　　目	2012	2013
一、道路总长度(公里)	1 556.27	1 647.23
二、道路总面积(万平方米)	3 192.78	3 458.28
三、人行道总面积(万平方米)	521.8	676.49
四、桥梁(座)	140	179
#立交桥	16	21
五、排水管长度(公里)	2 220.03	2 259.35
六、城镇路灯盏数(盏)	103 868	130 921
七、液化气储气能力(吨)	1 721	1 784
八、液化气供应总量(吨)	73 771.5	61 358
#家庭用量	69 607.2	57 609
九、液化气用气数(万户)	33.57	31.65
#家庭用气数(万户)	33.26	31.38
用气人口(万人)	120.48	102.99
十、天然气供应总量(万立方米)	12 185.55	20 749.37
#销售气量	11 316.77	19 763.91
#家庭用量	4 186.17	7 082.64
十一、天然气用气户数(万户)	43.37	64.89
#家庭用气数(万户)	43.24	64.67
用气人口(万人)	110.81	183.33
十二、气化率(%)	94.7	91.27

6-2 城市自来水供应

项　　目	2012	2013
水厂个数(个)	13	14
综合生产能力(万立方米/日)	160.5	165.5
年末供水管长度(公里)	3 608.84	3 862.44
全年供水总量(万立方米)	39 397.37	45 170.56
#生产用水(万立方米)	5 091.52	5 139.09
生活用水(万立方米)	13 655.37	14 157.57
用水人口(万人)	277.2	300.1
平均每人每天生活用水(升)	277.11	238.14
自来水普及率(%)	98.9	95.66

注:2013 年为快报数。

6-3 城市公共交通

项　　目	2012	2013
一、年末实有营运车辆(辆)	3 801	3 484
公共汽车	3 801	3 484
标台总数(标台)	4 749.7	4 260.2
二、运营线路网长度(公里)	1 460.05	1 430.45
三、全年客运量(万人次)	59 608.5	60 369.43
公共汽车	59 608.5	60 369.43
四、公交换乘系数	1.2	1.1
五、市民出行系数(次/天人)	2.59	2.49
六、全年实现利润总额(万元)	2 121.18	3 526.55
七、年末出租汽车营运车数(辆)	4 753	5 153

6-4 城市园林绿化

(2013年)

项　　目	城　区	城建系统内	城建系统外
城市园林绿地面积(公顷)	10 010	4 034	5 976
公共绿地面积(公顷)	2 959		
人均公园绿地面积(平方米)	12.04		
城市绿化覆盖面积(公顷)	10 584	4 431	6 153
建成区绿化覆盖率(%)	42.41		
建成区绿地率(%)	40.09		
苗圃面积(公顷)	80	80	
公园(含动物园,个)	26	19	7
公园面积(公顷)	752	752	

6-5 城市环境卫生

(2013年)

项　　目	城　　区
全年清扫面积(万平方米)	2 942
全年清运生活垃圾(万吨)	63.74
生活垃圾无害化处理(万吨)	62.05
公共厕所数(座)	331
粪便无害化处理(万吨)	1.0
环卫机械数量(辆)	330
清洁卫生工作人员(人)	13 049
垃圾中转站(座)	103
果壳箱(个)	20 385

6-6 全社会用电量

单位:万千瓦小时

行　　业	2012	2013
全社会用电总计	**1 363 529**	**1 494 124**
全行业用电	1 094 169	1 180 598
第一产业	20 137	22 328
第二产业	754 101	808 273
工　业	738 954	785 620
建筑业	15 146	22 655
第三产业	319 931	349 997
居民生活用电	269 358	313 524
城　　镇	211 792	245 829
乡　　村	57 566	67 698

6-7 环 境 保 护

项 目	2012	2013
一、"三废"排放、处理及综合利用情况		
污水集中处理率(%)	94.6	94.2
废水排放总量(万吨)	43 708	44 104
#工业废水(万吨)	12 909	10 602
工业废气排放总量(亿标立方米)	1 199	1 374
工业二氧化硫排放量(吨)	43 470	40 756
工业烟尘排放量(吨)	14 923	11 413
工业固废产生量(万吨)	186.32	224
工业固废综合利用量(万吨)	183.89	219
工业固废综合利用率(%)	98.69	97.77
工业危险废弃物处置率(%)		100
医疗危险废弃物处置率(%)		100
二、污染治理情况		
环境保护投资指数(%)		2.03
工业企业用于污染治理资金(万元)	12 856.3	26 872.3
#治理废水(万元)	2 070.1	9 221.5
治理固体废弃物(万元)	1 447.9	4 690.5

主要统计指标解释

年末自来水生产能力 指年末城建部门管理的自来水厂和社会单位自备水源的取水、净化、送水出厂输水干管等环节的实际生产能力。

年末供水管道长度 指从送水泵至用户水表之间所有管道的长度。

全年供水总量 指公用自来水厂和社会单位自备水源全年的供水总量,包括有效供水量及损失水量。

生活用水量 指居民日常生活与公共福利设施的用水量。包括饮食店、旅馆、医院、理发店、浴池、洗衣店、游泳池、商店、学校、机关、部队等单位的用水量。

年末实有铺装道路长度 指除土路外,路面经过铺装宽度在3.5米以上的道路,包括高级、次高级道路和普通道路。

城市下水道总长度 指所有排水总管、干管、支管及暗渠、检查井、连接井进出水口等长度之和。

年末实有公共汽(电)车辆 指年底可参加营运的全部车辆数。包括年底营运车辆数和库存查封未参加营运的车辆,不包括非营运车辆,如架线车、油罐车、工程车、货车及其他专用车辆和借入的客运车辆。

营运线路长度 指设置的固定营运线路长度,包括郊区营运线路长度。不包括临时行驶的线路长度。

燃气普及率 指报告期末城区内使用燃气的人口与总人口的比率。计算公式为:

$$燃气普及率 = \frac{城区用气人口(含暂住人口)}{城区人口+城区暂住人口} \times 100\%$$

供水综合生产能力 指按供水设施取水、净化、送水、出厂输水干管等环节设计能力计算的综合生产能力。包括在原设计能力的基础上,经挖、革、改增加的生产能力。

供水管道长度 指从送水泵至用户水表之间所有管道的长度。

供水总量 指供水企业(单位)供出的全部水量,包括有效供水量和漏损水量。有效供水量指水厂将水供出厂外后,各类用户实际使用到的水量,包括售水量和免费供水量。

用水人口 指由城市供水设施供给居民家庭用水的人口,包括农业用水人口、非农业用水人口等。

人均日生活用水量 指每一用水人口平均每天的生活用水量。计算公式:

$$人均日生活用水量 = \frac{居民家庭用水量+公共服务用水量+免费供水量中的生活用水量}{用水人口} \div 报告期日历日数 \times 1000升$$

用水普及率 指报告期末城市用水人口数与城区人口总数的比率。计算公式:

$$用水普及率 = \frac{城区用水人口(含暂住人口)}{城区人口+城区暂住人口} \times 100\%$$

绿化覆盖面积 指城市中的乔木、灌木、草坪等所有植被的垂直投影面积。包括公园绿地、防护绿地、生产绿地、附属绿地、其他绿地的绿化种植覆盖面积、屋顶绿化覆盖面积以及零散树木的覆盖面积,不含各类绿地中的水域面积以及没有被植被覆盖的面积(硬化道路、无屋顶绿化的建筑物等)。

绿地面积 指报告期末用作园林和绿化的各种绿地面积。包括公园绿地、生产绿地、防护绿地、附属绿地和其他绿地的面积。

公园绿地 城市中向公众开放的、以游憩为主要功能,有一定的游憩设施和服务设施,同时兼有健全生态、美化景观、防灾减灾等综合作用的绿化用地。

人均公园绿地面积 指报告期末区域内城区人口平均每人拥有的公园绿地面积。人口数采用年底人口数。计算公式为:

$$人均公园绿地面积 = \frac{公园绿地面积}{城区人口+城区暂住人口} \times 100\%$$

建成区绿地率 指报告期末建成区内绿地面积与建成区面积的比率。计算公式:

$$建成区绿地率 = \frac{建成区绿地面积}{建成区面积} \times 100\%$$

建成区绿化覆盖率 指报告期末建成区内绿化覆盖面积与建成区面积的比率。计算公式为：

$$建成区绿化覆盖率=\frac{建成区绿化覆盖面积}{建成区面积}\times100\%$$

生活垃圾清运量 指收集和运送到各生活垃圾处理场(厂)和生活垃圾最终消纳点的生活垃圾数量。生活垃圾指城市日常生活或为城市日常生活提供服务的活动中产生的固体废物以及法律行政规定的视为城市生活垃圾的固体废物。包括：居民生活垃圾、商业垃圾、集市贸易市场垃圾、街道清扫垃圾、公共场所垃圾和机关、学校、厂矿等单位的生活垃圾。

生活垃圾无害化处理量 指用卫生填埋、堆肥、焚烧等工艺方法处理生活垃圾的总量。即生活垃圾在无害化处理厂(场)处理的垃圾总量。

污水处理厂集中处理率 指报告期内通过污水处理厂处理的污水量与污水排放总量的比率。计算公式：

$$污水处理厂集中处理率=\frac{污水处理厂处理的污水量}{污水排放总量}\times100\%$$

工业废水处理量 指经各种水治理设施(含城镇污水处理厂、工业废水处理厂)实际处理的工业废水量，包括处理后外排的和处理后回用的工业废水量。虽经处理但未达到国家或地方排放标准的废水量也应计算在内。计算时，如遇有车间和厂排放口均有治理设施，并对同一废水分级处理时，不应重复计算工业废水处理量。

工业废水排放量 指经过企业厂区所有排放口排到企业外部的工业废水量。包括生产废水、外排的直接冷却水、废气治理设施废水、超标排放的矿井地下水和与工业废水混排的厂区生活污水，不包括独立外排的间接冷却水(清浊不分流的间接冷却水应计算在内)。

工业废气排放量 指企业厂区内燃料燃烧和生产工艺过程中产生的各种排入空气中含有污染物的气体的总量，以标准状态(273K，101325Pa)计算。

二氧化硫排放量 指企业在燃料燃烧和生产工艺过程中排入大气的二氧化硫总质量。工业中二氧化硫主要来源于化石燃料(煤、石油等)的燃烧，还包括含硫矿石的冶炼或含硫酸、磷肥等生产的工业废气排放。

烟(粉)尘排放量 指企业在燃料燃烧和生产工艺过程中排入大气的烟尘及工业粉尘的总质量之和。烟尘或工业粉尘排放量可以通过除尘系统的排风量和除尘设备出口烟尘浓度相乘求得。

一般工业固体废物产生量 指未被列入《国家危险废物名录》或者根据国家规定的危险废物鉴别标准(GB5085)、固体废物浸出毒性浸出方法(GB5086)及固体废物浸出毒性测定方法(GB/T 15555)鉴别方法判定不具有危险特性的工业固体废物。计算公式是：

一般工业固体废物产生量=(一般工业固体废物综合利用量-其中：综合利用往年贮存量)+一般工业固体废物贮存量+(一般工业固体废物处置量-其中：处置往年贮存量)+一般工业固体废物倾倒丢弃量

一般工业固体废物综合利用量 指通过回收、加工、循环、交换等方式，从固体废物中提取或者使其转化为可以利用的资源、能源和其他原材料的固体废物量(包括当年利用的往年工业固体废物累计贮存量)。如用作农业肥料、生产建筑材料、筑路等。综合利用量由原产生固体废物的单位统计。

一般工业固体废物综合利用率 指一般工业固体废物综合利用量占一般固体废物产生量与综合利用往年贮存量之和的百分率。计算公式为：

$$一般工业固体废物利用率=\frac{一般工业固体废物综合利用量}{一般工业固体废物生产量+综合利用往年贮存量}\times100\%$$

危险废弃物处置率 指危险废弃物处置量占危险废弃物产生量与处置往年贮存量之和的百分率。计算公式为：

$$危险废弃物处置率=\frac{危险废弃物处置量}{危险废弃物生产量+综合利用往年贮存量}\times100\%$$

环境保护投资指数 指一个地区用于环境保护的投资额占地区生产总值(按当年价格计算)的比重。计算公式为：

$$环境保护投资指数=\frac{用于环境保护的投资额}{地区生产总值(当年价格)}\times100\%$$

七、外贸和旅游

FORDIGN ECONOMIC TRANE AND TOURISM RELATIONS

本篇内容包括：

1.外贸进出口情况
2.利用外资情况
3.接待入境旅游、国内旅游情况
4.星级饭店接待入境旅游者等情况
5.星级饭店一览表

海关出口总值

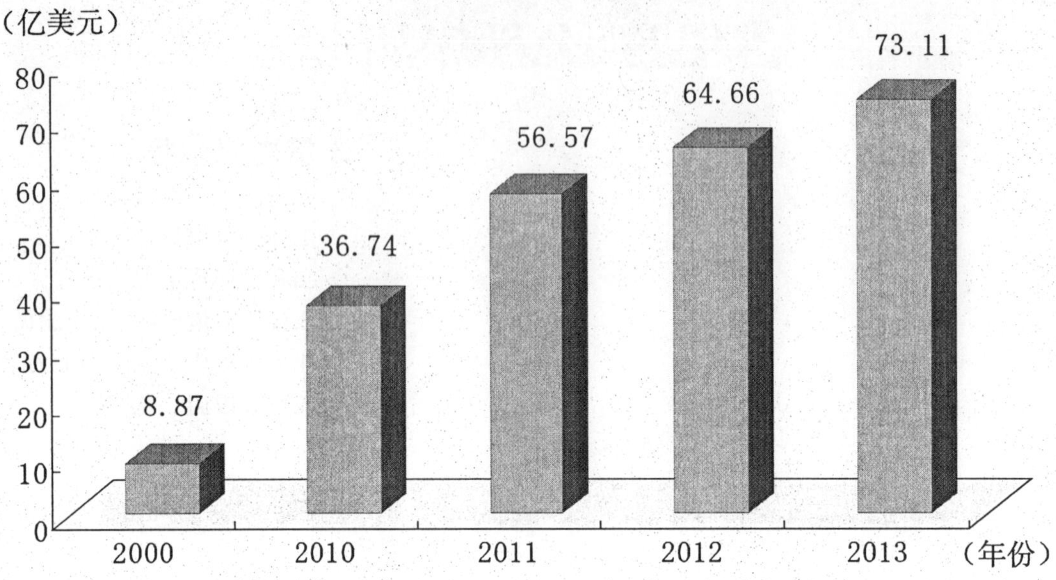

实际利用外资

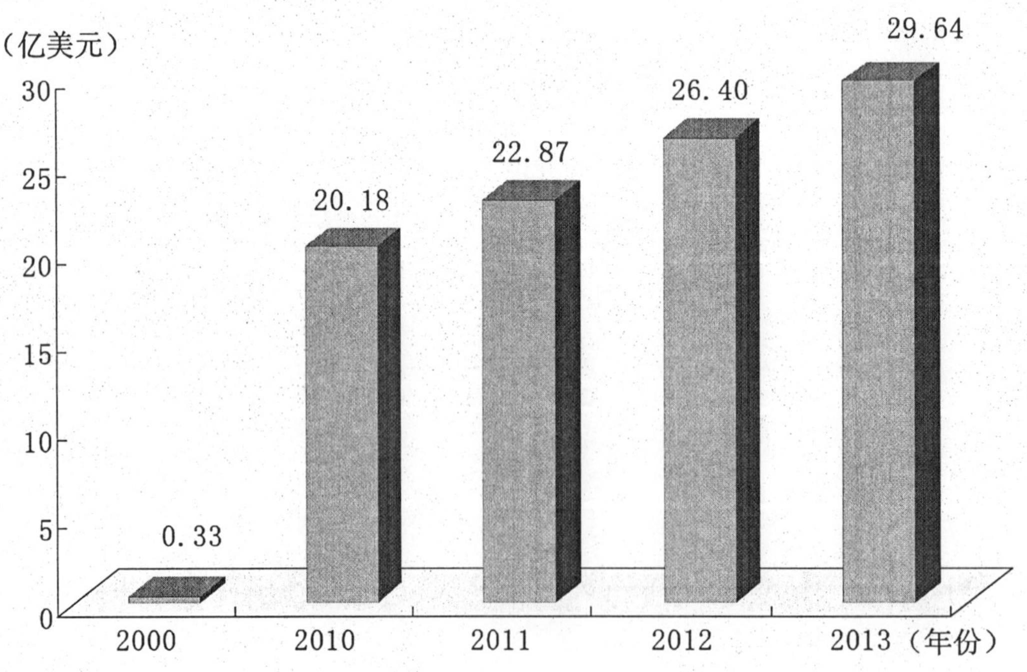

7-1　主要年份海关进出口总值

单位:万美元

年　　份	海关进出口总值		出口总值		进口总值	
	绝对量	比上年增长%	绝对量	比上年增长%	绝对量	比上年增长%
2000	111 555	13.0	88 728	24.3	22 827	-16.3
2010	530 364	52.4	367 427	72.5	162 937	20.8
2011	788 371	48.6	565 675	54.0	222 696	36.7
2012	828 743	5.2	646 556	14.4	182 187	-18.0
2013	972 232	17.3	731 112	13.1	241 121	32.2

7-2　主要年份实际利用外资额

单位:万美元

项　　目	1990	2000	2010	2011	2012	2013
合　　计	**1 129**	**3 288**	**201 800**	**228 737**	**263 988**	**296 437**
其中:外商直接投资	393	3 141	201 800	228 737	263 988	296 437
合 资 经 营	149	2 654	26 640	39 248	21 670	33 248
合 作 经 营	203	2	332	12 160		
独 资 经 营	41	485	174 607	177 329	241 844	263 189

7-3 主要年份签订利用外资协议(合同)

指标		合计	外商直接投资	合资经营	合作经营	独资经营
2000	项目(个)	43	43	23	2	18
	金额(万美元)	2 856	2 856	1 932	42	882
2010	项目(个)	304	304	37		267
	金额(万美元)	235 619	235 619	25 657		209 620
2011	项目(个)	185	185	20	1	162
	金额(万美元)	319 599	319 599	27 563	2 570	287 939
2012	项目(个)	164	164	16		148
	金额(万美元)	249 575	249 575	24 865		224 710
2013	项目(个)	176	176	24	1	151
	金额(万美元)	246 918	246 918	37 247	–232	209 903

7-4 主要年份入境旅游和国内旅游情况

年份	入境旅游情况				国内旅游情况			
	旅游外汇收入		接待海外旅游者人数		国内旅游收入		接待国内旅游人数	
	绝对值(万美元)	比上年增长%	绝对值(人次)	比上年增长%	绝对值(亿元)	比上年增长%	绝对值(万人次)	比上年增长%
2000	2 578	19.6	37 010	8.4	22.00		391.78	
2010	3 069	–3.1	120 524	15.8	98.00	17.1	1 498	22.1
2011	4 650	16.3	143 600	18.7	142.50	45.4	2 094	39.8
2012	5 432	16.8	184 466	28.5	198.60	39.3	2 519	20.3
2013	6 390	20.6	201 782	9.4	271.99	36.9	3 282	30.3

7-5 星级饭店接待入境旅游者人数

项　　目	接待总人数(人次)	
	2012 年	2013 年
合　　计	**184 466**	**201 782**
外 国 人	**84 854**	**95 082**
亚洲小计	23 081	29 568
日　　本	3 230	3 180
韩　　国	6 920	9 505
蒙　　古	25	23
印度尼西亚	1 120	1 350
马来西亚	1 380	1 650
菲 律 宾	1 020	1 378
新 加 坡	2 200	2 659
泰　　国	1 508	3 506
印　　度	1 801	2 151
越　　南	520	630
缅　　甸	45	46
朝　　鲜	92	90
巴基斯坦	510	550
其　　他	2 710	2 850
欧洲小计	19 639	21 258
英　　国	3 280	3 580
法　　国	2 240	2 680
德　　国	2 808	3 049
意 大 利	1 980	2 037
瑞　　士	300	308
瑞　　典	320	350
俄 罗 斯	2 803	3 105
西 班 牙	2 108	2 309
其　　他	3 800	3 840
美洲小计	31 031	30 255
美　　国	25 215	24 125
加 拿 大	2 608	2 780
其　　他	3 208	3 350
大洋洲小计	3 116	3 358
澳大利亚	1 808	1 950
新 西 兰	802	889
其　　他	506	519
非洲小计	7 905	10 563
其他小计	82	80
港澳同胞	74 758	80 325
# 香港同胞	56 467	60 606
台湾同胞	24 854	26 375

7-6 星级饭店一览表

项目	客房数(间)	床位数(床)	电话	地址	邮编
五 星 级(8 个)					
江西宾馆	228	407	86206666	八一大道 368 号	330006
南昌凯莱大饭店	327	442	86738855	沿江北路 88 号	330003
锦峰大酒店	167	307	88867777	站前西路 281 号	330002
嘉莱特和平国际酒店	390	585	86111118	广场南路 10 号	330002
园中源大酒店	189	283	88863333	高新开发区火炬大街 539 号	330096
泰耐克国际大酒店	209	299	88828899	红谷滩新府路 28 号	330038
东方豪景	346	519	86288888	民德路 411 号	330008
力高皇冠	380	530	86699999	沿江路中大道 266 号	330009
四 星 级(22 个)					
瑞都大酒店	115	212	86201888	广场南路 399 号	330002
赣江宾馆	312	589	86221159	八一大道 138 号	330006
江西饭店	318	505	88858888	八一大道 356 号	330006
锦江皇冠酒店	214	353	86429999	洪城路 99 号	330002
皇廷大酒店	212	358	86208888	站前路 176 号	330002
民航花园酒店	139	238	88898888	洪城路 587 号	330025
华悦国际大酒店	118	172	86316666	丁公路 117 号	330002
维客丽晶	390	475	88599999	洛阳路 70 号	330002
洪都宾馆	277	505	88829999	阳明路 249 号	330006
白璐会所	87	164	88121888	师大瑶湖校区	330022
鑫峰假日酒店	149	242	88827388	红谷滩会展路 29 号	330038
富豪大酒店停业	219	360	86408888	洪城路 160 号	330002
江西七星商务酒店	230	352	88866666	南京西路 225 号	330006
鄱阳湖大酒店	270	432	88856666	井冈山大道 1128 号	330002
国贸酒店	243	364	88855555	洪城路 2 号	330002
京西宾馆	178	331	88850666	省府大院南一路 9 号	330046
玉泉岛酒店	106	212	88111111	文博路 33 号	333200
百瑞四季酒店	224	430	88688198	洪都北大道 10 号	330046
富庭苑	199	344	85236666	井冈山大道 388 号	330000
新吉花园	198	329	83822222	丰和北大道 299 号	330038
立生国际	214	371	88213076	解放东路 1888 号	330000
进贤皇庭	199	340	85539666	进贤县县城胜利中路 68 号	331700
三 星 级(24 个)					
青山湖宾馆(停业)	260	347	88863888	福州路 169 号	330006
富洲大饭店(停业)	118	230	86232666	孺子路 37 号	330003
锦昌大酒店	144	237	86128888	站前西路 107 号	330002
南昌铁路大酒店	129	218	86108108	二七南路 238 号	330002
明园大酒店	150	283	87038888	二七南路 527 号	330046
核工宾馆	132	271	86351118	北京西路 134 号	330046
金悦宾馆	88	170	86233333	系马桩 326 号	330003
东城宾馆	144	236	88355999	京东大道 777 号	330009
银龙大酒店	117	206	88456888	洪都大道 312 号	330001
体育宾馆	150	285	86203288	福州路 28 号	330006
环湖宾馆(停业)	262	461	88855888	环湖路 99 号	330006
南昌县桂花村大酒店	181	318	85761999	南昌县迎宾大道 1089 号	330200
进贤军山湖大酒店	150	258	85680888	进贤县胜利中路	331700
华宇商务酒店	167	280	88456666	井冈山大道 685 号	330002
春都商务酒店	96	172	83729999	红谷滩丽景路 666 号	330038
旺辉酒店	200	357	82288888	建设西路口 333 号	330001
阳光假日酒店	116	160	82108888	二七北路 520 号	330077
百胜酒店	125	224	88226999	顺外路 578 号	330029
安义金鼎	69	130	83378888	安义县城前进大道 709 号	330500
滕王阁宾馆	98	146	86651365	桃花北路 1 号	330025
绿洲假日	120	200	88113366	上海北路 608 号	330029
新都宾馆	126	235	87073999	新建县解放路	330000
古德宾馆	124	190	87566666	南京东路 1007 号	330029
豫章假日酒店	45	63	83791888	湾里区兴湾大道 222 号	330004
二 星 级(4 个)					
江铃宾馆	122	214	85233348	迎宾北大道 290 号	330001
江西华昌宾馆	72	152	86120008	广场南路 11 号	330002
南昌洪禾宾馆	100	196	87100538	站前路 106 号	330002
颂英宾馆	48	88	86301336	孺子路 46 号	330003

注:江西前湖迎宾馆酒店经营管理有限公司、南昌市君亭红牛酒店管理有限公司、江西锦怡大酒店有限公司、南昌市问道旅游管理有限公司洗药湖山庄度假酒店、江西大千世界酒店管理有限公司、禧悦酒店投资管理顾问(南昌)有限公司等 6 家企业正在申报星级。

主要统计指标解释

进出口总额 是指从国外(境外)进入国境的进口商品和从国内运出国境的出口商品的总金额,包括一般贸易(含进料加工)、技术成套设备进口和出口、补偿贸易、加工装配、易货贸易以及中外合资、合作和外商独资企业的进口和出口等。我国规定进口按到岸价格(CIF)计算,出口按离岸价格(FOB)计算。

利用外资 是指我国各级政府、部门、企业、中国银行和其他单位通过对外借款、吸收外商直接投资和用其他方式的境外现汇、设备、技术等。

对外借款 是我国利用外资的主要部分,包括我国通过外国政府贷款、国际金融组织贷款、外国银行商业贷款、出口信贷以及对外发行证券等方式,从国外和港澳地区筹措的资金。

外商直接投资 是指外国企业和经济组织或个人(包括华侨、港澳同胞以及我国在境外注册的企业)按我国有关政策、法规,用现汇、实物、技术等在我国境内开办外商独资企业、与我国境内的企业或经济组织共同举办中外合资经营企业、合作经营企业或合作开发资源的投资(包括外商投资收益的再投资)以及政府有关部门批准的项目投资总额内,企业从境外借入的资金。

外商其他投资 指对外借款和外商直接投资以外,用其他方式吸收的外资,包括补偿贸易、加工装配以及国际租赁等。

入境旅游者 指来中国(大陆)观光、度假、探亲访友、就医疗养、购物、参加会议或从事经济、文化、体育、宗教活动的外国人、港澳台同胞等游客(即入境旅游人数)中在中国(大陆)的旅游住宿设施内至少停留一夜的外国人、港澳台同胞。

入境旅游者不包括下列人员:

(1)应邀来华访问的政府部长以上官员及其随行人员;

(2)外国驻华使领官员、外交人员以及随行的家庭服务人员和受赡养者;

(3)常驻中国(大陆)一年以上的外国专家、留学生、记者、商务机构人员等;

(4)乘坐国际航班过境不需要通过护照检查进入中国(大陆)口岸的中转旅客;

(5)边境地区往来的边民;

(6)回大陆定居的港澳台同胞;

(7)已在中国(大陆)定居的外国人和原已出境又返回在中国(大陆)定居的外国侨民;

(8)归国的中国(大陆)出国人员。

国内旅游者 指中国(大陆)居民离开惯常居住地在境内其他地方的旅游住宿设施内至少停留一夜,最长不超过12个月的国内游客。

国内旅游者应包括在中国(大陆)境内常住一年以上的外国人、港澳台同胞。但不包括到各地巡视工作的部以上领导、驻外地办事机构的临时工作人员、调遣的武装人员、到外地学习的学生、到基层锻炼的干部、到境内其他地区定居的人员和无固定居住地的无业游民。

旅游收入 游客(入境游客和国内游客)在旅游过程中(由游客或游客的代表为游客)支付的一切旅游支出就是国家(省、区、市)的旅游收入。旅游支出应包括(过夜)旅游者和一日游游客在整个游程中食、住、行、游、购、娱,以及为亲友、家人购买纪念品、礼品等方面的旅游支出,不包括为商业目的购物、购买房、地、车、船等资本性或交易性的投资、馈赠亲友的现金及给公共机构的捐赠。旅游收入包括国际旅游(外汇)收入和国内旅游收入。

国际旅游(外汇)收入 入境游客在中国(大陆)境内旅行、游览过程中用于交通、参观游览、住宿、餐饮、购物、娱乐等全部花费。

国内旅游收入 指国内游客在国内旅行、游览过程中用于交通、参观游览、住宿、餐饮、购物、娱乐等全部花费。

人天数 指旅游者在旅游目的地停留天数之和,天数按过夜数统计。一个旅游者过一夜为一人天。计算公式为:人天数=人数 * 逗留(过夜)天数

星级宾馆 指符合中华人民共和国《旅游饭店星级的划分与评定国家标准》暨《旅游涉外饭店星级的划分与评定国家标准 1997 年版》并经过有关旅游管理权威部门评定(验收)后授予"星级"称号的宾馆、饭店。

八、财政·金融

PUBLIC FINANCE, BANKING AND INSURANCE

本篇内容包括：

1.财政收支
2.金融机构存贷款及居民储蓄
3.商业保险概况

财政总收入

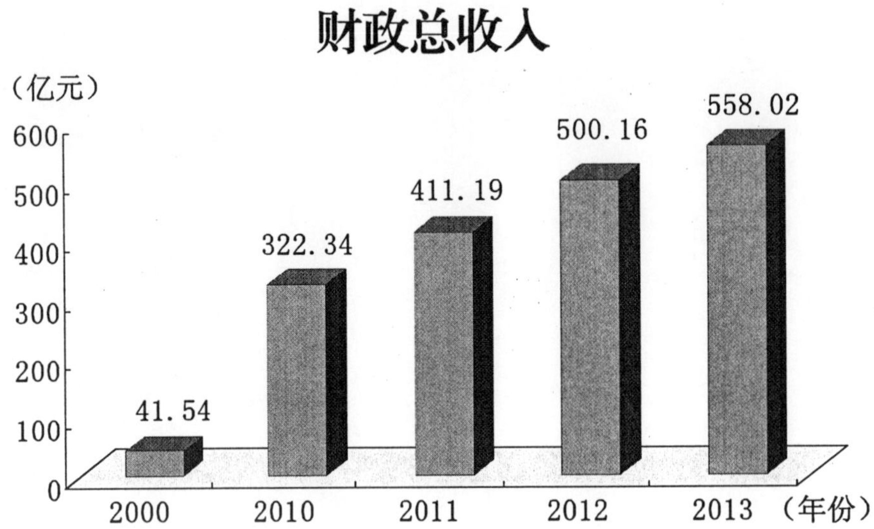

金融机构人民币存贷款余额

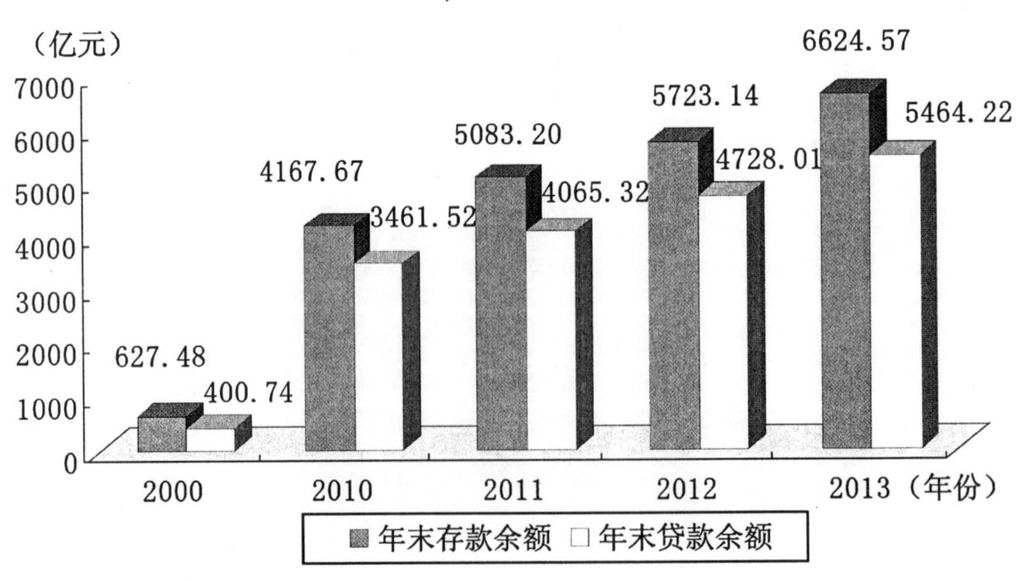

8-1 主要年份财政总收入和财政支出

单位:万元

年份	财政总收入	#地方公共财政预算收入	#各项税收	财政支出合计	#科教文卫	#一般公共服务
1980	33 283	33 283	23 509	11 411	3 563	1 040
1990	99 960	99 960	97 160	55 090	13 563	5 856
2000	415 414	183 011	149 313	237 928	54 255	21 499
2010	3 223 408	1 464 650	1 241 615	2 320 305	620 074	231 185
2011	4 111 937	1 870 273	1 584 510	2 988 005	862 270	269 884
2012	5 001 602	2 401 427	2 001 690	3 459 909	1 027 693	317 807
2013	5 580 245	2 919 097	2 453 517	4 193 652	1 204 335	372 832

8-2 地方公共财政预算收入

(2013 年) 单位:万元

项　　目	实际收入	项　　目	实际收入
地方公共财政预算收入合计	**2 919 097**	土地增值税	190 184
税收收入	**2 453 517**	车船税	16 776
增值税	211 938	耕地占用税	25 120
营业税	1 020 353	契　税	279 046
企业所得税	301 333	**非税收入**	**465 580**
个人所得税	103 234	专项收入	77 866
资源税	1 956	行政事业性收费收入	271 028
固定资产投资方向调节税		罚没收入	51 241
城市维护建设税	157 885	国有资本经营收入	
房产税	59 451	国有资本经营国有资源(资产)有偿使用收入	49 628
印花税	36 559	其他收入	15 817
城镇土地使用税	49 682	**基金收入**	**3 085 742**

8-3 地方公共财政预算支出

(2013 年) 单位:万元

项　　目	实际支出数	项　　目	实际支出数
地方公共财政预算支出合计	**4 193 652**	农林水事务	309 934
一般公共服务	372 832	交 通 运 输	363 644
外　交		资源勘探电力信息等事务	289 033
国　防	6 167	商业服务业等事务	40 823
公共安全	229 668	金融监管等事务支出	1 037
教　育	734 317	地震灾后恢复重建支出	
科学技术	54 172	国土资源气象等事务	14 838
文化体育与传媒	41 322	住房保障支出	118 769
社会保障和就业	446 254	粮油物资管理事务	6 065
医疗卫生	374 524	国债还本付息支出	5 845
节能环保	44 613	其 他 支 出	53 126
城乡社区事务	686 669	**基金支出**	**2 702 902**

8-4 县区地方公共财政预算收入与支出

单位:万元

地区	地方公共财政预算收入		地方公共财政预算支出	
	2012	2013	2012	2013
全市	**2 401 427**	**2 919 097**	**3 459 909**	**4 193 652**
市本级	974 677	1 140 758	1 179 296	1 499 021
东湖区	86 298	101 004	114 628	140 297
西湖区	98 190	112 375	135 080	157 474
青云谱区	65 027	81 462	81 582	109 023
湾里区	37 573	49 523	68 904	88 590
青山湖区	113 600	124 380	168 470	181 872
南昌县	353 669	455 737	550 454	638 053
新建县	152 344	198 219	303 879	380 879
安义县	50 466	63 544	118 759	148 714
进贤县	94 873	113 884	229 775	283 519
经济开发区	85 690	100 454	125 526	130 158
高新开发区	107 647	135 230	174 902	186 977
红谷滩新区	171 100	227 173	196 723	230 922
桑海开发区	10 273	15 354	11 931	18 153

8-5 主要年份金融机构人民币存款、贷款与储蓄

单位:万元

年　　份	年末存款余　　额	年末贷款余　　额	城乡居民储蓄余额
1980	79 069	124 495	17 596
1990	547 088	821 966	321 481
2000	6 274 761	4 007 426	2 768 864
2010	41 676 676	34 615 208	14 175 807
2011	50 831 974	40 653 150	16 039 632
2012	57 231 423	47 280 066	18 535 679
2013	66 245 726	54 642 226	20 511 635

注:1980 年、1990 年、2000 年数据为银行存款与贷款。

8-6 金融机构(含外资)人民币信贷资金(资金来源)

(年末余额)

单位:万元

项　　目	2013	比年初增减额	
		2012	2013
各项存款	**66 245 726**	**6 403 252**	**8 987 473**
1.单位存款	39 095 316	3 106 400	5 998 336
#活期存款	15 351 046	565 418	2 744 380
定期存款	11 575 188	2 955 605	604 290
通知存款	951 670	-527 089	-760
保证金存款	4 455 412	264 681	260 240
2.个人存款	21 709 542	2 687 011	2 794 376
#储蓄存款	20 511 635	2 495 642	1 974 422
保证金存款	75 573	21 588	10 979
结构性存款	1 122 334	169 781	808 975
3.财政性存款	3 446 607	156 585	8 819
4.临时性存款	55 862	1 743	4 081
5.委 托 存 款	150 533	-46 781	60 022
6.其 他 存 款	1 787 865	498 294	121 839

8-7 金融机构(含外资)人民币信贷资金(资金运用)

(年末余额)　　单位:万元

项　　目	2013	比年初增减额	
		2012	2013
各项贷款	**54 642 226**	**6 631 916**	**6 865 894**
(一)境内贷款	54 632 742	6 622 331	6 880 897
1.短期贷款	21 308 033	2 929 773	3 189 713
(1)个人贷款及透支	5 377 329	1 070 165	1 113 220
#个人消费贷款	703 660	-5 357	-334 537
(2)单位普通贷款及透支	14 676 825	1 615 136	1 501 380
#经营贷款	14 508 389	1 669 348	1 409 760
固定资产贷款	167 540	-50 158	107 618
(3)普通并购贷款			
(4)银团贷款	25 500	57 310	-31 810
(5)贸易融资	1 228 379	187 162	606 923
(6)境外筹资转贷款			
2.中长期贷款	32 731 371	3 132 177	4 040 325
(1)个人贷款	8 107 268	1 139 140	1 577 515
#个人消费贷款	7 095 645	990 679	1 438 108
(2)单位普通贷款	18 712 489	756 627	1 797 933
#经营贷款	1 767 206	-279 690	-74 513
固定资产贷款	16 945 283	1 036 317	1 872 446
(3)普通并购贷款	157 700	1 900	15 422
(4)银团贷款	5 749 477	1 234 387	647 129
(5)贸易融资	4 436	123	2 326
(6)境外筹资转贷款			
3.融资租赁			
4.票据融资	513 901	534 074	-390 086
#贴现	513 901	534 074	-390 086
5.各项垫款	79 437	26 307	40 946
(二)境外贷款	9 484	9 586	-15 003

8-8 农村合作金融机构人民币信贷收支表

（年末余额） 单位：万元

项 目	2013	比年初增减额	
		2012	2013
各项存款	**5 319 969**	**871 643**	**1 234 270**
1.单位存款	2 266 666	342 716	734 418
# 活 期 存 款	1 611 209	124 180	672 247
定 期 存 款	325 642	110 086	-38 119
通 知 存 款	19 280	5 923	-2 420
保证金存款	307 535	99 527	102 710
2.个人存款	3 050 117	528 756	498 600
# 储 蓄 存 款	3 047 291	527 733	496 797
保证金存款	2 826	1 023	1 803
结构性存款			
3.临时性存款	3 186	171	1 252
4.其 他 存 款			
代理财政性存款	**66**	**134**	**-156**
各项贷款	**3 366 379**	**555 066**	**673 346**
(一)境内贷款	3 366 379	555 066	673 346
1.短期贷款	2 837 844	647 194	673 574
(1)个人贷款及透支	1 636 531	245 499	412 927
#个人消费贷款	75 731	9 984	26 693
(2)单位普通贷款及透支	1 175 813	344 385	292 457
#经营贷款	1 174 312	337 885	297 456
固定资产贷款	1 500	6 500	-5 000
(3)普通并购贷款			
(4)银团贷款	25 500	57 310	-31 810
(5)贸易融资			
(6)境外筹资转贷款			
2.中长期贷款	501 723	-91 678	-7 696
(1)个人贷款	228 438	-72 323	2 922
#个人消费贷款	163 018	42 570	69 207
(2)单位普通贷款	229 571	-49 154	44 538
#经营贷款	122 012	-31 644	10 100
固定资产贷款	107 559	-17 510	34 438
(3)普通并购贷款			
(4)银团贷款	43 714	29 799	-55 156
(5)贸易融资			
(6)境外筹资转贷款			
3.融资租赁			
4.票据融资	24 302	-350	4 958
#贴现	24 302	-350	4 958
5.各项垫款	2 510	-100	2 510
(二)境外贷款			

8-9 南昌市金融机构(含外资)外汇信贷收支表

(年末余额) 单位:万美元

项　　目	2013	比年初增减额	
		2012	2013
一、各项存款	**126 672**	**14 331**	**53 666**
1.单位存款	98 725	12 790	51 214
#活 期 存 款	17 435	-7 349	-3 979
定 期 存 款	70 512	14 049	52 869
通 知 存 款	300	-103	300
保证金存款	8 978	7 366	524
2.个人存款	26 306	1 733	2 145
#储 蓄 存 款	25 752	1 674	2 017
保证金存款	156	11	12
结构性存款	397	48	116
3.财政性存款			
4.临时性存款	1 592	-49	348
5.委 托 存 款	6		6
6.其 他 存 款	44	-143	-46
二、各项贷款	**160 594**	**18 567**	**44 850**
(一)境内贷款	148 359	23 650	38 334
1.短期贷款	91 767	13 014	40 242
(1)个人贷款及透支	91	9	-65
#个人消费贷款	91	9	-65
(2)单位普通贷款及透支	17 817	3 703	5 690
#经营贷款	17 817	3 229	8 292
固定资产贷款		474	-2 602
(3)普通并购贷款			
(4)银团贷款			
(5)贸易融资	73 860	9 303	34 616
(6)境外筹资转贷款			
2.中长期贷款	52 295	7 426	-2 995
(1)个人贷款	12		12
#个人消费贷款	12		12
(2)单位普通贷款	33 959	-6 637	-5 033
#经营贷款	10 241	2 231	-2 800
固定资产贷款	23 718	-8 867	-2 233
(3)普通并购贷款			
(4)银团贷款		2 672	-2 672
(5)贸易融资	16 549	11 477	4 896
(6)境外筹资转贷款	1 775	-87	-199
3.融资租赁			
4.票据融资		-1	
#贴现			
5.各项垫款	4 298	3 211	1 087
(二)境外贷款	12 235	-5 083	6 517

8-10　商业保险业务概况

单位:万元

项　　目	2012	2013
保费收入	**647 390**	**774 897**
财 产 险	214 600	259 218
人 身 险	432 791	515 680
财产险赔款支出	**200 982**	**280 087**
财 产 险	130 365	144 982
人 身 险	70 616	135 105

主要统计指标解释

财政收入 国家财政参与社会产品分配所得的收入，是实现国家职能的财力保证。内容几经变化，目前主要包括：

(1)各项税收 包括增值税、营业税、消费税、土地增值税、城市维护建设税、资源税、城镇土地使用税、印花税、固定资产投资方向调节税、个人所得税、企业所得税、关税、农牧业税和耕地占用税等。

(2)专项收入 包括征收排污费、征收城市水资源收入、教育费附加收入等。

(3)其他收入 包括基本建设贷款归还收入、国家能源交通重点建设基金收入、国家预算调节基金收入等。

财政支出 国家财政将筹集起来的资金进行分配使用，以满足经济建设和各项事业的需要，主要包括：一般公共服务、外交、国防、公共安全、教育、科学技术、文化体育与传媒、社会保障和就业、医疗卫生、环境保护、城乡社区事务、农林水事务、交通运输、工业商业金融等事务和其他支出等科目。

中央财政收入和地方财政收入 按财政体制划分的中央本级收入和地方本级收入。1994 年分税制财政体制以后，属于中央财政的收入包括关税、海关代征消费税和增值税，消费税，中央企业所得税，地方银行和外资银行及非银行金融企业所得税，铁道、银行总行、保险总公司等集中缴纳的营业税、所得税、利润和城市维护建设税，增值税的 75%部分，海洋石油资源税和证券(印花)税 50%部分。属于地方财政的收入包括营业税，地方企业所得税，个人所得税，城镇土地使用税，固定资产投资方向调节税，城镇维护建设税，房产税，车船使用税，印花税，屠宰税，农牧业税，农业特产税，耕地占用税，契税，增值税的 25%部分，证券交易税(印花税)的 50%部分和除海洋石油资源税以外的其他资源税。

中央财政支出和地方财政支出 根据政府在经济和社会活动中的不同职责，划分中央和地方政府的事权，按照政府的事权划分确定的支出。中央财政支出包括国防支出，武装警察部队支出，中央级行政管理费和各项事业费，重点建设支出以及中央政府调整国民经济结构、协调地区发展，实施宏观调控的支出。地方财政支出主要包括地方行政管理和各项事业费，地方统筹的基本建设、技术改造支出，支援农村生产支出，城市维护和建设经费等。

信贷资金 国家银行用于发放贷款的资金叫信贷资金。中国人民银行信贷资金的来源有各项存款、对国际金融机构负债、流通中货币、银行自有资金及当年结益等。信贷资金的运用有各项贷款、黄金占款、外汇占款、财政借款及在国际金融机构中的资产等。

存款 企业、机关、团体或居民根据可以收回的原则，把货币资金存入银行或其他信用机构保管并取得一定利息的一种信用活动形式。根据存款对象的不同可划分：企业存款、财政存款、机关团体存款、对外贸易存款、城乡居民储蓄存款、农村存款等科目，它是银行信贷资金的主要来源。

贷款 银行或其他信用机构根据必须归还的原则，按一定利率，为企业、个人等提供资金的一种信用活动形式。我国银行贷款，分流动资金贷款、固定资产贷款、城乡个体工商户贷款以及农业贷款等科目。

九、农　　业

AGRICULTURE

本篇内容包括：

1.乡镇组织
2.农村劳动力分布
3.耕地面积变化
4.农林牧渔业生产
5.主要农产品产量
6.农业机械化、电气化
水利化、化学化水平

农林牧渔业总产值

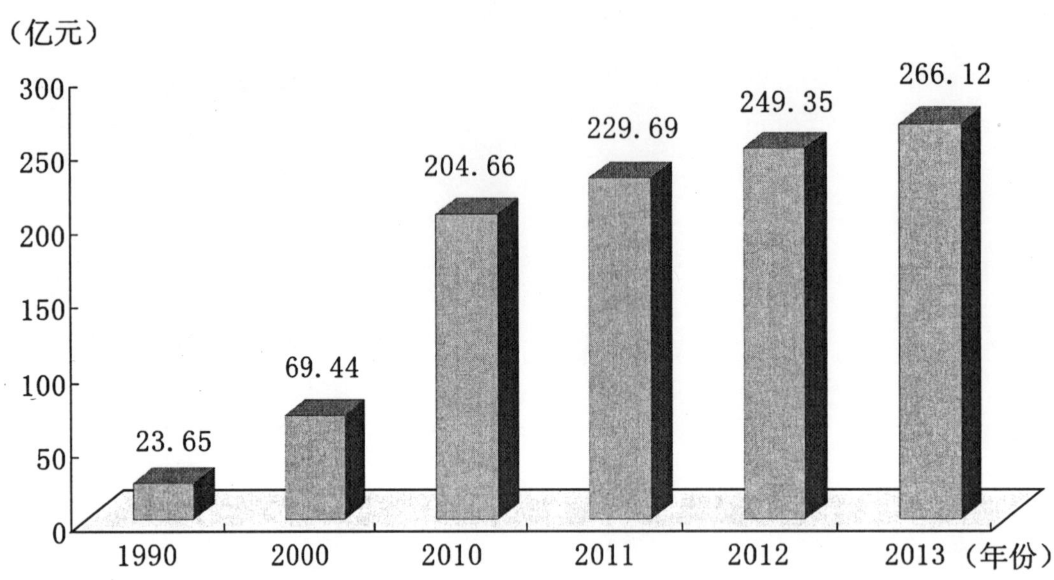

2013 年农林牧渔业所占总产值比重

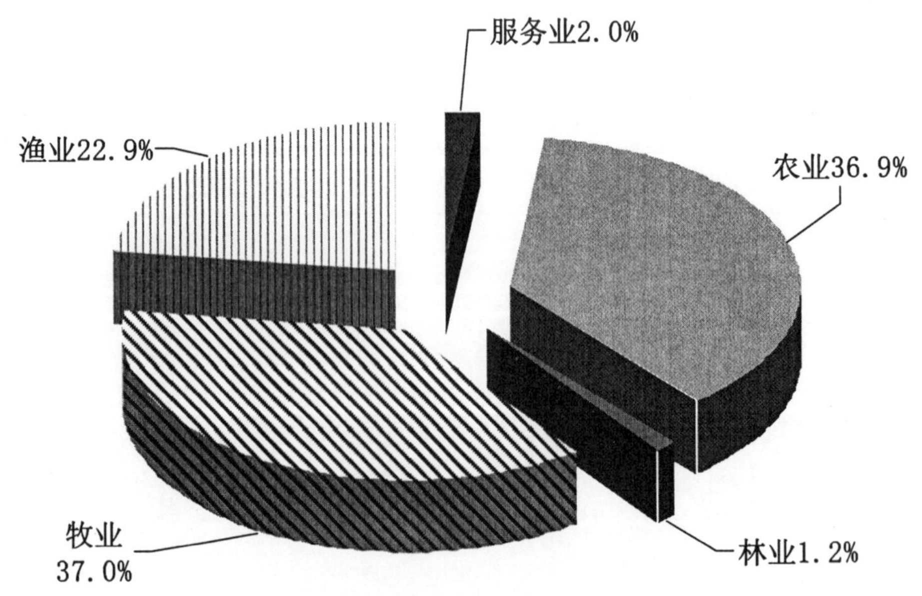

9-1 农村乡镇基本情况

项　　目	2012	2013	项　　目	2012	2013
一、乡镇政府(个)	76	80	五、自来水受益村委会个数(个)	419	428
#镇 政 府	47	51	占村委会总个数比重(%)	35.5	36.5
二、村民委员会(个)	1 179	1 174	六、通电话的村委会个数(个)	1 179	1 174
三、村民小组(个)	9 706	9 673	占村委会总个数比重(%)	100	100
四、通汽车的村委会个数(个)	1 179	1 174			
占村委会总个数比重(%)	100	100			

9-2 县区乡镇组织

(2013 年)

地　　区	乡镇政府(个)	#镇政府	村民委员会(个)	村民小组(个)
全　　市	**80**	**51**	**1 174**	**9 673**
东 湖 区			6	24
西 湖 区	1	1	13	66
青云谱区	1	1	12	70
湾 里 区	4	4	35	228
青山湖区	5	5	75	368
南 昌 县	16	9	264	2 316
新 建 县	18	11	287	1 890
安 义 县	10	7	105	1 244
进 贤 县	21	9	263	2 732
经济开发区	1	1	27	165
高新开发区	2	2	48	299
红谷滩新区	1	1	36	250
桑海开发区			3	21

9-3 耕地面积变化情况

单位:公顷

项　　目	2012 年	2013 年
年初面积	**280 997**	**279 371**
年内减少面积	2 456	815
年内增加面积	830	1 159
#土地整理	793	
土地复垦	36	
土地开发		
其他原因	2	
年末面积	**279 371**	**279 715**
水　田	212 577	212 557
水浇地	6 228	6 213
旱　地	60 567	60 945

注:本表数据为市国土局变更调查“一上”数据,非国土资源部最终审定数。

9-4 县区年末耕地面积

(2013 年)

单位:公顷

地　　区	年末耕地面积	水田	水浇地	旱地
全　　市	**279 714.61**	**212 556.82**	**6 212.64**	**60 945.15**
东 湖 区	0.22		0.22	
西 湖 区	37.10	10.44	26.00	0.66
青云谱区	48.15	4.44	27.42	16.29
湾 里 区	3 226.07	2 954.20		271.87
青山湖区	3 460.17	2 261.39	928.52	270.26
南 昌 县	86 327.93	80 281.42	3 669.06	2 377.45
新 建 县	85 404.30	64 306.76	721.25	20 376.29
安 义 县	25 242.03	18 819.73	822.19	5 600.11
进 贤 县	75 968.64	43 918.44	17.98	32 032.22

注:本表数据为市国土局变更调查“二上”数据,非国土资源部最终审定数。

9-5 县区农村劳动力资源及乡村从业人员

(2013年) 单位:人

项目	全市	东湖区	西湖区	青云谱区	湾里区	青山湖区	南昌县
一、乡村劳动力资源总数	**1 746 584**	**4 361**	**15 958**	**27 133**	**26 494**	**100 916**	**466 126**
男性	933 042	2 230	8 753	14 528	13 960	52 994	251 258
女性	813 542	2 131	7 205	12 605	12 534	47 922	214 868
二、乡村从业人员合计	**1 481 298**	**4 156**	**13 922**	**23 497**	**23 850**	**86 578**	**412 029**
按性别分							
男性	797 665	2 103	7 612	12 422	12 864	46 006	222 229
女性	683 633	2 053	6 310	11 075	10 986	40 572	189 800
按产业分							
第一产业	657 957	190		912	12 475	11 292	205 767
第二、三产业	823 341	3 966	13 922	22 585	11 375	75 286	206 262

9-5 续表 (2013年) 单位:人

项目	新建县	安义县	进贤县	经济开发区	高新开发区	红谷滩新区	桑海开发区
一、乡村劳动力资源总数	**348 112**	**112 908**	**458 113**	**35 478**	**119 848**	**23 101**	**8 036**
男性	185 167	59 596	244 440	19 307	63 627	12 521	4 661
女性	162 945	53 312	213 673	16 171	56 221	10 580	3 375
二、乡村从业人员合计	**285 080**	**100 100**	**373 882**	**30 036**	**100 922**	**21 521**	**5 725**
按性别分							
男性	151 837	57 723	200 248	17 005	53 602	10 477	3 537
女性	133 243	42 377	173 634	13 031	47 320	11 044	2 188
按产业分							
第一产业	181 321	31 099	144 675	11 265	35 045	21 431	2 485
第二、三产业	103 759	69 001	229 207	18 771	65 877	90	3 240

9-6 主要年份农林牧渔业总产值

(按可比价格计算)

单位:万元

年份	农林牧渔业总产值	农业	林业	牧业	渔业	农林牧渔服务业
1980	39 708	33 738	384	4 869	717	
1990	107 574	73 863	1 323	25 591	6 797	
2000	451 772	167 752	7 696	154 143	122 181	
2010	1 982 207	718 149	23 221	781 207	421 127	38 503
2011	2 140 548	802 010	24 566	832 709	440 598	40 665
2012	2 402 782	876 609	27 510	962 178	489 989	46 496
2013	2 570 868	965 425	30 730	957 730	564 703	52 280

9-7 县区农林牧渔业总产值

(2013 年,按当年价格计算)　　单位:万元

地　　区	农林牧渔业总　产　值	农业产值	林业产值	牧业产值	渔业产值	农林牧渔服务业产值
全　　市	**2 661 247**	**983 203**	**31 880**	**983 556**	**609 314**	**53 294**
东 湖 区	130	85		45		
西 湖 区	338			338		
青云谱区	4 895	431		3 742	649	73
湾 里 区	40 042	13 820	3 876	18 782	703	2 861
青山湖区	26 610	14 135	210	7 910	4 205	150
南 昌 县	787 394	284 810	3 290	337 902	147 524	13 868
新 建 县	722 682	285 350	13 146	237 477	171 293	15 416
安 义 县	164 170	74 950	4 634	49 616	30 443	4 527
进 贤 县	762 050	246 617	5 977	274 230	222 192	13 034
经济开发区	26 544	4 304	488	20 157	796	799
高新开发区	67 585	33 355	243	16 796	15 511	1 680
红谷滩新区	54 667	23 101		15 100	15 580	886
桑海开发区	4 140	2 245	16	1 461	418	

9-8 县区农林牧渔业总产值

(2013 年,按可比价格计算)　　单位:万元

地　　区	农林牧渔业总　产　值	农业产值	林业产值	牧业产值	渔业产值	农林牧渔服务业产值
全　　市	**2 570 868**	**965 425**	**30 730**	**957 730**	**564 703**	**52 280**
东 湖 区	129	84		45		
西 湖 区	329			329		
青云谱区	4 767	411		3 651	633	72
湾 里 区	38 914	13 507	3 812	18 130	655	2 810
青山湖区	26 964	14 448	200	8 023	4 163	130
南 昌 县	762 240	283 211	3 236	325 512	136 528	13 753
新 建 县	698 163	279 630	12 517	230 814	160 264	14 938
安 义 县	155 487	70 162	4 400	47 638	29 086	4 201
进 贤 县	735 405	242 770	5 823	269 643	204 159	13 010
经济开发区	26 376	4 293	485	20 015	789	794
高新开发区	66 378	31 898	241	17 979	14 570	1 690
红谷滩新区	51 727	22 879		14 525	13 441	882
桑海开发区	3 989	2 132	16	1 426	415	

9-9 农、林、牧、渔业总产值

单位:万元

项目	按当年价格计算		按可比价格计算		2013年比上年增长%
	2012年	2013年	2012年	2013年	
农林牧渔业总产值	**2 493 475**	**2 661 247**	**2 402 782**	**2 570 868**	**3.1**
一、农业产值	**930 082**	**983 203**	**876 609**	**965 425**	**3.8**
粮食作物	566 731	589 320	537 032	582 922	2.9
经济作物	78 483	81 476	77 511	78 695	0.3
蔬菜、食用菌及花卉盆景园艺	221 300	242 124	202 769	235 755	6.5
水果、坚果、茶、饮料和香料	25 826	30 121	22 100	28 786	11.5
中草药材	202	603	199	595	194.6
其他农作物	37 540	39 559	36 998	38 672	3.0
#饲料作物	317	532	314	517	63.1
二、林业产值	**28 720**	**31 880**	**27 510**	**30 730**	**7.0**
林木的培育和种植	17 733	20 102	17 088	19 216	8.4
林产品	5 756	5 957	5 454	5 870	2.0
竹木采运	5 231	5 821	4 968	5 644	7.9
三、牧业产值	**938 123**	**983 556**	**962 178**	**957 730**	**2.1**
牲畜饲养	61 307	61 630	51 497	58 616	-4.4
#牛	40 332	46 865	31 509	44 098	9.3
羊	766	885	746	853	11.4
猪的饲养	603 577	631 371	623 934	614 731	1.8
家禽的饲养	272 010	289 448	285 535	283 285	4.1
狩猎和捕捉动物	15	15	15	15	0.0
其他动物饲养	1 214	1 092	1 197	1 083	-10.8
四、渔业产值	**548 788**	**609 314**	**489 989**	**564 703**	**2.9**
五、农林牧渔服务业产值	**47 762**	**53 294**	**46 496**	**52 280**	**9.5**

注:增长速度按可比价格计算。

9-10 主要年份农林牧渔业商品产值和商品率

年份	农林牧渔业商品产值(万元)	农业	林业	牧业	渔业	农林牧渔服务业	农林牧渔业商品率(%)
1990	142 005	75 753	595	52 649	13 008		59.8
2000	472 610	151 913	3 397	190 211	127 089		68.1
2010	1 580 847	487 820	7 512	679 069	389 627	16 819	77.2
2011	1 780 058	553 606	8 146	773 292	429 117	15 897	77.5
2012	1 942 797	605 566	9 264	802 242	508 696	17 029	77.9
2013	2 072 139	639 598	9 914	841 428	562 953	18 246	77.9

9-11 农林牧渔业商品产值和商品率

(分县区，2013年)

地区	农林牧渔业商品产值(万元)	农业	林业	牧业	渔业	农林牧渔服务业	农林牧渔业商品率(%)
全市	**2 072 139**	**639 598**	**9 914**	**841 428**	**562 953**	**18 246**	**77.9**
东湖区	83	54		29			63.8
西湖区	338			338			100.0
青云谱区	3 494	324		2 687	438	45	71.4
湾里区	27 834	7 937	760	16 735	548	1 854	69.5
青山湖区	23 085	11 310		7 570	4 205		86.8
南昌县	606 706	176 578	19	282 677	133 564	13 868	77.1
新建县	561 593	191 922	3 831	208 782	157 058		77.7
安义县	136 163	59 956	2 720	45 637	27 850		82.9
进贤县	596 760	149 824	2 383	232 745	211 808		78.3
经济开发区	20 182	3 406	186	15 357	434	799	76.0
高新开发区	50 521	21 289		13 760	13 792	1 680	74.8
红谷滩新区	41 907	15 041		14 025	12 841		76.7
桑海开发区	3 473	1 957	15	1 086	415		83.9

9-12 农林牧渔业总产出、中间消耗和增加值

项　　目	绝对数(万元)		构　成(%)	
	2012	2013	2012	2013
一、农林牧渔业总产出	**2 493 475**	**2 661 247**	**100.0**	**100.0**
农　　业	930 082	983 203	37.3	36.9
林　　业	28 720	31 880	1.2	1.2
牧　　业	938 123	983 556	37.6	37.0
渔　　业	548 788	609 314	22.0	22.9
农林牧渔服务业	47 762	53 294	1.9	2.0
二、农林牧渔业中间消耗	**1 021 590**	**1 088 866**	**100.0**	**100.0**
农　　业	346 921	367 287	34.0	33.7
林　　业	8 271	9 213	0.8	0.8
牧　　业	450 674	472 606	44.1	43.4
渔　　业	195 777	217 490	19.2	20.1
农林牧渔服务业	19 947	22 270	1.9	2.0
三、农林牧渔业增加值	**1 471 885**	**1 572 381**	**100.0**	**100.0**
农　　业	583 161	615 916	39.6	39.2
林　　业	20 449	22 667	1.4	1.4
牧　　业	487 449	510 950	33.1	32.5
渔　　业	353 011	391 824	24.0	24.9
农林牧渔服务业	27 815	31 024	1.9	2.0

9-13 农林牧渔业总产出、中间消耗和增加值

(分县区,2013 年)

地　　区	农林牧渔业总产出(万元)	农林牧渔业中间消耗(万元)	农林牧渔业增加值(万元)	占总产出比重(%)	
				中间消耗	增加值
全　　市	**2 661 247**	**1 088 866**	**1 572 381**	**40.9**	**59.1**
东湖区	130	53	77	40.8	59.2
西湖区	338	153	185	45.3	54.7
青云谱区	4 895	2 360	2 535	48.2	51.8
湾里区	40 042	14 933	25 109	37.3	62.7
青山湖区	26 610	11 476	15 134	43.1	56.9
南昌县	787 394	333 177	454 217	42.3	57.7
新建县	722 682	292 283	430 399	40.4	59.6
安义县	164 170	65 583	98 587	39.9	60.1
进贤县	762 050	307 526	454 524	40.4	59.6
经济开发区	26 544	9 924	16 620	37.4	62.6
高新开发区	67 585	27 463	40 122	40.6	59.4
红谷滩新区	54 667	22 443	32 224	41.1	58.9
桑海开发区	4 140	1 492	2 648	36.0	64.0

9-14 农林牧渔业中间消耗

项目	绝对数(万元)		构成(%)	
	2012	2013	2012	2013
总额	**1 021 590**	**1 088 866**	**100.0**	**100.0**
一、物质消耗	**921 568**	**981 427**	**90.2**	**90.1**
#用种量	131 335	143 603	12.9	13.2
饲料、饲草	466 975	496 796	45.7	45.6
肥料	105 399	109 987	10.3	10.1
燃料	48 287	53 758	4.7	4.9
农药	12 347	12 448	1.2	1.1
用电量	55 379	57 598	5.4	5.3
小农具购置	3 262	3 422	0.3	0.3
办公用品购置	971	1 031	0.1	0.1
其他物质消耗	97 613	102 784	9.6	9.4
二、生产服务支出	**100 022**	**107 439**	**9.8**	**9.9**

9-15 农林牧渔业中间消耗率

(分县区,2013 年)

单位:%

地区	农业	林业	牧业	渔业	农林牧渔服务业
全市	**37.4**	**28.9**	**48.1**	**35.7**	**41.8**
东湖区	38.8		44.4		
西湖区			45.3		
青云谱区	43.4		50.5	38.2	49.3
湾里区	37.9	28.3	39.2	36.3	34.2
青山湖区	43.8	30.0	43.3	41.1	42.0
南昌县	30.7	33.3	53.6	39.1	41.5
新建县	41.7	31.9	41.1	37.6	45.8
安义县	42.2	28.6	44.4	31.0	25.8
进贤县	37.5	19.3	49.6	32.4	44.7
经济开发区	27.0	32.0	40.0	38.1	31.0
高新开发区	39.1	53.1	44.8	38.7	45.1
红谷滩新区	43.6		44.6	33.7	42.1
桑海开发区	34.8	18.8	39.9	29.9	

9-16 农作物播种面积和产量

项　　目	播种面积(万公顷)		单产(千克/公顷)		总 产 量(万 吨)		
	2012	2013	2012	2013	2012	2013	2013年比上年增长%
合　计	**54.89**	**54.78**					
一、粮食作物	**37.25**	**37.00**	**6 541**	**6 649**	**243.65**	**246.07**	**1.0**
1、谷　物	35.68	35.46	6 687	6 801	238.58	241.18	1.1
稻　谷	35.51	35.26	6 694	6 808	237.73	240.06	1.0
早　稻	16.27	16.06	6335	6 481	103.06	104.10	1.0
晚　稻	19.24	19.20	6 998	7 081	134.66	135.97	1.0
一　晚	1.98	2.09	7 593	7 662	15.06	16.01	6.3
二　晚	17.26	17.11	6 929	7 011	119.60	119.96	0.3
小　麦	0.02	0.02	1 596	2 518	0.04	0.06	61.1
杂　谷	0.14	0.18	5 926	5 908	0.81	1.06	30.1
2、豆　类	0.99	0.99	1 671	1 674	1.65	1.65	0.3
#大　豆	0.87	0.87	1 677	1 676	1.46	1.46	-0.1
3、薯　类	0.59	0.55	5 846	5 826	3.43	3.23	-5.7
二、经济作物	**8.99**	**9.07**					
#棉　花	0.23	0.20	2 254	1 506	0.51	0.29	-43.0
油　料	8.66	8.77	1 451	1 482	12.57	13.00	3.4
花　生	1.75	1.73	3 259	3 256	5.71	5.62	-1.6
油菜籽	6.28	6.42	1 002	1 064	6.30	6.83	8.4
芝　麻	0.63	0.62	899	880	0.56	0.55	-2.5
甘　蔗	0.10	0.10	41 260	40 863	4.28	4.26	-0.5
三、其他农作物	**8.65**	**8.71**					
#蔬　菜	3.88	4.13	29 622	29 963	115.05	123.75	7.6
瓜果类	0.40	0.38	25 015	24 249	9.73	9.07	-6.7
其他类	4.37	4.20					

9-17 农作物播种面积

(分县区,2013年) 单位:公顷

项目	全市	东湖区	西湖区	青云谱区	湾里区	青山湖区	南昌县
合计	**547 863**	**17**		**52**	**3 339**	**5 800**	**180 874**
一、粮食作物	**370 053**				**2 374**	**3 890**	**130 099**
1、谷物	354 639				2 267	3 890	128 440
稻谷	352 603				2 267	3 890	128 334
早稻	160 604				397	1 739	61 071
晚稻	191 999				1 870	2 151	67 263
一晚	20 895				1 468	271	2 261
二晚	171 104				402	1 880	65 002
小麦	245						
杂谷	1 791						106
2、豆类	9 868				51		924
#大豆	8 735				9		557
3、薯类	5 546				56		735
二、经济作物	**90 697**				**101**	**15**	**13 210**
#棉花	1 922						
油料	87 666				92	15	12 839
花生	17 265				32		838
油菜籽	64 165				46	15	11 910
芝麻	6 236				14		91
药材	66				9		
甘蔗	1 043						371
三、其他农作物	**87 113**	**17**		**52**	**864**	**1 895**	**37 565**
#蔬菜	41 301	17		52	356	1 895	14 067
瓜果类	3 742				8		788
其他类	42 070				500		22 710

(分县区,2013 年)

单位:公顷

项　　目	新建县	安义县	进贤县	经济开发区	高新开发区	红谷滩新区	桑海开发区
合　计	**128 246**	**60 097**	**137 144**	**2 977**	**18 798**	**9 480**	**1 039**
一、粮食作物	**94 791**	**30 767**	**86 198**	**1 722**	**14 544**	**4 979**	**689**
1、谷　物	90 546	29 046	79 244	1 671	14 446	4 426	663
稻　谷	90 275	28 488	78 143	1 671	14 446	4 426	663
早　稻	40 733	10 548	36 438	760	6 895	1 845	178
晚　稻	49 542	17 940	41 705	911	7 551	2 581	485
一　晚	6 856	6 168	3 067	131	53	282	338
二　晚	42 686	11 772	38 638	780	7 498	2 299	147
小　麦	213		32				
杂　谷	58	558	1 069				
2、豆　类	1 930	534	6 124	22	63	209	11
#大　豆	1 620	323	6 004	7	12	195	8
3、薯　类	2 315	1 187	830	29	35	344	15
二、经济作物	**22 205**	**15 475**	**35 826**	**968**	**587**	**2 024**	**286**
#棉　花	281	1 249	365				27
油　料	21 877	14 169	34 893	968	570	2 024	219
花　生	4 546	1 350	9 367	448	55	582	47
油菜籽	16 880	12 627	20 159	513	489	1 361	165
芝　麻	451	192	5 367	7	26	81	7
药　材			17				40
甘　蔗	47	57	551		17		
三、其他农作物	**11 250**	**13 855**	**15 120**	**287**	**3 667**	**2 477**	**64**
#蔬　菜	4 813	9 952	6 668	73	1 024	2 357	27
瓜果类	535	600	1 458	87	111	120	35
其他类	5 902	3 303	6 994	127	2 532		2

9-18 主要农作物总产量

（分县区，2013年） 单位：吨

项目	全市	东湖区	西湖区	青云谱区	湾里区	青山湖区	南昌县
一、粮食作物	**2 460 660**				**13 092**	**21 850**	**921 358**
1、谷物	2 411 829				12 942	21 850	914 097
稻谷	2 400 631				12 942	21 850	913 479
早稻	1 040 954				1 862	9 912	408 168
晚稻	1 359 677				11 080	11 938	505 311
一晚	160 100				8 653	1 598	19 928
二晚	1 199 577				2 427	10 340	485 383
小麦	617						
杂谷	10 581						618
2、豆类	16 519				50		2 646
#大豆	14 636				8		1 792
3、薯类	32 312				100		4 615
二、经济作物							
#棉花	2 895						
油料	129 996				88	20	15 544
花生	56 220				30		3 171
油菜籽	68 283				45	20	12 183
芝麻	5 493				13		190
药材	261				51		
甘蔗	42 621						17 734
三、其他农作物							
#蔬菜	1 237 520	519		1 165	4 640	59 693	610 738
瓜果类	90 718				108		26 595
其他类							

(分县区,2013年) 单位:吨

项　目	新建县	安义县	进贤县	经济开发区	高新开发区	红谷滩新区	桑海开发区
一、粮食作物	**635 535**	**186 508**	**535 676**	**11 106**	**100 736**	**30 143**	**4 656**
1、谷　物	617 563	178 139	522 989	10 716	100 491	28 528	4 514
稻　谷	616 684	174 788	516 639	10 716	100 491	28 528	4 514
早　稻	262 717	58 900	235 344	4 449	44 923	13 580	1 099
晚　稻	353 967	115 888	281 295	6 267	55 568	14 948	3 415
一　晚	55 607	44 627	23 907	1 192	402	1 653	2 533
二　晚	298 360	71 261	257 388	5 075	55 166	13 295	882
小　麦	580		37				
杂　谷	299	3 351	6 313				
2、豆　类	3 411	1 129	8 848	25	105	282	23
#大　豆	3 009	812	8 704	10	20	264	17
3、薯　类	14 561	7 240	3 839	365	140	1 333	119
二、经济作物							
#棉　花	282	2 348	229				36
油　料	30 109	29 341	48 807	1 742	931	3 100	314
花　生	16 834	3 543	29 070	1 362	108	2 012	90
油菜籽	12 776	25 603	15 225	378	807	1 028	218
芝　麻	499	195	4 512	2	16	60	6
药　材			10				200
甘　蔗	1 886	4 045	18 345		611		
三、其他农作物							
#蔬　菜	102 341	206 376	161 556	1 330	24 919	63 881	362
瓜果类	14 305	18 153	26 442	1 046	2 947	210	912
其他类							

9-19 茶叶、水果生产情况

项　　目	2012	2013	2013年 比上年增长%
一、产　　量(吨)			
茶　　叶	1 410	1 729	22.6
#红　　茶	15	14	-6.7
绿　　茶	1 386	1 706	23.1
园林水果	30 706	31 348	2.1
#柑　　桔	22 672	23 618	4.2
梨　　子	2 444	2 458	0.6
桃　　子	1 572	1 570	-0.1
二、年末茶园面积(公顷)	**1 548**	**1 548**	
#当年采摘	1 287	1 478	14.8
当年新增	110		
三、年末果园面积(公顷)	**6 025**	**6 206**	**3.0**
#当年新增	161	154	-4.3

9-20 茶叶、水果产量

(分县区,2013 年)　　单位:吨

地　　区	茶叶	#红茶	绿茶	园林水果	#柑桔	梨
全　　市	**1 729**	**14**	**1 706**	**31 348**	**23 618**	**2 458**
湾 里 区	34		34	1 005	272	
南 昌 县	774		774	6 777	5 625	594
新 建 县	10		1	1 946	1 701	128
安 义 县	1	1		9 459	6 116	1 162
进 贤 县	847	13	834	11 912	9 663	567
高新开发区				22	21	
桑海开发区				27	27	
红谷滩新区	63		63	200	193	7

9-21 茶园、果园面积

(分县区,2013 年)　　单位:公顷

地　　区	茶　园	果　园	#柑 桔	梨
全　　市	**1 548**	**6 206**	**4 132**	**765**
湾 里 区	373	115	31	
南 昌 县	371	520	380	48
新 建 县	33	393	264	33
安 义 县	3	1 589	754	429
进 贤 县	683	3 381	2 571	179
高新开发区				
桑海开发区		11	11	
红谷滩新区	85	197	121	76

9-22 林业生产情况

项　　目	2012	2013	2013年比上年增长%
一、当年荒山荒(沙)地造林面积(公顷)	**6 732**	**2 921**	**-56.6**
#用　材　林	2 196	1 600	-27.1
经　济　林	59	462	683.1
防　护　林	3 851	746	-80.6
二、有林地造林面积(公顷)	**600**	**1 399**	**133.2**
三、更新造林面积(公顷)	**256**	**15**	**-94.1**
四、封山育林面积(公顷)	**19 011**	**18 743**	**-1.4**
五、零星(四旁)植树(万株)	**839**	**799**	**-4.9**
六、育苗面积(公顷)	**4 997**	**5 102**	**2.1**
#本 年 新 增	685	515	-24.8
七、未成林抚育作业面积(公顷次)	**6 000**	**5 004**	**-16.6**
八、成林抚育面积(公顷)	**4 200**	**1 900**	**-54.8**
九、低产低效林改造面积(公顷)	**50**	**50**	
十、主要产品产量			
油 桐 籽(吨)	1	10	900.0
油 茶 籽(吨)	36 159	13 740	-62.0
板　　栗(吨)	110	180	63.6
松　　脂(吨)	10	70	600.0
木材采伐(万立方米)	1.82	1.42	-22.0
竹材采伐(万根)	30.04	133.37	344.0

9-23 牧业生产情况

项　　目	2012	2013	2013 年 比上年增长%
一、肉猪出栏数(万头)	**342.76**	**349.80**	**2.1**
出售和自宰肉用牛(万头)	6.00	6.06	1.0
出售和自宰肉用羊(只)	21 576	21 658	0.4
出售和自宰肉用兔(只)	16 575	16 670	0.6
出售和自宰肉用禽(万只)	4 802.84	4 859.06	1.2
二、肉类总产量(万吨)	**36.03**	**36.66**	**1.8**
猪　肉(万吨)	28.30	28.87	2.0
牛　肉(吨)	7 053	7 115	0.9
羊　肉(吨)	362	366	1.1
兔　肉(吨)	32	32	
禽　肉(万吨)	6.70	6.76	0.9
三、牛奶产量(万吨)	**5.78**	**5.22**	**-9.7**
四、年底养蜂数(箱)	**2 987**	**3 034**	**1.6**
蜂蜜产量(吨)	212	227	7.1
五、禽蛋产量(万吨)	**16.65**	**16.66**	**0.1**
六、牛年底数(万头)	**22.89**	**22.28**	**-2.7**
# 能繁殖母牛	11.36	10.60	-6.7
# 肉　牛	4.04	4.29	6.3
奶　牛	1.72	1.53	-11.3
役用牛	17.13	16.46	-3.9
七、猪年底数(万头)	**213.04**	**214.42**	**0.6**
# 能繁殖母猪	22.77	23.06	1.3
八、羊年底数(只)	**20 369**	**20 617**	**1.2**
九、兔年底数(只)	**8 991**	**9 247**	**2.8**
十、家禽年底数(万只)	**3 361.88**	**3 373.36**	**0.3**
十一、蚕茧产量(吨)	**15**	**13**	**-13.3**

9-24 牧业生产情况

（分县区，2013 年）

项 目	全 市	东湖区	西湖区	青云谱区	湾里区	青山湖区	南昌县
一、出栏肉猪头数（万头）	**349.80**	**0.03**	**0.08**	**0.52**	**6.90**	**5.51**	**124.56**
出售和自宰肉用牛（头）	60 566				261		18 088
出售和自宰肉用羊（只）	21 658				620		3 126
出售和自宰肉用兔（只）	16 670						3 780
出售和自宰肉用禽（万只）	4 859.06			5.85	11.62	21.53	2 490.09
二、肉类总产量（吨）	**366 626**	**30**	**76**	**686**	**5 881**	**4 668**	**137 961**
猪 肉	288 719	30	76	605	5 645	4 410	104 001
牛 肉	7 115				42		2 056
羊 肉	366				12		45
兔 肉	32						9
禽 肉	67 625			81	172	258	30 550
三、牛奶产量（吨）	**52 156**			**1 660**		**360**	**13 420**
四、年底养蜂数（箱）	**3 034**						**738**
蜂蜜产量（吨）	227						80
五、禽蛋产量（吨）	**166 628**			**796**	**478**	**464**	**109 898**
六、牛年底数（头）	**222 841**			**105**	**1 011**	**1 429**	**39 690**
#能繁殖母牛	105 956			90	262		18 413
#肉 牛	42 948				69		15 176
奶 牛	15 257			105		243	4 339
役 用 牛	164 634				942	1 186	20 175
七、生猪年底数（万头）	**214.42**	**0.01**	**0.26**	**0.36**	**6.86**	**3.50**	**70.03**
#能繁殖母猪（头）	230 621		120	120	12 498	5 977	74 713
八、羊年底数（只）	**20 617**				**1 352**		**2 486**
九、兔年底数（只）	**9 247**						**2 681**
十、家禽年底数（万只）	**3 373.36**			**3.38**	**10.01**	**9.82**	**1 453.37**
十一、蚕茧产量（吨）	**13**						**13**

9-24 续表

(分县区,2013 年)

项目	新建县	安义县	进贤县	经济开发区	高新开发区	红谷滩新区	桑海开发区
一、出栏肉猪头数(万头)	**84.79**	**23.48**	**85.51**	**7.39**	**4.94**	**5.06**	**1.02**
出售和自宰肉用牛(头)	11 001	6 093	22 905	1 001	902	284	31
出售和自宰肉用羊(只)	5 957	10 427	104	568	788		68
出售和自宰肉用兔(只)		12 890					
出售和自宰肉用禽(万只)	502	267	1 490	4	47	17	2
二、肉类总产量(吨)	**78 367**	**24 482**	**97 703**	**6 316**	**4 857**	**4 792**	**807**
猪肉	69 168	19 603	69 671	6 151	4 047	4 542	770
牛肉	1 533	701	2 520	101	117	41	4
羊肉	116	168	2	11	11		1
兔肉		23					
禽肉	6 142	3 946	25 500	53	682	209	32
三、牛奶产量(吨)	**10 978**		**11 228**	**14 025**	**485**		
四、年底养蜂数(箱)	**126**	**945**	**1 225**				
蜂蜜产量(吨)	1	115	31				
五、禽蛋产量(吨)	**12 602**	**9 411**	**28 545**	**93**	**4 020**	**277**	**44**
六、牛年底数(头)	**71 592**	**25 490**	**67 937**	**6 466**	**4 970**	**3 812**	**339**
#能繁殖母牛	38 912	10 380	34 137	1 499	811	1 362	90
#肉牛	9 302	5 124	10 790	242	795	1 450	
奶牛	2 215		2 019	5 999	337		
役用牛	60 075	20 366	55 128	225	3 836	2 362	339
七、生猪年底数(万头)	**48.33**	**14.90**	**51.75**	**5.43**	**5.49**	**6.59**	**0.90**
#能繁殖母猪(头)	53 574	10 963	54 721	5 044	4 862	7 179	850
八、羊年底数(只)	**3 648**	**11 950**	**105**	**243**	**752**		**81**
九、兔年底数(只)		**6 566**					
十、家禽年底数(万只)	**424.26**	**168.59**	**1 200.23**	**5.03**	**67.17**	**26.40**	**5.10**
十一、蚕茧产量(吨)							

9-25 渔业生产情况

项　　目	2012	2013	2013年 比上年增长%
一、渔业乡(个)	**6**	**3**	**-50.0**
二、渔业村(个)	**38**	**34**	**-10.5**
三、渔业户(万户)	**3.22**	**3.06**	**-5.0**
四、渔业人口(万人)	**13.67**	**13.11**	**-4.1**
五、渔业从业人员(万人)	**8.29**	**8.10**	**-2.3**
专业从业人员(万人)	4.77	4.54	-4.8
#捕　捞	0.76	0.76	
养　殖	3.53	3.29	-6.8
兼业从业人员(万人)	2.37	2.41	1.7
六、已养殖面积(万公顷)	**5.69**	**5.69**	
#池　塘	1.62	1.64	1.2
水　库	0.53	0.53	
湖　泊	3.17	3.15	-0.6
七、养殖单产(千克/公顷)	**6 490**	**6 624**	**2.1**
#池　塘	10 371	11 124	7.3
水　库	7 874	7 155	-9.1
湖　泊	2 298	2 288	-0.4
八、水产品总产量(万吨)	**36.90**	**37.68**	**2.1**
#养　殖	31.00	31.83	2.7
#池　塘	16.80	18.28	8.8
水　库	4.20	3.82	-9.0
湖　泊	7.28	7.21	-1.0
#鱼　类	31.02	31.85	2.7
甲壳类	2.95	2.84	-3.7
贝　类	2.38	2.46	3.4
九、珍珠产量(吨)	**80**	**77**	**-3.8**
十、鱼苗产量(亿尾)	**26.68**	**31.01**	**16.2**
十一、鱼种产量(吨)	**32 829**	**35 156**	**7.1**

注:本表数据来源于农业部门。

9-26 渔业生产情况

(分县区,2013年)

项目	全市	青云谱区	湾里区	青山湖区	南昌县	新建县
一、渔业乡(个)	**3**					**1**
二、渔业村(个)	**34**	**3**		**1**	**1**	**7**
三、渔业户(户)	**30 604**	**320**	**45**	**303**	**13 997**	**4 050**
四、渔业人口(人)	**131 072**	**1 130**	**180**	**1 214**	**48 986**	**13 900**
五、渔业从业人员(人)	**81 011**	**190**	**150**	**1 090**	**36 246**	**8 432**
专业从业人员(人)	45 416	130	60	593	26 021	4 944
#捕捞	7 603			166	1 963	1 500
养殖	32 904	45	40	427	21 686	2 314
兼业从业人员(人)	24 110	60	80	497	7 767	3 000
六、已养殖面积(公顷)	**56 890**	**80**	**154**	**241**	**11 669**	**8 027**
#池塘	16 433	80	22	241	8 270	2 559
水库	5 334		132		105	2 225
湖泊	31 490				1 247	2 112
七、养殖单产(千克/公顷)	**6 624**	**5 125**	**2 974**	**11 230**	**11 258**	**9 876**
#池塘	11 124	5 125	7 182	10 862	11 299	11 030
水库	7 155		2 242		4 965	9 328
湖泊	2 288				5 280	4 853
八、水产品总产量(吨)	**376 814**	**410**	**458**	**2 711**	**131 371**	**79 275**
#养殖	318 308	410	454	2 622	114 278	66 681
#池塘	182 793	410	158	2 622	93 441	28 221
水库	38 164		296		523	20 753
湖泊	72 058				6 586	10 251
#鱼类	318 500	410	449	2 706	112 616	64 390
甲壳类	28 422			5	9 952	10 293
贝类	24 646				7 908	3 386
九、珍珠产量(吨)	**77**				**4**	**49**
十、鱼苗产量(亿尾)	**31.01**				**10.66**	**7.37**
十一、鱼种产量(吨)	**35 156**		**24**		**21 260**	**4 811**

注:本表数据来源于农业部门。

（分县区，2013 年）

项目	安义县	进贤县	经济开发区	高新开发区	红谷滩新区	桑海开发区
一、渔业乡（个）				**2**		
二、渔业村（个）		**18**	**2**		**1**	**1**
三、渔业户（户）	**1 273**	**8 834**	**150**	**1 600**	**6**	**26**
四、渔业人口（人）	**5 916**	**54 138**	**613**	**4 860**	**30**	**105**
五、渔业从业人员（人）	**4 147**	**28 099**	**290**	**2 280**	**30**	**57**
专业从业人员（人）	2 077	9 992	250	1 280	12	57
#捕　捞	188	3 451	15	320		
养　殖	1 562	5 967	90	710	6	57
兼业从业人员（人）	1 847	10 139	30	680	10	
六、已养殖面积（公顷）	**3 110**	**30 770**	**320**	**2 410**	**30**	**80**
#池　塘	2 008	2 219	180	743	30	80
水　库	1 066	1 746	60			
湖　泊		26 464		1 667		
七、养殖单产（千克/公顷）	**10 242**	**3 826**	**7 197**	**4 072**	**9 867**	**7 563**
#池　塘	11 652	12 078	9 300	6 942	9 867	7 563
水　库	5 507	6 019	3 533			
湖　泊		1 954		2 113		
八、水产品总产量（吨）	**31 850**	**117 722**	**2 303**	**9 813**	**296**	**605**
#养　殖	29 442	92 631	2 208	8 681	296	605
#池　塘	23 402	26 804	1 674	5 160	296	605
水　库	5 869	10 511	212			
湖　泊		51 700		3 521		
#鱼　类	28 031	96 960	2 302	9 735	296	605
甲壳类	543	7 560	1	68		
贝　类	2 352	11 000				
九、珍珠产量（吨）	**5**	**19**				
十、鱼苗产量（亿尾）	**2.19**	**10.79**				
十一、鱼种产量（吨）	**3 327**	**5 734**				

注:本表数据来源于农业部门。

9-27 农业经济效益

(2013年)

项目	全市	东湖区	西湖区	青云谱区	湾里区	青山湖区	南昌县
农业劳动力创造农林牧渔业总产值(元/人)	40 447	6 842		53 673	32 098	23 565	38 266
农业劳动力创造农林牧渔业增加值(元/人)	23 898	4 053		27 796	20 127	13 402	22 074
农业劳动力创造农林牧渔业商品产值(元/人)	31 494	4 368		38 311	22 312	20 444	29 485
农业劳动力生产农产品(千克/人)							
粮　食	3 740				1 049	1 935	4 478
棉　花	4						
油　料	198				7	2	76
肉　类	557	158		752	471	413	670
水产品	573			450	37	240	638

9-27 续表

项目	新建县	安义县	进贤县	经济开发区	高新开发区	红谷滩新区	桑海开发区
农业劳动力创造农林牧渔业总产值(元/人)	39 856	52 789	52 673	23 563	19 285	25 508	16 660
农业劳动力创造农林牧渔业增加值(元/人)	23 737	31 701	31 417	14 754	11 449	15 036	10 656
农业劳动力创造农林牧渔业商品产值(元/人)	30 972	43 784	41 248	17 916	14 416	19 554	13 976
农业劳动力生产农产品(千克/人)							
粮　食	3 505	5 997	3 703	986	2 874	1 407	1 874
棉　花	2	76	2				14
油　料	166	943	337	155	27	145	126
肉　类	432	787	675	561	139	224	325
水产品	437	1 024	814	204	280	14	243

9-28　主要农业机械年末拥有量

项　　目	2012	2013	2013 年 比上年增长%
一、农业机械总动力 (万千瓦)	**469.99**	**215.51**	**-54.15**
#柴油发动机动力	339.16	157.29	-53.63
汽油发动机动力	34.52	16.31	-52.75
电动机动力	96.30	40.93	-57.50
二、主要农业机械与设备			
大中型拖拉机(混合台)	3 702	3 558	-3.89
(万千瓦)	14.03	16.72	19.17
小型拖拉机(混合台)	89 491	64 502	-27.92
(万千瓦)	96.94	70.95	-26.81
大中型拖拉机配套农具(部)	6 275	5 224	-16.75
小型拖拉机配套农具(部)	78 060	56 827	-27.20
农用排灌动力机械(台)	147 356	71 460	-51.51
(万千瓦)	103.75	162.70	56.81
#柴　油　机(台)	101 210	49 800	-50.80
(万千瓦)	48.97	22.32	-54.42
电　动　机(台)	46 146	21 660	-53.06
(万千瓦)	54.65	28.50	-47.85
农　用　水　泵(台)	115 452	37 740	-67.31
节水灌溉类机械(万套)	160	211	31.87
联合收获机(台)	6 295	3 320	-47.26
机动割晒机(台)	42	2	-95.24
机动脱粒机(台)	145 504	7 930	-94.55
农用运输车(台)	21 935	11 587	-47.18

注:本表 2012 年数据若与上年年鉴不一致的,以本表数据为准。

9-29 农业机耕、水电、化肥、水利情况

项　　目	2012	2013	2013年比上年增长%
一、农业机械化情况			
当年实际机耕面积(千公顷)	334.58	379.51	13.4
当年实际机播面积(千公顷)	75.38	89.84	5.2
当年实际机收面积(千公顷)	277.03	308.84	7.1
当年实际机电灌溉面积(千公顷)	101.90	153.20	50.3
二、农业电气化情况			
农村用电量(万千瓦小时)	135 936	142 710	5.0
乡镇村办水电站个数(个)	11	11	
发电能力(千瓦)	900	900	
三、农业化学化情况			
化肥施用量(实物量)(万吨)	38.66	38.49	-0.4
氮　　肥	11.42	11.27	-1.3
磷　　肥	8.83	8.40	-4.9
钾　　肥	5.26	5.28	0.3
复 合 肥	13.15	13.55	3.1
化肥施用量(折纯量)(万吨)	14.92	14.89	-0.2
氮　　肥	3.72	3.67	-1.3
磷　　肥	2.72	2.53	-7.1
钾　　肥	2.52	2.53	0.3
复 合 肥	5.96	6.16	3.4
农用塑料薄膜使用量(吨)	2 134	2 228	4.4
# 地膜使用量(吨)	1 247	1 284	3.0
地膜覆盖面积(公顷)	9 572	9 991	4.4
农药使用量(吨)	8 315	8 173	-1.7
农用柴油使用量(吨)	32 810	33 609	2.4
四、农业水利化情况			
总灌溉面积(千公顷)	191.06	189.46	-0.8

9-30 农业电气化情况

（分县区，2013 年）

地区	农村用电量（万千瓦小时）	乡镇村办水电站个数（个）	水电站发电能力（千瓦）
全市	**142 710**	**11**	**900**
东湖区	112		
西湖区			
青云谱区	2 182		
湾里区	1 818	2	115
青山湖区	22 086		
南昌县	58 080		
新建县	16 176	4	205
安义县	4 640	2	375
进贤县	24 824		
经济开发区	1 658	3	205
高新开发区	9 795		
红谷滩新区	1 044		
桑海开发区	295		

9-31 农业水利化情况

（分县区，2013 年）

地区	总灌溉面积（千公顷）	耕地灌溉面积（有效灌溉面积）（千公顷）	林地灌溉面积（千公顷）	园地灌溉面积（千公顷）
合计	**189.46**	**186.65**	**0.65**	**2.16**
湾里区	2.42	2.42		
青山湖区	9.75	8.24		1.51
南昌县	69.76	69.76		
新建县	38.34	37.04	0.65	0.65
安义县	16.60	16.60		
进贤县	52.59	52.59		

9-32 农业化学化情况

（分县区，2013 年）　　单位：吨

地区	化肥施用量（实物量）	氮肥	磷肥	钾肥	复合肥
全市	**384 941**	**112 675**	**84 031**	**52 760**	**135 475**
东湖区	5				5
西湖区					
青云谱区	14				14
湾里区	2 000	379	365	263	993
青山湖区	2 420	1 247	326	394	453
南昌县	131 705	32 896	19 257	16 207	63 345
新建县	99 063	31 986	27 665	15 815	23 597
安义县	34 854	9 506	9 204	5 975	10 169
进贤县	88 171	28 883	18 592	10 227	30 469
经济开发区	6 030	903	3 162	628	1 337
高新开发区	8 606	2 466	1 771	1 270	3 099
红谷滩新区	6 025	2 104	2 008	1 101	812
桑海开发区	6 048	2 305	1 681	880	1 182

9-32 续表

（分县区，2013 年）　　单位：吨

地区	化肥施用量（折纯量）	氮肥	磷肥	钾肥	复合肥
全市	**148 862**	**36 722**	**25 282**	**25 275**	**61 583**
东湖区	2				2
西湖区					
青云谱区	5				5
湾里区	821	128	79	128	486
青山湖区	864	375	66	197	226
南昌县	58 598	9 868	8 955	8 103	31 672
新建县	32 834	9 085	5 895	7 039	10 815
安义县	16 688	4 475	4 169	2 968	5 076
进贤县	29 864	10 227	3 976	5 111	10 550
经济开发区	1 817	271	664	314	568
高新开发区	3 218	863	590	475	1 290
红谷滩新区	2 083	632	551	500	400
桑海开发区	2 068	798	337	440	493

9-33 水利灌溉设施

(年末数)

项　　目	2012	2013
一、水利工程数量		
水库数量(座)	493	493
其　中:大(1)型		
大(2)型		
中　型	8	8
小(1)型	68	68
小(2)型	417	417
塘坝数量(座)	11 148	11 148
窖池数量(座)	282	282
水电站数量(座)	13	13
泵站数量(处)	3 168	3 168
水闸数量(座)	2 659	2 659
农村集中式供水工程数量(处)	420	428
机电井数量(眼)	173 964	173 964
二、灌溉面积(千公顷)		
总灌溉面积	190.59	189.46
其中:耕地灌溉面积(有效灌溉面积)	187.77	186.65
新增耕地灌溉面积		0.29
减少耕地灌溉面积		1.41
实际耕地灌溉面积		178.11

注:本表数据来源于水务部门。

9-34 主要年份农作物受灾情况

单位:公顷

年份	受灾面积	旱灾	水灾	病虫灾	其他
1990	212 673	115 160	70 073	4 767	22 673
2000	36 968	13 403	4 917		18 648
2010	189 127		127 492		61 635
2011	91 065	33 590	53 163		4 312
2012	23 356		22 460		896
2013	35 048	21 295	13 506		269

9-34 续表

单位:公顷

年份	成灾面积	旱灾	水灾	病虫灾	其他
1990	105 327	62 280	33 860	2 287	6 900
2000	30 974	11 402	3 044		16 528
2010	100 526		72 549		27 977
2011	37 456	13 200	21 816		2 440
2012	11 657		10 861		796
2013	9 906	7 134	2 794		

注:本表数据来源于市民政部门。

主要统计指标解释

农林牧渔业总产值 指以货币表现的农、林、牧、渔业全部产品和对农林牧渔业生产活动进行的各种支持性服务活动的价值总量,它反映一定时期内农林牧渔业生产总规模和总成果。1957 年以前的农林牧渔业总产值中包括了厩肥和农民自给性手工业(如农民自制衣服、鞋、袜， 自己从事粮食初步加工等)。1958 年及以后,林业中增加了村及村以下竹木采伐产值;牧业中取消丁厩肥产值;副业中取消了农民自给性手工业产值,增加了村及村以下办的工业产值;渔业中增加丁海洋捕捞水产品产值。1980 年及以后,在副业中增加了农民家庭兼营下业商品部分的产值。从 1984 年起村及村以下丁业产值划归下业。从 1993 年起取消副业,将野生动物的捕猎划入牧业、野生植物采集和农民家庭兼营商品性工业划归农业。从 2003 年起,执行新的国民经济行业分类标准,农林牧渔业总产值中包括了农林牧渔服务业产值。林业中增加了森林采运业产值。农业中取消了家庭兼营商品性工业产值,将野生林产品的采集划归林业。

农林牧渔业总产值的计算机方法通常是按农、林、牧、渔业产品及其副产品的产量分别乘以各自单位产品价格求得;少数生产周期较长,当年没有产品或产品产量不易统计的,则采用间接方法匡算其产值;然后将四业产品产值相加即为农林牧渔业总产值。

农林牧渔业中间消耗 指各种经济类型的农业生产单位和农户， 在农业生产经营过程中消耗的各种物质产品和劳务价值的总和。包括物质消耗和生产服务支出两个部分。计人中间消耗必须具备以下两个条件:一是与总产值相对应的生产过程中所消耗的物质产品和劳务;二是本期消耗的不属于固定资产的低值易耗品。

农林牧渔业增加值 指各种经济类型的农业生产单位和农户从事农业生产经营活动所提供的社会最终产品的货币表现。增加值的计算方法有两种,一是生产法:农林牧渔业增加值二农林牧渔业总产值一农林牧渔业中间消耗;二是分配法:农林牧渔业增加值:固定资产折 IR+劳动者报酬+生产税净额+营业盈余。

粮食产量 指全社会的产量。包括国有经济经营的、集体统一经营的和农民家庭经营的粮食产量,还包括工矿企业办的农场和其他生产单位的产量。粮食除包括稻谷、小麦、玉米、高粱、谷子及其他杂粮外,还包括薯类和豆类。其产量计算方法,豆类按占豆荚后的干豆计算;薯类(包括甘薯和马铃薯,不包括芋头和木薯)1963 年以前按每 4 公斤鲜薯折 1 公斤粮食汁算,从 1964 年开始改为按 5 公斤鲜薯折 1 公斤粮食计算。城市郊区作为蔬菜的薯类(如马铃薯等)按鲜品计算,并且不作粮食统计。其他粮食一律按脱粒后的原粮计算。

油料产量 指全部油料作物的生产量。包括花生、油菜籽、芝麻、向日葵籽、胡麻籽(亚麻籽)和其他油料。不包括大豆、木本油料和野生油料。花生以带壳干花生汁算。

水产品产量 指人工养殖的水产品和天然生长的水产品的捕捞量。包括海水的鱼类、虾蟹类、贝类和藻类以及内陆水域的鱼类、虾蟹类和贝类,不包括淡水生植物。水产品产量是通过各级水产和统计部门逐级上报取得数据。1995 年及以前,贝类中牡蛎按鲜肉汁算;蚶、蛤、蛏 5 公斤鲜品折 1 斤计算。1996 年以后则统一按鲜品计算。

猪、牛、羊肉产量 指当年出栏并已屠宰、除去头蹄下水后带骨肉(即胴体重)的重量。包括全社会范围内的产量。

期初(末)畜禽存栏头(只)数 指报告期初(末)农村各种合作经济组织和国营农场、农民个人、机关、团体、学校、工矿企业、部队等单位以及城镇居民饲养的大牲畜、猪、羊、家禽等畜禽的存栏数。

耕地面积 指可以用来种植农作物、经常进行耕锄的田地,包括熟地、当年新开荒地、连续撂荒未满三年的耕地和当年的休闲地(轮歇地),还包括以种植农作物为主并附带种植桑树、茶树、果树和其他林木的土地,以及沿海、沿湖地区已围垦利用的“海涂”、“湖田”等面积。但不包括属于专业性的桑园、茶园、果园、果木苗圃、林地、芦苇地、天然或人工草地面积。

农作物播种面积 指实际播种或移植有农作物的面积。凡是实际种植有农作物的面积,不论种植在耕地上还是种植在非耕地上，均包括在农作物播种面积中。在播种季节基本结束后，因遭灾而重新改种和补种的农作物面积，也包括在内。它是反映耕地面积利用情况的一个重要指标。

有效灌溉面积 指具有一定的水源，地块比较平整，灌溉丁程或设备已经配套，在一般年景下当年能够进行正常灌溉的耕地面积。在一般情况下，有效灌溉面积应等于灌溉工程或设备已经配套，能够进行正常灌溉的水田和水浇地面积之和。它是反映耕地抗旱能力的一个重要指标。

农用化肥施用量 指本年内实际用于农业生产的化肥数量，包括氮肥、磷肥、钾肥和复合肥。化肥施用量要求按折纯量计算数量。折纯量是指把氮肥、磷肥、钾肥分别按含氮、含五氧化二磷、含氧化钾的百分之一百成份进行折算后的数量。复合肥按其所含主要成分折算。公式为：

折纯量=实物量×某种化肥有效成分含量的百分比

农业机械总动力 指主要用于农、林、牧、渔业的各种动力机械的动力总和。包括耕作机械、排灌机械、收获机械、农用运输机械、植物保护机械、牧业机械、林业机械、渔业机械和其他农业机械[内燃机按引擎马力折成瓦(特)计算、电动机按功率折成瓦(特)计算]。不包括专门用于乡、镇、村、组办工业、基本建设、非农业运输、科学试验和教学等非农业生产方面用的动力机械与作业机械。这个指标的统计数据主要来源于农机部门。

乡村从业人员 指乡村人口中劳动年龄(16周岁)以上实际参加十产经营活动并取得实物或货币收入的人员，包括劳动年龄内经常参加劳动的人员，也包括超过劳动年龄但经常参加劳动的人员。但不包括户口在家的在外学生、现役军人和丧失劳动能力的人，也不包括待业人员和家务劳动者。从业人员按从事主业时间最长(时间相同按收入)分为农业从业人员、工业从业人员、建筑业从业人员、交运仓储及邮政业从业人员、批零贸易和餐饮业从业人员、其他从业人员。

十、工　　业

INDUSTRY

本篇内容包括：

1.工业总产值、增加值
2.支柱产业主要指标
3.主要工业产品产量
4.规模以上工业企业主要经济指标
5.规模以上工业企业主要能源指标
6.工业园区主要指标

2013 年规模以上工业增加值构成

按企业规模分

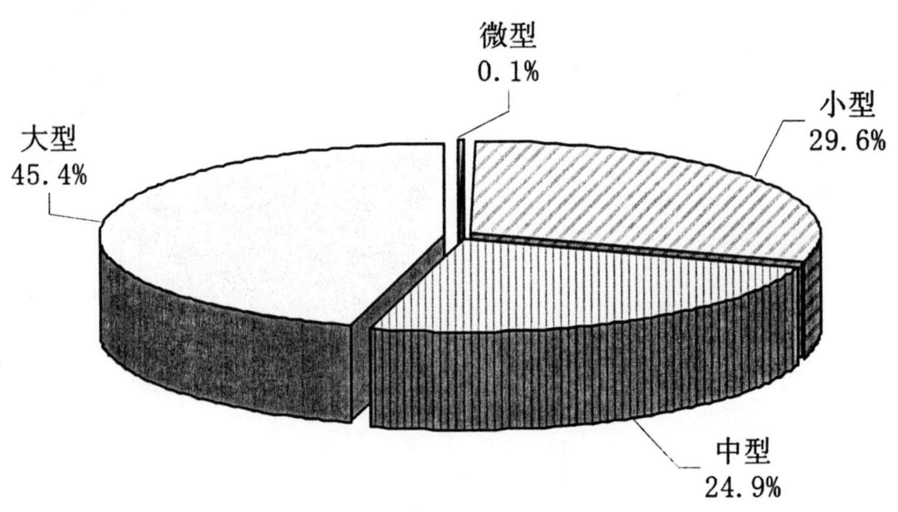

按轻、重工业分

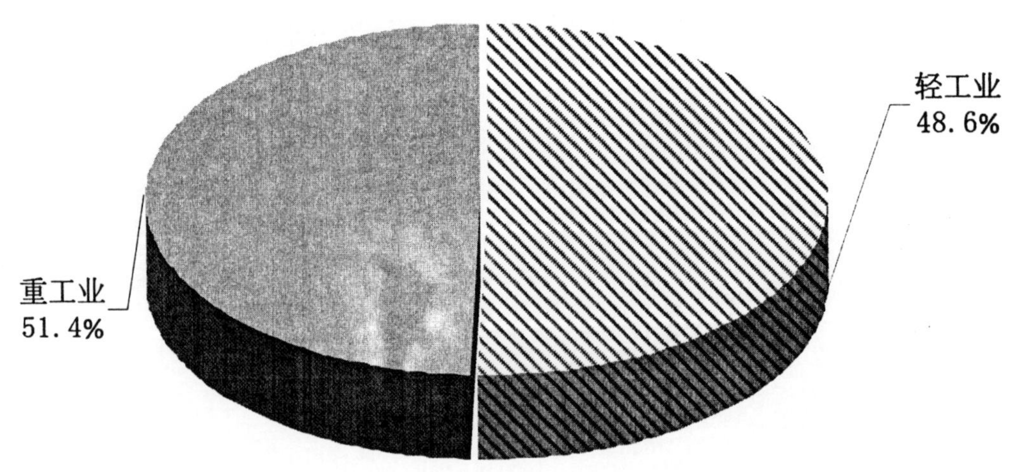

10–1 规模以上工业总产值和增加值

（2013 年）

单位：万元

分　　类	总产值		增加值	
	绝对数	比上年增长%	绝对数	比上年增长%
规模以上工业	**44 375 203**	**16.3**	**11 594 763**	**12.9**
1.按经济类型分				
#国有企业	3 722 758	17.7	2 336 038	14.2
集体企业	48 147	23.9	17 237	19.6
股份合作企业	169 305	23.9	167 600	18.8
有限责任公司企业	17 746 584	18.0	3 424 408	13.9
股份有限企业	4 537 365	11.1	1 054 792	10.7
私营企业	9 297 508	17.9	2 258 381	14.9
港澳台及外商企业	8 846 831	13.8	2 292 783	10.1
2.按轻、重工业分				
轻　工　业	19 493 501	15.1	5 630 564	9.6
重　工　业	24 881 702	17.3	5 964 199	16.6
3.大中型工业	31 039 778	15.9	8 147 040	13.0

10–2 主要年份规模以上工业总产值

单位：万元

指　　标	2010	2011	2012	2013
工业总产值	**27 732 021**	**33 168 658**	**38 565 032**	**44 375 203**
国有经济	1 958 703	2 537 789	5 473 136	3 722 758
集体经济	145 386	54 379	49 296	48 147
其他经济	25 627 933	30 576 490	33 042 601	40 604 298
#外商及港澳台投资企业	7 312 545	9 075 185	7 855 624	8 846 831

10-3 主要年份规模以上工业企业主要指标

单位:万元

指　　标	2010	2011	2012	2013
单位数(个)	1 154	968	1 015	1 078
从业人员(人)	301 514	374 042	405 540	418 944
工业总产值	27 732 021	33 168 658	38 565 032	44 375 203
主营业务收入	27 685 238	33 436 557	38 646 913	44 950 898
利润总额	1 387 275	1 683 301	2 113 992	2 507 625
税金总额	1 397 506	1 644 138	1 898 633	2 208 126
固定资产原价	11 922 211	14 251 476	16 362 995	18 508 881
固定资产净值	7 171 823			11 598 957
工业销售产值	27 188 727	32 473 729	38 041 446	43 641 228
出口交货值	1 940 961	2 564 336	2 776 121	3 030 853
工业增加值	6 509 202	7 612 345	9 672 609	11 594 763
流动资产合计	9 064 364	10 339 923	12 112 575	13 162 371
年末资产总计	19 615 369	22 846 285	26 023 037	28 594 476
年末负债合计	11 389 304	13 001 559	14 358 282	15 663 786
流动负债合计	8 890 642	9 508 350	11 242 442	12 157 446
年末所有者权益	7 988 382	9 784 213	11 583 912	12 791 768
成本费用总额	25 457 738	30 955 132	36 252 670	41 367 806

注:2011 年起,规模以上工业的统计口径调整为年主营业务收入 2000 万元以上工业企业。

10-4 县区规模以上工业主要指标

(2013 年)

项目	企业数(个)	#大中型	工业总产值(现价,万元)	工业增加值(现价,万元)
全市	**1 078**	**266**	**44 375 203**	**11 594 763**
东湖区				
西湖区	3	1	140 240	70 695
青云谱区	30	13	3 320 694	979 654
湾里区	14	1	137 158	29 848
青山湖区	202	28	5 416 185	1 254 844
南昌县	228	83	7 118 443	1 785 474
新建县	120	44	4 494 292	1 029 639
安义县	74	10	1 180 038	247 243
进贤县	114	23	2 678 160	634 009
经济开发区	140	39	7 084 695	1 714 975
高新开发区	139	30	7 874 472	2 709 671
桑海开发区	28	3	462 844	104 301

10-4 续表　　(2013 年)　　单位:万元

项目	年平均从业人员(人)	负债合计	主营业务收入	利税总额
全市	**418 944**	**15 663 786**	**44 950 898**	**4 715 751**
东湖区				
西湖区	3 948	353 486	132 478	21 575
青云谱区	24 229	1 064 418	3 229 870	473 922
湾里区	1 330	37 535	132 758	6 491
青山湖区	43 964	1 155 570	5 343 582	530 485
南昌县	68 590	1 604 550	6 984 240	696 466
新建县	36 567	775 846	4 459 809	410 018
安义县	11 073	398 818	1 231 904	94 509
进贤县	31 534	455 728	2 591 407	163 415
经济开发区	66 462	2 174 724	7 246 118	714 231
高新开发区	56 493	3 264 307	7 963 966	1 312 004
桑海开发区	7 569	230 881	432 720	64 587

注:本表总计数为集团公司按总部所在地统计,县区数据为集团公司按子公司所在地统计。

10-5 规模以上工业支柱产业主要指标

(2013 年)

指 标 名 称	企业单位数(个)	工业总产值(万元)	工业增加值(万元)	工业销售产值(万元)	#出口交货值
总　　计	**1 078**	**44 375 203**	**11 594 763**	**43 641 228**	**3 030 853**
农副食品加工业	82	5 751 527	1 227 801	5 654 529	52 233
食品制造业	38	1 022 100	263 889	1 005 057	3 412
方便食品制造	6	101 051	11 210	105 532	
乳制品制造	3	78 096	21 500	77 384	
酒、饮料和精制茶制造业	19	634 302	178 297	600 616	9 314
烟草制品业	1	1 447 601	1 141 868	1 398 723	
纺织业	33	440 945	144 067	429 899	2 569
纺织服装、服饰业	153	2 559 360	566 602	2 512 639	417 607
造纸和纸制品业	18	735 438	212 842	722 510	106 777
印刷和记录媒介复制业	43	895 770	266 421	875 298	33 341
化学原料和化学制品制造业	61	1 475 432	420 423	1 451 700	225 302
医药制造业	77	2 574 481	714 097	2 512 400	10 704
化学药品原料药制造	4	77 398	24 599	71 549	7 457
中成药生产	18	1 132 638	230 624	1 125 769	
橡胶和塑料制品业	32	846 563	211 888	833 918	26 054
非金属矿物制品业	78	1 870 709	444 666	1 854 812	39 280
水泥、石灰和石膏制造	10	278 377	40 603	275 900	31
黑色金属冶炼和压延加工业	11	1 566 920	289 253	1 568 046	38 698
钢压延加工	9	1 555 913	284 753	1 557 956	31 639
有色金属冶炼和压延加工业	44	1 423 812	285 945	1 393 066	41 485
有色金属合金制造	6	167 349	24 027	159 967	30 203
有色金属压延加工	36	1 136 137	241 241	1 112 773	8 221
通用设备制造业	46	1 249 578	431 015	1 242 137	89 864
锅炉及原动设备制造	9	158 641	61 603	157 833	31 387
专用设备制造业	39	1 439 870	357 003	1 415 667	105 850
汽车制造业	42	5 111 635	1 268 092	5 081 830	392 345
铁路、船舶、航空航天和其他运输设备制造业	9	156 831	155 083	158 908	
电气机械和器材制造业	67	2 711 114	606 259	2 622 055	129 592
电机制造	7	426 048	107 107	356 911	23 498
输配电及控制设备制造	24	762 101	234 763	765 895	71 364
电线、电缆、光缆及电工器材制造	21	729 236	87 140	708 730	9 463
家用电力器具制造	5	546 523	119 197	544 559	25 267
计算机、通信和其他电子设备制造业	43	2 506 654	693 940	2 403 326	805 122
电子器件制造	15	1 168 228	284 877	1 116 276	231 982
电子元件制造	9	299 214	167 837	294 595	82 574
电力、热力生产和供应业	11	4 700 883	932 885	4 700 872	
水的生产和供应业	5	200 506	94 107	200 262	

(2013 年)

指 标 名 称	资产总计(万元)	主营业务收入(万元)	利税总额(万元)	本年应交增值税(万元)	全部从业人员年平均人数(人)
总　　计	**28 594 476**	**44 950 898**	**4 715 751**	**1 240 378**	**418 944**
农副食品加工业	1 999 964	5 703 809	343 065	47 359	26 604
食品制造业	504 296	995 164	101 631	29 332	8 921
方便食品制造	75 453	121 954	12 514	4 736	1 893
乳制品制造	89 299	74 550	10 938	2 481	1 135
酒、饮料和精制茶制造业	531 859	607 953	51 828	19 996	8 177
烟草制品业	1 094 229	1 396 549	1 003 646	157 475	4 905
纺织业	238 080	433 504	37 748	11 778	8 335
纺织服装、服饰业	717 563	2 528 177	255 794	87 464	36 454
造纸和纸制品业	572 513	743 447	68 746	20 292	3 423
印刷和记录媒介复制业	630 946	887 441	115 703	27 285	8 326
化学原料和化学制品制造业	937 880	1 465 625	96 721	25 276	12 820
医药制造业	1 594 130	2 693 985	242 658	82 193	28 034
化学药品原料药制造	92 783	76 320	9 354	3 341	1 769
中成药生产	706 007	1 281 229	123 233	53 004	14 385
橡胶和塑料制品业	347 830	844 509	84 385	12 513	6 173
非金属矿物制品业	875 293	1 859 138	199 020	54 926	13 312
水泥、石灰和石膏制造	177 051	261 254	29 305	5 693	1 232
黑色金属冶炼和压延加工业	1 160 919	1 603 878	163 800	64 016	9 644
钢压延加工	1 151 012	1 594 876	163 642	63 930	9 441
有色金属冶炼和压延加工业	859 338	1 451 875	50 505	13 612	9 297
有色金属合金制造	141 553	178 177	4 244	281	1 604
有色金属压延加工	686 323	1 156 754	32 617	10 171	7 247
通用设备制造业	838 096	1 246 867	117 867	29 773	13 184
锅炉及原动设备制造	337 498	154 057	15 103	5 158	3 803
专用设备制造业	670 836	1 417 689	125 229	29 861	19 942
汽车制造业	4 084 385	5 563 024	689 501	186 989	39 931
铁路、船舶、航空航天和其他运输设备制造业	250 034	162 295	16 418	5 128	1 815
电气机械和器材制造业	1 651 725	2 642 788	192 852	59 661	20 116
电机制造	751 893	362 367	26 291	15 549	4 457
输配电及控制设备制造	413 847	775 705	61 930	17 581	6 410
电线、电缆、光缆及电工器材制造	217 890	701 919	52 424	10 459	3 480
家用电力器具制造	196 560	553 513	34 458	10 507	3 735
计算机、通信和其他电子设备制造业	1 900 664	2 498 761	150 458	36 156	41 536
电子器件制造	1 200 816	1 167 251	94 735	19 389	27 454
电子元件制造	281 054	295 869	26 427	4 058	8 025
电力、热力生产和供应业	5 016 220	4 973 088	288 158	172 460	65 241
水的生产和供应业	676 305	194 965	36 068	4 779	4 263

10-6 主要工业产品生产量与销售量

(2013 年)

产 品 名 称	计量单位	生 产 量	销 售 量
精制食用植物油	吨	157 964	151 694
饲料	吨	10 238 894	9 926 394
乳制品	吨	140 492	140 376
白酒(折 65 度 商品量)	千升	24 254	18 574
啤酒	千升	410 355	409 229
软饮料	吨	1 910 451	1 858 850
卷烟	万支	6 390 000	6 215 874
纱	吨	40 845	38 062
布	万米	8 808	8 694
棉布	万米	6 578	6 446
棉混纺布(混纺交织布)	万米	2 022	2 041
化学纤维布(纯化纤布)	万米	207	207
服装	万件	42 843	42 824
机制纸及纸板	吨	388 474	388 474
焦炭	吨	827 818	
农用氮磷钾化学肥料总计(折纯)	吨	2 372	2 382
化学药品原药(化学原料药)	吨	17 278	17 460
橡胶轮胎外胎(轮胎外胎)	条	2 838 648	2 852 256
塑料制品	吨	11 043	11 077
水泥	吨	5 148 459	5 145 542
发动机	千瓦	244 899	225 882
交流电动机	千瓦	968 606	831 125
移动通信手持机(手机)	台	20 450 673	20 450 673

(2013 年)

产 品 名 称	计量单位	生产量	销售量
生铁	吨	3 030 734	
粗钢	吨	3 475 441	78
钢材	吨	3 852 158	3 854 778
棒材	吨	842 617	840 333
钢筋	吨	2 161 965	2 163 370
热轧窄钢带	吨	59 897	59 411
无缝钢管	吨	59 300	62 941
焊接钢管	吨	55 550	55 715
铝材	吨	111 360	111 452
工业锅炉	蒸发量吨	745	745
金属切削机床	台	1 279	1 437
数控机床	台	45	49
大中型拖拉机	台	406	407
小型拖拉机	台	11 108	10 763
汽车	辆	262 220	253 988
载货汽车	辆	152 996	150 170
公路客车	辆	70 202	67 462
家用电冰箱	台	318 561	317 357
冷柜(含冷冻箱、冷藏箱、展示柜)	台	112 915	113 651
房间空气调节器	台	3 198 693	3 198 304
程控交换机	线	12 198	12 198
数字程控交换机	线	12 198	12 198
彩色电视机	台	180 607	180 607

10-7 全市规模以上工业主要经济指标

(2013 年)

项目	企业单位数(个)	#亏损企业	工业总产值(现价,万元)	工业销售产值(现价,万元)	#出口交货值	全部从业人员年平均人数(人)
总计	**1 078**	**82**	**44 375 203**	**43 641 228**	**3 030 853**	**418 944**
一、按登记注册类型分						
内资企业	933	64	35 528 372	34 875 072	1 172 345	349 366
国有企业	15	6	3 722 758	3 687 988	225 897	35 404
集体企业	7	1	48 147	46 042		872
股份合作企业	9	1	169 305	164 316	9 203	880
联营企业						
集体联营企业						
其他联营企业						
有限责任公司	469	44	17 746 584	17 426 515	482 201	200 423
国有独资公司	20	1	6 586 613	6 537 676	152 989	78 619
其他有限责任公司	449	43	11 159 971	10 888 839	329 213	121 804
股份有限公司	53	4	4 537 365	4 421 693	156 456	39 891
私营企业	377	8	9 297 508	9 121 907	298 588	71 725
私营独资企业	7		188 436	186 031	9 200	1 091
私营合伙企业	3		22 747	22 794	2 110	210
私营有限责任公司	320	7	7 679 219	7 531 728	138 418	60 888
私营股份有限公司	47	1	1 407 106	1 381 354	148 860	9 536
港、澳、台商投资企业	62	7	3 048 519	2 996 652	951 696	25 857
合资经营企业(港或澳、台资)	39	3	1 860 386	1 827 064	155 878	14 753
合作经营企业(港或澳、台资)	1		61 405	61 405		241
港澳台商独资企业	22	4	1 126 728	1 108 184	795 818	10 863
港澳台商投资股份有限公司						
外商投资企业	83	11	5 798 312	5 769 504	906 811	43 721
中外合资经营企业	48	8	4 191 746	4 183 285	366 805	26 697
中外合作经营企业	3		87 052	85 445	1 821	829
外资企业	31	2	1 493 320	1 474 774	538 185	15 906
外商投资股份有限公司	1	1	26 195	26 000		289
二、按经济组织类型分						
独资企业	82	13	6 579 389	6 503 019	1 569 100	64 136
国有企业	15	6	3 722 758	3 687 988	225 897	35 404
集体企业	7	1	48 147	46 042		872
私营独资企业	7		188 436	186 031	9 200	1 091
港澳台商独资经营企业	22	4	1 126 728	1 108 184	795 818	10 863
外资企业	31	2	1 493 320	1 474 774	538 185	15 906
合作、合伙企业	19	1	347 215	340 571	13 134	2 331
股份合作企业	9	1	169 305	164 316	9 203	880
集体联营企业						
其他联营企业						
私营合伙企业	3		22 747	22 794	2 110	210
港或澳、台资合作经营企业	1		61 405	61 405		241
中外合作经营企业	3		87 052	85 445	1 821	829
股份有限公司	101	6	5 970 666	5 829 046	305 316	49 716
股份有限公司(内资)	53	4	4 537 365	4 421 693	156 456	39 891
私营股份有限公司	47	1	1 407 106	1 381 354	148 860	9 536
港澳台商投资股份有限公司						
外商投资股份有限公司	1	1	26 195	26 000		289
有限责任公司	876	62	31 477 934	30 968 591	1 143 302	302 761
国有独资公司	20	1	6 586 613	6 537 676	152 989	78 619

(2013 年)

项 目	企业单位数(个)	# 亏损企业	工业总产值(现价,万元)	工业销售产值(现价,万元)	# 出口交货值	全部从业人员年平均人数(人)
私营有限责任公司	320	7	7 679 219	7 531 728	138 418	60 888
港澳台合资经营企业	39	3	1 860 386	1 827 064	155 878	14 753
中外合资经营企业	48	8	4 191 746	4 183 285	366 805	26 697
其他有限责任公司	449	43	11 159 971	10 888 839	329 213	121 804
三、总计中						
亏损企业	82	82	1 402 755	1 377 641	492 721	16 818
国有控股企业	91	17	13 209 112	13 013 596	501 160	146 129
农村工业	4		74 258	71 966		1 045
四、按轻重工业分						
轻工业	572	29	19 493 501	19 103 609	1 104 865	177 287
重工业	506	53	24 881 702	24 537 619	1 925 988	241 657
五、按企业规模分						
大型企业	42	1	19 017 066	18 773 953	915 775	207 149
中型企业	224	14	12 022 712	11 766 380	1 140 096	107 502
小型企业	770	60	12 989 709	12 770 507	974 525	104 051
微型企业	42	7	345 716	330 389	456	242
六、按工业行业大类分						
非金属矿采选业	2		51 141	50 854		305
农副食品加工业	82	6	5 751 527	5 654 529	52 233	26 604
食品制造业	38	5	1 022 100	1 005 057	3 412	8 921
酒、饮料和精制茶制造业	19	2	634 302	600 616	9 314	8 177
烟草制品业	1		1 447 601	1 398 723		4 905
纺织业	33	1	440 945	429 899	2 569	8 335
纺织服装、服饰业	153	5	2 559 360	2 512 639	417 607	36 454
皮革、毛皮、羽毛及其制品和制鞋业	11	2	329 100	328 121	226 586	5 556
木材加工和木、竹、藤、棕、草制品业	16		449 891	448 148	183 253	2 879
家具制造业	4		91 483	91 207		718
造纸和纸制品业	18		735 438	722 510	106 777	3 423
印刷和记录媒介复制业	43	1	895 770	875 298	33 341	8 326
文教、工美、体育和娱乐用品制造业	15		412 495	404 296	32 083	4 429
石油加工、炼焦和核燃料加工业	2		70 999	70 106		228
化学原料和化学制品制造业	61	3	1 475 432	1 451 700	225 302	12 820
医药制造业	77	3	2 574 481	2 512 400	10 704	28 034
橡胶和塑料制品业	32	1	846 563	833 918	26 054	6 173
非金属矿物制品业	78	8	1 870 709	1 854 812	39 280	13 312
黑色金属冶炼和压延加工业	11	1	1 566 920	1 568 046	38 698	9 644
有色金属冶炼和压延加工业	44	6	1 423 812	1 393 066	41 485	9 297
金属制品业	59	7	1 509 733	1 472 893	59 173	12 196
通用设备制造业	46	8	1 249 578	1 242 137	89 864	13 184
专用设备制造业	39	3	1 439 870	1 415 667	105 850	19 942
汽车制造业	42	3	5 111 635	5 081 830	392 345	39 931
铁路、船舶、航空航天和其他运输设备制造业	9	1	156 831	158 908		1 815
电气机械和器材制造业	67	6	2 711 114	2 622 055	129 592	20 116
计算机、通信和其他电子设备制造业	43	8	2 506 654	2 403 326	805 122	41 536
仪器仪表制造业	12		60 302	57 365	211	1 186
废弃资源综合利用业	2	1	48 421	50 356		393
电力、热力生产和供应业	11	1	4 700 883	4 700 872		65 241
燃气生产和供应业	3		29 611	29 611		601
水的生产和供应业	5		200 506	200 262		4 263

项　　目	工业增加值(现价)	流动资产合　计	固定资产合　计	固定资产原　价
总　计	**11 594 763**	**13 162 371**	**11 598 957**	**18 508 881**
一、按登记注册类型分				
内资企业	9 301 981	10 749 716	9 279 794	14 270 385
国有企业	2 336 038	2 455 319	807 790	1 252 907
集体企业	17 237	11 011	8 908	15 580
股份合作企业	167 600	6 967	16 248	24 265
联营企业				
集体联营企业				
其他联营企业				
有限责任公司	3 424 408	4 829 220	5 982 907	8 894 041
国有独资公司	990 419	2 304 925	3 649 584	5 454 777
其他有限责任公司	2 433 989	2 524 295	2 333 324	3 439 264
股份有限公司	1 054 792	2 199 104	984 722	1 948 247
私营企业	2 258 381	1 247 133	1 477 861	2 133 402
私营独资企业	175 085	13 345	8 387	20 456
私营合伙企业	6 454	1 940	1 494	2 692
私营有限责任公司	1 742 915	1 082 157	1 217 718	1 729 887
私营股份有限公司	333 926	149 690	250 262	380 367
港、澳、台商投资企业	852 060	843 342	909 936	1 587 087
合资经营企业(港或澳、台资)	490 950	558 962	537 696	885 829
合作经营企业(港或澳、台资)	27 620	799	4 644	8 036
港澳台商独资企业	333 490	283 582	367 597	693 222
港澳台商投资股份有限公司				
外商投资企业	1 440 723	1 569 313	1 409 226	2 651 409
中外合资经营企业	1 027 821	1 196 831	977 140	1 958 925
中外合作经营企业	10 824	39 928	60 891	98 851
外资企业	392 645	325 041	346 604	553 393
外商投资股份有限公司	9 433	7 513	24 591	40 240
二、按经济组织类型分				
独资企业	3 254 495	3 088 299	1 539 286	2 535 559
国有企业	2 336 038	2 455 319	807 790	1 252 907
集体企业	17 237	11 011	8 908	15 580
私营独资企业	175 085	13 345	8 387	20 456
港澳台商独资经营企业	333 490	283 582	367 597	693 222
外资企业	392 645	325 041	346 604	553 393
合作、合伙企业	256 024	50 597	84 635	135 787
股份合作企业	167 600	6 967	16 248	24 265
集体联营企业				
其他联营企业				
私营合伙企业	6 454	1 940	1 494	2 692
港或澳、台资合作经营企业	27 620	799	4 644	8 036
中外合作经营企业	10 824	39 928	60 891	98 851
股份有限公司	1 398 151	2 356 307	1 259 575	2 368 853
股份有限公司(内资)	1 054 792	2 199 104	984 722	1 948 247
私营股份有限公司	333 926	149 690	250 262	380 367
港澳台商投资股份有限公司				
外商投资股份有限公司	9 433	7 513	24 591	40 240
有限责任公司	6 686 094	7 667 169	8 715 460	13 468 682
国有独资公司	990 419	2 304 925	3 649 584	5 454 777

项　　目	工业增加值(现价)	流动资产合计	固定资产合计	固定资产原价
私营有限责任公司	1 742 915	1 082 157	1 217 718	1 729 887
港澳台合资经营企业	490 950	558 962	537 696	885 829
中外合资经营企业	1 027 821	1 196 831	977 140	1 958 925
其他有限责任公司	2 433 989	2 524 295	2 333 324	3 439 264
三、总计中				
亏损企业	337 416	932 802	522 860	1 030 133
国有控股企业	4 017 228	6 412 129	5 746 443	8 491 453
农村工业	18 485	9 731	6 991	12 514
四、按轻重工业分				
轻工业	5 630 564	4 360 058	3 890 970	6 650 639
重工业	5 964 199	8 802 314	7 707 986	11 858 242
五、按企业规模分				
大型企业	5 256 472	8 087 715	6 627 087	10 745 472
中型企业	2 890 567	2 420 111	2 576 411	4 027 300
小型企业	3 436 621	2 598 375	2 389 517	3 727 927
微型企业	11 103	56 170	5 941	8 182
六、按工业行业大类分				
非金属矿采选业	14 279	2 656	5 053	7 822
农副食品加工业	1 227 801	913 216	813 027	1 597 327
食品制造业	263 889	183 993	263 101	378 430
酒、饮料和精制茶制造业	178 297	194 254	264 185	419 271
烟草制品业	1 141 868	791 327	127 431	328 199
纺织业	144 067	124 564	99 226	181 698
纺织服装、服饰业	566 602	253 658	397 397	695 082
皮革、毛皮、羽毛及其制品和制鞋业	96 737	84 430	183 085	283 913
木材加工和木、竹、藤、棕、草制品业	115 661	28 961	70 666	112 957
家具制造业	20 201	4 996	6 528	7 187
造纸和纸制品业	212 842	189 249	285 492	443 640
印刷和记录媒介复制业	266 421	218 596	356 912	560 374
文教、工美、体育和娱乐用品制造业	131 393	32 964	52 009	63 107
石油加工、炼焦和核燃料加工业	11 431	1 206	1 743	2 128
化学原料和化学制品制造业	420 423	560 355	191 752	567 492
医药制造业	714 097	831 454	498 591	837 381
橡胶和塑料制品业	211 888	138 343	165 691	268 837
非金属矿物制品业	444 666	438 013	340 118	501 188
黑色金属冶炼和压延加工业	289 253	542 942	376 494	748 796
有色金属冶炼和压延加工业	285 945	458 324	362 292	463 214
金属制品业	255 550	264 000	258 882	414 925
通用设备制造业	431 015	468 111	270 309	429 436
专用设备制造业	357 003	266 552	283 760	416 978
汽车制造业	1 268 092	2 593 914	1 106 719	1 655 371
铁路、船舶、航空航天和其他运输设备制造业	155 083	173 784	43 057	69 934
电气机械和器材制造业	606 259	819 695	546 762	850 110
计算机、通信和其他电子设备制造业	693 940	1 183 476	452 368	822 404
仪器仪表制造业	20 485	51 891	19 427	28 514
废弃资源综合利用业	8 774	13 076	21 521	20 621
电力、热力生产和供应业	932 885	1 189 773	3 469 731	4 938 506
燃气生产和供应业	13 812	27 855	63 862	64 826
水的生产和供应业	94 107	116 745	201 768	329 216

10-7 续表 3　　　　(2013 年)　　　　单位:万元

项　　目	资产总计	流动负债合计	负债合计	所有者权益合计
总　计	**28 594 476**	**12 157 446**	**15 663 786**	**12 791 768**
一、按登记注册类型分				
内资企业	23 168 818	9 675 460	12 678 710	10 353 168
国有企业	3 600 570	2 046 235	2 200 276	1 400 295
集体企业	21 597	10 496	10 650	10 947
股份合作企业	31 991	4 154	4 489	25 249
联营企业				
集体联营企业				
其他联营企业				
有限责任公司	12 338 532	4 948 231	7 167 568	5 125 665
国有独资公司	6 843 794	2 679 827	4 351 251	2 491 331
其他有限责任公司	5 494 738	2 268 405	2 816 317	2 634 334
股份有限公司	4 070 983	1 875 937	2 236 311	1 831 613
私营企业	3 102 809	790 300	1 059 250	1 957 230
私营独资企业	31 564	2 510	3 014	11 632
私营合伙企业	3 525	1 105	1 292	2 233
私营有限责任公司	2 647 253	723 928	968 950	1 618 892
私营股份有限公司	420 467	62 758	85 995	324 473
港、澳、台商投资企业	2 011 985	767 320	846 919	1 163 490
合资经营企业(港或澳、台资)	1 262 027	547 583	601 830	658 620
合作经营企业(港或澳、台资)	13 686	364	2 758	10 928
港澳台商独资企业	736 272	219 373	242 331	493 941
港澳台商投资股份有限公司				
外商投资企业	3 413 674	1 714 665	2 138 158	1 275 111
中外合资经营企业	2 501 208	1 346 061	1 740 057	760 747
中外合作经营企业	113 998	47 515	51 564	62 434
外资企业	764 985	269 682	295 129	469 856
外商投资股份有限公司	33 483	51 408	51 408	-17 926
二、按经济组织类型分				
独资企业	5 154 989	2 548 296	2 751 398	2 386 671
国有企业	3 600 570	2 046 235	2 200 276	1 400 295
集体企业	21 597	10 496	10 650	10 947
私营独资企业	31 564	2 510	3 014	11 632
港澳台商独资经营企业	736 272	219 373	242 331	493 941
外资企业	764 985	269 682	295 129	469 856
合作、合伙企业	165 536	53 244	60 270	103 012
股份合作企业	31 991	4 154	4 489	25 249
集体联营企业				
其他联营企业				
私营合伙企业	3 525	1 105	1 292	2 233
港或澳、台资合作经营企业	13 686	364	2 758	10 928
中外合作经营企业	113 998	47 515	51 564	62 434
股份有限公司	4 524 932	1 990 102	2 373 714	2 138 161
股份有限公司(内资)	4 070 983	1 875 937	2 236 311	1 831 613
私营股份有限公司	420 467	62 758	85 995	324 473
港澳台商投资股份有限公司				
外商投资股份有限公司	33 483	51 408	51 408	-17 926
有限责任公司	18 749 019	7 565 803	10 478 404	8 163 924
国有独资公司	6 843 794	2 679 827	4 351 251	2 491 331

项 目	资产总计	流动负债合计	负债合计	所有者权益合计
私营有限责任公司	2 647 253	723 928	968 950	1 618 892
港澳台合资经营企业	1 262 027	547 583	601 830	658 620
中外合资经营企业	2 501 208	1 346 061	1 740 057	760 747
其他有限责任公司	5 494 738	2 268 405	2 816 317	2 634 334
三、总计中				
亏损企业	1 716 911	1 182 906	1 447 972	262 977
国有控股企业	13 943 680	6 159 094	8 560 502	5 380 594
农村工业	17 233	1 708	3 759	12 761
四、按轻重工业分				
轻工业	9 855 650	3 379 346	4 255 134	5 526 212
重工业	18 738 826	8 778 099	11 408 652	7 265 557
五、按企业规模分				
大型企业	17 003 818	8 082 796	10 706 235	6 297 582
中型企业	5 783 080	2 058 935	2 481 695	3 288 921
小型企业	5 650 042	1 994 121	2 438 936	3 185 584
微型企业	157 537	21 594	36 920	19 682
六、按工业行业大类分				
非金属矿采选业	12 855	3 913	3 913	8 942
农副食品加工业	1 999 964	887 950	1 130 003	864 643
食品制造业	504 296	135 705	186 078	310 276
酒、饮料和精制茶制造业	531 859	310 059	370 883	160 976
烟草制品业	1 094 229	280 871	280 871	813 358
纺织业	238 080	162 357	187 639	49 202
纺织服装、服饰业	717 563	148 353	181 568	515 588
皮革、毛皮、羽毛及其制品和制鞋业	279 650	50 739	60 399	217 919
木材加工和木、竹、藤、棕、草制品业	153 837	28 261	36 678	104 805
家具制造业	11 986	1 249	3 035	8 753
造纸和纸制品业	572 513	175 360	218 164	348 262
印刷和记录媒介复制业	630 946	119 072	133 726	497 214
文教、工美、体育和娱乐用品制造业	90 130	16 886	26 922	60 208
石油加工、炼焦和核燃料加工业	6 062	96	975	1 556
化学原料和化学制品制造业	937 880	434 880	638 149	280 166
医药制造业	1 594 130	574 487	705 458	871 420
橡胶和塑料制品业	347 830	97 607	107 507	232 990
非金属矿物制品业	875 293	364 548	439 127	428 707
黑色金属冶炼和压延加工业	1 160 919	801 272	806 472	354 448
有色金属冶炼和压延加工业	859 338	322 869	437 266	418 439
金属制品业	621 717	184 982	207 931	408 972
通用设备制造业	838 096	444 348	507 644	330 424
专用设备制造业	670 836	249 193	273 614	395 491
汽车制造业	4 084 385	2 159 636	2 379 554	1 704 130
铁路、船舶、航空航天和其他运输设备制造业	250 034	56 265	64 923	183 739
电气机械和器材制造业	1 651 725	710 724	903 369	740 398
计算机、通信和其他电子设备制造业	1 900 664	989 620	1 092 166	807 945
仪器仪表制造业	77 658	19 069	23 156	54 502
废弃资源综合利用业	45 411	29 077	29 077	11 224
电力、热力生产和供应业	5 016 220	2 158 384	3 754 060	1 262 160
燃气生产和供应业	142 069	102 180	107 056	35 012
水的生产和供应业	676 305	137 432	366 405	309 900

10-7 续表 4

(2013 年)

单位:万元

项目	实收资本	国家资本	集体资本	法人资本	个人资本	港澳台资本	外商资本
总计	**5 164 000**	**1 337 095**	**112 565**	**2 151 187**	**688 814**	**415 524**	**457 814**
一、按登记注册类型分							
内资企业	3 694 285	1 055 650	79 941	1 935 096	604 894	12 204	5 500
国有企业	232 481	218 478		14 003			
集体企业	2 407		1 822	585			
股份合作企业	9 374		1 954	5 403	2 018		
联营企业							
集体联营企业							
其他联营企业							
有限责任公司	2 260 297	683 592	12 333	1 281 188	277 684		5 500
国有独资公司	896 834	353 262	112	523 825	19 635		
其他有限责任公司	1 363 464	330 330	12 221	757 363	258 050		5 500
股份有限公司	664 782	151 518	63 833	322 878	116 553	10 000	
私营企业	524 053	2 062		310 538	208 249	2 204	
私营独资企业	4 455			3 578	877		
私营合伙企业	1 325			1 225	100		
私营有限责任公司	455 222			278 516	174 502	1 204	
私营股份有限公司	63 052	2 062		27 219	32 770	1 000	
港、澳、台商投资企业	678 946	175 224	2 624	52 018	49 226	327 845	72 010
合资经营企业(港或澳、台资)	364 204	175 224	2 624	22 232	39 314	52 800	72 010
合作经营企业(港或澳、台资)	3 500					3 500	
港澳台商独资企业	311 243			29 786	9 912	271 545	
港澳台商投资股份有限公司							
外商投资企业	790 768	106 222	30 000	164 073	34 694	75 475	380 305
中外合资经营企业	469 918	106 222		141 468	33 144	5 176	183 907
中外合作经营企业	23 959			2 973		7 946	13 040
外资企业	287 892		30 000	10 631	1 550	62 353	183 358
外商投资股份有限公司	9 000			9 000			
二、按经济组织类型分							
独资企业	838 477	218 478	31 822	58 583	12 339	333 898	183 358
国有企业	232 481	218 478		14 003			
集体企业	2 407		1 822	585			
私营独资企业	4 455			3 578	877		
港澳台商独资经营企业	311 243			29 786	9 912	271 545	
外资企业	287 892		30 000	10 631	1 550	62 353	183 358
合作、合伙企业	39 048		1 954	10 101	2 508	11 446	13 040
股份合作企业	9 374		1 954	5 403	2 018		
集体联营企业							
其他联营企业							
私营合伙企业	1 325			1 225	100		
港或澳、台资合作经营企业	3 500					3 500	
中外合作经营企业	23 959			2 973		7 946	13 040
股份有限公司	736 834	153 580	63 833	359 098	149 323	11 000	
股份有限公司(内资)	664 782	151 518	63 833	322 878	116 553	10 000	
私营股份有限公司	63 052	2 062		27 219	32 770	1 000	
港澳台商投资股份有限公司							
外商投资股份有限公司	9 000			9 000			
有限责任公司	3 549 640	965 038	14 956	1 723 405	524 644	59 181	261 417
国有独资公司	896 834	353 262	112	523 825	19 635		

项目	实收资本	国家资本	集体资本	法人资本	个人资本	港澳台资本	外商资本
私营有限责任公司	455 222			278 516	174 502	1 204	
港澳台合资经营企业	364 204	175 224	2 624	22 232	39 314	52 800	72 010
中外合资经营企业	469 918	106 222		141 468	33 144	5 176	183 907
其他有限责任公司	1 363 464	330 330	12 221	757 363	258 050		5 500
三、总计中							
亏损企业	556 910	223 824	3 995	129 587	40 449	86 393	72 662
国有控股企业	2 098 364	1 143 113	59 842	779 411	98 017	11 994	5 988
农村工业	6 818			3 037	3 781		
四、按轻重工业分							
轻工业	1 954 016	489 587	39 383	711 059	370 902	210 288	132 797
重工业	3 209 984	847 508	73 182	1 440 128	317 913	205 236	325 017
五、按企业规模分							
大型企业	2 111 230	735 610	30 112	1 034 551	132 133	36 142	142 684
中型企业	1 512 951	413 388	8 124	398 012	197 246	234 787	261 395
小型企业	1 524 178	187 098	74 330	709 147	355 235	144 596	52 773
微型企业	15 640	1 000		9 477	4 200		963
六、按工业行业大类分							
非金属矿采选业	1 435			50	1 385		
农副食品加工业	381 310	12 243	30 000	232 470	89 525	3 705	13 367
食品制造业	90 470	2 684		46 620	22 082	18 086	1 000
酒、饮料和精制茶制造业	104 631	493		77 706	3 417	810	22 206
烟草制品业	132 734	132 734					
纺织业	36 286	3 451		23 955	8 880		
纺织服装、服饰业	167 012	4 902	500	93 194	62 015	4 944	1 457
皮革、毛皮、羽毛及其制品和制鞋业	42 856			4 013		36 843	2 000
木材加工和木、竹、藤、棕、草制品业	12 368			3 310	7 112		1 946
家具制造业	2 800			1 550	1 250		
造纸和纸制品业	161 313	72 632	2 624	13 701	1 519	1 054	69 784
印刷和记录媒介复制业	245 978	182 970	1 114	31 017	26 773	2 452	1 652
文教、工美、体育和娱乐用品制造业	7 782			2 797	4 685		300
石油加工、炼焦和核燃料加工业	100				100		
化学原料和化学制品制造业	163 858	9 481		41 157	41 831	17 165	54 225
医药制造业	258 960	46 549	5 033	99 362	93 379	2 460	12 176
橡胶和塑料制品业	110 572	742		39 781	14 467	1 335	54 247
非金属矿物制品业	151 723	6 360		96 440	45 027	3 896	
黑色金属冶炼和压延加工业	223 415	11 488	906	206 075	1 412	3 535	
有色金属冶炼和压延加工业	273 587	206 350	930	14 258	37 972	7 088	5 988
金属制品业	153 884	1 907	87	64 597	27 464	36 980	22 849
通用设备制造业	237 248	70 545	9 802	135 833	11 926	148	8 994
专用设备制造业	256 013	34 612		18 105	52 389	130 686	20 222
汽车制造业	310 767	218 721	41	26 675	30 365		34 964
铁路、船舶、航空航天和其他运输设备制造业	153 763	61 200	58 800	28 412	976	3 666	709
电气机械和器材制造业	252 161	13 371	217	148 364	69 751	4 779	15 680
计算机、通信和其他电子设备制造业	493 731	21 440		210 671	24 148	124 447	113 025
仪器仪表制造业	17 260	500	2 400	6 150	8 185		25
废弃资源综合利用业	9 000	8 000		1 000			
电力、热力生产和供应业	616 485	177 117		438 069	300		1 000
燃气生产和供应业	15 600	10 000		5 600			
水的生产和供应业	78 899	26 603	112	40 258	480	11 446	

10–7 续表 5　　(2013 年)　　单位:万元

项　　目	主营业务收　入	主营业务成　本	主营业务税金及附加	营业费用	管理费用	财务费用
总　计	**44 950 898**	**38 031 228**	**965 669**	**1 138 548**	**1 538 781**	**405 744**
一、按登记注册类型分						
内资企业	36 039 483	30 183 413	924 793	861 966	1 258 705	333 024
国有企业	4 167 228	3 273 130	86 350	214 630	320 661	1 846
集体企业	45 218	37 561	142	1 635	2 995	586
股份合作企业	164 315	142 667	760	5 183	6 367	2 290
联营企业						
集体联营企业						
其他联营企业						
有限责任公司	17 869 791	14 865 037	775 082	291 184	492 635	207 485
国有独资公司	6 803 229	5 298 019	707 420	61 412	160 596	129 491
其他有限责任公司	11 066 561	9 567 018	67 661	229 772	332 039	77 995
股份有限公司	4 642 101	3 949 035	20 908	150 418	200 304	53 936
私营企业	9 144 219	7 910 415	41 544	198 853	235 692	66 878
私营独资企业	185 453	161 865	744	4 056	4 340	431
私营合伙企业	22 331	19 760	173	422	569	114
私营有限责任公司	7 554 377	6 536 509	35 637	167 986	196 555	57 081
私营股份有限公司	1 382 059	1 192 281	4 991	26 390	34 228	9 252
港、澳、台商投资企业	3 084 438	2 669 626	11 633	141 404	77 845	18 885
合资经营企业(港或澳、台资)	1 924 144	1 612 887	7 850	119 801	52 919	15 001
合作经营企业(港或澳、台资)	61 405	49 491	753	425	698	207
港澳台商独资企业	1 098 889	1 007 248	3 030	21 178	24 228	3 677
港澳台商投资股份有限公司						
外商投资企业	5 826 977	5 178 190	29 244	135 179	202 231	53 835
中外合资经营企业	4 221 718	3 804 005	16 562	97 179	139 095	38 175
中外合作经营企业	86 685	45 243	506	7 462	11 295	1 719
外资企业	1 493 287	1 308 072	7 654	29 128	44 453	12 993
外商投资股份有限公司	25 287	20 870	4 522	1 410	7 387	947
二、按经济组织类型分						
独资企业	6 990 075	5 787 875	97 919	270 626	396 677	19 533
国有企业	4 167 228	3 273 130	86 350	214 630	320 661	1 846
集体企业	45 218	37 561	142	1 635	2 995	586
私营独资企业	185 453	161 865	744	4 056	4 340	431
港澳台商独资经营企业	1 098 889	1 007 248	3 030	21 178	24 228	3 677
外资企业	1 493 287	1 308 072	7 654	29 128	44 453	12 993
合作、合伙企业	341 347	262 730	2 199	13 555	18 980	4 333
股份合作企业	164 315	142 667	760	5 183	6 367	2 290
集体联营企业						
其他联营企业						
私营合伙企业	22 331	19 760	173	422	569	114
港或澳、台资合作经营企业	61 405	49 491	753	425	698	207
中外合作经营企业	86 685	45 243	506	7 462	11 295	1 719
股份有限公司	6 049 448	5 162 185	30 421	178 218	241 919	64 135
股份有限公司(内资)	4 642 101	3 949 035	20 908	150 418	200 304	53 936
私营股份有限公司	1 382 059	1 192 281	4 991	26 390	34 228	9 252
港澳台商投资股份有限公司						
外商投资股份有限公司	25 287	20 870	4 522	1 410	7 387	947
有限责任公司	31 570 029	26 818 438	835 130	676 149	881 205	317 742
国有独资公司	6 803 229	5 298 019	707 420	61 412	160 596	129 491

项　　目	主营业务收　入	主营业务成　本	主营业务税金及附加	营业费用	管理费用	财务费用
私营有限责任公司	7 554 377	6 536 509	35 637	167 986	196 555	57 081
港澳台合资经营企业	1 924 144	1 612 887	7 850	119 801	52 919	15 001
中外合资经营企业	4 221 718	3 804 005	16 562	97 179	139 095	38 175
其他有限责任公司	11 066 561	9 567 018	67 661	229 772	332 039	77 995
三、总计中						
亏损企业	1 366 003	1 346 391	6 342	35 134	53 269	25 319
国有控股企业	13 936 445	11 088 656	804 799	387 579	619 015	171 741
农村工业	70 851	65 766	202	1 048	941	184
四、按轻重工业分						
轻工业	19 406 181	15 884 544	788 506	673 458	646 631	150 956
重工业	25 544 717	22 146 685	177 164	465 091	892 149	254 788
五、按企业规模分						
大型企业	19 781 846	16 142 298	842 603	605 286	816 203	233 028
中型企业	11 905 007	10 253 413	59 054	255 241	316 828	71 777
小型企业	12 926 454	11 338 454	62 643	271 608	397 479	98 573
微型企业	337 591	297 064	1 370	6 414	8 270	2 366
六、按工业行业大类分						
非金属矿采选业	52 584	46 669	543	930	765	340
农副食品加工业	5 703 809	5 189 867	13 759	124 182	129 203	27 498
食品制造业	995 164	797 730	4 817	57 148	32 744	7 182
酒、饮料和精制茶制造业	607 953	484 908	14 260	54 912	29 808	12 663
烟草制品业	1 396 549	434 016	687 403	23 898	78 974	3 930
纺织业	433 504	387 339	1 104	6 758	11 747	4 233
纺织服装、服饰业	2 528 177	2 138 803	9 393	73 244	104 119	24 650
皮革、毛皮、羽毛及其制品和制鞋业	332 803	282 919	1 286	4 096	10 913	1 750
木材加工和木、竹、藤、棕、草制品业	450 998	384 776	3 640	6 374	10 569	2 659
家具制造业	92 749	83 345	821	1 567	1 263	395
造纸和纸制品业	743 447	637 132	3 053	14 483	17 095	11 059
印刷和记录媒介复制业	887 441	710 644	4 813	18 805	50 087	5 841
文教、工美、体育和娱乐用品制造业	410 634	330 116	4 132	10 654	10 579	974
石油加工、炼焦和核燃料加工业	69 706	57 080	495	942	754	187
化学原料和化学制品制造业	1 465 625	1 308 223	24 564	25 920	38 640	17 166
医药制造业	2 693 985	2 147 114	13 186	246 411	112 286	23 248
橡胶和塑料制品业	844 509	731 746	2 519	14 002	15 243	4 322
非金属矿物制品业	1 859 138	1 610 346	9 290	38 668	45 666	10 697
黑色金属冶炼和压延加工业	1 603 878	1 416 350	8 995	13 479	64 725	22 787
有色金属冶炼和压延加工业	1 451 875	1 349 622	3 492	12 224	27 465	13 165
金属制品业	1 464 887	1 274 006	12 087	21 976	40 452	7 676
通用设备制造业	1 246 867	1 063 155	7 540	20 950	48 401	8 572
专用设备制造业	1 417 689	1 228 682	7 716	22 824	37 677	10 396
汽车制造业	5 563 024	4 468 181	91 043	238 232	372 504	6 603
铁路、船舶、航空航天和其他运输设备制造业	162 295	143 525	1 334	1 876	8 390	–2 345
电气机械和器材制造业	2 642 788	2 330 780	8 656	49 773	76 791	21 618
计算机、通信和其他电子设备制造业	2 498 761	2 225 233	4 728	23 689	94 948	19 478
仪器仪表制造业	57 111	37 908	734	1 875	7 187	–31
废弃资源综合利用业	43 890	48 426	96	1 331	1 528	1 059
电力、热力生产和供应业	4 973 088	4 496 506	18 169	495	40 537	122 709
燃气生产和供应业	61 007	47 358	495	1 238	5 297	–30
水的生产和供应业	194 965	138 726	1 507	5 595	12 423	15 297

10-7 续表 6　　(2013 年)　　单位:万元

项　　目	营业利润	投资收益	补贴收入	营业外收入	利润总额	应交所得税
总　计	**2 483 677**	**127 246**	**90 715**	**183 566**	**2 507 625**	**347 066**
一、按登记注册类型分						
内资企业	2 042 186	126 682	81 359	157 464	2 093 744	298 728
国有企业	239 558	22 345	62 966	76 172	298 642	59 219
集体企业	2 176			21	2 191	172
股份合作企业	6 974			2	6 870	843
联营企业						
集体联营企业						
其他联营企业						
有限责任公司	968 502	16 335	14 253	60 987	954 707	155 163
国有独资公司	217 760	5 476	4 656	44 562	235 800	62 525
其他有限责任公司	750 742	10 859	9 597	16 425	718 907	92 638
股份有限公司	312 091	87 973	3 361	20 023	325 165	34 420
私营企业	512 779	30	779	260	506 064	48 910
私营独资企业	8 435				8 358	874
私营合伙企业	1 293		20	20	1 313	81
私营有限责任公司	418 117	30	376	1 225	413 689	38 679
私营股份有限公司	84 935		383	–986	82 704	9 276
港、澳、台商投资企业	167 945	–4	2 542	4 810	155 493	16 742
合资经营企业(港或澳、台资)	107 166	–4	609	1 649	99 999	11 280
合作经营企业(港或澳、台资)	9 831				8 896	
港澳台商独资企业	50 949		1 934	3 161	46 598	5 462
港澳台商投资股份有限公司						
外商投资企业	273 546	568	6 814	21 292	258 388	31 596
中外合资经营企业	127 615	–50	5 047	18 230	123 224	17 058
中外合作经营企业	14 745			24	14 719	4 806
外资企业	139 067	617	868	2 089	127 440	9 732
外商投资股份有限公司	–7 880		899	949	–6 995	
二、按经济组织类型分						
独资企业	440 185	22 962	65 767	81 442	483 229	75 459
国有企业	239 558	22 345	62 966	76 172	298 642	59 219
集体企业	2 176			21	2 191	172
私营独资企业	8 435				8 358	874
港澳台商独资经营企业	50 949		1 934	3 161	46 598	5 462
外资企业	139 067	617	868	2 089	127 440	9 732
合作、合伙企业	32 948		20	46	31 903	5 731
股份合作企业	6 974			2	6 870	843
集体联营企业						
其他联营企业						
私营合伙企业	1 293		20	20	1 313	81
港或澳、台资合作经营企业	9 831				8 896	
中外合作经营企业	14 745			24	14 719	4 806
股份有限公司	389 146	87 973	4 643	19 986	400 874	43 696
股份有限公司(内资)	312 091	87 973	3 361	20 023	325 165	34 420
私营股份有限公司	84 935		383	–986	82 704	9 276
港澳台商投资股份有限公司						
外商投资股份有限公司	–7 880		899	949	–6 995	
有限责任公司	1 621 399	16 311	20 285	82 091	1 591 618	222 179
国有独资公司	217 760	5 476	4 656	44 562	235 800	62 525

项　　目	营业利润	投资收益	补贴收入	营业外收入	利润总额	应交所得税
私营有限责任公司	418 117	30	376	1 225	413 689	38 679
港澳台合资经营企业	107 166	4	609	1 649	99 999	11 280
中外合资经营企业	127 615	–50	5 047	18 230	123 224	17 058
其他有限责任公司	750 742	10 859	9 597	16 425	718 907	92 638
三、总计中						
亏损企业	–97 033	258	2 487	5 590	–101 192	–242
国有控股企业	610 374	38 618	72 091	133 381	692 290	139 087
农村工业	2 985				2 985	641
四、按轻重工业分						
轻工业	1 253 109	75 900	12 446	32 479	1 203 095	166 819
重工业	1 230 569	51 346	78 270	151 087	1 304 530	180 247
五、按企业规模分						
大型企业	1 006 920	114 210	71 978	148 081	1 074 037	189 554
中型企业	747 124	2 311	5 056	14 128	717 425	68 860
小型企业	716 897	10 724	13 676	21 325	703 398	88 462
微型企业	12 737	1	6	32	12 764	191
六、按工业行业大类分						
非金属矿采选业	3 484				3 332	53
农副食品加工业	282 858	64 228	5 314	15 561	281 948	16 215
食品制造业	67 242	111	290	744	67 483	6 755
酒、饮料和精制茶制造业	14 763		910	3 167	17 572	5 572
烟草制品业	169 457		3 000	3 339	158 768	42 838
纺织业	23 707	79	338	1 270	24 866	4 744
纺织服装、服饰业	171 373		832	2 189	158 938	28 683
皮革、毛皮、羽毛及其制品和制鞋业	29 781		1 925	1 970	29 959	4 057
木材加工和木、竹、藤、棕、草制品业	39 804			256	37 886	3 003
家具制造业	4 322				4 314	8
造纸和纸制品业	54 921			1	45 398	1 147
印刷和记录媒介复制业	83 826			91	83 605	17 470
文教、工美、体育和娱乐用品制造业	33 872				32 409	131
石油加工、炼焦和核燃料加工业	3 213				3 213	70
化学原料和化学制品制造业	56 296	–52	553	636	46 483	6 303
医药制造业	146 833	6 908	421	3 414	147 207	22 601
橡胶和塑料制品业	69 505		17	264	69 353	7 262
非金属矿物制品业	139 264	830	2 639	1 464	134 691	15 567
黑色金属冶炼和压延加工业	83 804	1 204		10 353	90 776	22 702
有色金属冶炼和压延加工业	30 477	19	2 640	4 461	33 352	2 180
金属制品业	79 731	276	144	–585	78 176	9 745
通用设备制造业	83 228		1 888	4 847	80 554	7 303
专用设备制造业	104 944		–1 526	–1 033	87 653	10 950
汽车制造业	336 395	22 105	62 589	80 114	411 208	73 085
铁路、船舶、航空航天和其他运输设备制造业	9 639	217	321	324	9 954	1 790
电气机械和器材制造业	126 439	14 843	1 734	2 615	124 434	12 479
计算机、通信和其他电子设备制造业	131 406	11 010	5 318	6 297	109 574	10 860
仪器仪表制造业	10 375	5	57	671	11 025	1 002
废弃资源综合利用业	–8 937			143	–8 798	
电力、热力生产和供应业	66 719	889	83	38 759	96 800	7 263
燃气生产和供应业	5 389		358	408	5 782	1 456
水的生产和供应业	29 547	4 574	870	1 826	29 713	3 776

项　　目	亏损企业亏损总额	利税总额	本年应付工资总额	本年应交增值税
总　计	**101 192**	**4 715 751**	**1 995 107**	**1 240 378**
一、按登记注册类型分				
内资企业	36 690	4 100 415	1 667 279	1 079 843
国有企业	1 147	537 215	276 010	151 962
集体企业	5	3 549	1 967	1 213
股份合作企业	276	11 053	2 698	3 424
联营企业				
集体联营企业				
其他联营企业				
有限责任公司	32 465	2 334 486	930 279	603 528
国有独资公司	9 082	1 294 621	466 360	350 553
其他有限责任公司	23 383	1 039 864	463 919	252 975
股份有限公司	1 676	478 478	222 418	132 185
私营企业	1 121	735 498	233 434	187 508
私营独资企业		13 223	3 855	4 120
私营合伙企业		1 882	820	397
私营有限责任公司	835	603 639	196 251	153 933
私营股份有限公司	286	116 754	32 507	29 059
港、澳、台商投资企业	13 528	243 364	108 059	76 236
合资经营企业(港或澳、台资)	11 191	157 799	65 208	49 951
合作经营企业(港或澳、台资)		11 535	850	1 886
港澳台商独资企业	2 337	74 030	42 002	24 399
港澳台商投资股份有限公司				
外商投资企业	50 974	371 972	219 768	84 299
中外合资经营企业	42 020	192 647	141 786	52 820
中外合作经营企业		17 745	8 911	2 519
外资企业	1 959	162 124	67 697	27 030
外商投资股份有限公司	6 995	–543	1 375	1 930
二、按经济组织类型分				
独资企业	5 447	790 141	391 531	208 725
国有企业	1 147	537 215	276 010	151 962
集体企业	5	3 549	1 967	1 213
私营独资企业		13 223	3 855	4 120
港澳台商独资经营企业	2 337	74 030	42 002	24 399
外资企业	1 959	162 124	67 697	27 030
合作、合伙企业	276	42 351	13 751	8 249
股份合作企业	276	11 053	2 698	3 424
集体联营企业				
其他联营企业				
私营合伙企业		1 882	820	397
港或澳、台资合作经营企业		11 535	850	1 886
中外合作经营企业		17 745	8 911	2 519
股份有限公司	8 957	594 688	256 300	163 173
股份有限公司(内资)	1 676	478 478	222 418	132 185
私营股份有限公司	286	116 754	32 507	29 059
港澳台商投资股份有限公司				
外商投资股份有限公司	6 995	–543	1 375	1 930
有限责任公司	86 512	3 288 571	1 333 525	860 231
国有独资公司	9 082	1 294 621	466 360	350 553

项　目	亏损企业亏损总额	利税总额	本年应付工资总额	本年应交增值税
私营有限责任公司	835	603 639	196 251	153 933
港澳台合资经营企业	11 191	157 799	65 208	49 951
中外合资经营企业	42 020	192 647	141 786	52 820
其他有限责任公司	23 383	1 039 864	463 919	252 975
三、总计中				
亏损企业	101 192	–80 446	69 301	14 404
国有控股企业	35 518	2 078 710	906 625	580 291
农村工业		4 439	5 119	1 252
四、按轻重工业分				
轻工业	19 100	2 549 979	749 231	558 234
重工业	82 093	2 165 772	1 245 876	682 144
五、按企业规模分				
大型企业	27 398	2 620 767	1 176 081	702 858
中型企业	28 054	1 034 957	417 268	258 478
小型企业	43 239	1 039 114	392 514	272 262
微型企业	2 502	20 914	9 244	6 780
六、按工业行业大类分				
非金属矿采选业		4 962	1 241	1 088
农副食品加工业	5 260	343 065	120 644	47 359
食品制造业	2 289	101 631	35 832	29 332
酒、饮料和精制茶制造业	8 422	51 828	35 789	19 996
烟草制品业		1 003 646	93 582	157 475
纺织业	2 671	37 748	24 618	11 778
纺织服装、服饰业	56	255 794	111 632	87 464
皮革、毛皮、羽毛及其制品和制鞋业	191	42 790	19 941	11 546
木材加工和木、竹、藤、棕、草制品业		49 820	13 281	8 294
家具制造业		6 819	1 947	1 685
造纸和纸制品业		68 746	13 544	20 292
印刷和记录媒介复制业	9	115 703	35 152	27 285
文教、工美、体育和娱乐用品制造业		44 060	14 021	7 519
石油加工、炼焦和核燃料加工业		4 752	804	1 044
化学原料和化学制品制造业	27 711	96 721	54 832	25 276
医药制造业	151	242 658	128 459	82 193
橡胶和塑料制品业		84 385	26 737	12 513
非金属矿物制品业	2 269	199 020	55 950	54 926
黑色金属冶炼和压延加工业	4	163 800	60 466	64 016
有色金属冶炼和压延加工业	29 538	50 505	31 917	13 612
金属制品业	382	116 466	46 321	25 943
通用设备制造业	2 674	117 867	51 905	29 773
专用设备制造业	2 091	125 229	64 918	29 861
汽车制造业	1 124	689 501	332 617	186 989
铁路、船舶、航空航天和其他运输设备制造业	675	16 418	8 831	5 128
电气机械和器材制造业	468	192 852	91 358	59 661
计算机、通信和其他电子设备制造业	5 529	150 458	146 223	36 156
仪器仪表制造业		14 013	7 040	2 254
废弃资源综合利用业	9 079	–7 529	1 734	1 173
电力、热力生产和供应业	600	288 158	340 005	172 460
燃气生产和供应业		7 797	6 327	1 509
水的生产和供应业		36 068	17 443	4 779

10-8 规模以上工业企业经济效益指数

(2013 年)

项　　目	工业经济效益综合指数(%)	总资产贡献率(%)	资本保值增值率(%)	资产负债率(%)	流动资产周转率(次)	成本费用利润率(%)	全员劳动生产率(元/人)	工业产品销售率(%)
总　　计	**296.52**	**17.64**	**110.43**	**54.78**	**3.44**	**6.06**	**276 762**	**98.35**
一、按登记注册类型分								
内资企业	292.82	18.87	109.93	54.72	3.37	6.37	266 253	98.16
国有企业	506.46	14.86	56.10	61.11	1.73	7.58	659 823	99.07
集体企业	249.94	17.38	112.23	49.31	4.11	5.12	197 671	95.63
股份合作企业	541.37	36.33	29.38	14.03	23.58	4.39	337 154	97.05
联营企业								
集体联营企业								
其他联营企业								
有限责任公司	248.39	20.40	168.33	58.09	3.72	6.00	170 859	98.20
国有独资公司	213.20	20.79	201.78	63.58	2.97	4.14	125 977	99.26
其他有限责任公司	271.04	19.91	145.52	51.25	4.39	7.03	199 828	97.57
股份有限公司	269.29	13.04	85.94	54.93	2.13	7.42	264 418	97.45
私营企业	368.66	24.90	120.47	34.14	7.34	6.01	314 867	98.11
私营独资企业	455.84	43.20	11.21	9.55	13.90	4.90	334 386	98.72
私营合伙企业	317.33	53.49	17.68	36.66	11.51	6.29	93 675	100.21
私营有限责任公司	347.87	24.00	132.24	36.60	6.98	5.94	286 249	98.08
私营股份有限公司	414.70	28.92	114.23	20.45	9.23	6.55	350 174	98.17
港、澳、台商投资企业	318.21	12.87	123.28	42.09	3.66	5.34	329 528	98.30
合资经营企业(港或澳、台资)	321.03	13.54	121.86	47.69	3.45	5.54	332 780	98.21
合作经营企业(港或澳、台资)	1 709.49	85.79	90.54	20.15	76.90	17.50	1 146 050	100.00
港澳台商独资企业	297.09	10.36	126.25	32.91	3.88	4.41	306 996	98.35
港澳台商投资股份有限公司								
外商投资企业	316.82	12.14	104.33	62.64	3.76	4.61	329 526	99.50
中外合资经营企业	337.62	8.91	102.91	69.57	3.56	3.01	384 995	99.80
中外合作经营企业	252.25	17.06	147.53	45.23	2.17	20.62	130 566	98.15
外资企业	307.47	22.44	104.06	38.58	4.72	9.11	246 853	98.76
外商投资股份有限公司	191.25	1.21		153.54	3.37	-22.85	326 391	99.26
二、按经济组织类型分								
独资企业	420.22	15.53	69.13	53.37	2.31	7.31	507 436	98.84
国有企业	506.46	14.86	56.10	61.11	1.73	7.58	659 823	99.07
集体企业	249.94	17.38	112.23	49.31	4.11	5.12	197 671	95.63
私营独资企业	455.84	43.20	11.21	9.55	13.90	4.90	334 386	98.72
港澳台商独资经营企业	297.09	10.36	126.25	32.91	3.88	4.41	306 996	98.35
外资企业	307.47	22.44	104.06	38.58	4.72	9.11	246 853	98.76
合作、合伙企业	393.77	27.08	57.77	36.41	6.75	10.45	344 581	98.09
股份合作企业	541.37	36.33	29.38	14.03	23.58	4.39	337 154	97.05
集体联营企业								
其他联营企业								
私营合伙企业	317.33	53.49	17.68	36.66	11.51	6.29	93 675	100.21
港或澳、台资合作经营企业	1 709.49	85.79	90.54	20.15	76.90	17.50	1 146 050	100.00
中外合作经营企业	252.25	17.06	147.53	45.23	2.17	20.62	130 566	98.15
股份有限公司	285.10	14.42	88.93	52.46	2.58	7.07	281 227	97.63
股份有限公司(内资)	269.29	13.04	85.94	54.93	2.13	7.42	264 418	97.45
私营股份有限公司	414.70	28.92	114.23	20.45	9.23	6.55	350 174	98.17
港澳台商投资股份有限公司								
外商投资股份有限公司	191.25	1.21		153.54	3.37	-22.85	326 391	99.26
有限责任公司	274.95	18.92	147.13	55.89	4.13	5.53	220 837	98.38
国有独资公司	213.20	20.79	201.78	63.58	2.97	4.14	125 977	99.26

项　　目	工业经济效益综合指数(%)	总资产贡献率(%)	资本保值增值率(%)	资产负债率(%)	流动资产周转率(次)	成本费用利润率(%)	全员劳动生产率(元/人)	工业产品销售率(%)
私营有限责任公司	347.87	24.00	132.24	36.60	6.98	5.94	286 249	98.08
港澳台合资经营企业	321.03	13.54	121.86	47.69	3.45	5.54	332 780	98.21
中外合资经营企业	337.62	8.91	102.91	69.57	3.56	3.01	384 995	99.80
其他有限责任公司	271.04	19.91	145.52	51.25	4.39	7.03	199 828	97.57
三、总计中								
亏损企业	136.99	-3.43	21.18	84.34	1.49	-6.86	200 628	98.21
国有控股企业	278.69	16.11	102.38	61.39	2.20	5.56	274 910	98.52
农村工业	279.99	26.38	131.88	21.81	7.28	4.39	176 886	96.91
四、按轻重工业分								
轻工业	350.35	27.00	114.52	43.17	4.47	6.92	317 596	98.00
重工业	262.66	12.72	107.50	60.88	2.93	5.44	246 804	98.62
五、按企业规模分								
大型企业	271.69	16.66	104.25	62.96	2.47	5.97	253 753	98.72
中型企业	310.50	18.91	126.42	42.91	4.94	6.56	268 885	97.87
小型企业	343.92	19.40	108.85	43.17	4.98	5.80	330 282	98.31
微型企业	414.32	13.98	134.01	23.44	6.01	4.06	458 802	95.57
六、按工业行业大类分								
非金属矿采选业	612.67	38.60	120.26	30.44	19.80	6.84	468 151	99.44
农副食品加工业	433.24	18.26	101.11	56.50	6.27	5.15	461 510	98.31
食品制造业	339.18	21.03	135.45	36.90	5.41	7.54	295 807	98.33
酒、饮料和精制茶制造业	237.74	12.38	97.90	69.73	3.18	2.98	218 047	94.69
烟草制品业	1 744.06	92.08	124.73	25.67	1.78	28.79	2 327 967	96.62
纺织业	242.63	16.96	149.25	78.81	3.49	6.06	172 846	97.50
纺织服装、服饰业	320.54	36.96	112.00	25.30	9.97	6.78	155 429	98.17
皮革、毛皮、羽毛及其制品和制鞋业	246.74	15.48	133.86	21.60	3.94	10.00	174 113	99.70
木材加工和木、竹、藤、棕、草制品业	530.93	33.95	125.45	23.84	15.57	9.37	401 739	99.61
家具制造业	514.58	60.18	82.27	25.32	18.57	4.98	281 348	99.70
造纸和纸制品业	507.79	13.78	152.04	38.11	3.93	6.68	621 801	98.24
印刷和记录媒介复制业	341.76	18.45	117.41	21.19	4.06	10.64	319 986	97.71
文教、工美、体育和娱乐用品制造业	464.28	49.92	106.89	29.87	12.46	9.20	296 664	98.01
石油加工、炼焦和核燃料加工业	1 066.66	81.47	23.77	16.08	57.78	5.45	501 368	98.74
化学原料和化学制品制造业	298.52	11.47	96.27	68.04	2.63	3.34	327 943	98.39
医药制造业	274.90	16.41	103.88	44.25	3.24	5.82	254 725	97.59
橡胶和塑料制品业	384.21	25.35	110.93	30.91	6.11	9.06	343 249	98.51
非金属矿物制品业	356.29	23.60	109.16	50.17	4.25	7.89	334 034	99.15
黑色金属冶炼和压延加工业	300.73	15.86	75.29	69.47	2.98	5.94	299 930	100.07
有色金属冶炼和压延加工业	276.49	7.12	98.20	50.88	3.17	2.38	307 567	97.84
金属制品业	280.50	19.48	152.68	33.44	5.58	5.77	209 536	97.56
通用设备制造业	318.74	15.08	105.40	60.57	2.68	6.98	326 923	99.40
专用设备制造业	261.17	19.81	121.78	40.79	5.32	6.74	179 021	98.32
汽车制造业	315.64	16.92	113.68	58.26	2.19	7.86	317 571	99.42
铁路、船舶、航空航天和其他运输设备制造业	140.25	5.59	31.58	25.97	0.93	6.57	119 959	101.32
电气机械和器材制造业	298.33	12.77	126.70	54.69	3.24	5.01	301 381	96.72
计算机、通信和其他电子设备制造业	200.16	8.41	151.64	57.46	2.13	4.63	167 069	95.88
仪器仪表制造业	275.03	18.23	137.28	29.82	1.15	23.26	172 727	95.13
废弃资源综合利用业	108.00	-16.04	45.47	64.03	3.36	-16.81	223 252	104.00
电力、热力生产和供应业	195.26	8.18	116.54	74.84	4.20	2.07	142 991	100.00
燃气生产和供应业	259.17	5.46	152.64	75.36	2.24	10.23	229 824	100.00
水的生产和供应业	265.49	7.58	103.04	54.18	1.77	16.42	220 752	99.88

10-9　规模以上工业企业能源购进、消费与库存

(2013 年)

单位:吨

项　　目	年初库存	购进量		消费量					年末库存
		实物量	金额(万元)	消费合计	工业生产消费	#用于原材料	非工业生产消费	合计中:运输工具消费	
原煤	344 216	3 731 489	201 388	3 808 488	3 807 157	7 286	1 331		271 767
洗精煤	35 422	1 202 162	151 522	1 206 356	1 206 356				31 220
其他洗煤	19 853	373 366	40 323	369 505	369 505				23 713
焦炭	32 196	605 189	109 140	1 429 439	1 429 439				35 761
焦炉煤气(万立方米)		352	210	35 602	35 602				
液化天然气		218	140	218	218				
天然气(气态)	132	5 238	16 495	5 170	5 169		1		144
汽油	66	13 490	11 581	13 697	12 773	492	924	8 914	55
煤油	1	476	378	477	476		1		1
柴油	1 921	31 747	22 640	31 376	28 728	32	2 648	7 490	2 253
燃料油	482	13 150	5 125	13 407	13 407				224
液化石油气	112	4 220	3 110	4 322	4 322				10
热力(百万千焦)		626 166	4 547	626 166	529 243		96 924		
电力(万千瓦时)		8 624 360	3 672 064	1 131 134	1 124 248		6 886	21 822	
生物质废料用于燃料		159 205	6 938	160 811	160 749		62		
其他燃料(吨标准煤)	177	1 048	46	1 175	1 175				185

10-10　规模以上工业企业水消费量

(2013 年)

项　目	水消费数量(万立方米)	水消费金额(万元)
工业取水总量	**113 439**	**11 392**
1.地表水	45 350	1 932
2.地下水	625	278
3.自来水	4 847	9 180
重复用水	**111 680**	

10-11　规模以上工业企业主要能源库存量

(2013 年末,按行业分)　　　　　　　　　　　　单位:吨

项　　目	原 煤	洗精煤	其 他 洗 煤	焦 炭	汽 油	煤 油	柴 油	燃料油	液 化 石油气
总　计	**271 767**	**31 220**	**23 713**	**35 761**	**55**	**1**	**2 253**	**224**	**10**
农副食品加工业	418				5		7		
食品制造业	4 038				3		44		
酒、饮料和精制茶制造业	1 983						16		
烟草制品业									
纺织业					3		68		
纺织服装、服饰业	15				1				
皮革、毛皮、羽毛及其制品和制鞋业								35	
木材加工和木、竹、藤、棕、草制品业	36						1		
家具制造业									
造纸及纸制品业	87 313						215		2
印刷和记录媒介复制业					4	1	2		
文教、工美、体育和娱乐用品制造业									
石油加工、炼焦和核燃料加工业									
化学原料及化学制品制造业	401								
医药制造业	290						15		
化学纤维制造业									
橡胶和塑料制品业					1		6	181	
非金属矿物制品业	5 911						766		
黑色金属冶炼及压延加工业	1 156	31 220	23 713	35 531	22		282		
有色金属冶炼及压延加工业	109			11			44	8	7
金属制品业									
通用设备制造业									
专用设备制造业	1 079				15		16		
汽车制造业	9 907			219			454		
铁路、船舶、航空航天和其他运输设备制造业									
电气机械和器材制造业	128						6		
计算机、通信和其他电子设备制造业							35		
仪器仪表制造业									
其他制造业									
废弃资源综合利用业									
金属制品、机械和设备修理业									
电力、热力生产和供应业	158 984						277		
燃气生产和供应业									
水的生产和供应业									

10-12 规模以上工业企业主要能源消费量

(2013 年,按行业分)

单位:吨

项　　目	原煤	洗精煤	其他洗煤	焦炭	焦炉煤气(万立方米)	天然气(气态)(万立方米)	液化天然气
总　计	**3 807 157**	**1 206 356**	**369 505**	**1 429 439**	**35 602**	**5 169**	**218**
农副食品加工业	116 002					93	
食品制造业	18 885					35	46
酒、饮料和精制茶制造业	30 091					529	
烟草制品业		11 366				339	
纺织业	1 665						
纺织服装、服饰业	3 624						
皮革、毛皮、羽毛及其制品和制鞋业	1 414						
木材加工和木、竹、藤、棕、草制品业	1 350						
家具制造业							
造纸及纸制品业	476 838					619	
印刷和记录媒介复制业	995					82	
文教、工美、体育和娱乐用品制造业	3 763						
石油加工、炼焦和核燃料加工业							
化学原料及化学制品制造业	24 579						
医药制造业	77 860					46	
化学纤维制造业							
橡胶和塑料制品业	51						
非金属矿物制品业	67 591						47
黑色金属冶炼及压延加工业	15 149	1 194 015	369 505	1 426 652	35 602	316	
有色金属冶炼及压延加工业	17 253	10		2 073		1 252	
金属制品业	1 132					140	126
通用设备制造业	2 159			129		361	
专用设备制造业	6 523						
汽车制造业	50 695	965		585		1 244	
铁路、船舶、航空航天和其他运输设备制造业	9 076						
电气机械和器材制造业	3 290					113	
计算机、通信和其他电子设备制造业							
仪器仪表制造业	126						
其他制造业							
废弃资源综合利用业							
金属制品、机械和设备修理业							
电力、热力生产和供应业	2 877 048						
燃气生产和供应业							
水的生产和供应业							

(2013 年,按行业分)

单位:吨

项　　目	汽油	煤油	柴油	燃料油	液化石油气	热力(百万千焦)	电力(万千瓦时)	生物质废料用于燃料
总　　计	**12 773**	**476**	**28 728**	**13 407**	**4 322**	**529 243**	**1 124 248**	**160 749**
农副食品加工业	942	4	617			33 085	44 561	1 230
食品制造业	425		415				11 660	
酒、饮料和精制茶制造业	141		76			20 791	16 968	2 718
烟草制品业			1 900				5 139	
纺织业	125		165	12		50 499	21 262	28 395
纺织服装、服饰业	1 735		527				21 426	
皮革、毛皮、羽毛及其制品和制鞋业	48		2	1 278			5 301	
木材加工和木、竹、藤、棕、草制品业	374		1 525	156			3 727	
家具制造业	12		6				724	
造纸及纸制品业	46		264				83 866	
印刷和记录媒介复制业	566	3	238				10 573	
文教、工美、体育和娱乐用品制造业	130		1				2 736	
石油加工、炼焦和核燃料加工业	29						638	
化学原料及化学制品制造业	225		708			424 868	17 835	20 632
医药制造业	345		1 042				27 938	34 058
化学纤维制造业								
橡胶和塑料制品业	278		88	5 756			21 610	30 420
非金属矿物制品业	707		7 772				59 886	
黑色金属冶炼及压延加工业	164		2 018		447		132 021	
有色金属冶炼及压延加工业	131		1 277	6 205	3 820		51 821	
金属制品业	280	53	408				20 625	
通用设备制造业	166		314				21 712	
专用设备制造业	471		355				22 922	
汽车制造业	927	11	5 850		55		71 101	
铁路、船舶、航空航天和其他运输设备制造业	442	403	128				6 248	
电气机械和器材制造业	533	2	329				32 262	
计算机、通信和其他电子设备制造业	485		350				38 924	41
仪器仪表制造业	8						732	
其他制造业								
废弃资源综合利用业	48						508	
金属制品、机械和设备修理业								
电力、热力生产和供应业	2 680		1 861				348 174	43 256
燃气生产和供应业	100		102				133	
水的生产和供应业	211		160				20 593	

10-13 工业园区主要经济指标

(2013 年)

项目	开发面积(平方公里)	投产工业企业数(个)	招商实际到位资金		工业增加值		出口交货值	
			本年(万元)	比上年增长%	本年(万元)	比上年增长%	本年(万元)	比上年增长%
总计	**53.38**	**1 332**	**4 195 679**	**12.7**	**8 764 326**	**16.4**	**2 720 491**	**9.1**
南昌昌南工业园区	2.00	17	39 441	5.9	81 975	21.1	29 887	11.0
南昌昌东工业园区	9.58	252	416 526	9.3	750 486	6.1	292 846	1.5
南昌小蓝经济技术开发区	6.60	252	592 540	4.7	1 504 383	17.9	442 819	-3.3
江西新建长堎工业园区	3.50	113	121 647	-44.0	898 050	20.1	163 099	22.9
江西安义工业园区	4.00	72	506 603	35.3	215 206	13.7	423	-73.5
南昌经济技术开发区	16.00	283	1 464 111	21.8	2 026 768	23.9	821 940	8.2
南昌高新技术产业开发区	11.70	343	1 054 811	11.4	3 287 459	13.1	969 479	17.3

10-13 续表

项目	主营业务收入		利润总额		税金总额		从业人员	
	本年(万元)	比上年增长%	本年(万元)	比上年增长%	本年(万元)	比上年增长%	本年(人)	比上年增长%
总计	**32 063 796**	**17.4**	**1 820 470**	**19.5**	**1 637 154**	**19.7**	**290 354**	**4.6**
南昌昌南工业园区	324 944	35.3	9 082	45.5	3 421	39.0	2 917	8.4
南昌昌东工业园区	2 996 944	7.2	185 005	1.3	114 799	15.5	30 819	0.5
南昌小蓝经济技术开发区	5 264 365	13.2	337 837	28.2	189 934	31.5	57 789	-2.0
江西新建长堎工业园区	3 771 753	21.7	215 991	22.6	102 795	19.5	24 843	-5.5
江西安义工业园区	1 028 588	9.3	72 074	6.2	5 032	-2.7	9 362	-15.8
南昌经济技术开发区	7 709 875	28.1	527 114	30.2	220 270	46.9	77 535	18.9
南昌高新技术产业开发区	10 144 286	14.3	473 368	12.3	1 000 902	13.6	87 089	5.4

主要统计指标解释

工业 指从事自然资源的开采,对采掘品和农产品进行加工再加工的物质生产部门,具体包括:(1)对自然资源的开采,如采矿、晒盐、森林采伐等(但不包括禽兽捕猎和水产捕捞);(2)对农副产品的加工、再加工,如粮油加工、食品加工、轧花、缫丝、纺织、制革等;(3)对采掘品的加工、再加工,如炼铁、炼钢、炼焦、化工生产、机器制造、木材加工以及自来水、煤气的生产和电力的生产及供应;(4)对工业品的修理、翻新,如修理机械设备、交通运输工具等。

1984年以前农村的村及村以下办工业归属农业,1984年及以后划归工业。

工业统计调查单位 工业统计调查单位分为两类:独立核算法人工业企业和工业活动单位。

(1)独立核算法人工业企业 是指从事工业生产经营活动的单位。独立核算法人工业应同时具备以下条件:①依法成立,有自己的名称、组织机构和场所,能够承担民事责任;②独立拥有和使用资产,承担负债,有权与其他单位签订合同;③独立核算盈亏,并能够编制资产负债表。

(2)工业活动单位是指在一个场所从事一种或主要从事一种工业生产活动的经济单位。它包括独立核算工业企业按主营业务活动(即工业生产活动)划分的主营业务活动单位和非工业企业所属的工业生产活动单位(即原非独立核算工业生产单位)。工业活动单位,一般应同时具备以下三个条件:①具有一个场所,从事一种或主要从事一种工业活动;②单独组织工业生产、经营或业务活动;③单独核算收入和支出。

工业企业经济类型 是按企业生产资料和产品归属对象划分企业类型。1992年以前,执行的是由国家统计局和国家工商行政管理局于1980年联合颁发的《关于统计上划分经济类型的暂行规定》及近几年来的补充规定,将我国经济类型划分为:全民所有制、集体所有制、全民与集体合营、全民与大陆私人合营、全民与华侨或港澳台工商业者合营、集体与大陆私人合营、集体与华侨或港澳台工商业者合营、中外合营、华侨或港澳台工商业者经营、外资经营、个体经营、其他等十二种。随着经济体制改革的不断深化和社会经济的发展,我国国民经济结构发生了新的变化,出现了一些新的经济成份,原有的分类已不能反映我国体制格局发展变化的新情况。为此,国家统计局和国家工商行政管理局在调查研究的基础上,联合颁发了修订后的《关于经济类型划分暂行规定》,将我国经济成份划分为九种类型。

1.国有经济工业 是指生产资料归国家所有的一种经济类型,是社会主义公有制经济的重要组成部分。包括中央和地方各级国家机关、事业单位和社会团体使用国有资产投资举办的企业,也包括实行企业化经营,国家不再核拨经费或核拨部分经费的事业单位和从事经营性活动的社会团体,以及上述企业、事业单位和社会团体使用自有资金投资举办的企业。

2.集体经济工业 是指生产资料归公民集体所有的一种经济类型,是社会主义公有制经济的组成部分。包括城乡所有用集体投资举办的企业,以及部分个人通过集资自愿放弃所有权并依法经工商行政管理机关认定为集体所有制的企业。

3.私营经济工业 是生产资料归公民私人所有,以雇佣劳动力为基础的一种经济类型。包括所有按国家法律、规定登记注册的私营独资企业、私营合伙企业和私营有限责任公司。

4.个体经济工业 是指生产资料归劳动者个人所有,以个体劳动为基础,劳动成果归劳动者个人占有和支配的一种经济类型。包括所有按国家有关规定登记注册的个体工商户和个人合伙经营者。

5.联营经济工业 是指不同所有制性质的企业之间或者企业、事业单位之间共同投资组成新的经济实体的一种经济类型。联营经济只包括具备法人条件的紧密型联营企业。

6.股份制经济工业 是指全部注册资本由全体股东共同出资,并以股份形式投资举办企业而形成的一种经济类型。股份制经济主要有股份有限公司和有限责任公司两种组织形式。国有、集体、联营、私营企业等经济组织虽然以股份制形式经营,但不以股份有限公司或有限责任公司登记注册的,仍按原有所有制性质划归经济类型。

7.外商投资经济工业 是指国外投资者根据我国有关涉外经济的法律、法规，以合资、合作或独资的形式在大陆境内开办企业而形成的一种经济类型。外商投资经济包括中外合资经营企业、中外合作经营企业和外资企业的三种形式。

8.港、澳、台投资经济工业 是指港、澳、台地区投资者依照中华人民共和国有关涉外经济的法律、法规，以合资、合作或独资的形式在大陆举办企业而形成的一种经济类型。港、澳、台投资经济参照外商投资经济，可分为合资经营企业、合作经营企业和独资企业三种形式。

9.其他经济工业 是指以上八种类型之外的其他经济类型。随着经济体制改革的深化，可能会出现新的经济形式，或遇到不易划清的，可列入其他经济类型。

轻工业 指主要提供生活消费品和制作手工工具的工业。按其所使用的原料不同，可分为两大类：(1)以农产品为原料的轻工业，是指直接或间接以农产品为基本原料的轻工业。主要包括食品制造、饮料制造、烟草加工、纺织、缝纫、皮革和毛皮制作、造纸以及印刷等工业；(2)以非农产品为原料的轻工业，是指以工业品为原料的轻工业。主要包括文教体育用品、化学药品制造、合成纤维制造、日用化学制品、日用玻璃制品、日用金属制品、手工工具制造、医疗器械制造、文化和办公用机械制造等工业。

重工业 是指为国民经济各部门提供物质技术基础的主要生产资料的工业。按其生产性质和产品用途，可以分为下列三类：(1)采掘(伐)工业，是指对自然资源的开采，包括石油开采、煤炭开采、金属矿开采、非金属矿开采和木材采伐等工业；(2)原材料工业，指向国民经济各部门提供基本材料、动力和燃料的工业。包括金属冶炼及加工、炼焦及焦炭化学、化工原料、水泥、人造板以及电力、石油和煤炭加工等工业；(3)加工工业，是指对工业原材料进行再加工制造的工业。包括装备国民经济各部门的机械设备制造工业、金属结构、水泥制品等工业，以及为农业提供的生产资料如化肥、农药等工业。

根据上述划分原则，修理业中以重工业产品为修理作业对象的划为重工业，反之划为轻工业。

大、中、小型企业划分 根据国家经贸委、国家计委、财政部、国家统计局《关于印发中小企业标准暂行规定的通知》(国经贸中小企[2003]143 号)，结合统计工作的实际情况，2003 年制定了统计上大中小型企业划分办法(暂定)。它以法人企业或单位作为对企业规模的划分对象，以从业人员数、销售额和资产总额三项指标为划分依据。企业规模的具体划分标准见附表。

指标名称	计算单位	大型	中型	小型
从业人员数	人	2000 及以上	300–2000 以下	300 以下
销售额	万元	30000 及以上	3000–30000 以下	3000 以下
资产总额	万元	40000 及以上	4000–40000 以下	4000 以下

1.表中的“工业企业”包括采矿业，制造业，电力、燃气及水的生产和供应业三个行业的企业。

2.工业企业的销售额以现行统计制度中的年产品销售收入代替；资产总额以现行统计制度中的资产合计代替。

3.大型和中型企业须同时满足所列各项条件的下限指标，否则下划一档。

4.企业规模由政府综合统计部门根据上年统计年报每年划分一次。企业规模一经确认，月度统计原则上不进行调整。

工业总产值 是以货币表现的工业企业在一定时期内生产的已出售或可供出售工业产品总量，它反映一定时间内工业生产的总规模和总水平。它包括：在本企业内不再进行加工，经检验、包装入库(规定不需包装的产品除外)的成品价值，工业性作业价值，自制半成品、在产品期末初差额价值。工业总产值采用“工厂法”计算，即以工业企业作为一个整体，按企业工业生产活动的最终成果来计算，企业内部不允许重复计算，不能把企业内部各个车间(分厂)生产的成果相加。但在企业之间、行业之间、地区之间存在着重复计算。

轻重工业总产值的划分也是按“工厂法”计算的，即一个工业企业在正常情况下生产的主要产品的性质属于轻工业，则该企业的全部总产值作为轻工业总产值；一个工业企业生产的主要产品的性质属于重工业，则该企业的全部总产值作为重工业总产值。

工业销售产值 是以货币表现的工业企业是一定时期内销售的本企业生产的工业产品总量。包括已销售的成品、半成品价值，对外提供的工业性作业价值和对本企业基本建设部门、生活福利部门等提供的产品和工业性作业及自制设备的价值。

工业增加值 是指工业企业在报告期内以货币形式表现的工业生产活动的最终成果，是企业全部生产活动的总成果扣除了在生产过程中消耗或转换的物质产品和劳务价值后的余额，即企业生产过程中新增加的价值。

所有者权益 是指企业投资人对企业净资产的所有权，包括企业投资者对企业的投入资本以及形成的资本公积金、盈余公积金和未分配利润等的所有权。

固定资产原值 指企业在建造、购置、安装、改建、扩建、技术改造某项固定资产时所支出的全部货币总额。它一般包括买价、包装费、运杂费和安装费等。

固定资产净值 是指固定资产原价减去历年已提折旧额后的净额。

流动资产 是指可以在一年或者超过一年的一个营业周期内变现或者耗用的资产，包括现金及各种存款、短期投资、应收及预付货款、存货等。

流动负债 是指将在一年或者超过一年的一个营业周期内偿还的债务。包括短期借款、应付票据、应付帐款、预收货款、应付工资、应交税金、应付利润、其他应付款、预提费用等。

主营业务收入 指企业销售产品的销售收入和提供劳务等主要经营业务取得的业务总额。1994 年实施新的税制后，取消了产品税，开征消费税，增值税由价内税改为价外税，因此，主营业务收入中不再含增值税。

利润总额 是指企业实现的利润总额，等于盈利企业的利润额减亏损企业的亏损额。

利税总额 指企业利润总额、产品销售税金及附加和应交增值税之和。

工业经济效益综合指数 是综合衡量工业经济效益各方面在数量上总体水平的一种特殊相对数，是反映工业经济运行质量的总量指标。它是以各项工业经济效益指标实际数值分别除以该项指标的全国标准值并乘以各自权数，加总后除以总权数求得。

工业经济效益综合指数的计算方法：

$$\text{工业经济效益综合指数}=\Sigma(\frac{\text{某项经济效益指标报告期数值}}{\text{该项指标全国标准值}}\times\text{权数})\div\text{总权数}$$

权数是根据上述各项工业经济效益指标在综合经济效益中的重要程度，由专家调查确定的，各项权数之和即是总权数。

工业产品销售率 指报告期销售产值与同期全部工业总产值之比，反映工业产品生产已实现销售的程度。计算公式为：

$$\text{工业产品销售率}(\%)=\frac{\text{报告期现价工业销售产值}}{\text{报告期现价工业总产值}}\times100\%$$

工业资金利税率 指报告期已实现的利润、税金总额与同期的资产(流动资产和固定资产净值)之比，反映企业资金运用的经济效益指标。

计算公式为：

$$\text{工业资金利税率}(\%)=\frac{\text{报告期累计实现利税总额}}{\text{报告期平均流动资产}+\text{固定资产净值平均余额}}\times\frac{12}{\text{累计数}}\times100\%$$

工业增加值率 指报告期工业增加值与同期工业总产值之比，反映降低中间消耗的经济效益指标。

计算公式为：

$$\text{工业增加值率}(\%)=\frac{\text{报告期工业增加值}}{\text{报告期现价工业总产值(新规定)}+\text{报告期销项税额}}\times100\%$$

工业成本费用利润率 指报告期实现利润与成本费用之比,反映降低成本的经济效益的指标。

计算公式为

$$工业成本费用利润率(\%)=\frac{利润总额}{成本费用总额}\times100\%$$

成本费用总额 指企业的产品销售成本、产品销售费用、管理费用和财务费用之和。由于1994年工业财务统计年报中没有财务费用指标,故用利息支出代替(1993年全省利息支出占财务费用的91.7%)。

工业全员劳动生产率 指根据产品的价值量指标计算的平均每一个职工在单位时间内的产品生产量。是考核企业经济活动的重要指标,是企业生产技术水平、经营管理水平、职工技术熟练程度和劳动积极性的综合表现。目前我国的全员劳动生产率是将工业企业的工业增加值除以同一时期全部职工的平均人数来计算的。计算公式:

$$全员劳动生产率(元/人)=\frac{工业增加值}{全部职工平均人数}\times\frac{12}{累计月数}$$

流动资产周转次数 指一定时期内流动资产完成的周转次数,是反映工业企业投入流动资产的周转速度的指标。计算公式为:

$$流动资产周转次数(次)=\frac{报告期累计产品销售收入}{报告期流动资产平均余额}\times\frac{12}{累计月数}$$

资本金 指企业在工商行政管理部门登记的注册资金合计。企业资本金按投资主体可分为国家资本金、法人资本金、个人资本金和外商资本金等。资本金会计包括企业各种投资主体注册的全部资本金。

总资产 指企业拥有或控制的全部资产。包括流动资产、长期投资、固定资产、无形及递延资产、其他长期资产、递延税项等,即为企业资产负债表的资产总计项。

(1)流动资产 指企业可以在一年内或者超过一年的一个生产周期内变现或耗用的资产合计。包括现金及各种存款、短期投资、应收及预付款项、存货等。

(2)固定资产 指企业固定资产净值、固定资产清理、在建工程、待处理固定资产损失所占用的资金合计。

(3)无形资产 指企业长期使用而没有实物形态的资产。包括专利权、非专利技术、商标权、著作权、土地使用权、商誉等。

总负债 指企业承担并需要偿还的全部债务。包括流动负债和长期负债、递延税项等,即为企业资产负债表的负债合计项。

(1)流动负债 指企业在一年内或者超过一年的一个营业周期内需要偿还的债务合计,其中包括短期借款、应付及预收款项、应付工资、应交税金和应交利润等。

(2)长期负债 指企业在一年以上或者超过一年的一个生产周期以上需要偿还的债务合计,其中包括长期借款、应付债务、长期应付款项等。

所有者权益 指企业投资人对企业净资产的所有权。企业净资产等于企业全部资产减去全部负债后的余额,其中包括投资者对企业的最初投人,以及资本公积金、盈余公积金和未分配利润。对股份制企业即为股东权益。

工业企业能源消费 工业企业能源消费指独立核算的法人工业企业在报告期内实际使用的能源数量。能源消费数量分别用价值量和实物量表示。

能源消费 能源消费指独立核算的法人企业在报告期内实际使用的能源的数量,包括主营活动和附营活动实际使用能源数量;并包括由本企业(作为投资单位)代填的乡镇建筑企业为完成本企业建筑项目而实际使用的能源数量。能源消费数量用价值量和实物量表示。

消费的核算原则:“谁消费谁统计”,即能源在哪个企业使用,就由哪个企业统计消费。

消费的核算方法:能源进入第一道生产工序,改变了原来的形态或性能,或者已经实际投入使用,即作消费统计。

能源库存 能源库存是指独立核算法人企业在报告期初、期末实际结存的能源的数量和价值。

库存的核算原则:“谁支配谁统计”,即凡是本企业有权支配动用的能源,不论存放何处,都应作本企业库存统计;反之,本企业无权支配动用的能源,即使存在本企业仓库,也不能作为本企业库存统计。

库存的核算方法:凡属本企业有权支配动用的某一时点实际结存的能源,都应作本企业库存统计。

全国工业经济效益综合指数标准

单位:%

总资产贡献率	资本保值增值率	资产负债率	流动资产周转率(次)	成本费用利润率	劳动生产率(元/人)	产品销售率
10.7	120	≤60	1.52	3.71	16500	96.0

十一、建 筑 业

CONSTRUCTION

本篇内容包括：

1.建筑业企业生产情况
2.建筑业企业财务情况
3.各县区建筑业企业生产情况
4.各县区建筑业企业财务情况

11-1 建筑业企业生产情况

(总承包和专业承包资质企业,2013 年)

项目	企业个数(个)	#有工作量的企业	建筑业合同情况		
			签订的合同额(万元)	上年结转	本年新签
总计	**477**	**458**	**34 515 739**	**11 576 649**	**22 939 091**
#国有及国有控股企业	87	86	15 539 339	6 390 822	9 148 516
一、按登记注册类型分					
内资企业	471	452	32 661 966	10 521 861	22 140 105
国有企业	37	37	4 393 807	2 279 302	2 114 505
集体企业	40	38	2 346 168	867 830	1 478 337
股份合作企业	8	7	117 634	46 192	71 442
有限责任公司	210	199	18 728 494	5 806 060	12 922 434
国有独资公司	7	7	1 135 517	627 896	507 621
其他有限责任公司	203	192	17 592 977	5 178 164	12 414 813
股份有限公司	29	28	1 990 492	439 278	1 551 213
私营企业	145	142	4 973 279	1 045 459	3 927 820
其他企业	2	1	112 093	37 739	74 353
港、澳、台商投资企业	5	5	1 852 794	1 054 508	798 286
与港澳台商合资经营	4	4	1 848 394	1 054 113	794 281
港、澳、台商投资股份有限公司	1	1	4 400	395	4 005
外商投资企业	1	1	980	280	700
中外合资经营企业	1	1	980	280	700
二、按国民经济行业分					
房屋建筑业	191	185	23 349 372	7 146 345	16 203 028
土木工程建筑业	112	108	8 355 243	3 943 379	4 411 864
铁路、道路、隧道和桥梁工程建筑	66	64	6 369 603	2 802 996	3 566 607
水利和内河港口工程建筑	16	16	1 117 306	611 409	505 897
工矿工程建筑	4	4	294 539	142 667	151 872
架线和管道工程建筑	12	12	433 843	371 628	62 215
其他土木工程建筑	14	12	139 952	14 679	125 273
建筑安装业	61	60	1 107 121	282 529	824 592
电气安装	21	20	219 593	47 710	171 884
管道和设备安装	9	9	19 298	3 521	15 777
其他建筑安装业	31	31	868 230	231 298	636 932
建筑装饰和其他建筑业	112	104	1 703 553	204 396	1 499 156
建筑装饰业	84	78	1 531 310	171 441	1 359 869
工程准备活动	4	4	52 708	4 370	48 337
提供施工设备服务	1	1	4 340	1 821	2 519
其他未列明建筑业	24	21	115 195	26 764	88 431

11-1 续表1 (总承包和专业承包资质企业,2013年)

项 目	企业个数(个)	#有工作量的企业	建筑业合同情况		
			签订的合同额(万元)	上年结转	本年新签
三、按隶属关系分					
中央	12	12	2 058 234	1 167 803	890 431
省(自治区、直辖市)	62	62	12 794 316	5 021 507	7 772 809
地区(州、盟、省辖市)	66	61	4 618 537	1 349 172	3 269 365
县(区、市、旗)	48	44	3 109 136	1 257 403	1 851 733
街道	1	1	115		115
镇	13	13	649 688	250 397	399 291
乡	1	1	441 083	26 303	414 781
村委会	1	1	19 000	1 700	17 300
其他	273	263	10 825 630	2 502 365	8 323 266
四、按企业资质等级分					
施工总承包	302	294	32 618 643	11 297 130	21 321 513
特级	1	1	1 604 200	824 200	780 000
一级	76	76	25 514 321	8 717 861	16 796 460
二级	124	121	4 266 441	1 476 009	2 790 433
三级及以下	101	96	1 233 681	279 061	954 620
专业承包	175	164	1 897 096	279 519	1 617 578
一级	29	29	1 343 983	116 413	1 227 570
二级	53	50	340 212	129 846	210 367
三级及以下	93	85	212 901	33 260	179 641
五、按营业状态分					
营业	466	450	34 424 624	11 551 254	22 873 370
停业(歇业)	3	1	120		120
当年关闭	6	5	77 615	23 314	54 302
其他	2	2	13 380	2 081	11 299
六、按控股情况分					
国有控股	87	86	15 539 339	6 390 822	9 148 516
集体控股	62	58	2 885 030	1 002 472	1 882 558
私人控股	286	276	14 911 780	3 789 299	11 122 481
港澳台商控股	4	4	248 594	230 308	18 286
外商控股	1	1	980	280	700
其他	37	33	930 018	163 468	766 550

项　　目	承包工程完成情况			
	直接从建设单位承揽工程产值	自行完成施工产值	分包出去工程产值	从建设单位以外承揽工程完成的产值
总　　计	**16 932 941**	**16 690 600**	**242 341**	**385 632**
#国有及国有控股企业	6 259 086	6 214 608	44 478	88 542
一、按登记注册类型分				
内资企业	16 322 120	16 079 779	242 341	385 418
国有企业	2 091 763	2 071 506	20 257	13 709
集体企业	1 264 873	1 264 373	500	1 856
股份合作企业	69 995	67 995	2 000	3 800
有限责任公司	8 540 611	8 330 757	209 854	285 249
国有独资公司	593 302	593 302		
其他有限责任公司	7 947 308	7 737 455	209 854	285 249
股份有限公司	1 226 261	1 224 141	2 120	1 420
私营企业	3 077 990	3 070 379	7 611	59 350
其他企业	50 627	50 627		20 034
港、澳、台商投资企业	610 103	610 103		214
与港澳台商合资经营	607 503	607 503		214
港、澳、台商投资股份有限公司	2 600	2 600		
外商投资企业	718	718		
中外合资经营企业	718	718		
二、按国民经济行业分				
房屋建筑业	10 820 912	10 634 610	186 302	221 232
土木工程建筑业	4 005 714	3 956 565	49 149	71 380
铁路、道路、隧道和桥梁工程建筑	2 976 066	2 950 009	26 057	56 700
水利和内河港口工程建筑	561 623	560 043	1 580	14 680
工矿工程建筑	141 895	122 518	19 377	
架线和管道工程建筑	206 032	203 898	2 135	
其他土木工程建筑	120 098	120 098		
建筑安装业	705 933	700 484	5 449	52 690
电气安装	144 204	144 201	3	12 727
管道和设备安装	16 259	11 556	4 702	4 702
其他建筑安装业	545 470	544 726	744	35 261
建筑装饰和其他建筑业	1 399 967	1 398 525	1 442	40 330
建筑装饰业	1 276 169	1 274 727	1 442	27 619
工程准备活动	39 358	39 358		
提供施工设备服务	1 931	1 931		
其他未列明建筑业	82 510	82 510		12 711

项　　目	承包工程完成情况			
	直接从建设单位承揽工程产值	自行完成施工产值	分包出去工程产值	从建设单位以外承揽工程完成的产值
三、按隶属关系分				
中央	1 041 776	1 041 692	84	84
省(自治区、直辖市)	4 917 978	4 876 367	41 611	75 985
地区(州、盟、省辖市)	2 312 153	2 300 920	11 233	37 897
县(区、市、旗)	1 666 196	1 663 149	3 047	1 849
街道	115	115		
镇	354 829	354 829		
乡	326 826	326 826		
村委会	12 231	12 231		
其他	6 300 837	6 114 471	186 366	269 816
四、按企业资质等级分				
施工总承包	15 374 962	15 147 961	227 000	355 615
特级	559 330	559 330		
一级	11 693 052	11 495 486	197 567	247 018
二级	2 423 207	2 398 814	24 393	102 673
三级及以下	699 372	694 332	5 041	5 924
专业承包	1 557 979	1 542 638	15 341	30 016
一级	1 167 371	1 165 513	1 858	1 341
二级	229 072	222 089	6 983	15 214
三级及以下	161 537	155 037	6 501	13 461
五、按营业状态分				
营业	16 865 380	16 623 039	242 341	384 993
停业(歇业)	805	805		
当年关闭	54 953	54 953		639
其他	11 803	11 803		
六、按控股情况分				
国有控股	6 259 086	6 214 608	44 478	88 542
集体控股	1 517 760	1 510 719	7 041	32 331
私人控股	8 423 610	8 234 976	188 634	262 826
港澳台商控股	50 773	50 773		214
外商控股	718	718		
其他	680 993	678 805	2 189	1 719

项　　目	建筑业总产值	按构成分			#装饰装修产值	#在外省完成产值	竣工产值
		建筑工程	安装工程	其他产值			
总　计	**17 076 231**	**14 625 977**	**1 204 879**	**1 245 376**	**1 625 524**	**6 291 556**	**9 406 775**
#国有及国有控股企业	6 303 150	5 810 893	409 128	83 129	272 327	2 453 170	2 905 452
一、按登记注册类型分							
内资企业	16 465 196	14 048 142	1 198 785	1 218 270	1 620 414	6 062 896	9 139 851
国有企业	2 085 216	1 845 987	221 602	17 626	11 806	1 003 853	898 738
集体企业	1 266 229	1 168 541	54 368	43 320	25 501	316 481	666 301
股份合作企业	71 795	68 158	1 939	1 698	3 089	12 600	35 237
有限责任公司	8 616 005	7 015 381	605 539	995 086	1 023 169	3 018 106	4 427 728
国有独资公司	593 302	523 515	43 760	26 028		348 499	353 222
其他有限责任公司	8 022 703	6 491 866	561 779	969 058	1 023 169	2 669 607	4 074 506
股份有限公司	1 225 561	1 080 087	133 239	12 235	64 864	797 780	776 100
私营企业	3 129 729	2 808 416	180 060	141 253	491 985	912 906	2 286 377
其他企业	70 661	61 572	2 037	7 052		1 170	49 370
港、澳、台商投资企业	610 317	577 835	5 376	27 106	5 110	228 660	266 574
与港澳台商合资经营	607 717	575 235	5 376	27 106	2 510	228 660	264 874
港、澳、台商投资股份有限公司	2 600	2 600			2 600		1 700
外商投资企业	718		718				350
中外合资经营企业	718		718				350
二、按国民经济行业分							
房屋建筑业	10 855 842	9 786 666	452 034	617 142	476 041	3 581 269	6 063 339
土木工程建筑业	4 027 945	3 602 422	271 765	153 758	14 006	2 024 088	2 166 640
铁路、道路、隧道和桥梁工程建筑	3 006 709	2 857 686	47 617	101 406	9 889	1 631 939	1 824 881
水利和内河港口工程建筑	574 723	513 906	47 674	13 144	3 033	270 941	114 475
工矿工程建筑	122 518	19 270	90 281	12 967		46 366	102 902
架线和管道工程建筑	203 898	134 000	69 153	745	319	54 965	48 432
其他土木工程建筑	120 098	77 561	17 041	25 497	765	19 878	75 950
建筑安装业	753 173	410 558	297 260	45 355	10 773	233 262	393 777
电气安装	156 928	7 816	148 161	951	8 109	2 041	18 207
管道和设备安装	16 259	3 405	12 639	215	35		14 806
其他建筑安装业	579 987	399 337	136 460	44 189	2 629	231 221	360 763
建筑装饰和其他建筑业	1 438 854	826 264	183 470	429 121	1 124 705	452 937	783 019
建筑装饰业	1 302 346	728 264	162 878	411 204	1 123 702	439 646	718 160
工程准备活动	39 358	27 127		12 231		510	7 500
提供施工设备服务	1 931		1 931				
其他未列明建筑业	95 220	70 873	18 661	5 686	1 003	12 782	57 359

(总承包和专业承包资质企业,2013 年)

单位:万元

项目	建筑业总产值	按构成分			#装饰装修产值	#在外省完成产值	竣工产值
		建筑工程	安装工程	其他产值			
三、按隶属关系分							
中央	1 041 776	895 734	120 083	25 960	3 324	658 914	364 535
省(自治区、直辖市)	4 952 352	4 558 462	361 769	32 121	296 616	2 044 525	2 276 777
地区(州、盟、省辖市)	2 338 818	2 154 732	126 406	57 680	74 866	742 657	1 583 616
县(区、市、旗)	1 664 998	1 442 848	64 995	157 155	77 426	516 094	1 015 390
街道	115		115		115		115
镇	354 829	229 626	9 304	115 899	16 339	90 093	218 154
乡	326 826	326 826			9 614	167 943	180 945
村委会	12 231			12 231			
其他	6 384 287	5 017 750	522 207	844 331	1 147 225	2 071 330	3 767 243
四、按企业资质等级分							
施工总承包	15 503 577	13 676 332	1 007 179	820 065	591 628	5 743 441	8 546 336
特级	559 330	558 954	376			201 604	255 628
一级	11 742 503	10 537 976	627 158	577 369	379 544	5 352 701	6 285 000
二级	2 501 488	2 091 218	201 777	208 492	81 643	154 838	1 507 940
三级及以下	700 256	488 184	177 868	34 204	130 440	34 299	497 768
专业承包	1 572 654	949 645	197 699	425 310	1 033 897	548 114	860 439
一级	1 166 854	733 669	48 717	384 468	981 135	492 668	645 955
二级	237 303	118 404	98 351	20 548	34 253	47 143	122 326
三级及以下	168 498	97 571	50 632	20 295	18 508	8 303	92 158
五、按营业状态分							
营业	17 008 032	14 560 645	1 202 011	1 245 376	1 594 924	6 290 890	9 342 047
停业(歇业)	805	150	655				120
当年关闭	55 592	53 379	2 212		30 600	600	52 370
其他	11 803	11 803				66	12 238
六、按控股情况分							
国有控股	6 303 150	5 810 893	409 128	83 129	272 327	2 453 170	2 905 452
集体控股	1 543 050	1 390 074	81 074	71 903	49 320	360 360	776 821
私人控股	8 497 802	6 796 050	654 187	1 047 566	1 278 917	3 192 293	5 119 334
港澳台商控股	50 987	18 882	5 000	27 106	5 110	27 056	10 946
外商控股	718		718				350
其他	680 524	610 079	54 772	15 673	19 851	258 677	593 872

(总承包和专业承包资质企业,2013 年)

项目	房屋建筑施工面积(平方米)	#本年新开工面积	#实行投标承包面积		年末自有施工机械设备		
				#本年新开工	净值(万元)	总台数(台)	总功率(千瓦)
总计	**111 521 172**	**56 516 445**	**85 546 855**	**43 966 022**	**326 852**	**57 699**	**1 748 815**
#国有及国有控股企业	45 385 791	17 931 573	38 974 422	15 977 668	94 145	14 708	460 966
一、按登记注册类型分							
内资企业	104 044 500	53 834 751	78 070 183	41 284 328	326 597	57 576	1 748 469
国有企业	10 792 892	3 968 094	7 003 637	2 898 885	29 234	6 946	204 361
集体企业	9 473 294	4 174 528	8 796 582	3 779 829	15 492	4 600	89 079
股份合作企业	957 201	452 908	922 057	444 665	1 298	417	11 675
有限责任公司	55 892 469	28 030 644	45 075 387	23 155 432	215 183	24 467	686 437
国有独资公司	12 171	250	12 171	250	5 807	1 362	78 360
其他有限责任公司	55 880 298	28 030 394	45 063 216	23 155 182	209 376	23 105	608 077
股份有限公司	4 206 381	2 757 733	2 823 069	2 317 847	16 304	5 502	454 440
私营企业	22 664 492	14 420 664	13 419 271	8 657 490	48 311	15 425	291 979
其他企业	57 771	30 180	30 180	30 180	776	219	10 498
港、澳、台商投资企业	7 476 672	2 681 694	7 476 672	2 681 694	256	123	346
与港澳台商合资经营	7 476 672	2 681 694	7 476 672	2 681 694	206	103	321
港、澳、台商投资股份有限公司					50	20	25
外商投资企业							
中外合资经营企业							
二、按国民经济行业分							
房屋建筑业	102 390 518	52 116 740	81 024 724	41 140 611	196 750	33 212	767 335
土木工程建筑业	7 635 279	3 379 124	4 201 426	2 506 706	101 414	14 914	856 882
铁路、道路、隧道和桥梁工程建筑	6 650 220	2 958 000	3 241 097	2 085 582	77 991	10 104	707 735
水利和内河港口工程建筑	583 948	193 077	583 948	193 077	11 725	2 274	89 339
工矿工程建筑	180 767	63 786	180 767	63 786	2 908	1 541	21 069
架线和管道工程建筑	150 268	133 520	133 520	133 520	2 360	524	8 722
其他土木工程建筑	70 076	30 741	62 094	30 741	6 430	471	30 017
建筑安装业	1 116 816	734 276	34 400	32 400	12 587	7 361	71 697
电气安装					4 148	563	5 943
管道和设备安装					2 615	166	13 486
其他建筑安装业	1 116 816	734 276	34 400	32 400	5 824	6 632	52 268
建筑装饰和其他建筑业	378 559	286 305	286 305	286 305	16 102	2 212	52 901
建筑装饰业	57 771	30 180	30 180	30 180	4 230	1 425	25 329
工程准备活动					5 750	484	14 675
提供施工设备服务							
其他未列明建筑业	320 788	256 125	256 125	256 125	6 122	303	12 897

11-1 续表 4-1　　(总承包和专业承包资质企业,2013 年)

项　　目	房屋建筑施工面积(平方米)	#本年新开工面积	#实行投标承包面积	#本年新开工	年末自有施工机械设备 净值(万元)	总台数(台)	总功率(千瓦)
三、按隶属关系分							
中央	1 332 585	541 196	1 103 870	540 596	11 277	2 381	68 619
省(自治区、直辖市)	36 304 787	14 979 213	33 598 120	14 442 192	108 348	13 285	412 155
地区(州、盟、省辖市)	15 240 659	7 824 650	8 622 922	5 682 319	28 036	5 540	514 437
县(区、市、旗)	17 151 380	6 533 765	16 270 926	5 885 974	34 869	5 400	146 449
街道							
镇	3 447 507	1 774 718	2 630 893	1 635 038	11 448	2 022	43 315
乡	1 547 354	1 454 912	1 547 354	1 454 912	4 765	2 225	36 021
村委会					4 251	80	7 950
其他	36 496 900	23 407 991	21 772 770	14 324 991	123 861	26 766	519 869
四、按企业资质等级分							
施工总承包	109 641 380	55 563 108	84 804 216	43 392 529	305 056	54 269	1 651 320
特级	7 386 615	2 661 694	7 386 615	2 661 694		1	1
一级	77 565 323	37 426 131	64 634 687	32 896 670	243 096	40 292	1 411 774
二级	20 505 058	12 381 096	11 000 152	6 463 060	47 930	8 404	179 418
三级及以下	4 184 384	3 094 187	1 782 762	1 371 105	14 031	5 572	60 127
专业承包	1 879 792	953 337	742 639	573 493	21 796	3 430	97 495
一级					6 249	2 115	62 081
二级	1 026 025	622 367	322 600	322 600	7 403	708	22 100
三级及以下	853 767	330 970	420 039	250 893	8 144	607	13 314
五、按营业状态分							
营业	111 178 531	56 215 391	85 225 895	43 672 139	324 982	57 604	1 743 795
停业(歇业)	2 000		2 000				
当年关闭	200 798	187 611	196 584	180 450	1 870	95	5 020
其他	139 843	113 443	122 376	113 433			
六、按控股情况分							
国有控股	45 385 791	17 931 573	38 974 422	15 977 668	94 145	14 708	460 966
集体控股	11 892 844	4 992 040	9 788 045	4 305 120	26 325	5 266	117 626
私人控股	50 728 678	31 521 759	36 493 672	23 550 731	189 663	36 766	1 139 673
港澳台商控股	90 057	20 000	90 057	20 000	256	122	345
外商控股							
其他	3 423 802	2 051 073	200 659	112 503	16 465	837	30 205

11-1 续表 5 (总承包和专业承包资质企业,2013 年)

项目	主要建筑材料消耗量					
	钢材(吨)	木材(立方米)	水泥(吨)	平板玻璃		铝材(吨)
				重量箱	平方米	
总计	**7 067 561**	**4 520 827**	**24 886 959**	**1 274 670**	**12 688 712**	**573 100**
#国有及国有控股企业	4 024 901	2 551 410	14 876 514	204 788	2 702 932	97 928
一、按登记注册类型分						
内资企业	6 410 311	3 962 292	22 363 399	1 269 300	12 613 112	568 480
国有企业	1 136 530	419 228	2 725 322	45 878	453 619	27 698
集体企业	474 712	280 616	1 330 021	85 786	658 821	133 025
股份合作企业	82 236	44 531	72 614	9 671	345 600	3 942
有限责任公司	3 621 866	2 336 967	15 130 331	777 021	9 088 533	293 027
国有独资公司	100 004	1 576	404 573	150	750	5
其他有限责任公司	3 521 862	2 335 391	14 725 758	776 871	9 087 783	293 022
股份有限公司	104 954	81 780	444 969	2 560	199 781	2 864
私营企业	935 757	738 629	2 567 628	348 124	1 859 967	88 204
其他企业	54 256	60 541	92 514	260	6 791	19 720
港、澳、台商投资企业	657 250	558 535	2 523 560	5 370	75 600	4 620
与港澳台商合资经营	657 250	558 535	2 523 480	5 370	75 600	4 580
港、澳、台商投资股份有限公司			80			40
外商投资企业						
中外合资经营企业						
二、按国民经济行业分						
房屋建筑业	5 338 596	4 069 273	21 735 646	973 223	9 272 352	415 592
土木工程建筑业	1 243 076	268 353	2 556 389	170 613	2 439 416	98 755
铁路、道路、隧道和桥梁工程建筑	807 621	218 232	2 075 638	167 581	2 400 995	98 619
水利和内河港口工程建筑	128 515	41 535	434 629	2 912	37 428	117
工矿工程建筑	11 463	3 693	19 811	94	375	5
架线和管道工程建筑	283 507	20	3 559	14	336	1
其他土木工程建筑	11 970	4 873	22 752	12	282	13
建筑安装业	382 554	36 584	212 562	92 779	257 002	8 766
电气安装	1 883	9	20			
管道和设备安装	5 898	36	15 526			
其他建筑安装业	374 773	36 539	197 016	92 779	257 002	8 766
建筑装饰和其他建筑业	103 335	146 617	382 362	38 055	719 942	49 987
建筑装饰业	81 532	144 390	115 160	37 465	681 138	49 478
工程准备活动	12 373	212	138 211			
提供施工设备服务						
其他未列明建筑业	9 430	2 015	128 991	590	38 804	509

项　　目	主要建筑材料消耗量					
	钢材(吨)	木材(立方米)	水泥(吨)	平板玻璃		铝材(吨)
				重量箱	平方米	
三、按隶属关系分						
中央	479 023	10 769	676 199	4 220	44 294	312
省(自治区、直辖市)	3 114 566	2 260 642	12 509 897	227 347	3 300 988	152 595
地区(州、盟、省辖市)	914 099	496 710	2 369 226	209 989	2 572 015	102 968
县(区、市、旗)	663 863	366 712	2 551 105	374 056	2 285 195	137 266
街道						
镇	149 557	105 194	556 677	35 124	329 078	3 196
乡	70 643	39 302	281 112	18 986	189 860	1 177
村委会	160	80	99 125			
其他	1 675 650	1 241 418	5 843 618	404 948	3 967 282	175 586
四、按企业资质等级分						
施工总承包	6 933 385	4 409 133	24 437 000	1 224 397	11 927 304	534 117
特级	654 250	557 735	2 520 300	5 260	55 600	4 500
一级	5 356 899	3 026 421	18 830 092	1 056 323	8 767 449	425 142
二级	763 326	695 095	2 781 016	142 185	2 823 653	60 201
三级及以下	158 910	129 882	305 592	20 629	280 602	44 274
专业承包	134 176	111 694	449 959	50 273	761 408	38 983
一级	59 210	96 740	142 524	35 227	584 693	29 137
二级	50 044	8 720	67 335	10 377	101 142	8 133
三级及以下	24 922	6 234	240 100	4 669	75 573	1 713
五、按营业状态分						
营业	7 059 283	4 507 686	24 860 142	1 267 372	12 603 381	570 127
停业(歇业)	40	12	66	78	3 500	22
当年关闭	5 702	12 273	26 056	3 904	69 475	2 721
其他	2 536	856	695	3 316	12 356	230
六、按控股情况分						
国有控股	4 024 901	2 551 410	14 876 514	204 788	2 702 932	97 928
集体控股	574 415	338 131	1 588 599	91 197	979 246	138 616
私人控股	2 275 790	1 590 360	6 872 294	969 844	8 581 093	327 452
港澳台商控股	3 000	800	3 260	110	20 000	120
外商控股						
其他	189 455	40 126	1 546 292	8 731	405 441	8 984

11-2 建筑业企业财务状况

(总承包和专业承包资质企业,2013 年)

单位:万元

项 目	流动资产合 计	#应收工程款	#存货	固定资产合 计	固定资产原 价	累计折旧	#本年折旧
总 计	**8 169 729**	**2 129 215**	**1 816 058**	**1 057 427**	**1 236 280**	**455 764**	**95 429**
#国有及国有控股企业	4 243 673	1 183 270	877 071	388 683	540 350	257 293	44 153
一、按登记注册类型分							
内资企业	7 570 017	1 909 404	1 784 847	1 049 918	1 227 991	453 880	94 622
国有企业	1 565 948	363 565	506 777	234 523	311 898	156 358	25 015
集体企业	392 751	98 967	98 223	112 408	69 956	16 051	2 011
股份合作企业	57 266	5 109	31 380	7 743	10 600	3 419	184
有限责任公司	4 275 380	1 091 263	897 539	475 253	607 145	215 765	50 340
国有独资公司	539 180	128 694	68 443	46 776	69 549	29 904	3 152
其他有限责任公司	3 736 201	962 569	829 096	428 477	537 596	185 861	47 188
股份有限公司	203 780	54 612	28 713	31 767	39 793	14 544	1 645
私营企业	1 058 143	294 633	219 440	184 845	184 210	46 734	15 181
其他企业	16 749	1 255	2 774	3 381	4 390	1 009	246
港、澳、台商投资企业	599 275	219 801	31 212	7 435	8 141	1 810	798
与港澳台商合资经营	594 085	217 668	28 155	6 338	7 351	1 577	565
港、澳、台商投资股份有限公司	5 190	2 133	3 057	1 097	790	233	233
外商投资企业	438	10		74	148	74	9
中外合资经营企业	438	10		74	148	74	9
二、按国民经济行业分							
房屋建筑业	4 096 319	981 136	1 133 999	583 216	592 331	174 930	48 274
土木工程建筑业	3 043 740	841 005	486 398	352 512	497 574	230 950	34 723
铁路、道路、隧道和桥梁工程建筑	2 068 524	635 010	301 948	186 640	293 951	132 022	23 063
水利和内河港口工程建筑	541 104	110 271	90 698	114 511	124 622	62 064	8 083
工矿工程建筑	157 751	34 641	21 843	9 374	22 128	12 865	1 314
架线和管道工程建筑	186 727	38 311	57 364	18 563	30 671	13 131	1 422
其他土木工程建筑	89 635	22 773	14 546	23 424	26 203	10 868	841
建筑安装业	398 395	125 998	56 909	52 776	66 431	25 256	7 006
电气安装	133 349	45 820	13 017	19 390	31 854	13 630	2 166
管道和设备安装	54 870	34 263	8 784	4 545	5 417	1 614	212
其他建筑安装业	210 177	45 915	35 108	28 841	29 159	10 012	4 628
建筑装饰和其他建筑业	631 275	181 076	138 753	68 923	79 945	24 629	5 425
建筑装饰业	497 129	152 823	108 369	38 133	39 488	13 263	2 779
工程准备活动	15 915	221	7 457	5 906	6 767	1 768	112
提供施工设备服务	1 314	470	11	3 963	5 416	1 454	485
其他未列明建筑业	116 917	27 563	22 916	20 921	28 273	8 144	2 051

11-2 续表 1　　(总承包和专业承包资质企业,2013 年)　　单位:万元

项　目	流动资产合　计	#应收工程款	#存货	固定资产合　计	固定资产原　价	累计折旧	#本年折旧
三、按隶属关系分							
中央	750 147	164 897	166 224	106 779	128 273	71 346	7 770
省(自治区、直辖市)	3 268 619	1 019 315	672 736	281 391	434 936	202 675	44 558
地区(州、盟、省辖市)	1 177 174	265 393	265 690	88 809	124 634	44 615	7 591
县(区、市、旗)	528 829	62 112	119 915	88 657	86 174	15 920	4 502
街道	80			11	17	6	
镇	63 758	25 014	10 173	71 195	23 650	5 796	758
乡	67 209	13 890	21 752	7 005	9 977	2 973	195
村委会	7 789		1 147	4 251	4 566	316	36
其他	2 306 124	578 594	558 422	409 331	424 052	112 117	30 018
四、按企业资质等级分							
施工总承包	7 310 396	1 870 766	1 647 814	964 666	1 124 666	417 527	88 916
特级	511 978	209 811	4 998	4 437	4 437	533	333
一级	5 007 237	1 336 853	1 303 620	626 903	817 643	341 386	71 965
二级	1 364 557	251 926	258 061	244 381	221 098	58 180	12 100
三级及以下	426 624	72 177	81 136	88 945	81 487	17 428	4 518
专业承包	859 333	258 449	168 244	92 761	111 614	38 237	6 512
一级	424 423	136 270	82 514	26 816	32 530	11 156	1 674
二级	279 968	77 586	60 192	28 442	34 305	11 082	1 756
三级及以下	154 941	44 593	25 539	37 504	44 779	15 998	3 083
五、按营业状态分							
营业	8 128 065	2 122 222	1 803 620	1 048 957	1 232 066	454 630	95 301
停业(歇业)	491			325	335	10	5
当年关闭	35 705	6 993	10 701	7 139	3 529	1 043	84
其他	5 469		1 738	1 007	351	81	39
六、按控股情况分							
国有控股	4 243 673	1 183 270	877 071	388 683	540 350	257 293	44 153
集体控股	544 680	120 697	150 060	139 791	101 855	23 430	2 535
私人控股	3 062 395	764 908	726 799	474 147	528 873	153 991	43 662
港澳台商控股	87 296	9 991	26 214	2 997	3 704	1 277	465
外商控股	438	10		74	148	74	9
其他	231 247	50 340	35 914	51 735	61 350	19 701	4 606

11-2 续表 2　　(总承包和专业承包资质企业,2013 年)　　单位:万元

项　　目	在建工程	资产总计	流动负债合计	#应付账款	非流动负债合计	负债合计	所有者权益合计
总　　计	**169 492**	**10 161 595**	**6 010 543**	**1 213 849**	**401 998**	**6 587 485**	**3 574 110**
#国有及国有控股企业	84 226	5 174 394	3 793 488	918 428	310 659	4 152 846	1 021 548
一、按登记注册类型分							
内资企业	169 492	9 441 568	5 390 983	1 193 595	401 237	5 967 056	3 474 512
国有企业	73 125	1 906 858	1 243 310	398 117	265 639	1 519 664	387 194
集体企业	23 512	534 583	320 142	40 028	5 472	332 519	202 064
股份合作企业	45	67 115	53 835	4 554		55 235	11 881
有限责任公司	42 433	5 253 258	3 141 671	664 283	81 277	3 343 143	1 910 115
国有独资公司	757	687 615	515 743	185 128	12 021	531 119	156 496
其他有限责任公司	41 676	4 565 643	2 625 928	479 155	69 257	2 812 024	1 753 620
股份有限公司	592	282 037	105 019	18 711	2 511	111 130	170 907
私营企业	29 786	1 377 586	523 597	67 902	46 338	601 956	775 631
其他企业		20 130	3 409			3 410	16 720
港、澳、台商投资企业		719 516	619 554	20 254	761	620 423	99 093
与港澳台商合资经营		712 412	613 493	19 995	761	614 362	98 050
港、澳、台商投资股份有限公司		7 104	6 061	259		6 061	1 043
外商投资企业		511	6			6	505
中外合资经营企业		511	6			6	505
二、按国民经济行业分							
房屋建筑业	95 854	5 054 748	2 715 616	268 396	242 068	3 012 097	2 042 650
土木工程建筑业	58 283	3 884 941	2 632 861	749 281	140 903	2 854 692	1 030 249
铁路、道路、隧道和桥梁工程建筑	12 214	2 681 048	1 784 502	446 317	65 900	1 915 317	765 731
水利和内河港口工程建筑	43 905	678 295	490 617	193 987	62 796	565 325	112 970
工矿工程建筑		171 700	129 619	50 040	11 519	141 138	30 562
架线和管道工程建筑	1 023	223 226	186 321	51 922	543	188 598	34 628
其他土木工程建筑	1 142	130 673	41 802	7 015	146	44 314	86 359
建筑安装业	7 039	485 764	305 871	116 289	6 777	321 061	164 703
电气安装	1 115	184 557	115 101	34 809	3 666	118 767	65 790
管道和设备安装	390	60 009	37 894	27 835	1 013	42 207	17 802
其他建筑安装业	5 535	241 198	152 876	53 645	2 098	160 086	81 111
建筑装饰和其他建筑业	8 316	735 821	356 195	79 882	12 250	399 635	336 186
建筑装饰业	7 217	559 550	281 446	51 247	3 721	306 064	253 487
工程准备活动	540	25 302	5 212	1 262	61	14 882	10 419
提供施工设备服务		5 276	2 950	245	1 357	4 307	970
其他未列明建筑业	559	145 693	66 588	27 128	7 111	74 383	71 311

项　　目	在建工程	资产总计	流动负债合　计	#应付账款	非流动负　债合　计	负债合计	所有者权　益合　计
三、按隶属关系分							
中央	42 530	872 735	748 019	362 396	15 779	766 952	105 784
省(自治区、直辖市)	31 102	3 884 089	2 701 762	409 009	251 775	3 042 300	841 789
地区(州、盟、省辖市)	6 826	1 514 138	890 242	224 058	22 994	927 364	586 773
县(区、市、旗)	15 660	678 872	339 409	16 885	46 875	398 586	280 286
街道		91	2	2		2	89
镇	19 026	140 805	47 608	14 803	365	47 973	92 832
乡		75 990	36 474	7 020	5 000	41 474	34 515
村委会		12 877				9 609	3 268
其他	54 348	2 981 999	1 247 028	179 677	59 211	1 353 225	1 628 774
四、按企业资质等级分							
施工总承包	158 692	9 125 818	5 435 229	1 093 818	384 286	5 947 763	3 178 055
特级		628 343	540 164	19 491		540 164	88 179
一级	95 578	6 174 081	3 889 451	929 994	346 682	4 308 074	1 866 007
二级	52 591	1 779 101	765 981	114 193	26 603	833 270	945 831
三级及以下	10 523	544 293	239 633	30 140	11 001	266 255	278 038
专业承包	10 800	1 035 777	575 314	120 030	17 713	639 722	396 055
一级	2 979	469 605	258 581	39 544	12 089	298 012	171 593
二级	2 239	348 381	221 702	43 363	3 975	231 141	117 240
三级及以下	5 583	217 791	95 031	37 123	1 649	110 569	107 222
五、按营业状态分							
营业	164 322	10 106 985	5 988 680	1 207 279	399 636	6 551 884	3 555 101
停业(歇业)		817	15	15		15	802
当年关闭	4 433	44 011	20 713	6 555	2 362	29 394	14 617
其他	737	9 782	1 135			6 191	3 590
六、按控股情况分							
国有控股	84 226	5 174 394	3 793 488	918 428	310 659	4 152 846	1 021 548
集体控股	25 860	720 547	431 337	48 494	8 538	457 789	262 758
私人控股	53 050	3 847 444	1 538 296	223 031	77 234	1 720 015	2 127 429
港澳台商控股		91 173	79 391	762	761	80 259	10 913
外商控股		511	6			6	505
其他	6 357	327 526	168 025	23 134	4 806	176 569	150 957

项目	所有者权益合计						
	#实收资本	国家资本	集体资本	法人资本	个人资本	港澳台资本	外商资本
总计	**2 229 805**	**612 808**	**161 070**	**457 049**	**985 325**	**3 164**	**10 390**
#国有及国有控股企业	745 806	590 668	1 772	126 366	16 671		10 330
一、按登记注册类型分							
内资企业	2 169 843	581 019	161 070	442 209	985 085	400	60
国有企业	261 294	205 826	147	54 820	502		
集体企业	124 567	10 791	108 644	2 689	2 443		
股份合作企业	10 106		4 214	829	5 063		
有限责任公司	1 187 881	359 350	25 500	256 702	546 030	300	
国有独资公司	148 992	127 878		21 114			
其他有限责任公司	1 038 889	231 472	25 500	235 588	546 030	300	
股份有限公司	108 840	5 032	9 640	8 293	85 876		
私营企业	469 386		12 627	115 141	341 609		10
其他企业	7 768	20	300	3 736	3 562	100	50
港、澳、台商投资企业	59 457	31 789		14 335	239	2 764	10 330
与港澳台商合资经营	58 414	31 789		14 335	239	1 721	10 330
港、澳、台商投资股份有限公司	1 043					1 043	
外商投资企业	505			505			
中外合资经营企业	505			505			
二、按国民经济行业分							
房屋建筑业	1 083 087	233 809	122 492	200 213	514 734	1 500	10 340
土木工程建筑业	760 415	335 819	25 248	167 345	231 782	221	
铁路、道路、隧道和桥梁工程建筑	595 402	265 895	8 384	137 776	183 126	221	
水利和内河港口工程建筑	86 504	50 639	12 276	13 730	9 859		
工矿工程建筑	15 830	2 162	555	13 113			
架线和管道工程建筑	18 710	8 450	4 033	1 608	4 620		
其他土木工程建筑	43 969	8 673		1 118	34 178		
建筑安装业	214 599	34 745	5 850	25 970	148 034		
电气安装	50 585	16 500	4 800	9 557	19 728		
管道和设备安装	15 840	4 110	1 050	1 051	9 628		
其他建筑安装业	148 174	14 135		15 361	118 678		
建筑装饰和其他建筑业	171 383	8 435	7 480	63 522	90 453	1 443	50
建筑装饰业	111 697	3 971	3 311	30 046	72 877	1 443	50
工程准备活动	8 342	2 464	3 268		2 610		
提供施工设备服务	900		900				
其他未列明建筑业	50 444	2 000	1	33 476	14 967		

项　　目	所有者权益合计						
	#实收资　本	国家资本	集体资本	法人资本	个人资本	港澳台资本	外商资本
三、按隶属关系分							
中央	81 461	45 965		33 496	2 000		
省(自治区、直辖市)	601 275	398 931	3 924	119 512	68 577		10 330
地区(州、盟、省辖市)	284 095	107 931	24 023	45 115	107 027		
县(区、市、旗)	157 625	50 695	35 799	16 354	54 777		
街道	86		46		40		
镇	69 407	2	48 724	5 782	14 899		
乡	7 080		7 080				
村委会	3 268		3 268				
其他	1 025 507	9 283	38 207	236 790	738 004	3 164	60
四、按企业资质等级分							
施工总承包	1 889 349	576 634	145 975	395 552	759 127	1 721	10 340
特级	52 175	31 410		10 435			10 330
一级	1 179 023	498 206	90 583	172 622	417 612		
二级	492 739	33 481	37 927	161 407	258 203	1 721	
三级及以下	165 413	13 538	17 466	51 087	83 312		10
专业承包	340 456	36 173	15 095	61 497	226 198	1 443	50
一级	73 816	15 353	1 104	11 208	45 108	1 043	
二级	79 109	14 584	8 200	13 644	42 382	300	
三级及以下	187 531	6 237	5 791	36 645	138 708	100	50
五、按营业状态分							
营业	2 215 095	612 808	158 044	456 248	974 442	3 164	10 390
停业(歇业)	802			800	2		
当年关闭	11 788		3 026	1	8 761		
其他	2 120				2 120		
六、按控股情况分							
国有控股	745 806	590 668	1 772	126 366	16 671		10 330
集体控股	167 834	14 629	128 711	4 230	20 264		
私人控股	1 211 386	6 626	24 302	303 311	877 138		10
港澳台商控股	7 282	379		3 900	239	2 764	
外商控股	505			505			
其他	96 992	506	6 286	18 737	71 013	400	50

项　　目	营业收入	# 主营业务收　入	营业成本	# 主营业务成　本	营业税金及附加	# 主营业务税金及附加
总　计	**16 086 114**	**15 976 940**	**14 472 834**	**14 341 733**	**532 319**	**510 318**
# 国有及国有控股企业	6 047 385	5 968 862	5 553 451	5 458 535	187 455	174 321
一、按登记注册类型分						
内资企业	15 484 848	15 378 239	13 924 153	13 793 762	512 251	490 379
国有企业	1 743 643	1 688 437	1 584 438	1 527 639	52 566	49 684
集体企业	1 035 669	1 031 184	939 050	937 534	38 565	38 045
股份合作企业	46 194	46 194	40 202	40 192	2 083	1 998
有限责任公司	8 465 125	8 422 287	7 628 909	7 566 890	268 225	256 914
国有独资公司	609 436	606 007	566 186	564 631	15 523	15 511
其他有限责任公司	7 855 689	7 816 280	7 062 724	7 002 259	252 702	241 403
股份有限公司	1 255 411	1 254 016	1 168 227	1 167 956	35 953	35 948
私营企业	2 889 436	2 886 751	2 522 327	2 512 551	113 320	106 250
其他企业	49 370	49 370	41 000	41 000	1 540	1 540
港、澳、台商投资企业	600 548	597 983	548 028	547 319	20 043	19 940
与港澳台商合资经营	596 293	593 728	545 012	544 303	19 899	19 796
港、澳、台商投资股份有限公司	4 255	4 255	3 016	3 016	144	144
外商投资企业	718	718	653	653	25	
中外合资经营企业	718	718	653	653	25	
二、按国民经济行业分						
房屋建筑业	9 968 310	9 934 611	9 049 636	9 038 202	334 204	317 205
土木工程建筑业	3 957 872	3 886 620	3 555 231	3 454 155	121 248	118 245
铁路、道路、隧道和桥梁工程建筑	2 886 021	2 819 251	2 600 221	2 506 089	91 354	88 392
水利和内河港口工程建筑	573 064	571 544	522 825	518 165	15 744	15 739
工矿工程建筑	145 323	144 090	127 702	126 847	4 675	4 659
架线和管道工程建筑	208 431	206 751	181 254	179 837	4 613	4 594
其他土木工程建筑	145 032	144 983	123 229	123 217	4 861	4 861
建筑安装业	760 482	757 047	669 688	663 694	27 833	26 552
电气安装	160 624	158 139	136 202	130 778	5 066	4 737
管道和设备安装	39 823	39 773	36 064	35 981	1 249	305
其他建筑安装业	560 035	559 136	497 422	496 935	21 518	21 510
建筑装饰和其他建筑业	1 399 041	1 398 253	1 198 048	1 185 450	49 030	48 312
建筑装饰业	1 238 009	1 237 281	1 063 162	1 058 231	41 634	41 596
工程准备活动	45 592	45 592	39 239	38 239	4 083	3 925
提供施工设备服务	2 068	2 068	1 807	1 807	60	60
其他未列明建筑业	113 371	113 312	93 839	87 172	3 254	2 732

项　　目	营业收入	# 主营业务收　入	营业成本	# 主营业务成　本	营业税金及附加	# 主营业务税金及附加
三、按隶属关系分						
中央	1 140 650	1 135 662	1 052 107	1 044 721	29 912	29 850
省(自治区、直辖市)	4 824 385	4 799 241	4 438 717	4 400 553	156 554	149 264
地区(州、盟、省辖市)	2 046 333	1 991 330	1 841 260	1 781 774	64 371	57 672
县(区、市、旗)	1 367 876	1 353 306	1 240 187	1 225 841	45 532	45 228
街道	115	115	101	101	4	4
镇	354 881	354 322	323 787	323 525	13 526	13 517
乡	327 350	326 826	297 652	297 652	8 742	8 611
村委会	12 231	12 231	8 531	8 531	2 534	2 534
其他	6 012 294	6 003 906	5 270 492	5 259 035	211 145	203 639
四、按企业资质等级分						
施工总承包	14 479 707	14 373 225	13 079 596	12 960 337	478 374	457 631
特级	562 530	559 964	514 706	513 996	18 668	18 565
一级	10 922 451	10 831 479	10 000 076	9 909 825	334 824	315 600
二级	2 284 897	2 278 182	1 965 488	1 941 484	95 081	93 935
三级及以下	709 829	703 600	599 327	595 032	29 800	29 530
专业承包	1 606 407	1 603 715	1 393 238	1 381 396	53 945	52 688
一级	1 160 916	1 160 224	1 015 764	1 010 938	38 006	37 989
二级	245 552	245 322	211 999	211 655	7 821	6 885
三级及以下	199 938	198 169	165 475	158 804	8 118	7 814
五、按营业状态分						
营业	16 034 836	15 925 673	14 431 337	14 300 237	530 193	508 198
停业(歇业)	832	832	84	84	6	2
当年关闭	38 191	38 180	30 266	30 266	1 719	1 719
其他	12 255	12 255	11 146	11 146	401	400
六、按控股情况分						
国有控股	6 047 385	5 968 862	5 553 451	5 458 535	187 455	174 321
集体控股	1 286 147	1 279 417	1 159 303	1 157 127	47 555	46 906
私人控股	8 029 254	8 005 830	7 112 059	7 078 424	277 405	269 447
港澳台商控股	38 019	38 018	33 323	33 323	1 375	1 375
外商控股	718	718	653	653	25	
其他	684 591	684 094	614 046	613 672	18 504	18 270

项　　目	其他业务利　润	管理费用	#税　金	#差旅费	#工会经费
总　　计	**17 111**	**39 118**	**379 232**	**17 570**	**273 717**
#国有及国有控股企业	7 690	5 480	145 062	2 572	193 317
一、按登记注册类型分					
内资企业	15 358	39 097	371 479	17 380	266 311
国有企业	1 754	1 447	70 110	1 230	3 837
集体企业	1 723	1 470	16 264	1 046	
股份合作企业		406	1 493	154	
有限责任公司	10 546	22 258	187 661	9 448	262 317
国有独资公司	1 863	500	13 591	124	
其他有限责任公司	8 683	21 758	174 070	9 324	262 317
股份有限公司	961	1 132	15 586	715	
私营企业	374	12 385	78 682	4 777	158
其他企业			1 682	11	
港、澳、台商投资企业	1 753	20	7 720	190	7 405
与港澳台商合资经营	1 753	20	7 285	188	7 405
港、澳、台商投资股份有限公司			435	2	
外商投资企业			32		
中外合资经营企业			32		
二、按国民经济行业分					
房屋建筑业	4 460	21 246	152 244	8 271	192 481
土木工程建筑业	11 347	9 028	130 765	5 230	81 078
铁路、道路、隧道和桥梁工程建筑	9 863	6 871	75 428	3 964	77 191
水利和内河港口工程建筑	991	107	23 442	432	
工矿工程建筑	362		7 870	184	3 837
架线和管道工程建筑	94	1 003	18 144	535	50
其他土木工程建筑	38	1 048	5 880	114	
建筑安装业	997	799	28 581	1 272	
电气安装	1 023	298	13 980	303	
管道和设备安装	-51	264	1 202	106	
其他建筑安装业	25	237	13 399	863	
建筑装饰和其他建筑业	307	8 023	67 580	2 747	158
建筑装饰业	257	5 292	59 941	2 541	158
工程准备活动		25	1 952	116	
提供施工设备服务			152	4	
其他未列明建筑业	51	2 706	5 535	87	

项目	其他业务利润	管理费用	#税金	#差旅费	#工会经费
三、按隶属关系分					
中央	1 019	1 253	43 121	486	
省(自治区、直辖市)	8 432	1 029	95 719	3 632	270 509
地区(州、盟、省辖市)	3 592	5 018	45 436	1 733	
县(区、市、旗)	222	2 537	25 943	2 864	
街道		2	8		
镇		2 528	4 150	452	
乡	524		2 833	10	
村委会		15	653	18	
其他	3 322	26 736	161 370	8 374	3 208
四、按企业资质等级分					
施工总承包	16 405	29 805	301 128	14 023	273 509
特级	1 753		6 440	47	7 405
一级	12 450	11 716	189 074	6 307	266 103
二级	968	13 962	79 360	4 729	
三级及以下	1 234	4 127	26 254	2 940	
专业承包	706	9 313	78 104	3 547	208
一级	235	2 899	54 728	2 481	
二级	22	1 835	10 369	533	
三级及以下	449	4 579	13 006	533	208
五、按营业状态分					
营业	17 111	38 805	377 588	17 301	273 717
停业(歇业)			17	1	
当年关闭		211	1 417	264	
其他		102	210	3	
六、按控股情况分					
国有控股	7 690	5 480	145 062	2 572	193 317
集体控股	2 365	5 896	22 654	1 408	
私人控股	6 859	25 684	183 060	12 239	80 399
港澳台商控股		20	1 281	143	
外商控股			32		
其他	196	2 037	27 143	1 209	

项　　目	财务费用			资产减值损失	公允价值变动收益	投资收益	营业利润
		#利息收入	#利息支出				
总　计	**80 882**	**11 989**	**67 033**	**2 972**	**634**	**24 040**	**597 589**
#国有及国有控股企业	33 394	5 373	33 986	2 580		22 658	140 082
一、按登记注册类型分							
内资企业	73 281	11 353	59 198	2 317	634	3 509	560 571
国有企业	12 561	1 190	11 421	1 243		1 316	20 517
集体企业	2 888	304	1 262	183		1 163	38 597
股份合作企业	424	2	366	2	7	-5	1 596
有限责任公司	40 086	7 792	36 204	742	1	669	317 903
国有独资公司	2 176	17	2 152	24			7 437
其他有限责任公司	37 910	7 775	34 052	718	1	669	310 466
股份有限公司	2 371	970	1 197	114	409	217	31 935
私营企业	14 089	1 075	8 145	33	217	148	145 739
其他企业	863	20	602				4 285
港、澳、台商投资企业	7 601	636	7 836	656		20 531	37 010
与港澳台商合资经营	7 311	634	7 547	656		20 531	36 641
港、澳、台商投资股份有限公司	291	2	289				369
外商投资企业							8
中外合资经营企业							8
二、按国民经济行业分							
房屋建筑业	44 022	8 136	39 519	659	223	21 192	390 902
土木工程建筑业	25 933	2 475	23 190	1 744	409	1 705	103 534
铁路、道路、隧道和桥梁工程建筑	18 325	1 469	16 590	548	409	1 703	86 906
水利和内河港口工程建筑	2 478	423	2 142	733			7 712
工矿工程建筑	2 329	-111	2 483	463			2 284
架线和管道工程建筑	2 432	668	1 606			2	986
其他土木工程建筑	369	26	368				5 646
建筑安装业	6 494	759	878	313	2	1 143	28 954
电气安装	64	236	373	35	2	1 143	6 029
管道和设备安装	49	-2	51	200			1 925
其他建筑安装业	6 381	525	454	78			21 001
建筑装饰和其他建筑业	4 430	618	3 446	256			74 113
建筑装饰业	3 084	286	2 761	220			66 115
工程准备活动	-119		21				1 412
提供施工设备服务							50
其他未列明建筑业	1 465	332	664	36			6 537

项　　目	财务费用	#利息收入	#利息支出	资产减值损　失	公允价值变动收益	投资收益	营业利润
三、按隶属关系分							
中央	3 159	1 224	2 698	762		350	9 982
省(自治区、直辖市)	29 678	4 743	30 628	1 334		22 335	121 463
地区(州、盟、省辖市)	9 807	1 346	8 248	667		1 297	81 989
县(区、市、旗)	6 409	1 041	6 388	-1			46 803
街道							
镇	957	9	834				9 934
乡	1 713	3	125				16 410
村委会	20		20				477
其他	29 140	3 623	18 093	209	634	58	310 531
四、按企业资质等级分							
施工总承包	74 954	11 394	63 535	2 506	632	23 843	527 413
特级	7 208	639	7 440	656		20 531	35 383
一级	55 331	9 897	46 206	1 457	1	2 110	325 568
二级	10 658	597	9 032	-145	7	-42	120 618
三级及以下	1 757	261	857	538	624	1 245	45 844
专业承包	5 928	595	3 499	466	2	197	70 176
一级	2 369	255	2 046	206		189	51 349
二级	2 675	22	993	238		6	10 974
三级及以下	884	318	460	23	2	2	7 854
五、按营业状态分							
营业	80 584	11 981	66 964	2 972	634	24 040	592 909
停业(歇业)							5
当年关闭	287	7	60				4 292
其他	12		9				384
六、按控股情况分							
国有控股	33 394	5 373	33 986	2 580		22 658	140 082
集体控股	4 552	334	2 868	185	7	1 204	47 409
私人控股	38 199	6 248	26 721	206	626	173	389 945
港澳台商控股	393	-3	396				1 627
外商控股							8
其他	4 344	37	3 061	2	1	5	18 520

项　　目	营业外收入	补贴收入	营业外支出	利润总额	应交所得税	应付职工薪酬
总　　计	**8 698**	**1 459**	**7 472**	**600 199**	**144 867**	**1 695 229**
#国有及国有控股企业	2 797	670	3 744	140 628	28 677	838 890
一、按登记注册类型分						
内资企业	8 570	1 439	6 599	563 926	140 662	1 528 098
国有企业	510	31	503	21 840	5 515	190 785
集体企业	427		744	38 166	10 116	109 290
股份合作企业	3		1	1 598	430	12 859
有限责任公司	6 323	1 213	3 476	320 930	77 289	847 218
国有独资公司	223		59	7 601	1 591	21 738
其他有限责任公司	6 100	1 213	3 418	313 329	75 698	825 480
股份有限公司	38		147	31 826	9 459	72 630
私营企业	1 270	194	1 727	145 281	36 943	295 307
其他企业				4 285	911	9
港、澳、台商投资企业	127	20	873	36 265	4 203	167 081
与港澳台商合资经营	127	20	873	35 896	4 111	166 719
港、澳、台商投资股份有限公司				369	92	362
外商投资企业				8	2	50
中外合资经营企业				8	2	50
二、按国民经济行业分						
房屋建筑业	2 987	795	4 656	389 309	92 379	1 285 824
土木工程建筑业	4 389	638	1 885	107 366	26 353	234 095
铁路、道路、隧道和桥梁工程建筑	1 571	600	1 492	88 310	19 874	165 982
水利和内河港口工程建筑	284		176	7 820	2 080	45 895
工矿工程建筑	339		19	2 604	605	9 307
架线和管道工程建筑	2 157		131	3 014	708	5 068
其他土木工程建筑	38	38	66	5 618	3 087	7 843
建筑安装业	431	26	442	28 924	8 092	80 131
电气安装	402	26	296	6 115	1 104	15 486
管道和设备安装	3		35	1 893	427	2 670
其他建筑安装业	26		111	20 916	6 561	61 975
建筑装饰和其他建筑业	891		490	74 514	18 040	95 150
建筑装饰业	838		386	66 566	16 240	87 001
工程准备活动	20		51	1 381	411	1 969
提供施工设备服务			19	30	8	442
其他未列明建筑业	32		33	6 536	1 382	5 739

项目	营业外收入	补贴收入	营业外支出	利润总额	应交所得税	应付职工薪酬
三、按隶属关系分						
中央	433	26	193	10 222	2 563	62 177
省(自治区、直辖市)	2 951	1 233	3 239	122 669	29 324	741 927
地区(州、盟、省辖市)	372	5	547	81 814	16 803	149 726
县(区、市、旗)	172		1 020	45 841	9 488	157 619
街道						27
镇	90		157	9 866	3 104	62 014
乡			15	16 395	4 435	17 930
村委会				477	95	740
其他	4 681	194	2 301	312 914	79 054	503 070
四、按企业资质等级分						
施工总承包	5 500	1 395	6 648	527 456	123 900	1 565 338
特级	127	20	872	34 638	3 701	160 100
一级	3 868	1 219	4 074	326 565	84 424	1 106 671
二级	828	156	1 402	120 034	28 783	243 803
三级及以下	676		300	46 220	6 992	54 764
专业承包	3 198	64	823	72 742	20 967	129 890
一级	770		495	51 814	14 183	72 753
二级	2 147		199	12 924	4 582	25 928
三级及以下	281	64	130	8 005	2 203	31 210
五、按营业状态分						
营业	8 692	1 459	7 472	595 513	144 014	1 688 364
停业(歇业)				5	1	27
当年关闭				4 292	733	3 233
其他	5			389	120	3 606
六、按控股情况分						
国有控股	2 797	670	3 744	140 628	28 677	838 890
集体控股	464		749	47 011	11 416	131 282
私人控股	3 311	789	2 768	390 487	99 340	689 605
港澳台商控股				1 627	502	6 981
外商控股				8	2	50
其他	2 126		211	20 437	4 931	28 421

11-3 建筑业企业房屋建筑竣工面积

(2013 年)

单位:平方米

项目	合计	住宅房屋	商业及服务用房屋	商厦房屋	宾馆用房屋	餐饮用房屋
总计	**40 416 169**	**25 566 589**	**2 147 922**	**386 305**	**373 570**	**47 821**
#国有及国有控股企业	10 248 229	7 177 005	612 632	92 300	104 796	8 818
一、按登记注册类型分						
内资企业	39 038 408	24 540 357	2 129 619	386 305	373 570	47 821
国有企业	2 555 227	2 032 379	31 645		19 960	
集体企业	3 349 285	2 708 677	160 960	15 545	23 873	3 790
股份合作企业	241 261	172 512	32 095	1 370	600	2 230
有限责任公司	18 901 883	11 894 103	1 170 825	270 337	134 327	23 752
国有独资公司	3 204					
其他有限责任公司	18 898 679	11 894 103	1 170 825	270 337	134 327	23 752
股份有限公司	1 867 223	1 053 250	1 234			1 234
私营企业	12 092 858	6 679 436	732 860	99 053	194 810	16 815
其他企业	30 671					
港、澳、台商投资企业	1 377 761	1 026 232	18 303			
与港澳台商合资经营	1 377 761	1 026 232	18 303			
港、澳、台商投资股份有限公司						
外商投资企业						
中外合资经营企业						
二、按国民经济行业分						
房屋建筑业	36 606 298	23 432 768	1 806 007	310 562	243 539	43 441
土木工程建筑业	2 638 169	1 734 727	39 726		17 301	
铁路、道路、隧道和桥梁工程建筑	2 348 140	1 590 427	19 800			
水利和内河港口工程建筑	81 410					
工矿工程建筑	18 585		17 301		17 301	
架线和管道工程建筑	150 268	144 300				
其他土木工程建筑	39 766		2 625			
建筑安装业	875 736	264 864	280 609	75 743	95 530	
电气安装						
管道和设备安装						
其他建筑安装业	875 736	264 864	280 609	75 743	95 530	
建筑装饰和其他建筑业	295 966	134 230	21 580		17 200	4 380
建筑装饰业	30 671					
工程准备活动						
提供施工设备服务						
其他未列明建筑业	265 295	134 230	21 580		17 200	4 380

11-3 续表 1　　(2013 年)　　单位:平方米

项目	合计	住宅房屋	商业及服务用房屋	商厦房屋	宾馆用房屋	餐饮用房屋
三、按隶属关系分						
中央	108 574	23 960				
省(自治区、直辖市)	8 185 543	5 299 382	631 782	92 300	84 836	8 818
地区(州、盟、省辖市)	4 766 916	3 345 066	147 114	15 347	72 035	11 234
县(区、市、旗)	5 741 955	4 193 328	363 193	10 640	6 420	4 934
街道						
镇	1 440 447	835 127	69 426	28 206	5 873	4 520
乡	737 379	610 374	15 925			
村委会						
其他	19 435 355	11 259 352	920 482	239 812	204 406	18 315
四、按企业资质等级分						
施工总承包	39 387 109	24 869 168	2 051 618	370 958	356 695	36 587
特级	1 295 761	1 026 232	18 303			
一级	24 812 228	15 076 358	1 521 694	183 408	279 761	23 608
二级	10 514 971	6 978 217	366 382	167 479	45 627	9 720
三级及以下	2 764 149	1 788 361	145 239	20 071	31 307	3 259
专业承包	1 029 060	697 421	96 304	15 347	16 875	11 234
一级						
二级	503 937	236 754	90 924	15 347	16 875	6 854
三级及以下	525 123	460 667	5 380			4 380
五、按营业状态分						
营业	40 115 336	25 320 195	2 147 922	386 305	373 570	47 821
停业(歇业)						
当年关闭	191 112	136 673				
其他	109 721	109 721				
六、按控股情况分						
国有控股	10 248 229	7 177 005	612 632	92 300	104 796	8 818
集体控股	4 235 178	3 141 609	278 479	31 692	41 348	12 144
私人控股	23 053 526	13 382 829	1 256 811	262 313	227 426	26 859
港澳台商控股	82 000					
外商控股						
其他	2 797 236	1 865 146				

11-3 续表 2　　(2013 年)　　单位:平方米

项　　目	商业及服务用房屋		办公用房屋	科研、教育、医疗用房屋			
	商务会展用房屋	其他商业及服务用房屋			科学研究用房屋	教育用房屋	医疗用房屋
总　计	**183 922**	**1 156 304**	**3 272 287**	**2 363 717**	**287 592**	**1 684 550**	**391 575**
#国有及国有控股企业	114 336	292 382	515 419	785 188	43 863	539 575	201 750
一、按登记注册类型分							
内资企业	178 922	1 143 001	3 111 535	2 264 525	287 592	1 612 945	363 988
国有企业		11 685	44 126	100 275	9 732	90 543	
集体企业	18 584	99 168	150 907	122 832	35 979	63 516	23 337
股份合作企业	1 000	26 895	22 545	1 500	300	400	800
有限责任公司	148 020	594 389	1 382 287	1 345 795	218 702	895 959	231 134
国有独资公司							
其他有限责任公司	148 020	594 389	1 382 287	1 345 795	218 702	895 959	231 134
股份有限公司			21 491	52 758		36 346	16 412
私营企业	11 318	410 864	1 490 179	641 365	22 879	526 181	92 305
其他企业							
港、澳、台商投资企业	5 000	13 303	160 752	99 192		71 605	27 587
与港澳台商合资经营	5 000	13 303	160 752	99 192		71 605	27 587
港、澳、台商投资股份有限公司							
外商投资企业							
中外合资经营企业							
二、按国民经济行业分							
房屋建筑业	74 586	1 133 879	3 064 359	2 156 875	278 278	1 540 806	337 791
土木工程建筑业		22 425	88 847	173 812	1 284	123 744	48 784
铁路、道路、隧道和桥梁工程建筑		19 800	88 847	139 327		90 543	48 784
水利和内河港口工程建筑							
工矿工程建筑				1 284	1 284		
架线和管道工程建筑							
其他土木工程建筑		2 625		33 201		33 201	
建筑安装业	109 336		110 281	23 030	8 030	10 000	5 000
电气安装							
管道和设备安装							
其他建筑安装业	109 336		110 281	23 030	8 030	10 000	5 000
建筑装饰和其他建筑业			8 800	10 000		10 000	
建筑装饰业							
工程准备活动							
提供施工设备服务							
其他未列明建筑业			8 800	10 000		10 000	

11-3 续表 2-1　　(2013 年)　　单位:平方米

项　　目	商业及服务用房屋		办公用房　屋	科研、教育、医疗用房屋			
	商务会展用房屋	其他商业及服务用房屋			科学研究用房屋	教育用房　屋	医疗用房　屋
三、按隶属关系分							
中央							
省(自治区、直辖市)	114 336	331 492	534 715	712 167	34 131	449 032	229 004
地区(州、盟、省辖市)	37 684	10 814	205 745	234 753	26 582	173 492	34 679
县(区、市、旗)		341 199	104 719	193 768	116 811	76 957	
街道							
镇	2 659	28 168	90 695	59 069	1 435	48 637	8 997
乡	15 925		5 859	82 190	8 654	52 058	21 478
村委会							
其他	13 318	444 631	2 330 554	1 081 770	99 979	884 374	97 417
四、按企业资质等级分							
施工总承包	145 238	1 142 140	3 248 708	2 351 879	286 900	1 674 453	390 526
特级	5 000	13 303	78 752	99 192		71 605	27 587
一级	135 920	898 997	1 960 971	1 999 836	273 067	1 405 589	321 180
二级	3 659	139 897	1 108 501	205 288	11 827	152 602	40 859
三级及以下	659	89 943	100 484	47 563	2 006	44 657	900
专业承包	38 684	14 164	23 579	11 838	692	10 097	1 049
一级							
二级	37 684	14 164	22 579	4 598	692	2 857	1 049
三级及以下	1 000		1 000	7 240		7 240	
五、按营业状态分							
营业	183 922	1 156 304	3 272 287	2 363 717	287 592	1 684 550	391 575
停业(歇业)							
当年关闭							
其他							
六、按控股情况分							
国有控股	114 336	292 382	515 419	785 188	43 863	539 575	201 750
集体控股	57 268	136 027	306 177	128 930	36 971	66 773	25 186
私人控股	12 318	727 895	2 125 831	1 209 283	206 758	837 886	164 639
港澳台商控股			82 000				
外商控股							
其他			242 860	240 316		240 316	

项　　目	文化、体育、娱乐用房屋	厂房及建筑物	#厂房	仓库	其他未列明的房屋建筑物
总　　计	**706 877**	**4 859 383**	**3 072 413**	**140 352**	**1 359 042**
#国有及国有控股企业	163 247	664 115	529 985	79 538	251 085
一、按登记注册类型分					
内资企业	706 877	4 792 578	3 005 608	140 352	1 352 565
国有企业	28 402	95 622	95 622	37 600	185 178
集体企业	23 427	150 129	146 287	3 609	28 744
股份合作企业	3 000	1 000	1 000	145	8 464
有限责任公司	267 001	2 436 870	1 811 873	71 333	333 669
国有独资公司	3 204				
其他有限责任公司	263 797	2 436 870	1 811 873	71 333	333 669
股份有限公司	30 670	638 684	466 132		69 136
私营企业	354 377	1 439 602	454 023	27 665	727 374
其他企业		30 671	30 671		
港、澳、台商投资企业		66 805	66 805		6 477
与港澳台商合资经营		66 805	66 805		6 477
港、澳、台商投资股份有限公司					
外商投资企业					
中外合资经营企业					
二、按国民经济行业分					
房屋建筑业	626 464	4 057 228	2 277 850	140 352	1 322 245
土木工程建筑业	31 606	537 443	529 853		32 008
铁路、道路、隧道和桥梁工程建筑	31 606	456 033	448 443		22 100
水利和内河港口工程建筑		81 410	81 410		
工矿工程建筑					
架线和管道工程建筑					5 968
其他土木工程建筑					3 940
建筑安装业		196 952	196 950		
电气安装					
管道和设备安装					
其他建筑安装业		196 952	196 950		
建筑装饰和其他建筑业	48 807	67 760	67 760		4 789
建筑装饰业		30 671	30 671		
工程准备活动					
提供施工设备服务					
其他未列明建筑业	48 807	37 089	37 089		4 789

项　目	文化、体育、娱乐用房屋	厂房及建筑物	#厂房	仓库	其他未列明的房屋建筑物
三、按隶属关系分					
中央	3 204	81 410	81 410		
省(自治区、直辖市)	145 272	741 976	434 894	41 938	78 311
地区(州、盟、省辖市)	80 042	564 568	504 512		189 628
县(区、市、旗)	11 280	705 993	658 073	53 720	115 954
街道					
镇	95 262	246 525	53 128	15 599	28 744
乡		23 031	23 031		
村委会					
其他	371 817	2 495 880	1 317 365	29 095	946 405
四、按企业资质等级分					
施工总承包	650 669	4 730 370	2 971 234	140 352	1 344 345
特级		66 805	66 805		6 477
一级	569 034	2 761 997	1 937 000	105 754	816 584
二级	80 902	1 240 961	427 829	24 974	509 746
三级及以下	733	660 607	539 600	9 624	11 538
专业承包	56 208	129 013	101 179		14 697
一级					
二级	54 158	94 924	67 090		
三级及以下	2 050	34 089	34 089		14 697
五、按营业状态分					
营业	706 877	4 859 383	3 072 413	140 352	1 304 603
停业(歇业)					
当年关闭					54 439
其他					
六、按控股情况分					
国有控股	163 247	664 115	529 985	79 538	251 085
集体控股	53 301	285 720	254 044	3 754	37 208
私人控股	490 329	3 464 574	1 875 512	57 060	1 066 809
港澳台商控股					
外商控股					
其他		444 974	412 872		3 940

11-4 建筑业企业房屋建筑竣工造价

(2013 年)

单位:万元

项　　目	合 计	住宅房屋	商业及服务用房屋	商厦房屋	宾馆用房屋	餐饮用房屋
总　　计	**5 448 358**	**3 306 581**	**352 785**	**50 714**	**83 238**	**6 515**
#国有及国有控股企业	1 376 586	902 580	117 281	9 364	32 853	1 276
一、按登记注册类型分						
内资企业	5 264 433	3 165 901	348 922	50 714	83 238	6 515
国有企业	337 316	253 623	4 216		1 657	
集体企业	560 300	467 312	23 105	1 985	1 963	892
股份合作企业	31 259	21 066	3 480	86	30	98
有限责任公司	2 421 295	1 430 145	194 254	32 820	38 230	2 416
国有独资公司	385					
其他有限责任公司	2 420 911	1 430 145	194 254	32 820	38 230	2 416
股份有限公司	311 364	128 346	103			103
私营企业	1 601 365	865 410	123 765	15 823	41 358	3 006
其他企业	1 534					
港、澳、台商投资企业	183 925	140 681	3 863			
与港澳台商合资经营	183 925	140 681	3 863			
港、澳、台商投资股份有限公司						
外商投资企业						
中外合资经营企业						
二、按国民经济行业分						
房屋建筑业	4 821 116	3 010 606	293 467	38 535	49 313	5 859
土木工程建筑业	421 294	204 329	8 267		3 909	
铁路、道路、隧道和桥梁工程建筑	385 840	199 502	3 972			
水利和内河港口工程建筑	21 875					
工矿工程建筑	4 407		3 909		3 909	
架线和管道工程建筑	5 026	4 827				
其他土木工程建筑	4 147		386			
建筑安装业	162 686	67 142	47 127	12 179	26 748	
电气安装						
管道和设备安装						
其他建筑安装业	162 686	67 142	47 127	12 179	26 748	
建筑装饰和其他建筑业	43 262	24 504	3 924		3 268	656
建筑装饰业	1 534					
工程准备活动						
提供施工设备服务						
其他未列明建筑业	41 729	24 504	3 924		3 268	656

11-4 续表 1 (2013 年) 单位:万元

项目	合计	住宅房屋	商业及服务用房屋	商厦房屋	宾馆用房屋	餐饮用房屋
三、按隶属关系分						
中央	26 144	3 885				
省(自治区、直辖市)	1 129 911	680 276	120 862	9 364	31 196	1 276
地区(州、盟、省辖市)	722 081	455 710	11 263	987	6 508	844
县(区、市、旗)	635 394	466 289	57 268	968	514	399
街道						
镇	213 541	111 035	10 320	2 799	1 383	950
乡	180 945	161 203	2 568			
村委会						
其他	2 540 341	1 428 185	150 504	36 596	43 637	3 046
四、按企业资质等级分						
施工总承包	5 358 840	3 242 025	346 364	49 727	82 235	5 671
特级	174 680	140 681	3 863			
一级	3 765 485	2 139 083	277 765	24 717	69 723	4 368
二级	1 154 562	780 446	48 604	23 107	8 419	1 039
三级及以下	264 114	181 816	16 132	1 903	4 094	265
专业承包	89 517	64 556	6 422	987	1 003	844
一级						
二级	46 989	27 130	5 616	987	1 003	188
三级及以下	42 528	37 426	806			656
五、按营业状态分						
营业	5 418 133	3 280 845	352 785	50 714	83 238	6 515
停业(歇业)						
当年关闭	17 988	13 498				
其他	12 238	12 238				
六、按控股情况分						
国有控股	1 376 586	902 580	117 281	9 364	32 853	1 276
集体控股	658 189	510 402	31 497	3 012	2 997	1 120
私人控股	3 021 316	1 654 121	204 007	38 337	47 389	4 119
港澳台商控股	9 246					
外商控股						
其他	383 020	239 478				

项目	商业及服务用房屋		办公用房屋	科研、教育、医疗用房屋			
	商务会展用房屋	其他商业及服务用房屋			科学研究用房屋	教育用房屋	医疗用房屋
总计	**17 867**	**194 452**	**508 398**	**361 071**	**47 299**	**239 061**	**74 711**
#国有及国有控股企业	10 100	63 688	81 389	120 436	6 686	69 737	44 013
一、按登记注册类型分							
内资企业	15 967	192 489	493 897	347 630	47 299	229 348	70 983
国有企业		2 559	12 347	14 598	1 090	13 508	
集体企业	3 193	15 071	28 760	21 340	6 035	11 034	4 270
股份合作企业	20	3 246	2 410	150	30	80	40
有限责任公司	10 649	110 140	217 194	207 022	36 196	122 504	48 322
国有独资公司							
其他有限责任公司	10 649	110 140	217 194	207 022	36 196	122 504	48 322
股份有限公司			3 414	8 299		4 777	3 522
私营企业	2 105	61 474	229 772	96 221	3 948	77 444	14 829
其他企业							
港、澳、台商投资企业	1 900	1 963	14 502	13 441		9 713	3 728
与港澳台商合资经营	1 900	1 963	14 502	13 441		9 713	3 728
港、澳、台商投资股份有限公司							
外商投资企业							
中外合资经营企业							
二、按国民经济行业分							
房屋建筑业	9 667	190 094	468 214	328 806	44 955	217 904	65 948
土木工程建筑业		4 358	19 140	24 668	498	16 657	7 513
铁路、道路、隧道和桥梁工程建筑		3 972	19 140	21 021		13 508	7 513
水利和内河港口工程建筑							
工矿工程建筑				498	498		
架线和管道工程建筑							
其他土木工程建筑		386		3 149		3 149	
建筑安装业	8 200		19 416	5 697	1 847	2 600	1 250
电气安装							
管道和设备安装							
其他建筑安装业	8 200		19 416	5 697	1 847	2 600	1 250
建筑装饰和其他建筑业			1 628	1 900		1 900	
建筑装饰业							
工程准备活动							
提供施工设备服务							
其他未列明建筑业			1 628	1 900		1 900	

项目	商业及服务用房屋		办公用房屋	科研、教育、医疗用房屋			
	商务会展用房屋	其他商业及服务用房屋			科学研究用房屋	教育用房屋	医疗用房屋
三、按隶属关系分							
中央							
省(自治区、直辖市)	10 100	68 926	77 296	112 324	5 596	56 229	50 499
地区(州、盟、省辖市)	2 299	626	41 185	34 071	4 304	25 777	3 991
县(区、市、旗)		55 388	16 689	29 712	20 127	9 585	
街道							
镇	626	4 562	15 668	7 747	138	6 984	625
乡	2 568		1 164	15 604	1 636	9 873	4 095
村委会							
其他	2 275	64 951	356 397	161 614	15 498	130 614	15 502
四、按企业资质等级分							
施工总承包	15 418	193 313	505 447	360 408	47 256	238 515	74 636
特级	1 900	1 963	5 256	13 441		9 713	3 728
一级	12 993	165 964	340 528	319 102	45 148	207 717	66 237
二级	472	15 568	147 887	24 028	1 948	17 481	4 599
三级及以下	53	9 818	11 777	3 837	161	3 604	72
专业承包	2 449	1 139	2 951	663	43	546	75
一级							
二级	2 299	1 139	2 801	283	43	166	75
三级及以下	150		150	380		380	
五、按营业状态分							
营业	17 867	194 452	508 398	361 071	47 299	239 061	74 711
停业(歇业)							
当年关闭							
其他							
六、按控股情况分							
国有控股	10 100	63 688	81 389	120 436	6 686	69 737	44 013
集体控股	5 512	18 857	52 375	21 773	6 108	11 280	4 385
私人控股	2 255	111 907	324 858	181 417	34 505	120 598	26 314
港澳台商控股			9 246				
外商控股							
其他			40 530	37 445		37 445	

项目	文化、体育、娱乐用房屋	厂房及建筑物	#厂房	仓库	其他未列明的房屋建筑物
总计	**120 066**	**642 424**	**420 764**	**13 277**	**143 754**
#国有及国有控股企业	26 014	90 064	71 553	6 208	32 614
一、按登记注册类型分					
内资企业	120 066	632 109	410 449	13 277	142 630
国有企业	5 069	22 992	22 992	1 056	23 417
集体企业	2 817	16 020	14 672	235	712
股份合作企业	170	100	100	80	3 804
有限责任公司	44 090	282 387	186 264	9 227	36 977
国有独资公司	385				
其他有限责任公司	43 706	282 387	186 264	9 227	36 977
股份有限公司	6 075	159 208	128 988		5 920
私营企业	61 846	149 869	55 899	2 680	71 802
其他企业		1 534	1 534		
港、澳、台商投资企业		10 315	10 315		1 124
与港澳台商合资经营		10 315	10 315		1 124
港、澳、台商投资股份有限公司					
外商投资企业					
中外合资经营企业					
二、按国民经济行业分					
房屋建筑业	107 539	463 525	242 564	13 277	135 681
土木工程建筑业	5 453	151 984	151 286		7 454
铁路、道路、隧道和桥梁工程建筑	5 453	130 109	129 411		6 643
水利和内河港口工程建筑		21 875	21 875		
工矿工程建筑					
架线和管道工程建筑					199
其他土木工程建筑					611
建筑安装业		23 304	23 304		
电气安装					
管道和设备安装					
其他建筑安装业		23 304	23 304		
建筑装饰和其他建筑业	7 075	3 611	3 611		620
建筑装饰业		1 534	1 534		
工程准备活动					
提供施工设备服务					
其他未列明建筑业	7 075	2 078	2 078		620

项　　目	文化、体育、娱乐用房屋	厂房及建筑物	#厂房	仓库	其他未列明的房屋建筑物
三、按隶属关系分					
中央	385	21 875	21 875		
省(自治区、直辖市)	22 641	97 748	48 643	5 152	13 613
地区(州、盟、省辖市)	14 412	141 181	137 100		24 259
县(区、市、旗)	1 126	49 663	43 534	2 346	12 301
街道					
镇	17 567	47 595	4 420	2 898	712
乡		407	407		
村委会					
其他	63 936	283 954	164 784	2 882	92 869
四、按企业资质等级分					
施工总承包	113 999	634 996	414 199	13 277	142 324
特级		10 315	10 315		1 124
一级	103 295	470 363	327 663	10 582	104 768
二级	10 649	105 820	46 649	1 940	35 187
三级及以下	55	48 498	29 572	756	1 245
专业承包	6 068	7 428	6 565		1 430
一级					
二级	5 480	5 680	4 817		
三级及以下	588	1 748	1 748		1 430
五、按营业状态分					
营业	120 066	642 424	420 764	13 277	139 265
停业(歇业)					
当年关闭					4 489
其他					
六、按控股情况分					
国有控股	26 014	90 064	71 553	6 208	32 614
集体控股	5 659	31 652	29 441	315	4 516
私人控股	88 394	455 752	256 901	6 755	106 013
港澳台商控股					
外商控股					
其他		64 956	62 869		611

11-5 劳务分包建筑业企业生产经营情况

(2013 年)

单位:万元

项　　目	企业个数(个)	#有工作量的企业	建筑业总产值	资产负债		
				固定资产原　价	本年折旧	资产总计
总　计	**18**	**11**	**8 114**	**1 731**	**141**	**8 937**
#国有及国有控股	2	1	192	4	1	488
一、按登记注册类型分						
内资企业	18	11	8 114	1 731	141	8 937
集体企业	3	3	1 972	34	6	206
有限责任公司	7	2	297	324	1	2 088
其他有限责任公司	7	2	297	324	1	2 088
私营企业	8	6	5 845	1 372	134	6 644
私营有限责任公司	6	4	5 565	1 358	133	4 990
私营股份有限公司	2	2	280	14	1	1 654
二、按国民经济行业分						
房屋建筑业	5	2	4 322	981	3	4 247
土木工程建筑业	4	3	1 699	272	6	741
架线和管道工程建筑	1	1	1 183	198	5	448
架线及设备工程建筑	1	1	1 183	198	5	448
其他土木工程建筑	3	2	516	74	1	292
建筑安装业	2	2	1 710	7	6	151
管道和设备安装	2	2	1 710	7	6	151
建筑装饰和其他建筑业	7	4	383	471	126	3 799
建筑装饰业	1	1	192			429
其他未列明建筑业	6	3	191	471	126	3 370
三、按隶属关系分						
省(自治区、直辖市)	2	1	192			429
地区(州、盟、省辖市)	2			4	1	59
县(区、市、旗)	2	2	1 544	28		132
镇	1			200		200
其他	11	8	6 377	1 499	140	8 118
四、按企业资质等级分						
劳务分包	18	11	8 114	1 731	141	8 937
一级	13	7	4 959	1 487	129	8 253
二级	4	3	1 972	46	7	236
三级及以下	1	1	1 183	198	5	448
五、按营业状态分						
营业	13	10	7 922	1 715	139	8 420
停业(歇业)	5	1	192	16	2	518
六、按控股情况分						
国有控股	2	1	192	4	1	488
集体控股	4	3	1 972	34	6	206
私人控股	11	7	5 950	1 692	134	8 244
其他	1					

11-5 续表 1 (2013 年) 单位:万元

项　　目	资产负债		损益及分配			
	负债合计	实收资本	营业收入合　计	#主营业务收　入	营业成本	#主营业务成　本
总　计	**4 372**	**742**	**10 452**	**10 452**	**9 552**	**9 142**
#国有及国有控股	383	195	192	192	173	173
一、按登记注册类型分						
内资企业	4 372	742	10 452	10 452	9 552	9 142
集体企业	131	75	1 972	1 972	1 850	1 450
有限责任公司	393	195	287	287	268	258
其他有限责任公司	393	195	287	287	268	258
私营企业	3 847	472	8 193	8 193	7 435	7 435
私营有限责任公司	2 524	442	5 007	5 007	4 333	4 333
私营股份有限公司	1 323	30	3 186	3 186	3 102	3 102
二、按国民经济行业分						
房屋建筑业	2 134	100	3 567	3 567	3 107	3 107
土木工程建筑业	369	361	1 806	1 806	1 555	1 555
架线和管道工程建筑	344	100	1 183	1 183	1 034	1 034
架线及设备工程建筑	344	100	1 183	1 183	1 034	1 034
其他土木工程建筑	25	261	623	623	521	521
建筑安装业	137	14	1 710	1 710	1 605	1 205
管道和设备安装	137	14	1 710	1 710	1 605	1 205
建筑装饰和其他建筑业	1 732	267	3 369	3 369	3 285	3 275
建筑装饰业	339	90	192	192	173	173
其他未列明建筑业	1 393	177	3 177	3 177	3 111	3 101
三、按隶属关系分						
省(自治区、直辖市)	339	90	192	192	173	173
地区(州、盟、省辖市)	44	105			2	2
县(区、市、旗)	61	71	1 544	1 544	1 450	1 450
镇	10				10	
其他	3 918	476	8 715	8 715	7 917	7 517
四、按企业资质等级分						
劳务分包	4 372	742	10 452	10 452	9 552	9 142
一级	3 895	539	7 297	7 297	6 668	6 658
二级	133	103	1 972	1 972	1 850	1 450
三级及以下	344	100	1 183	1 183	1 034	1 034
五、按营业状态分						
营业	3 987	519	10 260	10 260	9 379	8 969
停业(歇业)	385	223	192	192	173	173
六、按控股情况分						
国有控股	383	195	192	192	173	173
集体控股	131	75	1 972	1 972	1 850	1 450
私人控股	3 857	472	8 288	8 288	7 529	7 519
其他						

项　　目	损益及分配						
	营业税金及附加	# 主营业务税金及附加	销售费用	管理费用	财务费用	营业利润	利润总额
总　计	**352**	**327**	**4**	**449**	**22**	**107**	**107**
# 国有及国有控股	11	11	1	3		4	4
一、按登记注册类型分							
内资企业	352	327	4	449	22	107	107
集体企业	103	78		13		6	6
有限责任公司	14	14	1	15		10	10
其他有限责任公司	14	14	1	15		10	10
私营企业	235	235	3	422	21	91	91
私营有限责任公司	218	218	3	179	20	255	255
私营股份有限公司	17	17		243	2	-163	-163
二、按国民经济行业分							
房屋建筑业	139	139		92	17	226	226
土木工程建筑业	95	95	3	116		37	36
架线和管道工程建筑	58	58		85		5	5
架线及设备工程建筑	58	58		85		5	5
其他土木工程建筑	37	37	3	31		32	32
建筑安装业	94	68		9		1	1
管道和设备安装	94	68		9		1	1
建筑装饰和其他建筑业	25	25	1	232	4	-157	-157
建筑装饰业	11	11	1	1		6	6
其他未列明建筑业	14	14		230	4	-163	-163
三、按隶属关系分							
省(自治区、直辖市)	11	11	1	2		6	6
地区(州、盟、省辖市)				2		-4	-4
县(区、市、旗)	78	78		11		6	6
镇				10			
其他	264	238	3	425	22	100	99
四、按企业资质等级分							
劳务分包	352	327	4	449	22	107	107
一级	191	191	4	351	22	96	97
二级	103	78		13		6	6
三级及以下	58	58		85		5	5
五、按营业状态分							
营业	342	316	3	446	22	103	103
停业(歇业)	11	11	1	4		4	4
六、按控股情况分							
国有控股	11	11	1	3		4	4
集体控股	103	78	0	14		6	6
私人控股	238	238	3	433	22	97	97
其他							

11-6 分县区建筑业企业生产情况

(总承包和专业承包资质,2013 年)

项目	企业(个)	#有工作量	签定的合同额(万元)	建筑业总产值(万元)	按构成分			#装饰装修产值	#在外省完成的产值	竣工产值(万元)
					建筑工程产值	安装工程产值	其他产值			
全市	**477**	**458**	**34 515 739**	**17 076 231**	**14 625 977**	**1 204 879**	**1 245 376**	**1 625 524**	**6 291 556**	**9 406 775**
东湖区	70	65	1 748 414	1 111 418	476 918	175 854	458 647	524 783	86 543	366 746
西湖区	94	86	6 490 731	2 754 601	2 536 164	124 237	94 200	121 601	912 889	1 286 933
青云谱区	47	45	8 028 793	2 753 233	2 546 957	123 948	82 328	296 323	1 110 806	1 539 710
湾里区	8	8	499 047	374 055	344 677		29 378		111 118	141 715
青山湖区	38	37	1 794 514	667 088	486 211	116 742	64 135	19 454	265 927	281 864
南昌县	71	71	6 856 001	4 124 007	3 462 198	361 280	300 529	112 792	1 655 247	2 617 116
新建县	24	24	801 074	354 796	308 933	5 494	40 370	17 285	22 644	163 029
安义县	11	11	94 558	69 800	64 804	2 833	2 163	980		56 588
进贤县	28	26	1 133 377	701 752	592 407	19 059	90 287	13 193	82 434	590 862
经济开发区	15	15	1 362 763	654 710	538 954	105 919	9 837	94 866	326 488	178 033
高新开发区	38	38	2 119 618	1 270 336	1 142 544	110 179	17 612	52 941	519 496	372 789
红谷滩新区	32	31	3 229 813	2 223 278	2 112 401	59 334	51 543	371 307	1 197 965	1 773 915
桑海开发区	1	1	357 035	17 157	12 810		4 348			37 475

项　　目	房屋建筑施工面积(平方米)	#本年新开工	#实行投标承包面积	#本年新开工	企业总产值(万元)	房屋建筑竣工面积(平方米)	竣工房屋价值(万元)
全　　市	**111 521 172**	**56 516 445**	**85 546 855**	**43 966 022**	**17 641 166**	**40 416 169**	**5 448 358**
东湖区	2 777 823	1 300 110	748 237	255 867	1 149 409	951 861	107 123
西湖区	20 064 655	8 481 477	16 603 202	7 205 010	2 975 738	4 600 303	615 904
青云谱区	23 291 243	9 565 671	22 069 184	9 030 923	2 870 286	5 428 165	666 931
湾里区	3 903 157	2 078 547	3 854 527	2 029 917	374 055	937 918	98 751
青山湖区	4 845 637	1 935 589	3 993 029	1 688 006	680 960	1 738 903	246 139
南昌县	30 783 992	17 778 591	24 937 519	14 582 026	4 162 735	14 524 413	2 021 258
新建县	2 118 860	945 458	1 891 115	876 238	391 513	823 723	88 241
安义县	740 068	633 816	586 517	577 544	71 118	633 605	56 588
进贤县	8 679 744	6 241 746	2 290 541	1 943 876	702 968	5 367 280	559 204
经济开发区	1 012 347	888 768	890 768	888 768	702 208	496 672	89 122
高新开发区	4 674 457	2 284 988	2 852 040	2 043 072	1 312 665	1 590 765	289 571
红谷滩新区	8 177 687	3 941 508	4 830 176	2 844 775	2 230 355	2 871 059	572 052
桑海开发区	451 502	440 176			17 157	451 502	37 475

11-7 分县区建筑业企业主要财务指标

(总承包和专业承包资质,2013 年)

单位:万元

项 目	固定资产合 计	固定资产原 价	累计折旧	#本年折旧	资产合计	负债合计
全 市	**1 057 427**	**1 236 280**	**455 764**	**95 429**	**10 161 595**	**6 587 485**
东 湖 区	140 935	156 399	75 005	19 842	1 368 611	930 298
西 湖 区	123 867	166 842	65 352	6 991	2 124 243	1 537 584
青 云 谱 区	108 361	160 211	72 408	15 619	1 631 448	1 266 363
湾 里	21 374	21 159	801	123	122 008	55 898
青 山 湖 区	34 754	46 422	14 515	3 002	340 438	150 115
南 昌 县	270 633	253 985	64 242	16 019	1 497 359	751 569
新 建 县	16 285	20 292	5 072	1 335	236 619	77 658
安 义 县	3 447	3 311	895	119	42 902	26 737
进 贤 县	48 704	55 170	11 781	2 778	195 556	53 574
经 济 开 发 区	36 056	36 670	17 201	3 308	465 281	328 862
高 新 开 发 区	149 899	190 951	87 519	16 367	956 855	723 499
红 谷 滩 新 区	103 112	124 867	40 973	9 926	1 176 629	682 871
桑 海 开 发 区					3 647	2 458

项　　目	所有者权益合计	工程结算收入	工程结算成本	工程结算税金及附加	管理费用	
						#税金
全　　市	**3 574 110**	**15 976 940**	**14 341 733**	**510 318**	**379 232**	**17 570**
东 湖 区	438 313	1 029 528	862 609	33 939	51 021	923
西 湖 区	586 658	2 548 405	2 294 930	78 851	62 683	1 568
青云谱区	365 085	2 688 558	2 467 693	82 982	57 019	3 497
湾　　里	66 110	374 055	328 512	19 668	3 775	311
青 山 湖	190 323	617 025	558 702	14 283	8 849	1 039
南 昌 县	745 790	3 690 509	3 332 939	103 012	80 152	3 200
新 建 县	158 961	317 366	253 393	26 617	6 630	254
安 义 县	16 166	59 993	53 324	2 466	1 267	262
进 贤 县	141 982	686 325	615 694	21 943	13 369	798
经济开发区	136 419	563 422	473 599	27 145	9 229	1 962
高新开发区	233 356	1 290 779	1 180 516	36 626	32 824	907
红谷滩新区	493 757	2 106 193	1 915 826	62 627	52 049	2 838
桑海开发区	1 189	4 782	3 998	161	365	12

（总承包和专业承包资质，2013 年）

单位:万元

项　　目	财务费用	营业利润	利润总额	应交所得税	应收工程款
全　　市	**80 882**	**597 589**	**600 199**	**144 867**	**2 129 215**
东湖区	3 394	63 445	63 297	15 877	168 238
西湖区	19 588	101 940	101 169	16 822	508 535
青云谱区	9 296	73 735	76 293	22 673	334 632
湾　　里	655	21 202	21 470	2 932	13 410
青山湖	767	25 360	25 340	7 625	95 562
南昌县	18 186	142 001	142 910	35 384	236 458
新建县	1 207	28 744	28 355	6 840	42 340
安义县	440	2 511	2 745	761	1 343
进贤县	1 069	31 267	31 267	6 936	30 230
经济开发区	4 443	21 932	21 789	8 034	208 173
高新开发区	8 969	27 064	26 867	7 621	188 922
红谷滩新区	12 839	58 163	58 472	13 351	301 371
桑海开发区	32	226	226	12	

主要统计指标解释

建筑施工企业 指从事房屋、构筑物和设备安装生产活动的独立施工单位，分为建筑安装企业和自营施工单位两种组织形式。建筑安装企业是指行政上有独立组织、经济上实行独立核算的企业。一般称为建筑公司、安装公司、工程公司、工程局(处)等。自营施工单位是指附属于现有生产企业、事业内部或行政单位的，为建造和修理本单位固定资产而自行组织的。并同时具备下述条件：(1)对内独立核算；(2)有固定组织和施工队伍；(3)全年施工期在半年以上。

建筑业总产值 建筑总产值是货币表现的建筑安装企业在一定时期内生产的建筑业产品的总和。按现行报表制度规定，具体包括：建筑工程产值、设备安装工程产值和其他产值。

建筑业增加值 是建筑业企业在报告期内以货币表现的建筑业生产经营活动的最终成果。建筑业增加值有两种计算方法：一是生产法，即建筑业总产出减去建筑业中间消耗后的余额；二是分配法(收入法)，即从收入的角度出发，根据生产要素在生产过程中应得到的收入份额计算，具体构成项目有固定资产折旧、劳动者报酬、生产税净额、营业盈余。

年末自有机械设备价值 指年末单位自有施工机械、生产设备、运输设备的全部机械价值，分别按原值和净值计算，不包括非生产用的机械设备价值。

利润总额 指建筑业企业在一定时期内所实现的利润。包括营业利润、投资收益和营业外收入与营业外支出的差额。

工程结算收入 指本企业承包实现的工程价额结算收入以及向发包单位收取的除工程价款以外按规定列作营业收入的各种款项，如临时设施费、劳动保险费、施工机构调迁等以及向发包单位收取的各种索赔款。

十二、运输和邮电

TRANSPORTATION,POSTS AND TELECOMMUNICATIONS SERVICES

本篇内容包括：

1.交通运输业资料
2.邮电通信业资料

货物、旅客运输量

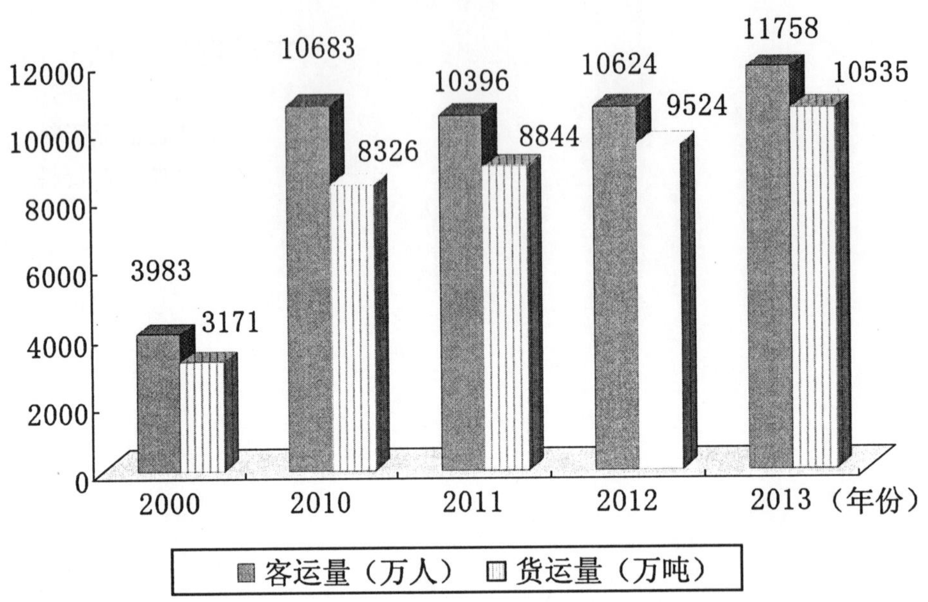

邮电业务总量

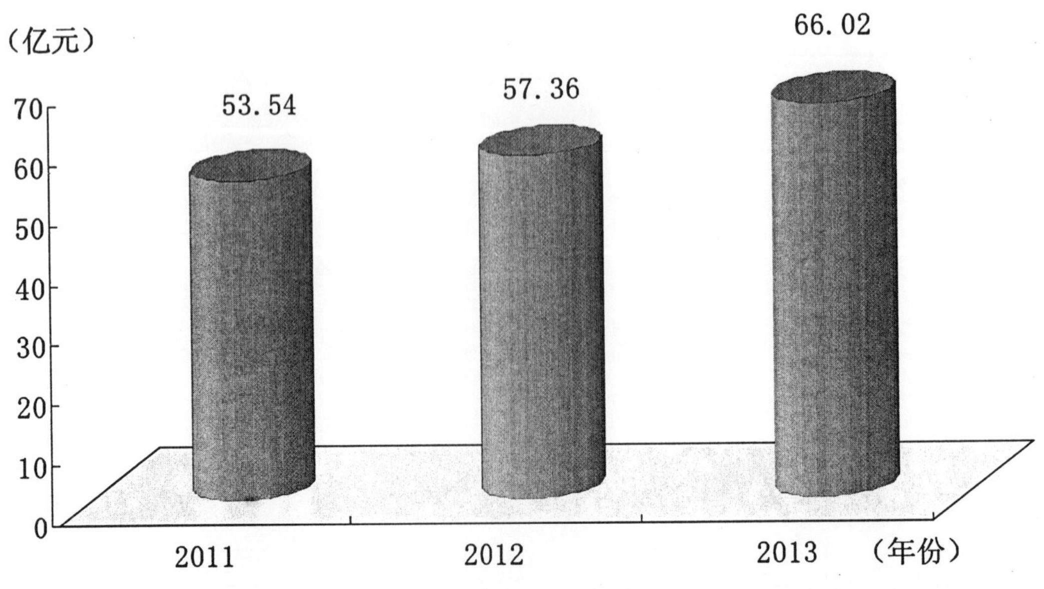

12-1 主要年份交通运输工具拥有量

项　　目	1990	2000	2010	2012	2013
一、汽　车(辆)	**21 050**	**41 707**	**362 098**	**476 780**	**560 779**
#载货汽车	11 150	20 827	65 080	60 259	62 822
载客汽车	8 051	18 280	287 341	409 402	492 367
其他汽车	1 849	2 600	9 677	7 119	5 590
二、摩 托 车(辆)	**7 202**	**102 505**	**120 963**	**92 278**	**69 502**
三、拖 拉 机(辆)	**4 681**	**9 314**	**68 205**	**93 193**	**68 060**
四、船　舶(艘)					
#机动船	771	334	258	274	261
客货轮	11	6			
推拖船		29	9	60	1
驳　船	211	141	10	6	2
五、汽车挂车(辆)		**114**	**988**	**892**	**787**
附:年末汽车驾驶员(万人)		13.7	82.95	109.47	121.76

注:2002年民用车辆指标解释进行重新制定,故特种汽车数量变动较大。2007年起,民用汽车拥有量全部划入南昌市车管所统计,与以前年度的口径发生改变。

12-2 主要年份旅客运输量及周转量

项　目	1990	2000	2010	2012	2013
一、旅客运输总量(万人)	**3 297**	**3 983**	**10 683**	**10 624**	**11 758**
1.民　　航	8	78	187	220	227
2.铁　　路	517	906	1 977	1 401	2 373
3.公　　路	2 720	2 978	8 519	9 003	9 158
4.水　　运	52	20			
二、旅客运输周转量(万人公里)	**239 480**	**609 103**	**1 444 913**	**1 263 014**	**1 537 352**
1.民　　航	7 306	86 356	193 888	235 810	240 151
2.铁　　路	113 319	325 371	534 216	285 095	544 900
3.公　　路	115 521	195 477	716 809	742 109	752 301
4.水　　运	3 335	1 899			

注:2009年起,公路数据与以前年度的口径发生改变,故数据变动较大;2013年昌北机场旅客吞吐量为681万人次。

12-3 主要年份货物运输量及周转量

项目	1990	2000	2010	2012	2013
一、货物运输总量(万吨)	**2 820**	**3 171**	**8 326**	**9 524**	**10 535**
1.民航		1	2	2	2
2.铁路	221	224	412	297	239
3.公路	2 298	2 784	7 244	8 510	9 545
4.水运	301	163	668	716	749
#交通部门	71	35	22	10	8
非交通部门	230	128	646	706	741
二、货物运输周转量(万吨公里)	**218 157**	**282 129**	**3 013 470**	**3 767 121**	**3 926 321**
1.民航	56	1 697	1 822	1 882	1 913
2.铁路	65 573	99 691	1 157 131	1 040 916	588 656
3.公路	96 686	148 211	1 751 164	2 616 075	3 157 861
4.水运	55 843	32 531	103 353	108 248	177 891
#交通部门	41 313	21 330	11 102	8 136	7 968
非交通部门	14 530	11 201	92 251	100 112	169 923

注:2009 年起,公路数据与以前年度的口径发生改变,故数据变动较大;2013 年昌北机场货邮吞吐量为 4 万吨。

12-4 电信网络及主要设备拥有量

项　　目	2012	2013
年末邮政局(所)数	151	157
光缆线路长度(公里)	30 876	31 897
市内电话交换机总容量(万门)	150	120
固定电话年末用户数(万户)	138	127
小灵通用户数(万户)	14	3
移动电话交换机容量(万户)	1 435	1 489
移动电话用户数(万户)	621	629
互联网宽带接入用户(万户)	83	116

注:2013 年开始市内电话交换机总容量只包括局用交换机容量,不包括用户交换机容量。

12-5　主要年份邮电业务量

项　　目	1990	2000	2010	2012	2013
一、邮电业务总量(万元)	**8 252**	**218 524**	**467 178**	**573 643**	**660 191**
二、邮电业务量					
函件(万件)	4 781	3 016	7 516	2 743	2 054
包裹(万件)	85	60	84	42	41
汇票(万件)	74	57	40	17	19
订销报刊累计数(万份)					9 873
快递(万件)					4 773
#国内同城快递(万件)					802
国内异地快递(万件)					3 945
国际及港澳台快递(万件)					25
固定电话年末用户数(万户)	3	74	162	138	127
#市话年末到达户数	3	60	85	75	80
#农话年末到达户数	0	14	23	20	18

注:1、1998年起,市辖县的邮政业务统计由市电信局转为市邮政局。2002年由于移动通讯统计口径发生变化,故数据调整较大。2010年邮政系统改革,数据口径缩小,因此邮电业务总量较上年有所减少。2、邮政业务总量从2013开始口径变化,包含快递业务量。3、2013年统计报表方法制度发生变换,指标更新,快递和订销报刊累计数2012年以前无数据,因此无同比增幅。

12-6　主要年份邮电邮路

项　　目	1990	2000	2010	2012	2013
一、邮路总条数(条)		100	111	73	59
二、铁路邮路总长度(公里)	4 174	3 351	3 813	2 390	3 905
三、汽车邮路总长度(公里)	1 092	8 470	15 692	10 893	11 218
四、农村投递路线单程长度(公里)	8 110	8 564	8 687	8 974	8 040

主要统计指标解释

货(客)运量 指运输业实际运送的货物(旅客)数量。货运按吨计算,客运按人计算。货物不论运输距离长短,货物类别,均按实际重量统计;旅客不论行程远近或票价多少、均按一人一次作为客运量统计。半价票、小孩票,也按一人统计。货(客)运量是反映运输业国民经济和人民生活服务的数量指标,也是制定和检查运输生产计划、研究运输发展规模和速度的重要指标。

货物(旅客)周转量 指运输业运送的货物(旅客)数量与其相应运输距离的乘积之总和,常以吨公里(人公里)为计算单位。计算货物周转量通常按发出站与到达站之间的最短距离,也就是计费距离计算。它是反映运输业生产总成果的重要指标,也是编制和检查运输生产计划、计算运输效率、劳动生产率以及核算运输单位成本的主要基础资料。

邮电业务总量 指以货币表现的邮电部门为用户传递信息和提供其他邮电服务的总量。它用各种邮电分类业务量,如函件件数、电报份数、长话张数、市内电话和农村电话年均户数、订销报刊累计份数等,分别乘以相应的平均单价(不变价格)加总后再加上出租电路和设备的收入、代用户维护电话交换机和线路等设备的收入、其它业务收入求得。邮电业务量综合反映了一定时期邮电工作的总成果,是研究邮电业务量构成和发展趋势的重要指标。

十三、国内贸易

DOMESTIC TRADE

本篇内容包括：

1. 社会消费品零售总额情况
2. 批发和零售业商品销售情况
3. 住宿和餐饮业经营情况
4. 重要商品购进、销售、库存情况
5. 限额以上批发和零售人企业商品购销存及主要财务状况
6. 限额以上住宿和餐饮法人企业经营情况及主要财务状况
7. 批发和零售业及住宿和餐饮业连锁经营情况
8. 成品油批发企业能源商品购进、销售、库存
9. 成品油零售企业(单位)能源商品销售与库存
10. 亿元以上商品交易市场主要经济指标
11. 零售企业(单位)排位和亿元以上市场排位
12. 个体工商业基本情况
13. 私营企业基本情况
14. 商品交易市场分类情况

社会消费品零售总额

（法人口径）

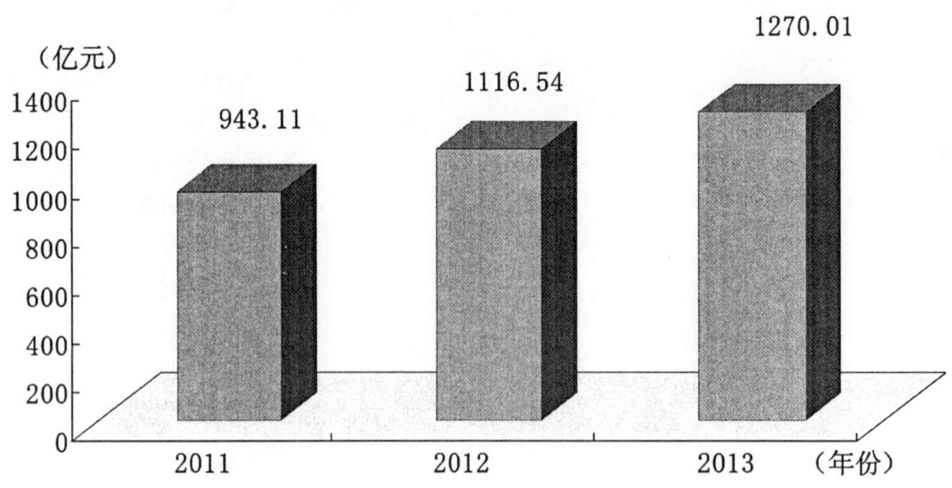

2013年社会消费品零售总额构成

（法人口径）

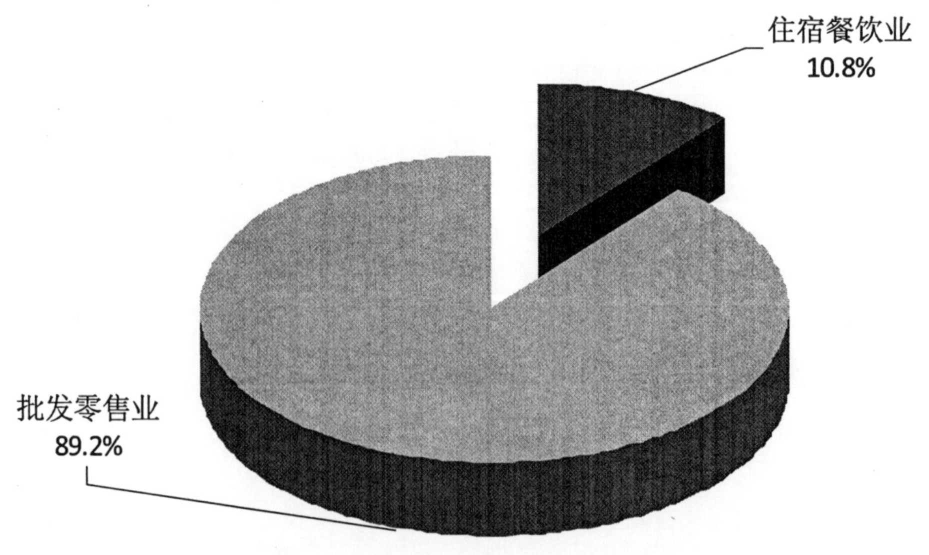

13-1 社会消费品零售总额

单位:万元

项　　目	2012 年 (全口径)	2013 年 (全口径)	比上年增长% (同口径)
社会消费品零售总额	**11 165 436**	**12 700 063**	**13.7**
按销售地区分			
城镇	10 555 718	12 003 238	13.7
#城区	8 644 213	9 789 817	13.3
乡村	609 719	696 825	14.3
按行业分			
批发和零售业	9 950 889	11 327 693	13.8
#限额以上	6 335 785	7 392 060	15.5
限额以下	3 615 104	3 935 633	8.9
住宿和餐饮业	1 214 547	1 372 370	13.0
#限额以上	398 067	350 826	-13.7
限额以下	816 480	1 021 544	25.1
按地区分			
东　湖　区	2 410 067	2 662 211	10.5
西　湖　区	3 281 774	3 509 112	6.9
青 云 谱 区	1 030 092	1 215 527	18.0
湾　里　区	45 902	53 241	16.0
青 山 湖 区	792 812	933 303	17.7
南　昌　县	659 688	768 020	16.4
新　建　县	398 603	463 878	16.4
安　义　县	125 650	144 437	15.0
进　贤　县	373 416	433 661	16.1
经济开发区	360 147	468 878	30.2
高新开发区	871 258	1 046 639	20.1
红谷滩新区	812 180	996 132	22.6
桑海开发区	3 847	5 024	30.6

注:1、2013 年数据为快报数。

2、本表数据为法人口径、不含其他行业。

3、2012 年数据为 2013 年上报数。

4、江西省统计局反馈 2013 年年报数为 12769539.7 万元,2012 年为 11223963.7 万元,增长 13.8%。

13-2 各县区社会消费品零售总额

(2013年)　　单位:万元

项目	社会消费品零售总额	按销售地区分			按行业分	
		城镇	#城区	乡村	批发和零售业	住宿和餐饮业
全市	**12 700 063**	**12 003 238**	**9 789 817**	**696 825**	**11 327 693**	**1 372 370**
东湖区	2 662 211	2 662 211	2 662 201		2 287 513	374 698
西湖区	3 509 112	3 509 112	3 508 902		2 974 290	534 822
青云谱区	1 215 527	1 215 527	1 169 418		1 137 985	77 542
湾里区	53 241	40 190	19 695	13 051	39 228	14 013
青山湖区	933 303	870 836	732 127	62 467	861 538	71 765
南昌县	768 020	517 401	10 708	250 619	664 002	104 018
新建县	463 878	289 757	774	174 121	389 713	74 165
安义县	144 437	116 317		28 120	123 205	21 232
进贤县	433 661	265 863	129	167 798	386 850	46 811
经济开发区	468 878	468 878	168		458 900	9 978
高新开发区	1 046 639	1 046 639	1 031 097		1 042 039	4 600
红谷滩新区	996 132	996 132	654 598		958 397	37 735
桑海开发区	5 024	4 375		649	4 033	991

注:本表数据为法人口径快报数。

13-3 主要年份社会消费品零售总额

单位:万元

项目	社会消费品零售总额	比上年增长%	按销售地区分		按行业分		
			市区或城镇	县及县以下或乡村	批发和零售业	住宿和餐饮业	其它
1990	294 909	1.2	179 447	115 462	280 964	12 866	1 079
2000	1 616 548	10.4	1 236 238	380 310	1 476 586	133 778	6 184
2010(在地口径)	7 649 438	20.8	7 232 206	417 232	6 971 944	677 494	
2011(在地口径)	9 507 374	19.8	8 994 330	513 044	8 442 920	1 064 454	
2011(法人口径)	9 283 438	18.5	8 773 566	509 872	8 285 440	997 999	
2012(法人口径)	11 165 437	18.4	10 516 576	648 861	9 950 970	1 214 467	
2013(法人口径)	12 700 063	13.7	12 003 238	696 825	11 327 693	1 372 370	

注:1、1990-2004 年社会消费品零售总额为第一次经济普查后的修正数据;2005-2008 年社会消费品零售总额为第二次经济普查修正后的快报数据。2009-2010 年为在地口径快报数。

2、从 2010 年开始,国家统计局调整指标结构,取消社会消费品零售总额中的其他行业。

3、2010 年国家统计局调整地区指标:市区改为城镇;县及县以下改为乡村。

13-4 社会消费品零售总额分月数

(2013年)　　单位:万元

	一　月	二　月	三　月	四　月	五　月	六　月
社会消费品零售总额	**1 173 733**	**1 051 695**	**1 160 252**	**901 851**	**916 366**	**950 443**
按销售地区分						
城镇	1 101 550	979 520	1 087 077	851 642	865 859	900 210
#城区	886 370	783 675	882 755	715 049	731 227	763 113
乡村	72 183	72 175	73 175	50 209	50 507	50 234
按行业分						
批发和零售业	1 063 910	945 094	1 053 100	814 629	827 100	860 097
#限额以上	621 285	502 469	610 476	576 705	589 176	622 173
限额以下	442 625	442 625	442 624	237 924	237 924	237 924
住宿和餐饮业	109 823	106 601	107 152	87 222	89 266	90 346
#限额以上	32 300	29 077	29 627	26 205	28 249	29 328
限额以下	77 523	77 524	77 525	61 017	61 017	61 018

注:本表数据为法人口径快报数。

13-4　续表　　(2013年)　　单位:万元

	七　月	八　月	九　月	十　月	十一月	十二月	全　年
社会消费品零售总额	**907 723**	**927 516**	**996 505**	**1 214 649**	**1 244 280**	**1 255 050**	**12 700 063**
按销售地区分							
城镇	859 336	879 049	947 182	1 148 805	1 183 645	1 199 364	12 003 238
#城区	695 946	711 259	768 160	933 125	953 122	966 016	9 789 817
乡村	48 387	48 467	49 323	65 844	60 635	55 686	696 825
按行业分							
批发和零售业	824 978	844 946	912 710	1 033 645	1 067 845	1 079 639	11 327 693
#限额以上	552 380	572 348	640 113	674 914	709 114	720 907	7 392 060
限额以下	272 598	272 598	272 597	358 731	358 731	358 732	3 935 633
住宿和餐饮业	82 745	82 570	83 795	181 004	176 435	175 411	1 372 370
#限额以上	28 340	28 166	29 390	33 435	28 866	27 843	350 826
限额以下	54 405	54 404	54 405	147 569	147 569	147 568	1 021 544

注:本表数据为法人口径快报数。

13-5 批发和零售业商品销售情况及限额以上企业(单位)分类销售

单位:万元

指标名称	销售额		批发额		零售额	
	2012年	2013年	2012年	2013年	2012年	2013年
合计	**34 510 651**	**40 336 528**	**24 559 762**	**29 008 835**	**9 950 889**	**11 327 693**
一、按行业分组						
批发业	22 560 086	26 338 840	20 850 682	24 425 130	1 709 404	1 913 710
#限额以上	10 043 716	10 870 135	8 937 033	9 613 828	1 106 683	1 256 307
限额以下及个体户	12 516 370	15 468 705	11 913 649	14 811 302	602 721	657 403
零售业	11 950 565	13 997 688	3 709 080	4 583 705	8 241 485	9 413 983
#限额以上	6 053 252	7 002 658	824 150	866 905	5 229 102	6 135 753
限额以下及个体户	5 897 313	6 995 030	2 884 930	3 716 800	3 012 383	3 278 230
二、按规模分组						
限额以上法人企业	16 096 968	17 872 793	9 761 183	10 480 733	6 335 785	7 392 060
粮油、食品、饮料、烟酒类	1 323 817	1 478 246	882 220	932 183	441 597	546 063
服装、鞋帽、针纺织品类	762 916	747 376	233 206	195 020	529 710	552 356
化妆品类	47 536	57 908	5 061	4 851	42 475	53 057
金银珠宝类	135 788	140 321	5 746	1 824	130 042	138 497
日用品类	200 050	239 622	55 274	36 333	144 776	203 289
五金、电料类	11 563	12 060	2 120	2 513	9 443	9 547
体育、娱乐用品类	32 524	19 971	17 016	6 952	15 508	13 019
书报杂志类	409 612	532 695	164 205	247 443	245 407	285 252
电子出版物及音像制品类	51 523	64 242	26	24	51 497	64 218
家用电器和音像器材类	988 986	1 254 684	625 047	819 022	363 939	435 662
中西药品类	1 489 653	1 690 953	927 264	996 597	562 389	694 356
文化办公用品类	316 465	269 263	148 230	128 889	168 235	140 374
家具类	192 363	256 549			192 363	256 549
通讯器材类	151 998	142 051	24 540	19 225	127 458	122 826
煤炭及制品类	1 883 707	1 904 799	1 883 707	1 904 799		
木材及制品类	203 906	264 366	203 906	264 366		
石油及制品类	1 515 104	1 650 085	461 342	465 983	1 053 762	1 184 102
化工材料及制品类	58 205	105 719	58 205	105 719		
金属材料类	2 873 068	3 249 545	2 873 068	3 249 545		
建筑及装潢材料类	209 220	243 167	73 987	95 385	135 233	147 782
机电产品及设备类	331 704	290 154	309 492	280 417	22 212	9 737
汽车类	2 474 743	2 964 963	423 653	482 188	2 051 090	2 482 775
种子饲料类	3 105	2 564	3 105	2 564		
棉麻类	12 430	21 893	12 430	21 893		
其他类	416 982	269 597	368 333	216 998	48 649	52 599
限额以下企业(单位)及个体户	18 413 683	22 463 735	14 798 579	18 528 102	3 615 104	3 935 633

注:1、本表数据为法人口径快报数(含附营产业、个体户)。

2、2012年数据为2013年快报上报数。

13-6 住宿和餐饮业经营情况

单位:万元

指标名称	住宿业		餐饮业	
	2012 年	2013 年	2012 年	2013 年
营业额总计	**347 181**	**377 254**	**1 158 904**	**1 359 149**
一、限额以上营业额	208 902	181 609	313 569	286 554
1.客房收入	109 723	102 074	3 560	3 366
2.餐费收入	75 704	60 542	253 791	232 198
3.商品销售额	12 804	7 825	55 768	50 261
4.其他收入	10 671	11 168	450	729
二、限额以下营业额	138 279	195 645	845 335	1 072 595
#餐费收入和商品销售额	40 717	60 319	775 763	961 225

注:1、本表数据为法人口径快报数(含附营产业、个体户)。

2、2012 年数据为 2013 年月报上报同期数。

13-7 重要商品购进、销售和库存

指标名称	计量单位	购进量		销售量		期末库存量	
		2012 年	2013 年	2012 年	2013 年	2012 年	2013 年
大米(稻米)	千克	59 035 376	176 204 561	58 616 091	170 546 359	1 503 894	6 151 176
面粉(小麦面)	千克	4 489 291	22 924 974	4 677 241	22 178 740	133 755	802 434
杂粮	千克	2 448 586	20 893 920	2 527 899	20 102 605	88 027	844 977
食用植物油	千克	8 565 185	8 839 980	8 419 847	8 700 179	726 389	791 994
猪肉	千克	9 163 804	19 576 795	9 225 194	19 616 793	169 527	86 741
牛肉	千克	1 125 889	863 384	886 134	929 166	336 872	267 863
羊肉	千克	484 569	488 901	406 686	490 852	115 912	112 438
禽肉	千克	680 363	790 840	614 584	813 622	122 624	104 909
鲜蛋	千克	2 063 173	2 098 102	2 089 964	2 121 673	52 347	26 820
彩色电视机	台	1 293 807	808 664	1 249 186	907 133	180 088	102 434
家用电冰箱	台	557 541	500 779	505 225	545 079	107 067	69 037
房间空调器	台	1 247 011	1 553 906	1 171 775	1 574 713	137 930	112 984
电脑(微型计算机)	台	745 595	469 062	673 512	490 162	103 885	23 789
汽车	辆	213 108	232 299	206 727	226 930	28 514	31 885
#轿车	辆	115 197	121 984	113 662	121 481	7 341	6 633
煤炭	吨	14 646 326	22 223 460	14 587 134	22 366 611	244 759	65 403
汽油	吨	535 985	543 716	556 102	627 112	42 022	37 211
柴油	吨	1 352 856	1 510 330	1 089 772	1 139 532	48 415	41 508
钢材	吨	1 477 178	1 105 757	1 461 036	1 146 807	63 586	18 157
铜	吨	229 039	249 323	226 260	249 068	3 759	1 372
铝	吨	6 138	5 420	6 138	5 417		3
水泥	吨						
化学肥料	吨	45 163	182 671	41 065	149 509	10 108	95 855
化学农药	吨	62 441	51 897	47 752	53 384	17 736	13 270

注:1、本表数据为法人口径季报。

2、2012 年数据为 2013 年快报上报数。

13-8 限额以上批发和零售业法人商品购销存

(2013 年)

指 标 名 称	法人企业数(个)	从业人员期末人数(人)	商品购进额(万元)	#进口
总 计	**460**	**55 202**	**15 069 686**	**130 354**
一、批发业	190	14 196	9 058 306	75 558
1.按批发行业小类分				
农、林、牧产品批发	1	46	21 893	
棉、麻批发	1	46	21 893	
食品、饮料及烟草制品批发	22	2 199	553 981	3 625
米、面制品及食用油批发	8	446	100 061	
糕点、糖果及糖批发	2	31	8 260	
果品、蔬菜批发	2	46	10 901	3 625
肉、禽、蛋、奶及水产品批发	3	166	11 364	
盐及调味品批发	2	217	14 584	
酒、饮料及茶叶批发	2	335	23 396	
烟草制品批发	1	932	380 615	
其他食品批发	2	26	4 800	
纺织、服装及家庭用品批发	24	1 678	813 470	3 442
纺织品、针织品及原料批发	4	75	51 507	3 437
服装批发	12	275	86 021	5
化妆品及卫生用品批发	1	4	4 300	
家用电器批发	7	1 324	671 642	
文化、体育用品及器材批发	5	256	71 762	
文具用品批发	1	41	28 984	
体育用品及器材批发	2	134	22 080	
图书批发	1	16	14 032	
其他文化用品批发	1	65	6 666	
医药及医疗器材批发	40	4 494	834 140	
西药批发	25	1 563	474 019	
中药批发	8	2 793	290 244	
医疗用品及器材批发	7	138	69 877	
矿产品、建材及化工产品批发	54	2 896	6 195 012	50 918
煤炭及制品批发	12	435	1 855 374	
石油及制品批发	9	1 811	1 428 899	
非金属矿及制品批发	1	20	5 375	
金属及金属矿批发	20	366	2 024 144	50 632
建材批发	4	68	42 239	
化肥批发	3	37	45 876	
农药批发	1	30	4 975	
其他化工产品批发	4	129	788 130	286
机械设备、五金交电及电子产品批发	38	2 283	424 503	14 561
农业机械批发	1	52	3 037	
汽车批发	6	411	63 873	14 561
汽车零配件批发	5	82	42 860	
摩托车及零配件批发	1	64	42 293	
电气设备批发	1	40	59 877	
计算机、软件及辅助设备批发	4	140	28 974	
通讯及广播电视设备批发	2	35	20 321	
其他机械设备及电子产品批发	18	1 459	163 268	
其他批发业	6	344	143 545	3 012
再生物资回收与批发	4	318	122 325	
其他未列明的批发	2	26	21 220	3 012
2.按登记注册类型分				
内资企业	188	13 736	9 032 835	60 997
国有企业	6	1 346	407 144	
股份合作企业	1	5	2 665	
有限责任公司	120	8 475	6 745 202	60 997
国有独资公司	5	463	349 444	
其他有限责任公司	115	8 012	6 395 758	60 997
股份有限公司	11	1 779	909 728	
私营企业	50	2 131	968 096	
私营独资企业	1	32	15 099	
私营有限责任公司	45	1 774	909 653	
私营股份有限公司	4	325	43 344	
其他企业				

注:本表数据为 2013 年法人口径年报数据。

(2013年)

指标名称	法人企业数(个)	从业人员期末人数(人)	商品购进额(万元)	#进口
港、澳、台商投资企业	1	160	10 910	
与港澳台商合资经营企业	1	160	10 910	
外商投资企业	1	300	14 561	14 561
中外合资经营企业	1	300	14 561	14 561
3.按企业控股情况分				
国有控股	31	6 515	6 432 711	49 195
集体控股	2	15	14 102	
私人控股	134	5 781	2 031 524	26 058
其他	23	1 885	579 969	305
4.按经营形式分				
独立门店	63	2 380	2 417 110	6 637
连锁总店	4	2 405	674 382	
其他	123	9 411	5 966 814	68 921
5.按单位规模分				
大型	7	5 702	1 296 341	14 561
中型	90	6 838	6 104 252	54 242
小型	83	1 547	1 389 666	6 755
微型	10	109	268 047	
二、零售业	270	41 006	6 011 380	54 796
1.按国民经济行业分				
综合零售	27	11 799	973 500	
百货零售	9	8 779	749 676	
超级市场零售	16	2 952	219 605	
其他综合零售	2	68	4 219	
食品、饮料及烟草制品专门零售	12	3 030	154 107	
粮油零售	2	56	2 008	
肉、禽、蛋及水产品零售	3	1 302	100 502	
营养和保健品零售	1	9	3 003	
酒、饮料及茶叶零售	2	42	1 195	
烟草制品零售	1	17	2 275	
其他食品零售	3	1 604	45 124	
纺织、服装及日用品专门零售	25	2 250	93 255	527
纺织品及针织品零售	2	43	8 839	
服装零售	14	1 624	44 272	
鞋帽零售	1	10	527	527
化妆品及卫生用品零售	1	98	8 691	
钟表、眼镜零售	3	396	26 277	
其他日用品零售	4	79	4 649	
文化、体育用品及器材专门零售	19	5 556	604 775	
文具用品零售	2	68	1 514	
图书、报刊零售	4	4 748	512 894	
音像制品及电子出版物零售	4	461	50 992	
珠宝首饰零售	7	234	36 809	
工艺美术品及收藏品零售	1	42	1 666	
乐器零售	1	3	900	
医药及医疗器材专门零售	18	5 503	809 233	
药品零售	15	5 464	806 994	
医疗用品及器材零售	3	39	2 240	
汽车、摩托车、燃料及零配件专门零售	116	7 331	2 471 680	54 269
汽车零售	102	6 736	2 220 285	54 269
汽车零配件零售	1	21	4 915	
机动车燃料零售	13	574	246 480	
家用电器及电子产品专门零售	42	3 580	549 944	
家用视听设备零售	1	913	136 404	
日用家电设备零售	14	1 328	230 006	
计算机、软件及辅助设备零售	13	1 038	141 513	
通信设备零售	10	232	29 489	
其他电子产品零售	4	69	12 532	
五金、家具及室内装修材料专门零售	10	1 185	294 608	
五金零售	1	6	444	
家具零售	3	1 109	265 492	
涂料零售	1	22	2 540	
陶瓷、石材装饰材料零售	3	34	25 136	
其他室内装修材料零售	2	14	996	

注:本表数据为2013年法人口径年报数据。

指 标 名 称	法人企业数(个)	从业人员期末人数(人)	商品购进额(万元)	#进口
货摊、无店铺及其他零售业	1	772	60 278	
邮购及电视、电话零售	1	772	60 278	
2.按登记注册类型分				
内资企业	253	35 410	5 395 692	54 796
国有企业	6	255	41 044	
集体企业	1	45	913	
股份合作企业	1	34	3 723	
有限责任公司	160	22 802	3 678 542	49 259
国有独资公司	1	28	2 782	
其他有限责任公司	159	22 774	3 675 760	49 259
股份有限公司	19	8 174	713 188	72
私营企业	65	4 088	955 010	3 765
私营独资企业	2	87	2 318	
私营有限责任公司	59	3 823	942 643	3 765
私营股份有限公司	4	178	10 049	
其他企业	1	12	3 272	1 700
港、澳、台商投资企业	9	3 889	333 474	
与港澳台商合资经营企业	2	156	10 442	
港澳台商独资企业	6	3 718	322 462	
港澳台商投资股份有限公司	1	15	570	
外商投资企业	8	1 707	282 214	
中外合资经营企业	3	654	77 906	
外资企业	4	1 023	202 233	
其他外商投资企业	1	30	2 075	
3.按企业控股情况分				
国有控股	25	10 129	1 434 426	72
集体控股	2	53	1 944	
私人控股	193	18 372	3 622 199	54 197
港澳台商控股	9	4 056	397 192	
外商控股	5	1 420	209 768	
其他	36	6 976	345 851	527
4.按经营形式分				
独立门店	213	14 793	3 081 938	50 010
连锁总店	32	21 575	1 915 594	4 786
连锁门店	5	1 369	126 188	
其他	20	3 269	887 660	
5.按单位规模分				
大型	20	24 757	2 697 757	
中型	108	13 359	2 649 660	42 999
小型	110	2 689	625 778	11 797
微型	32	201	38 185	
6.按零售业态分				
有店铺零售	259	38 817	5 518 659	54 796
超市	15	1 314	135 011	
大型超市	9	2 624	203 315	
百货店	19	9 304	971 921	
专业店	104	15 711	2 023 398	7 013
专卖店	104	8 494	1 886 019	47 783
家居建材商店	3	1 109	265 492	
购物中心	1	209	18 562	
厂家直销中心	4	52	14 941	
无店铺零售	11	2 189	492 721	
电视购物	1	772	60 278	
电话购物	10	1 417	432 443	

注:本表数据为 2013 年法人口径年报数据。

13-8 续表 2 (2013 年) 单位:万元

指标名称	商品销售额	批发额	# 出口	零售额	期末商品库存额	年末零售营业面积(平方米)
总计	**17 388 799**	**10 163 191**	**604 756**	**7 225 608**	**1 097 818**	**1 881 831**
一、批发业	10 476 504	9 303 225	604 756	1 173 279	403 953	277 773
1.按批发行业小类分						
农、林、牧产品批发	21 893	21 893				
棉、麻批发	21 893	21 893				
食品、饮料及烟草制品批发	716 941	674 685		42 256	33 808	50 892
米、面制品及食用油批发	122 451	88 870		33 581	8 338	45 210
糕点、糖果及糖批发	8 036	6 366		1 670	638	500
果品、蔬菜批发	11 347	11 347			400	500
肉、禽、蛋、奶及水产品批发	11 194	10 609		585	390	1 300
盐及调味品批发	22 365	22 365			571	2 000
酒、饮料及茶叶批发	26 462	22 804		3 658	922	350
烟草制品批发	509 623	507 873		1 750	21 692	632
其他食品批发	5 463	4 451		1 012	857	400
纺织、服装及家庭用品批发	852 351	819 882	118 120	32 469	9 018	8 431
纺织品、针织品及原料批发	52 322	46 695	34 646	5 627	855	1 380
服装批发	108 791	108 287	83 474	504	2 646	1 242
化妆品及卫生用品批发	4 327	4 327			561	200
家用电器批发	686 911	660 573		26 338	4 957	5 609
文化、体育用品及器材批发	87 317	86 526	44 564	791	3 633	550
文具用品批发	44 564	44 564	44 564		565	
体育用品及器材批发	21 777	21 777			2 847	550
图书批发	14 250	14 250			221	
其他文化用品批发	6 726	5 935		791		
医药及医疗器材批发	897 882	813 963	36 037	83 919	37 971	69 918
西药批发	498 116	442 873	21 427	55 243	27 420	15 376
中药批发	310 085	294 681		15 404	9 442	53 252
医疗用品及器材批发	89 681	76 409	14 610	13 272	1 109	1 290
矿产品、建材及化工产品批发	6 997 311	6 060 665	83 404	936 646	279 362	133 969
煤炭及制品批发	1 864 741	1 864 741			8 325	5 320
石油及制品批发	1 392 698	468 191		924 507	90 770	89 396
非金属矿及制品批发	5 352	5 352			23	200
金属及金属矿批发	2 842 755	2 840 530	72 031	2 225	141 414	7 721
建材批发	46 147	36 233	2 175	9 914	869	3 250
化肥批发	42 641	42 641			16 330	2 300
农药批发	5 338	5 338			133	150
其他化工产品批发	797 639	797 639	9 198		21 498	25 632
机械设备、五金交电及电子产品批发	739 385	701 991	297 747	37 394	37 092	13 013
农业机械批发	4 569	4 569			1 599	1 152
汽车批发	342 453	335 416	282 888	7 037	7 140	5 143
汽车零配件批发	43 088	37 038	7 959	6 050	637	1 000
摩托车及零配件批发	44 237	39 691		4 546	5 057	30
电气设备批发	61 785	61 785			1 786	
计算机、软件及辅助设备批发	36 511	29 541		6 970	2 475	1 748
通讯及广播电视设备批发	20 809	16 816		3 993	1 678	790
其他机械设备及电子产品批发	185 933	177 135	6 900	8 798	16 720	3 150
其他批发业	163 424	123 620	24 884	39 804	3 069	1 000
再生物资回收与批发	138 540	98 736		39 804	2 727	1 000
其他未列明的批发	24 884	24 884	24 884		342	
2.按登记注册类型分						
内资企业	10 182 293	9 013 231	321 868	1 169 062	400 232	275 673
国有企业	544 050	542 300	6 900	1 750	22 266	3 832
股份合作企业	3 104	3 104			594	300
有限责任公司	7 696 877	7 270 548	246 802	426 329	298 591	145 505
国有独资公司	1 102 557	858 086		244 471	24 685	22 620
其他有限责任公司	6 594 320	6 412 462	246 802	181 858	273 906	122 885
股份有限公司	871 715	231 145		640 570	54 200	69 218
私营企业	1 066 547	966 134	68 166	100 413	24 581	56 818
私营独资企业	18 932	18 718		214	1 180	120
私营有限责任公司	1 002 050	902 549	68 166	99 501	21 724	51 748
私营股份有限公司	45 565	44 867		698	1 677	4 950
其他企业						

注:本表数据为 2013 年法人口径年报数据。

指标名称	商品销售额	批发额	#出口	零售额	期末商品库存额	年末零售营业面积(平方米)
港、澳、台商投资企业	11 323	7 106		4 217	2 863	100
与港澳台商合资经营企业	11 323	7 106		4 217	2 863	100
外商投资企业	282 888	282 888	282 888		858	2 000
中外合资经营企业	282 888	282 888	282 888		858	2 000
3.按企业控股情况分						
国有控股	7 344 340	6 385 444	128 857	958 896	291 601	107 331
集体控股	15 106	15 106			1 785	2 300
私人控股	2 485 630	2 309 265	472 776	176 365	90 019	111 256
其他	631 428	593 410	3 123	38 018	20 548	56 886
4.按经营形式分						
独立门店	2 491 166	2 405 703	3 376	85 463	38 116	88 081
连锁总店	1 473 850	589 729		884 121	48 648	88 948
其他	6 511 488	6 307 793	601 380	203 695	317 189	100 744
5.按单位规模分						
大型	2 372 768	1 705 965	282 888	666 803	58 386	73 451
中型	6 349 296	5 872 643	189 513	476 653	273 741	172 436
小型	1 478 303	1 449 070	130 558	29 233	68 219	30 264
微型	276 137	275 547	1 797	590	3 607	1 622
二、零售业	6 912 295	859 966		6 052 329	693 865	1 604 058
1.按国民经济行业分						
综合零售	1 232 480	67 823		1 164 657	154 438	648 978
百货零售	1 011 772	57 230		954 542	117 163	497 013
超级市场零售	215 939	10 593		205 346	36 743	144 065
其他综合零售	4 769			4 769	532	7 900
食品、饮料及烟草制品专门零售	170 368	61 337		109 031	12 211	14 612
粮油零售	2 416	1 195		1 221	886	1 000
肉、禽、蛋、奶及水产品批发	102 249	60 142		42 107	188	5 726
营养和保健品零售	3 643			3 643	9	220
酒、饮料及茶叶零售	1 838			1 838	321	400
烟草制品零售	3 220			3 220	10	869
其他食品零售	57 002			57 002	10 797	6 397
纺织、服装及日用品专门零售	144 881	548		144 333	23 572	49 882
纺织品及针织品零售	9 275			9 275	525	520
服装零售	90 045			90 045	15 206	43 098
鞋帽零售	554			554	48	130
化妆品及卫生用品零售	8 245			8 245	785	1 450
钟表、眼镜零售	31 694			31 694	6 545	3 800
其他日用品零售	5 068	548		4 520	463	884
文化、体育用品及器材专门零售	640 532	234 641		405 891	34 602	121 756
文具用品零售	2 054			2 054	175	602
图书、报刊零售	527 763	233 178		294 585	20 583	99 153
音像制品及电子出版物零售	59 905			59 905	887	15 000
珠宝首饰零售	48 133	1 463		46 669	12 345	4 444
工艺美术品及收藏品零售	1 756			1 756	511	2 407
乐器零售	922			922	101	150
医药及医疗器材专门零售	858 432	229 609		628 823	166 861	95 660
药品零售	853 705	228 443		625 262	166 469	95 310
医疗用品及器材零售	4 727	1 166		3 561	392	350
汽车、摩托车、燃料及零配件专门零售	2 882 470	119 762		2 762 708	188 824	298 602
汽车零售	2 617 414	118 142		2 499 272	186 057	272 903
汽车零配件零售	4 927			4 927	41	1 200
机动车燃料零售	260 129	1 620		258 509	2 726	24 499
家用电器及电子产品专门零售	595 469	145 608		449 861	54 759	118 069
家用视听设备零售	131 480			131 480	4 923	42 817
日用家电设备零售	252 599	83 423		169 176	29 680	53 544
计算机、软件及辅助设备零售	166 091	55 366		110 725	14 458	14 956
通信设备零售	31 831	6 819		25 012	5 022	5 852
其他电子产品零售	13 468			13 468	676	900
五金、家具及室内装修材料专门零售	302 367	638		301 729	39 336	256 499
五金零售	638	638				120
家具零售	272 863			272 863	38 252	254 677
涂料零售	2 887			2 887	550	300
陶瓷、石材装饰材料零售	24 972			24 972	528	840
其他室内装修材料零售	1 007			1 007	6	562

注:本表数据为 2013 年法人口径年报数据。

指 标 名 称	商品销售额	批发额	#出口	零售额	期末商品库存额	年末零售营业面积(平方米)
货摊、无店铺及其他零售业	85 296			85 296	19 262	
邮购及电视、电话零售	85 296			85 296	19 262	
2.按登记注册类型分						
内资企业	6 278 175	829 665		5 448 510	639 869	1 383 439
国有企业	44 880	238		44 642	1 378	9 170
集体企业	1 018			1 018	26	943
股份合作企业	3 241	105		3 136	482	1 120
有限责任公司	4 296 567	419 732		3 876 835	335 246	949 802
国有独资公司	2 959			2 959	680	450
其他有限责任公司	4 293 608	419 732		3 873 876	334 566	949 352
股份有限公司	838 095	131 816		706 279	205 712	293 673
私营企业	1 091 174	277 774		813 400	96 953	127 631
私营独资企业	2 326			2 326	296	3 400
私营有限责任公司	1 072 279	274 670		797 609	92 186	116 281
私营股份有限公司	16 569	3 104		13 465	4 471	7 950
其他企业	3 200			3 200	72	1 100
港、澳、台商投资企业	337 671	26 542		311 129	14 017	131 347
与港澳台商合资经营企业	9 814			9 814	1 218	2 250
港澳台商独资企业	327 262	26 542		300 720	12 157	128 857
港澳台商投资股份有限公司	595			595	642	240
外商投资企业	296 449	3 759		292 690	39 979	89 272
中外合资经营企业	87 841	3 759		84 082	11 336	24 933
外资企业	206 719			206 719	28 457	63 139
其他外商投资企业	1 889			1 889	186	1 200
3.按企业控股情况分						
国有控股	1 537 783	295 236		1 242 547	161 376	244 464
集体控股	2 118			2 118	95	1 243
私人控股	4 159 716	499 057		3 660 659	404 030	866 670
港澳台商控股	401 197	26 542		374 655	21 038	137 214
外商控股	223 472			223 472	32 288	81 105
其他	588 009	39 131		548 878	75 038	273 362
4.按经营形式分						
独立门店	3 657 604	206 718		3 450 886	292 526	798 731
连锁总店	2 191 405	395 977		1 795 428	288 804	721 009
连锁门店	114 068			114 068	27 442	45 700
其他	949 218	257 271		691 947	85 093	38 618
5.按单位规模分						
大型	3 000 340	681 369		2 318 971	393 030	841 192
中型	3 199 440	145 393		3 054 047	243 919	650 487
小型	670 686	31 957		638 729	53 322	103 811
微型	41 829	1 247		40 582	3 594	8 568
6.按零售业态分						
有店铺零售	6 366 853	650 925		5 715 928	639 798	1 604 058
超市	161 851	83 905		77 946	24 610	28 800
大型超市	207 800	10 593		197 207	38 363	137 290
百货店	1 217 021	87 060		1 129 961	144 181	525 230
专业店	2 234 798	320 465		1 914 333	236 281	400 364
专卖店	2 239 301	148 902		2 090 399	151 635	255 337
家居建材商店	272 863			272 863	38 252	254 677
购物中心	19 791			19 791	4 856	1 700
厂家直销中心	13 428			13 428	1 620	660
无店铺零售	545 442	209 041		336 401	54 067	
电视购物	85 296			85 296	19 262	
电话购物	460 146	209 041		251 105	34 805	

注:本表数据为 2013 年法人口径年报数据。

13-9 限额以上住宿餐饮法人企业经营情况

（2013 年）　　　　单位：万元

指标名称	法人企业数（个）	从业人员期末人数（人）	营业额				
				客房收入	餐费收入	商品销售收入	其他收入
总　计	**153**	**22 618**	**283 433**	**89 096**	**163 725**	**20 599**	**10 013**
一、住宿业	84	10 797	148 243	85 606	47 242	5 789	9 606
1.按住宿业行业小类分							
旅游饭店	53	7 740	108 511	60 460	36 070	4 018	7 963
一般旅馆	29	2 988	39 040	24 560	11 070	1 767	1 643
其他住宿业	2	69	692	586	102	4	
2.按登记注册类型分							
内资企业	75	9 567	128 351	74 082	42 331	4 877	7 061
国有企业	13	2 439	30 334	18 607	8 048	1 002	2 677
有限责任公司	33	4 861	64 084	35 577	22 362	2 447	3 698
国有独资公司	1	42	515	261	254		
其他有限责任公司	32	4 819	63 569	35 316	22 108	2 447	3 698
股份有限公司	3	322	3 406	1 793	1 345	110	158
私营企业	25	1 937	30 238	17 816	10 576	1 318	528
私营有限责任公司	22	1 780	28 179	16 200	10 178	1 273	528
私营股份有限公司	3	157	2 059	1 616	398	45	
其他企业	1	8	289	289			
港澳台商投资企业	4	398	5 891	2 705	1 555	311	1 320
与港澳台商合资经营企业	3	206	3 977	1 750	962	158	1 107
与港澳台商合作经营企业	1	192	1 914	955	593	153	213
外商投资企业	5	832	14 001	8 819	3 356	601	1 225
中外合资经营企业	2	252	4 654	2 818	987	594	255
外资企业	2	455	8 082	4 854	2 251	7	970
外商投资股份有限公司	1	125	1 265	1 147	118		
3.按控股情况分							
国有控股	18	2 990	43 760	24 440	13 193	1 822	4 305
集体控股	2	165	1 338	850	427	50	11
私人控股	46	4 856	66 565	39 747	22 557	2 439	1 822
港澳台商控股	2	317	3 499	1 923	977	311	288
外商控股	5	832	14 001	8 819	3 356	601	1 225
其他	10	1 115	14 130	6 457	5 476	243	1 955
4.按经营形式分							
独立门店	75	9 169	130 327	72 965	43 250	5 441	8 671
连锁总店(总部)	3	844	8 385	7 498	555	190	142
连锁门店	3	146	1 936	1 647	232	27	30
其他	3	638	7 595	3 496	3 205	131	763
5.按单位规模分							
大型	1	480	10 554	5 060	5 349	27	118
中型	20	6 043	87 171	49 324	27 232	3 056	7 559
小型	59	4 209	49 850	30 587	14 634	2 700	1 929
微型	4	65	668	635	27	6	
6.按星级分							
五星	6	2 199	36 180	16 407	15 376	982	3 415
四星	19	3 226	43 556	25 508	12 870	1 882	3 296
三星	15	984	10 574	6 608	3 251	549	166
二星	2	42	386	386			
其他	42	4 346	57 547	36 697	15 745	2 376	2 729

注：本表数据为 2013 年法人口径年报数据。

13–9 续表 1

(2013 年)

单位：万元

指 标 名 称	法 人 企业数 （个）	从业人员 期末人数 （人）	营业额				
				客房收入	餐费收入	商品销售 收 入	其他收入
二、餐饮业	69	11 821	135 190	3 490	116 483	14 810	407
1.按餐饮行业小类分							
正餐服务	66	5 778	77 640	3 490	59 168	14 672	310
快餐服务	3	6 043	57 550		57 315	138	97
2.按登记注册类型分							
内资企业	61	4 870	69 361	3 490	52 705	12 759	407
国有企业	1	320	2 275	554	1 383	338	
集体企业	1	41	360	24	269	67	
股份合作企业	3	255	2 640		2 034	606	
有限责任公司	29	2 324	41 585	2 047	32 664	6 470	405
其他有限责任公司	29	2 324	41 585	2 047	32 664	6 470	405
股份有限公司	1	32	431		325	106	
私营企业	26	1 898	22 070	865	16 030	5 172	3
私营独资企业	1	24	770		487	283	
私营合伙企业	1	37	938	242	555	141	
私营有限责任公司	23	1 807	18 116	623	13 103	4 387	3
私营股份有限公司	1	30	2 246		1 885	361	
港澳台商投资企业	4	831	9 060		7 605	1 455	
与港澳台商合资经营企业	3	755	8 244		6 952	1 292	
港澳台商投资股份有限公司	1	76	816		653	163	
外商投资企业	4	6 120	56 769		56 173	596	
中外合资经营企业	1	28	494		296	198	
外资企业	1	5 904	54 729		54 729		
外商投资股份有限公司	2	188	1 546		1 148	398	
3.按控股情况分							
国有控股	3	431	3 443	910	2 057	394	82
集体控股	1	41	360	24	269	67	
私人控股	52	3 808	59 324	1 803	45 314	11 960	247
港澳台商控股	3	434	3 775		2 748	1 027	
外商控股	3	6 092	56 275		55 877	398	
其他	7	1 015	12 013	753	10 218	964	78
4.按经营形式分							
独立门店	59	4 048	52 803	3 490	37 835	11 071	407
连锁总店	7	7 494	76 111		72 711	3 400	
连锁门店	1	110	2 618		2 480	138	
其他	2	169	3 658		3 457	201	
5.按单位规模分							
大型	1	5 904	54 729		54 729		
中型	9	2 393	32 258	554	27 337	4 367	
小型	58	3 521	47 938	2 936	34 246	10 349	407
微型	1	3	265		171	94	

注：本表数据为 2013 年法人口径年报数据。

13-9　续表 2　　(2013 年)

指 标 名 称	客房数(间)	床位数(个)	餐位数(位)	年末餐饮营业面积(平方米)
总　　计	**16 957**	**28 204**	**68 212**	**263 736**
一、住宿业	15 690	25 908	28 954	112 695
1.按住宿业行业小类分				
旅游饭店	10 127	16 219	22 582	88 991
一般旅馆	5 345	9 364	6 312	23 204
其他住宿业	218	325	60	500
2.按登记注册类型分				
内资企业	13 877	23 002	25 987	101 639
国有企业	2 227	3 878	6 880	20 032
有限责任公司	7 033	11 864	12 705	52 631
国有独资公司	48	92	100	350
其他有限责任公司	6 985	11 772	12 605	52 281
股份有限公司	545	868	1 324	4 520
私营企业	4 002	6 262	5 078	24 456
私营有限责任公司	3 755	5 818	5 010	24 336
私营股份有限公司	247	444	68	120
其他企业	70	130		
港澳台商投资企业	621	1 024	912	3 450
与港澳台商合资经营企业	346	548	492	2 950
与港澳台商合作经营企业	275	476	420	500
外商投资企业	1 192	1 882	2 055	7 606
中外合资经营企业	357	557	425	1 060
外资企业	542	787	1 430	4 546
外商投资股份有限公司	293	538	200	2 000
3.按控股情况分				
国有控股	2 784	4 549	9 145	32 323
集体控股	216	396	720	4 000
私人控股	8 767	14 443	10 963	50 546
港澳台商控股	471	801	700	850
外商控股	1 192	1 882	2 055	7 606
其他	1 761	2 951	4 221	14 680
4.按经营形式分				
独立门店	12 417	20 391	26 170	106 400
连锁总店(总部)	1 948	3 466	384	625
连锁门店	442	634	72	820
其他	883	1 417	2 328	4 850
5.按单位规模分				
大型	390	570	980	5 000
中型	6 712	11 109	15 732	52 126
小型	8 393	13 906	11 760	52 009
微型	195	323	482	3 560
6.按星级分				
五星	1 794	2 713	5 778	25 089
四星	3 812	6 574	8 628	34 875
三星	1 980	3 243	3 663	14 690
二星	180	312		
其他	7 924	13 066	10 885	38 041

注:本表数据为 2013 年法人口径年报数据。

(2013 年)

指 标 名 称	客房数（间）	床位数（个）	餐位数（位）	年末餐饮营业面积(平方米)
二、餐饮业	1 267	2 296	39 258	151 041
1.按餐饮行业小类分				
正餐服务	1 267	2 296	32 366	124 364
快餐服务			6 892	26 677
2.按登记注册类型分				
内资企业	1 267	2 296	28 097	102 657
国有企业	124	250	900	1 700
集体企业	40	40	350	700
股份合作企业			512	4 280
有限责任公司	788	1 421	13 702	47 997
其他有限责任公司	788	1 421	13 702	47 997
股份有限公司			260	800
私营企业	315	585	12 373	47 180
私营独资企业			280	410
私营合伙企业	68	125	460	600
私营有限责任公司	247	460	11 283	44 670
私营股份有限公司			350	1 500
港澳台商投资企业			3 726	19 908
与港澳台商合资经营企业			3 296	16 708
港澳台商投资股份有限公司			430	3 200
外商投资企业			7 435	28 476
中外合资经营企业			200	300
外资企业			6 440	25 920
外商投资股份有限公司			795	2 256
3.按控股情况分				
国有控股	236	476	1 210	2 800
集体控股	40	40	350	700
私人控股	670	1 262	22 295	87 480
港澳台商控股			1 660	8 160
外商控股			7 235	28 176
其他	321	518	6 508	23 725
4.按经营形式分				
独立门店	1 267	2 296	20 166	85 216
连锁总店			17 500	63 268
连锁门店			392	457
其他			1 200	2 100
5.按单位规模分				
大型			6 440	25 920
中型	124	250	9 360	42 365
小型	1 143	2 046	23 332	80 349
微型			126	2 407

注：本表数据为 2013 年法人口径年报数据。

13-10 限额以上批发零售法人企业财务状况

（2013 年）

单位：万元

指标名称	法人企业数（个）	执行《2006年企业会计准则》企业数（个）	年初存货	流动资产合计	应收帐款	存货	固定资产合计	固定资产原价
总　计	**460**	**317**	**831 262**	**4 982 411**	**791 251**	**933 342**	**563 120**	**818 968**
一、批发业	190	137	352 630	2 782 289	454 042	379 034	207 146	295 174
1.按批发行业小类分								
农、林、牧产品批发	1	1	2 131	18 457	15 236	256	1 590	3 549
棉、麻批发	1	1	2 131	18 457	15 236	256	1 590	3 549
食品、饮料及烟草制品批发	22	19	27 710	218 366	15 237	32 945	31 781	51 546
米、面制品及食用油批发	8	6	3 026	12 317	4 166	5 779	3 020	3 424
糕点、糖果及糖批发	2	2	182	1 827	1 351	227	32	41
果品、蔬菜批发	2	2	490	3 820	1 932	400	2 499	2 647
肉、禽、蛋、奶及水产品批发	3	2	17	2 096	632	2	454	541
盐及调味品批发	2	2	1 236	17 801	2 463	3 055	2 425	6 610
酒、饮料及茶叶批发	2	2	1 171	6 064	3 202	922	75	178
烟草制品批发	1	1	20 752	172 199	587	21 702	23 274	38 077
其他食品批发	2	2	837	2 243	904	859	1	29
纺织、服装及家庭用品批发	24	17	11 049	334 469	21 016	11 005	5 263	8 409
纺织品、针织品及原料批发	4	3	666	13 232	10	763	643	763
服装批发	12	10	5 842	54 885	15 979	4 949	1 992	2 821
化妆品及卫生用品批发	1		401	897	416	480	23	52
家用电器批发	7	4	4 139	265 455	4 612	4 813	2 605	4 773
文化、体育用品及器材批发	5	3	2 670	45 845	24 283	678	9 776	15 391
文具用品批发	1	1	291	16 658	2 486	327	6 275	9 654
体育用品及器材批发	2	1	2 379	26 042	20 898	238	166	513
图书批发	1	1		1 372	321	113	3 269	5 108
其他文化用品批发	1			1 773	578		65	116
医药及医疗器材批发	40	30	33 365	328 237	147 432	41 538	17 961	26 495
西药批发	25	19	21 217	205 504	107 084	28 338	12 706	19 007
中药批发	8	5	9 255	91 597	21 543	8 446	3 103	4 857
医疗用品及器材批发	7	6	2 893	31 136	18 805	4 754	2 152	2 631
矿产品、建材及化工产品批发	54	32	227 601	1 496 781	157 368	246 514	121 878	166 785
煤炭及制品批发	12	8	11 585	345 041	85 787	8 392	10 663	13 297
石油及制品批发	9	4	94 128	422 324	8 440	87 321	102 910	141 633
非金属矿及制品批发	1	1	23	722		50	24	31
金属及金属矿批发	20	12	91 082	365 850	21 788	117 728	6 720	9 641
建材批发	4	3	1 275	5 131	1 330	764	43	249
化肥批发	3	1	12 216	30 674	34	16 748	917	974
农药批发	1		133	1 281	43	133	14	63
其他化工产品批发	4	3	17 160	325 758	39 946	15 378	586	898
机械设备、五金交电及电子产品批发	38	32	43 389	319 343	70 859	42 103	17 889	21 349
农业机械批发	1	1	3 131	3 598	633	1 599	546	842
汽车批发	6	5	9 641	155 091	31 656	10 892	6 155	3 987
汽车零配件批发	5	4	642	7 627	4 453	449	548	798
摩托车及零配件批发	1	1	4 993	7 343	999	5 739	1 195	1 529
电气设备批发	1	1	4 416	48 323	4	7	956	1 470
计算机、软件及辅助设备批发	4	4	1 655	12 643	5 335	2 514	660	888
通讯及广播电视设备批发	2	1	2 084	7 024	2 571	2 448	15	31
其他机械设备及电子产品批发	18	15	16 828	77 693	25 208	18 455	7 815	11 804
其他批发业	6	3	4 716	20 791	2 611	3 996	1 007	1 650
再生物资回收与批发	4	3	4 452	13 911	2 313	3 695	682	988
其他未列明的批发	2		264	6 880	298	301	325	663
2.按登记注册类型分								
内资企业	188	136	349 521	2 644 908	428 761	375 256	201 018	290 614
国有企业	6	4	22 020	202 361	11 752	24 759	27 475	46 954
股份合作企业	1	1	1 061	697	84	594	6	63
有限责任公司	120	92	213 683	1 768 538	315 877	243 566	71 205	103 599
国有独资公司	5	4	11 010	218 851	5 244	16 801	18 255	25 127
其他有限责任公司	115	88	202 674	1 549 687	310 632	226 764	52 951	78 472
股份有限公司	11	6	85 567	214 463	5 279	75 073	82 265	112 121
私营企业	50	33	27 190	458 849	95 769	31 263	20 068	27 878
私营独资企业	1	1	3 015	7 765	2 159	3 323	52	94
私营有限责任公司	45	29	22 520	441 564	90 657	26 322	18 459	25 508
私营股份有限公司	4	3	1 655	9 521	2 953	1 618	1 557	2 276

注：本表数据为 2013 年法人口径年报数。

指标名称	法人企业数(个)	执行《2006年企业会计准则》企业数(个)	年初存货	流动资产合计	应收帐款	存货	固定资产合计	固定资产原价
港、澳、台商投资企业	1	1	2 251	7 327	622	2 920	836	1 676
港、澳、台商独资经营企业	1	1	2 251	7 327	622	2 920	836	1 676
外商投资企业	1		858	130 054	24 658	858	5 291	2 884
中外合资经营企业	1		858	130 054	24 658	858	5 291	2 884
3.按控股情况分								
国有控股	31	26	242 853	1 536 440	152 234	262 588	140 990	203 599
集体控股	2	2	2 320	1 899	90	1 785	280	368
私人控股	134	87	92 060	1 091 547	253 161	95 774	48 671	66 081
其他	23	22	15 398	152 402	48 557	18 888	17 205	25 125
4.按经营形式分								
独立门店	63	42	39 197	523 969	109 431	44 718	18 650	27 861
连锁总店	4	4	70 078	413 444	1 744	73 087	62 148	84 344
其他	123	91	243 356	1 844 877	342 866	261 229	126 348	182 969
5.按单位规模分								
大型	7	5	76 887	646 913	31 730	81 898	68 969	90 061
中型	90	68	186 601	1 715 487	343 063	232 825	117 781	176 842
小型	83	57	81 739	383 532	76 216	63 150	20 008	27 395
微型	10	7	7 404	36 356	3 033	1 161	387	877
二、零售业	270	180	478 632	2 200 121	337 210	554 308	355 974	523 794
1.按国民经济行业分								
综合零售	27	18	91 202	392 548	6 592	142 538	155 742	240 191
百货零售	9	7	77 305	343 993	5 779	126 944	140 596	210 705
超级市场零售	16	11	13 388	47 683	777	15 075	14 819	28 897
其他综合零售	2		509	873	36	520	327	589
食品、饮料及烟草制品专门零售	12	10	33 883	131 648	3 986	38 114	12 776	17 737
粮油零售	2	2	271	1 950	355	369	73	138
肉、禽、蛋、奶及水产品零售	3	3	17 661	103 718	1 538	22 168	8 442	12 664
营养和保健品零售	1	1	135	616	323	293	74	110
酒、饮料及茶叶零售	2	1	339	1 081	92	290	679	903
烟草制品零售	1	1	132	806		100	5	49
其他食品零售	3	2	15 344	23 477	1 678	14 894	3 503	3 874
纺织、服装及日用品专门零售	25	14	35 521	60 106	10 962	25 864	1 312	2 479
纺织品及针织品零售	2	1	135	1 010	22	133	34	39
服装零售	14	7	24 888	33 853	6 654	18 049	323	946
鞋帽零售	1	1	403	50			83	109
化妆品及卫生用品零售	1	1	929	6 331		760	351	458
钟表、眼镜零售	3	1	8 281	15 075	3 695	6 567	429	761
其他日用品零售	4	3	885	3 788	592	355	93	167
文化、体育用品及器材专门零售	19	12	53 530	420 471	10 338	39 004	72 465	95 483
文具用品零售	2	1	217	1 022	392	137	89	101
图书、报刊零售	4	4	35 611	362 819	5 858	20 011	53 423	69 003
音像制品及电子出版物零售	4	2	6 004	26 858	3 912	8 066	3 792	6 094
珠宝首饰零售	7	4	11 017	28 512	173	10 179	14 959	19 663
工艺美术品及收藏品零售	1		561	1 056		511	198	619
乐器零售	1	1	120	203	2	101	4	5
医药及医疗器材专门零售	18	14	53 760	329 383	189 545	69 861	24 970	37 362
药品零售	15	12	53 538	326 939	187 735	69 461	24 937	37 288
医疗用品及器材零售	3	2	222	2 443	1 811	400	33	74
汽车、摩托车、燃料及零配件专门零售	116	75	143 144	570 257	36 937	170 696	74 164	110 069
汽车零售	102	63	139 862	554 444	36 169	167 903	68 736	101 764
汽车零配件零售	1	1	106	469	19		533	589
机动车燃料零售	13	11	3 176	15 345	749	2 793	4 896	7 717
家用电器及电子产品专门零售	42	29	56 741	229 753	63 750	47 595	10 914	15 999
家用视听设备零售	1	1	4 153	50 817	13 794	3 232	393	1 634
日用家电设备零售	14	8	27 287	90 013	12 812	24 605	1 075	1 933
计算机、软件及辅助设备零售	13	9	21 519	72 253	33 211	13 899	8 747	11 339
通信设备零售	10	7	3 073	13 567	3 171	5 213	566	784
其他电子产品零售	4	4	709	3 104	762	646	132	311
五金、家具及室内装饰材料专门零售	10	7	4 404	9 098	4 532	1 175	2 566	2 737
五金零售	1	1	19	67	15			1
家具零售	3	2	3 457	4 576	4 071	223	1 686	2 037
涂料零售	1	1	331	1 405	46	550	52	80
陶瓷、石材装饰材料零售	3	2	568	1 759	182	364	277	389
其他室内装修材料零售	2	1	30	1 290	218	39	552	231

注:本表数据为 2013 年法人口径年报数。

(2013 年)

单位:万元

指标名称	法人企业数(个)	执行《2006年企业会计准则》企业数(个)	年初存货	流动资产合计	应收帐款	存货	固定资产合计	固定资产原价
货摊、无店铺及其他零售业	1	1	6 448	56 858	10 569	19 461	1 065	1 737
邮购及电视、电话零售	1	1	6 448	56 858	10 569	19 461	1 065	1 737
2.按登记注册类型分								
内资企业	253	168	450 514	2 035 446	329 588	514 932	320 017	462 273
国有企业	6	4	2 393	6 555	886	1 477	344	1 388
集体企业	1	1	29	375		39	119	208
股份合作企业	1	1	482	1 394		482	131	236
有限责任公司	160	102	234 663	1 245 633	188 172	255 693	151 045	215 976
国有独资公司	1	1	350	3 064	127	582	37	97
其他有限责任公司	159	101	234 314	1 242 569	188 045	255 111	151 008	215 879
股份有限公司	19	14	121 258	428 514	38 623	166 404	153 626	218 235
私营企业	65	45	91 615	352 888	101 901	90 827	14 699	26 170
私营独资企业	2		277	332	4	284	130	418
私营有限责任公司	59	43	90 477	340 075	101 491	88 083	13 569	24 109
私营股份有限公司	4	2	861	12 480	406	2 461	1 000	1 643
其他企业	1	1	72	87	6	10	54	60
港、澳、台商投资企业	9	6	16 789	92 834	5 334	20 582	20 618	29 066
与港澳台商合资经营企业	2	1	1 181	7 621	641	1 111	399	651
港澳台商独资企业	6	4	14 986	84 510	4 693	18 834	20 215	28 407
港澳台商投资股份有限公司	1	1	622	704		638	4	8
外商投资企业	8	6	11 330	71 842	2 287	18 794	15 339	32 455
中外合资经营企业	3	2	1 199	21 684	1 429	9 668	8 943	12 325
外资企业	4	3	9 776	49 603	648	8 882	6 370	19 937
其他外商投资企业	1	1	354	554	211	243	26	194
3.按企业控股情况分								
国有控股	25	20	80 468	629 001	111 834	92 343	81 138	110 729
集体控股	2	2	64	738	163	108	209	345
私人控股	193	118	320 717	1 237 383	194 567	372 789	215 024	287 766
港澳台商控股	9	7	16 537	106 942	6 017	27 364	23 784	33 773
外商控股	5	4	10 907	52 922	648	11 367	12 058	27 211
其他	36	29	49 938	173 137	23 981	50 336	23 762	63 970
4.按经营形式分								
独立门店	213	135	216 924	836 228	78 734	240 251	112 722	175 134
连锁总店	32	25	186 544	946 762	39 866	220 122	219 051	308 617
连锁门店	5	4	7 959	14 580	1 283	8 625	3 844	9 625
其他	20	16	67 205	402 552	217 327	85 310	20 358	30 418
5.按单位规模分								
大型	20	18	254 626	1 286 467	245 318	302 871	220 615	316 340
中型	108	65	175 779	709 104	71 863	196 092	114 942	175 814
小型	110	78	43 794	178 127	16 378	51 460	18 882	29 578
微型	32	19	4 433	26 423	3 651	3 885	1 534	2 062
6.按零售业态分								
有店铺零售	259	171	434 396	1 944 052	201 808	499 310	346 280	508 847
超市	15	10	26 353	61 913	11 025	23 781	1 636	3 692
大型超市	9	6	11 812	46 427	1 494	13 294	17 532	31 543
百货店	19	7	95 433	432 515	9 389	158 493	146 682	219 623
专业店	104	69	151 562	831 813	127 481	148 618	122 766	164 512
专卖店	104	72	138 789	550 061	45 614	149 013	55 373	85 929
家居建材商店	3	2	3 457	4 576	4 071	223	1 686	2 037
购物中心	1	1	6 621	9 137	2 295	4 856	88	126
厂家直销中心	4	4	370	7 611	441	1 032	519	1 384
无店铺零售	11	9	44 236	256 069	135 401	54 998	9 694	14 948
电视购物	1	1	6 448	56 858	10 569	19 461	1 065	1 737
电话购物	10	8	37 788	199 211	124 832	35 538	8 628	13 211

注:本表数据为 2013 年法人口径年报数据。

13-10　续表 2　（2013 年）　单位：万元

指 标 名 称	累计折旧	本年折旧	在建工程	资产总计	流动负债合计	应付帐款	非流动负债合计	负债合计
总　　计	**260 964**	**68 001**	**118 656**	**6 620 316**	**4 059 957**	**1 017 457**	**454 631**	**4 554 035**
一、批发业	91 707	29 913	65 904	3 460 078	2 249 075	509 977	272 619	2 555 984
1.按批发行业小类分								
农、林、牧产品批发	1 959	355		38 856	32 159	25 897	2 440	34 599
棉、麻批发	1 959	355		38 856	32 159	25 897	2 440	34 599
食品、饮料及烟草制品批发	19 791	15 381	1 027	334 297	46 648	10 834	3 860	50 510
米、面制品及食用油批发	420	60		18 692	5 304	1 483	800	6 104
糕点、糖果及糖批发	9	1		1 860	1 617	210		1 617
果品、蔬菜批发	148	130		6 320	2 893	1 449		2 893
肉、禽、蛋、奶及水产品批发	97	24		2 556	1 113	690	150	1 265
盐及调味品批发	4 184	328	168	97 397	19 247	1 894	2 910	22 157
酒、饮料及茶叶批发	103	36		6 180	2 327			2 327
烟草制品批发	14 802	14 802	859	199 049	12 008	4 329		12 008
其他食品批发	27			2 245	2 138	779		2 138
纺织、服装及家庭用品批发	3 307	963		356 644	310 733	17 828		329 111
纺织品、针织品及原料批发	240	125		14 183	11 551	2 166		11 551
服装批发	870	129		60 080	53 139	10 190		53 139
化妆品及卫生用品批发	29	5		920	715	300		715
家用电器批发	2 168	704		281 461	245 328	5 173		263 706
文化、体育用品及器材批发	5 616	920		62 087	47 655	10 622		49 283
文具用品批发	3 379	606		24 201	18 201	3 866		18 201
体育用品及器材批发	347	61		26 225	24 025	5 184		25 653
图书批发	1 839	202		9 823	4 201	346		4 201
其他文化用品批发	51	51		1 838	1 227	1 227		1 227
医药及医疗器材批发	8 734	2 224	5 628	374 830	298 378	104 889	519	300 627
西药批发	6 501	1 340	3 772	239 734	197 795	59 861	454	199 979
中药批发	1 754	539	1 856	101 790	79 610	30 746	50	79 660
医疗用品及器材批发	479	345		33 306	20 973	14 283	15	20 988
矿产品、建材及化工产品批发	44 922	8 304	55 394	1 904 044	1 207 237	251 416	261 862	1 481 651
煤炭及制品批发	2 634	657	6	366 676	342 689	67 283		342 716
石油及制品批发	38 736	7 122	55 375	744 685	171 242	18 681	260 011	437 224
非金属矿及制品批发	7	3		746	412	290		412
金属及金属矿批发	2 922	377		423 105	354 358	157 726	1 436	362 348
建材批发	206	16		5 804	4 864	1 011	314	5 178
化肥批发	56	35	13	32 174	28 131	676	100	28 231
农药批发	50	6		1 294	945	152		945
其他化工产品批发	311	88		329 561	304 597	5 596		304 597
机械设备、五金交电及电子产品批发	6 736	1 650	3 855	364 009	296 157	86 953	3 797	299 954
农业机械批发	296	56	5	4 284	3 235	1 466		3 235
汽车批发	1 104	217	3 313	174 787	152 925	14 894	338	153 263
汽车零配件批发	254	42		9 109	4 796	3 580		4 796
摩托车及零配件批发	334	158		8 574	7 490	1 751		7 490
电气设备批发	515	57		59 001	53 228	39 871		53 228
计算机、软件及辅助设备批发	228	64		13 704	8 221	1 964		8 221
通讯及广播电视设备批发	16	8		7 080	5 648	818		5 648
其他机械设备及电子产品批发	3 989	1 050	538	87 469	60 614	22 609	3 459	64 074
其他批发业	643	116		25 312	10 110	1 538	141	10 251
再生物资回收与批发	305	69		14 730	5 964	1 407	141	6 105
其他未列明的批发	338	47		10 581	4 146	131		4 146
2.按登记注册类型分								
内资企业	90 001	29 648	62 632	3 307 351	2 110 562	502 329	272 619	2 417 471
国有企业	19 488	15 194	1 027	310 742	42 512	12 216	3 060	45 574
股份合作企业	57	10		702	1 385	452		1 385
有限责任公司	32 568	7 297	6 007	2 005 231	1 488 771	421 941	189 584	1 709 259
国有独资公司	6 873	1 308		277 794	77 481	18 197	180 674	258 155
其他有限责任公司	25 695	5 989	6 007	1 727 437	1 411 290	403 745	8 910	1 451 104
股份有限公司	29 855	5 263	55 361	489 013	128 319	17 861	79 506	207 824
私营企业	8 033	1 884	237	501 663	449 575	49 858	470	453 429
私营独资企业	42	14		7 852	7 085	5 140		7 085
私营有限责任公司	7 272	1 731	237	482 298	433 223	39 930	470	437 077
私营股份有限公司	718	139		11 513	9 267	4 789		9 267

注：本表数据为 2013 年法人口径年报数据。

13-10 续表 2-1 (2013 年) 单位:万元

指标名称	累计折旧	本年折旧	在建工程	资产总计	流动负债合计	应付帐款	非流动负债合计	负债合计
港、澳、台商投资企业	840	104		8 165	7 625	1 914		7 625
港、澳、台商独资经营企业	840	104		8 165	7 625	1 914		7 625
外商投资企业	865	160	3 272	144 562	130 889	5 735		130 889
中外合资经营企业	865	160	3 272	144 562	130 889	5 735		130 889
3.按控股情况分								
国有控股	62 619	23 040	56 402	2 010 344	1 080 270	272 245	263 384	1 343 656
集体控股	89	29		2 179	1 989	839		1 990
私人控股	20 960	4 737	7 783	1 244 925	1 021 433	209 127	9 218	1 064 939
其他	8 040	2 107	1 719	202 631	145 383	27 767	17	145 400
4.按经营形式分								
独立门店	9 216	2 152	1 763	586 305	487 937	92 343	6 327	500 818
连锁总店	22 196	17 394	3 433	531 186	103 598	6 193	181 802	285 400
其他	60 294	10 367	60 708	2 342 587	1 657 540	411 442	84 490	1 769 766
5.按单位规模分								
大型	24 364	18 067	6 665	775 916	480 823	35 519	1 427	482 250
中型	59 252	10 341	59 028	2 199 179	1 384 719	337 788	270 487	1 682 912
小型	7 602	1 431	211	446 428	354 695	131 330	705	361 983
微型	490	74		38 555	28 839	5 341		28 839
二、零售业	169 257	38 088	52 752	3 160 238	1 810 881	507 480	182 012	1 998 050
1.按国民经济行业分								
综合零售	84 467	18 890	20 379	700 730	414 454	113 691	88 096	502 549
百货零售	70 109	16 595	20 379	619 056	349 256	92 418	85 392	434 648
超级市场零售	14 084	2 251		80 349	64 375	21 019	2 703	67 078
其他综合零售	274	44		1 326	823	254	1	823
食品、饮料及烟草制品专门零售	4 961	779	5 606	202 586	43 604	5 425	300	43 999
粮油零售	65	31		2 145	934	512		934
肉、禽、蛋、奶及水产品零售	4 222	640	4 466	142 066	11 708	409		11 708
营养和保健品零售	36	4		783	100		300	400
酒、饮料及茶叶零售	224	78		13 736	91	52		91
烟草制品零售	44	5		810	244	50		244
其他食品零售	371	20	1 140	43 046	30 527	4 402		30 622
纺织、服装及日用品专门零售	1 169	366	15	67 323	49 735	22 857	41	50 180
纺织品及针织品零售	5	2		1 102	702	542		702
服装零售	623	117		37 521	35 986	18 930		36 386
鞋帽零售	26	8		226	50		41	91
化妆品及卫生用品零售	107	107	15	7 387	1 546	292		1 546
钟表、眼镜零售	333	118		17 130	8 241	2 689		8 241
其他日用品零售	74	15		3 958	3 210	404		3 214
文化、体育用品及器材专门零售	23 018	4 298	22 600	625 260	148 750	47 368	38 171	186 916
文具用品零售	11			1 261	1 010	817		1 010
图书、报刊零售	15 580	3 439	22 586	545 782	124 312	39 741	37 856	162 168
音像制品及电子出版物零售	2 302	356	14	32 676	5 819	3 647	315	6 130
珠宝首饰零售	4 704	487		44 078	17 172	3 158		17 172
工艺美术品及收藏品零售	420	16		1 255	429			429
乐器零售	1			207	7	6		7
医药及医疗器材专门零售	12 392	2 188	448	436 040	333 596	170 290	37 508	371 105
药品零售	12 350	2 181	448	433 564	331 763	168 915	37 508	369 271
医疗用品及器材零售	41	7		2 477	1 834	1 376		1 834
汽车、摩托车、燃料及零配件专门零售	36 986	9 696	3 367	792 055	572 096	80 053	10 593	588 346
汽车零售	34 084	9 002	3 342	769 090	559 354	77 996	10 492	575 504
汽车零配件零售	56	52		1 012	412	57		412
机动车燃料零售	2 846	643	25	21 952	12 330	2 000	100	12 431
家用电器及电子产品专门零售	5 088	1 353	2	255 659	186 549	27 251	1 939	187 479
家用视听设备零售	1 241	241		52 134	50 358	18 701		50 358
日用家电设备零售	857	289	2	95 134	80 957	-11 100		80 957
计算机、软件及辅助设备零售	2 591	743		90 758	46 086	16 229	1 939	47 016
通信设备零售	220	34		14 179	8 598	4 122		8 598
其他电子产品零售	178	46		3 454	551	-702		551
五金、家具及室内装饰材料专门零售	506	219	335	15 335	4 419	177	5 365	9 800
五金零售	1			67	25			25
家具零售	351	159		8 935	1 220	95	5 130	6 366
涂料零售	28	22		1 457	957	35		957
陶瓷、石材装饰材料零售	112	29		2 907	1 325		177	1 502
其他室内装修材料零售	14	10	335	1 969	893	47	58	951

注:本表数据为 2013 年法人口径年报数据。

指 标 名 称	累计折旧	本年折旧	在建工程	资产总计	流动负债合计	应付帐款	非流动负债合计	负债合计
货摊、无店铺及其他零售业	671	299		65 251	57 679	40 370		57 679
邮购及电视、电话零售	671	299		65 251	57 679	40 370		57 679
2.按登记注册类型分								
内资企业	143 690	31 982	52 737	2 898 869	1 598 858	449 321	179 049	1 783 064
国有企业	1 044	171		6 943	4 752	1 125	46	4 798
集体企业	89	3		494	135			135
股份合作企业	106	2		1 525	1 380			1 380
有限责任公司	66 313	18 370	27 227	1 717 936	980 398	307 876	64 583	1 045 723
国有独资公司	60	8		3 220	1 425	728		1 425
其他有限责任公司	66 253	18 362	27 227	1 714 716	978 974	307 149	64 583	1 044 298
股份有限公司	64 609	10 184	24 808	709 130	276 355	61 442	86 468	363 156
私营企业	11 523	3 248	702	462 556	335 758	78 870	27 952	367 792
私营独资企业	300	57		581	131	109	1	131
私营有限责任公司	10 580	2 998	702	446 568	327 548	78 243	27 951	359 582
私营股份有限公司	642	193		15 408	8 079	518		8 079
其他企业	6	5		285	80	8		80
港、澳、台商投资企业	8 452	3 682	15	158 196	144 767	32 174	1 617	146 383
与港澳台商合资经营企业	255	109	15	8 728	2 367	864		2 367
港澳台商独资企业	8 192	3 573		148 723	142 147	31 061	1 617	143 764
港澳台商投资股份有限公司	5			745	253	250		253
外商投资企业	17 116	2 424		103 173	67 257	25 985	1 346	68 603
中外合资经营企业	3 382	1 150		31 983	22 067	8 509		22 067
外资企业	13 566	1 271		70 511	43 690	16 530	1 346	45 036
其他外商投资企业	168	2		678	1 499	945		1 499
3.按企业控股情况分								
国有控股	30 115	5 208	23 557	863 135	375 838	170 633	55 121	430 959
集体控股	136	23		947	76	-113		76
私人控股	73 655	21 522	9 057	1 781 425	1 048 287	198 820	104 394	1 157 433
港澳台商控股	9 990	3 940	15	175 766	155 176	36 298	1 617	156 793
外商控股	15 153	2 153		80 302	53 445	19 772	1 346	54 791
其他	40 209	5 242	20 123	258 662	178 060	82 070	19 535	197 999
4.按经营形式分								
独立门店	63 542	18 833	3 633	1 116 904	784 481	137 618	17 868	807 068
连锁总店	89 873	16 554	48 634	1 510 318	647 368	166 133	124 360	772 071
连锁门店	5 781	786		24 649	26 553	6 672	1 346	27 899
其他	10 061	1 915	484	508 368	352 480	197 058	38 438	391 013
5.按单位规模分								
大型	95 724	16 777	48 984	1 911 559	968 833	321 787	164 297	1 133 129
中型	61 894	18 074	2 803	995 768	683 067	152 903	16 753	700 491
小型	10 776	3 057	629	222 810	146 060	31 965	570	151 014
微型	863	181	335	30 101	12 922	825	393	13 417
6.按零售业态分								
有店铺零售	164 003	36 321	52 752	2 816 695	1 568 443	381 730	155 303	1 728 902
超市	2 074	318		66 723	60 679	-2 081	58	60 736
大型超市	14 011	3 528		81 020	63 632	20 242	2 646	66 278
百货店	73 158	15 647	20 497	721 687	432 902	97 460	85 392	518 293
专业店	42 447	8 541	25 092	1 171 394	529 901	180 809	56 745	591 389
专卖店	31 058	7 884	7 163	749 292	469 506	79 132	5 332	475 238
家居建材商店	351	159		8 935	1 220	95	5 130	6 366
购物中心	39	30		9 515	5 220	2 482		5 220
厂家直销中心	865	214		8 130	5 384	3 591		5 384
无店铺零售	5 254	1 767		343 543	242 439	125 750	26 710	269 148
电视购物	671	299		65 251	57 679	40 370		57 679
电话购物	4 583	1 468		278 293	184 760	85 380	26 710	211 470

注:本表数据为 2013 年法人口径年报数据。

指标名称	所有者权益合计	实收资本	国家资本	集体资本	法人资本	个人资本	港澳台资本	外商资本
总　计	**2 066 281**	**1 263 146**	**679 911**	**10 627**	**341 653**	**204 930**	**18 873**	**7 152**
一、批发业	904 093	586 149	367 557	2 100	129 802	85 862		828
1.按批发行业小类分								
农、林、牧产品批发	4 257	2 280		1 160		1 120		
棉、麻批发	4 257	2 280		1 160		1 120		
食品、饮料及烟草制品批发	283 787	43 073	34 708		4 829	3 536		
米、面制品及食用油批发	12 588	6 732	2 880		2 350	1 502		
糕点、糖果及糖批发	243	149			135	14		
果品、蔬菜批发	3 426	1 200			200	1 000		
肉、禽、蛋、奶及水产品批发	1 291	1 135	85		30	1 020		
盐及调味品批发	75 240	31 743	31 743					
酒、饮料及茶叶批发	3 852	650			650			
烟草制品批发	187 041	1 214			1 214			
其他食品批发	107	250			250			
纺织、服装及家庭用品批发	27 532	12 205	359	530	4 751	6 564		
纺织品、针织品及原料批发	2 632	2 470	151			2 319		
服装批发	6 940	5 057	108	530	1 286	3 133		
化妆品及卫生用品批发	205	200				200		
家用电器批发	17 755	4 477	100		3 465	912		
文化、体育用品及器材批发	12 804	4 300			3 100	1 200		
文具用品批发	6 000	1 000			1 000			
体育用品及器材批发	572	700			100	600		
图书批发	5 622	2 000			2 000			
其他文化用品批发	611	600				600		
医药及医疗器材批发	74 203	65 147	7 110		33 381	24 656		
西药批发	39 755	34 275	5 100		18 081	11 094		
中药批发	22 130	19 460	2 010		15 200	2 250		
医疗用品及器材批发	12 319	11 412			100	11 312		
矿产品、建材及化工产品批发	422 394	405 771	320 905	310	53 441	31 115		
煤炭及制品批发	23 960	37 872	12 044		17 700	8 128		
石油及制品批发	307 461	301 923	296 673		2 865	2 385		
非金属矿及制品批发	335	200				200		
金属及金属矿批发	60 757	44 791	12 036		13 550	19 205		
建材批发	626	910			400	510		
化肥批发	3 943	2 610		310	2 300			
农药批发	349	300	153			147		
其他化工产品批发	24 964	17 166			16 626	540		
机械设备、五金交电及电子产品批发	64 055	45 847	3 674	100	26 050	15 195		828
农业机械批发	1 049	1 000				1 000		
汽车批发	21 524	11 276		100	10 088	500		588
汽车零配件批发	4 314	3 273			3 073	200		
摩托车及零配件批发	1 083	1 200			1 200			
电气设备批发	5 773	2 000			2 000			
计算机、软件及辅助设备批发	5 483	4 916			500	4 416		
通讯及广播电视设备批发	1 432	1 500	1 000			500		
其他机械设备及电子产品批发	23 396	20 683	2 674		9 189	8 579		240
其他批发业	15 061	7 526	800		4 250	2 476		
再生物资回收与批发	8 626	2 403	800		500	1 103		
其他未列明的批发	6 435	5 123			3 750	1 373		
2.按登记注册类型分								
内资企业	889 880	581 837	367 557	2 100	126 319	85 862		
国有企业	265 168	34 760	33 546		1 214			
股份合作企业	−683	200			200			
有限责任公司	295 972	230 048	66 308	2 100	105 574	56 066		
国有独资公司	19 640	28 736	26 736		2 000			
其他有限责任公司	276 332	201 312	39 572	2 100	103 574	56 066		
股份有限公司	281 189	271 153	267 703		700	2 750		
私营企业	48 234	45 677			18 631	27 046		
私营独资企业	767	50			50			
私营有限责任公司	45 222	43 545			17 581	25 963		
私营股份有限公司	2 246	2 082			1 000	1 082		

注:本表数据为 2013 年法人口径年报数据。

指标名称	所有者权益合计	实收资本						
			国家资本	集体资本	法人资本	个人资本	港澳台资本	外商资本
港、澳、台商投资企业	540	950			710			240
港、澳、台商独资经营企业	540	950			710			240
外商投资企业	13 673	3 361			2 773			588
中外合资经营企业	13 673	3 361			2 773			588
3.按控股情况分								
国有控股	666 688	410 736	363 044	530	45 732	1 430		
集体控股	189	510		310	200			
私人控股	179 985	132 421	412	1 260	62 162	67 759		828
其他	57 231	42 482	4 100		21 709	16 673		
4.按经营形式分								
独立门店	85 487	67 551	10 980	1 570	22 872	31 889		240
连锁总店	245 786	69 243	67 229		2 014			
其他	572 821	449 355	289 348	530	104 916	53 972		588
5.按单位规模分								
大型	293 665	71 169	52 329		18 252			588
中型	516 267	424 967	308 619	1 690	70 406	44 012		240
小型	84 445	86 008	6 229	410	39 583	39 787		
微型	9 716	4 005	380		1 562	2 063		
二、零售业	1 162 188	676 998	312 355	8 527	211 851	119 069	18 873	6 324
1.按国民经济行业分								
综合零售	198 181	89 470		7 262	73 519	942	2 941	4 805
百货零售	184 408	55 323		7 262	45 835		1 375	850
超级市场零售	13 270	33 645			27 182	942	1 566	3 955
其他综合零售	503	503			503			
食品、饮料及烟草制品专门零售	158 587	34 739	292	10	19 264	13 864	1 310	
粮油零售	1 211	1 100			1 100			
肉、禽、蛋、奶及水产品零售	130 358	13 058	202		6 897	5 959		
营养和保健品零售	383	266			266			
酒、饮料及茶叶零售	13 645	11 310			10 000		1 310	
烟草制品零售	566	100	90	10				
其他食品零售	12 424	8 906			1 001	7 905		
纺织、服装及日用品专门零售	17 143	18 743		21	12 671	3 731	2 320	
纺织品及针织品零售	400	221		21		200		
服装零售	1 135	10 250			9 155	1 095		
鞋帽零售	135	100				100		
化妆品及卫生用品零售	5 840	2 320					2 320	
钟表、眼镜零售	8 888	5 220			3 380	1 841		
其他日用品零售	744	632			137	495		
文化、体育用品及器材专门零售	438 344	291 357	280 482		6 786	3 597	493	
文具用品零售	251	250			100	150		
图书、报刊零售	383 614	280 955	279 655		1 300			
音像制品及电子出版物零售	26 547	2 288	150		1 943	196		
珠宝首饰零售	26 906	6 987			3 243	3 252	493	
工艺美术品及收藏品零售	826	677	677					
乐器零售	200	200			200			
医药及医疗器材专门零售	64 936	39 906	19 000		5 230	15 626	50	
药品零售	64 293	39 269	19 000		4 643	15 626		
医疗用品及器材零售	643	637			587		50	
汽车、摩托车、燃料及零配件专门零售	203 708	140 953	6 377	1 234	65 387	60 275	6 537	1 143
汽车零售	193 587	136 571	4 153	1 034	64 947	58 757	6 537	1 143
汽车零配件零售	600	600				600		
机动车燃料零售	9 522	3 782	2 224	200	440	918		
家用电器及电子产品专门零售	68 181	45 681	1 000		26 950	12 134	5 223	375
家用视听设备零售	1 777	1 000			1 000			
日用家电设备零售	14 177	15 438			12 058	3 380		
计算机、软件及辅助设备零售	43 742	20 755	1 000		10 257	4 123	5 000	375
通信设备零售	5 581	5 561			2 167	3 171	223	
其他电子产品零售	2 903	2 928			1 468	1 460		
五金、家具及室内装饰材料专门零售	5 535	5 945			2 045	3 900		
五金零售	43	50				50		
家具零售	2 569	2 750			1 200	1 550		
涂料零售	500	500			500			
陶瓷、石材装饰材料零售	1 405	1 600			300	1 300		
其他室内装修材料零售	1 018	1 045			45	1 000		

注:本表数据为 2013 年法人口径年报数据。

指 标 名 称	所有者权益合计	实收资本						
			国家资本	集体资本	法人资本	个人资本	港澳台资本	外商资本
货摊、无店铺及其他零售业	7 572	10 204	5 204			5 000		
邮购及电视、电话零售	7 572	10 204	5 204			5 000		
2.按登记注册类型分								
内资企业	1 115 805	632 841	312 355	8 527	193 166	118 594	50	150
国有企业	2 145	1 716	1 701		15			
集体企业	359	200		200				
股份合作企业	145	100				100		
有限责任公司	672 213	503 721	307 152	1 065	134 048	61 405	50	
国有独资公司	1 795	1 000	1 000					
其他有限责任公司	670 417	502 721	306 152	1 065	134 048	61 405	50	
股份有限公司	345 974	60 052	2 602	7 262	38 938	11 250		
私营企业	94 764	66 853	900		20 164	45 638		150
私营独资企业	450	390			130	260		
私营有限责任公司	86 986	61 127	900		19 534	40 542		150
私营股份有限公司	7 328	5 336			500	4 836		
其他企业	205	200				200		
港、澳、台商投资企业	11 813	28 046			9 223		18 823	
与港澳台商合资经营企业	6 361	2 766			223		2 543	
港澳台商独资企业	4 959	24 788			9 000		15 788	
港澳台商投资股份有限公司	493	493					493	
外商投资企业	34 570	16 111			9 463	475		6 174
中外合资经营企业	9 916	6 654			4 811	475		1 368
外资企业	25 475	9 257			4 451			4 805
其他外商投资企业	–821	200			200			
3.按企业控股情况分								
国有控股	432 177	320 988	310 877	10	5 001	5 100		
集体控股	871	718		200	518			
私人控股	623 992	272 009	1 478	1 034	158 056	110 644	273	525
港澳台商控股	18 974	29 254			9 661		18 600	993
外商控股	25 511	12 257			7 451			4 805
其他	60 664	41 771		7 283	31 163	3 325		
4.按经营形式分								
独立门店	309 836	214 721	7 764	1 265	114 629	70 714	17 513	2 836
连锁总店	738 247	396 041	281 387	7 262	85 883	21 509		
连锁门店	–3 250	4 567			580	500		3 487
其他	117 354	61 670	23 204		10 760	26 346	1 360	
5.按单位规模分								
大型	778 430	415 383	304 061	7 262	68 600	30 406	1 566	3 487
中型	295 277	183 306	5 477	195	106 255	53 463	15 455	2 461
小型	71 796	61 534	2 817	1 070	32 412	23 009	1 852	375
微型	16 684	16 775			4 584	12 191		
6.按零售业态分								
有店铺零售	1 087 793	643 886	307 151	8 527	204 961	98 101	18 823	6 324
超市	5 987	8 054			5 712	2 342		
大型超市	14 742	33 902			27 006		2 941	3 955
百货店	203 394	70 220	1 130	7 262	55 196	559	5 223	850
专业店	580 005	412 381	301 862	1 060	56 482	43 103	9 349	525
专卖店	274 054	112 060	4 159	205	55 847	49 547	1 310	993
家居建材商店	2 569	2 750			1 200	1 550		
购物中心	4 295	3 000			3 000			
厂家直销中心	2 746	1 520			520	1 000		
无店铺零售	74 395	33 112	5 204		6 890	20 968	50	
电视购物	7 572	10 204	5 204			5 000		
电话购物	66 823	22 908			6 890	15 968	50	

注：本表数据为 2013 年法人口径年报数据。

13-10 续表 4　　(2013 年)　　单位:万元

指标名称	营业收入	主营业务收入	营业成本	主营业务成本	营业税金及附加	主营业务税金及附加	其他业务利润	销售费用
总　　计	**15 357 023**	**15 321 530**	**14 099 226**	**14 086 029**	**87 058**	**86 729**	**40 169**	**430 134**
一、批发业	9 262 075	9 253 114	8 741 039	8 733 407	45 994	45 915	4 730	145 545
1.按批发行业小类分	15 357 023	15 321 530	14 099 756	14 086 559				
农、林、牧产品批发	18 712	18 712	18 201	18 201	29	29		379
棉、麻批发	18 712	18 712	18 201	18 201	29	29		379
食品、饮料及烟草制品批发	631 088	630 750	486 542	486 482	27 549	27 549	201	15 729
米、面制品及食用油批发	114 020	113 942	94 670	94 670	688	688		6 901
糕点、糖果及糖批发	6 767	6 767	6 605	6 605	3	3		132
果品、蔬菜批发	11 347	11 347	9 566	9 566	20	20		177
肉、禽、蛋、奶及水产品批发	10 141	10 141	9 349	9 349	165	165		209
盐及调味品批发	21 016	20 986	13 597	13 573	116	116	6	2 466
酒、饮料及茶叶批发	26 466	26 456	23 697	23 697	58	58	10	308
烟草制品批发	436 456	436 235	324 473	324 437	26 492	26 492	185	5 311
其他食品批发	4 876	4 876	4 586	4 586	8	8		226
纺织、服装及家庭用品批发	751 863	750 855	706 028	704 318	877	877	283	13 864
纺织品、针织品及原料批发	50 773	50 734	46 484	46 484	74	74		1 050
服装批发	104 704	103 736	100 047	98 336	70	70	206	2 599
化妆品及卫生用品批发	3 698	3 698	3 597	3 597				84
家用电器批发	592 688	592 688	555 901	555 901	733	733	77	10 130
文化、体育用品及器材批发	78 658	78 658	55 440	55 440	425	425		2 094
文具用品批发	38 417	38 417	20 536	20 536	297	297		666
体育用品及器材批发	21 231	21 231	19 799	19 799	27	27		646
图书批发	12 284	12 284	9 408	9 408	101	101		120
其他文化用品批发	6 726	6 726	5 697	5 697				663
医药及医疗器材批发	815 040	813 903	716 526	716 502	6 788	6 760	738	48 583
西药批发	461 275	461 064	428 130	428 107	2 328	2 317	205	10 300
中药批发	266 789	265 863	210 244	210 244	4 378	4 378	533	35 761
医疗用品及器材批发	86 976	86 976	78 151	78 151	82	66		2 522
矿产品、建材及化工产品批发	6 168 167	6 165 526	6 035 900	6 035 803	8 444	8 407	1 299	41 226
煤炭及制品批发	1 742 723	1 741 121	1 723 769	1 723 674	500	472	674	5 591
石油及制品批发	1 192 475	1 192 475	1 132 690	1 132 690	1 005	1 005		27 687
非金属矿及制品批发	4 549	4 549	4 400	4 400				240
金属及金属矿批发	2 458 170	2 457 295	2 423 994	2 423 992	5 771	5 771	435	5 128
建材批发	40 987	40 987	38 484	38 484	251	251		732
化肥批发	39 641	39 641	37 382	37 382	704	704	27	440
农药批发	5 039	5 039	4 624	4 624				161
其他化工产品批发	684 584	684 420	670 588	670 587	213	204	163	1 248
机械设备、五金交电及电子产品批发	649 181	645 600	586 572	582 047	1 185	1 171	2 084	23 346
农业机械批发	4 569	4 569	3 976	3 976				313
汽车批发	292 695	292 695	267 657	267 657	395	395	124	9 921
汽车零配件批发	37 593	37 593	31 393	31 393	89	89		512
摩托车及零配件批发	37 811	37 811	36 646	36 646	25	25		720
电气设备批发	53 726	53 726	50 566	50 566	41	41	198	391
计算机、软件及辅助设备批发	34 372	31 038	31 924	27 400	53	53	575	787
通讯及广播电视设备批发	20 809	20 809	20 427	20 427	10	10	30	119
其他机械设备及电子产品批发	167 608	167 360	143 982	143 982	572	558	1 157	10 583
其他批发业	149 367	149 111	135 830	134 615	699	699	127	324
再生物资回收与批发	128 010	127 754	115 323	114 108	676	676	127	209
其他未列明的批发	21 357	21 357	20 506	20 506	23	23		116
2.按登记注册类型分								
内资企业	9 010 852	9 001 930	8 090 158	5 801 526	45 647	45 568	4 691	135 963
国有企业	469 105	468 834	348 847	348 787	26 759	26 759	191	8 087
股份合作企业	2 653	2 653	2 150	2 150	8	8		401
有限责任公司	6 851 962	6 844 363	6 585 351	6 579 490	12 977	12 898	3 908	88 429
国有独资公司	966 841	966 515	948 896	947 681	362	362	181	5 295
其他有限责任公司	5 885 121	5 877 848	5 636 454	5 631 808	12 615	12 536	3 726	83 134
股份有限公司	747 626	747 626	702 895	702 895	856	856	103	24 662
私营企业	939 505	938 453	869 915	868 205	5 046	5 046	489	14 384
私营独资企业	16 181	15 213	14 351	12 641	45	45	175	571
私营有限责任公司	881 295	881 211	820 087	820 087	4 791	4 791	314	11 432
私营股份有限公司	42 029	42 029	35 477	35 477	210	210		2 380

注:本表数据为 2013 年法人口径年报数据。

13-10 续表 4-1 (2013 年) 单位:万元

指标名称	营业收入	主营业务收入	营业成本	主营业务成本	营业税金及附加	主营业务税金及附加	其他业务利润	销售费用
港、澳、台商投资企业	9 438	9 399	7 399	7 399	23	23	39	312
港、澳、台商独资经营企业	9 438	9 399	7 399	7 399	23	23	39	312
外商投资企业	241 785	241 785	224 482	224 482	325	325		9 270
中外合资经营企业	241 785	241 785	224 482	224 482	325	325		9 270
3.按控股情况分								
国有控股	6 485 308	6 481 865	6 212 509	6 211 115	32 382	32 333	1 845	82 502
集体控股	14 655	14 655	12 382	12 382	712	712		519
私人控股	2 211 269	2 209 320	2 029 931	2 028 220	8 210	8 194	2 142	50 320
其他	550 843	547 275	486 217	481 691	4 690	4 676	744	12 205
4.按经营形式分								
独立门店	2 238 078	2 237 074	2 143 821	2 143 727	9 253	9 225	318	26 121
连锁总店	1 260 581	1 260 360	1 111 133	1 111 097	27 130	27 130	185	25 741
其他	5 763 416	5 755 680	5 486 085	5 478 583	9 611	9 561	4 228	93 683
5.按单位规模分								
大型	2 046 338	2 045 945	1 828 952	1 828 892	28 480	28 468	334	66 089
中型	5 685 918	5 677 846	5 440 506	5 432 937	9 910	9 843	3 849	67 043
小型	1 293 443	1 292 947	1 242 184	1 242 181	7 458	7 458	547	12 058
微型	236 376	236 376	229 397	229 397	146	146		354
二、零售业	6 094 948	6 068 417	5 358 187	5 352 621	41 064	40 814	35 439	284 589
1.按国民经济行业分								
综合零售	1 084 957	1 078 459	925 185	924 750	9 351	9 168	14 718	82 142
百货零售	876 873	873 341	749 398	749 227	8 244	8 137	10 726	60 499
超级市场零售	203 426	200 715	171 815	171 815	1 077	1 000	3 966	21 630
其他综合零售	4 657	4 404	3 972	3 708	31	31	26	13
食品、饮料及烟草制品专门零售	151 303	149 722	114 583	113 647	2 527	2 501	5 690	8 700
粮油零售	2 206	2 206	1 533	1 532	11	11	650	464
肉、禽、蛋、奶及水产品零售	92 167	90 587	70 823	69 888	781	770	636	4 395
营养和保健品零售	3 643	3 643	2 603	2 603	7	7		74
酒、饮料及茶叶零售	1 657	1 657	959	959	26	26		356
烟草制品零售	2 818	2 818	1 977	1 977	18	18		153
其他食品零售	48 812	48 811	36 689	36 688	1 685	1 670	4 404	3 258
纺织、服装及日用品专门零售	133 741	133 091	104 229	103 597	661	661	450	22 577
纺织品及针织品零售	7 877	7 877	7 588	7 588	32	32	69	142
服装零售	85 428	84 778	65 619	64 987	423	423	34	17 724
鞋帽零售	554	554	387	387	38	38		
化妆品及卫生用品零售	8 200	8 200	5 375	5 375	53	53		1 649
钟表、眼镜零售	27 243	27 243	21 207	21 207	112	112	48	2 891
其他日用品零售	4 440	4 440	4 053	4 053	5	5	300	171
文化、体育用品及器材专门零售	615 077	608 404	488 984	487 582	2 716	2 716	7 537	27 412
文具用品零售	1 828	1 828	1 499	1 499	14	14		169
图书、报刊零售	517 992	511 319	413 242	411 840	1 210	1 210	5 271	23 888
音像制品及电子出版物零售	51 262	51 262	35 961	35 961	448	448	2 048	1 226
珠宝首饰零售	41 407	41 407	35 968	35 968	1 040	1 040	167	1 910
工艺美术品及收藏品零售	1 716	1 716	1 463	1 463	4	4	51	218
乐器零售	872	872	852	852				1
医药及医疗器材专门零售	741 569	739 947	676 980	676 940	1 627	1 627	922	36 678
药品零售	737 459	735 848	673 310	673 270	1 599	1 599	922	36 659
医疗用品及器材零售	4 110	4 100	3 671	3 671	28	28		19
汽车、摩托车、燃料及零配件专门零售	2 502 445	2 498 806	2 280 235	2 279 190	19 177	19 136	5 005	54 303
汽车零售	2 272 950	2 269 311	2 065 423	2 064 378	17 750	17 709	5 003	51 148
汽车零配件零售	4 336	4 336	3 569	3 569	328	328		16
机动车燃料零售	225 159	225 159	211 243	211 243	1 099	1 099	2	3 140
家用电器及电子产品专门零售	535 181	529 366	490 794	489 718	1 866	1 866	1 102	25 409
家用视听设备零售	114 830	112 218	104 881	104 871	291	291		6 753
日用家电设备零售	225 280	222 433	211 959	210 904	664	664	826	11 194
计算机、软件及辅助设备零售	154 812	154 747	136 963	136 963	803	803	65	6 042
通信设备零售	27 861	27 710	25 633	25 624	86	86	211	1 078
其他电子产品零售	12 398	12 258	11 357	11 357	23	23		342
五金、家具及室内装饰材料专门零售	257 773	257 719	227 186	227 186	2 478	2 478	15	7 348
五金零售	574	574	545	545	1	1		40
家具零售	232 375	232 375	205 530	205 530	2 301	2 301		6 376
涂料零售	2 468	2 468	2 110	2 110	56	56		129
陶瓷、石材装饰材料零售	21 437	21 383	18 267	18 267	108	108	15	772
其他室内装修材料零售	919	919	735	735	13	13	1	32

注:本表数据为 2013 年法人口径年报数据。

指 标 名 称	营业收入	主营业务收入	营业成本	主营业务成本	营业税金及附加	主营业务税金及附加	其他业务利润	销售费用
货摊、无店铺及其他零售业	72 903	72 903	50 011	50 011	660	660		20 019
邮购及电视、电话零售	72 903	72 903	50 011	50 011	660	660		20 019
2.按登记注册类型分								
内资企业	5 516 919	5 494 244	4 861 754	4 856 223	37 823	37 710	30 545	238 679
国有企业	38 739	38 739	34 217	34 217	101	101	53	2 278
集体企业	772	772	562	562	4	4		
股份合作企业	2 755	2 755	2 589	2 589	5	5		106
有限责任公司	3 783 858	3 764 087	3 307 938	3 303 583	28 453	28 353	20 571	176 835
国有独资公司	2 529	2 529	2 127	2 127	23	23		233
其他有限责任公司	3 781 329	3 761 558	3 305 811	3 301 456	28 430	28 330	20 571	176 602
股份有限公司	733 060	730 902	625 674	624 721	6 234	6 221	8 915	32 707
私营企业	955 001	954 254	888 128	887 906	2 999	2 998	1 005	26 739
私营独资企业	2 178	2 178	1 802	1 802	21	21	1	203
私营有限责任公司	936 961	936 214	871 251	871 029	2 880	2 879	1 003	26 003
私营股份有限公司	15 862	15 862	15 075	15 075	98	98	2	534
其他企业	2 735	2 735	2 644	2 644	27	27		15
港、澳、台商投资企业	299 959	297 290	254 852	254 852	2 382	2 245	2 558	27 656
与港澳台商合资经营企业	9 569	9 569	6 337	6 337	79	79	16	1 818
港澳台商独资企业	289 879	287 210	248 084	248 084	2 269	2 133	2 542	25 730
港澳台商投资股份有限公司	511	511	431	431	34	34		107
外商投资企业	278 070	276 883	241 582	241 547	859	859	2 336	18 254
中外合资经营企业	85 263	84 620	76 813	76 778	250	250	799	6 148
外资企业	191 138	190 593	163 721	163 721	598	598	1 537	11 540
其他外商投资企业	1 670	1 670	1 047	1 047	11	11		566
3.按企业控股情况分								
国有控股	1 396 644	1 389 029	1 195 442	1 193 980	13 300	13 298	6 584	67 124
集体控股	1 772	1 772	1 459	1 459	8	8		
私人控股	3 612 831	3 601 735	3 238 950	3 235 947	21 270	21 205	18 396	121 320
港澳台商控股	364 327	361 016	313 400	313 366	2 507	2 371	2 542	30 874
外商控股	205 540	204 995	176 103	176 103	690	690	2 336	14 295
其他	513 835	509 870	432 834	431 767	3 289	3 242	5 581	50 976
4.按经营形式分								
独立门店	3 196 983	3 190 459	2 854 078	2 853 494	25 049	24 890	12 186	106 814
连锁总店	1 957 486	1 938 189	1 658 079	1 653 128	13 224	13 134	21 413	125 776
连锁门店	107 477	107 452	89 539	89 539	335	335	838	9 616
其他	833 002	832 317	756 492	756 461	2 456	2 455	1 002	42 383
5.按单位规模分								
大型	2 675 553	2 657 125	2 307 441	2 303 837	14 993	14 845	21 674	159 626
中型	2 792 846	2 785 328	2 480 485	2 478 832	22 019	21 937	12 010	105 173
小型	587 993	587 408	535 690	535 380	3 874	3 855	1 705	18 616
微型	38 556	38 556	34 572	34 572	177	177	49	1 174
6.按零售业态分								
有店铺零售	5 613 425	5 587 206	4 930 385	4 924 819	39 067	38 817	34 780	252 123
超市	147 258	146 494	138 113	137 901	527	527	455	6 162
大型超市	195 860	192 097	165 647	165 382	721	585	5 126	22 658
百货店	1 053 560	1 051 231	913 183	913 013	8 410	8 364	10 373	61 655
专业店	2 008 975	1 998 103	1 746 351	1 744 048	18 453	18 437	14 267	87 004
专卖店	1 945 146	1 936 654	1 735 951	1 733 337	8 582	8 532	4 556	66 915
家居建材商店	232 375	232 375	205 530	205 530	2 301	2 301		6 376
购物中心	16 915	16 915	14 540	14 540	49	49		1 160
厂家直销中心	13 337	13 337	11 069	11 069	23	23	4	193
无店铺零售	481 523	481 211	427 803	427 803	1 997	1 997	659	32 466
电视购物	72 903	72 903	50 011	50 011	660	660		20 019
电话购物	408 620	408 309	377 792	377 792	1 337	1 337	659	12 446

注:本表数据为 2013 年法人口径年报数据。

13-10 续表5 (2013年) 单位:万元

指 标 名 称	管理费用	税金	财务费用	利息收入	利息支出	资产减值损失	公允价值变动收益
总 计	**250 532**	**13 282**	**56 096**	**16 155**	**46 356**	**4 769**	**300**
一、批发业	82 721	6 045	22 588	5 645	20 241	2 251	307
1.按批发行业小类分							
农、林、牧产品批发	54		11				
棉、麻批发	54		11				
食品、饮料及烟草制品批发	24 998	778	−2 231	−3 238	813	1	307
米、面制品及食用油批发	2 167	243	337	63	9		
糕点、糖果及糖批发	14		41				
果品、蔬菜批发	375	16	18	11	29		
肉、禽、蛋、奶及水产品批发	190	2	2		2		
盐及调味品批发	3 017	66	678	96	773	1	307
酒、饮料及茶叶批发	1 412	8	27				
烟草制品批发	17 798	445	−3 378	−3 408			
其他食品批发	25		44				
纺织、服装及家庭用品批发	6 661	630	−1 438	2 891	1 573	560	
纺织品、针织品及原料批发	653	4	−143	156			
服装批发	1 882	468	227	828	1 290	235	
化妆品及卫生用品批发	15						
家用电器批发	4 110	158	−1 522	1 906	283	326	
文化、体育用品及器材批发	1 265	33	331		88		
文具用品批发	368	16	85		85		
体育用品及器材批发	497	4	188				
图书批发	98	12	2		2		
其他文化用品批发	302		55				
医药及医疗器材批发	10 481	600	4 286	713	3 767	308	
西药批发	6 868	390	2 456	88	1 939	234	
中药批发	3 018	173	990	622	1 556	75	
医疗用品及器材批发	596	37	839	3	273		
矿产品、建材及化工产品批发	26 070	3 386	14 587	5 052	11 540	1 291	
煤炭及制品批发	6 496	632	4 998	1 108	1 370	−922	
石油及制品批发	9 903	523	2 718	34	2 121		
非金属矿及制品批发	111		10				
金属及金属矿批发	5 025	818	5 599	2 462	5 692	478	
建材批发	396	12	24	3	24		
化肥批发	272	7	22	564	504		
农药批发	218		14		14		
其他化工产品批发	3 650	1 393	1 203	882	1 815	1 736	
机械设备、五金交电及电子产品批发	11 735	544	6 735	205	2 188	90	
农业机械批发	273		−3	3			
汽车批发	3 425	287	5 503	176	1 504		
汽车零配件批发	414	8	64		57		
摩托车及零配件批发	351	18		2			
电气设备批发	331		41		41		
计算机、软件及辅助设备批发	633	2	134	3	122		
通讯及广播电视设备批发	205	1	−12	−10		76	
其他机械设备及电子产品批发	6 102	228	1 008	30	464	14	
其他批发业	1 456	75	307	22	272		
再生物资回收与批发	1 114	70	309	14	272		
其他未列明的批发	342	5	−2	9			
2.按登记注册类型分							
内资企业	78 626	5 801	17 976	5 591	18 779	2 251	307
国有企业	21 157	510	−2 565	−3 312	773	1	307
股份合作企业	150	2	3				
有限责任公司	41 653	4 040	16 168	7 043	14 671	1 690	
国有独资公司	3 858	351	1 507	377	1 708	90	
其他有限责任公司	37 796	3 689	14 661	6 666	12 962	1 599	
股份有限公司	7 710	373	1 520	2	1 073	326	
私营企业	7 956	876	2 850	1 858	2 262	235	
私营独资企业	591	450	1			235	
私营有限责任公司	6 000	238	2 754	1 848	2 239		
私营股份有限公司	1 365	188	94	9	24		

注:本表数据为2013年法人口径年报数据。

指标名称	管理费用	税金	财务费用	利息收入	利息支出	资产减值损失	公允价值变动收益
港、澳、台商投资企业	1 486	3	146	2	143		
港、澳、台商独资经营企业	1 486	3	146	2	143		
外商投资企业	2 609	241	4 466	52	1 319		
中外合资经营企业	2 609	241	4 466	52	1 319		
3.按控股情况分							
国有控股	48 710	4 125	8 794	1 864	12 224	1 930	307
集体控股	270	8	58	2	6		
私人控股	26 865	1 591	11 184	3 677	6 638	239	
其他	6 876	322	2 552	103	1 374	82	
4.按经营形式分							
独立门店	13 980	1 070	5 349	2 629	2 410	−1 121	
连锁总店	22 467	661	−2 331	−3 405	12		
其他	46 274	4 314	19 570	6 422	17 819	3 372	307
5.按单位规模分							
大型	29 686	1 106	92	−1 532	1 619	317	
中型	44 208	4 378	16 925	4 828	14 538	1 987	307
小型	8 107	485	4 863	2 337	3 379	−52	
微型	719	76	708	12	706	−1	
二、零售业	167 811	7 237	33 508	10 510	26 115	2 518	−7
1.按国民经济行业分							
综合零售	36 978	1 022	5 574	1 201	4 322	35	
百货零售	27 247	698	4 941	1 211	4 037	108	
超级市场零售	9 136	318	633	−10	285	−74	
其他综合零售	596	6				1	
食品、饮料及烟草制品专门零售	10 469	1 056	301	4 240	4 462	108	
粮油零售	170		28	4	24		
肉、禽、蛋、奶及水产品零售	7 434	185	−2 116	2 125		108	
营养和保健品零售	12	7	1				
酒、饮料及茶叶零售	126	12	9				
烟草制品零售	57	1	16	1	17		
其他食品零售	2 672	851	2 365	2 110	4 421		
纺织、服装及日用品专门零售	3 719	291	778	30	407	191	
纺织品及针织品零售	135	5	10				
服装零售	2 492	141	542	3	158	191	
鞋帽零售	102	100	1				
化妆品及卫生用品零售	320		−11	20	9		
钟表、眼镜零售	504	38	211	8	215		
其他日用品零售	166	7	25		24		
文化、体育用品及器材专门零售	44 832	1 961	−1 127	1 972	413	1 752	
文具用品零售	76		22				
图书、报刊零售	41 014	1 689	−1 856	1 887		1 752	
音像制品及电子出版物零售	1 908	251	302	5	65		
珠宝首饰零售	1 650	19	406	81	347		
工艺美术品及收藏品零售	166		−1	−1			
乐器零售	19	2					
医药及医疗器材专门零售	13 291	914	6 559	935	1 926	126	
药品零售	13 116	914	6 514	935	1 923	126	
医疗用品及器材零售	176	1	45		4		
汽车、摩托车、燃料及零配件专门零售	42 308	1 555	19 439	1 367	12 981	−53	−7
汽车零售	38 448	1 501	19 239	1 341	12 942	−53	−7
汽车零配件零售	165		25				
机动车燃料零售	3 696	53	175	25	40		
家用电器及电子产品专门零售	9 936	311	1 724	724	1 344	358	
家用视听设备零售	2 540	3	30	23	49		
日用家电设备零售	1 491	32	623	519	1 006		
计算机、软件及辅助设备零售	4 349	254	919	171	203	375	
通信设备零售	915	15	152	6	83	−17	
其他电子产品零售	642	8	−1	5	3		
五金、家具及室内装饰材料专门零售	5 430	110	202		160		
五金零售							
家具零售	5 028	88	151		150		
涂料零售	116	10	30		5		
陶瓷、石材装饰材料零售	221	12	8		6		
其他室内装修材料零售	64		13				

注:本表数据为 2013 年法人口径年报数据。

13-10 续表 5-2 (2013 年) 单位:万元

指标名称	管理费用		财务费用			资产减值损失	公允价值变动收益
		税金		利息收入	利息支出		
货摊、无店铺及其他零售业	848	18	59	41	100		
邮购及电视、电话零售	848	18	59	41	100		
2.按登记注册类型分							
内资企业	152 391	7 019	32 758	9 376	25 601	2 627	–7
国有企业	1 027	38	–4	–10	9		
集体企业	27		3				
股份合作企业	49	1	6				
有限责任公司	104 137	4 975	19 234	5 960	17 168	1 995	
国有独资公司	193		–38	38		–13	
其他有限责任公司	103 944	4 975	19 272	5 922	17 168	2 008	
股份有限公司	34 957	1 250	6 027	2 468	5 127	531	
私营企业	12 182	755	7 478	958	3 297	101	–7
私营独资企业	142	49	9		9	1	
私营有限责任公司	11 652	662	7 379	957	3 288	101	–7
私营股份有限公司	388	45	90				
其他企业	12		14				
港、澳、台商投资企业	4 897	31	507	111	33	56	
与港澳台商合资经营企业	514	1	8	24	33		
港澳台商独资企业	4 370	29	498	86		56	
港澳台商投资股份有限公司	12	1					
外商投资企业	10 524	187	243	1 024	482	–165	
中外合资经营企业	2 836	92	239	43	212	–76	
外资企业	7 664	93	3	981	269	–89	
其他外商投资企业	24	2	1				
3.按企业控股情况分							
国有控股	60 972	2 351	598	2 262	2 647	1 777	
集体控股	118	1	3				
私人控股	74 646	3 747	28 457	6 241	22 293	650	–7
港澳台商控股	5 480	30	584	148	80	–20	
外商控股	9 549	185	111	981	377	–89	
其他	17 046	923	3 755	877	718	201	
4.按经营形式分							
独立门店	63 214	2 602	19 996	2 907	13 394	194	–7
连锁总店	86 016	3 657	7 232	6 478	11 233	1 940	
连锁门店	6 747	67	335	3	145	–89	
其他	11 835	911	5 944	1 121	1 342	473	
5.按单位规模分							
大型	97 011	4 437	10 447	7 280	11 111	2 337	
中型	55 978	2 112	19 901	3 034	13 280	–11	
小型	13 907	650	2 849	188	1 624	191	–7
微型	916	38	311	8	100		
6.按零售业态分							
有店铺零售	161 609	6 687	28 326	9 637	25 821	2 045	–7
超市	1 162	127	–235	490	44	1	
大型超市	8 885	214	574	–8	242	–74	
百货店	33 811	963	9 040	1 603	7 705	108	
专业店	72 523	4 048	8 175	4 529	9 413	1 763	
专卖店	38 333	1 214	10 458	3 001	8 088	246	–7
家居建材商店	5 028	88	151		150		
购物中心	252	21	135	5	137		
厂家直销中心	1 616	12	27	17	44		
无店铺零售	6 202	550	5 182	873	294	473	
电视购物	848	18	59	41	100		
电话购物	5 354	532	5 124	832	194	473	

注:本表数据为 2013 年法人口径年报数据。

13-10 续表 6　　　　(2013 年)　　　　单位:万元

指 标 名 称	投资收益	营业利润	营业外收入	补贴收入	利润总额	应交所得税	应付职工薪酬(本年贷方累计发生额)	应交增值税
总　　计	**11 180**	**443 730**	**19 131**	**5 420**	**403 327**	**61 464**	**271 112**	**310 169**
一、批发业	4 664	225 793	4 875	3 995	199 318	27 651	99 788	158 044
1.按批发行业小类分								
农、林、牧产品批发		38			38	1	126	1 256
棉、麻批发		38			38	1	126	1 256
食品、饮料及烟草制品批发	2 265	81 073	456	223	74 978	20 017	24 066	21 556
米、面制品及食用油批发		9 258	1		3 117	489	1 300	1 479
糕点、糖果及糖批发		−27			5	1	68	22
果品、蔬菜批发		1 191			1 191	16	212	15
肉、禽、蛋、奶及水产品批发		227	41		268		424	212
盐及调味品批发	2 184	3 632	4		3 415	453	4 575	486
酒、饮料及茶叶批发		964			964	243	772	500
烟草制品批发	81	65 841	409	223	66 018	18 814	16 582	18 814
其他食品批发		−12					133	28
纺织、服装及家庭用品批发	640	25 950	77	40	23 090	759	10 172	7 013
纺织品、针织品及原料批发	51	2 704	4	4	2 692	140	274	552
服装批发	590	234	73	36	46	126	2 762	301
化妆品及卫生用品批发		1			1		6	4
家用电器批发		23 011			20 352	493	7 130	6 156
文化、体育用品及器材批发		19 102	1		18 406	8	1 115	1 185
文具用品批发		16 465			16 456		387	556
体育用品及器材批发		73	1		74	3	436	228
图书批发		2 555			1 867		103	402
其他文化用品批发		10			10	5	190	
医药及医疗器材批发		28 179	336	122	27 985	332	28 738	19 602
西药批发		10 962	140	42	11 061	148	6 806	11 700
中药批发		12 430	195	80	12 216	154	21 124	7 312
医疗用品及器材批发		4 787			4 708	30	808	590
矿产品、建材及化工产品批发	1 705	41 134	85	67	36 098	4 771	21 466	55 586
煤炭及制品批发		2 615	66	53	1 677	985	4 270	5 420
石油及制品批发	100	18 473	−19		16 820	1 811	12 161	26 772
非金属矿及制品批发		−212			−212		43	45
金属及金属矿批发	1 597	12 314	18	15	10 682	1 950	2 789	17 148
建材批发		1 130	2		320	6	476	4 479
化肥批发	9	847	11		866		145	
农药批发		22			22	6	185	
其他化工产品批发		5 946	9		5 923	13	1 399	1 721
机械设备、五金交电及电子产品批发	44	19 567	3 717	3 540	12 718	838	12 643	46 513
农业机械批发		10			10	3	155	
汽车批发	31	5 794	3 313	3 312	5 967		4 606	41 301
汽车零配件批发		5 120			1 724	106	297	387
摩托车及零配件批发		68			68	10	444	194
电气设备批发		2 356	112		2 468	21	302	1 029
计算机、软件及辅助设备批发		841	232	224	1 074	226	769	47
通讯及广播电视设备批发		13	1		13	4	148	85
其他机械设备及电子产品批发	13	5 364	59	4	1 394	467	5 923	3 469
其他批发业	10	10 751	203	3	6 004	925	1 462	5 333
再生物资回收与批发		10 379	3	3	5 432	875	1 141	5 331
其他未列明的批发	10	372	201		572	50	321	2
2.按登记注册类型分								
内资企业	4 633	225 068	1 556	678	198 580	27 651	95 032	116 739
国有企业	2 265	69 390	455	223	69 487	19 267	21 660	19 391
股份合作企业		−59			−59		167	101
有限责任公司	1 209	106 628	1 051	419	86 666	5 976	51 440	55 770
国有独资公司	204	6 968	5	3	7 670	987	2 918	16 520
其他有限责任公司	1 005	99 660	1 047	416	78 996	4 988	48 522	39 250
股份有限公司	39	9 683	−9		8 742	1 214	11 320	10 644
私营企业	1 121	39 446	59	37	33 744	1 195	10 445	30 833
私营独资企业		386	5		123	31	134	242
私营有限责任公司	1 121	36 556	47	30	32 707	1 123	9 018	28 962
私营股份有限公司		2 503	7	7	914	41	1 293	1 629

注:本表数据为 2013 年法人口径年报数据。

13-10 续表 6-1 (2013 年) 单位:万元

指标名称	投资收益	营业利润	营业外收入	补贴收入	利润总额	应交所得税	应付职工薪酬(本年贷方累计发生额)	应交增值税
港、澳、台商投资企业		73	7	4	−67		788	202
港、澳、台商独资经营企业		73	7	4	−67		788	202
外商投资企业	31	633	3 312	3 312	805		3 969	41 103
中外合资经营企业	31	633	3 312	3 312	805		3 969	41 103
3.按控股情况分								
国有控股	3 091	101 780	736	345	100 659	24 564	61 527	61 144
集体控股		713			713		201	101
私人控股	1 573	85 079	3 788	3 368	62 915	2 272	28 029	87 286
其他		38 221	351	282	35 031	815	10 032	9 514
4.按经营形式分								
独立门店	37	40 753	108	41	31 327	2 208	11 862	32 713
连锁总店	81	76 522	410	223	76 353	19 910	26 403	38 625
其他	4 546	108 519	4 357	3 731	91 638	5 534	61 524	86 706
5.按单位规模分								
大型	112	92 804	3 934	3 620	90 316	20 471	52 572	75 464
中型	3 275	108 762	400	135	91 567	4 693	38 604	57 970
小型	1 280	19 179	535	235	12 365	1 097	8 116	23 424
微型	−3	5 049	5	5	5 071	1 391	496	1 186
二、零售业	6 516	217 937	14 256	1 425	204 009	33 813	171 324	152 124
1.按国民经济行业分								
综合零售	5 889	33 184	2 866	102	32 321	6 939	42 589	20 159
百货零售	5 889	33 761	2 203	100	31 728	6 743	33 628	16 774
超级市场零售		−659	663	2	571	194	8 797	3 330
其他综合零售		82			22	2	164	55
食品、饮料及烟草制品专门零售	98	14 712	1 673	916	14 834	3 060	9 175	6 692
粮油零售		1	16	16	17		280	90
肉、禽、蛋、奶及水产品零售	98	10 841	54		10 875	2 769	2 592	4 451
营养和保健品零售		946			946		29	
酒、饮料及茶叶零售		182			182	32	126	121
烟草制品零售		597			597	107	76	149
其他食品零售		2 144	1 604		2 216	152	6 072	1 883
纺织、服装及日用品专门零售		1 807	58		1 250	852	6 020	3 896
纺织品及针织品零售		−30			−38		125	78
服装零售		−1 390	57		−1 740	92	3 989	2 807
鞋帽零售		27			72		56	18
化妆品及卫生用品零售		815			865	265	304	129
钟表、眼镜零售		2 366	2		2 072	495	1 361	834
其他日用品零售		20			19	1	186	31
文化、体育用品及器材专门零售	413	50 971	6 378	297	50 562	14 073	33 467	4 930
文具用品零售		49			49	2	175	23
图书、报刊零售	413	39 154	6 343	297	40 062	11 416	29 374	2 348
音像制品及电子出版物零售		11 417			10 076	2 256	2 469	1 562
珠宝首饰零售		434	16		440	400	1 262	959
工艺美术品及收藏品零售		−83	19		−64		180	34
乐器零售							5	4
医药及医疗器材专门零售	255	6 581	741		6 233	1 827	25 561	14 613
药品零售	255	6 410	741		6 239	1 824	25 483	12 597
医疗用品及器材零售		171			−6	3	78	2 016
汽车、摩托车、燃料及零配件专门零售	−277	88 999	1 651	99	90 919	6 319	33 975	82 626
汽车零售	−277	82 958	1 649	99	76 122	5 203	31 749	78 905
汽车零配件零售		234			234	123	53	215
机动车燃料零售		5 808	2		14 563	993	2 173	3 506
家用电器及电子产品专门零售	119	5 228	776	12	5 218	736	13 427	6 466
家用视听设备零售		335	161		416		2 849	1 022
日用家电设备零售	7	−641	26	1	−1 030	87	3 929	2 521
计算机、软件及辅助设备零售	112	5 468	558	5	5 707	633	5 557	2 482
通信设备零售		30	31	7	97	7	813	280
其他电子产品零售		36			29	9	278	162
五金、家具及室内装饰材料专门零售		15 129			1 258	8	3 998	8 047
五金零售		−12			−8		18	96
家具零售		12 989			−888		3 766	7 682
涂料零售		28			28	7	85	25
陶瓷、石材装饰材料零售		2 062			2 062		93	203
其他室内装修材料零售		63			64	1	35	41

注:本表数据为 2013 年法人口径年报数据。

(2013 年)

单位:万元

指标名称	投资收益	营业利润	营业外收入	补贴收入	利润总额	应交所得税	应付职工薪酬(本年贷方累计发生额)	应交增值税
货摊、无店铺及其他零售业	20	1 326	113		1 414		3 113	4 695
邮购及电视、电话零售	20	1 326	113		1 414		3 113	4 695
2.按登记注册类型分								
内资企业	6 512	200 545	13 207	1 425	188 969	31 627	153 820	143 098
国有企业		1 171	19		1 196	97	1 063	1 240
集体企业		175			175		58	6
股份合作企业		1			1		77	4
有限责任公司	178	148 296	10 473	1 313	132 684	23 058	101 584	97 253
国有独资公司		3			3		266	31
其他有限责任公司	178	148 293	10 473	1 313	132 681	23 058	101 318	97 223
股份有限公司	6 094	33 024	2 318		38 267	7 107	33 730	18 021
私营企业	240	17 857	397	112	16 611	1 365	17 272	26 369
私营独资企业		2	76		77	14	169	43
私营有限责任公司	240	18 178	320	112	16 856	1 350	16 626	24 628
私营股份有限公司		-323	2		-322		478	1 698
其他企业		22			35		36	205
港、澳、台商投资企业		9 626	201		9 967	300	10 149	5 931
与港澳台商合资经营企业		828	1		879	268	549	165
港澳台商独资企业		8 872	199		9 161	32	9 595	5 762
港澳台商投资股份有限公司		-74			-74		5	4
外商投资企业	4	7 766	848		5 073	1 887	7 355	3 096
中外合资经营企业	4	-947	588		220	555	2 854	158
外资企业		8 693	260		4 834	1 332	4 410	2 832
其他外商投资企业		20	1		19		91	106
3.按企业控股情况分								
国有控股	446	57 935	7 080	270	70 917	13 702	53 344	23 617
集体控股		183			183	2	93	18
私人控股	6 070	136 370	5 302	1 105	109 710	15 866	72 654	106 709
港澳台商控股		11 501	787		12 214	851	11 478	5 895
外商控股		5 873	260		2 803	1 332	5 582	2 953
其他		6 075	827	50	8 182	2 061	28 174	12 933
4.按经营形式分								
独立门店	-41	131 400	2 555	496	99 707	11 866	55 830	99 591
连锁总店	6 174	71 741	10 503	909	89 642	19 085	89 752	32 279
连锁门店		995	38		922	334	4 401	2 260
其他	383	13 801	1 160	21	13 737	2 529	21 341	17 995
5.按单位规模分								
大型	6 782	90 480	11 170	901	85 755	20 307	106 733	48 086
中型	-261	112 879	2 585	135	105 859	11 462	54 144	88 015
小型	-5	13 125	445	335	10 954	1 874	9 767	15 226
微型		1 453	56	55	1 441	170	680	798
6.按零售业态分								
有店铺零售	6 147	210 168	13 513	1 405	195 946	32 576	158 489	137 837
超市		1 529	492		1 543	242	3 735	1 393
大型超市		-2 383	188	2	-1 294	6	7 891	2 605
百货店	5 889	35 467	2 246	100	33 339	6 953	35 045	18 087
专业店	254	75 403	8 648	980	81 675	17 888	74 133	45 466
专卖店	4	85 976	1 694	76	80 134	7 211	33 127	62 117
家居建材商店		12 989			-888		3 766	7 682
购物中心		779			785	161	542	303
厂家直销中心		409	247	247	654	116	250	183
无店铺零售	369	7 769	743	21	8 062	1 237	12 835	14 288
电视购物	20	1 326	113		1 414		3 113	4 695
电话购物	349	6 443	630	21	6 649	1 237	9 722	9 593

注:本表数据为 2013 年法人口径年报数据。

13-11 限额以上住宿和餐饮业法人财务状况

(2013 年)

单位:万元

指标名称	法人企业数(个)	执行《2006年企业会计准则》企业数(个)	年初存货	流动资产合计			固定资产合计	固定资产原价
					应收帐款	存货		
总　计	**153**	**76**	**12 302**	**182 157**	**15 012**	**13 891**	**212 867**	**296 051**
一、住宿业	84	47	6 239	119 948	10 465	8 169	180 166	251 757
1.按住宿行业小类分								
旅游饭店	53	32	4 235	76 519	6 322	5 796	124 641	212 868
一般旅馆	29	13	1 890	42 250	4 141	2 258	55 265	38 424
其他住宿服务	2	2	114	1 180	1	115	261	465
2.按登记注册类型分								
内资企业	75	42	5 179	104 356	9 771	7 094	149 419	195 263
国有企业	13	9	1 498	27 002	2 807	1 444	64 074	90 912
有限责任公司	33	18	2 756	44 023	-623	3 122	50 750	87 385
国有独资公司	1	1	22	190	12	21	5	8
其他有限责任公司	32	17	2 734	43 833	-635	3 101	50 745	87 378
股份有限公司	3	2	118	821	49	107	910	2 329
私营企业	25	13	807	32 510	7 539	2 422	33 681	14 632
私营有限责任公司	22	12	800	31 365	7 483	2 413	30 193	9 816
私营股份有限公司	3	1	7	1 144	56	9	3 488	4 816
其他企业	1						4	5
港澳台商投资企业	4	3	403	2 528	232	501	11 123	14 067
与港澳台商合资经营企业	3	3	315	1 839	107	409	2 817	3 289
与港澳台商合作经营企业	1		88	688	125	93	8 306	10 778
外商投资企业	5	2	657	13 064	461	574	19 624	42 426
中外合资经营企业	2	1	115	9 335	151	119	7 768	9 477
外资企业	2	1	535	3 365	298	446	11 828	32 950
外商投资股份有限公司	1		7	364	12	9	28	
3.按控股情况分								
国有控股	18	13	1 831	25 737	1 318	1 708	75 095	120 871
集体控股	2		12	2 598	12	12	5 811	9 795
私人控股	46	23	2 114	65 936	6 213	4 238	51 932	45 768
港澳台商控股	2	1	94	965	177	98	8 419	10 927
外商控股	5	2	657	13 064	461	574	19 624	42 426
其他	10	8	1 205	4 961	294	1 246	6 243	8 927
4.按经营形式分								
独立门店	75	41	5 141	111 922	10 099	6 857	173 974	241 712
连锁总店	3	2	283	3 981	144	521	1 512	2 827
连锁门店	3	2	68	1 448	12	90	355	1 032
其他	3	2	746	2 597	210	701	4 326	6 186
5.按单位规模分								
大型	1	1	158	13 758	-346	134	9 706	16 381
中型	20	10	3 858	71 657	3 888	3 804	123 295	168 414
小型	59	35	2 181	32 082	6 923	4 231	47 013	66 475
微型	4	1	41	2 451			153	487
6.按星级分								
五星	6	2	1 268	38 681	566	1 226	74 330	99 605
四星	19	11	1 300	38 526	4 243	2 710	47 656	79 301
三星	15	8	291	7 410	1 010	325	5 325	10 449
二星	2	2	33	542	1	26	456	1 294
其他	42	24	3 347	34 788	4 646	3 883	52 398	61 107

注:本表数据为 2013 年法人口径年报数据。

(2013 年)

单位:万元

指标名称	法人企业数(个)	执行《2006年企业会计准则》企业数(个)	年初存货	流动资产合计	应收帐款	存货	固定资产合计	固定资产原价
二、餐饮业	69	29	6 064	62 209	4 547	5 722	32 700	44 294
1.按餐饮行业小类分								
正餐服务	66	28	3 740	59 709	4 448	3 789	27 670	39 037
快餐服务	3	1	2 324	2 500	99	1 934	5 031	5 257
2.按登记注册类型分								
内资企业	61	27	3 153	37 966	3 846	3 083	26 356	35 708
国有企业	1		86	242		89	85	186
集体企业	1		2	33		3	31	31
股份合作企业	3		150	3 352	270	87	244	829
有限责任公司	29	15	1 972	24 250	2 868	1 987	20 495	24 641
其他有限责任公司	29	15	1 972	24 250	2 868	1 987	20 495	24 641
股份有限公司	1		6	34	28	6	500	550
私营企业	26	12	937	10 055	680	912	5 002	9 471
私营独资企业	1		7	69		10	34	115
私营合伙企业	1		3	19	5	4	78	92
私营有限责任公司	23	11	889	9 902	625	886	4 840	9 174
私营股份有限公司	1	1	38	65	50	12	50	90
港澳台商投资企业	4	2	415	20 357	405	361	1 242	2 930
与港澳台商合资经营企业	3	1	362	20 053	266	307	803	2 279
港澳台商投资股份有限公司	1	1	54	304	138	55	439	651
外商投资企业	4		2 495	3 886	297	2 278	5 103	5 656
中外合资经营企业	1		16	112	1	13	41	190
外资企业	1		2 204	1 934	55	1 879	4 689	4 905
外商投资股份有限公司	2		276	1 840	241	386	373	561
3.按控股情况分								
国有控股	3	2	162	775	89	184	6 981	7 357
集体控股	1		2	33		3	31	31
私人控股	52	21	2 838	33 309	2 655	2 636	18 330	26 857
港澳台商控股	3	2	175	2 633	157	154	557	1 198
外商控股	3		2 480	3 774	296	2 265	5 062	5 466
其他	7	4	407	21 686	1 350	481	1 739	3 386
4.按经营形式分								
独立门店	59	24	2 519	31 942	2 209	2 575	23 456	31 895
连锁总店	7	4	3 458	28 653	1 616	3 096	8 851	11 501
连锁门店	1		41	490	37		36	
其他	2	1	46	1 125	685	51	358	898
5.按单位规模分								
大型	1		2 204	1 934	55	1 879	4 689	4 905
中型	9	4	1 745	35 956	2 253	1 551	11 954	17 259
小型	58	24	2 072	24 135	2 210	2 267	16 029	22 069
微型	1	1	42	185	29	25	29	61

注:本表数据为 2013 年法人口径年报数据。

(2013年)

单位:万元

指标名称	累计折旧	本年折旧	在建工程	资产总计	流动负债合计	应付帐款	非流动负债合计	负债合计
总计	**116 387**	**13 760**	**40 690**	**506 495**	**219 953**	**40 885**	**91 155**	**327 867**
一、住宿业	99 900	11 243	34 538	381 009	146 663	33 366	90 408	248 558
1.按住宿行业小类分								
旅游饭店	93 781	8 990	11 750	272 954	109 897	24 505	62 521	181 750
一般旅馆	5 915	2 181	22 787	106 550	36 749	8 859	27 887	66 790
其他住宿服务	204	73		1 506	17	2		17
2.按登记注册类型分								
内资企业	73 694	8 722	34 098	319 546	124 821	31 062	71 214	207 521
国有企业	28 659	2 344	1 985	94 052	22 871	7 541	615	29 515
有限责任公司	38 213	4 884	9 043	149 697	61 594	13 366	43 184	110 220
国有独资公司	3	1		199	143			143
其他有限责任公司	38 211	4 883	9 043	149 498	61 451	13 366	43 184	110 077
股份有限公司	1 419	87		1 867	670	185	25	695
私营企业	5 401	1 406	23 070	73 905	39 685	9 970	27 389	67 091
私营有限责任公司	4 073	1 112	23 070	68 153	34 023	9 951	27 389	61 429
私营股份有限公司	1 328	294		5 752	5 662	19		5 662
其他企业	2	1		25	1			1
港澳台商投资企业	3 376	570	398	25 136	9 831	38		9 831
与港澳台商合资经营企业	472	144		9 310	7 246	21		7 246
与港澳台商合作经营企业	2 904	427	398	15 826	2 586	17		2 586
外商投资企业	22 830	1 951	42	36 327	12 011	2 266	19 195	31 205
中外合资经营企业	1 709	555		18 422	2 588	1 681	16 250	18 838
外资企业	21 122	1 396	42	17 514	9 042	586	2 945	11 987
外商投资股份有限公司				392	381			381
3.按控股情况分								
国有控股	47 597	4 286	4 985	108 739	24 391	2 925	870	31 289
集体控股	4 297	453	287	19 735	7 495	46		11 062
私人控股	19 551	3 482	28 826	163 926	79 251	19 478	70 343	151 486
港澳台商控股	2 941	437	398	16 429	2 688	17		2 688
外商控股	22 830	1 951	42	36 327	12 011	2 266	19 195	31 205
其他	2 684	634		16 125	14 653	2 630		14 653
4.按经营形式分								
独立门店	96 047	9 874	34 219	362 312	129 858	30 531	90 167	231 752
连锁总店	1 315	390		7 575	3 545	186		3 545
连锁门店	678	489	319	3 060	1 236	249	241	1 236
其他	1 860	491		8 062	12 024	2 401		12 024
5.按单位规模分								
大型	6 675	775	1 905	42 535	5 031	2 305	42 570	47 601
中型	69 640	6 948	27 727	214 230	73 541	15 180	46 540	127 803
小型	23 225	3 483	4 906	117 179	60 873	15 881	1 298	63 558
微型	360	38		7 066	7 218			9 596
6.按星级分								
五星	49 796	3 587	29 467	139 365	29 377	6 795	72 315	107 719
四星	33 195	3 372	4 193	118 796	55 473	8 385	16 834	75 190
三星	5 124	601	343	14 038	9 830	5 098		9 852
二星	838	72		1 394	662			662
其他	10 948	3 611	536	107 418	51 321	13 089	1 260	55 134

注:本表数据为2013年法人口径年报数。

指标名称	累计折旧	本年折旧	在建工程	资产总计	流动负债合计	应付帐款	非流动负债合计	负债合计
二、餐饮业	16 487	2 517	6 153	125 486	73 290	7 519	746	79 310
1.按餐饮行业小类分								
正餐服务	12 061	2 042	2 571	108 121	64 758	5 851	632	70 663
快餐服务	4 426	475	3 582	17 366	8 532	1 668	115	8 646
2.按登记注册类型分								
内资企业	10 081	1 802	2 593	83 307	42 870	4 741	580	48 724
国有企业	101	17		637	250		124	353
集体企业				64	23	8		23
股份合作企业	586	3		4 316	147	57	2	4 845
有限责任公司	4 862	841	1 336	56 217	33 461	2 863	100	33 600
其他有限责任公司	4 862	841	1 336	56 217	33 461	2 863	100	33 600
股份有限公司	50	3		534	33	26		502
私营企业	4 482	939	1 257	21 541	8 957	1 788	354	9 402
私营独资企业	81	10		196	28	9	79	107
私营合伙企业	14	4		220	65	4	71	136
私营有限责任公司	4 347	890	1 257	20 865	8 863	1 775	205	9 159
私营股份有限公司	40	35		260				
港澳台商投资企业	1 689	186		22 625	20 609	1 000	52	20 661
与港澳台商合资经营企业	1 476	172		21 882	20 415	811	52	20 467
港澳台商投资股份有限公司	213	14		743	194	188		194
外商投资企业	4 717	529	3 560	19 554	9 811	1 778	115	9 926
中外合资经营企业	149			152	15	12		15
外资企业	4 379	475	3 547	16 366	8 220	1 602	115	8 335
外商投资股份有限公司	188	54	13	3 035	1 576	164		1 576
3.按控股情况分								
国有控股	376	191	17	8 480	7 833	182	124	7 936
集体控股				64	23	8		23
私人控股	9 244	1 535	1 966	67 531	30 042	3 520	456	35 755
港澳台商控股	640	52		3 515	798	203	52	850
外商控股	4 568	529	3 560	19 401	9 796	1 766	115	9 910
其他	1 659	210	611	26 495	24 798	1 840		24 836
4.按经营形式分								
独立门店	9 133	1 615	2 012	69 089	39 930	3 987	532	45 723
连锁总店	6 814	823	4 141	54 332	32 484	3 143	215	32 711
连锁门店				583	229	50		229
其他	540	78		1 482	646	339		646
5.按单位规模分								
大型	4 379	475	3 547	16 366	8 220	1 602	115	8 335
中型	5 341	720	674	56 135	35 858	2 086	224	36 061
小型	6 734	1 310	1 932	52 374	29 040	3 762	408	34 743
微型	32	12		611	171	70		171

注:本表数据为2013年法人口径年报数。

指 标 名 称	所有者权益合计	实收资本						
			国家资本	集体资本	法人资本	个人资本	港澳台资本	外商资本
总 计	**178 628**	**177 810**	**81 955**	**4 352**	**37 374**	**31 082**	**7 018**	**16 029**
一、住宿业	132 452	146 782	81 323	4 345	23 427	18 393	6 154	13 141
1.按住宿行业小类分								
旅游饭店	91 204	102 808	57 451	4 000	18 671	7 468	2 077	13 141
一般旅馆	39 760	42 485	23 872	345	4 756	9 436	4 077	
其他住宿服务	1 489	1 489				1 489		
2.按登记注册类型分								
内资企业	112 025	125 837	81 323	4 045	22 077	18 393		
国有企业	64 537	43 890	43 890					
有限责任公司	39 477	68 193	37 433	4 045	18 484	8 231		
国有独资公司	56	20			20			
其他有限责任公司	39 421	68 173	37 433	4 045	18 464	8 231		
股份有限公司	1 173	1 189			689	500		
私营企业	6 814	12 552			2 905	9 647		
私营有限责任公司	6 724	11 757			2 810	8 947		
私营股份有限公司	90	795			95	700		
其他企业	24	15				15		
港澳台商投资企业	15 305	6 858		300	404		6 154	
与港澳台商合资经营企业	2 064	4 788		300	404		4 084	
与港澳台商合作经营企业	13 241	2 070					2 070	
外商投资企业	5 122	14 087			946			13 141
中外合资经营企业	-416	1 902			846			1 056
外资企业	5 527	12 085						12 085
外商投资股份有限公司	11	100			100			
3.按控股情况分								
国有控股	77 449	70 482	68 282		2 200			
集体控股	8 673	8 045		4 045	4 000			
私人控股	12 441	29 957			13 069	16 889		
港澳台商控股	13 741	2 570		300			2 270	
外商控股	5 122	14 087			946			13 141
其他	1 472	8 600			3 213	1 504	3 884	
4.按经营形式分								
独立门店	130 560	139 912	81 323	4 045	21 577	13 872	5 954	13 141
连锁总店	4 030	3 382		300	50	2 832	200	
连锁门店	1 824	2 100			1 600	500		
其他	-3 962	1 389			200	1 189		
5.按单位规模分								
大型	-5 066	1 960			1 960			
中型	86 427	98 434	67 269		6 234	11 854		13 076
小型	53 621	46 069	14 054	4 300	15 080	6 423	6 147	65
微型	-2 530	320		45	153	115	7	
6.按星级分								
五星	31 646	60 085	39 199		3 934	5 000		11 952
四星	43 605	32 893	15 112	4 000	7 902	4 880	7	991
三星	4 185	6 943	1 570	300	3 245	1 563	200	65
二星	731	400	300			100		
其他	52 284	46 461	25 141	45	8 346	6 850	5 947	133

注:本表数据为 2013 年法人口径年报数。

指标名称	所有者权益合计	实收资本						
			国家资本	集体资本	法人资本	个人资本	港澳台资本	外商资本
二、餐饮业	46 176	31 027	632	7	13 947	12 690	864	2 888
1.按餐饮行业小类分								
正餐服务	37 457	28 534	632	7	13 897	12 355	864	779
快餐服务	8 719	2 493			50	334		2 109
2.按登记注册类型分								
内资企业	34 584	23 989	632	7	10 661	12 690		
国有企业	284	232	232					
集体企业	41	7		7				
股份合作企业	–529	446			380	66		
有限责任公司	22 617	10 018	400		5 974	3 644		
其他有限责任公司	22 617	10 018	400		5 974	3 644		
股份有限公司	32	32			32			
私营企业	12 139	13 255			4 275	8 980		
私营独资企业	89	87				87		
私营合伙企业	84	69				69		
私营有限责任公司	11 705	12 880			4 275	8 604		
私营股份有限公司	260	220				220		
港澳台商投资企业	1 965	3 885			3 006		864	15
与港澳台商合资经营企业	1 415	3 821			2 993		813	15
港澳台商投资股份有限公司	549	64			13		51	
外商投资企业	9 628	3 153			280			2 873
中外合资经营企业	137	280			280			
外资企业	8 031	2 109						2 109
外商投资股份有限公司	1 460	764						764
3.按控股情况分								
国有控股	544	692	632		60			
集体控股	41	7		7				
私人控股	31 776	21 366			8 881	12 485		
港澳台商控股	2 665	2 035			1 171		864	
外商控股	9 491	2 873						2 873
其他	1 659	4 055			3 835	205		15
4.按经营形式分								
独立门店	23 366	20 722	632	7	11 327	7 128	864	764
连锁总店	21 621	9 585			1 915	5 547		2 124
连锁门店	354	50			50			
其他	836	670			655	15		
5.按单位规模分								
大型	8 031	2 109						2 109
中型	20 075	11 050	232		4 943	5 047	813	15
小型	17 631	17 569	400	7	9 004	7 343	51	764
微型	440	300				300		

注:本表数据为 2013 年法人口径年报数。

13-11 续表 4　　(2013 年)　　单位:万元

指标名称	营业收入	主营业务收入	营业成本	主营业务成本	营业税金及附加	主营业务税金及附加	其他业务利润
总　计	**283 328**	**283 205**	**124 559**	**124 236**	**12 406**	**12 406**	**2 180**
一、住宿业	148 365	148 242	50 350	50 149	8 316	8 315	161
1.按住宿行业小类分							
旅游饭店	108 579	108 474	31 446	31 247	6 047	6 047	136
一般旅馆	39 088	39 069	18 665	18 662	2 224	2 223	25
其他住宿服务	699	699	240	240	45	45	
2.按登记注册类型分							
内资企业	128 470	128 347	43 781	43 580	7 209	7 208	149
国有企业	30 324	30 324	13 099	13 099	1 858	1 858	
有限责任公司	64 210	64 105	16 504	16 307	3 506	3 506	211
国有独资公司	515	515	268	268	21	21	
其他有限责任公司	63 695	63 591	16 237	16 039	3 485	3 485	211
股份有限公司	3 407	3 407	1 255	1 255	184	184	-86
私营企业	30 241	30 223	12 769	12 764	1 649	1 649	24
私营有限责任公司	28 176	28 158	12 241	12 237	1 560	1 559	24
私营股份有限公司	2 065	2 065	528	528	90	90	
其他企业	289	289	155	155	12	12	
港澳台商投资企业	5 893	5 893	3 468	3 468	333	333	12
与港澳台商合资经营企业	3 977	3 977	2 199	2 199	227	227	12
与港澳台商合作经营企业	1 916	1 916	1 269	1 269	106	106	
外商投资企业	14 001	14 001	3 101	3 101	774	774	
中外合资经营企业	4 654	4 654	1 144	1 144	249	249	
外资企业	8 082	8 082	1 153	1 153	454	454	
外商投资股份有限公司	1 265	1 265	805	805	71	71	
3.按控股情况分							
国有控股	43 803	43 751	13 690	13 493	2 504	2 504	119
集体控股	1 338	1 338	214	214	104	104	
私人控股	66 641	66 570	22 392	22 388	3 609	3 608	116
港澳台商控股	3 501	3 501	2 067	2 067	203	203	12
外商控股	14 001	14 001	3 101	3 101	774	774	
其他	14 131	14 131	4 589	4 589	773	773	-86
4.按经营形式分							
独立门店	130 444	130 321	45 433	45 231	7 313	7 313	149
连锁总店	8 385	8 385	3 181	3 181	462	461	12
连锁门店	1 940	1 940	165	165	111	111	
其他	7 596	7 596	1 572	1 572	431	431	
5.按单位规模分							
大型	10 555	10 528	2 036	2 036	590	590	
中型	87 215	87 163	25 623	25 426	4 900	4 900	119
小型	49 927	49 883	22 278	22 273	2 798	2 798	43
微型	668	668	414	414	29	29	
6.按星级分							
五星	36 180	36 153	8 857	8 857	1 990	1 990	
四星	43 625	43 548	13 506	13 309	2 356	2 356	52
三星	10 577	10 564	4 329	4 329	596	596	25
二星	386	386			25	25	68
其他	57 597	57 591	23 659	23 655	3 348	3 348	16

注:本表数据为 2013 年法人口径年报数。

指 标 名 称	营业收入	主营业务收 入	营业成本	主营业务成 本	营业税金及附加	主营业务税 金及附加	其他业务利 润
二、餐饮业	134 963	134 963	74 209	74 087	4 091	4 091	2 019
1.按餐饮行业小类分							
正餐服务	77 660	77 660	45 303	45 182	3 690	3 690	2 019
快餐服务	57 304	57 304	28 905	28 905	401	401	
2.按登记注册类型分							
内资企业	69 433	69 433	40 076	39 954	3 263	3 263	2 000
国有企业	2 275	2 275	1 740	1740	125	125	912
集体企业	360	360	142	142	20	20	
股份合作企业	2 639	2 639	1 547	1 547	111	111	
有限责任公司	41 672	41 672	22 527	22 527	1 847	1 847	5
其他有限责任公司	41 672	41 672	22 527	22 527	1 847	1 847	5
股份有限公司	431	431	332	332	22	22	
私营企业	22 057	22 057	13 789	13 667	1 139	1 139	1 083
私营独资企业	770	770	540	540	39	39	
私营合伙企业	938	938	601	601	51	51	
私营有限责任公司	18 103	18 103	11 048	10 927	928	928	1 083
私营股份有限公司	2 246	2 246	1 600	1 600	120	120	
港澳台商投资企业	9 008	9 008	4 782	4 782	498	498	
与港澳台商合资经营企业	8 191	8 191	4 281	4 281	452	452	
港澳台商投资股份有限公司	817	817	501	501	46	46	
外商投资企业	56 523	56 523	29 351	29 351	330	330	19
中外合资经营企业	494	494	339	339	28	28	
外资企业	54 482	54 482	27 875	27 875	239	239	
外商投资股份有限公司	1 547	1 547	1 137	1 137	63	63	19
3.按控股情况分							
国有控股	3 443	3 443	2 252	2 252	182	182	912
集体控股	360	360	142	142	20	20	
私人控股	59 396	59 396	34 301	34 179	2 767	2 767	1 088
港澳台商控股	3 775	3 775	2 149	2 149	202	202	
外商控股	56 029	56 029	29 012	29 012	302	302	19
其他	11 961	11 961	6 353	6 353	617	617	
4.按经营形式分							
独立门店	52 875	52 875	32 602	32 481	2 574	2 574	2 019
连锁总店	75 812	75 812	38 219	38 219	1 216	1 216	
连锁门店	2 618	2 618	874	874	150	150	
其他	3 658	3 658	2 514	2 514	150	150	
5.按单位规模分							
大型	54 482	54 482	27 875	27 875	239	239	
中型	32 235	32 235	15 731	15 731	1 608	1 608	917
小型	47 981	47 981	30 387	30 265	2 229	2 229	1 068
微型	265	265	216	216	15	15	34

注:本表数据为 2013 年法人口径年报数。

13-11 续表 5　　　　(2013 年)　　　　单位:万元

指 标 名 称	销售费用	管理费用		财务费用			资产减值损失
			税金		利息收入	利息支出	
总　　计	**71 545**	**52 762**	**1 900**	**8 715**	**224**	**6 113**	**766**
一、住宿业	48 955	40 635	1 403	7 608	154	5 754	4
1.按住宿行业小类分							
旅游饭店	38 305	34 097	1 182	5 063	112	3 440	4
一般旅馆	10 407	6 375	205	2 541	42	2 314	
其他住宿服务	243	163	16	4			
2.按登记注册类型分							
内资企业	42 899	33 949	1 338	6 885	117	5 638	4
国有企业	8 222	7 564	536	86	49	9	
有限责任公司	27 652	17 440	623	3 931	29	3 074	
国有独资公司	132	94	30				
其他有限责任公司	27 519	17 346	593	3 931	29	3 074	
股份有限公司	798	897	10	79	6		
私营企业	6 226	8 048	168	2 789	34	2 556	4
私营有限责任公司	5 541	7 113	138	2 769	32	2 556	4
私营股份有限公司	685	936	31	20	2		
其他企业	1						
港澳台商投资企业	752	1 261	33	143	27	88	
与港澳台商合资经营企业	620	741	33	136	27	81	
与港澳台商合作经营企业	133	520		6	1	7	
外商投资企业	5 303	5 425	32	580	10	28	
中外合资经营企业	1 492	1 551	32	556			
外资企业	3 445	3 776		18	10	27	
外商投资股份有限公司	367	99		6			
3.按控股情况分							
国有控股	16 553	12 770	887	181	56	21	
集体控股	387	557	6	64	3	60	
私人控股	19 705	17 543	371	6 516	51	5 557	4
港澳台商控股	344	618	10	33	27	7	
外商控股	5 303	5 425	32	580	10	28	
其他	6 662	3 683	76	235	7	81	
4.按经营形式分							
独立门店	39 877	36 852	1 274	7 490	125	5 736	4
连锁总店	3 807	826	26	59	27	18	
连锁门店	1 057	393	57	12			
其他	4 213	2 563	46	48	2		
5.按单位规模分							
大型	2 320	3 452	87	2 781	12	2 770	
中型	33 581	24 263	844	3 648	66	2 794	
小型	12 776	12 867	471	1 098	77	109	4
微型	279	52		81		81	
6.按星级分							
五星	9 494	13 973	618	5 129	34	5 055	
四星	14 303	13 654	314	1 885	66	599	
三星	3 366	2 011	63	129	28	7	
二星	309	117	21	−3	3		
其他	21 485	10 880	387	468	22	92	4

注:本表数据为 2013 年法人口径年报数。

13-11 续表 5-1 (2013 年) 单位:万元

指标名称	销售费用	管理费用		财务费用			资产减值损失
			税金		利息收入	利息支出	
二、餐饮业	22 590	12 126	497	1 107	70	359	761
1.按餐饮行业小类分							
正餐服务	20 000	7 901	497	868	70	359	
快餐服务	2 590	4 226		239			761
2.按登记注册类型分							
内资企业	17 005	7 536	494	774	69	359	
国有企业	774	183	3	2			
集体企业	143	11					
股份合作企业	927	53		46		1	
有限责任公司	10 359	5 113	221	527	35	306	
其他有限责任公司	10 359	5 113	221	527	35	306	
股份有限公司	30	20	2	1			
私营企业	4 773	2 156	269	199	33	53	
私营独资企业	41	27	5				
私营合伙企业	82	53	2				
私营有限责任公司	4 650	1 817	147	189	33	52	
私营股份有限公司		260	115	10			
港澳台商投资企业	3 312	275	3	80	2		
与港澳台商合资经营企业	3 085	211	3	72	2		
港澳台商投资股份有限公司	227	64		8			
外商投资企业	2 273	4 316		253			761
中外合资经营企业	130	7		3			
外资企业	1 672	4 162		238			761
外商投资股份有限公司	471	147		13			
3.按控股情况分							
国有控股	1 222	503	103	4			
集体控股	143	11					
私人控股	14 129	6 146	330	671	68	359	
港澳台商控股	1 135	224	3	32			
外商控股	2 143	4 309		250			761
其他	3 819	935	61	151	2	1	
4.按经营形式分							
独立门店	13 452	4 969	388	592	3	178	
连锁总店	8 186	6 470	41	515	66	182	761
连锁门店	908	47					
其他	45	641	68		1		
5.按单位规模分							
大型	1 672	4 162		238			761
中型	10 845	2 892	49	405	68	281	
小型	9 924	4 937	447	462	2	78	
微型	149	135		2			

注:本表数据为 2013 年法人口径年报数。

指 标 名 称	投资收益	营业利润	营业外收入	补贴收入	利润总额	应交所得税	应付职工薪酬(本年贷方累计发生额)
总 计	**32**	**14 426**	**792**	**196**	**-8 000**	**1 007**	**54 739**
一、住宿业	32	-7 473	448	196	-8 850	192	33 584
1.按住宿行业小类分							
旅游饭店	32	-6 352	389	196	-7 009	100	25 823
一般旅馆		-1 124	59		-1 844	93	7 603
其他住宿服务		3			3		158
2.按登记注册类型分							
内资企业	32	-6 227	441	196	-7 971	190	29 220
国有企业	23	-495	150		-1 609	45	8 225
有限责任公司	9	-4 812	284	196	-4 974	98	15 071
国有独资公司		-1					117
其他有限责任公司	9	-4 812	284	196	-4 974	98	14 954
股份有限公司		193	2		194	1	775
私营企业		-1 235	6		-1 704	47	5 130
私营有限责任公司		-1 043	6		-1 479	47	4 688
私营股份有限公司		-192			-225		441
其他企业		122			122		19
港澳台商投资企业		-63	7		-44	2	1 027
与港澳台商合资经营企业		55			67	2	547
与港澳台商合作经营企业		-118	7		-111		480
外商投资企业		-1 183			-835		3 337
中外合资经营企业		-337			34		971
外资企业		-763			-778		2 035
外商投资股份有限公司		-83			-91		331
3.按控股情况分							
国有控股	32	-1 873	193		-2 319	45	11 141
集体控股		13			13		419
私人控股		-3 119	241	196	-4 161	145	13 198
港澳台商控股		237	7		256	2	755
外商控股		-1 183			-835		3 337
其他		-1 811	8		-1 804		3 319
4.按经营形式分							
独立门店	32	-6 495	445	196	-7 479	130	29 691
连锁总店		51			-341	13	1 416
连锁门店		202	3		201	50	351
其他		-1 231			-1 231		2 126
5.按单位规模分							
大型		-624			-712	18	1 660
中型	32	-4 778	158		-4 873	82	20 602
小型		-1 884	290	196	-3 079	92	11 002
微型		-187			-187	1	320
6.按星级分							
五星	11	-3 263	26		-3 185	37	8 061
四星	21	-2 058	305	196	-3 334	54	10 659
三星		147	52		556	12	2 327
二星		-63			4	2	132
其他		-2 237	66		-2 891	87	12 404

注:本表数据为 2013 年法人口径年报数。

13-11 续表 6-1　　　　(2013 年)　　　　单位:万元

指标名称	投资收益	营业利润	营业外收入		利润总额	应交所得税	应付职工薪酬(本年贷方累计发生额)
				补贴收入			
二、餐饮业		21 899	344		850	815	21 155
1.按餐饮行业小类分							
正餐服务		956	194		220	662	14 337
快餐服务		20 942	150		630	153	6 818
2.按登记注册类型分							
内资企业		1 818	196		1 053	804	12 371
国有企业		364			364		1 055
集体企业		45			45	11	67
股份合作企业		-45			-87	52	580
有限责任公司		1 305	167		893	521	6 336
其他有限责任公司		1 305	167		893	521	6 336
股份有限公司		26					103
私营企业		123	29		-161	220	4 229
私营独资企业		123			123		62
私营合伙企业		150			150		121
私营有限责任公司		-407	29		-435	220	3 977
私营股份有限公司		257					69
港澳台商投资企业		62			62	12	1 761
与港澳台商合资经营企业		91			91	11	1 609
港澳台商投资股份有限公司		-29			-29		153
外商投资企业		20 019	149		-265		7 023
中外合资经营企业		-12			-12		43
外资企业		20 297	149		14		6 442
外商投资股份有限公司		-266			-266		539
3.按控股情况分							
国有控股		193			190		1 400
集体控股		45			45	11	67
私人控股		1 510	192		749	750	9 063
港澳台商控股		34			34	12	768
外商控股		20 031	149		-253		6 980
其他		86	3		85	43	2 877
4.按经营形式分							
独立门店		-257	193		-980	389	10 238
连锁总店		21 206	149		909	221	9 862
连锁门店		640	2		611	153	328
其他		309	1		309	52	727
5.按单位规模分							
大型		20 297	149		14		6 442
中型		1 672	10		1 623	554	5 863
小型		182	186		-535	253	8 773
微型		-252			-252	8	77

注:本表数据为 2013 年法人口径年报数。

13-12 限额以上批发零售产业活动单位(个体户)商品购销存

(2013 年)

单位:万元

指标名称	单位数(个)	从业人员期末人数(人)	商品购进额	商品销售额			期末商品库存额	年末零售营业面积(平方米)
					批发额	零售额		
总计	**86**	**4 604**	**489 616**	**481 804**	**293 951**	**187 853**	**13 716**	**61 373**
一、批发业	17	2 495	382 166	374 740	289 848	84 892	9 871	7 560
1.按批发业行业小类分								
农、林、牧产品批发	1	76	2 564	2 564	2 564			
种子批发	1	76	2 564	2 564	2 564			
食品、饮料及烟草制品批发	5	1 540	214 705	207 263	176 222	31 041	8 783	3 030
果品、蔬菜批发	2	14	6 432	6 430	6 430		101	
肉、禽、蛋、奶及水产品批发	1	855	77 156	76 112	47 439	28 673	1 044	1 960
酒、饮料及茶叶批发	2	671	131 117	124 721	122 353	2 368	7 638	1 070
纺织、服装及家庭用品批发	4	413	119 990	119 248	73 338	45 910	742	2 860
服装批发	1	7	2 307	2 081	1 289	792	226	160
家用电器批发	3	406	117 683	117 167	72 049	45 118	516	2 700
医药及医疗器材批发	1	16	5 701	6 629	4 260	2 369	95	850
西药批发	1	16	5 701	6 629	4 260	2 369	95	850
矿产品、建材及化工产品批发	4	401	22 691	22 657	18 861	3 796	96	820
煤炭批发	1	327	9 626	9 626	9 626			
建材批发	3	74	13 065	13 031	9 235	3 796	96	820
机械设备、五金交电及电子产品批发	1	43	12 653	12 662	12 662		10	
其他机械设备及电子产品批发	1	43	12 653	12 662	12 662		10	
其他批发业	1	6	3 862	3 717	1 941	1 776	145	
其他未列明的批发	1	6	3 862	3 717	1 941	1 776	145	
2.按登记注册类型分								
内资企业	9	1 390	234 775	226 663	189 743	36 920	8 130	1 500
国有企业	1	327	9 626	9 626	9 626			
有限责任公司	4	813	145 242	137 690	137 690		7 570	
其他有限责任公司	4	813	145 242	137 690	137 690		7 570	
股份有限公司	4	250	79 907	79 347	42 427	36 920	560	1 500
港、澳、台商投资企业	1	180	46 884	46 760	34 360	12 400	125	1 700
投资股份有限公司	1	180	46 884	46 760	34 360	12 400	125	1 700
个体经营	7	925	100 507	101 317	65 745	35 572	1 616	4 360
个体户	6	70	23 351	25 205	18 306	6 899	572	2 400
个人合伙	1	855	77 156	76 112	47 439	28 673	1 044	1 960
3.按经营形式分								
独立门店	9	640	74 832	76 584	56 584	20 000	693	3 000
连锁门店	1	50	4 562	4 554	4 554		8	
其他	7	1 805	302 772	293 602	228 710	64 892	9 170	4 560
二、零售业	69	2 109	107 450	107 064	4 103	102 961	3 845	53 813
1.按零售行业小类分								
综合零售	30	1 123	45 115	45 236		45 236	1 240	30 504
百货零售	4	116	2 184	2 119		2 119	66	3 520
超级市场零售	20	872	34 725	35 256		35 256	774	22 619
其他综合零售	6	135	8 206	7 861		7 861	400	4 365
食品、饮料及烟草制品专门零售	7	360	23 617	23 297	3 961	19 336	347	6 874
果品、蔬菜零售	1	45	1 619	1 614	322	1 292	33	600
肉、禽、蛋、奶及水产品零售	1	189	2 010	1 997		1 997	13	2 824
营养和保健品零售	1	52	8 754	8 604		8 604	150	1 500
酒、饮料及茶叶零售	3	51	6 185	6 033	657	5 376	151	1 350
其他食品零售	1	23	5 049	5 049	2 982	2 067		600
纺织、服装及日用品专门零售	6	168	8 739	8 282		8 282	536	3 785
纺织品及针织品零售	1	8	423	420		420	4	900
服装零售	3	136	7 445	7 013		7 013	510	2 150
箱、包零售	2	24	871	849		849	22	735

注:本表数据为 2013 年法人口径年报数。

指标名称	单位数(个)	从业人员期末人数(人)	商品购进额	商品销售额			期末商品库存额	年末零售营业面积(平方米)
					批发额	零售额		
文化、体育用品及器材专门零售	4	49	5 634	5 437		5 437	199	1 080
珠宝首饰零售	3	39	4 957	4 820		4 820	139	480
工艺美术品及收藏品零售	1	10	677	617		617	60	600
医药及医疗器材专门零售	2	50	1 547	1 593		1 593	223	520
药品零售	2	50	1 547	1 593		1 593	223	520
汽车、摩托车、燃料及零配件专门零售	3	26	3 051	3 320	129	3 191	259	1 810
汽车零售	1	8	734	739		739	100	500
汽车零配件零售	1	12	606	921		921	109	230
机动车燃料零售	1	6	1 711	1 660	129	1 531	50	1 080
家用电器及电子产品专门零售	10	199	11 982	11 859	13	11 846	504	5 490
家用视听设备零售	2	42	3 696	3 448		3 448	248	1 520
日用家电设备零售	6	123	7 002	7 143	13	7 130	176	3 435
通信设备零售	2	34	1 284	1 268		1 268	80	535
五金、家具及室内装饰材料专门零售	7	134	7 765	8 040		8 040	537	3 750
家具零售	1	27	864	877		877	74	1 000
木制装饰材料零售	1	50	1 592	1 588		1 588	57	200
其他室内装饰材料零售	5	57	5 309	5 575		5 575	406	2 550
2.按登记注册类型分								
内资企业	4	452	21 731	21 557		21 557	289	7 124
国有企业	1	52	1 046	1 036		1 036	69	300
有限责任公司	2	211	18 675	18 523		18 523	207	4 000
其他有限责任公司	2	211	18 675	18 523		18 523	207	4 000
私营企业	1	189	2 010	1 998		1 998	13	2 824
私营独资企业	1	189	2 010	1 998		1 998	13	2 824
港澳台商投资企业	1	23	5 049	5 049	2 982	2 067		600
独资经营企业	1	23	5 049	5 049	2 982	2 067		600
个体经营	64	1 634	80 670	80 458	1 121	79 337	3 556	46 089
个体户	62	1 551	79 434	79 222	1 121	78 101	3 529	44 069
个人合伙	2	83	1 236	1 236		1 236	27	2 020
3.按经营形式分								
独立门店	67	1 903	104 674	104 334	4 103	100 231	3 799	50 389
连锁总店(总部)	1	189	2 010	1 998		1 998	13	2 824
其他	1	17	766	732		732	33	600
4.按零售业态分								
有店铺零售	69	2 109	107 450	107 064	4 103	102 961	3 845	53 813
便利店	1	189	2 010	1 998		1 998	13	2 824
超市	27	975	42 697	42 611		42 611	1 114	24 072
大型超市	1	73	1 450	1 677		1 677	106	4 912
百货店	3	88	1 473	1 449		1 449	24	1 995
专业店	22	498	40 923	40 258	3 111	37 147	1 404	13 580
专卖店	14	259	18 033	18 194	992	17 202	1 111	5 430
厂家直销中心	1	27	864	877		877	73	1 000

注:本表数据为 2013 年法人口径年报数。

13-13 限额以上住宿餐饮产业活动单位(个体户)经营情况

(2013 年)

单位:万元

指 标 名 称	营业额	客房收入	餐费收入	商品销售收入	其他收入
总 计	**183 440**	**16 915**	**127 935**	**36 367**	**2 223**
一、住宿业	32 155	16 352	12 607	1 306	1 890
1.按住宿行业小类分					
旅游饭店	20 888	10 767	8 304	669	1 148
一般旅馆	11 267	5 585	4 303	637	742
2.按登记注册类型分					
内资企业	20 297	9 776	7 967	664	1 890
国有企业	4 752	1 217	3 452	83	
有限责任公司	15 545	8 559	4 515	581	1 890
其他有限责任公司	15 545	8 559	4 515	581	1 890
个体经营	11 858	6 576	4 640	642	
个体户	11 448	6 261	4 571	616	
个人合伙	410	315	69	26	
3.按经营形式分					
独立门店	32 155	16 352	12 607	1 306	1 890
4.星级评定情况					
三星	653	653			
五星	11 515	6 065	3 883	413	1 154
其他	19 987	9 634	8 724	893	736
二、餐饮业	151 285	563	115 328	35 061	333
1.按餐饮行业小类分					
正餐服务	149 691	563	114 020	34 775	333
快餐服务	1 034		785	249	
饮料及冷饮服务	560		523	37	
咖啡馆服务	560		523	37	
2.按登记注册类型分					
内资企业	648	201	349	79	19
有限责任公司	648	201	349	79	19
其他有限责任公司	648	201	349	79	19
港、澳、台商投资企业	1 425		1 306	119	
独资经营企业	1 425		1 306	119	
个体经营	149 212	362	113 673	34 863	314
个体户	146 402	269	111 638	34 181	314
个人合伙	2 810	93	2 035	682	
3.按经营形式分					
独立门店	150 251	563	114 543	34 812	333
连锁门店	1 034		785	249	

指 标 名 称	单位数(个)	从业人员期末人数(人)	客房数(间)	床位数(个)	餐位数(位)	年末餐饮营业面积(平方米)
总　　计	**222**	**11 791**	**3 369**	**5 684**	**69 332**	**223 066**
一、住宿业	28	1 977	3 114	5 184	4 690	16 960
1.按住宿行业小类分						
旅游饭店	13	1 305	1 812	3 096	2 149	7 272
一般旅馆	15	672	1 302	2 088	2 541	9 688
2.按登记注册类型分						
内资企业	7	1 341	1 259	2 022	2 730	12 074
国有企业	2	275	263	482	365	1 600
有限责任公司	5	1 066	996	1 540	2 365	10 474
其他有限责任公司	5	1 066	996	1 540	2 365	10 474
个体经营	21	636	1 855	3 162	1 960	4 886
个体户	20	614	1 709	2 892	1 810	4 546
个人合伙	1	22	146	270	150	340
3.按经营形式分						
独立门店	28	1 977	3 114	5 184	4 690	16 960
4.星级评定情况						
三星	1	28	120	210		
五星	2	720	569	736	1 740	8 614
其他	25	1 229	2 425	4 238	2 950	8 346
二、餐饮业	194	9 814	255	500	64 642	206 106
1.按餐饮行业小类分						
正餐服务	191	9 686	255	500	63 622	203 306
快餐服务	1	101			700	1 500
饮料及冷饮服务	2	27			320	1 300
咖啡馆服务	2	27			320	1 300
2.按登记注册类型分						
内资企业	2	110	60	112	470	860
有限责任公司	2	110	60	112	470	860
其他有限责任公司	2	110	60	112	470	860
港、澳、台商投资企业	1	16			60	200
独资经营企业	1	16			60	200
个体经营	191	9 688	195	388	64 112	205 046
个体户	185	9 300	163	330	62 222	196 326
个人合伙	6	388	32	58	1 890	8 720
3.按经营形式分						
独立门店	193	9 713	255	500	63 942	204 606
连锁门店	1	101			700	1 500

13-14 批发和零售业连锁经营情况

指 标 名 称	计量单位	合 计		直营店		加盟店	
		2012 年	2013 年	2012 年	2013 年	2012 年	2013 年
一、门店总数	个	1 843	1 947	859	918	984	1 029
二、年末从业人员数	人	26 802	29 645	22 713	25 645	4 089	4 000
三、年末零售营业面积	平方米	1 047 671	1 139 499	865 935	976 823	181 736	162 676
四、连锁门店商品购进额	千元	2 552 693	2 966 046	2 225 188	2 665 950	327 505	300 096
#统一配送商品购进额	千元	2 081 708	2 753 252	1 987 087	2 648 138	94 621	105 114
#自有配送中心配送商品购进额	千元	1 600 000	2 093 701	1 508 499	1 998 509	91 501	95 192
非自有配送中心配送商品购进额	千元	481 708	659 551	478 588	649 629	3 120	9 922
五、连锁门店商品销售额	千元	3 619 301	3 996 017	3 317 062	3 728 264	302 239	267 753
#零售额	千元	2 744 605	3 060 241	2 474 063	2 827 355	270 542	232 886

注:本表数据为 2013 年法人口径年报数。

13-15 住宿和餐饮业连锁经营情况

指标名称	计量单位	合计		直营店		加盟店	
		2012 年	2013 年	2012 年	2013 年	2012 年	2013 年
一、门店总数	个	91	104	89	102	2	2
二、年末从业人员数	人	7 635	8 241	7 544	8 148	91	93
三、年末餐饮营业面积	平方米	58 411	61 777	58 177	61 543	234	234
四、客房数	间	1 793	2 000	1 545	1 752	248	248
五、床位数	个	3 417	3 796	2 762	3 141	655	655
六、餐位数	位	16 117	18 748	15 957	18 588	160	160
七、连锁门店商品购进(采购)额	千元	40 013	40 404	39 702	40 067	311	337
#统一配送商品购进(采购)额	千元	33 736	33 533	33 425	33 196	311	337
自有配送中心配送商品购进(采购)额	千元	3 016	4 420	3 016	4 420		
非自有配送中心配送商品购进(采购)额	千元	30 720	29 113	30 409	28 776	311	337
八、连锁门店营业额	千元	87 027	82 384	86 578	81 931	449	453
#餐费收入	千元	77 170	72 300	77 078	72 201	92	99

注:本表数据为 2013 年法人口径年报数。

13-16 批发和零售业(住宿和餐饮业)连锁门店及配送中心分布情况

单位:个

地区	门店总数		直营店数		加盟店数		配送中心数			
									# 自有	
	2012 年	2013 年	2012 年	2013 年	2012 年	2013 年	2012 年	2013 年	2012 年	2013 年
合计	1 934	2 049	948	1 020	986	1 029	47	52	32	35
北京市	23	21			23	21				
河北省	8				8					
上海市	9	12			9	12				
江苏省	24	28			24	28				
# 南京市		8				8				
浙江省	42	51	4	4	38	47				
# 杭州市	15	15	1	1	14	14				
# 宁波市	6	3			6	3				
安徽省	2	7	2	3		4				
# 合肥市		5		1		4				
江西省	1 770	1 882	937	1 007	833	875	47	51	32	35
# 南昌市	844	897	555	624	289	273	43	47	30	33
河南省		3				3				
# 郑州市		3				3				
湖北省								1		
# 武汉市								1		
湖南省	5	6	5	6						
# 长沙市	1	1	1	1						
海南省	3				3					
# 海口市	3				3					
陕西省	47	41			47	41				
# 西安市	28	14			28	14				
甘肃省	1				1					

注:本表数据为 2013 年法人口径年报数。

13-17 成品油批发企业能源商品购进、销售与库存

(2013 年)

单位:吨

能源品种	期初库存量	累计购进量	#购自省(区、市)外	累计销售量	#销往省(区、市)外	期末库存量
汽油	22 973	313 194	284 174	99 780	99 780	13 208
#93"	20 223	277 653	255 893	82 205	82 205	12 538
柴油	14 392	1 088 187	947 237	287 273	287 273	25 042
#0"	14 392	1 058 657	947 207	257 863	257 863	24 952
煤油	8 300	176 759		178 248		6 811

注:1、本表数据为 2013 年季报数;2、本表数据包括:中石油江西分公司、中石油南昌分公司、中石化南昌分公司。

13-18 成品油零售企业能源商品销售与库存

(2013 年)

单位:吨

能源品种	期初库存量	累计销售量	期末库存量
汽油	7 200	522 345	10 031
#93"	5 290	454 659	7 013
柴油	7 060	822 555	9 904
#0"	7 046	819 010	9 884

注:1、本表数据为 2013 年季报数;2、本表数据包括:中石油江西分公司、中石油南昌分公司、中石化南昌分公司。

13-19 亿元以上商品交易市场主要经济指标

(2013 年)

市场名称	市场成交额(万元)	营业面积(平方米)	出租摊位数(个)
合计	**9 662 463**	**1 450 486**	**27 277**
东湖区(5 个)			
墩子塘农产品综合市场	13 296	3 145	214
南昌水产品综合交易批发市场	282 454	43 000	820
南昌市香江家具光彩大市场	18 820	50 000	218
江西旧机动车交易中心	81 345	11 000	135
江西钢材大市场	752 281	6 900	152
西湖区(11 个)			
南昌市洪城大市场	2 783 876	151 300	7 987
江西省华东商贸城	17 210	17 234	508
江西鸿顺德国际商贸城有限公司	21 000	22 500	486
江西家电市场	31 723	23 374	639
南昌市新华群实业有限公司	10 856	4 700	72
南昌长运商贸城	48 030	30 620	590
南昌市万寿宫商城	41 223	54 020	1 846
江西省五华批发市场	189 832	21 060	1 004
江西东方电脑城	214 185	9 600	268
江西联信大市场	437 200	11 686	679
南昌市宝源汽配综合大市场	46 285	30 000	882
青云谱区(5 个)			
南昌深圳农产品中心批发市场有限公司	1 577 059	86 760	755
南昌建材大市场有限公司	57 328	64 900	1 055
江西省装潢建材大市场有限责任公司	452 315	42 724	607
南昌肉类联合加工厂肉食品批发市场	136 000	20 000	260
江西省运通汽配市场有限公司	26 798	40 000	331
青山湖区(5 个)			
南昌市郊区佛塔生猪交易批发市场	103 257	13 400	30
京东家俱城	46 845	130 000	488
江西省旧货大市场	17 611	15 000	750
南昌香江商贸城	20 671	278 442	1 974
南昌市废旧钢材交易市场	38 910	46 021	679
南昌县(4 个)			
南昌县莲塘综合市场	152 064	7 600	732
江西省洪城汽配城	1 266 455	38 500	134
南昌县小蓝禽蛋批发市场	427 629	18 000	218
南昌县农机大市场	118 936	8 000	332
新建县(1 个)			
新建县集贸市场	29 693	19 000	1 403
经济开发区(1 个)			
江西国际汽车城投资发展有限公司	79 600	110 000	1 009
红谷滩新区(1 个)			
江西红谷滩汽车广场	121 676	22 000	20

注:本表数据为 2013 年法人口径年报数。

13-20 个体工商业基本情况

(2013 年)

项　　目	户数(户)	#城镇	从业人员(人)	#城镇	注册资金(万元)	#城镇
合　　计	181 967	139 982	434 601	336 418	1 084 877	649 839
一、农、林、牧、渔业	13 063	5 475	33 278	13 621	311 434	48 466
#农、林、牧、渔服务业	455	123	1 335	556	26 542	4 676
二、采　矿　业	101	12	423	39	1 571	53
#开采辅助活动	13	1	65	5	163	1
三、制　造　业	6 647	3 365	23 319	10 576	48 139	16 674
#金属制品、机械和设备修理业	23	13	62	35	147	66
四、电力、燃气及水的生产　和供应业	12	8	40	21	795	75
五、建　筑　业	263	148	732	416	1 670	829
六、批发和零售业	124 342	98 760	268 386	216 617	505 481	395 128
七、交通运输、仓储和邮　政业	2 286	2 200	7 224	6 985	36 018	35 147
八、住宿和餐饮业	11 444	10 086	39 482	35 261	84 618	74 376
九、信息传输、计算机服务和软件业	920	567	2 080	1 342	3 517	1 967
十、金融业	1	1	1	1	1	1
十一、房地产业	292	255	783	677	622	558
十二、租赁和商务服务业	1 169	997	3 038	2 525	5 467	3 900
十三、科学研究、技术服务和地质勘查业	525	405	1 239	994	1 551	1 215
十四、水利、环境和公共设施管理业	8	5	28	19	24	13
十五、居民服务和其他服务业	19 971	16 931	51 054	44 346	72 157	60 389
十六、教育	17	12	51	40	82	58
十七、卫生、社会保障和社会福利业	402	327	1 047	849	1 158	889
十八、文化、体育和娱乐业	357	336	1 904	1 793	10 089	9 943
十九、其它行业	147	92	492	296	483	158

资料来源:南昌市工商局。

13-21　私营企业基本情况

（2013 年）

项　　目	户数（户）	#城镇	投资者人数（人）	#城镇	雇工人数（人）	#城镇	注册资金（万元）	#城镇
合　　计	67 660	56 221	144 803	120 603	488 944	403 449	19 155 381	15 258 230
一、农、林、牧、渔业	2 676	1 449	6 255	3 630	10 021	8 102	804 932	405 769
#农、林、牧、渔服务业	243	141	624	374	1 181	997	126 927	65 283
二、采　矿　业	49	27	152	70	270	213	23 048	17 311
#开采辅助活动	28	21	114	58	224	184	15 934	14 106
三、制　造　业	6 009	3 077	14 504	7 549	17 827	14 639	1 825 318	886 703
#金属制品、机械和设备修理业	4	2	7	4	32	16	1 930	1 850
四、电力、燃气及水的生产　和供应业	109	76	179	121	343	292	33 861	28 620
五、建　筑　业	5 062	4 502	10 444	9 244	17 105	14 098	2 255 143	1 848 153
六、批发和零售业	28 863	24 275	60 097	50 717	251 202	207 213	6 549 862	5 197 808
七、交通运输、仓储和邮　政业	1 264	868	2 504	1 693	4 190	3 351	206 255	148 056
八、住宿和餐饮业	650	598	1 266	1 158	1 939	1 614	129 876	120 680
九、信息传输、计算机服务和软件业	3 702	3 401	7 223	6 826	29 115	23 976	538 483	508 775
十、金融业	488	452	1 261	1 211	1 904	1 571	806 485	775 159
十一、房地产业	2 764	2 444	5 882	5 236	23 891	19 747	2 109 047	1 786 741
十二、租赁和商务服务业	11 918	11 330	25 488	24 461	96 931	80 675	3 073 184	2 830 472
十三、科学研究、技术服务和地质勘查业	1 624	1 504	4 055	3 760	14 926	12 060	404 817	351 023
十四、水利、环境和公共设施管理业	372	327	942	799	975	779	176 106	151 543
十五、居民服务和其他服务业	1 577	1 404	3 200	2 876	13 655	11 265	155 357	141 343
十六、教育	165	157	383	368	1 459	1 196	8 823	8 435
十七、卫生、社会保障和社会福利业	16	14	36	31	180	164	6 110	5 960
十八、文化、体育和娱乐业	336	303	899	825	2 887	2 392	46 258	43 963
十九、其它行业	16	13	33	28	124	102	2 416	1 716

资料来源：南昌市工商局。

13-22 商品交易市场分类情况

(2013 年)　　　　单位:个

项　　目	市场数量
合　　计	**153**
#已登记企业法人的市场	104
一、消费品市场	147
#已登记企业法人的市场	102
(一)消费品综合市场	31
(二)农副产品市场	101
(三)工业品消费市场	8
(四)其他消费品市场	7
二、生产资料市场	6
#已登记企业法人的市场	2
(一)工业生产资料市场	3
(二)农业生产资料市场	3

资料来源:南昌市工商局。

13-23 零售企业(单位)排位

(按商品销售额)

2012年		2013年	
位次	企业(单位)名称	位次	企业(单位)名称
1	江西新华发行集团有限公司	1	江西新华发行集团有限公司
2	江西南华医药有限公司	2	江西南华医药有限公司
3	南昌百货大楼股份有限公司	3	江西汇仁集团医药科研营销有限公司
4	江西洪客隆百货投资有限公司	4	江西洪客隆百货投资有限公司
5	江西高速实业开发有限公司	5	南昌百货大楼股份有限公司
6	洪城大厦(集团)股份有限公司	6	江西高速实业开发有限公司
7	南昌市天虹商场有限公司	7	洪城大厦(集团)股份有限公司
8	南昌市四平贸易有限公司	8	南昌市四平贸易有限公司
9	江西鹏润国美电器有限公司	9	江西鹏润国美电器有限公司
10	南昌万宝行汽车销售服务有限公司	10	南昌市天虹商场有限公司
11	江西百盛中山城百货有限公司	11	南昌万宝行汽车销售服务有限公司
12	江西财富广场有限公司	12	江西财富广场有限公司
13	江西运通汽车技术服务有限公司	13	江西省智通汽车销售服务有限公司
14	江西苏宁电器有限公司	14	江西德奥汽车销售服务有限公司
15	南昌喜盈门实业有限公司	15	江西百盛中山城百货有限公司
16	江西德奥汽车销售服务有限公司	16	江西风尚家庭购物有限公司
17	南昌东之星汽车服务有限公司	17	江西广甸宝德汽车销售服务有限公司
18	南昌宝泽汽车销售服务有限公司	18	南昌宝泽汽车销售服务有限公司
19	江西煌上煌集团食品有限公司	19	上海大众汽车江西销售服务有限公司
20	上海大众汽车江西销售服务有限公司	20	江西新运通销售服务有限公司

主要统计指标解释

社会消费品零售总额 指各种经济类型的批发零售贸易业、住宿和餐饮业业对城乡居民和社会集团的消费品零售额总和。这个指标反映通过各种商品流通渠道向居民和社会集团供应的生活消费品来满足他们生活需要,是研究人民生活、社会消费品购买力、货币流通等问题的重要指标。对居民的消费品零售额:指售给城乡居民用于生活消费的商品。对社会集团的消费品零售额:指售给机关、团体、部队、学校企业、事业单位和城市街道居民委员会、农村村民委员会用公款购买的用作非生产、非经营使用的消费品。社会消费品零售额包括:(1)售给城乡居民作为生活用的商品及修建房屋建筑材料;(2)售给机关、团体、学校、部队、企业、事业单位的职工食堂和旅店(招待所)附设专门供本店旅客食用,不对外营业的食堂的各种食品、燃料;企业、单位和国营农场直接售给本单位职工和职工食堂的自己生产的产品;(3)售给部队干部、战士生活粮食、副食品、衣着品、日用品、燃料;(4)售给来华的外国人、华侨、港澳台同胞的消费品(包括友谊商店、在海关前后设立的免税商店、外轮供应公司等);(5)居民自费购买的中、西药品,中药材及医疗用品;(6)报社、出版社直接售给居民和社会集团的报纸、图书、杂志,集邮公司(包括邮局集邮专柜)出售的新、旧(盖销的)纪念邮票、特种邮票、首日封、集邮册、集邮工具等;(7)旧货寄售商店自购、自销部分的商品;(8)煤气公司、液化石油气站售给居民和社会集团的煤气灶具和罐装液化石油气;(9)售给社会集团的办公用品、纸张、帐册、文印用品、计算工具、书报杂志和奖品;公共用品和纺织品、针织品;学校用的教学用具;文体用品;有明确专用的劳动保护用品。

(一) 按行业分的社会消费品零售额

1、批发和零售业零售额 指专门从事商品转卖业务的各种经济类型独立核算的批发零售贸易企业、产业活动单位直接售给居民和社会集团的消费品零售额。

2、住宿和餐饮业零售额 指从事食品的烹饪、调制并直接零售给居民饮食的各种宾馆、旅社、饭馆、酒馆、茶馆等餐饮业的零售额。包括各种企业单位附设对外营业的饭馆、火车餐厅、轮船餐厅、车站食堂、机场餐厅的零售额。不包括旅店(招待所)专供本店旅客食用,不对外营业的食堂,机关、团体学校、企业、事业单位的职工食堂出售饭菜的收入。

(二) 按销售地区分的社会消费品零售额

1、城镇的零售额 指设立在中央直辖市,省、地辖市的市区和镇以上的各行业消费品零售额,不包括乡村的消费品零售额。

2、城区的零售额 指设立在城区内的各行业消费品零售额。

3、乡村的零售额 指设立在农村的各行业消费品零售额。但不包括分布在农村的独立工矿、林区的商品零售额,这部分零售额,凡属直辖镇以上的列入"城镇的零售额"中。

商品购进总额 指从本企业以外的单位和个人购进(包括从国外直接进口)作为转卖或加工后转卖的商品金额。本指标由从生产者购进额、从批发零售贸易业购进额、进口额和其他项目组成。这个指标反映批发零售贸易业从国内、国外市场上购进商品的总量。

从生产者购进额 指直接从工农业生产者购进的各种工矿产品、农副产品。

进口 指直接从国外进口的商品和委托外贸部门代理进口的商品。

商品销售总额 指对本企业以外的单位和个人出售的商品(包括售给本单位消费用的商品)金额。本指标由对生产经营单位批发额、对批发零售贸易批发额、出口额和对居民和社会集团商品零售额项目组成。这个指标反映批发零售贸易业在国内市场上销售商品以及出口商品的总量。

批发　指除零售以外的一切商品销售活动,包括对生产经营单位批发、对批发零售贸易业批发和出口。

对生产经营单位批发　指售给国民经济和社会各部门作为生产或经营使用的商品。

出口　指直接向国(境)外出口商品和委托外贸部门代理出口的商品。

零售　指售给城乡居民直接用于生活消费的商品和社会集团直接用于公用消费的商品。

期末库存　指批发零售贸易业已取得所有权的全部商品。这个指标反映批发零售业的商品库存情况,以及对市场商品供应的保证程度。

年末从业人数　指在该企业工作并取得劳动报酬的年末实有人员数。包括在岗职工、再就业的离退休人员、在该企业工作的外方人员、港、澳、台方人员、兼职人员、借用的外单位人员和第二职业者。不包括离开本单位但仍保留劳动关系的职工。

年末营业面积　零售业按建筑面积计算的直接对顾客销售商品的固定场地,不包括办公室、仓库、加工场地等面积。住宿和餐饮业对外提供就餐服务的门店建筑面积和从事食品加工、烹饪、调制的厨房面积,不包括办公用房和仓库等面积。该指标按年末实有面积统计。

住宿和餐饮业营业额　指住宿和餐饮业法人企业、产业活动单位在经营活动中因提供服务或销售商品等取得的收入。包括客房收入、餐费收入、商品销售额(含增值税)和其他收入。

客房收入　指住宿和餐饮业法人企业、产业活动单位在经营活动中因提供住宿服务取得的收入。

餐费收入　指住宿和餐饮业法人企业、产业活动单位因为顾客提供就餐服务取得的收入。包括经烹饪、调制后出售的各种食品,如主食、炒菜、凉拌菜等的收入。

商品销售额　指住宿和餐饮业法人企业、产业活动单位出售商品的销售总额(含增值税)。

其他收入　指营业额中除客房收入、餐费收入、商品销售额(含增值税)以外的其他收入。包括:娱乐、健身和商务服务等。

床位数　指宾馆、饭店、酒店、旅馆等供应旅客使用的床位数,不包括临时加的床位和宾馆、饭店、酒店、旅馆等内部工作人员使用的床位。该指标按年内正常情况下的实有数统计。

餐饮数　指住宿和餐饮业法人企业、产业活动单位为顾客提供就餐服务时,正常可同时容纳就餐人员的餐位数量,不包括临时加的餐位。该指标按年内正常情况下的实有数统计。

批发和零售业、住宿和餐饮业的限额以上统计划型标准为:

1、批发业:全年销售额2000万元及以上

2、零售业:全年销售额500万元及以上

3、餐饮业:全年主营业务收入200万元及以上

4、住宿业:星级宾馆、饭店

连锁企业(或称连锁店、连锁公司)　指在核心企业或总店的领导下,由分散的、经营同类商品或服务的企业或活动单位,采取共同方针,实行集中采购和分散销售的有机结合,通过规范化经营,实现规模效益的经济联合组织形式。

一般连锁店应由若干个分店组成。其经营特征:(1)经营同类商品;(2)使用统一商号;(3)统一采购配送,采购与销售相分离(部分商品可根据物流合理和保质保鲜原则由供应商直接送货到门店,其余均由总部统一配送)。连锁店总店(总部)指连锁店的核心企业或管理中心。连锁店分店指连锁店所属各分散经营的企业或活动单位,也可称分店或成员店。

连锁店包括下列两种形式:

(1)直营连锁:也叫正规连锁。连锁门店均由总部全资或控股开设,在总部的直接领导下统一经营。连锁

总店或核心店作为一个直营店统计。

(2)加盟连锁:包括特许连锁和自由连锁。特许连锁:各连锁门店(被特许人)通过合同形式,取得使用总部(特许人)商标、经营技术和销售总部开发的商品的特许权,各加盟连锁门店为独立法人,但无自主经营权,在总部指导下统一经营。自由连锁:也称自愿连锁,连锁公司的门店均为独立法人,各自的资产所有权关系不变,在公司总部的指导下共同经营。各成员店使用共同的店名,与总部订阅相关购、销、宣传等方面的合同,并按合同开展经营活动。在合同规定的范围之外,各成员店可以自由活动。根据自愿原则,各成员店可自由加入连锁体系,也可自由退出。

商品交易市场 指有固定场所、设施,有若干经营者入场实行集中、公开交易各类实物商品的市场。

亿元以上商品交易市场 指全年成交额在一亿元及以上的商品交易市场。

市场成交总额 指该市场所有摊位商品交易总额之和。

在地口径:指批零住餐统计中的统计范围,以企业经营所在地为统计口径的统计方法,称为“在地口径”统计。

法人口径:指批零住餐统计中的统计范围,以企业法人所在地为统计口径的统计方法,称为“法人口径”统计。

十四、房 地 产

REAL ESTATE

本篇内容包括：

1.房地产开发投资
2.房地产施工及销售
3.房地产企业财务状况
4.房地产企业资金及土地
5.各县区房地产开发

房地产开发投资

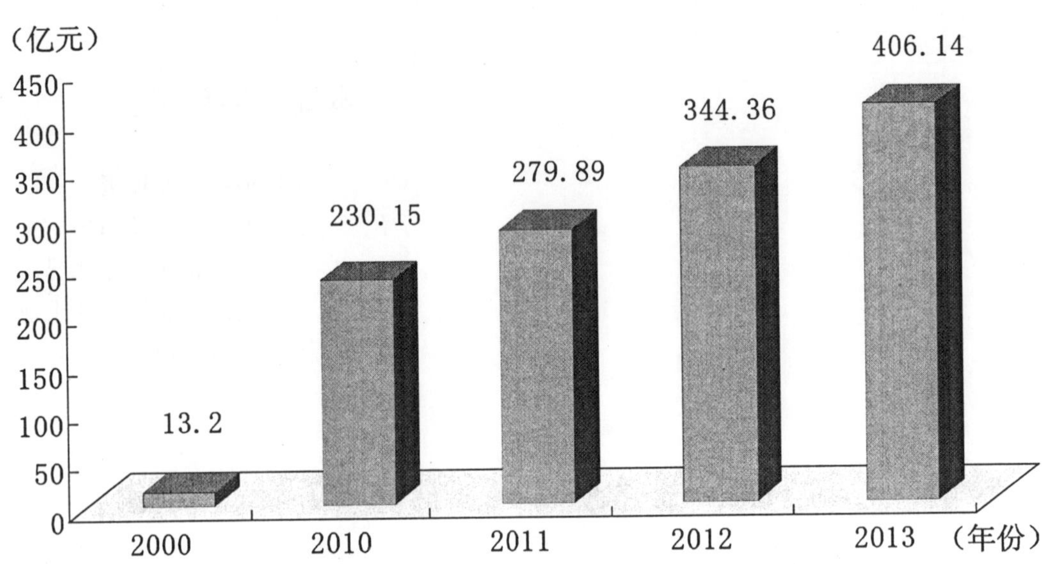

房地产施工销售情况

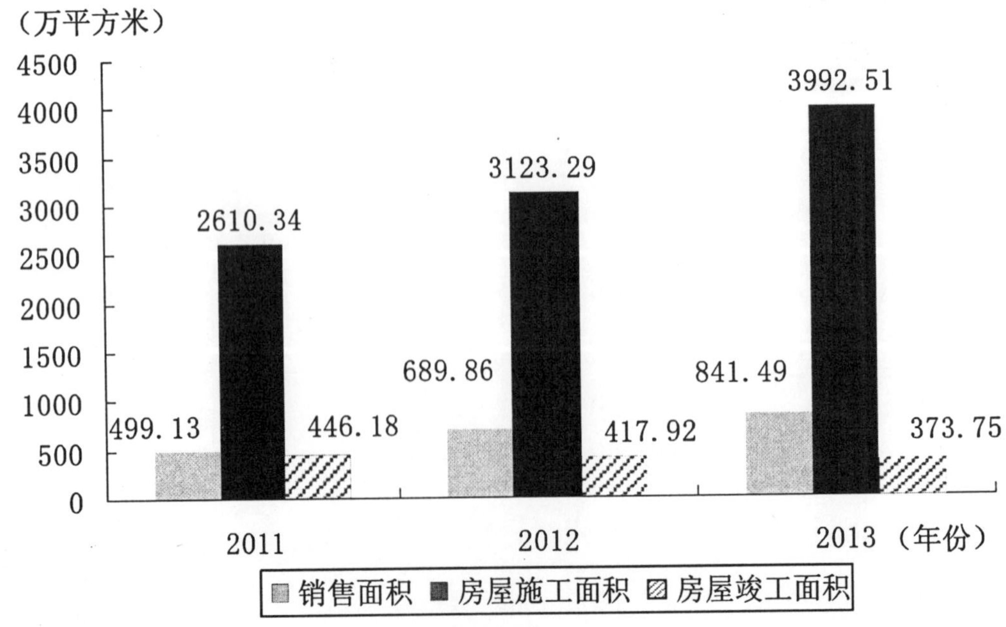

14-1 房地产开发情况

(2013 年)

指　　标	企业数 (个)	计划总投资 (万元)	自开始建设 累计完成投资 (万元)
按登记注册类型分	**483**	**24 777 306**	**16 935 614**
内资企业	430	21 027 523	13 791 090
国有企业	33	1 055 580	635 682
集体企业	2		
股份合作企业	4	106 300	36 175
国有独资公司	9	41 518	41 082
其他有限责任公司	229	13 324 057	8 711 305
股份有限公司	28	1 824 986	1 426 824
私营独资企业	6	112 200	51 974
私营合伙企业	2		
私营有限责任公司	97	4 031 588	2 571 794
私营股份有限公司	10	218 659	169 620
其他企业	10	312 635	146 634
港澳台商投资企业	40	2 318 798	2 112 832
与港澳台商合资经营企业	17	1 086 251	1 015 271
与港澳台商合资合作经营企业	1		
港澳台商独资经营企业	22	1 232 547	1 097 561
外商投资企业	13	1 430 985	1 031 692
中外合资经营企业	7	1 122 021	834 286
外资企业	5	180 964	75 476
外商投资股份有限公司	1	128 000	121 930
按控股情况分	**483**	**24 777 306**	**16 935 614**
国有控股	77	5 102 149	3 482 876
集体控股	14	779 586	635 627
私人控股	257	9 893 357	6 987 089
港澳台商控股	42	2 418 798	2 213 002
外商控股	13	1 430 985	990 218
其他	80	5 152 431	2 626 802
按资质等级分	**483**	**24 777 306**	**16 935 614**
一级	3	730 899	561 831
二级	83	6 116 801	5 103 946
三级	138	4 095 637	3 161 901
四级	44	440 015	353 768
暂定	202	12 633 478	7 112 882
其他	13	760 476	641 286
按隶属关系分	**483**	**24 777 306**	**16 935 614**
中央	5	862 622	573 738
省	36	3 180 690	2 439 948
市	33	1 903 162	1 462 677
县(区)	52	1 883 619	1 588 105
镇	2	1 788	1 597
居委会	1	16 000	16 000
村委会	1		
其他	353	16 929 425	10 853 549

指　　标	本年完成投资	建筑工程	安装工程	设备工器具购置
按登记注册类型分	**4 061 358**	**3 071 893**	**382 943**	**63 404**
内资企业	3 589 928	2 756 752	312 509	39 905
国有企业	215 912	133 932	16 300	6 802
集体企业				
股份合作企业	28 114	8 270	2 480	2 589
国有独资公司	9 871	8 168	950	
其他有限责任公司	2 373 889	1 841 220	163 827	27 227
股份有限公司	297 028	236 427	51 554	
私营独资企业	3 343	2 985	338	
私营合伙企业				
私营有限责任公司	578 920	459 516	74 291	2 861
私营股份有限公司	13 812	10 483	2 769	
其他企业	69 039	55 751		426
港澳台商投资企业	340 430	213 071	56 766	21 638
与港澳台商合资经营企业	155 381	93 341	25 047	1 565
与港澳台商合资合作经营企业				
港澳台商独资经营企业	185 049	119 730	31 719	20 073
外商投资企业	131 000	102 070	13 668	1 861
中外合资经营企业	89 471	70 503	10 518	1 011
外资企业	31 529	25 067	1 150	
外商投资股份有限公司	10 000	6 500	2 000	850
按控股情况分	**4 061 358**	**3 071 893**	**382 943**	**63 404**
国有控股	933 259	701 375	59 411	7 502
集体控股	188 484	171 282	4 342	2 025
私人控股	1 566 231	1 179 370	189 234	14 594
港澳台商控股	389 404	231 059	69 762	31 633
外商控股	122 808	94 345	13 672	1 866
其他	861 172	694 462	46 522	5 784
按资质等级分	**4 061 358**	**3 071 893**	**382 943**	**63 404**
一级	115 779	57 421	21 062	19 442
二级	674 749	527 200	119 903	9 510
三级	606 728	430 469	78 618	7 410
四级	46 789	30 541	2 172	896
暂定	2 308 822	1 755 355	157 134	25 974
其他	308 491	270 907	4 054	172
按隶属关系分	**4 061 358**	**3 071 893**	**382 943**	**63 404**
中央	177 545	125 593	1 500	
省	733 994	611 421	56 037	7 242
市	408 021	282 672	52 484	2 025
县(区)	515 387	445 696	29 661	1 030
镇	1 597	1 597		
居委会	327			
村委会				
其他	2 224 487	1 604 914	243 261	53 107

指　　标	本年完成投资			
	其他费用			#配套工程投资
		#旧建筑物购置费	#土地购置费	
按登记注册类型分	**543 118**	**45**	**333 802**	**38 405**
内资企业	480 762		301 177	36 992
国有企业	58 878		43 084	10
集体企业				
股份合作企业	14 775		13 000	
国有独资公司	753			
其他有限责任公司	341 615		235 491	30 213
股份有限公司	9 047		3 000	137
私营独资企业	20			
私营合伙企业				
私营有限责任公司	42 252		6 602	5 922
私营股份有限公司	560			
其他企业	12 862			710
港澳台商投资企业	48 955		32 625	103
与港澳台商合资经营企业	35 428		30 707	
与港澳台商合资合作经营企业				
港澳台商独资经营企业	13 527		1 918	103
外商投资企业	13 401			1 310
中外合资经营企业	7 439			1 310
外资企业	5 312			
外商投资股份有限公司	650			
按控股情况分	**543 118**	**45**	**333 802**	**38 405**
国有控股	164 971		121 442	1 589
集体控股	10 835		7 524	137
私人控股	183 033		89 304	26 161
港澳台商控股	56 950	45	32 625	3 103
外商控股	12 925			1 310
其他	114 404		82 907	6 105
按资质等级分	**543 118**	**45**	**333 802**	**38 405**
一级	17 854		3 000	103
二级	18 136		3 800	2 027
三级	90 231	45	51 767	5 010
四级	13 180		12 025	1
暂定	370 359		237 431	30 898
其他	33 358		25 779	366
按隶属关系分	**543 118**	**45**	**333 802**	**38 405**
中央	50 452		35 259	
省	59 294		40 553	660
市	70 840		45 350	809
县(区)	39 000		33 261	15 149
镇				
居委会	327			
村委会				
其他	323 205	45	179 379	21 787

指标	本年完成投资			
	住宅投资	#90 平米以下住房	#144 平米以上住房	# 别墅、高档公寓
按登记注册类型分	**2 411 410**	**759 006**	**428 253**	**164 812**
内资企业	2 086 355	681 261	357 498	82 050
国有企业	162 875	28 469	42 929	5 670
集体企业				
股份合作企业	4 950	3 050		
国有独资公司	9 871	9 871		
其他有限责任公司	1 291 999	421 321	219 639	66 642
股份有限公司	140 260	31 577	37 758	1 180
私营独资企业	3 207			2 590
私营合伙企业				
私营有限责任公司	445 729	181 994	47 934	5 968
私营股份有限公司	10 662	1 987	4 885	
其他企业	16 802	2 992	4 353	
港澳台商投资企业	219 589	44 740	58 368	76 341
与港澳台商合资经营企业	124 856	17 777	49 839	48 668
与港澳台商合资合作经营企业				
港澳台商独资经营企业	94 733	26 963	8 529	27 673
外商投资企业	105 466	33 005	12 387	6 421
中外合资经营企业	77 146	16 786	11 484	1 321
外资企业	22 820	16 019	703	
外商投资股份有限公司	5 500	200	200	5 100
按控股情况分	**2 411 410**	**759 006**	**428 253**	**164 812**
国有控股	561 028	143 184	163 029	42 046
集体控股	16 426	3 050	8	
私人控股	970 845	370 060	126 622	39 378
港澳台商控股	237 582	44 735	58 368	76 341
外商控股	104 017	33 010	11 066	5 100
其他	521 512	164 967	69 160	1 947
按资质等级分	**2 411 410**	**759 006**	**428 253**	**164 812**
一级	67 561	36 619	9 700	12 610
二级	450 344	167 305	90 609	15 867
三级	473 677	164 738	80 893	62 781
四级	32 613	19 081	3 721	4 540
暂定	1 296 969	308 134	242 032	68 116
其他	90 246	63 129	1 298	898
按隶属关系分	**2 411 410**	**759 006**	**428 253**	**164 812**
中央	147 029	38 592	36 420	18 318
省	227 075	50 589	7 890	920
市	266 204	96 225	60 294	24 470
县(区)	291 383	63 718	99 269	41 216
镇	1 230			
居委会				
村委会				
其他	1 478 489	509 882	224 380	79 888

指　标	本年完成投资			本年新增固定资产
	办公楼	商业营业用房	其他	
按登记注册类型分	**908 162**	**440 300**	**301 486**	**1 362 332**
内资企业	852 932	383 273	267 368	1 221 381
国有企业	11 285	11 417	30 335	51 646
集体企业				
股份合作企业	12 526	6 830	3 808	12 490
国有独资公司				
其他有限责任公司	733 983	165 516	182 391	456 311
股份有限公司	13 812	138 020	4 936	169 307
私营独资企业			136	5 210
私营合伙企业				
私营有限责任公司	31 891	56 297	45 003	502 969
私营股份有限公司	20	2 792	338	19 820
其他企业	49 415	2 401	421	3 628
港澳台商投资企业	47 435	48 310	25 096	82 327
与港澳台商合资经营企业	10 468	16 802	3 255	56 343
与港澳台商合资合作经营企业				
港澳台商独资经营企业	36 967	31 508	21 841	25 984
外商投资企业	7 795	8 717	9 022	58 624
中外合资经营企业	3 290	5 540	3 495	58 624
外资企业	5	3 177	5 527	
外商投资股份有限公司	4 500			
按控股情况分	**908 162**	**440 300**	**301 486**	**1 362 332**
国有控股	204 862	53 525	113 844	149 511
集体控股	158 357	9 100	4 601	12 490
私人控股	227 027	259 505	108 854	896 748
港澳台商控股	60 428	58 304	33 090	82 327
外商控股	4 512	7 253	7 026	58 624
其他	252 976	52 613	34 071	162 632
按资质等级分	**908 162**	**440 300**	**301 486**	**1 362 332**
一级	24 254	20 689	3 275	9 798
二级	26 081	163 858	34 466	259 262
三级	31 019	60 886	41 146	719 057
四级	2 680	9 305	2 191	75 111
暂定	634 061	171 420	206 372	299 050
其他	190 067	14 142	14 036	54
按隶属关系分	**908 162**	**440 300**	**301 486**	**1 362 332**
中央	1 123	11 758	17 635	20 537
省	332 619	126 533	47 767	142 678
市	61 204	32 332	48 281	70 817
县(区)	190 152	17 468	16 384	147 113
镇		367		2 267
居委会			327	
村委会				
其他	323 064	251 842	171 092	978 920

14-2 房地产面积对比表

(2013年)

指标名称	合计	住宅	#90平米以下住房	#144平米以上住房	办公楼	商业营业用房	其他房屋
房屋施工面积(平方米)	39 925 097	27 627 146	7 568 134	3 120 818	3 159 383	4 546 939	4 591 629
#本年新开工面积(平方米)	11 185 473	7 347 647	1 632 268	742 041	1 201 424	999 367	1 637 035
房屋竣工面积(平方米)	3 737 500	3 054 749	1 031 885	248 419	164 644	467 536	50 571
#不可销售面积(平方米)	46 241	24 438	3 061		9 594	5 204	7 005
商品住宅竣工套数(套)		29 367	13 177	1 480			
竣工房屋价值(万元)	741 122	607 796	212 598	49 033	40 729	84 965	7 632
出租房屋面积(平方米)	109 802	2 960			8 604	98 238	
商品房销售面积(平方米)	8 414 924	7 518 728	1 840 987	855 750	402 681	406 068	87 447
现房销售面积(平方米)	775 366	599 115	158 029	112 859	93 102	83 019	130
期房销售面积(平方米)	7 639 558	6 919 613	1 682 958	742 891	309 579	323 049	87 317
商品房销售额(万元)	5 975 036	4 991 916	1 227 363	785 568	401 079	500 583	81 458
现房销售额(万元)	540 094	369 893	82 887	86 458	93 760	76 416	25
期房销售额(万元)	5 434 942	4 622 023	1 144 476	699 110	307 319	424 167	81 433
商品住宅销售套数(套)		71 560	23 667	4 948			
现房销售套数(套)		5 453	2 133	645			
期房销售套数(套)		66 107	21 534	4 303			
待售面积(平方米)	1 039 248	494 712	107 792	159 596	72 298	409 571	62 667
#待售1-3年面积(平方米)	548 573	308 505	89 788	95 645	49 622	135 930	54 516
待售3年以上面积(平方米)	101 577	19 701	829	15 384	18 907	62 969	

14-3 房地产企业财务指标

（2013 年） 单位:万元

指标	年初存货	流动资产合计	#存货	固定资产合计
按登记注册类型分	**11 814 260**	**26 042 672**	**13 255 103**	**749 438**
内资企业	10 506 479	22 864 034	12 256 306	612 871
国有企业	72 445	332 407	198 801	4 586
集体企业	3 893	9 320	4 695	55
国有独资公司	3 373 152	6 814 922	3 882 573	257 623
其他有限责任公司	5 000 242	10 886 620	5 621 197	236 676
股份有限公司	762 740	1 127 947	722 544	60 732
私营独资企业		12		
私营合伙企业		1 886		
私营有限责任公司	1 259 896	3 518 700	1 728 213	47 887
私营股份有限公司	32 939	164 923	90 993	4 776
其他企业	1 172	7 298	7 291	537
港澳台商投资企业	1 034 454	2 442 478	733 579	103 197
与港澳台商合资经营企业	654 679	1 268 912	458 422	37 423
与港澳台商合资合作经营企业		6 977		2 084
港澳台商独资经营企业	379 774	1 166 590	275 157	63 689
外商投资企业	273 327	736 159	265 219	33 370
中外合资经营企业	207 882	570 483	177 583	14 069
外资企业	34 222	83 424	56 413	19 138
外商投资股份有限公司	31 223	82 253	31 223	163
按控股情况分	**11 814 260**	**26 042 672**	**13 255 103**	**749 438**
国有控股	5 411 205	10 476 122	6 214 709	326 582
集体控股	67 046	639 303	194 257	736
私人控股	3 413 032	8 082 372	3 894 287	154 337
港澳台商控股	980 770	2 203 893	795 922	177 269
外商控股	249 948	645 677	222 102	23 542
其他	1 692 260	3 995 305	1 933 826	66 973
按资质等级分	**11 814 260**	**26 042 672**	**13 255 103**	**749 438**
一级	211 061	515 035	10 167	53 917
二级	4 008 794	7 947 784	3 992 891	246 109
三级	3 582 526	7 662 603	4 503 680	224 932
四级	250 820	591 789	326 450	43 163
暂定	3 603 685	8 889 108	4 316 260	138 963
其他	157 373	436 353	105 655	42 354
按隶属关系分	**11 814 260**	**26 042 672**	**13 255 103**	**749 438**
中央	364 093	628 652	377 717	4 944
省	1 179 196	2 311 917	1 326 976	84 212
市	3 675 139	6 986 384	4 063 222	63 822
县(区)	1 032 645	2 673 358	1 200 812	226 112
镇	841	5 310	841	55
居委会				
村委会		1 837	1 581	5 164
其他	5 562 346	13 435 215	6 283 955	365 131

14-3 续表 1 (2013 年) 单位:万元

指标	固定资产原价	固定资产累计折旧	#本年折旧	在建工程
按登记注册类型分	**627 378**	**177 329**	**30 999**	**545 643**
内资企业	473 963	136 347	27 901	440 490
国有企业	5 630	2 371	339	17 054
集体企业	127	73	9	
国有独资公司	187 515	22 099	7 436	152 361
其他有限责任公司	197 307	86 744	11 632	241 081
股份有限公司	16 392	6 175	2 871	3 564
私营独资企业				
私营合伙企业				2 462
私营有限责任公司	64 747	17 913	5 386	23 969
私营股份有限公司	1 811	870	162	
其他企业	434	103	66	
港澳台商投资企业	110 795	30 033	2 217	98 152
与港澳台商合资经营企业	40 162	8 740	1 379	41 597
与港澳台商合资合作经营企业	90	85		2 080
港澳台商独资经营企业	70 544	21 208	838	54 475
外商投资企业	42 619	10 950	881	7 000
中外合资经营企业	17 659	5 807	659	7 000
外资企业	24 467	4 813	170	
外商投资股份有限公司	493	330	52	
按控股情况分	**627 378**	**177 329**	**30 999**	**545 643**
国有控股	276 793	79 639	10 829	202 777
集体控股	1 060	849	52	
私人控股	142 482	43 172	14 834	192 129
港澳台商控股	109 835	29 515	2 168	98 192
外商控股	30 264	8 422	654	7 000
其他	66 945	15 733	2 462	45 545
按资质等级分	**627 378**	**177 329**	**30 999**	**545 643**
一级	54 360	11 465	178	
二级	257 116	97 697	10 089	86 788
三级	162 955	38 949	10 602	157 245
四级	43 120	7 416	1 909	141
暂定	62 565	16 533	7 749	250 827
其他	47 261	5 269	471	50 643
按隶属关系分	**627 378**	**177 329**	**30 999**	**545 643**
中央	5 279	1 913	172	
省	64 071	51 092	2 611	49 398
市	60 040	9 062	1 731	57 031
县(区)	147 378	21 138	7 046	145 025
镇	127	73	9	
居委会				
村委会	5 164	498	245	
其他	345 319	93 553	19 185	294 188

指　　标	资产总计	流动负债合　计	#应付账款	非流动负债合计
按登记注册类型分	**30 036 746**	**15 815 887**	**1 403 612**	**5 068 325**
内资企业	26 259 473	13 825 140	1 303 375	4 319 902
国有企业	381 362	310 220	26 104	24 468
集体企业	9 374	3 907	3 579	3 297
国有独资公司	7 963 154	1 176 371	133 987	1 954 659
其他有限责任公司	12 393 934	8 239 434	825 060	1 708 951
股份有限公司	1 386 359	1 067 244	133 357	110 549
私营独资企业	12	5		
私营合伙企业	7 395	3 905		
私营有限责任公司	3 900 922	2 876 301	180 010	501 044
私营股份有限公司	168 229	112 048	1 278	9 400
其他企业	48 733	35 704		7 534
港澳台商投资企业	2 929 917	1 671 021	6 467	577 485
与港澳台商合资经营企业	1 537 304	962 197	11 852	296 402
与港澳台商合资合作经营企业	9 061	2 708	23	
港澳台商独资经营企业	1 383 552	706 116	-5 408	281 083
外商投资企业	847 356	319 726	93 770	170 938
中外合资经营企业	655 320	215 151	85 123	162 489
外资企业	109 621	76 278	8 266	8 449
外商投资股份有限公司	82 416	28 298	381	
按控股情况分	**30 036 746**	**15 815 887**	**1 403 612**	**5 068 325**
国有控股	11 863 436	3 820 507	435 419	2 394 604
集体控股	857 428	702 659	67 431	52 297
私人控股	9 140 783	6 621 017	575 765	952 300
港澳台商控股	2 764 570	1 611 566	10 048	401 185
外商控股	746 447	273 104	81 696	170 938
其他	4 664 083	2 787 033	233 253	1 097 002
按资质等级分	**30 036 746**	**15 815 887**	**1 403 612**	**5 068 325**
一级	619 532	286 328	22 618	187 000
二级	9 234 818	4 492 923	365 755	1 815 335
三级	8 683 707	4 016 283	160 974	1 234 395
四级	1 004 081	485 303	68 692	81 247
暂定	9 919 974	6 235 877	713 624	1 619 373
其他	574 634	299 173	71 949	130 976
按隶属关系分	**30 036 746**	**15 815 887**	**1 403 612**	**5 068 325**
中央	645 521	379 907	63 979	145 000
省	2 807 655	2 043 394	209 430	310 643
市	7 650 279	1 831 491	212 550	1 761 381
县(区)	3 464 968	1 416 679	193 754	501 045
镇	5 364	3 907	3 579	
居委会	23 694			
村委会	6 517	3 301		
其他	15 432 749	10 137 208	720 319	2 350 257

14-3 续表 3 (2013 年) 单位:万元

指标	负债总计	所有者权益合计	#实收资本	营业收入
按登记注册类型分	**20 884 212**	**9 152 534**	**3 044 596**	**5 388 929**
内资企业	18 145 042	8 114 431	2 419 793	4 422 882
国有企业	334 688	46 675	35 551	10 480
集体企业	7 204	2 170	1 500	
国有独资公司	3 131 030	4 832 124	467 478	186 361
其他有限责任公司	9 948 384	2 445 549	1 422 329	3 199 953
股份有限公司	1 177 794	208 566	122 860	335 159
私营独资企业	5	7	7	
私营合伙企业	3 905	3 490	3 490	
私营有限责任公司	3 377 345	523 576	347 460	654 633
私营股份有限公司	121 448	46 780	18 319	26 635
其他企业	43 238	5 495	800	9 660
港澳台商投资企业	2 248 506	681 411	452 358	669 347
与港澳台商合资经营企业	1 258 599	278 705	226 309	305 557
与港澳台商合资合作经营企业	2 708	6 353	6 000	376
港澳台商独资经营企业	987 200	396 352	220 049	363 415
外商投资企业	490 664	356 692	172 446	296 700
中外合资经营企业	377 640	277 680	126 273	192 048
外资企业	84 726	24 895	29 677	4 033
外商投资股份有限公司	28 298	54 118	16 496	100 618
按控股情况分	**6 215 111**	**5 648 325**	**927 727**	**1 359 039**
国有控股	754 956	102 472	87 905	13 729
集体控股	7 573 317	1 567 466	893 270	2 233 141
私人控股	2 012 751	751 818	488 732	729 434
港澳台商控股	444 042	302 404	150 091	358 795
外商控股	3 884 035	780 048	496 871	694 792
其他	473 328	146 204	44 812	209 370
按资质等级分	**6 308 258**	**2 926 560**	**622 290**	**1 580 940**
一级				
二级				
三级				
四级	5 250 678	3 433 029	712 242	988 847
暂定	566 551	437 530	104 155	95 221
其他	7 855 249	2 064 725	1 483 353	2 310 473
按隶属关系分	**430 149**	**144 486**	**77 743**	**204 080**
中央	524 907	120 614	50 600	214 705
省	2 354 037	453 618	299 884	558 705
市	3 592 872	4 057 407	495 424	767 724
县(区)	1 917 724	1 547 244	277 230	613 083
镇	3 907	1 458	800	
居委会		23 694	6 000	7
村委会	3 301	3 216	816	
其他	12 487 465	2 945 284	1 913 842	3 234 705

指　　标	营业收入				
	主营业务收　入	土地转让收　入	商品房屋销售收入	房屋出租收　入	其他收入
按登记注册类型分	**5 365 448**	**3 734**	**5 154 210**	**27 521**	**179 983**
内资企业	4 408 714	3 734	4 210 209	20 785	173 986
国有企业	10 357		8 042	2 427	-112
集体企业					
国有独资公司	186 361		23 740	2 633	159 989
其他有限责任公司	3 186 650	3 729	3 157 096	14 593	11 233
股份有限公司	334 864		333 238	623	1 003
私营独资企业					
私营合伙企业					
私营有限责任公司	654 186	5	652 523	511	1 147
私营股份有限公司	26 635		25 910		725
其他企业	9 660		9 660		
港澳台商投资企业	660 060		651 420	3 561	5 080
与港澳台商合资经营企业	305 556		305 342	214	
与港澳台商合资合作经营企业	376		300	76	
港澳台商独资经营企业	354 129		345 777	3 272	5 080
外商投资企业	296 674		292 581	3 175	917
中外合资经营企业	192 048		190 856	277	915
外资企业	4 008		1 107	2 898	2
外商投资股份有限公司	100 618		100 618		
按控股情况分	**5 365 448**	**3 734**	**5 154 210**	**27 521**	**179 983**
国有控股	1 358 306	158	1 186 123	7 763	164 262
集体控股	12 022	1 612	9 039	43	1 329
私人控股	2 228 415	1 964	2 217 616	4 616	4 220
港澳台商控股	720 147		711 506	3 561	5 080
外商控股	358 769		354 939	3 017	812
其他	687 789		674 988	8 521	4 281
按资质等级分	**5 365 448**	**3 734**	**5 154 210**	**27 521**	**179 983**
一级	202 058		196 120	727	5 211
二级	1 578 559		1 407 896	8 370	162 293
三级	987 220	1 663	971 354	4 781	9 422
四级	95 109	1 913	91 568	936	692
暂定	2 298 449	6	2 287 589	8 489	2 365
其他	204 054	152	199 683	4 219	
按隶属关系分	**5 365 448**	**3 734**	**5 154 210**	**27 521**	**179 983**
中央	214 705		213 457	745	504
省	556 723	1 770	549 841	1 439	3 673
市	763 131		600 420	2 688	160 023
县(区)	612 956	1 908	605 088	2 922	3 038
镇					
居委会	7				7
村委会					
其他	3 217 927	56	3 185 405	19 728	12 738

指　　标	营业成本	#主营业务成　本	营业税金及附加	#主营业务税金及附加
按登记注册类型分	**3 669 264**	**3 641 125**	**490 281**	**476 479**
内资企业	3 032 617	3 007 474	406 219	392 417
国有企业	7 338	7 338	998	998
集体企业				
国有独资公司	164 260	163 425	3 316	3 314
其他有限责任公司	2 201 839	2 187 184	274 516	260 720
股份有限公司	226 889	217 263	66 002	65 999
私营独资企业				
私营合伙企业				
私营有限责任公司	408 554	408 525	58 875	58 875
私营股份有限公司	19 020	19 020	2 073	2 073
其他企业	4 719	4 719	439	439
港澳台商投资企业	445 261	442 266	56 525	56 525
与港澳台商合资经营企业	204 492	204 486	24 083	24 083
与港澳台商合资合作经营企业	210	210	19	19
港澳台商独资经营企业	240 559	237 570	32 423	32 422
外商投资企业	191 386	191 386	27 538	27 537
中外合资经营企业	150 367	150 366	16 003	16 003
外资企业	2 259	2 259	228	228
外商投资股份有限公司	38 761	38 761	11 306	11 306
按控股情况分	**3 669 264**	**3 641 125**	**490 281**	**476 479**
国有控股	981 888	980 357	106 540	93 384
集体控股	8 785	7 541	548	457
私人控股	1 493 190	1 471 721	224 591	224 562
港澳台商控股	484 203	481 208	68 705	68 705
外商控股	242 314	242 314	26 655	26 654
其他	458 884	457 984	63 243	62 717
按资质等级分	**3 669 264**	**3 641 125**	**490 281**	**476 479**
一级	157 805	155 264	18 036	18 036
二级	1 055 449	1 053 031	161 720	148 386
三级	710 186	699 581	88 146	87 841
四级	64 395	64 395	9 219	9 219
暂定	1 532 976	1 520 403	195 724	195 561
其他	148 452	148 452	17 437	17 437
按隶属关系分	**3 669 264**	**3 641 125**	**490 281**	**476 479**
中央	161 274	161 273	13 395	13 375
省	365 261	363 353	87 512	74 291
市	551 686	550 852	44 341	44 218
县(区)	408 214	408 207	51 739	51 739
镇				
居委会	3	3		
村委会				
其他	2 182 828	2 157 437	293 294	292 856

指标	其他业务利润	销售费用	管理费用	#税金
按登记注册类型分	**18 004**	**152 239**	**160 931**	**20 679**
内资企业	15 237	131 596	135 568	18 996
国有企业	-36	1 049	3 706	523
集体企业			26	
国有独资公司	1 845	338	14 150	5 413
其他有限责任公司	6 220	93 029	75 253	10 942
股份有限公司	226	8 365	10 466	203
私营独资企业				
私营合伙企业				
私营有限责任公司	3 801	26 225	29 621	1 844
私营股份有限公司	3 182	1 057	1 805	68
其他企业		1 533	540	5
港澳台商投资企业	2 647	14 942	16 390	682
与港澳台商合资经营企业	13	8 878	7 908	509
与港澳台商合资合作经营企业	146	147	20	
港澳台商独资经营企业	2 488	5 917	8 462	173
外商投资企业	121	5 701	8 974	1 001
中外合资经营企业	129	2 821	5 708	916
外资企业	-9	1 815	2 004	85
外商投资股份有限公司		1 066	1 262	
按控股情况分	**18 004**	**152 239**	**160 931**	**20 679**
国有控股	5 013	19 869	38 063	8 533
集体控股	97	4 596	3 958	584
私人控股	8 526	69 554	71 616	7 663
港澳台商控股	2 661	19 440	16 457	655
外商控股	121	5 397	8 147	980
其他	1 587	33 383	22 689	2 263
按资质等级分	**18 004**	**152 239**	**160 931**	**20 679**
一级	41	2 328	3 411	220
二级	11 992	36 458	52 457	4 570
三级	3 799	26 359	37 536	6 616
四级	930	5 172	6 521	1 180
暂定	1 218	78 593	54 360	7 402
其他	26	3 330	6 646	691
按隶属关系分	**18 004**	**152 239**	**160 931**	**20 679**
中央	356	5 261	5 114	550
省	2 979	19 421	20 238	1 343
市	125	15 273	14 049	3 728
县(区)	2 840	9 671	14 541	3 016
镇			14	
居委会			1	
村委会	-50	53	137	
其他	11 754	102 560	106 837	12 042

指　　标	财务费用			营业利润
		# 利息收入	利息支出	
按登记注册类型分	**61 271**	**19 356**	**40 611**	**889 496**
内资企业	40 025	13 540	32 788	715 646
国有企业	1 912	366	2 276	–1 792
集体企业				–26
国有独资公司	2 178	2 783	3 383	26 595
其他有限责任公司	21 714	8 129	13 824	539 681
股份有限公司	2 204	745	2 711	21 265
私营独资企业				
私营合伙企业				
私营有限责任公司	11 045	1 488	9 600	125 786
私营股份有限公司	329	25	346	2 351
其他企业	644	4	648	1 786
港澳台商投资企业	19 213	5 478	6 781	112 408
与港澳台商合资经营企业	7 794	5 239	1 463	52 520
与港澳台商合资合作经营企业	–1	1		–20
港澳台商独资经营企业	11 420	239	5 319	59 908
外商投资企业	2 033	337	1 043	61 442
中外合资经营企业	1 660	195	528	15 896
外资企业	393	122	514	–2 699
外商投资股份有限公司	–21	21		48 245
按控股情况分	**61 271**	**19 356**	**40 611**	**889 496**
国有控股	4 942	4 894	7 370	237 525
集体控股	354	45	293	–4 513
私人控股	18 888	6 568	20 281	362 378
港澳台商控股	18 458	5 478	6 534	117 575
外商控股	2 326	264	1 289	74 051
其他	16 302	2 107	4 844	102 480
按资质等级分	**61 271**	**19 356**	**40 611**	**889 496**
一级	6 086	42		16 974
二级	16 200	4 046	16 003	266 886
三级	12 093	7 178	5 885	137 596
四级	2 185	489	1 924	7 748
暂定	23 148	7 541	15 935	428 823
其他	1 559	61	864	31 469
按隶属关系分	**61 271**	**19 356**	**40 611**	**889 496**
中央	66	314		29 960
省	3 869	1 070	3 857	62 260
市	1	5 602	5 270	148 508
县(区)	8 512	6 436	1 552	139 240
镇				–14
居委会				3
村委会				–239
其他	48 824	5 933	29 932	509 778

14-3 续表 8 (2013 年) 单位:万元

指　　标	补贴收入	营业外收入	营业外支出
按登记注册类型分	**14 353**	**36 447**	**9 673**
内资企业	14 353	34 116	8 257
国有企业	-55	8 369	118
集体企业			
国有独资公司	13 212	14 644	1 243
其他有限责任公司	795	10 257	4 134
股份有限公司	24	99	356
私营独资企业			
私营合伙企业			
私营有限责任公司	139	452	2 383
私营股份有限公司	238	253	19
其他企业		43	4
港澳台商投资企业		2 214	689
与港澳台商合资经营企业		62	138
与港澳台商合资合作经营企业			
港澳台商独资经营企业		2 153	550
外商投资企业		117	727
中外合资经营企业		58	477
外资企业		49	18
外商投资股份有限公司		10	232
按控股情况分	**14 353**	**36 447**	**9 673**
国有控股	13 182	28 011	2 057
集体控股		350	125
私人控股	1 123	4 105	5 356
港澳台商控股		2 219	635
外商控股		111	712
其他	48	1 652	787
按资质等级分	**14 353**	**36 447**	**9 673**
一级		1 916	118
二级	13 467	14 705	2 413
三级		6 100	3 724
四级		275	180
暂定	886	12 655	2 311
其他		796	927
按隶属关系分	**14 353**	**36 447**	**9 673**
中央		2 094	59
省	24	1 097	833
市	13 157	13 243	261
县(区)		1 515	1 427
镇			
居委会			
村委会			
其他	1 171	18 500	7 093

指　　标	利润总额	应交所得税	本年应付工资总额(贷方累计发生额)
按登记注册类型分	**933 760**	**202 679**	**88 146**
内资企业	746 560	163 490	68 473
国有企业	6 459	156	2 542
集体企业	–26		46
国有独资公司	39 996	2 758	2 554
其他有限责任公司	549 218	127 661	42 407
股份有限公司	22 624	6 462	6 941
私营独资企业			7
私营合伙企业			13
私营有限责任公司	123 879	25 831	13 037
私营股份有限公司	2 585	622	787
其他企业	1 825		138
港澳台商投资企业	116 103	21 846	9 309
与港澳台商合资经营企业	52 444	13 704	3 424
与港澳台商合资合作经营企业	–20	1	83
港澳台商独资经营企业	63 680	8 141	5 802
外商投资企业	71 096	17 343	10 365
中外合资经营企业	25 742	4 738	8 982
外资企业	–2 668	598	1 098
外商投资股份有限公司	48 022	12 006	285
按控股情况分	**933 760**	**202 679**	**88 146**
国有控股	267 467	42 522	16 607
集体控股	–4 288	335	778
私人控股	361 939	85 240	38 466
港澳台商控股	121 328	23 702	9 583
外商控股	83 715	19 262	10 079
其他	103 599	31 617	12 633
按资质等级分	**933 760**	**202 679**	**88 146**
一级	20 588	5 571	2 182
二级	292 107	63 679	23 208
三级	142 708	20 730	16 547
四级	7 851	5 368	3 156
暂定	439 169	98 373	42 124
其他	31 338	8 958	929
按隶属关系分	**933 760**	**202 679**	**88 146**
中央	31 996	6 044	2 755
省	62 523	18 671	9 961
市	163 349	33 423	11 575
县(区)	141 709	11 956	5 334
镇	–14		34
居委会	3		16
村委会	–239		41
其他	534 433	132 586	58 430

指　　标	资产减值损失	公允价值变动收益	投资收益
按登记注册类型分	**6 529**	**1 876**	**54 496**
内资企业	1 414	1 461	41 935
国有企业			2 730
集体企业			
国有独资公司			24 477
其他有限责任公司	1 423	1 461	8 467
股份有限公司	2		1 609
私营独资企业			
私营合伙企业			
私营有限责任公司	–11		4 652
私营股份有限公司			
其他企业			
港澳台商投资企业	4 978		2 287
与港澳台商合资经营企业			118
与港澳台商合资合作经营企业			
港澳台商独资经营企业	4 978		2 170
外商投资企业	137	415	10 274
中外合资经营企业	137	415	10 273
外资企业			1
外商投资股份有限公司			
按控股情况分	**6 529**	**1 876**	**54 496**
国有控股	1 017		34 435
集体控股			
私人控股	261	–413	7 136
港澳台商控股	4 978		2 301
外商控股			10 274
其他	274	2 288	350
按资质等级分	**6 529**	**1 876**	**54 496**
一级	4 978		1 815
二级	920	415	21 326
三级	104	1 461	22 761
四级	–45		–27
暂定	573		3 808
其他			4 813
按隶属关系分	**6 529**	**1 876**	**54 496**
中央	163		529
省	1 043		646
市	204	–413	8 456
县(区)	–1		21 215
镇			
居委会			
村委会			
其他	5 120	2 288	23 649

14-4 房地产企业资金和土地情况

（2013 年） 单位:万元

指标	本年资金来源合计	上年末结余资金	本年资金来源小计	国内贷款	银行贷款
按登记注册类型分	**9 678 145**	**2 298 402**	**7 379 743**	**1 095 760**	**1 051 605**
内资企业	8 294 086	1 722 282	6 571 804	962 660	933 505
国有企业	705 123	105 268	599 855		
集体企业					
股份合作企业	44 890	19 230	25 660	15 100	15 100
国有独资公司	228 511	5 427	223 084	3 500	3 500
其他有限责任公司	5 096 743	1 054 460	4 042 283	652 974	649 119
股份有限公司	525 257	196 415	328 842	55 500	55 500
私营独资企业	17 684	13 845	3 839		
私营合伙企业					
私营有限责任公司	1 493 499	254 286	1 239 213	235 586	210 286
私营股份有限公司	90 346	43 800	46 546		
其他企业	92 033	29 551	62 482		
港澳台商投资企业	872 547	410 281	462 266	67 100	52 100
与港澳台商合资经营企业	481 385	279 858	201 527	18 100	18 100
与港澳台商合资合作经营企业					
港澳台商独资经营企业	391 162	130 423	260 739	49 000	34 000
外商投资企业	511 512	165 839	345 673	66 000	66 000
中外合资经营企业	427 889	146 266	281 623	66 000	66 000
外资企业	70 479	10 745	59 734		
外商投资股份有限公司	13 144	8 828	4 316		
按控股情况分	**9 678 145**	**2 298 402**	**7 379 743**	**1 095 760**	**1 051 605**
国有控股	2 037 821	309 729	1 728 092	90 500	90 500
集体控股	211 383	18 153	193 230	34 100	34 100
私人控股	3 730 762	961 040	2 769 722	489 560	460 405
港澳台商控股	917 436	431 024	486 412	67 100	52 100
外商控股	500 690	169 551	331 139	66 000	66 000
其他	2 280 053	408 905	1 871 148	348 500	348 500
按资质等级分	**9 678 145**	**2 298 402**	**7 379 743**	**1 095 760**	**1 051 605**
一级	97 074	31 517	65 557		
二级	1 952 012	477 465	1 474 547	185 550	165 550
三级	2 003 303	629 781	1 373 522	150 090	135 090
四级	201 132	50 482	150 650	10 960	7 105
暂定	5 053 887	1 043 933	4 009 954	665 160	659 860
其他	370 737	65 224	305 513	84 000	84 000
按隶属关系分	**9 678 145**	**2 298 402**	**7 379 743**	**1 095 760**	**1 051 605**
中央	460 962	29 287	431 675		
省	1 323 570	343 351	980 219	118 000	118 000
市	648 478	149 047	499 431	94 419	94 419
县(区)	1 024 506	156 436	868 070	118 595	118 595
镇	1 597		1 597		
居委会	516	220	296		
村委会					
其他	6 218 516	1 620 061	4 598 455	764 746	720 591

指　　标	本年资金来源小计				
	国内贷款				
	非银行金融机构贷款	利用外资	#外商直接投资	自筹资金	#自有资金
按登记注册类型分	**44 155**	**299**	**299**	**1 541 518**	**639 860**
内资企业	29 155			1 453 579	588 327
国有企业				150 213	121 824
集体企业					
股份合作企业				10 560	
国有独资公司				37 965	34 465
其他有限责任公司	3 855			1 062 390	405 512
股份有限公司				41 800	
私营独资企业				2 504	2 400
私营合伙企业					
私营有限责任公司	25 300			106 027	24 006
私营股份有限公司				2 000	
其他企业				40 120	120
港澳台商投资企业	15 000	299	299	36 917	20 511
与港澳台商合资经营企业				12 722	12 611
与港澳台商合资合作经营企业					
港澳台商独资经营企业	15 000	299	299	24 195	7 900
外商投资企业				51 022	31 022
中外合资经营企业				37 828	27 828
外资企业				13 194	3 194
外商投资股份有限公司					
按控股情况分	**44 155**	**299**	**299**	**1 541 518**	**639 860**
国有控股				536 760	283 296
集体控股				62 178	
私人控股	29 155			473 260	128 325
港澳台商控股	15 000	299	299	36 917	20 511
外商控股				51 022	31 022
其他				381 381	176 706
按资质等级分	**44 155**	**299**	**299**	**1 541 518**	**639 860**
一级				15 099	5 099
二级	20 000			212 907	160 948
三级	15 000			130 783	87 441
四级	3 855			46 530	23 910
暂定	5 300	299	299	1 032 275	359 538
其他				103 924	2 924
按隶属关系分	**44 155**	**299**	**299**	**1 541 518**	**639 860**
中央				39 099	5 099
省				301 361	144 886
市				262 963	135 080
县(区)				228 549	34 785
镇				1 597	
居委会				296	
村委会					
其他	44 155	299	299	707 653	320 010

14–4 续表 2 (2013 年) 单位:万元

指　　标	本年资金来源小计			
	自筹资金		其他资金来源	
	股东投入资金	借入资金		# 定金及预付款
按登记注册类型分	**216 573**	**171 909**	**4 742 166**	**2 952 485**
内资企业	196 281	161 906	4 155 565	2 555 238
国有企业	13 000	2 000	449 642	382 514
集体企业				
股份合作企业				
国有独资公司		3 500	181 619	172 869
其他有限责任公司	113 709	119 877	2 326 919	1 271 713
股份有限公司			231 542	118 411
私营独资企业			1 335	894
私营合伙企业				
私营有限责任公司	27 572	36 529	897 600	582 572
私营股份有限公司	2 000		44 546	19 035
其他企业	40 000		22 362	7 230
港澳台商投资企业	8 905	1 390	357 950	297 490
与港澳台商合资经营企业			170 705	124 938
与港澳台商合资合作经营企业				
港澳台商独资经营企业	8 905	1 390	187 245	172 552
外商投资企业	11 387	8 613	228 651	99 757
中外合资经营企业	10 000		177 795	72 750
外资企业	1 387	8 613	46 540	24 417
外商投资股份有限公司			4 316	2 590
按控股情况分	**216 573**	**171 909**	**4 742 166**	**2 952 485**
国有控股	13 000	22 475	1 100 832	705 522
集体控股	118		96 952	87 810
私人控股	98 783	108 879	1 806 902	1 053 110
港澳台商控股	8 905	1 390	382 096	325 460
外商控股	11 387	8 613	214 117	99 954
其他	84 380	30 552	1 141 267	680 629
按资质等级分	**216 573**	**171 909**	**4 742 166**	**2 952 485**
一级		10 000	50 458	47 958
二级	24 000	11 159	1 076 090	667 989
三级	8 492	16 423	1 092 649	724 786
四级	4 634	15 986	93 160	78 345
暂定	179 447	118 341	2 312 220	1 373 490
其他			117 589	59 917
按隶属关系分	**216 573**	**171 909**	**4 742 166**	**2 952 485**
中央	4 000	10 000	392 576	239 999
省	14 000	8 975	560 858	295 861
市	45 000	29 921	142 049	79 344
县(区)	2 507	4 420	520 926	349 104
镇	1 597			
居委会				
村委会				
其他	149 469	118 593	3 125 757	1 988 177

指标	本年资金来源小计 其他资金来源 #个人按揭贷款	本年各项应付款合计	#工程款	待开发土地面积(平方米)
按登记注册类型分	**1 160 271**	**908 182**	**554 937**	**1 127 751**
内资企业	1 003 933	762 008	483 194	1 127 751
国有企业	19 248	47 388	38 146	
集体企业				
股份合作企业		12 160	1 600	
国有独资公司	4 522	52 768	8 346	17 307
其他有限责任公司	585 317	429 754	298 051	578 393
股份有限公司	73 375	82 444	46 146	70 739
私营独资企业	441	61	23	
私营合伙企业				
私营有限责任公司	282 259	116 356	72 127	456 265
私营股份有限公司	24 011	15 391	13 207	5 047
其他企业	14 760	5 686	5 548	
港澳台商投资企业	47 505	73 033	25 887	
与港澳台商合资经营企业	32 812	25 188	19 731	
与港澳台商合资合作经营企业				
港澳台商独资经营企业	14 693	47 845	6 156	
外商投资企业	108 833	73 141	45 856	
中外合资经营企业	86 490	59 339	32 054	
外资企业	20 617	13 797	13 797	
外商投资股份有限公司	1 726	5	5	
按控股情况分	**1 160 271**	**908 182**	**554 937**	**1 127 751**
国有控股	102 842	209 927	130 769	94 393
集体控股	8 876	44 739	17 210	
私人控股	636 862	338 870	225 668	782 878
港澳台商控股	47 505	73 033	25 887	
外商控股	108 833	73 141	45 856	
其他	255 353	168 472	109 547	250 480
按资质等级分	**1 160 271**	**908 182**	**554 937**	**1 127 751**
一级	2 500	49 059	15 000	
二级	314 194	194 215	112 651	232 972
三级	295 473	245 667	154 245	201 183
四级	7 465	30 444	15 663	199 069
暂定	512 695	363 827	232 408	492 527
其他	27 944	24 970	24 970	2 000
按隶属关系分	**1 160 271**	**908 182**	**554 937**	**1 127 751**
中央	2 500	41 636	34 948	
省	98 779	161 234	105 040	64 681
市	42 005	63 341	32 350	
县(区)	125 652	110 730	57 225	103 748
镇		573	573	16 650
居委会				
村委会				
其他	891 335	530 668	324 801	942 672

(2013 年)　　单位:万元

指　　标	本年购置土地面积(平方米)	本年土地成交价款	#土地使用权出让金	契 税
按登记注册类型分	**2 571 316**	**1 157 133**	**1 137 418**	**42 976**
内资企业	2 313 550	1 079 602	1 062 934	39 998
国有企业	187 962	152 582	149 984	6 102
集体企业				
股份合作企业	19 329	11 482	11 482	459
国有独资公司				
其他有限责任公司	1 485 950	778 163	767 274	28 071
股份有限公司	173 160	3 320	3 000	120
私营独资企业				
私营合伙企业				
私营有限责任公司	447 149	134 055	131 194	5 246
私营股份有限公司				
其他企业				
港澳台商投资企业	121 366	74 336	71 477	2 859
与港澳台商合资经营企业	101 695	72 341	69 559	2 782
与港澳台商合资合作经营企业				
港澳台商独资经营企业	19 671	1 995	1 918	77
外商投资企业	136 400	3 195	3 007	119
中外合资经营企业	136 400	3 195	3 007	119
外资企业				
外商投资股份有限公司				
按控股情况分	**2 571 316**	**1 157 133**	**1 137 418**	**42 976**
国有控股	587 795	264 211	261 293	10 674
集体控股	13 896	7 524	7 524	300
私人控股	1 030 314	356 455	349 602	13 974
港澳台商控股	121 366	74 336	71 477	2 859
外商控股	136 400	3 195	3 007	119
其他	681 545	451 412	444 515	15 050
按资质等级分	**2 571 316**	**1 157 133**	**1 137 418**	**42 976**
一级	173 160	3 320	3 000	120
二级	211 052	45 896	45 896	1 834
三级	290 223	206 782	204 000	5 354
四级	222 711	33 531	28 955	1 158
暂定	1 586 698	837 855	825 818	33 320
其他	87 472	29 749	29 749	1 190
按隶属关系分	**2 571 316**	**1 157 133**	**1 137 418**	**42 976**
中央	152 049	94 053	94 053	3 762
省	150 174	89 745	89 745	3 708
市	274 733	68 209	67 889	2 715
县(区)	183 815	101 027	95 345	3 813
镇				
居委会				
村委会				
其他	1 810 545	804 099	790 386	28 978

14-5 分县区房地产开发投资

(按构成分,2013 年)　　单位:万元

指标	合计	建筑工程	安装工程	设备工器具购置	其他费用
全　　市	**4 061 358**	**3 071 893**	**382 943**	**63 404**	**543 118**
东湖区	120 188	80 379	8 722	3 960	27 127
西湖区	505 580	328 422	57 222	3 989	115 947
青云谱区	187 032	142 573	10 445	400	33 614
湾里区	44 728	41 153	3 022		553
青山湖区	217 460	127 597	37 425	22 442	29 996
南昌县	577 708	444 214	89 156	6 988	37 350
新建县	224 497	182 716	29 841	4 000	7 940
安义县	39 219	26 214	12 188	256	561
进贤县	119 996	100 570	1 118		18 308
经济开发区	149 645	131 475	10 195	3 906	4 069
高新开发区	1 093 438	815 307	44 119	1 338	232 674
红谷滩新区	762 759	637 942	78 530	15 735	30 552
桑海开发区	19 108	13 331	960	390	4 427

14-6 分县区房地产开发投资

(按工程用途分,2013 年)　　单位:万元

指　标	合 计	商品住宅	办公楼	商业营业用房	其 他
全　市	**4 061 358**	**2 411 410**	**908 162**	**440 300**	**301 486**
东 湖 区	120 188	79 117	12 730	5 972	22 369
西 湖 区	505 580	322 241	95 813	34 648	52 878
青云谱区	187 032	124 142	14 359	35 380	13 151
湾 里 区	44 728	41 495	128	1 810	1 295
青山湖区	217 460	136 568	33 953	29 295	17 644
南 昌 县	577 708	496 965	7 874	59 259	13 610
新 建 县	224 497	193 677	274	21 103	9 443
安 义 县	39 219	23 957	5 700	5 837	3 725
进 贤 县	119 996	90 194	17	9 214	20 571
经济开发区	149 645	118 878	1 712	19 498	9 557
高新开发区	1 093 438	486 290	490 380	38 841	77 927
红谷滩新区	762 759	283 925	245 222	176 231	57 381
桑海开发区	19 108	13 961		3 212	1 935

14-7 分县区商品房销售面积

(2013年)　　单位:平方米

指　　标	合 计	商品住宅	办公楼	商业营业用房	其 他
全　　市	**8 414 924**	**7 518 728**	**402 681**	**406 068**	**87 447**
东 湖 区	165 037	146 453	17 865	719	
西 湖 区	696 119	622 959	55 697	6 935	10 528
青云谱区	343 551	258 632	34 165	49 957	797
湾 里 区	205 673	168 741		36 932	
青山湖区	411 196	372 591	8 513	21 962	8 130
南 昌 县	2 520 651	2 383 655	19 559	103 134	14 303
新 建 县	875 763	835 883		38 611	1 269
安 义 县	181 974	179 832		2 142	
进 贤 县	839 265	802 117		30 538	6 610
经济开发区	250 268	240 359		9 035	874
高新开发区	1 057 745	906 550	127 263	23 932	
红谷滩新区	798 422	536 638	139 619	77 229	44 936
桑海开发区	69 260	64 318		4 942	

主要统计指标解释

房地产开发投资 是指房地产开发公司、商品房建设公司及其他房地产开发法人单位和附属于其他法人单位实际从事房地产开发或经营的活动单位统一开发的包括统筹待建、拆迁还建的住宅、厂房、仓库、饭店、宾馆、度假村、写字楼、办公楼等房屋建筑物和配套的服务设施，土地开发工程(如道路、给水、排水、供电、供热、通讯、平整场地等基础设施工程)的投资;不包括单纯的土地交易活动。

房地产开发投资按工程用途分 房地产开发投资按工程用途分为住宅、办公楼、商业营业用房和其他;住宅按照户型结构可以划分为 90 平方米以下住房、144 平方米以上住房等。

(1) 住宅:指专供居住的房屋，包括别墅、公寓、职工家属宿舍和集体宿舍(包括职工单身宿舍和学生宿舍)等，但不包括住宅楼中作为人防用、不住人的地下室等。

(2) 90 平方米以下住房:指在房地产开发企业(单位)投资建设的商品住宅中，套型建筑面积不超过 90 平方米(包括 90 平方米)的住房。

(3) 144 平方米以上住房:指在房地产开发企业(单位)投资建设的商品住宅中，套型建筑面积超过 144 平方米(不包括 144 平方米)的住房。

(4) 办公楼:指企业、事业、机关、团体、学校、医院等单位使用的各类办公用房(又称写字楼)。

(5) 商业营业用房:指商业、粮食、供销、饮食服务业等部门对外营业的用房，如度假村、饭店、商店、门市部、粮店、书店、供销店、菜店、加油站、日杂等房屋。

(6) 其他:凡不属于上述各项用途的房屋建筑物，如中小学教学用房、托儿所、幼儿园、图书馆、体育馆等。

房屋建筑面积 房屋建筑面积是从房屋建筑物勒脚以上外墙外围的水平截面积，包括房屋建筑物的有效面积和结构面积，包括房屋结构(如柱、墙)占用的面积和地下室面积。多层建筑按各自然层面积计算，包括房屋内的楼隔层，突出墙面的眺望间、门斗、有柱雨罩的面积。不包括突出墙面结构的构件、艺术装饰等所占的面积，如台阶等。凹阳台、桃台按其水平投影面积一半计算建筑面积。

施工面积 是指报告期内施工的全部房屋建筑面积。包括本期新开工的面积和上期开工跨入本期继续施工的房屋面积，以及上期已停建在本期恢复施工的房屋面积。

新开工面积 指报告期内新开工建设的房屋面积，以单位工程为核算对象。不包括在上期开工跨入报告期继续施工的房屋建筑面积和上期停缓建而在本期复工的建筑面积。房屋的开工面积指整栋房屋的全部建筑面积，不能分割计算。

竣工面积 指报告期内房屋建筑按照设计要求已全部完工，达到住人和使用条件，经验收鉴定合格或达到竣工验收标准，可正式移交使用单位的各栋房屋建筑面积的总和。

销售面积 指报告期内出售商品房屋的合同总面积 (即双方签署的正式买卖合同中所确定的建筑面积)。由现房销售面积和期房销售面积两部分组成。

待售面积 指报告期末已竣工的可供销售或出租的商品房屋建筑面积中，尚未销售或出租的商品房屋建筑面积，包括以前年度竣工和本期竣工的房屋面积，但不包括报告期已竣工的拆迁还建、统建代建、公共配套建筑、房地产公司自用及周转房等不可销售或出租的房屋面积。

十五、科技·教育·文化

SCIENCE,EDUCATION AND CULTURE

本篇内容包括：

1.专业技术人员及其行业分布
2.独立科技机构及规模以上工业企业科技活动情况
3.教育事业情况
4.文化事业情况

15-1 各类专业技术人员

(事业单位、公有经济企业专业技术人才,2013 年)

项　　目	合　计		女　性	
	人　数 (人)	比　重 (%)	人　数 (人)	比　重 (%)
总　　计	**86 123**	**100.0**	**34 282**	**100.0**
按职称分				
高级岗位(职务)	8 565	9.9	3 157	9.2
中级岗位(职务)	24 807	28.8	11 457	33.4
初级岗位(职务)	34 970	40.6	17 912	52.2
其　他	17 781	20.6	1 756	5.1
按类别分				
工程技术人员	11 361	13.2	2 615	7.6
农业技术人员	1 317	1.5	237	0.7
科学研究人员	85	0.1	25	0.1
卫生技术人员	9 578	11.1	5 624	16.4
教学人员	41 927	48.7	21 499	62.7

15-2 专业技术人员学历状况

(事业单位、公有经济企业专业技术人才,2013年)

单位:人

项　　目	合　计	研究生	大学本科	大学专科	中　专	高中及以下
总　　计	**86 123**	**2 752**	**31 982**	**27 362**	**11 775**	**12 300**
按职称分						
高级岗位(职务)	8 616	588	5 703	2 140	101	84
中级岗位(职务)	24 807	938	10 189	9 157	4 090	433
初级岗位(职务)	34 967	869	12928	12 886	6 221	2 063
其　他	17 781	357	3 162	3 179	1 363	9 720
按类别分						
工程技术人员	11 361	648	5 744	2 934	1 306	729
农业技术人员	1 317	27	313	629	244	104
科学研究人员	85	3	43	28	11	
卫生技术人员	9 578	374	3 459	2 859	2 283	603
教学人员	41 927	1 583	19 281	14 903	5 837	323

15-3 专业技术人员年龄状况

(事业单位、公有经济企业专业技术人才,2013 年)

单位:人

项目	合计	31 岁至 35 岁	36 岁至 40 岁	41 岁至 45 岁	46 岁至 50 岁	51 岁至 54 岁	55 岁及以上
总计	**86 123**	**31 407**	**16 210**	**13 993**	**11 301**	**7 441**	**5 771**
按职称分							
高级岗位(职务)	8 565	161	888	1 968	2 573	1 639	1 336
中级岗位(职务)	24 807	4 860	5 851	5 235	3 903	2 760	2 198
初级岗位(职务)	34 970	20 111	5 804	3 523	2 554	1 821	1 157
其他	17 781	6 275	3 667	3 267	2 271	1 221	1 080
按类别分							
工程技术人员	11 361	5 440	1 790	1 977	1 147	658	349
农业技术人员	1 317	504	318	194	152	77	72
科学研究人员	85	36	21	20	6	2	
卫生技术人员	9 578	3 755	1 815	1 477	1 252	822	457
教学人员	41 927	16 879	7 167	5 559	5 139	3 966	3 217

15-4 专业技术人员行业状况

(事业单位、公有经济企业专业技术人才,2013 年)

单位:人

指 标	合 计	高级岗位(职务)	中级岗位(职务)	初级岗位(职务)	其 他
总 计	**73 778**	**8 566**	**24 807**	**34 967**	**5 438**
农林牧渔业	2 736	206	798	1 681	51
制造业	7 546	403	1 534	2 044	3 565
电力、燃气及水的生产和供应业	751	15	226	510	
建筑业	2 713	231	802	1 597	83
交通运输、仓储和邮政业	1 609	62	452	997	98
信息传输、计算机服务和软件业	108	17	45	44	2
批发和零售业	604	17	181	389	17
住宿和餐饮业	63	3	17	42	1
金融业	137	3	9	6	119
房地产业	456	20	178	243	15
租赁和商务服务业	236	15	110	85	26
科学研究、技术服务和地质勘查业	588	122	206	253	7
水利、环境和公共设施管理业	1 701	173	563	947	18
居民服务和其他服务业	92	2	45	44	1
教育	39 669	5 726	14 715	17 947	1 281
卫生、社会保障和社会福利业	9 646	1 173	3 165	5 228	80
文化体育和娱乐业	1 330	204	446	663	17
公共管理和社会组织	3 793	174	1 315	2 247	57

15-5 规模以上工业企业科技活动

指　　标	2013
一、企业概况	
有 R&D 活动的单位数(个)	161
企业办科技机构数(个)	136
二、科技活动人员(人)	
科技活动人员总计	23 007
# 研究与试验发展活动人员(人)	14 805
三、科技活动经费(万元)	
研究与试验发展活动经费支出	331 087
新产品开发经费支出	400 432
四、其他技术活动经费支出(万元)	
技术改造经费支出	371 594
技术引进经费支出	11 347
用于消化吸收经费	486
用于购买国内技术经费	26 116
五、科技活动产出	
专利申请(件)	1 591
新产品销售收入合计(万元)	5 019 100
# 新产品出口销售收入	312 493

15-6 各类全日制学校基本情况

(2013 年)

单位:人

项目	学校数(个)	招生数	毕业生	在校学生	教职员工	#专任教师
合计	**1 392**	**402 972**	**360 681**	**1 394 939**	**96 519**	**76 860**
高等学校	43	159 134	139 055	520 148	44 614	30 457
中等学校	46	39 831	28 555	103 585	3 624	2 210
技工学校	45	26 857	22 610	74 137	5 538	4 110
普通中学	266	100 382	98 760	295 132	24 179	22 043
职业高中	12	2 329	4 275	6 192	123	108
小学	972	74 295	67 300	394 882	18 236	17 735
特教学校	8	144	126	863	205	197

15-7 普通高等学校基本情况

(2013 年)

单位:人

项　　目	毕业生数	招生数	在校学生数	毕业班学生数	教职工数	
					合计	# 专任教师
合　　计	**139 055**	**159 134**	**520 148**	**142 809**	**44 614**	**30 457**
南昌大学	14 025	14 363	55 782	14 300	4 790	3 160
华东交通大学	4 739	5 594	21 058	5 242	1 839	1 247
南昌航空大学	4 928	5 274	20 699	5 348	1 978	1 301
江西农业大学	4 819	4 992	18 297	4 654	2 812	997
江西护理职业技术学院	1 738	2 113	5 288	1 919	637	565
江西中医学院	2 691	2 886	11 843	2 845	1 064	789
江西师范大学	7 477	7 446	29 553	7 847	2 634	1 753
江西财经大学	5 749	5 964	22 579	6 245	2 271	1 589
江西工业职业技术学院	3 141	2 660	8 313	2 996	587	419
江西科技师范大学	5 783	6 507	22 256	6 171	1 535	1 316
江西警察学院	1 291	1 990	6 095	1 498	463	333
江西旅游商贸职业学院	3 092	4 271	11 566	3 835	1 157	753
江西泰豪动漫职业学院	764	773	2 335	578	257	139
江西艺术职业学院	324	343	943	362	229	160
江西信息应用职业技术学院	1 646	1 576	4 354	1 455	254	194
江西交通职业技术学院	2 613	2 598	6 358	2 023	510	355
江西工程职业学院	2 029	1 029	3 314	1 203	337	262
江西现代职业技术学院	3 252	4 893	12 272	3 555	1 077	866
江西机电职业技术学院	2 049	1 602	5 273	1 911	385	302
江西生物科技职业学院	1 502	1 112	3 578	1 329	312	239
江西建设职业技术学院	1 583	3 717	7 190	1 636	378	296
江西外语外贸职业学院	3 273	4 240	10 902	2 908	668	535
江西行政管理干部学院						
南昌工程学院	4 651	5 204	19 018	5 291	1 251	899
江西工商职业技术学院	120	437	963	215	145	77
江西管理职业学院	835		237	237	454	114
江西新闻出版职业技术学院	343	636	1 404	337	159	91
南昌理工学院	5 550	10 303	29 339	7 463	2 064	1 667
江西电力职业技术学院	3 014	787	2 908	1 434	678	276

(2013年)

单位:人

项　　目	毕业生数	招生数	在校学生数	毕业班学生数	教职工数	
					合计	#专任教师
江西城市职业学院	2 693	2 602	7 299	2 584	666	436
江西工业贸易职业技术学院	1 214	2 164	4 858	1 307	343	228
江西服装学院	2 035	2 813	7 990	2 157	896	493
江西科技职业学院	2 150	1 335	3 269	1 535	249	162
江西科技学院	5 931	10 062	32 880	7 473	2 217	1 597
南昌职业学院	2 526	2 847	7 573	2 423	670	426
江西教育学院	2 072	3 194	7 026	2 209	500	351
南昌师范高等专科学校	1 674	2 567	6 272	2 124	567	503
江西经济管理职业学院	2 258	714	3 900	2 292	427	295
南昌教育学院	460	599	1 569	562		
南昌钢铁责任公司职工大学	62		11	11		
江西司法警官职业学院	1 885	1 631	4 653	1 552	361	284
江西先锋软件职业技术学院	763	1 029	2 704	875	406	281
江西制造职业技术学院	1 544	972	3 571	1 488	317	226
江西航空职业技术学院	802	1 080	2 638	773	186	141
江西机电职业技术学院		249	249		234	172
江西中医学院科技学院	1 386	1 583	7 126	1 441	560	416
江西科技师范大学理工学院	796	1 201	4 146	895	300	235
江西财经大学现代经济管理学院	1 624	1 591	6 560	1 642	466	383
南昌工学院	2 308	4 652	12 856	2 961	1 236	683
江西师范大学科技学院	1 682	1 567	6 702	1 803	323	263
华东交通大学理工学院	2 746	2 746	12 455	2 919	754	695
江西青年职业学院	840	880	1 996	584	181	125
江西农业大学南昌商学院	1 709	1 654	6 630	1 630	444	364
南昌大学科学技术学院	3 247	2 880	12 173	3 226	945	651
南昌航空大学科技学院	1 627	1 475	6 171	1 506	441	353
江西经济管理干部学院		1 737	3 154			

15-8 高等院校研究生

(2013 年)

单位:人

项目	毕业生	招生数	在校研究生
合计	**6 680**	**7 744**	**21 715**
南昌大学	2 483	2 738	7 788
南昌航空大学	517	565	1 657
江西农业大学	403	508	1 385
江西中医学院	300	344	1 005
江西师范大学	1 307	1 443	3 901
江西财经大学	1 161	1 262	3 566
华东交通大学	397	592	1 758
江西科技师范学院	112	243	575
南昌工程学院		49	80

15-9 普通中等专业学校基本情况

(2013 年)

单位:人

项　　目	毕业生	招生数	在校学生	教职员工	#专任教师
合　　计	**28 555**	**39 831**	**103 585**	**3 624**	**2 210**
江西工程学校	695	737	1 402	168	124
南昌市女子中等专业学校	407	911	2 340	60	45
江西电力职业技术学院(中专部)	115				
江西中山舞蹈学校	39	41	230	36	20
江西工业职业技术学院(中专部)	156	429	617		
南昌保险学校	153	100	281	38	17
江西省医药学校	1 948	2 389	8 382	283	204
江西省水利水电学校	1 674	2 962	6 577	196	123
江西交通职业技术学院(中专部)	487	532	1 389		
南昌教育学院	66	169	399		
江西外语外贸职业学院(中专部)	199	274	1 085		
江西青年职业学院(中专部)	40	220	327		
江西化学工业学校	1 358	1 364	4 783	185	94
江西省建设工程学校	425	586	1 471	73	52
南昌工业学校	1 064	430	1 176	105	79
江西南昌城市建设学校					
南昌职业学院	8				
南昌理工学院(中专部)	112	125	325		
江西泛美艺术中专学校	247	116	376	49	23
南昌市卫生学校	1 645	1 474	4 699	159	128
江西省商务学校	1 172	816	4 389	144	88
江西科技学院		723	1 308		
江西广播电视学校	321	203	739	48	32
南昌汽车机电学校	644	1 265	3 021	100	81
南昌市广播电视中等专业学校	17	43	102	16	12
江西省建筑工业学校	420	535	1 892	138	69
江西先锋软件职业技术学院(中专部)	80	551	1 040		
南昌市第一中等专业学校	1 907	2 233	6 341	190	119

(2013年)

单位:人

项　　目	招生数	毕业生	在校学生	教职员工	#专任教师
江西现代职业技术学院(中专部)	941	2 246	5 046		
江西制造职业技术学院(中专部)	30	664	1 127		
南昌工学院	223	277	681		
江西航空职业技术学院	348	55	158		
江西省工商行政管理学校	43			37	24
江西省信息科技学院	580	650	1 900	99	57
江西工业贸易职业技术学院(中专部)		456	853		
江西女子中等专业学校	396	500	1 372	48	31
江西机电职业技术学院(中专部)	266	741	1 521		
江西生物科技职业学院(中专部)	123	166	531		
江西省电子信息工程学校	4 183	4 592	12 189	394	326
江西信息应用职业技术学院(中专部)	61	69	117		
江西省体育运动学校	127	173	603	155	98
南昌市体育运动学校	68	125	267	44	11
江西艺术职业学院(中专部)	92	200	834		
江西省民政学校	353	550	1 096	52	15
南昌师范高等专科学校(中专部)	908	893	2 742		
江西护理职业技术学院(中专部)	2 717	4 234	9 385		
江西旅游商贸职业学院(中专部)	208	1 540	2 783		
江西新闻出版职业技术学院	235	304	525		
江西科技职业学院(中专部)	7	2	4		
江西服装学院	190	213	663		
江西司法警官职业学院(中专部)	270	555	1 271		
江西英赛科技中等专业学校	33	51	172	25	12
江西机电学校				727	296
江西省建设职业技术学院(中专部)	470	584	1 257		
江西工程职业学院(中专部)	284	763	1 797	55	30

15-10 技工学校基本情况

(2013 年)

单位:人

项　目	招生数	毕业生	在校学生数	教职员工	#女性	#专任教师
合　计	**26 857**	**22 610**	**74 137**	**5 538**	**2 252**	**4 110**
核工业南昌高级技工学校	696	655	1 545	105	41	96
江西电力技师学院	2 159	226	3 571	644	275	564
江西机电技师学院	1 209	799	3 153	385	147	338
江西现代技师学院	1 239	1 641	5 515	248	140	276
江西省工贸高级技术学校	435	679	1 409	142	76	104
江西省交通技工学校一部	24	22	58	40	14	20
江西省交通技工学校二部	89	41	250	38	13	18
江西省交通技工学校三部	98	60	269	81	47	42
江西省建筑工程高级技工学校	696	884	2 035	110	40	98
江西省医药技师学院	1 199	1 840	4 704	226	108	133
江西省化学工业技工学校	838	228	1 729	71	31	59
江西省兵器高级技工学校	496	984	1 319	70	10	61
江西航空高级技工学校	154	500	694	191	84	144
江西工程高级技工学校	885	675	2 942	168	62	145
江西省电子商务技工学校	1 484	811	2 181	209	121	187
江西工业技工学校	673	660	1 958	69	27	39
南昌市工业技工学校	147	364	647	41	21	32
江西泰豪技工学校			254	36	12	18
江西城市建设高级技工学校	420	496	1 417	63	25	63
江西信息科技技工学校	34		181	58	27	36
江西技师学院	1 709	2 360	5 184	207	72	220
南昌市建筑工程技工学校	82	125	299	51	23	28
南昌县技工学校	31		55	17	7	14
江西省石油技工学校	200	123	301	60	30	43
江西省科学院技工学校	88	174	418	16	4	12
江西新东方烹饪技工学校	511	386	1 332	123	43	51
江西新华电脑技工学校	587	343	1 128	95	31	95
江西机电工程技工学校	51		51	317	112	254
江西城市技工学校	530	382	1 775	443	145	222
江西省电子信息技师学院	4 471	3 802	13 674	267	103	57
南昌华中汽车技工学校	84	414	319	32	5	18
江西德能制造技工学校	308		285	26	6	16
江西省水利工程技师学院	1 427	843	4 868	196	77	105
南昌技师学院	831	504	2 087	118	30	99
江西工商技工学校	253		293	38	12	23
南昌理工技工学校	157		490	41	13	23
南昌市轻工技工学校	84	87	364	25	14	15
南昌科技技工学校	24		24	7	2	5
江西万通汽车技工学校	290	277	586	65	20	25
江西昌大技工学校	294	250	571	47	14	32
江西赣江技工学校	248	176	1 163	68	25	68
江西省印刷技工学校	1 011	787	2 416	159	88	147
南昌职业技工学校	312		312	42	13	18
江西应用技工学校			12	11	4	1
江西省民政技工学校	299		299	72	38	46

15-11 普通中学基本情况

(2013 年)

单位:人

类别	招生数	毕业生	在校学生数	教职员工数	#专任教师
合计	**100 328**	**98 760**	**295 132**	**24 179**	**22 043**
#女性	42 598	43 233	125 291	12 400	11 555
按城乡分					
城市	40 666	40 496	122 900	10 334	9 266
县镇	49 103	46 774	140 637	10 325	9 575
农村	10 559	11 490	31 595	3 520	3 202
按层次分					
初中	66 095	68 814	196 122		
城市	25 325	24 883	75 675		
县镇	31 061	32 837	90 726		
农村	9 709	11 094	29 721		
高中	34 233	29 946	99 010		
城市	15 341	15 613	47 225		
县镇	18 042	13 937	49 911		
农村	850	396	1 874		
按地区分					
市区	46 941	46 513	140 672	12 675	11 498
南昌县	18 433	17 359	52 488	3 804	3 469
新建县	15 736	14 908	45 759	3 208	2 972
安义县	3 870	4 647	12 888	1 025	971
进贤县	15 348	15 333	43 325	3 467	3 133
按部门分					
教育部门办	88 812	88 889	261 656	20 276	19 180
社会力量办	10 937	9 097	31 469	3 693	2 654
其他部门办	579	774	2 007	210	209

15-12 职业高中基本情况

(2013 年)

单位:人

类　　别	招生数	毕业生	在校学生数	教职员工数	#专任教师
合　　计	**2 329**	**4 275**	**6 192**	**123**	**108**
#女　　性	649	1 935	2 092	57	53
按城乡分					
城　　市	1 696	2 868	4 436	35	25
县　　镇	633	1 407	1 756	88	83
农　　村					
按部门分					
教育部门办	2 321	4 108	5 943	82	75
社会力量办	8	167	249	41	33
其他部门办					

15-13 小学、特殊教育、工读学校基本情况

(2013 年)

单位:人

类别	招生数	毕业生	在校学生数	教职员工数	
					#专任教师
一、小学	74 295	67 300	394 882	18 236	17 735
#女性	33 809	28 862	175 138	10 824	10 646
按城乡分					
城市	27 306	23 201	144 521	5 740	5 491
县镇	28 243	25 360	152 425	5 694	5 556
农村	18 746	18 739	97 936	6 802	6 688
按县、区分					
市区	34 403	30 622	183 498	7 477	7 228
南昌县	13 515	12 705	73 026	3 902	3 799
新建县	10 655	10 543	58 772	2 662	2 616
安义县	3 791	3 552	16 567	1 082	1 001
进贤县	11 931	9 878	63 019	3 113	3 091
按部门分					
教育部门	68 538	62 756	365 377	17 423	17 082
社会力量办	5 002	3 574	25 195	664	518
其他部门办	755	970	4 310	149	135
二、特殊教育					
特教学校	144	126	863	205	197
三、工读学校				4	

15-14 幼儿园基本情况

(2013 年)

单位:人

类　　别	幼儿园(个)	在园幼儿	教职员工数	
				#教　师
总　　计	**767**	**132 459**	**12 710**	**7 345**
#女　性		59 406	11 841	7 180
按城乡分				
城　市	276	53 454	6 725	3 497
县　镇	333	54 626	4 827	3 086
农　村	158	24 379	1 158	762
按部门分				
教育部门和集体办	113	32 159	2 462	1 565
社会力量办	610	92 690	9 524	5 400
其他部门办	44	7 610	724	380

15-15 南昌市成人高校基本情况

(2013 年)

单位:人

项目	毕业生数	招生数	在校学生数	教职工数	#专任教师
总计	**21 127**	**38 033**	**96 376**	**1 561**	**894**
江西教育学院	3 211	9 627	17 896		
南昌钢铁公司职工大学	69			30	15
江西行政管理干部学院	45	113	148	454	114
南昌市业余大学		54	95	87	59
江西广播电视大学	300	683	1 269	300	211
南昌教育学院	289	749	1 204	147	124
江西经济管理干部学院	1 182	2 175	3 781	431	299
南昌职工科技大学	667	831	1 994	112	72
江西财经大学	2 172	3 454	11 495		
南昌工程学院	1 643	2 188	6 718		
江西中医学院	1 316	2 496	7 770		
江西工业职业技术学院	4	5	15		
华东交通大学	389	150	911		
南昌大学	1 026	246	2 498		
江西工业贸易职业技术学院	391	102	478		
江西航空职业技术学院	49	22	74		
江西师范大学	3 434	4 394	13 979		
南昌航空大学	869	3 384	7 711		
江西农业大学	1 672	4 520	10 834		
南昌理工学院	6	681	941		
江西电力职业技术学院	291	176	674		
江西科技学院	360		225		
江西科技师范学院	1 462	1 482	4 424		
江西警察学院	211	461	951		
江西司法警官职业学院	44		69		
江西旅游商贸职业学院	25	40	222		

15-16 广播电视情况

项目	2013 年
一、广播	
1.广播电台(座)	2
2.中短波发射台和转播台(座)	2
3.调频广播台和传输台(座)	89
4.广播覆盖率(%)	97.59
二、电视	
1.电视台(座)	2
2.电视转播发射台和差转台(座)	30
3.卫星电视地面站(个)	
4.全年自制电视节目(小时)	28 427
5.电视覆盖率(%)	98.90
6.有线电视用户(万户)	78.53
#数字电视(万户)	58.67
7.南昌农村直卫星用户(户)	790

注:1."电视"含有线电视台,不含教育台。

2.调频广播台和传输台包括了乡村的小调频台。

15-17 艺术剧团和剧院

(2013 年)

项目	合计	省级	市级	县级
一、艺术表演团体				
剧团个数(个)	48	6	4	38
职工人数(人)	6 825	452	253	6 120
演出场次(场)	1 944	1 607	80	257
年未固定资产原值(万元)	24 689.10	21 131.60	3 378.90	178.60
当年创作首演剧目(个)	4	4		
全年收入(万元)	6 098.20	7 823	3 189.90	456.20
#演出收入	1 088.70	978.60	70.20	39.90
全年支出(万元)	11 840.70	11 960	2 921.10	1 625.90
二、艺术表演场数				
表演场所(个)	9	6	1	2
座席数(个)	5 031	3 785	600	646
演映场次(场)	1 545	603	346	596
观众人数(万人次)	37.66	32.56	4.54	0.56

15-18 群众艺术馆和文化馆

(2013 年)

项 目	合 计	省 级	市 级	县 级
群艺馆、文化馆数(个)	11	1	1	9
举办展览(次)	45	5	3	37
组织文艺活动次数(次)	681	60	11	610
举办训练班结业人数(人次)	14 435	4 600	570	9 265
公用房屋建筑面积(平方米)	22 308	1 573		20 735
职工人数(人)	212	42	34	136

15-19 博 物 馆

(2013 年)

项 目	合 计	省 级	市 级	县 级
博物馆(个)	23	5	14	4
公用房屋面积(平方米)	143 473	89 630	48 983	4 860
藏品(件)	126 303	100 750	15 946	9 607
陈列个数(个)	45	17	23	5
展览个数(个)	67	38	24	5
参观人次(万人次)	913.82	624.20	249.02	40.60
职工(人)	965	698	229	38

15-20 图书、报纸、杂志出版

（2013年）

项　　目	种　　数（种）	总印数（万册、份）	总印张数（千印张）
一、图书合计	**5 674**	**18 832**	**1 205 476**
书　　籍	5 126	11 405	657 107
课　　本	548	7 427	548 369
二、报纸合计	**36**	**57 862**	**2 803 695**
省　　级	21	46 178	2 194 559
市　　级	15	11 684	609 136
三、杂志合计	131	7 035	220 357

15-21 公共图书馆

（2013年）

项 目	合　　计	省　　级	市　　级	县　　级
图书馆（个）	11	1	1	9
藏书（万册）	493.74	323.41	94.75	75.58
公用房屋建筑面积（平方米）	58 558	22 500	21 000	15 058
发放借书证（个）	281 602	222 734	39 000	19 868
总流通人次（万人次）	175.44	120		55.44
书刊外借册数（万册次）	113.23	63		50.23
经费支出合计(万元)	5 405.90	3 341.50	967.20	1 097.20
#购书支出	528.10	490.00		38.10
职工（人）	298	156	58	84

主要统计指标解释

专业技术人员 指已取得科学技术职称，或大学、中专的理、工、农医科系毕业，以及国民经济各部门从工作实践中提拔，从事理、工、农、医等自然科学技术的研究、数学、生产的专业人员和在机关、企业、事业单位中从事科学技术业务管理工作的专业人员。

科技活动 指在所有科学技术领域内，即在自然科学、农业科学、医药科学、工程与技术科学、人文与社会科学中，与科技知识的产生、发展、传播和应用密切相关的全部有系统的活动。

研究与发展活动 指增加知识总量(包括人类、文化和社会方面的知识)，以及运用这些知识去创造新的应用而进行的系统的创造性的工作。

企业办科技机构 指企业自办、或与外单位合办、管理上同生产系统相对独立的，或单独核算的专门技术开发机构(如企业办研究所、开发中心、开发部等专门技术开发机构)。

获奖成果 指企业在本年度内从地(市)及以上政府科技管理部门获得的各种科技成果奖。获奖成果分为:国家级奖、省部级奖和地市级奖。

新产品 指采用新技术原理，新设计构思研制、生产的全新产品或在结构、材质、工艺等某一方面比老产品有明显改进，从而显著提高了产品性能或扩大了使用功能的产品。

从事科技活动人员 指企业在报告期内，从事科技活动的时间(不包括加班时间)占全年工作时间10%及以上的工程技术人员、管理人员、工人及其他人员。

从事研究与发展活动人员 指报告期参与研究与发展项目(课题)研究、管理和辅助工作的人员，具体包括直接参加研究与发展项目(课题)组人员，直接参与上述项目(课题)的行政管理人员和直接为上述项目(课题)活动提供服务的辅助人员。

工程技术人员 指负担工程技术和工程技术管理工作，并具有工程技术能力的人员。

高中级岗位(职务)人员 指企业从业人员中具有高级职称和中级职称的人员数。高级职称指高级工程师、讲师、正、副教授，正、副研究员，高级统计师，高级会计师，高级经济师，以及相当于这一级的其他技术职务的人员。中级职称指工程师、讲师、助理研究员、技师、统计师、会计师、经济师，以及相当于这一级的其他技术职务的人员。

普通高等学校 指按照国家规定的审批程序批准举办，通过全国统一招生考试，招收高中毕业生为主要培养对象，实施高等教育的全日制大学、独立设置的学院和高等、专科学校、短期职业大学。

成人高等学校 指按照国家有关规定审批，招收通过全国成人高教统一招生考试的具有高中毕业或同等学历的在职从业人员全脱产、半脱产、业余或函授等多种形式对其实施高等学历教育，培养高等教育专科或本科毕业水平的专门人才，修业年限、课程设置等均按高等学历教育要求付诸实施的学校。包括广播电视大学、职工高等学校、农民高等学校、管理干部学院、教育学院、独立设置的函授等。

小学学龄儿童入学率 指调查范围内已入小学学习的学龄儿童占校内外学龄儿童总数（包括弱智儿童在内，但不包括盲聋哑儿童)的比重。计算公式：

$$小学学龄儿童入学率=\frac{已入学的小学学龄儿童数}{校内外小学学龄儿童总数}\times100\%$$

艺术表演团体 指从事戏曲、音乐、舞蹈、杂技等专业艺术表演，有独立帐户、实行单独核算的团体。不包括半工半艺，半农半艺的业余剧团。

艺术表演观众人数(人次) 指售票、包场演出或民族地区免费演出的艺术表演观众人次数。不包括彩排审查和内部观摩演出的观看人次数。

十六、卫生·体育·其他

PUBLIC HEALTH,SPORTS AND OTHERS

本篇内容包括：

1.医疗卫生事业情况
2.体育事业
3.婚姻情况
4.民政事业
5.社会保险情况
6.司法情况
7.交通事故、火灾事故、职工伤亡事故

医生人数

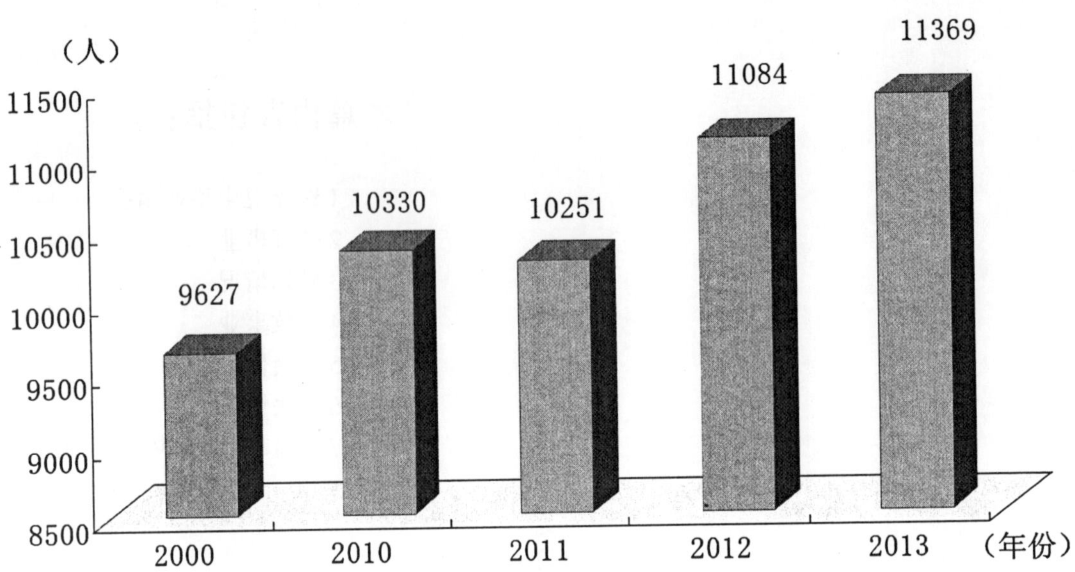

医疗卫生机构床数

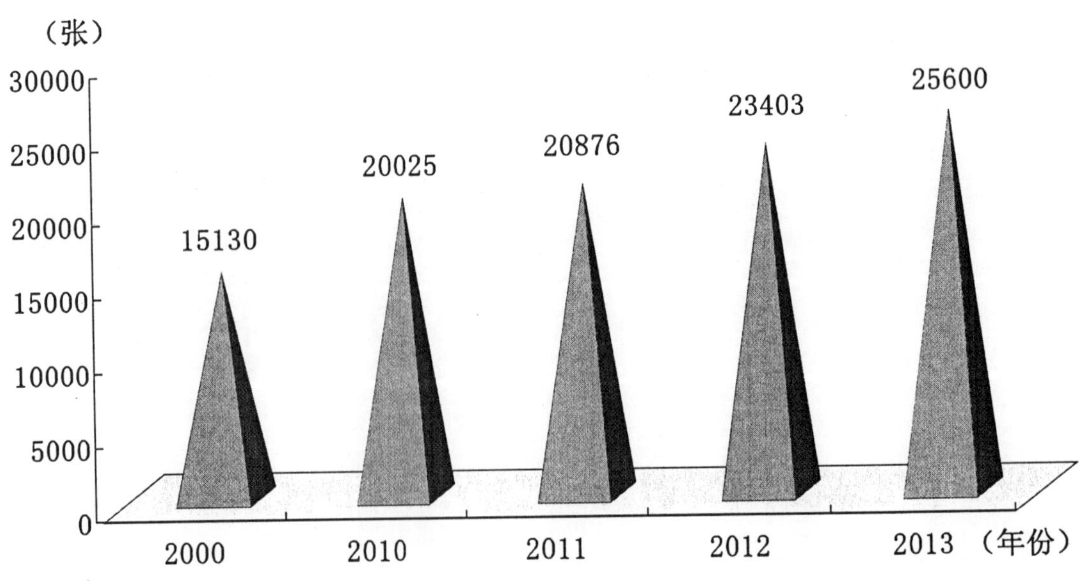

16-1 卫生机构、床位、人员数

(2013 年)

类　　别	机构数（个）	床位数（张）	人员数（人）	#卫生技术人员	#医生	#注册护士
总　　计	**1 900**	**25 600**	**41 545**	**31 582**	**11 369**	**14 021**
一、医　　院	87	21 400	26 686	22 350	7 482	11 045
#综合医院	51	13 488	16 366	13 932	4 636	7 027
中医医院	9	2 136	2 626	2 214	889	849
中西医结合医院	3	662	1 069	936	329	405
专科医院	25	5 114	6 655	5 268	1 628	2 764
二、基层医疗卫生机构	1 744	2 747	10 518	5 940	2 697	2 032
#社区卫生服务中心(站)	156	472	2 069	1 755	692	752
卫生院	94	2 264	3 298	2 679	1 068	813
村卫生室	1 194		3 971	427	335	92
门诊部	19	11	275	209	132	45
诊所、卫生所、医务室	281		905	870	470	330
三、专业公共卫生机构	48	1 393	3 713	2 951	1 060	882
#疾病预防控制中心	11		944	712	368	70
专科医病防治院(所、站)	8	363	334	248	95	64
妇幼保健院(所、站)	11	1 030	1 743	1 483	540	695
卫生监督所(所、站)	12		389	323		
其他						
四、其他卫生机构	21	60	628	341	130	62

16-2 体 育 事 业

项 目	2013 年
一、举办综合(单项)运动会次数(次)	26
参加运动会人数(百人次)	60
二、等级裁判员发展人数(人)	51
三、等级运动员发展人数(人)	305
四、参加省级及其以上和同等城市比赛次数(次)	30
参加比赛人数(人次)	6 000
获得奖牌数(枚)	551
# 金牌	221
银牌	181

16-3 主要年份市属共青团组织情况

年 份	基层团支部(个)	共 青 团(人)		专职干部(人)
			# 女团员	
2000	5 636	113 758	47 461	1 402
2010	5 996	127 529	51 038	1 053
2011	6 170	137 326	54 958	926
2012	6 385	142 657	57 091	962
2013	8 379	160 177	71 408	999

16-4　主要年份妇联系统组织情况

单位：个

项　　目	2000	2010	2011	2012	2013
城镇街道基层妇代会	792	395	446	440	446
农村基层妇代会	1 197	1 057	1 037	1 037	1 050
乡镇(街办)妇联	137	109	111	111	122
机关、事业单位妇委会	72	247	286	341	334

16-5　主要年份工会组织情况

项　　目	2000	2010	2011	2012	2013
工会基层组织数(个)(含法人、行政事业单位)	1 713	15 119	12 879	13 779	14 936
已建工会组织的基层单位职工人数(万人)	37.01	116.21	78.82	80.92	82.08
已建工会组织的基层单位工会人数(万人)	33.01	108.19	65.87	67.75	68.9

16-6　历届南昌市人民代表大会的代表人数

单位:人

项　　目	一届 (1954)	二届 (1956)	三届 (1958)	四届 (1960)	五届 (1963)	六届 (1965)	七届 (1968)	八届 (1982)	九届 (1987)	十届 (1992)	十一届 (1997)	十二届 (2001)	十三届 (2006)	十四届 (2011)
代表总数	**233**	**239**	**253**	**307**	**375**	**385**	**724**	**555**	**495**	**489**	**434**	**421**	**438**	**433**
代　表　中														
女　代　表	52	49	68	77	99			150	102	98	89	90	90	94
占代表总数%	22.3	20.5	27.0	25.1	26.4			27.0	20.6	20.0	20.5	21.4	20.5	21.7
代　表　中														
少数民族代表										8	7	8	9	7
占代表总数%										1.6	1.6	1.9	2.1	1.6

注：在国家政治生活处于不正常的文化大革命时期，1968年2月18日成立了南昌市革命委员会。根据江西省人民代表大会常务委员会的规定，将革命委员会作为南昌市第七届人民代表大会。七届代表构成为革命委员会成员、人民解放军代表、群众组织推举的代表。

16-7　历届南昌市政治协商会议的委员人数

单位:人

项　　目	一届 (1955)	二届 (1958)	三届 (1959)	四届 (1962)	五届 (1963)	六届 (1965)	七届 (1982)	八届 (1987)	九届 (1992)	十届 (1997)	十一届 (2001)	十二届 (2006)	十三届 (2011)
委员总数	**129**	**189**	**299**	**288**	**300**	**302**	**458**	**405**	**413**	**403**	**405**	**419**	**427**
委 员 中													
中国共产党代表	22	47	63	81	82	87	175	171	169	157	149	165	170
占代表总数%	17.05	24.87	21.07	28.13	27.33	28.81	38.21	42.22	40.92	38.9	36.8	39.4	39.81
委 员 中													
少数民族代表	3	3	3	3	4	4	6	8	10	11	6	6	6
占代表总数%	2.33	1.58	1.00	1.04	1.33	1.32	1.31	1.98	2.42	2.70	1.50	1.43	1.41
委 员 中													
女性代表	20	29	54	54	58	64	108	100	89	103	119	115	125
占代表总数%	15.50	15.34	18.06	18.75	19.33	21.19	21.19	24.69	20.09	25.60	29.40	27.4	29.27

16-8　社会福利事业单位基本情况

(2013 年)

项　　目	院数(个)	工作人员(人)	床位(张)	年末在院人数(人)	#儿　童
全　　市	**117**	**1 365**	**11 322**	**4 128**	**623**
社会福利院	5	350	1 256	958	266
儿童福利机构	2	124	606	385	357
城镇老年收养性福利机构	28	475	4 272	2 785	
农村老年收养性福利机构	82	416	5 188		

16-9　社会福利企业基本情况

项　　目	2012	2013
单 位 数 (个)	24	22
职工人数(人)	1 456	1 185
#残疾职工	563	441

16-10　城镇社区服务和农村服务网络

(2013 年)

单位:个

地　　区	城镇社区机构数	城镇社区服务中心(站)数	村委会数	村民小组数
全　　市	615	704	1 158	9 810
东湖区	90	100	6	7
西湖区	116	128	13	69
青云谱区	69	69	12	78
青山湖区	87	96	75	309
湾里区	13	19	35	233
经济开发区	16	19	26	187
高新发区	11	14	48	287
红谷滩新区	54	59	33	186
桑海开发区	1	2	3	21
南昌县	56	65	263	2 311
新建县	40	49	276	1 964
安义县	19	26	105	1 282
进贤县	43	52	263	2 876

16-11　享受国家补助、救济人员情况

单位:人、人次

项　　目	2013
优抚对象	
抚恤、补助优抚对象总金人数	16 763
享受定期抚恤金人数	2 570
享受定期补助人数	14 193
城市居民最低生活保障家庭数	340 117
城市居民最低生活保障人数	71 639
# 登记失业	11 239
# 老年人	11 446
传统救济情况	
农村居民最低生活保障家庭数	64 221
农村居民最低生活保障人数	111 384
# 老年人	35 876
未成年人	17 485
农村民政部门医疗救助总人次数	25 537
城市医疗救助人次数	19 365

16-12　婚姻登记情况

(2013年)

地　　区	结婚登记 (人)	离婚登记 (对)
全　　市	**156 606**	**15 034**
东湖区	14 638	2 665
西湖区	14 552	2 608
青云谱区	8 088	1 229
湾里区	2 212	194
青山湖区	16 622	1 936
南昌县	37 732	2 354
新建县	23 860	1 918
安义县	9 222	470
进贤县	24 770	1 054
红谷滩新区	4 910	606

16-13 主要年份婚姻登记情况

单位:对

年份	结婚	#复婚	离婚
2000	25 486	253	2 610
2010	36 444	300	7 525
2011	50 281		8 579
2012	53 283		10 440
2013	78 303		15 034

16-14 社会保险情况

单位:人

项目	2012	2013
失业保险参保人数	**618 130**	**585 188**
企业	431 297	409 833
国有企业	211 704	177 552
集体企业	38 194	30 464
港、澳、台及外资企业	58 764	33 171
其他企业	122 635	168 646
事业单位	145 699	148 504
其他单位	41 134	26 851
领取失业保险金人数	**28 118**	**13 086**
基本养老保险参保人数	**1 322 397**	**1 535 655**
企业	964 526	968 315
国有企业	491 154	500 056
集体企业	118 406	121 720
其他企业	305 233	291 415
港、澳、台及外资企业	49 733	55 124
机关事业单位	7 127	6 704
其他	350 744	560 636

16-15 律师、公证和人民调解基本情况

（市　属）

项　　　　目	2012	2013
一、律师工作		
律师事务所(个)	55	58
律师(人)	692	676
#专职	616	598
兼职	68	70
聘请担任常年法律顾问的单位(处)	1 043	1 164
刑事诉讼辩护及代理(件)	1 347	1 226
民事诉讼代理(件)	2 999	4 305
办理非诉讼法律事务(件)	1 416	1 497
解答法律咨询(件)	8 037	5 270
代理法律文书(件)	924	1 965
二、公证工作		
公证处(个)	11	11
公证人员(人)	93	100
#公证员	45	47
助理公证员	34	48
办理公证文书(件)	39 733	46 242
#经济合同文书	5 888	7 800
三、人民调解工作		
专职司法助理员(人)	190	201
人民调解委员会(人)	1 971	1 972
调解工作人员(人)	13 517	13 526
调解民间纠纷(件)	17 347	14 980

16-16 主要年份南昌市消协受理投诉情况

单位:件

项目	2000	2010	2011	2012	2013
一、投诉案件数	2 088	1 025	1 148	2 566	2 673
按行业分					
家用电器类	140	215	97	597	652
家用机械类	110	57	78	178	341
日用百货类	345	352	352	852	563
房屋及装修建材		89	95	195	124
服务类	40	267	405	405	226
农用生产资料类	163		26	26	182
其它类	276	45	95	313	585
按内容分					
质量	964	537	557	657	686
价格		34	95	259	384
虚假广告	266	16	16	335	206
假冒商品	466		2	248	152
计量	34	6	8	256	168
安全	164	98	89	292	386
其它	146	334	381	519	691
二、当年解决件数	2 047	989	1 090	2 493	2 593
解决率(%)	98	97	95	97	97
三、消费者免受损失(万元)	99	167	180	210	200

16-17　南昌“12315”受理举报申诉情况

单位:件

项　　　目	2012	2013
一、受理申诉	11 242	9 710
#商　　品	7 627	6 795
服　　务	3 615	2 915
二、申诉内容		
质　　量	7 515	1 492
价　　格	304	4 722
广　　告	157	138
计　　量	108	123
售后服务	1 902	377
其　　他	1 262	247
三、挽回损失(万元)		260

16-18 社会治安案件

(2013年)

单位:件

项　目	全　市	#市　区
受理数	75 411	60 586
查处数	74 191	59 389

16-19 交 通 事 故

(2013年)

项　目	合　计	市　区	四　县
一、交通事故次数(次)	273	143	130
二、死亡人数(人)	202	95	107
三、受伤人数(人)	191	92	99
四、经济损失(万元)	49.1	16.8	30.3

16-20 火 灾 事 故

(2013年)

项　目	合　计	市　区	四　县
一、火灾次数(次)	1 737	1 379	358
二、死亡人数(人)	16	9	7
三、受伤人数(人)	4	4	
四、经济损失(万元)	6 850.55	6 331.28	519.27

16-21 主要年份人民法院一审案件结案情况

单位:件

项 目	2001	2010	2011	2012	2013
合 计	**11 557**	**15 904**	**16 608**	**19 668**	**22 797**
刑事案件	2 069	2 811	2 920	3 836	3 729
民事案件	4 024	12 996	13 530	15 717	18 916
行政案件	140	97	158	115	152

16-22 职工伤亡事故

单位:人

项目	2012	2013
总计	**20**	**21**
高处坠落	4	3
机械伤害	1	2
物体打伤	1	4
触电	2	3
坍塌	6	1
车辆伤害	3	1
起重伤害		
爆燃	3	3
灼烫		1
中毒和窒息		3
淹溺		
其他		

主要统计指标解释

医院 指名称为医院，设有固定床位能收容病人住院并能为病人提供医疗、护理服务的医疗机构。包括县及县以上医院、农村乡卫生院、其他医院三部份。按所属性质分为卫生部门、工业及其他部门、集体所有制三类。其中县及县以上医院按业务性质分为综合医院和专科医院。

卫生技术人员 指卫生事业机构支付工资的全部固定职工和合同制职工中现任职务为卫生技术工作人员。包括中医师、西医师、中西医结合高级医师、护师、中药师、西药师、检验师、其他技师、中医士、西医士、护士、助产士、中药剂士、西药剂士、检验士、其他技士、其他中医、护理员、中药剂员、西药剂员、检验员、其他初级卫生技术人员。

医生 指经卫生部门审查合格，从事医疗工作的专业人员。分为中医医生和西医医生、包括卫生技术人员中的中医师、西医师、中西医结合高级医师、中医士、西医士和其他中医。

等级运动员人数 指经考核正式批准授予等级运动员称号的人数。运动员等级分为国际级运动健将、运动健将、一级运动员、二级运动员、三级运动员、少年级运动员。

等级裁判员人数 指经考核正式批准授予等级裁判员称号的人数。裁判员等级分为国际裁判、国家级裁判、一级裁判、二级裁判、三级裁判。

体育场 指有400米跑道(中心含足球场)和固定道牙，跑道6条以上，并有固定看台的田径场地。以看台容纳观众人数分：甲级25000人以上，乙级15000-25000人，丙级5000-15000人，丁级5000以下，共四级。

律师 指受聘参加法律顾问处工作，提任法律顾问、刑(民)事代理人，刑事辩护人，办理非诉讼事件、解答法律询问，代写法律事务文书等主要从事律师业务的专职法律工作者和兼职律师。

公证人员 指在国家公证机关依法办理公证事务的司法人员。包括公证员、助理公证员和公证处工作的其他人员。

办理公证文书 指公证处一定时期内办结的公证文书件数。公证文书系按司法部规定或批准的格式制作。包括国内公证和涉外公证两部分。其中国内公证分为经济合同公证和民事法律体系公证两大类。

调解人员 在人民调解委员会担负调解民间一般民事纠纷和轻微违法行为所引起的纠纷的工作人员。包括调解委员会的委员和调解小组的调解员。

调解民间纠纷 指调解委员会依照法律规定，根据自愿原则，用说服教育的方法调解民间发生的有关民事权利和义务的争执，促成当事双方达到协议和谅解，解决纠纷。包括婚姻家庭纠纷，财产权益纠纷等。包括法院管理调解的民事案件数。

收养性福利性单位 指提供食宿的，不以盈利为目的的革命伤残军人休养院、复员军人慢性病疗养院、复退军人精神病院、光荣院、社会福利院、精神病人福利院、老年收养机构(敬老院、养老院、老年公寓)等收养性的社会福利事业单位的总称。

附　　录

APPENDIX

本篇内容包括：

1. 中华人民共和国 2013 年国民经济和社会发展统计公报
2. 全国各省市主要经济指标
3. 全国各省会城市主要经济指标
4. 江西省 2013 年国民经济和社会发展统计公报
5. 江西省各设区主要经济指标
6. 2013 年南昌市统计局工作大事记

中华人民共和国 2013 年国民经济和社会发展统计公报 [1]

中华人民共和国国家统计局

2014 年 2 月 24 日

2013 年，面对错综复杂的国内外形势，党中央、国务院团结带领全国各族人民深入贯彻落实党的十八大精神，坚持稳中求进工作总基调，坚持宏观政策要稳、微观政策要活、社会政策要托底的思路，统筹稳增长、调结构、促改革，探索创新宏观调控方式，经济社会发展稳中有进、稳中向好，实现了良好开局。

一、综合

年末全国大陆总人口为 136072 万人，比上年末增加 668 万人，其中城镇常住人口为 73111 万人，占总人口比重为 53.73%，比上年末提高 1.16 个百分点。全年出生人口 1640 万人，出生率为 12.08‰；死亡人口 972 万人，死亡率为 7.16‰；自然增长率为 4.92‰。全国人户分离的人口[2]为 2.89 亿人，其中流动人口[3]为 2.45 亿人。

表 1　2013 年年末人口数及其构成

单位：万人

指　标	年末数	比重%
全国总人口	136 072	100.0
其中：城镇	73 111	53.73
乡村	62 961	46.27
其中：男性	69 728	51.2
女性	66 344	48.8
其中：0–15 岁[4]（含不满 16 周岁）	23 875	17.5
16–59 岁（含不满 60 周岁）	91 954	67.6
60 周岁及以上	20 243	14.9
其中：65 周岁及以上	13 161	9.7

国民经济平稳较快增长。初步核算，全年国内生产总值[5]568845 亿元，比上年增长 7.7%。其中，第一产业增加值 56957 亿元，增长 4.0%；第二产业增加值 249684 亿元，增长 7.8%；第三产业增加值 262204 亿元，增长 8.3%。第一产业增加值占国内生产总值的比重为 10.0%，第二产业增加值比重为 43.9%，第三产业增加值比重为 46.1%，第三产业增加值占比首次超过第二产业。

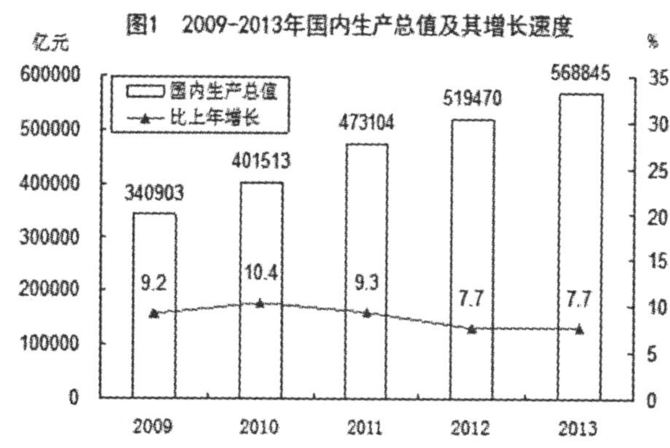

图1　2009-2013年国内生产总值及其增长速度

就业持续增加。年末全国就业人员 76977 万人，其中城镇就业人员 38240 万人。全年城镇新增就业 1310 万人。年末城镇登记失业率为 4.05%，略低于上年末的 4.09%。全国农民工[6]总量为 26894 万人，比上年增长 2.4%。其中，外出农民工 16610 万人，增长 1.7%；本地农民工 10284 万人，增长 3.6%。

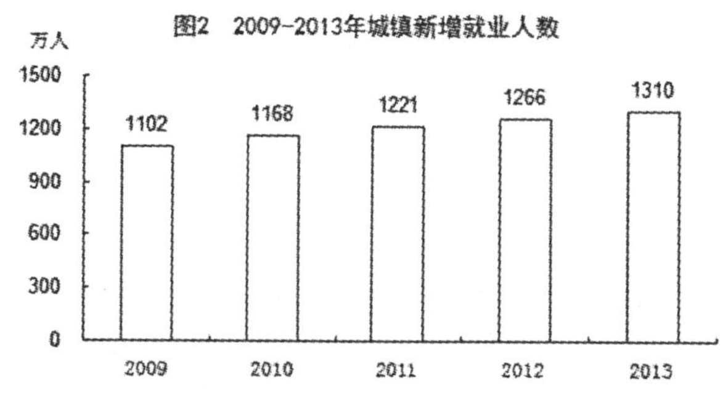

图2　2009-2013年城镇新增就业人数

劳动生产率稳步提高。全年国内生产总值与全部就业人员的比率为 66199 元/人（以 2010 年不变价格计算），比上年提高 7.3%。

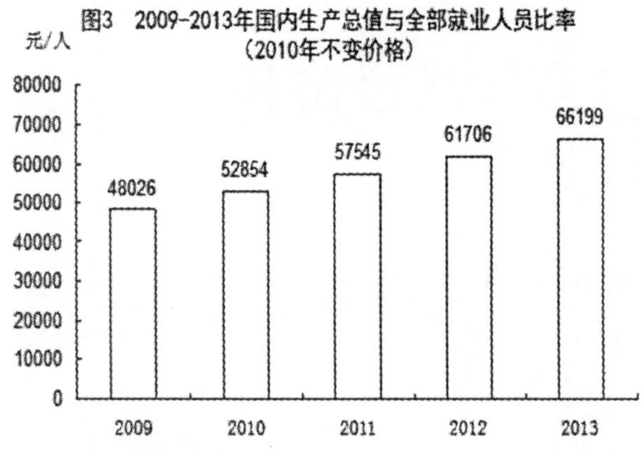

图3 2009-2013年国内生产总值与全部就业人员比率（2010年不变价格）

居民消费价格基本稳定。全年居民消费价格比上年上涨2.6%，其中食品价格上涨4.7%。固定资产投资价格上涨0.3%。工业生产者出厂价格下降1.9%。工业生产者购进价格下降2.0%。农产品生产者价格[7]上涨3.2%。

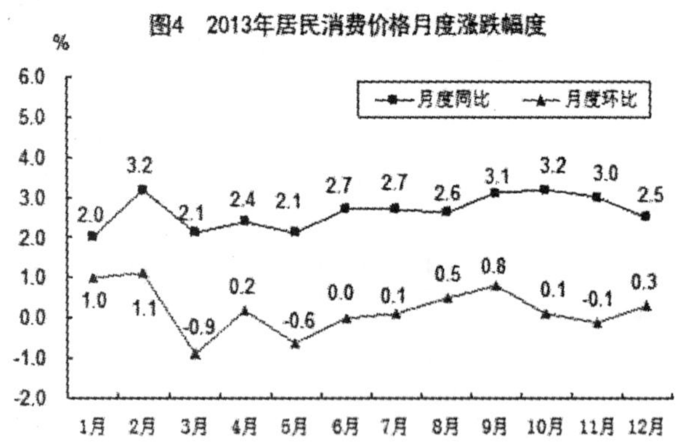

图4 2013年居民消费价格月度涨跌幅度

表2 2013年居民消费价格比上年涨跌幅度

单位:万人

指 标	全 国	城市	农 村
居民消费价格	2.6	2.6	2.8
其中:食 品	4.7	4.6	4.9
烟酒及用品	0.3	0.1	0.8
衣 着	2.3	2.2	2.5
家庭设备用品及维修服务	1.5	1.5	1.3
医疗保健和个人用品	1.3	1.2	1.8
交通和通信	–0.4	–0.5	0.1
娱乐教育文化用品及服务	1.8	1.7	1.8
居 住	2.8	3.0	2.3

70个大中城市新建商品住宅销售价格月环比上涨的城市个数年末为65个。

图5 2013年新建商品住宅月环比价格下降、持平、上涨城市个数变化情况

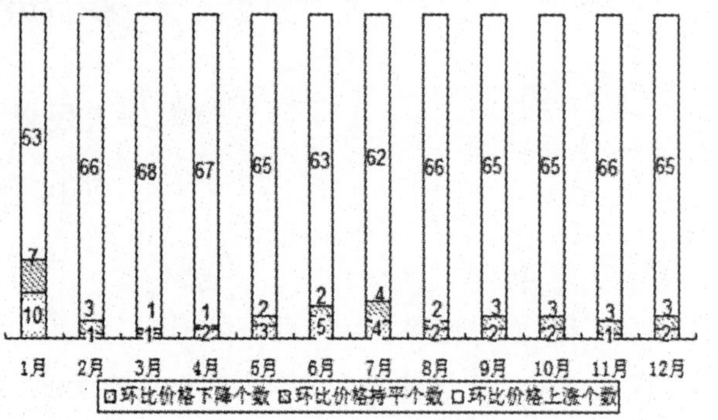

财政收入稳定增长。全年全国公共财政收入[8] 129143亿元，比上年增加11889亿元，增长10.1%；其中税收收入110497亿元，增加9883亿元，增长9.8%。

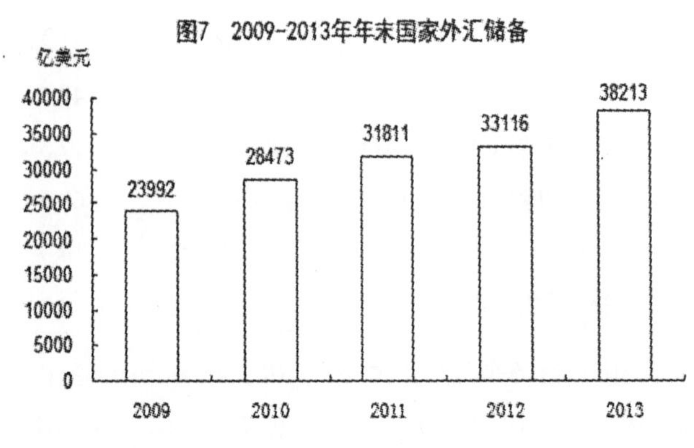

图6 2009-2013年公共财政收入[9]

外汇储备继续增加。年末国家外汇储备38213亿美元，比上年末增加5097亿美元。年末人民币汇率为1美元兑6.0969元人民币，比上年末升值3.1%。

图7 2009-2013年年末国家外汇储备

二、农业

全年粮食种植面积11195万公顷，比上年增加75万公顷；棉花种植面积435万公顷，减少34万公顷；油料种植面积1408万公顷，增加15万公顷；糖料种植面积199万公顷，减少4万公顷。

粮食再获丰收。全年粮食产量60194万吨，比上年增加1236万吨，增产2.1%。其中，夏粮产量13189万吨，增产1.5%；早稻产量3407万吨，增产2.4%；秋粮产量43597万吨，增产2.3%。其中，主要粮食品种中，稻谷产量20329万吨，减产0.5%；小麦产量12172万吨，增产0.6%；玉米产量21773万吨，增产5.9%。

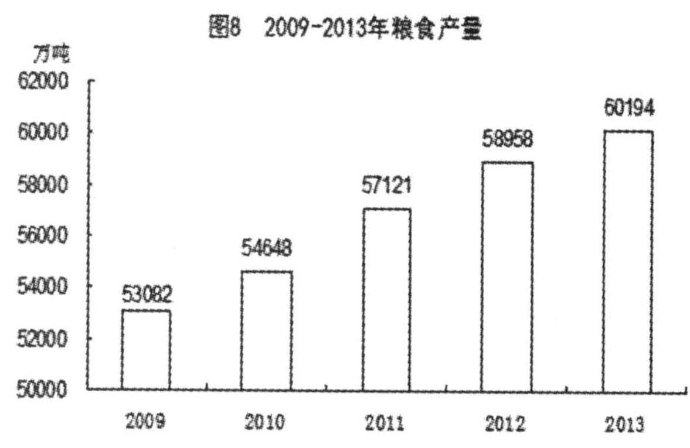

全年棉花产量631万吨，比上年减产7.7%。油料产量3531万吨，增产2.8%。糖料产量13759万吨，增产2.0%。茶叶产量193万吨，增产7.9%。

全年肉类总产量8536万吨，比上年增长1.8%。其中，猪肉产量5493万吨，增长2.8%；牛肉产量673万吨，增长1.7%；羊肉产量408万吨，增长1.8%；禽肉产量1798万吨，下降1.3%。年末生猪存栏47411万头，下降0.4%；生猪出栏71557万头，增长2.5%。禽蛋产量2876万吨，增长0.5%。牛奶产量3531万吨，下降5.7%。

全年水产品产量6172万吨，比上年增长4.5%。其中，养殖水产品产量4547万吨，增长6.0%；捕捞水产品产量1625万吨，增长3.5%。

全年木材产量8367万立方米，比上年增长2.3%。

全年新增有效灌溉面积129万公顷，新增节水灌溉面积211万公顷。

三、工业和建筑业

工业生产稳定增长。全年全部工业增加值210689亿元，比上年增长7.6%。规模以上工业增加值增长9.7%。在规模以上工业中，分经济类型看，国有及国有控股企业增长6.9%；集体企业增长4.3%，股份制企业增长11.0%，外商及港澳台商投资企业增长8.3%；私营企业增长12.4%。分门类看，采矿业[10]增长6.4%，制造业增长10.5%，电力、热力、燃气及水生产和供应业增长6.8%。

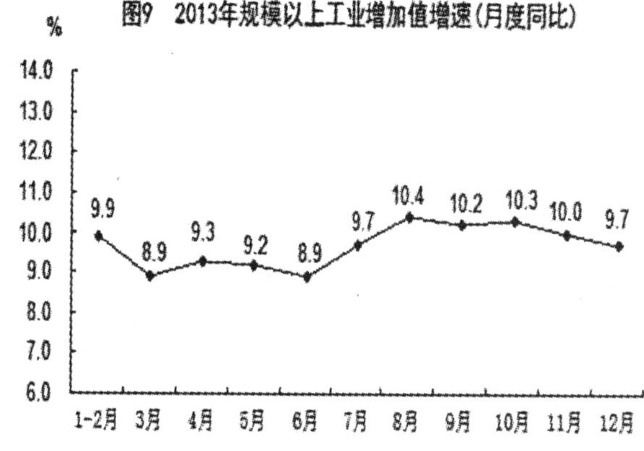

全年规模以上工业中，农副食品加工业增加值比上年增长9.4%，纺织业增长8.7%，通用设备制造业增长9.2%，专用设备制造业增长8.5%，汽车制造业增长14.9%，计算机、通信和其他电子设备制造业增长11.3%，电气机械和器材制造业增长10.9%。六大高耗能行业[11]增加值比上年增长10.1%，其中，非金属矿物制品业增长11.5%，化学原料和化学制品制造业增长12.1%，有色金属冶炼和压延加工业增长14.6%，黑色金属冶炼和压延加工业增长9.9%，电力、热力生产和供应业增长6.2%，石油加工、炼焦和核燃料加工业增长6.1%。高技术制造业增加值比上年增长11.8%。

表 3　2013 年主要工业产品产量及其增长速度

产品名称	单　位	产　量	比上年增长%
纱	万吨	3 200.0	7.2
布	亿米	882.7	4.0
化学纤维	万吨	4 121.9	7.4
成品糖	万吨	1 589.7	12.8
卷　烟	亿支	25 604.0	1.8
彩色电视机	万台	12 776.1	-0.4
其中:液晶电视机	万台	12 290.3	4.5
家用电冰箱	万台	9 261.0	9.9
房间空气调节器	万台	13 057.2	5.3
一次能源生产总量	亿吨标准煤	34.0	2.4
原　煤	亿吨	36.8	0.8
原　油	亿吨	2.09	1.8
天然气[12]	亿立方米	1 170.5	9.4
发电量	亿千瓦小时	53 975.9	7.5
其中:火电	亿千瓦小时	42 358.7	7.0
水电	亿千瓦小时	9 116.4	5.6
核电	亿千瓦小时	1 106.3	13.6
粗　钢	万吨	77 904.1	7.6
钢　材[13]	万吨	106 762.2	11.7
十种有色金属	万吨	4 054.9	9.7
其中:精炼铜(电解铜)	万吨	649.0	12.7
原铝(电解铝)	万吨	2 205.9	9.2
氧化铝	万吨	4 437.2	17.7
水　泥	亿吨	24.2	9.3
硫　酸(折 100%)	万吨	8 122.6	3.1
纯　碱	万吨	2 434.9	1.6
烧　碱(折 100%)	万吨	2 859.0	6.0
乙　烯	万吨	1 622.6	9.1
化　肥(折 100%)	万吨	7 037.0	3.0
发电机组(发电设备)	万千瓦	12 572.8	-3.3
汽　车	万辆	2 211.7	14.7
其中:基本型乘用车(轿车)	万辆	1 210.4	12.4
大中型拖拉机	万台	58.7	11.4
集成电路	亿块	866.5	11.2
程控交换机	万线	3 115.7	10.1
移动通信手持机	万台	145 561.0	23.2
微型计算机设备	万台	33 661.0	5.8

年末全国发电装机容量 124738 万千瓦,比上年末增长 9.3%。其中,火电装机容量 86238 万千瓦,增长 5.7%;水电装机容量 28002 万千瓦,增长 12.3%;核电装机容量 1461 万千瓦,增长 16.2%;并网风电装机容量 7548 万千瓦,增长 24.5%;并网太阳能发电装机容量 1479 万千瓦,增长 3.4 倍。

全年规模以上工业企业实现利润 62831 亿元,比上年增长 12.2%，其中国有及国有控股企业 15194 亿元,增长 6.4%;集体企业 825 亿元,增长 2.1%,股份制企业 37285 亿元,增长 11.0%,外商及港澳台商投资企业 14599 亿元,增长 15.5%;私营企业 20876 亿元,增长 14.8%。

全年全社会建筑业增加值 38995 亿元，比上年增长 9.5%。全国具有资质等级的总承包和专业承包建筑业企业实现利润 5575 亿元，增长 16.7%，其中国有及国有控股企业 1363 亿元,增长 20.1%。

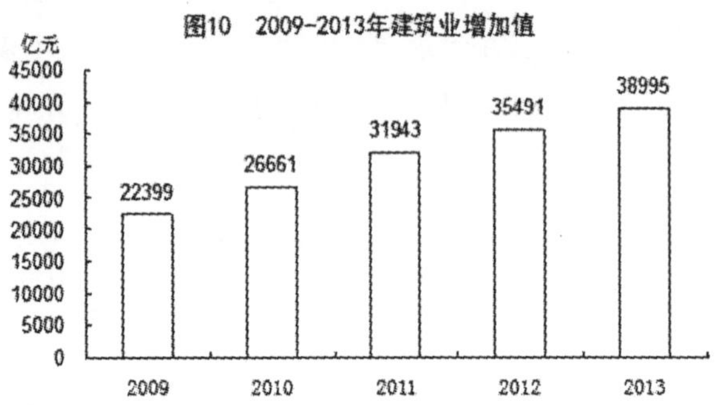

四、固定资产投资

固定资产投资较快增长。全年全社会固定资产投资 447074 亿元,比上年增长 19.3%,扣除价格因素,实际增长 18.9%。其中,固定资产投资(不含农户)436528 亿元，增长 19.6%；农户投资 10547 亿元,增长 7.2%。东部地区投资[14]179092 亿元,比上年增长 17.9%；中部地区投资 105894 亿元，增长 22.2%;西部地区投资 109228 亿元,增长 22.8%;东北地区投资 47367 亿元,增长 18.4%。

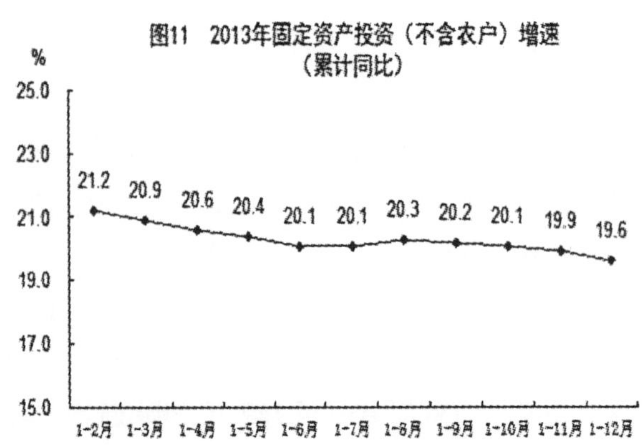

表 4　2013 年分行业固定资产投资(不含农户)及其增长速度

单位:亿元

行　　业	投资额	比上年增长%
总　　计	436 528	19.6
农、林、牧、渔业	11 611	32.4
采矿业	14 750	10.9
制造业	147 370	18.5
电力、热力、燃气及水生产和供应业	19 744	18.4
建筑业	3 737	1.4
批发和零售业	12 695	30.0
交通运输、仓储和邮政业	36 194	17.2
住宿和餐饮业	6 001	17.5
信息传输、软件和信息技术服务业	3 216	19.5
金融业	1 250	35.3
房地产业[15]	111 424	20.3
租赁和商务服务业	5 922	26.1
科学研究和技术服务业	3 149	27.2
水利、环境和公共设施管理业	37 598	26.9
居民服务、修理和其他服务业	2 037	20.8
教育	5 486	19.1
卫生和社会工作	3 184	21.7
文化、体育和娱乐业	5 251	23.0
公共管理、社会保障和社会组织	5 908	–2.3

在固定资产投资(不含农户)中,第一产业[16]投资 9241 亿元,比上年增长 32.5%;第二产业投资 184804 亿元,增长 17.4%;第三产业投资 242482 亿元,增长 21.0%。

表 5　2013 年固定资产投资新增主要生产能力

指　　标	单　位	绝对数
新增 220 千伏及以上变电设备	万千伏安	19 631
新建铁路投产里程	公里	5 586
其中:高速铁路[17]	公里	1 672
增建铁路复线投产里程	公里	4 180
电气化铁路投产里程	公里	4 810
新建公路里程	公里	70 274
其中:高速公路	公里	8 260
港口万吨级码头泊位新增吞吐能力	万吨	33 119
新增光缆线路长度	万公里	266

全年房地产开发投资 86013 亿元,比上年增长 19.8%。其中,住宅投资 58951 亿元,增长 19.4%;办公楼投资 4652 亿元,增长 38.2%;商业营业用房投资 11945 亿元,增长 28.3%。

全年新开工建设城镇保障性安居工程住房 666 万套(户),基本建成城镇保障性安居工程住房 544 万套。

表 6　2013 年房地产开发和销售主要指标完成情况及其增长速度

指　　标	单 位	绝对数	比上年增长%
投资额	亿元	86 013	19.8
其中:住宅	亿元	58 951	19.4
其中:90 平方米及以下	亿元	19 446	15.8
房屋施工面积	万平方米	665 572	16.1
其中:住宅	万平方米	486 347	13.4
房屋新开工面积	万平方米	201 208	13.5
其中:住宅	万平方米	145 845	11.6
房屋竣工面积	万平方米	101 435	2.0
其中:住宅	万平方米	78 741	–0.4
商品房销售面积	万平方米	130 551	17.3
其中:住宅	万平方米	115 723	17.5
本年到位资金	亿元	122 122	26.5
其中:国内贷款	亿元	19 673	33.1
其中:个人按揭贷款	亿元	14 033	33.3

五、国内贸易

市场销售平稳较快增长。全年社会消费品零售总额 237810 亿元,比上年增长 13.1%,扣除价格因素,实际增长 11.5%。按经营地统计,城镇消费品零售额 205858 亿元,增长 12.9%;乡村消费品零售额 31952 亿元,增长 14.6%。按消费形态统计,商品零售额 212241 亿元,增长 13.6%;餐饮收入额 25569 亿元,增长 9.0%。

图12　2013年社会消费品零售总额增速(月度同比)

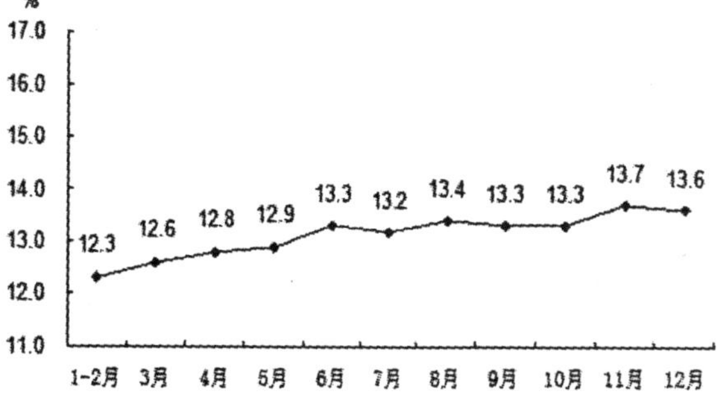

月份	1-2月	3月	4月	5月	6月	7月	8月	9月	10月	11月	12月
%	12.3	12.6	12.8	12.9	13.3	13.2	13.4	13.3	13.3	13.7	13.6

在限额以上企业商品零售额中,粮油、食品、饮料、烟酒类零售额比上年增长 13.9%,服装、鞋帽、针纺织品类增长 11.6%,化妆品类增长 13.3%,金银珠宝类增长 25.8%,日用品类增长 14.1%,家用电器

和音像器材类增长14.5%，中西药品类增长17.7%，文化办公用品类增长11.8%，家具类增长21.0%，通讯器材类增长20.4%，石油及制品类增长9.9%，汽车类增长10.4%，建筑及装潢材料类增长22.1%。

六、对外经济

进出口稳中有升。全年货物进出口总额258267亿元人民币，以美元计价为41600亿美元，比上年增长7.6%。其中，出口137170亿元人民币，以美元计价为22096亿美元，增长7.9%；进口121097亿元人民币，以美元计价为19504亿美元，增长7.3%。进出口差额(出口减进口)16072亿元人民币，比上年增加1514亿元人民币，以美元计价为2592亿美元，增加289亿美元。

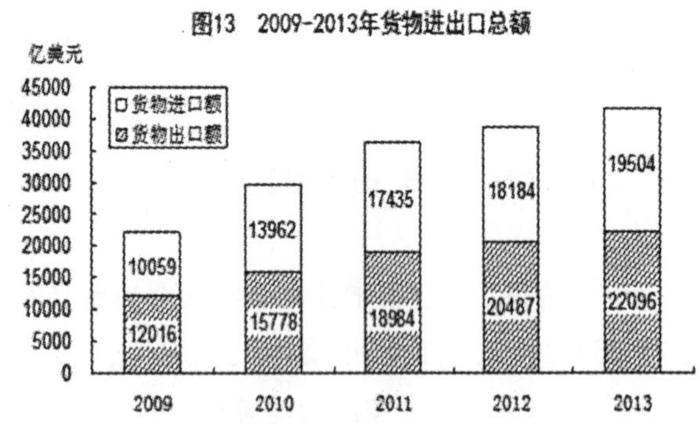

表7 2013年货物进出口总额及其增长速度

单位:亿美元

指　　标	绝对数	比上年增长%
货物进出口总额	41 600	7.6
货物出口额	22 096	7.9
其中:一般贸易	10 875	10.1
加工贸易	8 605	-0.3
其中:机电产品	12 652	7.3
高新技术产品	6 603	9.8
货物进口额	19 504	7.3
其中:一般贸易	11 099	8.6
加工贸易	4 970	3.3
其中:机电产品	8 400	7.3
高新技术产品	5 582	10.1
进出口差额(出口减进口)	2 592	-

表8 2013年主要商品出口数量、金额及其增长速度

商品名称	单位	数量	比上年增长%	金额(亿美元)	比上年增长%
煤(包括褐煤)	万吨	751	-19.1	11	-33.1
钢材	万吨	6 234	11.9	532	3.4
纺织纱线、织物及制品	—	-	-	1 069	11.7
服装及衣着附件	—	-	-	1 770	11.3
鞋类	—	-	-	508	8.4
家具及其零件	—	-	-	518	6.2
自动数据处理设备及其部件	万台	18 7050	2.0	1 822	-1.7
手持或车载无线电话	万台	11 8582	16.9	951	17.3
集装箱	万个	270	8.8	79	-6.4
液晶显示板	万个	32 6577	3.1	359	-1.0
汽车(包括整套散件)	万辆	92	-6.7	120	-5.3

表9 2013年主要商品进口数量、金额及其增长速度

商品名称	数量(万吨)	比上年增长%	金额(亿美元)	比上年增长%
谷物及谷物粉	1458	4.3	51	6.6
大豆	6338	8.6	380	8.6
食用植物油	810	-4.2	81	-16.7
铁矿砂及其精矿	81931	10.2	1 059	10.4
氧化铝	383	-23.7	14	-22.7
煤(包括褐煤)	32708	13.4	290	1.1
原油	28192	4.0	2 196	-0.5
成品油	3959	-0.6	320	-3.2
初级形状的塑料	2462	3.9	491	6.3
纸浆	1685	2.4	114	3.7
钢材	1408	3.1	170	-4.3
未锻造的铜及铜材	453	-2.5	353	-8.5

表 10　2013 年对主要国家和地区货物进出口额及其增长速度

单位:亿美元

国家和地区	出口额	比上年增长%	进口额	比上年增长%
欧盟	3 390	1.1	2 200	3.7
美国	3 684	4.7	1 525	14.8
东盟	2 441	19.5	1 996	1.9
中国香港	3 848	19.0	162	-9.3
日本	1 503	-0.9	1 623	-8.7
韩国	912	4.0	1 831	8.5
中国台湾	406	10.5	1 566	18.5
俄罗斯	496	12.6	396	-10.2
印度	484	1.6	170	-9.6

全年服务进出口(按国际收支口径统计,不含政府服务，下同）总额 5396 亿美元，比上年增长 14.7%。其中,服务出口 2106 亿美元,增长 10.6%;服务进口 3291 亿美元,增长 17.5%。服务进出口逆差 1185 亿美元。

全年非金融领域新批外商直接投资企业 22773 家,比上年下降 8.6%。实际使用外商直接投资金额 1176 亿美元,增长 5.3%。

表 11　2013 年非金融领域外商直接投资及其增长速度

行　　业	企业数(家)	比上年增长%	实际使用金额(亿美元)	比上年增长%
总　　计	22 773	-8.6	1175.9	5.3
其中:农、林、牧、渔业	757	-14.2	18.0	-12.7
制造业	6 504	-27.5	455.5	-6.8
电力、燃气及水的生产和供应业	200	7.0	24.3	48.2
交通运输、仓储和邮政业	401	1.0	42.2	21.4
信息传输、计算机服务和软件业	796	-14.0	28.8	-14.2
批发和零售业	7 349	4.6	115.1	21.7
房地产业	530	12.3	288.0	19.4
租赁和商务服务业	3 359	4.0	103.6	26.2
居民服务和其他服务业	166	-13.5	6.6	-43.6

全年非金融领域对外直接投资额 902 亿美元，比上年增长 16.8%。

全年对外承包工程业务完成营业额 1371 亿美元,比上年增长 17.6%;对外劳务合作派出各类劳务人员 52.7 万人,增长 2.9%。

七、交通、邮电和旅游

交通运输平稳较快增长。全年货物运输总量 451 亿吨，比上年增长 9.9%。货物运输周转量 186478 亿吨公里,增长 7.3%。全年规模以上港口完成货物吞吐量 106.1 亿吨,比上年增长 8.5%,其中外贸货物吞吐量 33.1 亿吨,增长 9.2%。规模以上港口集装箱吞吐量 18878 万标准箱,增长 6.7%。

表 12　2013 年各种运输方式完成货物运输量及其增长速度

指　　标	单　　位	绝对数	比上年增长%
货物运输总量	亿　　吨	450.6	9.9
铁路	亿　　吨	39.7	1.6
公路	亿　　吨	355.0	11.3
水运	亿　　吨	49.3	7.5
民航	万　　吨	557.6	2.3
管道[18]	亿　　吨	6.6	6.3
货物运输周转量	亿吨公里	186 478.4	7.3
铁路	亿吨公里	29 173.9	0.0
公路	亿吨公里	67 114.5	12.7
水运	亿吨公里	86 520.6	5.9
民航	亿吨公里	168.6	2.9
管道	亿吨公里	3 500.9	9.0

全年旅客运输总量 402 亿人次，比上年增长 5.6%。旅客运输周转量 36036 亿人公里,增长 7.9%。

表 13　2013 年各种运输方式完成旅客运输量及其增长速度

指　　标	单　　位	绝对数	比上年增长%
旅客运输总量	亿人次	401.9	5.6
铁路	亿人次	21.1	10.8
公路	亿人次	374.7	5.3
水运	亿人次	2.6	1.8
民航	亿人次	3.5	10.9
旅客运输周转量	亿人公里	36 036.0	7.9
铁路	亿人公里	10 595.6	8.0
公路	亿人公里	19 705.6	6.7
水运	亿人公里	76.3	-1.6
民航	亿人公里	5 658.5	12.6

年末全国民用汽车保有量达到 13741 万辆（包括三轮汽车和低速货车 1058 万辆），比上年末增长 13.7%，其中私人汽车保有量 10892 万辆，增长

17.0%。民用轿车保有量 7126 万辆，增长 19.0%，其中私人轿车 6410 万辆，增长 20.8%。

全年完成邮电业务总量[19]16679 亿元，比上年增长 11.1%。其中，邮政业务总量 2725 亿元，增长 33.8%；电信业务总量 13954 亿元，增长 7.5%。邮政业全年完成邮政函件业务 63.20 亿件，包裹业务 0.69 亿件，快递业务量 91.9 亿件；快递业务收入 1442 亿元。电信业全年局用交换机容量减少 2697 万门，总容量 41052 万门；新增移动电话交换机容量[20]12522 万户，达到 196545 万户。年末固定电话用户 26699 万户。新增移动电话用户 11696 万户，年末达到 122911 万户，其中 3G 移动电话用户[21]40161 万户。电话普及率达到 110.5 部/百人。互联网上网人数 6.18 亿人，其中手机上网人数[22]5.0 亿人。互联网普及率达到 45.8%。

图14 2009-2013年年末电话用户数

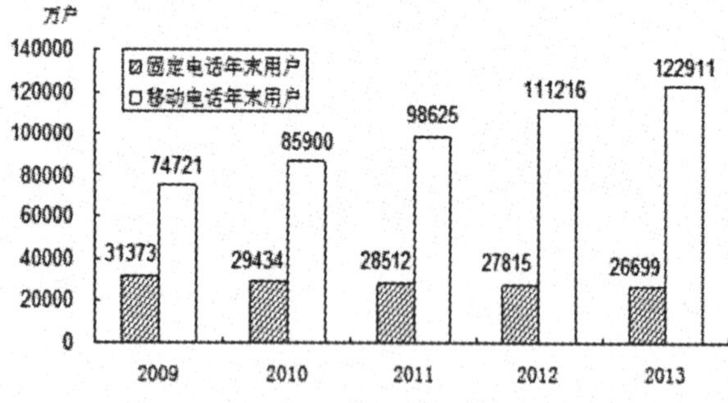

全年国内游客[23]32.6 亿人次，比上年增长 10.3%；国内旅游收入 26276 亿元，增长 15.7%。入境游客 12908 万人次，下降 2.5%。其中，外国人 2629 万人次，下降 3.3%；香港、澳门和台湾同胞 10279 万人次，下降 2.3%。在入境游客中，过夜游客 5569 万人次，下降 3.5%。国际旅游外汇收入 517 亿美元，增长 3.3%。国内居民出境 9819 万人次，增长 18.0%。其中因私出境 9197 万人次，增长 19.3%。

八、金融

金融市场运行总体平稳。年末广义货币供应量(M2)余额为 110.7 万亿元，比上年末增长 13.6%；狭义货币供应量(M1)余额为 33.7 万亿元，增长 9.3%；流通中现金(M0)余额为 5.9 万亿元，增长 7.2%。

全年社会融资规模[24]为 17.3 万亿元，按可比口径计算，比上年多 1.5 万亿元。年末全部金融机构本外币各项存款余额 107.1 万亿元，比年初增加 12.7 万亿元，其中人民币各项存款余额 104.4 万亿元，增加 12.6 万亿元。全部金融机构本外币各项贷款余额 76.6 万亿元，增加 9.3 万亿元，其中人民币各项贷款余额 71.9 万亿元，增加 8.9 万亿元。

表 14 2013 年年末全部金融机构本外币存贷款余额及其增长速度

单位：亿元

指　　标	年末数	比上年末增长%
各项存款余额	1 070 588	13.5
其中：住户存款	465 437	13.5
其中：人民币	461 370	13.6
非金融企业存款	380 070	10.1
各项贷款余额	766 327	13.9
其中：境内短期贷款	311 772	16.3
境内中长期贷款	410 346	12.8

年末主要农村金融机构(农村信用社、农村合作银行、农村商业银行)人民币贷款余额 91644 亿元，比年初增加 13324 亿元。全部金融机构人民币消费贷款余额 129721 亿元，增加 25401 亿元。其中，个人短期消费贷款余额 26558 亿元，增加 7198 亿元；个人中长期消费贷款余额 103163 亿元，增加 18203 亿元。

全年上市公司通过境内市场累计筹资[25]6885 亿元，比上年增加 1044 亿元。其中，A 股再筹资(包括配股、公开增发、非公开增发[26]、认股权证)2803 亿元，增加 710 亿元；上市公司通过发行可转债、可分离债、公司债筹资 4082 亿元，增加 1369 亿元。

全年发行公司信用类债券[27]3.67 万亿元，比上年减少 667 亿元。

全年保险公司原保险保费收入[28]17222 亿元，比上年增长 11.2%，其中寿险业务原保险保费收入 9425 亿元；健康险和意外伤害险业务原保险保费收入 1585 亿元；财产险业务原保险保费收入 6212 亿元。支付各类赔款及给付 6213 亿元，其中寿险业务给付 2253 亿元；健康险和意外伤害险赔款及给付 521 亿元；财产险业务赔款 3439 亿元。

九、人民生活和社会保障

城乡居民收入继续增加。全年农村居民人均纯收入8896元，比上年增长12.4%，扣除价格因素，实际增长9.3%；农村居民人均纯收入中位数[29]为7907元，增长12.7%。城镇居民人均可支配收入26955元，比上年增长9.7%，扣除价格因素，实际增长7.0%；城镇居民人均可支配收入中位数为24200元，增长10.1%。根据从2012年四季度起实施的城乡一体化住户调查[30]，全国居民人均可支配收入18311元，比上年增长10.9%，扣除价格因素，实际增长8.1%。农村居民食品消费支出占消费总支出的比重为37.7%，比上年下降1.6个百分点；城镇为35.0%，下降1.2个百分点。

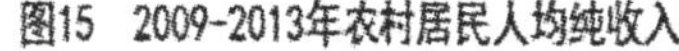
图15 2009-2013年农村居民人均纯收入

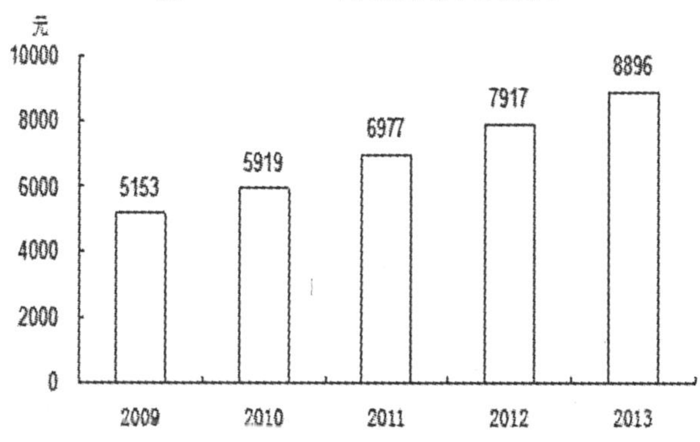

图16 2009-2013年城镇居民人均可支配收入

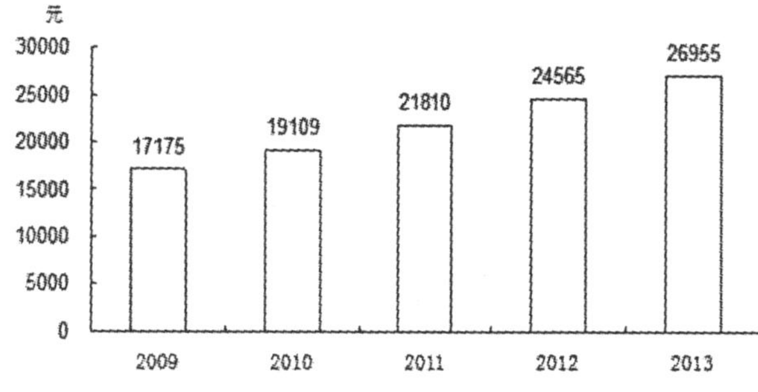

年末全国参加城镇职工基本养老保险人数32212万人，比上年末增加1785万人。参加城乡居民基本养老保险人数49750万人，增加1381万人。参加基本医疗保险人数57322万人，增加3680万人。其中，参加职工基本医疗保险人数27416万人，增加930万人；参加居民基本医疗保险人数29906万人，增加2750万人。参加失业保险人数16417万人，增加1192万人。年末全国领取失业保险金人数197万人。参加工伤保险人数19897万人，增加887万人，其中参加工伤保险的农民工7266万人，增加86万人。参加生育保险人数16397万人，增加968万人。年末，2489个县(市、区)实施了新型农村合作医疗制度，新型农村合作医疗参合率99.0%；1-9月新型农村合作医疗基金支出总额[31]为2067亿元。按照年人均纯收入2300元(2010年不变价)的农村扶贫标准计算，2013年农村贫困人口为8249万人，比上年减少1650万人。

十、教育、科学技术和文化

教育科技文化事业持续发展。全年研究生招生61.1万人，在学研究生179.4万人，毕业生51.4万人。普通本专科招生699.8万人，在校生2468.1万人，毕业生638.7万人。中等职业教育[32]招生698.3万人，在校生1960.2万人，毕业生678.1万人。普通高中招生822.7万人，在校生2435.9万人，毕业生799.0万人。初中招生1496.1万人，在校生4440.1万人，毕业生1561.5万人。普通小学招生1695.4万人，在校生9360.5万人，毕业生1581.1万人。特殊教育招生6.6万人，在校生36.8万人，毕业生5.1万人。幼儿园在园幼儿3894.7万人。

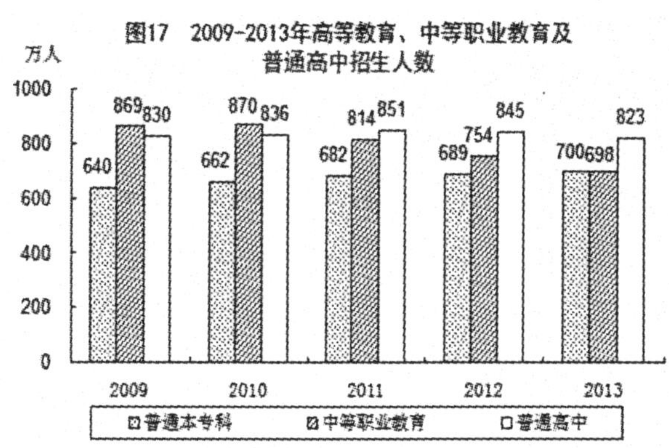

图17 2009-2013年高等教育、中等职业教育及普通高中招生人数

全年研究与试验发展（R&D）经费支出11906亿元，比上年增长15.6%，占国内生产总值的2.09%，其中基础研究经费569亿元。全年国家安排了3543项科技支撑计划课题，2118项“863”计划课题。累计建设国家工程研究中心132个，国家工程实验室143个，国家认定企业技术中心达到1002家。全

年国家新兴产业创投计划[33]累计支持设立141家创业投资企业，资金总规模近390亿元，投资了创业企业422家。全年受理境内外专利申请237.7万件，其中境内申请221.0万件，占93.0%。受理境内外发明专利申请82.5万件，其中境内申请69.3万件，占84.0%。全年授予专利权131.3万件，其中境内授权121.0万件，占92.2%。授予发明专利权20.8万件，其中境内授权13.8万件，占66.6%。截至年底，有效专利419.5万件，其中境内有效专利352.5万件，占84.0%；有效发明专利103.4万件，其中境内有效发明专利54.5万件，占52.7%。全年共签订技术合同29.5万项，技术合同成交金额7469.0亿元，比上年增长16.0%。

全年成功发射卫星14次。神舟十号载人飞船与天宫一号目标飞行器成功实施首次绕飞交会试验，嫦娥三号探测器顺利实现首次在地外天体软着陆和巡视勘查，“蛟龙号”载人潜水器实现从深潜海试到科学应用的跨越。

图18 2009-2013年研究与试验发展（R&D）经费支出

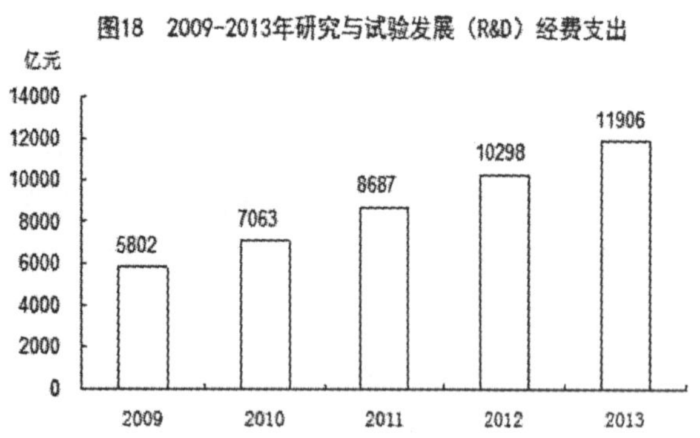

年末全国共有产品检测实验室30098个，其中国家检测中心556个。全国现有产品质量、体系认证机构174个，已累计完成对110949个企业的产品认证。全年制定、修订国家标准1870项，其中新制定1161项。全国共有地震台站1687个，区域地震台网32个。全国共有海洋观测站79个。测绘地理信息部门公开出版地图1585种。

年末全国文化系统共有艺术表演团体2055个，博物馆2638个。全国共有公共图书馆3073个，文化馆3298个。有线电视用户2.24亿户，有线数字电视用户1.69亿户。年末广播节目综合人口覆盖率为97.8%；电视节目综合人口覆盖率为98.4%。全年生产电视剧441部15783集，电视动画片199132分钟。全年生产故事影片638部，科教、纪录、动画和特种影片[34]186部。出版各类报纸478亿份，各类期刊34亿册，图书83亿册（张）。年末全国共有档案馆4122个，已开放各类档案12059万卷（件）。

全年我国运动员在22个运动大项中获得124个世界冠军，共创13项世界纪录。全年我国残疾人运动员在28项国际赛事中获得306个世界冠军。

十一、卫生和社会服务

卫生和社会服务事业不断进步。年末全国共有医疗卫生机构973597个，其中医院24720个，乡镇卫生院36978个，社区卫生服务中心（站）33976个，诊所（卫生所、医务室）184058个，村卫生室649080个，疾病预防控制中心3519个，卫生监督所（中心）2994个。卫生技术人员718万人，其中执业医师和执业助理医师279万人，注册护士278万人。医疗卫生机构床位618万张，其中医院458万张，乡镇卫生院113万张。

图19 2009-2013年卫生技术人员人数

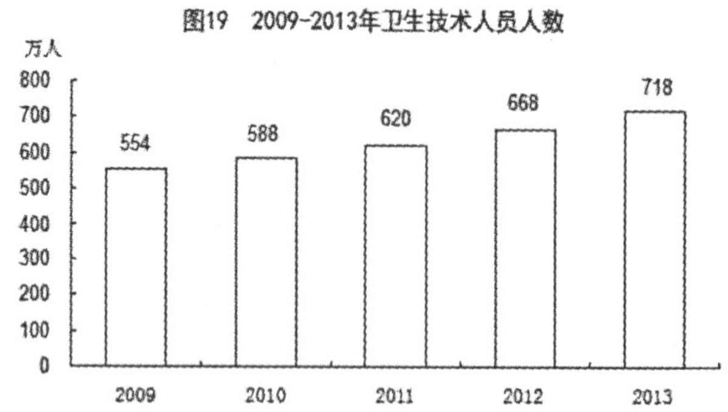

年末全国各类提供住宿的社会服务机构[35]4.7万个，床位509.4万张，收养救助各类人员310.0万人。其中，养老服务机构4.3万个，床位474.6万张，收留抚养各类人员294.3万人。年末共有社区服务中心1.9万个，社区服务站10.3万个。年末全国共有2061.3万人享受城市居民最低生活保障，5382.1万人享受农村居民最低生活保障，农村五保供养[36]538.2万人。全年资助1229.3万城市困难群众参加医疗保险，资助4132.5万农村困难群众参加新型农村合作医疗。

十二、资源、环境和安全生产

全年全国国有建设用地供应总量[37]73万公顷，比上年增长5.8%。其中，工矿仓储用地21万公顷，增长 3.2%；房地产用地[38]20 万公顷，增长 26.8%；基础设施等其他用地 32 万公顷，下降 2.9%。

全年水资源总量 27860 亿立方米。全年平均降水量 665 毫米。年末全国 613 座大型水库蓄水总量 3488 亿立方米，比上年末蓄水量减少 5%。全年总用水量 6170 亿立方米，比上年增长 0.6%。其中，生活用水增长 2.7%，工业用水增长 1.4%，农业用水下降 0.1%，生态补水增长 1.6%。万元国内生产总值用水量[39]121 立方米，比上年下降 6.5%。万元工业增加值用水量 68 立方米，下降 5.7%。人均用水量 453 立方米，与上年基本持平。

全年完成造林面积 609 万公顷，其中人工造林 418 万公顷。林业重点工程完成造林面积 249 万公顷，占全部造林面积的 40.9%。截至年底，自然保护区达到 2697 个，其中国家级自然保护区 407 个。新增水土流失治理面积 5.7 万平方公里，新增实施水土流失地区封育保护面积 2.0 万平方公里。

全年平均气温为 10.2℃，共有 9 个台风登陆。

初步核算，全年能源消费总量 37.5 亿吨标准煤，比上年增长 3.7%。煤炭消费量增长 3.7%；原油消费量增长 3.4%；天然气消费量增长 13.0%；电力消费量增长 7.5%。全国万元国内生产总值能耗下降 3.7%。

十大流域[40]的 704 个水质监测断面中，Ⅰ~Ⅲ类水质断面比例占 71.7%，劣Ⅴ类水质断面比例占 8.9%。十大流域水质总体为轻度污染，水质保持基本稳定。

近岸海域 301 个海水水质监测点中，达到国家一、二类海水水质标准的监测点占 66.4%，三类海水占 8.0%，四类、劣四类海水占 25.6%。

年末城市污水处理厂日处理能力达 12246 万立方米，比上年末增长 4.4%；城市污水处理率达到 87.9%，提高 0.6 个百分点。城市集中供热面积 54.1 亿平方米，增长 4.5%。建成区绿地率达到 36.0%，提高 0.3 个百分点。

全年农作物受灾面积 3135 万公顷，其中绝收 384 万公顷。全年因洪涝地质灾害造成直接经济损失 1884 亿元，因旱灾造成直接经济损失 905 亿元，因低温冷冻和雪灾造成直接经济损失 260 亿元，因海洋灾害造成直接经济损失 165 亿元。全年大陆地区共发生 5 级以上地震 41 次，成灾 14 次，造成直接经济损失 995 亿元。全年共发生森林火灾 3929 起，森林火灾受害森林面积 1.4 万公顷。

全年各类生产安全事故共死亡 69434 人。亿元国内生产总值生产安全事故死亡人数为 0.124 人，比上年下降 12.7%；工矿商贸企业就业人员 10 万人生产安全事故死亡人数为 1.52 人，下降 7.3%；道路交通万车死亡人数为 2.3 人，下降 8.0%；煤矿百万吨死亡人数为 0.288 人，下降 23.0%。

注释：

[1]本公报中数据均为初步统计数。各项统计数据均未包括香港特别行政区、澳门特别行政区和台湾省。部分数据因四舍五入的原因，存在着与分项合计不等的情况。

[2] 人户分离的人口是指居住地与户口登记地所在的乡镇街道不一致且离开户口登记地半年以上的人口。

[3] 流动人口是指人户分离人口中扣除市辖区内人户分离的人口。市辖区内人户分离的人口是指一个直辖市或地级市所辖区内和区与区之间，居住地和户口登记地不在同一乡镇街道的人口。

[4] 考虑到我国劳动年龄下限为 16 周岁，从 2013 年开始公布 16−59 岁（含不满 60 周岁）人口数据。按照往年公报公布口径，2013 年末，0−14 岁（含不满 15 周岁）人口为 22329 万人，15−59 岁（含不满 60 周岁）人口为 93500 万人。

[5]国内生产总值、各产业增加值绝对数按现价计算，增长速度按不变价格计算。

[6] 年度农民工数量包括年内在本乡镇以外从业 6 个月以上的外出农民工和在本乡镇内从事非农产业 6 个月以上的本地农民工两部分。

[7] 农产品生产者价格是指农产品生产者直接出售其产品时的价格。

[8]公共财政收入是指政府凭借国家政治权力，以社会管理者身份筹集以税收为主体的收入。

[9]图中 2009 年至 2012 年数据为公共财政收入决算数，2013 年为执行数。

[10] 根据《国民经济行业分类》(GB/T4754−2011)，从 2013 年开始工业行业不再使用“轻工业”、“重工业”分类，而以采矿业、制造业、电力热力燃气

及水生产和供应业的标准行业分类代替。

[11]六大高耗能行业分别为:化学原料和化学制品制造业、非金属矿物制品业、黑色金属冶炼和压延加工业、有色金属冶炼和压延加工业、石油加工炼焦和核燃料加工业、电力热力生产和供应业。

[12]天然气包括气田天然气、油田天然气(分为油田气层气、油田中伴生的溶解气)和煤田天然气(即与煤共生的瓦斯气)。

[13]钢材产量数据中含使用钢材加工成其他钢材的重复计算因素。

[14]固定资产投资按东部、中部、西部和东北地区计算的合计数据小于全国数据,是因为有部分跨地区的投资未计算在地区数据中。其中,东部地区是指北京、天津、河北、上海、江苏、浙江、福建、山东、广东和海南10省(市);中部地区是指山西、安徽、江西、河南、湖北和湖南6省;西部地区是指内蒙古、广西、重庆、四川、贵州、云南、西藏、陕西、甘肃、青海、宁夏和新疆12省(区、市);东北地区是指辽宁、吉林和黑龙江3省。

[15]房地产业投资除房地产开发投资外,还包括建设单位自建房屋以及物业管理、中介服务和其他房地产投资。

[16] 根据《国民经济行业分类》(GB/T4754-2011),2013年对三次产业划分进行了修订,将"农、林、牧、渔业"中的"农、林、牧、渔服务业","采矿业"中的"开采辅助活动","制造业"中的"金属制品、机械和设备修理业"等三个大类调入第三产业。

[17]高速铁路是指最高营运速度达到200公里/小时及以上的铁路。

[18]2013年, 管道运输统计口径在原中国石油天然气集团公司、中国石油化工集团公司基础上增加中国海洋石油总公司。

[19]邮电业务总量按2010年不变价格计算。

[20]移动电话交换机容量是指移动电话交换机根据一定话务模型和交换机处理能力计算出来的最大同时服务用户的数量。

[21]3G是指第三代蜂窝移动通信系统 (3rd-generation,简称3G),3G移动电话用户是指报告期末在计费系统拥有使用信息、占用3G网络资源的在网用户。

[22]手机上网人数是指过去半年通过手机接入并使用互联网的6周岁及以上中国居民数量。

[23]为规范指标名称,将往年公报中的出游人数、旅游人数、旅游者统一为游客。

[24]社会融资规模是指一定时期内实体经济从金融体系获得的资金总额,是增量概念。

[25]2013年没有首次公开发行股票。

[26]非公开增发又叫定向增发,不含资产认购部分。

[27]公司信用类债券包括非金融企业债务融资工具、企业债券以及公司债、可转债等。

[28]原保险保费收入是指保险企业确认的原保险合同保费收入。

[29]人均收入中位数是指将所有调查户按人均收入水平从低到高(或从高到低)顺序排列,处于最中间位置的调查户的人均收入。

[30]2012年四季度,国家统计局实施了城乡一体化住户调查改革,统一了城乡居民收入名称、分类和统计标准,在全国统一抽选了16万户城乡居民家庭,直接开展调查。在此基础上,计算了城乡可比的新口径全国居民人均可支配收入。同时,为保持年度可比, 继续按老口径调查和计算农村居民人均纯收入、城镇居民人均可支配收入。

[31]按卫生计生委统计制度规定,新型农村合作医疗基金支出总额目前仅统计到1-9月份。

[32]中等职业教育包括普通中专、成人中专、职业高中和技工学校,其中技工学校数据为2012年数据。

[33]新兴产业创投计划是指中央财政专项资金通过与地方政府资金、社会资本共同发起设立创业投资企业, 或以股权投资模式直接投资创业企业等方式,培育和促进新兴产业发展的活动。

[34]特种影片是指那些采用与常规影院放映在技术、设备、节目方面不同的电影展示方式,如巨幕电影、立体电影、立体特效(4D)电影、动感电影、球幕电影等。

[35] 提供住宿的社会服务机构除收养性机构外,还包括救助类机构、社区类机构以及军休所、军供站等机构。

[36]农村五保供养是指老年、残疾和未满16周

岁的村民，无劳动能力、无生活来源又无法定赡养、抚养、扶养义务人，或者其法定赡养、抚养、扶养义务人无赡养、抚养、扶养能力的村民，在吃、穿、住、医、葬方面得到的生活照顾和物质帮助。

[37] 国有建设用地供应总量是指报告期内市、县人民政府根据年度土地供应计划依法以出让、划拨、租赁等方式将土地使用权提供给单位或个人使用的国有建设用地总量。

[38]房地产用地是指商服用地和住宅用地的总和。

[39]万元国内生产总值用水量、万元工业增加值用水量和万元国内生产总值能耗按2010年不变价格计算。

[40] 十大流域包括原七大水系（包括长江、黄河、珠江、松花江、淮河、海河、辽河）和浙闽片河流、西北诸河和西南诸河。

[41]国家于2013年实施了新的空气质量标准。由于全年数据正在汇总分析之中，新标准下的2013年空气质量数据暂缺。国家相关部门将于2014年3月正式发布2013年汇总数据。

资料来源：本公报中城镇新增就业、登记失业率、社会保障数据来自人力资源社会保障部；财政数据来自财政部；外汇储备和汇率数据来自外汇局；水产品产量数据来自农业部；木材产量、林业、森林火灾数据来自林业局；灌溉面积、水资源数据来自水利部；发电装机容量、新增220千伏及以上变电设备数据来自中电联；新建铁路投产里程、增建铁路复线投产里程、电气化铁路投产里程、铁路运输数据来自铁路局；新建公路里程、港口万吨级码头泊位新增吞吐能力、公路运输、水运、港口货物吞吐量数据来自交通运输部；新增光缆线路长度、电话交换机容量、电话用户、上网人数等通信数据来自工业和信息化部；保障性住房、城市污水处理、城市集中供热面积、建成区绿地率数据来自住房城乡建设部；货物进出口数据来自海关总署；服务进出口、外商直接投资、对外直接投资、对外承包工程、对外劳务合作等数据来自商务部；民航数据来自民航局；管道数据来自中石油、中石化、中海油；民用汽车、交通事故数据来自公安部；邮政业务数据来自邮政局；旅游数据来自旅游局、公安部；货币金融、公司信用类债券数据来自人民银行；上市公司数据来自证监会；保险业数据来自保监会；新农合、卫生数据来自卫生计生委；教育数据来自教育部；安排科技计划课题、技术合同等数据来自科技部；国家工程研究中心、企业技术中心、新兴产业创投等数据来自发展改革委；专利数据来自知识产权局；发射卫星数据来自国防科工局；质量检验、国家标准制定修订数据来自质检总局；地震数据来自地震局；海洋观测站、海洋灾害造成直接经济损失数据来自海洋局；测绘数据来自测绘地信局；艺术表演团体、博物馆、公共图书馆、文化馆数据来自文化部；广播电视、电影、报纸、期刊、图书数据来自新闻出版广电总局；档案数据来自档案局；体育数据来自体育总局；残疾人运动员数据来自中国残联；社会服务、低保和五保供养数据、农作物受灾面积、洪涝地质灾害造成直接经济损失、旱灾造成直接经济损失、低温冷冻和雪灾造成直接经济损失来自民政部；国有建设用地供应数据来自国土资源部；自然保护区、环境监测数据来自环境保护部；平均气温、登陆台风数据来自气象局；安全生产数据来自安全监管总局；其他数据均来自国家统计局。

各省(市、区)年末总人口

单位:万人

地　区	2005	2006	2007	2010	2011	2012	2013
全　国	**130 756**	**131 448**	**132 129**	**134 091**	**134 735**	**135 404**	**136 072**
北　京	1 538	1 581	1 633	1 962	2 019	2 069	2 115
天　津	1 043	1 075	1 115	1 299	1 355	1 413	1 472
河　北	6 851	6 898	6 943	7 194	7 241	7 288	7 333
山　西	3 355	3 375	3 393	3 574	3 593	3 611	3 630
内蒙古	2 403	2 415	2 429	2 472	2 482	2 490	2 498
辽　宁	4 221	4 271	4 298	4 375	4 383	4 389	4 390
吉　林	2 716	2 723	2 730	2 747	2 749	2 750	2 751
黑龙江	3 820	3 823	3 824	3 833	3 834	3 834	3 835
上　海	1 890	1 964	2 064	2 303	2 347	2 380	2 415
江　苏	7 588	7 656	7 723	7 869	7 899	7 920	7 939
浙　江	4 991	5 072	5 155	5 447	5 463	5 477	5 498
安　徽	6 120	6 110	6 118	5 957	5 968	5 988	6 030
福　建	3 557	3 585	3 612	3 693	3 720	3 748	3 774
江　西	**4 311**	**4 339**	**4 368**	**4 462**	**4 488**	**4 504**	**4 522**
山　东	9 248	9 309	9 367	9 588	9 637	9 685	9 733
河　南	9 380	9 392	9 360	9 405	9 388	9 406	9 413
湖　北	5 710	5 693	5 699	5 728	5 758	5 779	5 799
湖　南	6 326	6 342	6 355	6 570	6 596	6 639	6 691
广　东	9 194	9 442	9 660	10 441	10 505	10 594	10 644
广　西	4 660	4 719	4 768	4 610	4 645	4 684	4 719
海　南	828	836	845	869	877	887	895
重　庆	2 798	2 808	2 816	2 885	2 919	2 945	2 970
四　川	8 212	8 169	8 127	8 045	8 050	8 076	8 107
贵　州	3 730	3 690	3 632	3 479	3 469	3 484	3 502
云　南	4 450	4 483	4 514	4 602	4 631	4 659	4 687
西　藏	277	283	287	301	303	308	312
陕　西	3 690	3 699	3 708	3 735	3 743	3 753	3 764
甘　肃	2 545	2 547	2 548	2 560	2 564	2 578	2 582
青　海	543	548	552	563	568	573	578
宁　夏	596	604	610	633	639	647	654
新　疆	2 010	2 050	2 095	2 185	2 209	2 233	2 264

注:1.全国数据包括中国人民解放军现役军人数,但不包括香港、澳门特别行政区和台湾省数据;分省数据中未包括中国人民解放军现役军人数。

2.2010年数据为当年人口普查数据推算数;其余年份数据在年度人口抽样调查基础上,根据人口普查数据有所修订。

各省(市、区)生产总值

单位:亿元

地区	2005	2006	2007	2010	2011	2012	2013
全　国	**184 937.4**	**216 314.4**	**265 810.3**	**401 512.8**	**473 104.0**	**519 322.1**	**568 845.2**
北　京	6 969.5	8 117.8	9 846.8	14 113.6	16 251.9	17 801.0	19 500.6
天　津	3 905.6	4 462.7	5 252.8	9 224.5	11 307.3	12 988.3	14 370.2
河　北	10 012.1	11 467.6	13 607.3	20 394.3	24 515.8	26 575.0	28 301.4
山　西	4 230.5	4 878.6	6 024.5	9 200.9	11 237.6	12 112.8	12 602.2
内蒙古	3 905.0	4 944.2	6 423.2	11 672.0	14 359.9	15 988.3	16 832.4
辽　宁	8 047.3	9 304.5	11 164.3	18 457.3	22 226.2	24 801.3	27 077.7
吉　林	3 620.3	4 275.1	5 284.7	8 667.6	10 568.8	11 937.8	12 981.5
黑龙江	5 513.7	6 211.8	7 104.0	10 368.6	12 582.0	13 691.6	14 382.9
上　海	9 247.7	10 572.2	12 494.0	17 166.0	19 195.7	20 101.3	21 602.1
江　苏	18 598.7	21 742.1	26 018.5	41 425.5	49 110.3	54 058.2	59 161.8
浙　江	13 417.7	15 718.5	18 753.7	27 722.3	32 318.9	34 606.3	37 568.5
安　徽	5 350.2	6 112.5	7 360.9	12 359.3	15 300.7	17 212.1	19 038.9
福　建	6 554.7	7 583.8	9 248.5	14 737.1	17 560.2	19 701.8	21 759.6
江　西	**4 056.8**	**4 820.5**	**5 800.3**	**9 451.3**	**11 702.8**	**12 948.5**	**14 338.5**
山　东	18 366.9	21 900.2	25 776.9	39 169.9	45 361.9	50 013.2	54 684.3
河　南	10 587.4	12 362.8	15 012.5	23 092.4	26 931.0	29 810.1	32 155.9
湖　北	6 590.2	7 617.5	9 333.4	15 967.6	19 632.3	22 250.2	24 668.5
湖　南	6 596.1	7 688.7	9 439.6	16 038.0	19 669.6	22 154.2	24 501.7
广　东	22 557.4	26 587.8	31 777.0	46 013.1	53 210.3	57 067.9	62 164.0
广　西	3 984.1	4 746.2	5 823.4	9 569.9	11 720.9	13 031.0	14 378.0
海　南	898.0	1 044.9	1 254.2	2 064.5	2 522.7	2 855.3	3 146.5
重　庆	3 467.7	3 907.2	4 676.1	7 925.6	10 011.4	11 459.0	12 656.7
四　川	7 385.1	8 690.2	10 562.4	17 185.5	21 026.7	23 849.8	26 260.8
贵　州	2 005.4	2 339.0	2 884.1	4 602.2	5 701.8	6 802.2	8 006.8
云　南	3 461.7	3 988.1	4 772.5	7 224.2	8 893.1	10 309.8	11 720.9
西　藏	248.8	290.8	341.4	507.5	605.8	695.6	807.7
陕　西	3 933.7	4 743.6	5 757.3	10 123.5	12 512.3	14 451.2	16 045.2
甘　肃	1 934.0	2 276.7	2 702.4	4 120.8	5 020.4	5 650.2	6 268.0
青　海	543.3	648.5	797.4	1 350.4	1 670.4	1 884.5	2 101.1
宁　夏	612.6	725.9	919.1	1 689.7	2 102.2	2 326.6	2 565.1
新　疆	2 604.2	3 045.3	3 523.2	5 437.5	6 610.1	7 466.3	8 360.2

注:本表按当年价格计算。

各省(市、区)年末城镇人口比重

地　区	2007	2008	2009	2010	2011	2012	2013
全　国	**45.89**	**46.99**	**48.34**	**49.95**	**51.27**	**52.57**	**53.73**
北　京	84.50	84.90	85.00	85.96	86.20	86.20	86.30
天　津	76.31	77.23	78.01	79.55	80.50	81.55	82.01
河　北	40.25	41.90	43.74	44.50	45.60	46.80	48.12
山　西	44.03	45.11	45.99	48.05	49.68	51.26	52.56
内蒙古	50.15	51.71	53.40	55.50	56.62	57.74	58.71
辽　宁	59.20	60.05	60.35	62.10	64.05	65.65	66.45
吉　林	53.16	53.21	53.32	53.35	53.40	53.70	54.20
黑龙江	53.90	55.40	55.50	55.66	56.50	56.90	57.40
上　海	88.70	88.60	88.60	89.30	89.30	89.30	89.60
江　苏	53.20	54.30	55.60	60.58	61.90	63.00	64.11
浙　江	57.20	57.60	57.90	61.62	62.30	63.20	64.00
安　徽	38.70	40.50	42.10	43.01	44.80	46.50	47.86
福　建	51.40	53.00	55.10	57.10	58.10	59.60	60.77
江　西	**39.80**	**41.36**	**43.18**	**44.06**	**45.70**	**47.51**	**48.87**
山　东	46.75	47.60	48.32	49.70	50.95	52.43	53.75
河　南	34.34	36.03	37.70	38.50	40.57	42.43	43.80
湖　北	44.30	45.20	46.00	49.70	51.83	53.50	54.51
湖　南	40.45	42.15	43.20	43.30	45.10	46.65	47.96
广　东	63.14	63.37	63.40	66.18	66.50	67.40	67.76
广　西	36.24	38.16	39.20	40.00	41.80	43.53	44.81
海　南	47.20	48.00	49.13	49.80	50.50	51.60	52.74
重　庆	48.30	49.99	51.59	53.02	55.02	56.98	58.34
四　川	35.60	37.40	38.70	40.18	41.83	43.53	44.90
贵　州	28.24	29.11	29.89	33.81	34.96	36.41	37.83
云　南	31.60	33.00	34.00	34.70	36.80	39.31	40.48
西　藏	21.50	21.90	22.30	22.67	22.71	22.75	23.71
陕　西	40.62	42.10	43.50	45.76	47.30	50.02	51.31
甘　肃	32.25	33.56	34.89	36.12	37.15	38.75	40.13
青　海	40.07	40.86	41.90	44.72	46.22	47.44	48.51
宁　夏	44.02	44.98	46.10	47.90	49.82	50.67	52.01
新　疆	39.15	39.64	39.85	43.01	43.54	43.98	44.47

注：2010年数据为当年人口普查数据推算数；其余年份数据根据年度人口抽样调查推算。

各省(市、区)生产总值指数

(上年=100)

地　区	2005	2006	2007	2008	2009	2010	2011	2012	2013
全　国	**111.3**	**112.7**	**114.2**	**109.6**	**109.2**	**110.4**	**109.3**	**107.8**	**107.7**
北　京	112.1	113.0	114.5	109.1	110.2	110.3	108.1	107.7	107.7
天　津	114.9	114.7	115.5	116.5	116.5	117.4	116.4	113.8	112.5
河　北	113.4	113.4	112.8	110.1	110.0	112.2	111.3	109.6	108.2
山　西	113.5	112.8	115.9	108.5	105.4	113.9	113.0	110.1	108.9
内蒙古	123.8	119.1	119.2	117.8	116.9	115.0	114.3	111.7	109.0
辽　宁	112.7	114.2	115.0	113.4	113.1	114.2	112.2	109.5	108.7
吉　林	112.1	115.0	116.1	116.0	113.6	113.8	113.8	112.0	108.3
黑龙江	111.6	112.1	112.0	111.8	111.4	112.7	112.3	110.0	108.0
上　海	111.4	112.7	115.2	109.7	108.2	110.3	108.2	107.5	107.7
江　苏	114.5	114.9	114.9	112.7	112.4	112.7	111.0	110.1	109.6
浙　江	112.8	113.9	114.7	110.1	108.9	111.9	109.0	108.0	108.2
安　徽	111.0	112.5	114.2	112.7	112.9	114.6	113.5	112.1	110.4
福　建	111.6	114.8	115.2	113.0	112.3	113.9	112.3	111.4	111.0
江　西	**112.8**	**112.3**	**113.2**	**113.2**	**113.1**	**114.0**	**112.5**	**111.0**	**110.1**
山　东	115.0	114.7	114.2	112.0	112.2	112.3	110.9	109.8	109.6
河　南	114.2	114.4	114.6	112.1	110.9	112.5	111.9	110.1	109.0
湖　北	112.1	113.2	114.6	113.4	113.5	114.8	113.8	111.3	110.1
湖　南	112.2	112.8	115.0	113.9	113.7	114.6	112.8	111.3	110.1
广　东	114.1	114.8	114.9	110.4	109.7	112.4	110.0	108.2	108.5
广　西	113.1	113.6	115.1	112.8	113.9	114.2	112.3	111.3	110.2
海　南	110.5	113.2	115.8	110.3	111.7	116.0	112.0	109.1	109.9
重　庆	111.7	112.4	115.9	114.5	114.9	117.1	116.4	113.6	112.3
四　川	112.6	113.5	114.5	111.0	114.5	115.1	115.0	112.6	110.0
贵　州	112.7	112.8	114.8	111.3	111.4	112.8	115.0	113.6	112.5
云　南	108.9	111.6	112.2	110.6	112.1	112.3	113.7	113.0	112.1
西　藏	112.1	113.3	114.0	110.1	112.4	112.3	112.7	111.8	112.1
陕　西	113.7	113.9	115.8	116.4	113.6	114.6	113.9	112.9	111.0
甘　肃	111.8	111.5	112.3	110.1	110.3	111.8	112.5	112.6	110.8
青　海	112.2	113.3	113.5	113.5	110.1	115.3	113.5	112.3	110.8
宁　夏	110.9	112.7	112.7	112.6	111.9	113.5	112.1	111.5	109.8
新　疆	110.9	111.0	112.2	111.0	108.1	110.6	112.0	112.0	111.0

注：本表按不变价格计算。

各省(市、区)人均生产总值

单位:元

地　区	2005	2006	2007	2008	2009	2010	2011	2012	2013
全　国	**14 185**	**16 500**	**20 169**	**23 708**	**25 608**	**30 015**	**35 083**	**38 449**	**41 908**
北　京	45 993	52 054	61 274	66 797	70 452	75 943	81 658	87 091	93 213
天　津	37 796	42 141	47 970	58 656	62 574	72 994	85 213	93 110	99 607
河　北	14 659	16 682	19 662	22 986	24 581	28 668	33 969	36 584	38 716
山　西	12 647	14 497	17 805	21 506	21 522	26 283	31 357	33 628	34 813
内蒙古	16 285	20 523	26 521	34 869	39 735	47 347	57 974	64 319	67 498
辽　宁	19 074	21 914	26 057	31 739	35 149	42 355	50 760	56 547	61 686
吉　林	13 348	15 720	19 383	23 521	26 595	31 599	38 460	43 412	47 191
黑龙江	14 440	16 255	18 580	21 740	22 447	27 076	32 819	35 711	37 509
上　海	49 649	54 858	62 041	66 932	69 164	76 074	82 560	85 033	90 092
江　苏	24 616	28 526	33 837	40 014	44 253	52 840	62 290	68 347	74 607
浙　江	27 062	31 241	36 676	41 405	43 842	51 711	59 249	63 266	68 462
安　徽	8 631	9 996	12 039	14 448	16 408	20 888	25 659	28 792	31 684
福　建	18 353	21 105	25 582	29 755	33 437	40 025	47 377	52 763	57 856
江　西	**9 440**	**11 145**	**13 322**	**15 900**	**17 335**	**21 253**	**26 150**	**28 799**	**31 771**
山　东	19 934	23 603	27 604	32 936	35 894	41 106	47 335	51 768	56 323
河　南	11 346	13 172	16 012	19 181	20 597	24 446	28 661	31 723	34 174
湖　北	11 554	13 360	16 386	19 858	22 677	27 906	34 197	38 572	42 613
湖　南	10 562	12 139	14 869	18 147	20 428	24 719	29 880	33 480	36 763
广　东	24 647	28 534	33 272	37 638	39 436	44 736	50 807	54 095	58 540
广　西	8 590	10 121	12 277	14 652	16 045	20 219	25 326	27 943	30 588
海　南	11 165	12 810	14 923	17 691	19 254	23 831	28 898	32 374	35 317
重　庆	12 404	13 939	16 629	20 490	22 920	27 596	34 500	39 083	42 795
四　川	9 060	10 613	12 963	15 495	17 339	21 182	26 133	29 579	32 454
贵　州	5 394	6 305	7 878	9 855	10 971	13 119	16 413	19 566	22 922
云　南	7 809	8 929	10 609	12 570	13 539	15 752	19 265	22 195	25 083
西　藏	8 939	10 285	11 898	13 588	15 008	17 027	20 077	22 757	26 068
陕　西	10 674	12 840	15 546	19 700	21 947	27 133	33 464	38 557	42 692
甘　肃	7 477	8 945	10 614	12 421	13 269	16 113	19 595	21 978	24 296
青　海	10 045	11 889	14 507	18 421	19 454	24 115	29 522	33 023	36 510
宁　夏	10 349	12 099	15 142	19 609	21 777	26 860	33 043	36 166	39 420
新　疆	13 108	15 000	16 999	19 797	19 942	25 034	30 087	33 621	37 181

注:本表按当年价格计算。

各省(市、区)人均生产总值指数

(上年=100)

地　区	2005	2006	2007	2008	2009	2010	2011	2012	2013
全　国	**110.7**	**112.0**	**113.6**	**109.1**	**108.7**	**109.9**	**108.7**	**107.3**	**107.1**
北　京	109.1	109.8	111.1	105.4	106.3	102.4	103.8	104.8	105.2
天　津	113.1	112.0	111.7	111.4	111.1	111.7	110.9	109.1	107.9
河　北	112.7	112.6	112.0	109.3	109.3	110.6	109.7	108.8	107.5
山　西	112.8	112.1	115.3	107.9	104.9	111.2	110.4	109.6	108.4
内蒙古	123.4	118.5	118.6	117.1	116.2	114.4	113.8	111.3	108.7
辽　宁	112.6	113.5	114.0	112.8	112.5	113.4	111.6	109.3	108.6
吉　林	111.9	114.7	115.8	115.7	113.4	113.6	113.5	111.9	108.2
黑龙江	111.6	112.1	111.9	111.7	111.4	112.6	112.2	109.9	107.9
上　海	107.4	109.0	110.3	105.1	104.6	106.4	105.0	105.7	106.1
江　苏	113.5	113.9	113.9	111.9	111.8	112.0	110.3	109.7	109.3
浙　江	111.2	112.2	112.8	108.6	107.7	109.5	107.2	107.7	107.8
安　徽	110.9	114.1	114.2	112.4	112.8	118.8	112.6	111.8	109.8
福　建	110.9	114.1	114.5	112.3	111.6	113.2	112.6	110.5	110.2
江　西	**112.1**	**111.6**	**112.5**	**112.4**	**112.3**	**113.2**	**111.8**	**110.5**	**109.7**
山　东	114.2	113.9	113.5	111.4	111.6	111.3	109.9	109.2	109.0
河　南	113.8	113.7	114.7	111.9	110.2	112.6	112.5	110.1	108.9
湖　北	111.8	113.2	114.7	113.2	113.3	114.7	113.5	110.7	109.7
湖　南	110.6	111.2	114.7	113.6	113.2	112.9	111.2	110.7	109.3
广　东	112.7	112.8	112.1	107.9	107.1	109.5	108.0	107.4	107.8
广　西	112.3	112.3	113.8	111.7	112.9	113.9	112.0	110.4	109.3
海　南	109.4	112.0	114.7	109.2	110.4	115.0	111.1	107.9	108.7
重　庆	111.8	112.2	115.5	113.9	114.1	116.2	115.1	112.4	111.3
四　川	111.6	113.0	115.1	111.2	114.0	115.7	115.9	112.3	109.6
贵　州	117.9	113.1	116.4	112.8	112.9	114.7	116.1	113.5	111.9
云　南	107.9	110.7	111.4	109.8	111.4	111.6	112.9	112.3	111.4
西　藏	112.1	113.3	114.0	110.1	112.4	112.3	111.3	110.4	110.5
陕　西	113.5	113.7	115.6	116.1	113.3	114.4	113.7	112.6	110.6
甘　肃	111.4					111.6	110.3	112.2	110.4
青　海	112.3					114.5	112.3	111.3	109.9
宁　夏	111.2					112.2	110.8	110.3	108.6
新　疆	108.7					109.3	110.7	110.8	109.6

注:本表按不变价格计算。

各省(市、区)地方公共财政预算收入

单位:亿元

地　区	2005	2006	2007	2008	2009	2010	2011	2012	2013
全　国	**15 100.8**	**18 303.6**	**23 572.6**	**28 649.8**	**32 602.6**	**40 613.0**	**52 434.0**	**61 077.3**	**68 969.1**
北　京	919.2	1 117.2	1 492.6	1 837.3	2 026.8	2 353.9	3 006.3	3 314.9	3 661.1
天　津	331.9	417.0	540.4	675.5	821.4	1 068.8	1 454.9	1 760.0	2 078.3
河　北	515.7	620.5	789.1	944.6	1 066.2	1 330.8	1 737.4	2 084.3	2 292.2
山　西	368.3	583.4	597.9	747.9	805.8	969.7	1 213.2	1 516.4	1 700.2
内蒙古	277.5	343.4	492.4	649.6	850.8	1 070.0	1 358.9	1 552.8	1 719.5
辽　宁	675.3	817.7	1 082.7	1 356.1	1 591.0	2 004.8	2 640.5	3 103.7	3 341.8
吉　林	207.2	245.2	320.7	422.8	487.1	602.4	850.1	1 041.3	1 157.0
黑龙江	318.2	386.8	440.5	578.4	641.6	755.6	997.4	1 163.2	1 277.4
上　海	1 417.4	1 576.1	2 074.5	2 358.7	2 540.3	2 873.6	3 429.8	3 743.7	4 109.5
江　苏	1 322.7	1 656.7	2 237.7	2 731.1	3 228.6	4 079.9	5 147.9	5 860.7	6 568.5
浙　江	1 066.6	1 298.2	1 649.5	1 933.1	2 142.4	2 608.5	3 150.8	3 441.2	3 796.9
安　徽	334.0	428.0	543.7	724.6	863.9	1 149.4	1 463.4	1 792.7	2 073.8
福　建	432.6	541.2	699.5	833.3	932.3	1 151.5	1 501.2	1 776.2	2 118.7
江　西	**252.9**	**305.5**	**389.9**	**488.6**	**581.3**	**778.1**	**1 053.4**	**1 371.9**	**1 621.2**
山　东	1 073.1	1 356.3	1 675.4	1 956.9	2 198.5	2 749.3	3 455.7	4 059.4	4 560.0
河　南	537.7	679.2	862.1	1 009.1	1 126.1	1 381.0	1 721.6	2 040.6	2 413.1
湖　北	375.5	476.1	590.4	710.2	800.4	1 011.3	1 470.5	1 822.6	2 175.8
湖　南	395.3	477.9	606.6	722.7	845.0	1 081.7	1 456.1	1 782.2	2 029.5
广　东	1 807.2	2 179.5	2 785.8	3 310.0	3 649.2	4 515.7	5 513.7	6 228.2	7 075.5
广　西	283.0	342.6	418.8	518.7	620.8	772.3	947.6	1 166.0	1 316.8
海　南	68.7	81.8	108.3	145.0	178.2	271.1	340.1	409.4	480.5
重　庆	256.8	317.7	442.7	577.2	655.6	1 018.3	1 488.3	1 705.1	1 692.9
四　川	479.7	607.6	850.9	1 041.7	1 174.2	1 561.0	2 044.4	2 421.3	2 784.2
贵　州	182.5	226.8	285.1	349.5	416.5	533.9	773.2	1 014.1	1 205.7
云　南	312.6	380.0	486.7	613.6	698.2	871.2	1 110.8	1 338.0	1 610.7
西　藏	12.0	14.6	20.1	24.9	30.1	36.7	54.7	86.6	95.0
陕　西	275.3	362.5	475.2	591.3	733.9	957.9	1 499.1	1 600.7	1 747.2
甘　肃	123.5	141.2	190.9	264.9	286.7	353.6	450.4	520.9	606.5
青　海	33.8	42.2	56.7	71.6	87.7	110.2	151.8	186.4	224.4
宁　夏	47.7	61.4	80.0	95.0	111.5	153.6	220.0	264.0	308.1
新　疆	180.3	219.5	285.9	361.1	388.8	500.6	720.9	909.1	1 128.0

各省(市、区)全社会固定资产投资

单位:亿元

地　区	2005	2006	2007	2008	2009	2010	2011	2012	2013
全　国	**88 773.6**	**109 998.2**	**137 323.9**	**172 828.4**	**224 598.8**	**278 121.9**	**311 021.9**	**374 675.7**	**447 074.4**
北　京	2 827.2	3 296.4	3 907.2	3 814.7	4 616.9	5 403.0	5 578.9	6 111.7	6 847.1
天　津	1 495.1	1 820.5	2 353.1	3 389.8	4 738.2	6 278.1	7 067.5	7 934.8	9 130.3
河　北	4 139.7	5 470.2	6 884.7	8 866.6	12 269.8	15 083.4	16 404.3	19 661.3	23 194.2
山　西	1 826.6	2 255.7	2 861.5	3 531.2	4 943.2	6 063.2	7 072.8	8 863.3	11 031.9
内蒙古	2 643.6	3 363.2	4 372.9	5 475.4	7 336.8	8 926.5	10 403.9	11 858.2	14 215.5
辽　宁	4 200.4	5 689.6	7 435.2	10 019.1	12 292.5	16 043.0	17 726.3	21 836.3	25 107.7
吉　林	1 741.1	2 594.3	3 651.4	5 038.9	6 411.6	7 870.4	7 436.7	9 711.4	10 133.5
黑龙江	1 737.3	2 236.0	2 833.5	3 656.0	5 028.8	6 812.6	7 523.8	9 695.4	12 126.0
上　海	3 509.7	3 900.0	4 420.4	4 823.1	5 043.8	5 108.9	4 879.2	5 117.6	5 647.8
江　苏	8 165.4	10 069.2	12 268.1	15 300.6	18 949.9	23 184.3	26 678.6	30 807.7	36 373.8
浙　江	6 520.1	7 590.2	8 420.4	9 323.0	10 742.3	12 376.0	14 185.1	17 554.4	20 777.1
安　徽	2 525.1	3 533.6	5 087.5	6 747.0	8 990.7	11 542.9	12 433.8	15 384.3	18 621.6
福　建	2 316.7	2 981.8	4 287.8	5 207.7	6 231.2	8 199.1	9 926.4	12 423.1	15 327.4
江　西	**2 169.0**	**2 683.6**	**3 301.9**	**4 745.4**	**6 643.1**	**8 772.3**	**9 087.6**	**11 784.7**	**12850.25**
山　东	9 307.3	11 111.4	12 537.7	15 435.9	19 034.5	23 280.5	26 770.7	31 256.0	36 789.1
河　南	4 311.6	5 904.7	8 010.1	10 490.6	13 704.5	16 585.9	17 766.8	21 761.5	26 220.9
湖　北	2 676.6	3 343.5	4 330.4	5 647.0	7 866.9	10 262.7	12 585.7	15 591.8	19 307.3
湖　南	2 629.1	3 175.5	4 154.8	5 534.0	7 703.4	9 663.6	11 833.7	14 523.2	17 846.3
广　东	6 977.9	7 973.4	9 294.3	10 868.7	12 933.1	15 623.7	17 158.5	18 749.4	22 307.8
广　西	1 661.2	2 198.7	2 939.7	3 756.4	5 237.2	7 057.6	7 973.6	9 808.6	11 907.7
海　南	367.2	423.9	502.4	705.4	988.3	1 317.0	1 669.5	2 126.3	2 697.4
重　庆	1 933.2	2 407.4	3 127.7	3 979.6	5 214.3	6 688.9	7 472.6	8 732.3	10 429.6
四　川	3 585.2	4 412.9	5 639.8	7 127.8	11 371.9	13 116.7	14 239.8	17 036.5	20 325.2
贵　州	998.3	1 197.4	1 488.8	1 864.5	2 412.0	3 104.9	3 943.5	5 517.8	7 373.6
云　南	1 777.6	2 208.6	2 759.0	3 435.9	4 526.4	5 528.7	6 185.3	783.1	9 968.3
西　藏	181.4	231.1	270.3	309.9	378.3	462.7	516.3	670.5	876.0
陕　西	1 882.2	2 480.7	3 415.0	4 614.4	6 246.9	7 963.7	9 445.8	12 044.5	14 867.3
甘　肃	870.4	1 022.6	1 304.2	1 712.8	2 363.0	3 158.3	3 961.7	5 145.5	6 527.9
青　海	329.8	408.5	482.8	583.2	798.2	1 016.9	1 435.7	1 848.4	2 361.1
宁　夏	443.3	498.7	599.8	828.9	1 075.9	1 444.2	1 639.1	2 096.9	2 651.1
新　疆	1 339.1	1 567.1	1 850.8	2 260.0	2 725.5	3 423.2	4 632.1	6 158.4	7 724.5
不分地区	1 677.9	1 947.6	2 530.8	3 734.9	5 779.7	6 759.1	5 384.6	5 032.7	5 493.3

注:从 2011 年起,固定资产投资项目统计起点由过去的计划投资 50 万元以下提高到计划投资 500 万元及以上。

各省(市、区)社会消费品零售总额

单位：亿元

地　区	2005	2006	2007	2008	2009	2010	2011	2012	2013
全　国	**68 352.6**	**79 145.2**	**93 571.6**	**114 830.1**	**132 678.4**	**156 998.4**	**183 918.6**	**210 307.0**	**23 7809.9**
北　京	2 911.7	3 295.3	3 835.2	4 645.5	5 309.9	6 229.3	6 900.3	7 702.8	8 375.1
天　津	1 201.6	1 383.1	1 650.6	2 078.7	2 430.8	2 860.2	3 395.1	3 921.4	4 470.4
河　北	2 969.5	3 435.7	4 053.8	4 991.1	5 764.9	6 821.8	8 035.5	9 254.0	10 516.7
山　西	1 410.7	1 635.4	1 953.3	2 421.1	2 809.0	3 318.2	3 903.4	4 506.8	5 139.3
内蒙古	1 358.1	1 628.6	1 964.0	2 463.0	2 855.3	3 384.0	3 991.7	4 572.5	5 114.2
辽　宁	3 014.4	3 471.6	4 097.8	5 032.4	5 812.6	6 887.6	8 095.3	9 346.6	10 581.4
吉　林	1 470.3	1 697.6	2 038.3	2 549.2	2 957.3	3 504.9	4 119.8	7 702.9	5 426.4
黑龙江	1 773.8	2 029.0	2 386.2	2 928.3	3 401.8	4 039.2	4 750.1	5 491.0	6 251.2
上　海	2 979.5	3 375.2	3 873.3	4 577.2	5 173.2	6 070.5	6 814.8	7 412.3	8 052.0
江　苏	5 735.5	6 706.2	7 985.9	9 905.1	11 484.1	13 606.8	15 988.4	18 331.3	20 796.5
浙　江	4 645.9	5 358.0	6 271.3	7 533.3	8 622.3	10 245.4	12 028.0	13 588.3	15 225.5
安　徽	1 776.7	2 056.5	2 451.9	3 045.2	3 527.8	4 197.7	4 955.1	5 736.6	6 542.4
福　建	2 351.7	2 717.6	3 212.3	3 866.7	4 481.0	5 310.0	6 276.2	7 256.5	8 275.3
江　西	**1 244.9**	**1 448.2**	**1 718.9**	**2 141.8**	**2 484.4**	**2 956.2**	**3 485.1**	**4 027.2**	**4 576.1**
山　东	6 166.9	7 217.1	8 607.5	10 658.8	12 363.0	14 620.3	17 155.5	19 651.9	22 294.8
河　南	3 380.9	3 932.6	4 690.3	5 815.4	6 746.4	8 004.2	9 453.6	10 915.6	12 426.6
湖　北	2 985.9	3 461.1	4 115.8	5 109.7	5 928.4	7 013.9	8 275.2	9 562.5	10 885.9
湖　南	2 474.3	2 869.4	3 419.2	4 222.6	4 913.7	5 839.5	6 884.7	7 921.9	9 018.6
广　东	7 915.5	9 194.3	10 731.3	12 986.6	14 891.8	17 458.4	20 297.5	22 677.1	25 453.9
广　西	1 405.5	1 620.3	1 932.7	2 395.8	2 790.7	3 312.0	3 908.2	4 516.6	5 133.1
海　南	270.8	313.4	370.9	463.2	537.5	639.3	759.5	870.8	992.9
重　庆	1 227.8	1 431.5	1 711.1	2 147.1	2 479.0	2 938.6	3 487.8	4 033.7	4 599.8
四　川	3 003.5	3 472.5	4 105.6	4 944.8	5 758.7	6 810.1	8 044.6	9 268.6	10 561.4
贵　州	615.7	710.0	858.2	1 075.2	1 247.3	1 482.7	1 751.6	2 027.6	2 366.2
云　南	1 041.3	1 204.8	1 422.5	1 764.7	2 051.1	2 542.4	3 000.1	3 511.6	4 004.6
西　藏	73.2	90.0	112.6	130.0	156.6	185.3	219.0	254.6	293.2
陕　西	1 331.3	1 542.4	1 837.3	2 317.1	2 699.7	3 195.7	3 790.0	4 383.8	4 999.5
甘　肃	638.1	729.5	854.4	1 023.6	1 183.0	1 394.5	1 648.0	1 906.5	2 173.8
青　海	161.6	182.6	212.6	259.7	300.5	350.8	410.5	476.0	544.1
宁　夏	175.8	202.5	239.5	295.4	339.3	403.6	477.6	548.8	610.5
新　疆	640.2	733.2	857.5	1 041.5	1 177.5	1 375.1	1 616.3	1 858.6	2 108.2

各省(市、区)城镇居民家庭人均可支配收入

单位:元

地区	2005	2006	2007	2008	2009	2010	2011	2012	2013
全国	**10 493.0**	**11 759.5**	**13 785.8**	**15 780.8**	**17 174.7**	**19 109.4**	**21 809.8**	**24 564.7**	**26 955.1**
北京	17 653.0	19 977.5	21 988.7	24 724.9	26 738.5	29 072.9	32 903.0	36 468.8	40 321.0
天津	12 638.6	14 283.1	16 357.4	19 422.5	21 402.0	24 292.6	26 920.9	29 626.4	32 293.6
河北	9 107.1	10 304.6	11 690.5	13 441.1	14 718.3	16 263.4	18 292.2	20 543.4	22 580.3
山西	8 913.9	10 027.7	11 565.0	13 119.1	13 996.6	15 647.7	18 123.9	20 411.7	22 455.6
内蒙古	9 136.8	10 358.0	12 377.8	14 432.6	15 849.2	17 698.2	20 407.6	23 150.3	25 496.7
辽宁	9 107.6	10 369.6	12 300.4	14 392.7	15 761.4	17 712.6	20 466.8	23 222.7	25 578.2
吉林	8 690.6	9 775.1	11 285.5	12 829.5	14 006.3	15 411.5	17 796.6	20 208.0	22 274.6
黑龙江	8 272.5	9 182.3	10 245.3	11 581.3	12 566.0	13 856.5	15 696.2	17 759.8	19 597.0
上海	18 645.0	20 667.9	23 622.7	26 674.9	28 837.8	31 838.1	36 230.5	40 188.3	43 851.4
江苏	12 318.6	14 084.3	16 378.0	18 679.5	20 551.7	22 944.3	26 340.7	29 677.0	32 537.5
浙江	16 293.8	18 265.1	20 573.8	22 726.7	24 610.8	27 359.0	30 970.7	34 550.3	37 850.8
安徽	8 470.7	9 771.1	11 473.6	12 990.4	14 085.7	15 788.2	18 606.1	21 024.2	23 114.2
福建	12 321.3	13 753.3	15 506.1	17 961.5	19 576.8	21 781.3	24 907.4	28 055.2	30 816.4
江西	**8 619.7**	**9 551.1**	**11 222.0**	**12 866.4**	**14 021.5**	**15 481.1**	**17 494.9**	**19 860.4**	**21 872.7**
山东	10 744.8	12 192.2	14 264.7	16 305.4	17 811.0	19 945.8	22 791.8	25 755.2	28 264.1
河南	8 668.0	9 810.3	11 477.1	13 231.1	14 371.6	15 930.3	18 194.8	20 442.6	22 398.0
湖北	8 785.9	9 802.7	11 485.8	13 152.9	14 367.5	16 058.4	18 373.9	20 839.6	22 906.4
湖南	9 524.0	10 504.7	12 293.5	13 821.2	15 084.3	16 565.7	18 844.1	21 318.8	23 414.0
广东	14 770.0	16 015.6	17 699.3	19 732.9	21 574.7	23 897.8	26 897.5	30 226.7	33 090.0
广西	9 286.7	9 898.8	12 200.4	14 146.0	15 451.5	17 063.9	18 854.1	21 242.8	23 305.4
海南	8 123.9	9 395.1	10 996.9	12 607.8	13 750.9	15 581.1	18 369.0	20 917.7	22 928.9
重庆	10 243.5	11 569.7	12 590.8	14 367.6	15 748.7	17 532.4	20 249.7	22 968.1	25 216.1
四川	8 386.0	9 350.1	11 098.3	12 633.4	13 839.4	15 461.2	17 899.1	20 307.0	22 367.6
贵州	8 151.1	9 116.6	10 678.4	11 758.8	12 862.5	14 142.7	16 495.0	18 700.5	20 667.1
云南	9 265.9	10 069.9	11 496.1	13 250.2	14 423.9	16 064.5	18 575.6	21 074.5	23 235.5
西藏	9 431.2	8 941.1	11 130.9	12 481.5	13 544.4	14 980.5	16 195.6	18 028.3	20 023.4
陕西	8 272.0	9 267.7	10 763.3	12 857.9	14 128.8	15 695.2	18 245.2	20 733.9	22 858.4
甘肃	8 086.8	8 920.6	10 012.3	10 969.4	11 929.8	13 188.6	14 988.7	17 156.9	18 964.8
青海	8 057.9	9 000.4	10 276.1	11 640.4	12 691.9	13 855.0	15 603.3	17 566.3	19 498.5
宁夏	8 093.6	9 177.3	10 859.3	12 931.5	14 024.7	15 344.5	17 578.9	19 831.4	21 833.3
新疆	7 990.2	8 871.3	10 313.4	11 432.1	12 257.5	13 643.8	15 513.6	17 920.7	19 873.8

各省(市、区)农村居民家庭人均纯收入

单位:元

地　区	2005	2006	2007	2008	2009	2010	2011	2012	2013
全　国	**3 254.9**	**3 587.0**	**4 140.4**	**4 760.6**	**5 153.2**	**5 919.0**	**6 977.3**	**7 916.6**	**8 895.9**
北　京	7 346.3	8 275.5	9 439.6	10 661.9	11 668.6	13 262.3	14 735.7	16 475.7	18 337.5
天　津	5 579.9	6 227.9	7 010.1	7 910.8	8 687.6	10 074.9	12 321.2	14 025.5	15 841.0
河　北	3 481.6	3 801.8	4 293.4	4 795.5	5 149.7	5 958.0	7 119.7	8 081.4	9 101.9
山　西	2 890.7	3 180.9	3 665.7	4 097.2	4 244.1	4 736.3	5 601.4	6 356.6	7 153.5
内蒙古	2 988.9	3 341.9	3 953.1	4 656.2	4 937.8	5 529.6	6 641.6	7 611.3	8 595.7
辽　宁	3 690.2	4 090.4	4 773.4	5 576.5	5 958.0	6 907.9	8 296.5	9 383.7	10 522.7
吉　林	3 264.0	3 641.1	4 191.3	4 932.7	5 265.9	6 237.4	7 510.0	8 598.2	9 621.2
黑龙江	3 221.3	3 552.4	4 132.3	4 855.6	5 206.8	6 210.7	7 590.7	8 603.8	9 634.1
上　海	8 247.8	9 138.7	10 144.6	11 440.3	12 482.9	13 978.0	16 053.8	17 803.7	19 595.0
江　苏	5 276.3	5 813.2	6 561.0	7 356.5	8 003.5	9 118.2	10 805.0	12 202.0	13 597.8
浙　江	6 660.0	7 334.8	8 265.2	9 257.9	10 007.3	11 302.6	13 070.7	14 551.9	16 106.0
安　徽	2 641.0	2 969.1	3 556.3	4 202.5	4 504.3	5 285.2	6 232.2	7 160.5	8 097.9
福　建	4 450.4	4 834.8	5 467.1	6 196.1	6 680.2	7 426.9	8 778.6	9 967.2	11 184.2
江　西	**3 265.5**	**3 585.0**	**4 049.0**	**4 697.2**	**5 075.0**	**5 788.6**	**6 891.6**	**7 829.4**	**8 781.5**
山　东	3 930.5	4 368.3	4 985.3	5 641.4	6 118.8	6 990.3	8 342.1	9 446.5	10 619.9
河　南	2 870.6	3 261.0	3 851.6	4 454.2	4 807.0	5 523.7	6 604.0	7 524.9	8 475.3
湖　北	3 099.2	3 419.4	3 997.5	4 656.4	5 035.3	5 832.3	6 897.9	7 851.7	8 867.0
湖　南	3 117.7	3 389.6	3 904.2	4 512.5	4 909.0	5 622.0	6 567.1	7 440.2	8 372.1
广　东	4 690.5	5 079.8	5 624.0	6 399.8	6 906.9	7 890.3	9 371.7	10 542.8	11 669.3
广　西	2 494.7	2 770.5	3 224.1	3 690.3	3 980.4	4 543.4	5 231.3	6 007.5	6 790.9
海　南	3 004.0	3 255.5	3 791.4	4 390.0	4 744.4	5 275.4	6 446.0	7 408.0	8 342.6
重　庆	2 809.3	2 873.8	3 509.3	4 126.2	4 478.4	5 276.7	6 480.4	7 383.3	8 332.0
四　川	2 802.8	3 002.4	3 546.7	4 121.2	4 462.1	5 086.9	6 128.6	7 001.4	7 895.3
贵　州	1 877.0	1 984.6	2 374.0	2 796.9	3 005.4	3 471.9	4 145.4	4 753.0	5 434.0
云　南	2 041.8	2 250.5	2 634.1	3 102.6	3 369.3	3 952.0	4 722.0	5 416.5	6 141.3
西　藏	2 077.9	2 435.0	2 788.2	3 175.8	3 531.7	4 138.7	4 904.3	5 717.4	6 578.2
陕　西	2 052.6	2 260.2	2 644.7	3 136.5	3 437.6	4 105.0	5 027.9	5 762.5	6 502.6
甘　肃	1 979.9	2 134.1	2 328.9	2 723.8	2 980.1	3 424.7	3 909.4	4 506.7	5 107.8
青　海	2 151.5	2 358.4	2 683.8	3 061.2	3 346.2	3 862.7	4 608.5	5 364.4	6 196.4
宁　夏	2 508.9	2 760.1	3 180.8	3 681.4	4 048.3	4 674.9	5 410.0	6 180.3	6 931.0
新　疆	2 482.2	2 737.3	3 183.0	3 502.9	3 883.1	4 642.7	5 442.2	6 393.7	7 296.5

各省(市、区)居民消费价格指数

（上年=100）

地　区	2005	2006	2007	2008	2009	2010	2011	2012	2013
全　国	**101.8**	**101.5**	**104.8**	**105.9**	**99.3**	**103.3**	**105.4**	**102.6**	**102.6**
北　京	101.5	100.9	102.4	105.1	98.5	102.4	105.6	103.3	103.3
天　津	101.5	101.5	104.2	105.4	99.0	103.5	104.9	102.7	103.1
河　北	101.8	101.7	104.7	106.2	99.3	103.1	105.7	102.6	103.0
山　西	102.3	102.0	104.6	107.2	99.6	103.0	105.2	102.5	103.1
内蒙古	102.4	101.5	104.6	105.7	99.7	103.2	105.6	103.1	103.2
辽　宁	101.4	101.2	105.1	104.6	100.0	103.0	105.2	102.8	102.4
吉　林	101.5	101.4	104.8	105.1	100.1	103.7	105.2	102.5	102.9
黑龙江	101.2	101.9	105.4	105.6	100.2	103.9	105.8	103.2	102.2
上　海	101.0	101.2	103.2	105.8	99.6	103.1	105.2	102.8	102.3
江　苏	102.1	101.6	104.3	105.4	99.6	103.8	105.3	102.6	102.3
浙　江	101.3	101.1	104.2	105.0	98.5	103.8	105.4	102.2	102.3
安　徽	101.4	101.2	105.3	106.2	99.1	103.1	105.6	102.3	102.4
福　建	102.2	100.8	105.2	104.6	98.2	103.2	105.3	102.4	102.5
江　西	**101.7**	**101.2**	**104.8**	**106.0**	**99.3**	**103.0**	**105.2**	**102.7**	**102.5**
山　东	101.7	101.0	104.4	105.3	100.0	102.9	105.0	102.1	102.2
河　南	102.1	101.3	105.4	107.0	99.4	103.5	105.6	102.5	102.9
湖　北	102.9	101.6	104.8	106.3	99.6	102.9	105.8	102.9	102.8
湖　南	102.3	101.4	105.6	106.0	99.6	103.1	105.5	102.0	102.5
广　东	102.3	101.8	103.7	105.6	97.7	103.1	105.3	102.8	102.5
广　西	102.4	101.3	106.1	107.8	97.9	103.0	105.9	103.2	102.2
海　南	101.5	101.5	105.0	106.9	99.3	104.8	106.1	103.2	102.8
重　庆	100.8	102.4	104.7	105.6	98.4	103.2	105.3	102.6	102.7
四　川	101.7	102.3	105.9	105.1	100.8	103.2	105.3	102.5	102.8
贵　州	101.0	101.7	106.4	107.6	98.7	102.9	105.1	102.7	102.5
云　南	101.4	101.9	105.9	105.7	100.4	103.7	104.9	102.7	103.1
西　藏	101.5	102.0	103.4	105.7	101.4	102.2	105.0	103.5	103.6
陕　西	101.2	101.5	105.1	106.4	100.5	104.0	105.7	102.8	103.0
甘　肃	101.7	101.3	105.5	108.2	101.3	104.1	105.9	102.7	103.2
青　海	100.8	101.6	106.6	110.1	102.6	105.4	106.1	103.1	103.9
宁　夏	101.5	101.9	105.4	108.5	100.7	104.1	106.3	102.0	103.4
新　疆	100.7	101.3	105.5	108.1	100.7	104.3	105.9	103.8	103.9

各省(市、区)进出口总额

单位：亿美元

地　区	2005	2006	2007	2008	2009	2010	2011	2012	2013
全　国	**14 219.1**	**17 604.4**	**21 765.7**	**25 632.6**	**22 075.4**	**29 740.0**	**36 420.6**	**38 667.6**	**41 596.9**
北　京	1 255.1	1 580.4	1 930.0	2 716.9	2 147.3	3 017.2	3 894.9	4 079.2	4 291.3
天　津	532.8	644.6	714.5	804.0	638.3	821.0	1 033.9	1 156.2	1 285.1
河　北	160.7	185.3	255.2	384.2	296.3	420.6	536.0	505.5	549.0
山　西	55.5	66.3	115.8	144.0	85.7	125.8	147.6	150.4	157.9
内蒙古	48.8	59.6	77.4	89.2	67.7	87.3	119.4	112.6	120.0
辽　宁	410.1	483.9	594.7	724.3	629.3	807.1	959.6	1 039.9	1 144.9
吉　林	65.3	79.1	103.0	133.3	117.4	168.5	220.5	245.7	258.6
黑龙江	95.7	128.6	173.0	231.3	162.3	255.2	385.1	378.2	388.8
上　海	1 863.4	2 275.2	2 828.5	3 220.6	2 777.1	3 689.5	4 373.1	4 365.4	4 412.2
江　苏	2 279.2	2 839.8	3 494.7	3 922.7	3 387.4	4 658.0	5 397.6	5 480.9	5 508.1
浙　江	1 073.9	1 391.4	1 768.5	2 111.3	1 877.3	2 535.3	3 094.0	3 122.3	3 357.9
安　徽	91.2	122.5	159.3	201.8	156.8	242.7	313.4	393.3	455.6
福　建	544.1	626.6	744.5	848.2	796.5	1 087.8	1 435.6	1 559.3	1 693.3
江　西	**40.6**	**61.9**	**94.5**	**136.2**	**127.8**	**216.1**	**315.6**	**334.1**	**367.5**
山　东	767.4	952.1	1 224.7	1 584.1	1 390.5	1 891.6	2 359.9	2 455.4	2 665.6
河　南	77.2	97.9	127.9	174.8	134.8	178.3	326.4	517.5	599.5
湖　北	90.5	117.6	148.7	207.1	172.5	259.3	335.2	319.6	363.8
湖　南	60.0	73.5	96.9	125.5	101.5	146.6	190.0	219.4	251.7
广　东	4 279.6	5 272.0	6 341.9	6 849.7	6 110.9	7 849.0	9 134.8	9 838.2	10 915.9
广　西	51.8	66.7	92.6	132.4	142.5	177.4	233.5	294.7	328.3
海　南	25.4	28.5	35.1	45.3	48.8	86.5	127.6	143.3	149.8
重　庆	42.9	54.7	74.4	95.2	77.1	124.3	292.2	532.0	687.0
四　川	79.0	110.2	143.8	221.1	241.7	326.9	477.8	591.3	645.7
贵　州	14.0	16.2	22.7	33.7	23.0	31.5	48.8	66.3	82.9
云　南	47.4	62.2	87.9	96.0	80.5	134.3	160.5	210.0	257.9
西　藏	2.1	3.3	3.9	7.7	4.0	8.4	13.6	34.2	33.2
陕　西	45.8	53.6	68.9	83.3	84.1	121.0	146.2	148.0	201.3
甘　肃	26.3	38.2	55.2	61.0	38.7	74.0	87.4	89.0	102.3
青　海	4.1	6.5	6.1	6.9	5.9	7.9	9.2	11.6	14.0
宁　夏	9.7	14.4	15.8	18.8	12.0	19.6	22.9	22.2	32.2
新　疆	79.4	91.0	137.2	222.2	139.5	171.3	228.2	251.7	275.6

各省(市、区)入境旅游情况

地区	入境旅游人数(万人次)			外汇收入(万美元)		
	2011	2012	2013	2011	2012	2013
北　京	520.40	500.86	450.13	541 600	514 900	479 468
天　津	73.06	73.75	75.86	175 553	222 641	259 128
河　北	114.14	129.32	84.27	44 765	54 494	58 578
山　西	155.32	189.18	53.84	56 719	72 024	82 268
内蒙古	151.52	159.17	161.61	67 097	77 196	96 229
辽　宁	405.33	437.13	256.04	271 314	326 369	347 714
吉　林	99.32	118.27	124.30	38 528	49 477	55 237
黑龙江	206.52	207.62	152.86	91 762	83 548	60 436
上　海	668.61	651.23	614.09	575 118	549 323	524 470
江　苏	737.33	791.54	288.03	565 297	629 972	237 989
浙　江	773.69	865.93	337.57	454 173	515 174	539 293
安　徽	262.87	331.47	271.95	117 918	156 267	166 042
福　建	427.42	493.67	294.02	363 444	422 567	457 338
江　西	**135.53**	**156.18**	**123.89**	**41 500**	**48 473**	**52 508**
山　东	424.23	469.91	285.98	255 076	292 365	273 120
河　南	168.29	190.77	127.38	54 903	61 141	65 998
湖　北	213.52	264.72	267.96	94 018	120 297	121 892
湖　南	227.63	224.55	230.66	101 343	92 836	82 269
广　东	3 331.63	3 489.43	3 397.90	1 390 619	1 561 067	1 627 808
广　西	302.79	350.27	281.74	105 188	127 887	154 730
海　南	81.43	81.58	75.64	37 615	34 802	33 748
重　庆	186.40	224.28	115.17	96 806	116 832	126 831
四　川	163.97	227.34	209.56	59 383	79 815	76 467
贵　州	58.52	70.50	62.40	13 507	16 894	20 143
云　南	395.38	457.84	287.88	160 861	194 708	241 818
西　藏	27.08	19.49	22.32	12 963	10 570	12 786
陕　西	270.41	335.24	253.47	129 505	159 747	167 619
甘　肃	9.11	10.20	9.78	1 740	2 235	2 039
青　海	5.17	4.73	4.65	2 659	2 432	1 942
宁　夏	1.95	1.90	2.54	620	545	1 208
新　疆	56.37	62.49	68.88	46 519	55 057	58 502

各省会城市地区生产总值

(2013 年)

地　区	绝对值(亿元)	位 次	比上年增长(%)	位 次
南　　昌	**3 336.03**	**17**	**10.7**	**13**
合　　肥	4 672.90	15	11.5	9
长　　沙	7 153.13	7	12.0	7
郑　　州	6 201.90	8	10.0	16
武　　汉	9 051.27	3	10.0	16
太　　原	2 412.87	20	8.1	26
昆　　明	3 415.31	16	12.8	5
成　　都	9 108.90	2	10.2	15
杭　　州	8 343.52	4	8.0	27
沈　　阳	7 158.57	6	8.8	24
南　　京	8 011.78	5	11.0	12
福　　州	4 678.50	14	11.5	9
广　　州	15 420.14	1	11.6	8
南　　宁	2 803.54	18	10.3	14
海　　口	904.64	26	9.9	20
贵　　阳	2 085.42	22	16.0	1
哈 尔 滨	5 010.80	10	8.9	23
长　　春	5 003.20	11	8.3	25
石 家 庄	4 863.60	13	9.5	22
济　　南	5 230.19	9	9.6	21
呼和浩特	2 710.39	19	10.0	16
西　　安	4 884.13	12	11.1	11
兰　　州	1 776.83	23	13.4	4
西　　宁	978.53	25	14.1	3
银　　川	1 273.49	24	10.0	16
乌鲁木齐	2 400.00	21	15.0	2
拉　　萨	304.87	27	12.4	6

续表 1

（2013 年）

地区	第一产业增加值			
	绝对值（亿元）	位次	比上年增长(%)	位次
南　昌	**157.24**	**17**	**3.1**	**23**
合　肥	247.20	12	3.2	20
长　沙	291.16	9	3.0	24
郑　州	146.96	18	3.2	20
武　汉	335.40	7	4.5	13
太　原	38.73	24	3.2	20
昆　明	175.27	16	6.8	2
成　都	353.20	4	3.6	17
杭　州	265.42	11	1.5	27
沈　阳	335.52	6	4.7	11
南　京	204.64	15	3.4	19
福　州	402.26	3	4.6	12
广　州	228.87	13	2.7	26
南　宁	349.93	5	4.8	9
海　口	58.50	21	6.3	4
贵　阳	81.52	20	6.3	4
哈尔滨	592.60	1	7.5	1
长　春	332.00	8	3.5	18
石家庄	488.70	2	3.0	24
济　南	284.71	10	3.9	15
呼和浩特	134.72	19	5.3	7
西　安	217.76	14	4.8	9
兰　州	49.70	23	6.7	3
西　宁	36.10	25	5.1	8
银　川	55.71	22	3.8	16
乌鲁木齐	27.00	26	6.2	6
拉　萨	11.72	27	4.1	14

续表 2　　(2013 年)

地区	第二产业增加值			
	绝对值(亿元)	位次	比上年增长(%)	位次
南　昌	**1 850.49**	**15**	**11.9**	**14**
合　肥	2 583.70	10	12.9	11
长　沙	3 946.97	4	12.5	12
郑　州	3 470.50	7	10.4	18
武　汉	4 396.17	2	10.3	19
太　原	1 052.08	19	10.6	17
昆　明	1 537.11	17	13.2	9
成　都	4 181.50	3	12.2	13
杭　州	3 661.98	6	7.4	27
沈　阳	3 709.24	5	10.1	20
南　京	3 450.58	8	11.1	16
福　州	2 133.60	12	13.2	9
广　州	5 227.38	1	9.2	24
南　宁	1 110.89	18	14.6	5
海　口	217.00	26	8.9	26
贵　阳	848.64	22	18.6	1
哈尔滨	1 743.90	16	9.0	25
长　春	2 658.70	9	9.4	23
石家庄	2 359.50	11	9.8	22
济　南	2 053.24	14	10.1	20
呼和浩特	866.74	21	14.5	6
西　安	2 117.66	13	13.9	7
兰　州	820.40	23	13.5	8
西　宁	514.50	25	18.0	2
银　川	678.80	24	11.8	15
乌鲁木齐	930.00	20	14.8	4
拉　萨	107.56	27	17.5	3

（2013 年）

地区	第三产业增加值			
	绝对值(亿元)	位次	比上年增长(%)	位次
南　　昌	**1 328.30**	**20**	**9.8**	**14**
合　　肥	1 842.00	15	10.6	9
长　　沙	2 915.01	7	12.1	6
郑　　州	2 584.40	10	9.6	17
武　　汉	4 319.70	5	10.0	12
太　　原	1 322.06	21	6.1	27
昆　　明	1 702.93	17	13.1	5
成　　都	4 574.20	2	8.8	21
杭　　州	4 416.12	3	9.0	19
沈　　阳	3 113.80	6	7.6	26
南　　京	4 356.56	4	11.3	7
福　　州	2 142.63	12	10.8	8
广　　州	9 963.89	1	13.3	4
南　　宁	1 342.73	19	8.1	23
海　　口	629.10	24	10.5	10
贵　　阳	1 155.26	22	14.6	2
哈 尔 滨	2 674.30	9	9.0	19
长　　春	2 012.50	14	7.8	25
石 家 庄	2 015.40	13	10.4	11
济　　南	2 892.24	8	9.7	15
呼和浩特	1 708.93	16	7.9	24
西　　安	2 548.71	11	9.3	18
兰　　州	906.74	23	13.6	3
西　　宁	427.93	26	9.7	15
银　　川	529.97	25	8.3	22
乌鲁木齐	1 443.00	18	15.3	1
拉　　萨	185.59	27	10.0	12

各省会城市规模以上工业增加值

(2013 年)

地区	绝对值 (亿元)	位次	比上年 增长(%)	位次
南　　昌	**1 159.48**	**14**	**12.9**	**12**
合　　肥	1 907.40	11	14.4	6
长　　沙	2 653.28	7	14.0	8
郑　　州	2 857.70	6	11.3	15
武　　汉	3 113.30	3	11.7	14
太　　原	770.94	16	10.1	23
昆　　明			11.0	18
成　　都	2 917.60	4	13.4	11
杭　　州	2 523.88	8	8.0	25
沈　　阳	3 522.24	2	10.0	24
南　　京	2 907.78	5	11.0	18
福　　州	1 665.39	12	13.7	9
广　　州	4 430.88	1	10.2	21
南　　宁	777.52	15	16.6	3
海　　口	133.81	23	6.0	26
贵　　阳	550.98	20	16.0	4
哈 尔 滨	767.10	17	11.1	17
长　　春	2 103.30	9	10.2	21
石 家 庄	1 955.40	10	11.0	18
济　　南			11.3	15
呼和浩特			18.1	2
西　　安	1 265.64	13	15.4	5
兰　　州	575.10	19	14.2	7
西　　宁	380.38	22	18.3	1
银　　川	492.16	21	12.4	13
乌鲁木齐	699.81	18	13.5	10
拉　　萨	24.64	24	1.3	27

各省会城市固定资产投资

(2013 年)

地　区	绝对值 (亿元)	位 次	比上年 增长(%)	位 次
南　　昌	**2 896.86**	**17**	**21.1**	**13**
合　　肥	4 535.37	8	19.3	19
长　　沙	4 593.39	7	20.1	16
郑　　州	4 400.21	10	23.6	11
武　　汉	6 001.96	3	19.3	19
太　　原	1 670.74	20	26.5	6
昆　　明	2 931.50	16	25.0	9
成　　都	6 501.10	1	10.4	27
杭　　州	4 263.87	12	14.5	25
沈　　阳	6 383.91	2	13.5	26
南　　京	5 093.78	6	18.1	23
福　　州	3 834.22	13	18.5	21
广　　州	4 454.55	9	18.5	21
南　　宁	2 432.69	19	23.7	10
海　　口	649.33	26	27.2	5
贵　　阳	3 030.38	15	22.1	12
哈 尔 滨	5 219.90	4	32.2	1
长　　春	3 408.40	14	20.0	17
石 家 庄	4 369.20	11	20.0	17
济　　南	2 638.30	18	20.7	15
呼和浩特	1 504.83	22	15.6	24
西　　安	5 134.56	5	21.0	14
兰　　州	1 623.70	21	31.0	4
西　　宁	925.44	25	32.1	2
银　　川	1 149.00	24	25.1	8
乌鲁木齐	1 271.59	23	25.9	7
拉　　萨	376.16	27	32.0	3

各省会城市社会消费品零售总额

（法人口径，2013 年）

地　区	绝对值（亿元）	位次	比上年增长(%)	位次
南　　昌	**1 270.01**	**19**	**13.7**	**16**
合　　肥	1 480.84	16	14.8	7
长　　沙	2 801.97	7	14.1	9
郑　　州	2 586.42	11	13.0	22
武　　汉	3 878.60	2	13.0	22
太　　原	1 281.46	18	13.5	18
昆　　明	1 702.30	15	14.0	10
成　　都	3 752.90	3	13.1	21
杭　　州	3 531.17	4	13.0	22
沈　　阳	3 186.09	6	13.7	16
南　　京	3 504.17	5	13.8	14
福　　州	2 611.29	10	15.6	3
广　　州	6 882.85	1	15.2	4
南　　宁	1 450.84	17	14.0	10
海　　口	490.05	24	12.3	25
贵　　阳	785.67	23	15.0	5
哈 尔 滨	2 728.30	8	13.9	13
长　　春	1 970.00	14	13.2	20
石 家 庄	2 154.50	13	13.8	14
济　　南	2 633.90	9	13.4	19
呼和浩特	1 142.36	20	11.8	27
西　　安	2 548.02	12	14.0	10
兰　　州	843.80	22	14.7	8
西　　宁	365.07	25	15.0	5
银　　川	348.06	26	12.2	26
乌鲁木齐	970.00	21	16.2	1
拉　　萨	144.11	27	15.7	2

各省会城市地方公共财政预算收入

(2013 年)

地 区	绝对值(亿元)	位 次	比上年增长(%)	位 次
南 昌	**291.91**	**18**	**21.6**	**5**
合 肥	438.62	13	12.6	21
长 沙	536.63	8	23.8	3
郑 州	723.63	7	19.3	9
武 汉	978.52	2	18.1	13
太 原	247.33	21	14.7	17
昆 明	450.75	12	19.1	10
成 都	898.50	4	16.6	14
杭 州	945.20	3	9.9	26
沈 阳	801.00	6	12.0	22
南 京	831.31	5	13.4	19
福 州	453.97	11	18.8	12
广 州	1141.79	1	10.8	25
南 宁	256.25	20	11.6	24
海 口	86.73	25	15.1	16
贵 阳	277.21	19	20.2	6
哈尔滨	402.30	14	13.4	19
长 春	381.80	15	12.0	22
石家庄	315.20	16	15.8	15
济 南	482.10	10	13.9	18
呼和浩特	182.02	22	1.9	27
西 安	501.98	9	26.5	2
兰 州	124.50	24	20.0	7
西 宁	67.11	26	22.5	4
银 川	134.60	23	19.0	11
乌鲁木齐	301.90	17	19.8	8
拉 萨	50.16	27	46.0	1

各省会城市实际利用外资额

(2013 年)

地区	绝对值 (亿美元)	位次	比上年 增长(%)	位次
南昌	**21.17**	**10**	**11.3**	**12**
合肥	18.90	11	18.1	5
长沙	34.00	6	14.2	8
郑州	33.22	7	–3.1	20
武汉	52.50	3	18.1	5
太原	9.44	16	20.7	3
昆明	17.98	12	13.2	9
成都				
杭州	52.76	2	6.4	16
沈阳	58.11	1	0.1	18
南京	40.33	5	–2.0	19
福州	14.31	13	6.9	15
广州	48.04	4	5.0	17
南宁	5.80	19	15.5	7
海口	5.12	20	13.1	10
贵阳	6.30	18	32.9	1
哈尔滨	22.60	9	19.1	4
长春	9.40	17	10.4	13
石家庄	9.60	15	12.6	11
济南	13.20	14	8.2	14
呼和浩特				
西安	31.30	8	26.3	2
兰州				
西宁				
银川	1.29	21	–12.0	21
乌鲁木齐				
拉萨				

各省会城市海关出口总额

(2013年)

地 区	绝对值(亿美元)	位 次	比上年增长(%)	位 次
南　昌	**73.11**	**11**	**13.1**	**12**
合　肥	118.99	8	–12.7	24
长　沙	61.66	15	19.2	7
郑　州	250.66	5	23.7	6
武　汉	119.43	7	11.1	13
太　原	52.95	18	24.8	5
昆　明	104.10	9	83.1	2
成　都	318.80	4	5.0	17
杭　州	447.70	2	8.5	14
沈　阳	69.96	13	17.3	9
南　京	322.66	3	1.1	19
福　州	193.37	6	6.8	15
广　州	628.06	1	6.6	16
南　宁	23.53	22	–6.5	23
海　口	18.85	24	4.8	18
贵　阳	55.79	16	32.4	4
哈尔滨	29.00	21	53.4	3
长　春	32.90	19	13.4	11
石家庄	71.20	12	–3.0	20
济　南	54.81	17	–4.1	22
呼和浩特				
西　安	84.76	10	16.1	10
兰　州				
西　宁	7.79	25	17.6	8
银　川	20.78	23	99.1	1
乌鲁木齐	63.99	14	–20.6	25
拉　萨	31.64	20	–3.0	20

各省会城市城镇居民人均可支配收入

(2013年)

地区	绝对值(元)	位次	比上年增长(%)	位次
南昌	**26 151**	**15**	**10.8**	**7**
合肥	28 083	13	10.4	10
长沙	33 662	6	10.5	8
郑州	26 615	14	6.8	27
武汉	29 821	10	10.2	13
太原	24 000	21	11.0	6
昆明	28 354	12	12.3	4
成都	29 968	9	10.2	13
杭州	39 310	3	10.1	15
沈阳	29 074	11	10.0	16
南京	39 881	2	9.8	20
福州	32 265	8	9.8	20
广州	42 066	1	10.5	8
南宁	24 817	19	10.0	16
海口	24 461	20	9.5	24
贵阳	23 376	23	10.0	16
哈尔滨	25 197	18	12.0	5
长春	26 034	16	13.3	1
石家庄	25 274	17	9.7	22
济南	35 648	4	9.5	24
呼和浩特	35 629	5	9.1	26
西安	33 100	7	10.4	10
兰州	20 767	26	12.6	3
西宁	19 444	27	10.3	12
银川	23 776	22	10.0	16
乌鲁木齐	20 780	25	13.0	2
拉萨	21 427	24	9.6	23

各省会城市农民人均纯收入

(2013 年)

地　区	绝对值 (元)	位 次	比上年 增长(%)	位 次
南　昌	**10 806**	**15**	**11.1**	**24**
合　肥	10 352	17	14.0	7
长　沙	19 713	1	12.6	13
郑　州	14 009	6	9.5	27
武　汉	12 714	12	13.6	8
太　原	11 288	14	12.0	20
昆　明	9 273	21	15.3	4
成　都	12 985	8	12.9	12
杭　州	18 923	2	11.2	23
沈　阳	14 467	5	10.9	26
南　京	16 531	4	11.8	22
福　州	12 910	10	12.3	18
广　州	18 887	3	12.5	16
南　宁	7 685	26	13.4	9
海　口	9 155	22	12.6	13
贵　阳	9 595	20	13.0	10
哈 尔 滨	10 800	16	14.1	6
长　春	10 060	19	11.0	25
石 家 庄	10 066	18	12.6	13
济　南	13 248	7	12.4	17
呼和浩特	12 736	11	12.1	19
西　安	12 930	9	13.0	10
兰　州	7 114	27	14.3	5
西　宁	9 004	24	15.4	3
银　川	9 036	23	12.0	20
乌鲁木齐	12 065	13	16.5	2
拉　萨	8 265	25	16.7	1

各省会城市金融机构本外币存、贷款余额

(2013 年)

单位:亿元

地区	存款余额绝对值	位次	贷款余额绝对值	位次
南　　昌	**6 701.80**	**18**	**5562.1**	**18**
合　　肥	8 329.37	16	7446.0	13
长　　沙	10 148.76	10	9633.0	8
郑　　州	12 908.01	7	9681.1	7
武　　汉	14 915.69	5	12 803.9	5
太　　原	9 948.51	12	7 222.4	14
昆　　明	10 105.41	11	9 178.4	10
成　　都	24 068.00	2	18 259.0	3
杭　　州	22 174.71	3	19 350.7	2
沈　　阳	11 576.58	8	9 128.7	11
南　　京	18 417.90	4	14 538.7	4
福　　州	8 950.14	13	8 159.9	12
广　　州	33 838.20	1	22 016.2	1
南　　宁	6 483.50	19	6 115.9	17
海　　口	2 955.19	24	3 188.3	24
贵　　阳	5 766.05	20	4 205.0	22
哈 尔 滨	8 588.80	15	6 661.2	15
长　　春	7 866.50	17	6 543.2	16
石 家 庄	8 684.40	14	4 556.3	19
济　　南	10 925.80	9	9 211.2	9
呼和浩特	4 469.80	23	4 362.0	21
西　　安	13 892.77	6	10 214.8	6
兰　　州	5 499.20	22	4 407.7	20
西　　宁	2 830.29	25	2 843.2	25
银　　川	2 351.44	26	2 694.2	26
乌鲁木齐	5 644.86	21	3 982.4	23
拉　　萨	1 558.22	27	612.9	27

副省级(非省会)城市主要经济指标

(2013 年)

指 标	深 圳	大 连	宁 波	厦 门	青 岛
地区生产总值(亿元)	14 500.23	7650.80	7128.87	3018.16	8006.6
比上年增长(%)	10.5	9.0	8.1	9.4	10.0
固定资产投资(亿元)	2 501.01	6 478.10	3 422.95	1 347.54	5 027.90
比上年增长(%)	14.00	15.2	18.0	1.1	21.1
社会消费品零售总额(亿元)	4 433.59	2 526.50	2 635.71	974.97	2 904.30
比上年增长(%)	10.6	13.6	13.3	10.5	13.3
外贸出口(海关数,亿美元)	3 057.18	374.37	657.10	523.54	419.86
比上年增长(%)	12.7	7.9	7.0	15.3	2.9
实际利用外资(亿美元)	54.64	136.00	32.75	18.72	
比上年增长(%)	4.5	10.1	14.8	5.5	
地方公共财政预算收入(亿元)	1 731.26	850.00	792.81	500.56	788.72
比上年增长(%)	16.8	13.3	9.3	15.8	17.7
规模以上工业总产值(亿元)	22 177.91			4 716.21	15 512.68
比上年增长(%)	6.6			13.1	10.6
规模以上工业增加值(亿元)	5 695.00		2 291.20	1 141.69	
比上年增长(%)	9.6	10.2	8.0	12.1	11.4
城镇居民人均可支配收入(元)	44 653	30 238	41 729	41 360	35 227
比上年增长(%)	9.6	9.8	10.1	10.1	9.6
居民消费价格指数(%)(以上年为 100)	102.7	102.5	102.2	102.3	102.5

江西省 2013 年国民经济和社会发展统计公报

江西省统计局　国家统计局江西调查总队

2013 年，在省委、省政府的坚强领导下，全省上下紧紧围绕建设富裕和谐秀美江西的奋斗目标，认真贯彻落实“发展升级、小康提速、绿色崛起、实干兴赣”十六字方针，坚持稳中求进工作总基调，统筹做好稳增长、调结构、抓改革、优生态、惠民生等各项工作，经济发展稳中有进、稳中向好，各项社会事业全面进步，较好地完成了年初确定的主要目标任务。

一、综合

国民经济平稳较快增长。初步核算，全年实现地区生产总值 14338.5 亿元，比上年增长 10.1%。其中，第一产业增加值 1636.5 亿元，增长 4.6%；第二产业增加值 7671.4 亿元，增长 11.7%；第三产业增加值 5030.6 亿元，增长 9.1%。三次产业对经济增长的贡献率分别为 5.1%、65.7%和 29.2%。三次产业结构调整为 11.4∶53.5∶35.1，第三产业占比较上年提高 0.5 个百分点。人均生产总值 31771 元，增长 9.7%。非公有制经济快速发展，实现增加值 8237.1 亿元，增长 10.8%，占 GDP 的比重为 57.4%。

图1　2008-2013年地区生产总值及其增长速度

劳动生产率稳步提高。全年地区生产总值与全部就业人员的比率为 55389 元/人，比上年提高 4728 元/人。

财政收入质量持续提升。全年财政总收入 2357.1 亿元，比上年增长 15.2%。其中，公共财政预算收入 1620.2 亿元，增长 18.1%。财政总收入占生产总值的比重 16.4%，比上年提高 0.6 个百分点；税收收入 1914.7 亿元，增长 15.9%，占财政总收入的比重 81.2%，比上年提高 0.5 个百分点。县域财力显著增强，财政总收入超 10 亿元的县(市、区)71 个，超 30 亿元的 11 个。其中，南昌县、丰城市均超 50 亿元，分别为 72.6 亿元、50.02 亿元。

财政支出结构持续优化。全年公共财政预算支出 3465.1 亿元，比上年增长 14.8%。其中，教育支出 661.6 亿元，增长 6.4%；社会保障和就业支出 374.9 亿元，增长 16.0%；医疗卫生支出 262.7 亿元，增长 19.9%；科学技术支出 44.8 亿元，增长 63.0%。

居民消费价格温和上涨。全年居民消费价格上涨 2.5%。其中，食品类价格上涨 4.5%，对居民消费价格上涨的贡献率 63.2%，衣着类价格上涨 2.8%，居住类价格上涨 1.9%。商品零售价格上涨 1.5%。工业生产者出厂价格下降 1.5%，其中煤炭及炼焦工业、冶金工业下降幅度最大，分别下降 6.2%和 4.1%。工业生产者购进价格下降 1.6%，其中有色金属材料和电线类、化工原料类、黑色金属材料类价格下降幅度最大，分别下降 4.5%、4.3%和 3.7%。固定资产投资价格上涨 0.4%。农产品生产价格上涨 2.3%。

图2　2008-2013年居民消费价格涨跌幅度

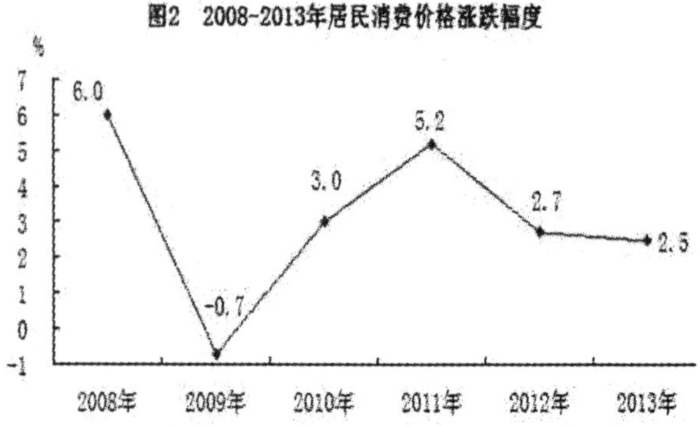

表 1 2013 年居民消费价格比上年涨跌幅度

单位:(%)

指　标	全 省	城市	农村
居民消费价格	2.5	2.4	2.9
食品	4.5	4.5	4.5
#粮食	2.3	1.8	3.6
烟酒	0.6	0.4	0.9
衣着	2.8	2.6	3.1
家庭设备用品及服务	1.0	0.4	2.6
医疗保健及个人用品	1.3	0.9	2.1
交通和通信	-0.3	-0.7	0.5
娱乐教育文化用品及服务	1.8	1.2	3.1
居住	1.9	2.1	1.7

就业人数稳定增加。年末从业人员 2588.7 万人,比上年末增加 32.7 万人。全年城镇新增就业 54.1 万人。新增转移农村劳动力 57.5 万人。年末城镇登记失业率为 3.2%。年末农民外出从业人员 789.5 万人,增长 4.4%。其中,省外务工 540.7 万人,省内务工 248.8 万人。

二、农业

农业生产形势较好。全年粮食总产量 2116.1 万吨,比上年增长 1.5%,总产再创历史新高,实现“十连丰”。其中,早稻 828.0 万吨,增长 3.5%。全年粮食种植面积 3690.9 千公顷,增长 0.4%;油料种植面积 743.1 千公顷,减少 0.1%;棉花种植面积 84.7 千公顷,减少 0.4%;蔬菜种植面积 563.7 千公顷,增长 2.8%。

牧渔业稳定发展。全年肉类总产量 344.5 万吨,比上年增长 3.2%。年末生猪存栏 1967.6 万头,增长 2.9%;生猪出栏 3230.3 万头,增长 3.2%。全年牛奶产量 12.7 万吨,下降 0.4%。禽蛋产量 56.9 万吨,增长 0.8%。全年水产品产量 242.6 万吨,增长 2.4%。

表 2 2013 年主要农产品产量及其增长速度

产品名称	产量(万吨)	比上年增长(%)
粮食	2 116.1	1.5
其中:稻谷	2 004.0	1.4
油料	119.2	1.8
其中:油菜籽	70.4	2.3
棉花	13.1	-14.0
烟叶	5.1	-3.7
茶叶	4.3	11.5
园林水果	441.3	19.2
蔬菜	1 257.6	3.7
肉类	344.5	3.2
水产品	242.6	2.4

农业产业化较快发展。全年 774 家省级以上龙头企业实现销售收入 2146.1 亿元,比上年增长 12.9%;实现利润 115.8 亿元,增长 8.3%。全省规模以上农产品加工企业 3175 家,增长 5.8%;实现销售收入 2907.1 亿元,增长 25.3%。农民专业合作社 26861 个,增长 40.8%;合作社成员 46.3 万户,增长 1.2 倍。

农业生产条件不断改善。全年新增有效灌溉面积 23.2 千公顷,有效灌溉总面积 2028 千公顷;新增节水灌溉面积 19.6 千公顷。农用化肥施用量(折纯)141.6 万吨,增长 0.2%。

三、工业和建筑业

工业生产稳步增长。全年全部工业完成增加值 6434.4 亿元,比上年增长 11.9%,占生产总值比重为 44.9%。其中,规模以上工业增加值 5755.5 亿元,增长 12.4%。分轻重工业看,规模以上轻工业增加值 1994.6 亿元,增长 13.1%;重工业增加值 3760.9 亿元,增长 12.0%。分企业类型看,规模以上国有企业增加值 538.7 亿元,增长 9.9%;集体企业增加值 30.8 亿元,增长 12.6%;股份合作企业增加值 57.3 亿元,增长 12.6%;股份制企业增加值 1890.1 亿元,增长 13.1%;私营企业增加值 2288.2 亿元,增长 14.8%;外商及港澳台投资企业增加值 909.4 亿元,增长 9.9%。规模以上十大战略性新兴产业实现工业增加值 2077.2 亿元,增长 12.2%;六大高耗能行业实现工业增加值 2323.5 亿元,增长 11.3%,低于全省平均增速 1.1 个百分点。

装备制造业增势较好。在规模以上工业中,全年装备制造业实现增加值 1218.4 亿元,比上年增长 16.3%, 高于规模以上工业平均增速 1.9 个百分点,其中电气机械和器材制造业增长 20.5%, 通用设备制造业增长 16.7%,汽车制造业增长 16.7%。

表 3 2013 年规模以上工业主要产品产量及其增长速度

产品名称	单 位	产 量	比上年增长(%)
纱	万吨	160.8	13.9
布	亿米	7.8	-16.2
机制纸及纸板	万吨	181.9	10.2
化学纤维	万吨	42.0	10.8
卷烟	亿支	639.0	6.7
彩色电视机	万台	46.8	-64.8
家用电冰箱	万台	101.5	-5.2
房间空气调节器	万台	329.9	7.3
原煤	万吨	2 378.5	-4.8
原油加工量	万吨	519.2	2.3
发电量	亿千瓦小时	788.1	16.5
火电	亿千瓦小时	745.1	18.4
水电	亿千瓦小时	42.9	-9.3
粗钢	万吨	2 156.6	0.8
钢材	万吨	2 463.8	2.7
十种有色金属	万吨	156.2	7.3
其中:精炼铜	万吨	120.3	3.3
多晶硅	吨	1 645.5	2.4
单晶硅	吨	321.2	-39.9
铜材	万吨	264.1	25.7
水泥	万吨	9 204.2	19.8
瓷质砖	亿立方米	8.7	19.7
硫酸	万吨	323.3	11.6
烧碱	万吨	52.6	8.5
化肥(折 100%)	万吨	106.3	22.9
化学农药	万吨	4.2	6.3
发电设备	万千瓦	35.0	-36.0
汽车	万辆	36.8	7.1
其中:轿车	万辆	8.3	0.3
大中型拖拉机	台	577	-64.6
工业锅炉	蒸发量吨	1 515.0	6.8
金属切削机床	台	5452.0	13.3
程控交换机	万部	1.2	-18.9
移动通信手持机(手机)	万部	5513.4	24.2
微型计算机设备	万部	7.8	-62.7

企业效益快速提升。全年规模以上工业实现利税 2882.4 亿元, 比上年增长 32.7%, 其中利润 1756.7 亿元,增长 33.8%。在 37 个行业中,有 36 个行业实现盈利,其中增长 20%以上的行业有 31 个。全年规模以上工业实现主营业务收入 26526.2 亿元, 增长 16.4%。主营业务收入过千亿元的行业 7 个,较上年增加 1 个。主营业务收入超过百亿元的企业 13 户,比上年增加 1 户。其中,江铜集团实现主营业务收入 1930.4 亿元,居全省首位。全年工业经济效益综合指数 328.3%。

工业园区经济快速发展。年末全省工业园区投产企业 8217 家;安置从业人数 187.5 万人,比上年增长 7.6%。全年园区完成工业增加值 4478.8 亿元,增长 14.1%; 主营业务收入、利润、利税分别完成 19503.4 亿元、1393.7 亿元和 2231.1 亿元,分别增长 17.2%、39.3%和 38.5%。年主营业务收入超百亿元的园区新增 9 家,总数 68 家,其中南昌高新技术产业开发区突破千亿元,达 1014.4 亿元,位居全省首位。

建筑业快速增长。全年共完成建筑业总产值 3459.5 亿元, 比上年增长 24.0%; 竣工产值 2160.0 亿元,增长 30.8%。全社会建筑业增加值 1237.0 亿元,比上年增长 11.0%。

四、固定资产投资

固定资产投资较快增长。全年全社会固定资产投资 12866.2 亿元,比上年增长 19.4%。固定资产投资(不含农户)12450.8 亿元,增长 20.0%。在固定资产投资中,分产业看,第一产业投资 271.7 亿元,增长 6.4%;第二产业投资 7205.0 亿元,增长 20.0%,其中工业投资 7144.2 亿元,增长 20.5%;第三产业投资 4974.1 亿元,增长 20.8%。分投资主体看,在固定资产投资中, 国有经济投资 2522.5 亿元, 增长 7.8%;非国有投资 9928.4 亿元,增长 23.5%,其中民间投资 9336.1 亿元,增长 25.9%。

表 4 2013 年分行业固定资产投资(不含农户)及其增长速度

行　业	投资额(亿元)	比上年增长(%)
总　计	12 450.8	20.0
第一产业	271.7	6.4
第二产业	7 205.0	20.0
工业	7 144.2	20.5
采矿业	252.8	–4.8
制造业	6 565.6	22.3
# 化学原料及化学制品制造业	601.5	17.6
非金属矿物制品业	711.2	15.0
黑色金属冶炼及压延加工业	105.2	0.9
有色金属冶炼及压延加工业	408.0	29.7
电气机械及器材制造业	507.6	2.4
计算机、通信和其他电子设备制造业	410.1	57.7
电力、燃气及水的生产和供应业	325.8	11.0
建筑业	76.1	–23.7
第三产业	4 974.2	20.8
批发和零售业	505.5	22.9
交通运输、仓储和邮政业	485.4	5.0
住宿和餐饮业	272.9	9.3
信息传输、软件和信息技术服务业	48.6	–4.0
金融业	31.4	27.2
房地产业	1 724.3	25.6
租赁和商务服务业	161.3	32.3
科学研究和技术服务业	51.3	33.1
水利、环境和公共设施管理业	1 027.6	24.2
居民服务、修理和其他服务业	68.9	20.7
教育	176.4	28.0
卫生和社会工作	86.9	16.5
文化、体育和娱乐业	143.8	50.9
公共管理、社会保障和社会组织	148.8	7.5

重大基础设施建设加快推进。武九客专、九景衢铁路开工建设,向莆铁路、衡茶吉铁路建成投运。福银高速公路九江长江公路大桥、厦坪至睦村高速公路建成投运,全省高速公路通车里程 4335 公里。宜春明月山机场竣工通航。500 千伏梦山至安源、九江马回岭等输变电工程建成投运,峡江水利枢纽两台机组并网发电,赣江石虎塘航电枢纽建成投运。

房地产投资加速。全年房地产开发投资 1174.6 亿元,比上年增长 21.1%,同比加快 9.3 个百分点。商品房竣工面积 1790.3 万平方米,增长 2.4%;商品房销售面积 3167.1 万平方米,增长 32.1%;商品房销售额 1647.9 亿元,增长 44.9%。

五、国内贸易

消费品市场平稳较快增长。全年社会消费品零售总额 4551.1 亿元,比上年增长 13.6%。分城乡看,城镇消费品零售额 3785.6 亿元,增长 13.6%;乡村消费品零售额 765.5 亿元,增长 13.4%。限额以上批发零售业零售额 1615.2 亿元,增长 16.0%。其中,汽车类零售额 414.5 亿元,增长 18.6%;家具类零售额 37.7 亿元,增长 34.0%;金银珠宝类零售额 26.1 亿元,增长 25.7%;化妆品类零售额 10.7 亿元,增长 21.4%;建筑及装潢材料类零售额 17.0 亿元,增长 16.5%。

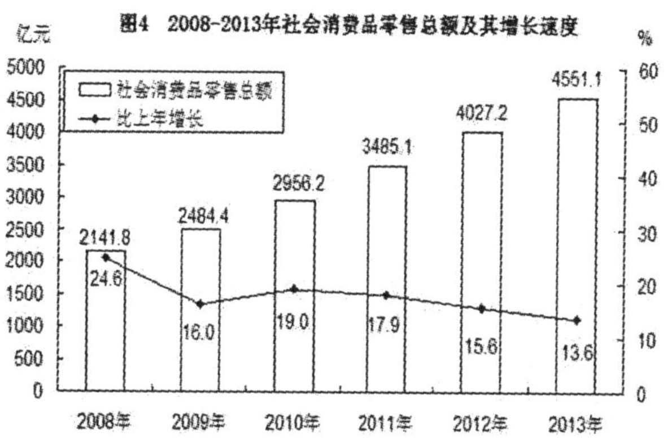

图4 2008-2013年社会消费品零售总额及其增长速度

六、对外经济

对外贸易形势较好。全年进出口总额 367.38 亿美元,比上年增长 10.0%,同比加快 3.8 个百分点。其中,出口 281.70 亿美元,增长 12.2%;进口 85.69 亿美元,增长 3.2%。在出口中,外商投资企业出口额 63.48 亿美元,下降 1.8%;私营及其他企业出口额 205.63 亿美元,增长 19.2%;国有企业出口额 12.59 亿美元,下降 9.9%。

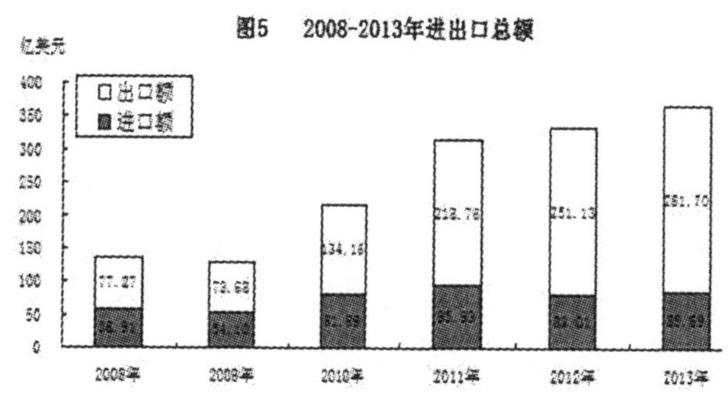

图5 2008-2013年进出口总额

出口结构进一步优化。全年机电产品出口105.66亿美元，比上年增长12.9%；高新技术产业出口34.42亿美元，增长4.8%。对东盟、俄罗斯联邦、台湾、香港等国家或地区出口快速增长，分别为68.3%、11.8%、82.1%和34.0%。

表5 2013年进出口总额及其增长速度

指　　标	绝对数（亿美元）	比上年增长(%)
进出口总额	367.38	10.0
出口额	281.70	12.2
其中：一般贸易	233.87	34.8
加工贸易	40.75	-11.9
其中：机电产品	105.66	12.9
其中：高新技术产品	34.42	4.8
进口额	85.69	3.2
其中：一般贸易	38.78	-19.0
加工贸易	44.11	36.4
其中：机电产品	23.08	-1.7
其中：高新技术产品	15.74	7.4

利用外资较快增长。全年新批外商投资企业847个。实际使用外商直接投资75.51亿美元，比上年增长10.7%。利用省外5000万元以上项目实际进资3859.6亿元，增长21.0%。截止2013年底，全省具有世界500强投资背景的企业60家。

对外合作快速发展。全年对外承包工程合同项目144个，合同金额20.34亿美元，比上年增长20.9%；完成营业额22.73亿美元，增长23.5%。

七、交通、邮电和旅游

交通运输平稳增长。全年铁路、公路、水运完成旅客运输量87188万人，比上年增长3.5%；完成货物运输量140402万吨，增长10.5%。机场旅客吞吐量848.9万人，增长12.9%。其中，昌北机场旅客吞吐量681.1万人，增长13.2%。

表6 2013年铁路、公路、水运完成客货运输量及其增长速度

指　　标	单　位	绝对数	比上年增长(%)
旅客运输量	万　人	87 188	3.5
铁路	万　人	6 945	9.6
公路	万　人	79 980	3.0
水运	万　人	263	3.3
旅客周转量	亿人公里	1 005.8	5.2
铁路	亿人公里	622.6	6.6
公路	亿人公里	382.8	2.9
水运	亿人公里	0.32	1.5
货物运输量	万　吨	140 402	10.5
铁路	万　吨	5 077	-5.7
公路	万　吨	1 26 914	11.6
水运	万　吨	8 411	6.1
货物周转量	亿吨公里	3 903.7	13.2
铁路	亿吨公里	618.7	-9.3
公路	亿吨公里	3 066.9	19.8
水运	亿吨公里	218.1	5.2

汽车保有量增势强劲。年末民用汽车保有量256.4万辆，增长21.1%。年末民用轿车保有量127.4万辆，增长25.4%，其中私人轿车保有量111.1万辆，增长29.3%。

邮政电信业较快发展。全年完成邮电业务总量336.5亿元，比上年增长8.7%。其中，邮政业务量40.9亿元，电信业务量295.6亿元。年末固定电话用户621.5万户。全年新增移动电话用户233.5万户，年末移动电话用户总数为2806.9万户。3G移动电话用户938.2万户，增长85.0%。年末互联网用户数410.1万户，增长10.2%。

旅游业发展加快。全年接待国内旅游人数24846.2万人次，比上年增长22.1%；国内旅游收入1863.6亿元，增长35.8%，比上年加快8.7个百分点。接待入境旅游人数163.6万人次，增长4.8%；旅游外汇收入5.25亿美元，增长8.3%。

八、金融、证券和保险业

金融市场运行平稳。年末金融机构本外币各项存款余额19582.7亿元，比上年末增长16.3%。其中，人民币各项存款余额19434.8亿元，增长16.3%。年末金融机构本外币各项贷款余额13111.7亿元，增长18.3%。其中，人民币各项贷款余额12953.5亿元，增长18.6%。年末人民币个人存款余额9944.7亿元，增长16.5%。

证券交易市场稳步发展。年末证券公司34家，期货公司16家，保险公司34家。年末全省境内证券市场共有上市公司33家，全年直接募集资金57.1亿元。年末证券公司营业网点138家，全年证券交易额1.9万亿元。年末期货公司营业部27家，全年成交金额3.5万亿元。

保险业发展步伐加快。全年保险公司保费收入318.0亿元，比上年增长17.0%，同比加快9.3个百分点。其中，财产险保费收入116.2亿元，增长19.2%；寿险保费收入144.2亿元，增长7.7%；健康险保费收入16.5亿元，增长32.0%；意外伤害险收入7.7亿元，增长19.3%。支付各类赔款及给付127.0亿元，增长36.3%。其中，财产险赔款66.6亿元，增长17.9%；寿险给付52.9亿元，增长70.8%；健康险赔款和给付5.7亿元，增长41.4%；意外险赔款1.8亿元，增长9.7%。

九、教育和科学技术

教育事业全面协调发展。全年研究生教育在校研究生2.6万人。普通高校在校生86.2万人。普通高中、初中、小学在校生分别为87.7万人、175.4万人和408.1万人。特殊教育在校生1.7万人。幼儿园11485所，在园幼儿156.3万人。高等教育毛入学率32%，比上年提高2.5个百分点；高中阶段毛入学率82%，提高2.5个百分点；初中适龄人口入学率99.95%；小学适龄儿童入学率99.99%。中小学校标准化建设稳步推进。

表7 2013年各类学校招生、在校生和毕业生人数

单位：万人

指　标	招生数	在校生数	毕业生数
研究生	0.9	2.6	0.8
普通高校	26.3	86.2	24.1
成人高校	7.3	32.5	15.4
中等职业学校	16.3	46.8	15.6
普通高中	31.1	87.7	24.1
普通初中	61.1	175.4	62.6
普通小学	78.9	408.1	65.6

科技投入力度加大。全年研究与试验发展(R&D)经费支出136亿元，占GDP比重为0.95%，比上年提高0.07个百分点。年末拥有国家重点实验室1家，省重点实验室90家；国家工程技术研究中心8家，省工程技术研究中心126家。全年通过省级科技主管部门鉴定的科技成果122项，获得国家级科学技术奖的科技成果7项。全年受理专利申请16938件，比上年增长36.0%；授权专利9970件，增长25.0%。全年技术市场合同成交金额43.7亿元。高新技术产业增加值1403.8亿元，增长10.8%；占GDP的比重为9.8%，比上年提高0.8个百分点。

质量检验能力稳步增强。年末共有10个国家级产品质量检测中心，51个通过国家实验室认可的实验室。年末产品质量检验机构79个，法定计量技术机构259个，全年强制检定计量器具57万台件，开展省级产品质量监督抽查7887批次。全年共有523家企业获得3C证书。截止2013年底，发放工业产品生产许可证109张。全年测绘部门为经济社会发展提供各种基本比例尺地形图2886张，大地成果4860点，航摄成果133567片。

十、文化、卫生和体育

公共文化服务水平稳步提高。年末共有艺术表演团体85个，文化馆106个，公共图书馆114个，博物馆136个。广播电台10座，电视台10座。有线广播电视用户594万户，数字电视用户420.3万户。广播节目综合人口覆盖率97.4%；电视节目综合人口覆盖率99%。全年出版各类报纸74509万份，各类期刊7112万册，图书20031万册。

卫生事业稳步发展。年末共有各类医疗卫生机构38915个(含村卫生室)。其中，医院、卫生院2144个，妇幼保健院(所、站)112个，专科疾病防治院(所、站)108个，疾病预防控制中心147个，卫生监督所(中心)110个。卫生技术人员19.0万人。其中，执业医师和执业助理医师7.0万人，注册护士7.8万人。医院和卫生院床位16.7万张。

体育事业持续健康发展。年末共有青少年俱乐部138个，晨晚练健身活动点8730个。全民活动每天相对稳定人数39.3万人次。农民体育健身工程2720个，老区和贫困地区“雪炭工程”设施建设项目8个。全省体育健儿在国际和国内的重大比赛中共获得18枚金牌、11枚银牌和13枚铜牌。

十一、人口、人民生活和社会保障

人口自然增长率进一步放缓。根据人口变动情况抽样调查统计，年末常住人口4522.2万人，比上年末增长0.4%。65岁及以上老年人口397.0万人，占总人口的比重为8.8%，比上年末提高0.4个百分点。全年出生人口59.5万人，出生率13.19‰；死亡人口28.3万人，死亡率6.28‰；自然增长率6.91‰，比上年下降0.41个千分点。

表9 2013年人口数及其构成

单位：万人

指　　标	年末数	比重%
常住人口	4 522.2	100
其中：城镇	2 210.0	48.9
乡村	2 312.2	51.1
其中：男性	2 326.6	51.4
女性	2 195.6	48.6
其中：0–14岁	932.5	20.6
15–64岁	3 192.6	70.6
65岁及以上	397.0	8.8

城乡居民收入稳步增长。全年农民人均纯收入8781元，比上年增长12.2%；城镇居民人均可支配收入21873元，增长10.1%。农村居民恩格尔系数42.3%，城镇居民恩格尔系数37.7%，比上年分别下降1.2个和2个百分点。年末农村居民人均住房使用面积48.5平方米，比上年末增加1.5平方米。城镇居民人均住房建筑面积40.1平方米，与上年末持平。

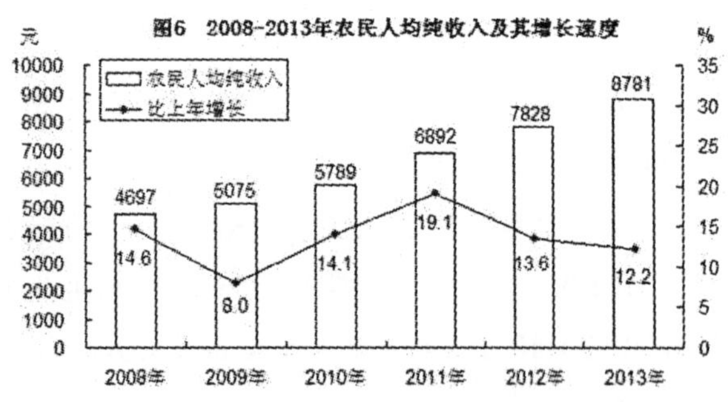

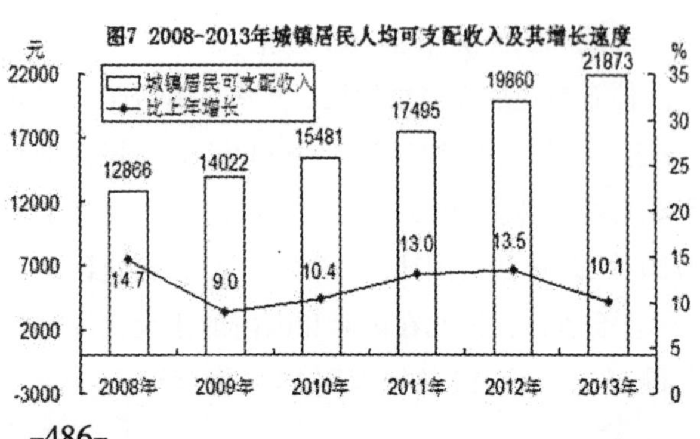

社会保障水平稳步提高。全年失业人员实现再就业24.5万人，就业困难人员实现就业6.8万人。共发放小额担保贷款98.5亿元，扶持个人创业8.9万人次，带动就业40.5万人次。年末参加城镇基本养老保险人数754.2万人，比上年末增长6.6%。其中，参保职工547.1万人，参保离退休人员207.1万人。参加城镇职工医疗保险人数569.9万人，其中，职工380.2万人，退休人员189.8万人。开展新型农村合作医疗试点工作的县(市、区)96个，实现农村人口全覆盖，基金支出额107.5亿元。向城市居民提供基本公共卫生服务1.0亿元。参加失业保险人数271.1万人。向城市低保户发放低保金月人均补差240元；向农村低保户发放低保金月人均补差125元。为全省城乡584万名义务教育阶段公办学校学生全部免除学杂费和免费提供教课书。全年开工建设保障性住房32.5万套，基本建成24.3万套(含货币安置)。发放廉租住房租赁补贴16万户，完成农村危旧房改造36.8万户。完成扶贫移民搬迁6.3万人。

社会福利事业健康发展。年末有各类收养性社会福利单位1990个，提供床位16.2万张，收养人数14.3万人，临时救济困难户4.8万人次。全年销售社会福利彩票48.7亿元，筹集福利彩票公益金15亿元。

十二、资源、环境与安全生产

生态建设成效明显。年末已建有自然保护区188个，其中国家级自然保护区13个；自然保护区总面积1770.2万亩，占全省土地面积的7.1%。深入开展净空、净水、净土行动。南昌市率先开展PM2.5监测，空气质量监控措施进一步强化，按照新标准，南昌市空气质量为超二级。其他设区城市空气质量按原标准全部达到国家二级。全省地表水监测断面水质达标率80.8%。完成14个重金属污染源综合治理项目。城镇地表水集中式饮用水源地水质达标率100%。“森林城乡、绿色通道”工程扎实推进，完成造林面积253.7万亩，森林覆盖率63.1%。新增国家园林城市3个。

节能减排完成年度目标。全年淘汰89个落后产能项目。初步核算，全年能源消费总量7672.7万吨标准煤，比上年增长6.1%。万元生产总值综合能耗

0.591吨标准煤，下降3.6%。全年化学需氧量下降1.85%，二氧化硫排放量下降1.76%。单位GDP能耗和化学需氧量、二氧化硫等均完成年度节能减排目标任务。

安全生产形势进一步向好。全年生产安全事故5201起，比上年下降26.9%。其中，道路交通事故2880起，工矿商贸事故171起，铁路交通事故70起，水上交通事故6起，火灾事故2052起。全年生产安全事故死亡1651人，比上年下降2.4%。其中，道路交通事故死亡1351人，下降3.4%；工矿商贸事故死亡234人，上升8.3%；铁路交通事故死亡48人，下降2.0%；水上交通事故死亡4人，下降55.6%；火灾事故死亡12人，下降33.3%。亿元生产总值生产安全事故死亡人数0.12人，下降7.7%。

注：

1、本公报所列各项数据均为初步统计数。

2、部分数据因四舍五入的原因，存在着与分项合计不等的情况。

3、生产总值、各产业增加值绝对数按现价计算，增长速度按不变价格计算。

4、六大高耗能行业分别为：化学原料和化学制品制造业、非金属矿物制品业、黑色金属冶炼和压延加工业、有色金属冶炼和压延加工业、石油加工炼焦和核燃料加工业、电力热力生产和供应业。

5、固定资产投资（不含农户）统计范围为计划投资500万元及以上项目。

6、邮电业务总量按2010年不变价格计算。

7、已建有自然保护区个数、自然保护区总面积统计数据来源于省环保厅。

8、万元生产总值能耗按2010年不变价格计算。

全省各设区市常住总人口

单位:万人

地　区	2013 年
全　省	**4 522**
南 昌 市	518
景德镇市	162
萍 乡 市	188
九 江 市	479
新 余 市	116
鹰 潭 市	114
赣 州 市	848
吉 安 市	487
宜 春 市	548
抚 州 市	396
上 饶 市	666

全省各设区市地区生产总值

(2013 年)

单位:亿元

地　区	地　区 生产总值	第一产业	第二产业	第三产业
全　省	**14 338.50**	**1 636.49**	**7 671.38**	**5 030.63**
南 昌 市	3 336.03	157.24	1 850.49	1 328.30
景德镇市	680.28	52.29	396.48	231.51
萍 乡 市	798.33	56.32	473.70	268.31
九 江 市	1 601.73	130.05	898.24	573.44
新 余 市	845.07	50.95	490.37	303.75
鹰 潭 市	553.47	44.55	346.37	162.55
赣 州 市	1 673.31	271.79	763.96	637.57
吉 安 市	1 123.90	197.11	575.71	351.08
宜 春 市	1 387.07	213.69	765.91	407.47
抚 州 市	940.64	163.48	489.02	288.14
上 饶 市	1 401.31	207.15	715.45	478.72

全省各设区市农业总产值

单位：亿元

地　区	2013	比上年增长 (%)
全　　省	**2 578**	**4.5**
南 昌 市	266.1	3.1
景德镇市	78.2	4.1
萍 乡 市	87.2	3.2
九 江 市	220.5	4.0
新 余 市	84.4	3.2
鹰 潭 市	70.2	4.6
赣 州 市	435.9	5.1
吉 安 市	331.5	5.1
宜 春 市	377.4	3.5
抚 州 市	294.8	5.0
上 饶 市	328.0	3.8

全省各设区市规模以上工业增加值

单位：亿元

地　区	2013	比上年增长 (%)
全　　省	**5 755.5**	**12.4**
南 昌 市	1 159.48	12.9
景德镇市	225.32	12.1
萍 乡 市	377.49	9.8
九 江 市	784.83	13.3
新 余 市	295.12	3.6
鹰 潭 市	321.96	12.3
赣 州 市	635.78	13.2
吉 安 市	530.68	13.8
宜 春 市	631.89	13.1
抚 州 市	285.99	13.4
上 饶 市	507.00	12.9

全省各设区市社会消费品零售总额

单位：亿元

地　区	2013	比上年增长 (%)
全　省	**4576.05**	**13.6**
南 昌 市	1 270.01	13.7
景德镇市	213.27	13.5
萍 乡 市	237.72	13.3
九 江 市	435.63	13.8
新 余 市	170.83	10.9
鹰 潭 市	133.77	13.3
赣 州 市	559.99	13.7
吉 安 市	300.29	14.1
宜 春 市	404.83	14.2
抚 州 市	339.60	12.9
上 饶 市	485.18	13.6

全省各设区市固定资产投资

(500 万元及以上项目)

单位：亿元

地　区	2013	比上年增长 (%)
全　省	**12 434.95**	**19.8**
南 昌 市	2 896.86	21.1
景德镇市	538.72	18.0
萍 乡 市	827.11	19.8
九 江 市	1 507.78	25.0
新 余 市	704.04	5.0
鹰 潭 市	393.97	20.1
赣 州 市	1 330.87	28.5
吉 安 市	1 064.63	20.2
宜 春 市	1 124.58	21.3
抚 州 市	794.10	20.1
上 饶 市	1 164.68	17.9

全省各设区市财政收入

(2013年)

单位:亿元

地　区	财政总收入（省口径）	#地方公共财政预算收入
全　省	**2 357.13**	**1 620.17**
南昌市	477.57	291.91
景德镇市	92.62	73.77
萍乡市	109.80	85.52
九江市	280.20	176.15
新余市	119.90	84.46
鹰潭市	92.65	66.13
赣州市	280.20	184.37
吉安市	169.68	121.44
宜春市	233.41	159.39
抚州市	130.59	100.48
上饶市	232.01	164.43

全省各设区市实际利用外资额

单位:亿美元

地区	2013	比上年增长(%)
全　省	**75.51**	**10.7**
南昌市	21.17	11.3
景德镇市	1.40	19.4
萍乡市	2.55	20.0
九江市	12.31	24.6
新余市	3.14	–42.4
鹰潭市	1.92	14.0
赣州市	11.07	13.3
吉安市	6.84	21.1
宜春市	5.32	11.6
抚州市	2.21	12.6
上饶市	7.57	12.2

全省各设区市海关进出口总额

(2013 年)

单位:亿美元

地　区	进出口总额	#出　口
全　省	**367.38**	**281.70**
南昌市	97.22	73.11
景德镇市	11.21	10.96
萍乡市	13.73	13.48
九江市	47.41	40.34
新余市	20.70	10.73
鹰潭市	44.21	9.43
赣州市	33.02	29.16
吉安市	35.62	33.23
宜春市	19.83	18.32
抚州市	12.61	12.47
上饶市	31.82	30.48

全省各设区市城镇居民人均可支配收入

单位:元

地　区	2013	比上年增长(%)
全　省	**21 873**	**10.1**
南昌市	26 151	10.8
景德镇市	23 991	11.0
萍乡市	23 496	10.5
九江市	22 504	10.7
新余市	24 751	10.2
鹰潭市	22 090	11.1
赣州市	20 566	10.0
吉安市	22 278	10.7
宜春市	20 871	10.5
抚州市	20 873	10.3
上饶市	22 195	10.0

全省各设区市农民人均纯收入

单位:元

地　区	2013	比上年增长(%)
全　　省	**8 781**	**12.2**
南 昌 市	10 806	11.1
景德镇市	10 013	13.0
萍 乡 市	11 099	11.0
九 江 市	8 805	13.1
新 余 市	11 173	11.2
鹰 潭 市	9 832	11.7
赣 州 市	6 014	13.5
吉 安 市	8 030	13.1
宜 春 市	9 115	13.2
抚 州 市	9 059	11.9
上 饶 市	7 919	13.0

全省各设区市居民消费价格指数

(上年=100)

地　区	2013
全　　省	**102.5**
南 昌 市	102.3
景德镇市	102.5
萍 乡 市	102.4
九 江 市	102.5
新 余 市	102.6
鹰 潭 市	102.7
赣 州 市	102.4
宜 春 市	102.3
上 饶 市	102.6
吉 安 市	101.8
抚 州 市	102.7

2013年南昌市统计局工作大事记

◆1月2日,市统计局编印的《统计数据看南昌》宣传手册作为全市“两会”资料在会上印发。

◆1月14日,市统计局召开全市第三次全国经济普查筹备工作会,副局长张宁出席会议并讲话。

◆1月16日,市统计局完成南昌市统计局外网的改版并投入运行。

◆1月16日,市统计局被市委、市政府授予“全市就业先进工作单位”荣誉称号。

◆1月21日,市统计局召开全体干部职工大会,传达学习习近平同志关于厉行勤俭节约反对铺张浪费重要批示精神。

◆1月30日,市统计局社情民意调查中心与国家统计局南昌调查队联合开展“南昌市百姓热点调查”电话访问。省委常委、市委书记王文涛对问卷的调查报告作出重要批示,要求四套班子领导参阅。市委常委、常务副市长张鸿星,市委常委、副市长刘建洋分别作出批示。

◆1月31日,市统计局党组书记、局长万昱原带领局班子成员、局扶贫办及相关同志赴对口帮扶村——进贤县七里乡瑶池村开展春节前走访慰问贫困户活动。

◆2月5日,市统计局党组书记、局长万昱原带队走访慰问离退休老干部。

◆2月8日,《南昌基本单位统计年鉴-2012》编印完成。

◆2月25日,市统计局被市精神文明建设指导委员会授予2012年“南昌市‘我奉献、我快乐’志愿服务活动先进单位”荣誉称号。

◆2月25—26日,省统计局检查组在南昌市开展工业统计数据质量抽查,市统计局纪检组长陈正军等陪同。

◆2月28日,省统计局党组书记、局长王建农到南昌市调研经济社会发展和统计工作,同市委副书记、市长陈俊卿进行会谈,并分别与市委副书记、市政法委书记郭安,市委常委周关,市委常委、常务副市长张鸿星,市委常委、副市长刘建洋进行座谈。

◆2月27—28日,市统计局在湾里召开全市地方重点住户调查培训会议。

◆3月5日, 市统计局组织副科以上干部集中传达学习贯彻中纪委十八届二次全会精神和习近平总书记近期一系列重要讲话精神。

◆3月6—7日,市统计局召开2012年全市投入产出调查培训会议。省投入产出办公室常务副主任张家玉处长,省投入产出办公室综合业务副主任朱志强副处长和市统计局总统计师、市投入产出办公室主任熊慧平出席会议。

◆3月8日,市统计局报送的《乘势扬帆 全面加速——南昌打造“核心增长极”》及局党组书记、局长万昱原署名撰写的《南昌主攻“四个突破” 强化依法统计能力》二篇文章被《中国信息报》“两会特刊”全文刊登。

◆3月8日,市统计局党组书记、局长万昱原带领班子成员和全局干部职工赴南昌市新四军军部旧址陈列馆参观学习。

◆3月12日,市统计局召开2012年度全市能源统计工作会议,副局长张根全出席会议并讲话。

◆3月13—14日,省统计局投资处处长金绮率省局调研组一行到南昌市调研房地产市场运行情况,市统计局副局长张宁陪同调研。

◆3月14日,市统计局被市直属机关工委授予“市直机关党员读书活动先进党组织”荣誉称号。

◆3月15日,市政府办公厅下发《关于认真落实第三次全国经济普查有关工作的通知》,对全市第三次全国经济普查工作做出全面部署。

◆3月19日,省统计局副局长韩志生在省局贸易处处长贝建生的陪同下到南昌调研贸易统计工作,市统计局党组书记、局长万昱原,总统计师熊慧平陪同调研。

◆3月20日,市统计局召开全市普查中心工作会议,市统计局党组书记、局长万昱原出席会议并讲话。

◆3月26日,全市统计工作会议召开,市委常委、常务副市长张鸿星对会议作出重要批示。

◆3月29日,省统计局工业处园区单位清查工作组杨裕光处长一行赴安义工业园和昌东工业园,开展园区规上工业企业名录库清查工作,市统计局副局长张根全陪同清查。

◆4月1日,《南昌日报》全文刊登我局撰写的《南昌市2012年国民经济和社会发展统计公报》和市统计局党组书记、局长万昱原的署名文章《打造核心增长极“苗头”初显——南昌市2012年统计公报解读》。

◆4月2日,市统计局撰写的《我市农业科技发展情况及建议》获市委副书记、市长陈俊卿,副市长张根水及副市长朱志群的批示。

◆4月2日,市统计局被评为2012年度全市人口和计划生育工作先进单位。

◆4月8日,中国信息报全文刊登市统计局撰写的《南昌统计难中求进实现新跨越》文章。

◆4月8日,市统计局荣获全市党委系统信息工作先进单位。

◆4月19日,市统计局举办消防知识宣传讲座。

◆4月25日,市统计局参加在江苏省苏州市举行的全国地方统计年鉴工作会议。

◆4月28日,市统计局召开全市工业生产数据联审会,副局长张根全出席并讲话。

◆4月28日,市统计局编印的《南昌统计手册2013版》获市委副书记、市长陈俊卿和市委常委、常务副市长张鸿星的重要批示。

◆5月3日,市统计局召开“三经普”准备工作会议,副局长张宁出席会议并讲话。

◆5月3日,市统计局团支部组织召开纪念“五四”青年节暨“青年与统计”座谈会,局党组书记、局长万昱原出席会议并讲话。

◆5月3日,省统计局纪检组长姚睿钦一行深入湾里区,就湾里区经济运行情况进行调研,市统计局党组书记、局长万昱原,湾里区统计局局长刘端鸯陪同调研。

◆5月6日,市统计局荣获“2012年度全市综合目标考核优胜奖”。

◆5月7日,市统计局被评为2012年度全市“作风大转变、效能大提速、环境大优化”集中整治活动先进单位。

◆5月9日，省政协副主席孙菊生率省政协视察组到南昌市调研现代服务业发展工作情况。市政协副主席陈斌陪同，市统计局党组书记、局长万昱原参加座谈。

◆5月10日，省统计学会第八次会员代表大会在南昌举行。会上，市统计局局长万昱原被选为副会长、常务理事、理事，市统计局总统计师熊慧平、信息中心主任熊泽荣和青云谱区统计局局长林玉江当选为理事。

◆5月13日，市统计局被中共南昌市委、南昌市人民政府评为全市信访工作先进集体。

◆5月13日，省委常委、市委书记王文涛专题听取统计工作汇报。市统计局党组书记、局长万昱原就市统计局有关工作和当前经济运行情况向王文涛书记进行详细汇报。

◆5月21日，市统计局团支部荣获共青团南昌市直属机关工作委员会授予的2011-2012年度市直机关先进团组织荣誉称号。

◆5月23日，省统计局副局长韩志生一行来南昌市调研统计法实施及消费市场运行情况，市统计局党组书记、局长万昱原和总统计师熊慧平等参加座谈。

◆5月24日，市妇儿工委办、市统计局联合召开2013年全市妇女儿童发展规划监测统计工作会议。

◆5月24—27日，省统计局赴南昌市专项调研贸易餐饮企业情况，市统计局总统计师熊慧平陪同调研。

◆5月29日，国家统计局核算司巡视员刘丽萍一行，在省统计局总统计师曹青云的陪同下，来南昌市就“营改增”改革对GDP核算和评估的影响开展调研。市委常委、常务副市长张鸿星主持召开座谈会，市财政局、市国税局、市地税局、市统计局、中烟公司和亚啤公司等市直单位和企业的相关负责人出席并发言。

◆5月31日，市统计局隆重举行机关工会换届选举大会。市统计局领导班子成员及全局干部职工共60余人参加会议。大会选举产生新一届机关工会主席和委员会委员。

◆6月3—7日，市统计局副局长张宁一行八人，赴全国“三经普”专项试点地区的北京市东城区统计局和山西省临汾市统计局学习考察。

◆6月8日，南昌统计信息内网网站全面改版并正式运行。

◆6月17日，市统计局举办“学习十八大，践行中国梦”主题演讲比赛。

◆6月20日，市统计局召开全市上半年经济形势分析会，市统计局党组书记、局长万昱原出席会议并讲话，总统计师熊慧平主持会议。

◆6月21日，全市统计系统信息工作培训会议在湾里召开。省统计局网管办主任刘晓红出席会议并授课，市委办公厅副调研员、信息处处长袁斯明和市政府办公厅信息处处长田艳出席会议指导，市统计局副局长肖玉芳主持会议。

◆6月26日，市统计局召开全市统计局长会议，传达贯彻落实全国和全省企业一套表“三查”工作会议精神。

◆6月26日，市统计局召开全市劳动工资统计并轨工作暨并轨工作业务培训会议，副局长张宁出席会议并讲话。

◆6月28—29日，第六届中部省会城市经济形势分析暨统计研讨会在合肥召开，市统计局党组书记、局长万昱原一行三人参加会议。

◆6月30日，南昌市第三次全国经济普查领导小组印发《关于南昌市第三次全国经济普查领导小组办公室组织方式与职责分工的通知》。

◆7月1日，江西财经大学统计学院院长罗良清一行五人到市统计局参观考察，市统计局党组书记、局长万昱原陪同。

◆7月2日，市统计局党组书记、局长万昱原主持召开会议，认真学习习近平总书记在6月18日党的群众路线教育实践活动工作会议上、在中央政治局开展群众路线教育实践活动专门会议上的讲话精神。

◆7月2日，市统计局召开会议，传达学习全国组织工作会议精神，重点学习习近平总书记在会议上的重要讲话。

◆7月3日，南昌市第三次全国经济普查领导小组印发《关于印发南昌市第三次全国经济普查领导小组成员单位职责分工和工作方式的通知》。

◆7月4—5日，省统计局服务业处处长周红带队的检查组到南昌市就信息化年报数据质量进行检查，市统计局总统计师熊慧平陪同检查。

◆7月9日，市统计局社情民意调查中心与国家统计局南昌调查队联合开展“畅通省城”民意调查。

◆7月10日，省统计局核算处处长张家玉、副处长朱志强等一行三人赴南昌市青云谱区调研投入产出调查工作。市统计局党组书记、局长万昱原与调研组进行沟通交流，总统计师熊慧平陪同调研。

◆7月10—11日，南昌市第三次全国经济普查办在湾里区召开全市“三经普”方案研讨暨工作会议。市经济普查领导小组副组长、办公室主任、市统计局局长万昱原，领导小组成员、市统计局副局长、普查办第一副主任张宁出席会议并讲话。

◆7月16日，市统计局荣获全市综治工作先进单位称号。

◆7月15—17日，省统计局服务业副处长徐金玉率领全省重点服务业数据质量检查组一行，来南昌市进行重点服务业企业数据质量检查工作，市统计局总统计师熊慧平陪同检查。

◆7月23—24日，省统计局副局长韩志生在省局贸易处处长贝建生、服务业处处长周红的陪同下深入南昌市开展党的群众路线教育实践活动专题调研，并对南昌市部分县区、企业“一套表”联网直报“三查”工作进行督查。

◆7月15—25日，由市统计局局领导带队的五个调研组深入到全市十三个县区乡镇统计机构、企业和基层群众中，开展访民情、办实情，集中解决“四风”问题调研活动。

◆8月1日，市统计局全体转业、退伍军人欢聚一堂，共同庆祝中国人民解放军建军86周年，副局长肖玉芳参加座谈会。

◆8月13日，市统计局召开全市三经普工作会议。会议传达全省三经普数据整理工作会议精神，通报国家、省有关数据处理设备的配备情况并安排下一阶段全市“三经普”工作。

◆8月15日，市统计局召开全市贸易统计工作会议，总统计师熊慧平出席会议并讲话。

◆8月17—19日，市统计局总统计师熊慧平带队参加在西宁召开的第36届全国重点城市综合统计信息交流年会。

◆8月20日，全市第三次经济普查领导小组发出通知，要求驻昌的中央、省属及市属相关部门和大中型企事业单位成立第三次全国经济普查机构。

◆8月20—9月20日，南昌市在安义县龙津镇开展第三次全国经济普查市级综合试点工作。

◆8月26日，市统计局与东华理工大学合作共建教学实习基地暨签字揭牌仪式在市统计局隆重举行。

◆8月29日，第三次全国经济普查电视电话会议和全省第三次经济普查工作电视电话会议召开。市委常委、常务副市长张鸿星，市政府副秘书长胡小洪在南昌市分会场出席会议。

◆9月2日，南昌市"六五"普法工作检查组一行四人对市统计局"六五"普法中期工作进行督促检查。市统计局党组书记、局长万昱原和纪检组长陈正军参加检查汇报及座谈会。

◆9月3号，市统计局召开局务会，传达学习中央纪委常委会作出的"铁面执纪、纠正四风"部署会议精神，并全文学习省委常委、市委书记王文涛在市委七届七次全会上作的《预防干部心态"亚健康"》的重要讲话及市委副书记、代市长郭安在市政府全体会议上的讲话精神，并就如何做好下一步工作进行了布置。

◆8月底至9月初，南昌市近500名考生参加市、县(区)组织的统计从业资格考试培训。

◆9月10日，市统计局党组书记、局长万昱原，副局长张宁一行到安义县调研三经普市级试点工作。安义县常务副县长彭开先、安义县统计局局长刘衍俊陪同调研。

◆9月13日，市统计局召开关于开展违反规定接受和赠送现金、有价证券、支付凭证(简称"红包")问题专项治理活动动员部署会议，局党组书记、局长万昱原出席会议并讲话。

◆9月15日，南昌市2013年度统计从业资格考试举行。省统计局党组书记、局长王建农，省局培训中心副主任季昌轮分别巡视南昌考点。

◆9月17-18日，江西统计调查志编辑人员培训会在南昌市湾里区召开。市统计局党组书记、局长万昱原出席会议并致辞。

◆9月22日，市统计局被评为2013年部门预算编制工作先进单位。

◆9月22日，市统计局召开全市三季度经济形势分析会，总统计师熊慧平出席会议并讲话。

◆9月23日，市统计局召开全市"三看"评分工作培训会，总统计师熊慧平出席会议并讲话。

◆9月26日，市档案局检查组来市统计局对2012年度归档文件整理工作进行督查，市统计局纪检组长陈正军参加座谈。

◆9月27日，全市第三次全国经济普查综合试点工作动员会在安义县召开。

◆9月28日，市经普办召开第三次全国经济普查单位基础信息核查工作会议。

◆9月30日，省委常委、市委书记王文涛，市委副书记、代市长郭安，市委常委、常务副市长张鸿星分别对市统计局撰写的《前三季度我市GDP完成情况预测》作出重要批示。

◆9月份，由市统计局和省统计局统计科研所合作编著的统计科普工具书《统计指标与用语解释》一书完成编印，并由江西人民出版社正式出版。

◆10月8日，市委副书记、代市长郭安专题听取当前全市经济运行及统计工作情况汇报，并就进一步扎实做好各项统计工作作出重要指示。

◆10月9日，省经普办常务副主任喻滨、普查中心副主任彭虹一行三人对南昌市第三次全国经济普查普查区域划分和电子绘图工作进行现场指导。

◆10月12日，市经普办派出督查组，深入全市各县区开展第三次全国经济普查单位基础信息核查工作的督查指导。

◆10月16日，市统计局召开2013年人口变动情况抽样调查工作布置暨培训会，副局长张宁出席会议并讲话。

◆10月16日，市统计局组织全局党员干部观看《四风之害》电视专题片。

◆10月17日，市统计局组织干部职工开展“慈善一日捐”活动。

◆10月18日，省统计局副巡视员、经济普查办公室主任黄奕祯，常务副主任喻滨，副主任蔡哈奇、宋世平一行四人到南昌市指导第三次全国经济普查综合试点工作。

◆10月18日，记载全市统计工作的《南昌统计印记2013》一书编印完成。

◆10月24日，市统计局召开全市服务业重点企业调查数据联审会暨境外来中国大陆工作专家统计调查工作布置会，总统计师熊慧平出席会议并讲话。

◆10月28日，在市第七届机关运动会上，市统计局荣获“南昌市第七届机关运动会体育道德风尚奖”、“南昌市第七届机关运动会组织奖”、“南昌市第七届机关运动会团体三等奖”。

◆10月30日，全市第三次经济普查综合试点工作总结会议召开，市经济普查领导小组成员、统计局副局长张宁出席会议并讲话。

◆11月4日，市统计局撰写的《2012年南昌文化产业贡献度攀升》的分析报告获市委常委、宣传部长曾光辉批示。

◆11月5—6日，省统计局人口与就业统计处分别赴进贤县、南昌县、青山湖区，就2013年人口抽样变动调查工作进行督导检查，市统计局副局长张宁陪同检查。

◆11月11日，全省统计系统经济形势分析现场会在南昌市召开，市委副书记、代市长郭安出席会议并致辞。省统计局党组书记、局长王建农做经济形势分析报告，市委常委、常务副市长张鸿星出席会议。

◆11月11日，市委常委、常务副市长、市第三次经济普查领导小组组长张鸿星对全市经济普查工作提出要求，并要求各县区要高度重视三经普工作。

◆11月11日，市统计局撰写的《我市农业生产形势应引起重视》分析报告获市委常委周关批示。

◆11月14日，市统计局社情民意调查开展“十八届三中全会百姓关注热点调查”。

◆11月15日，省统计局人口处处长曾庆道一行两人，到南昌市青云谱区洪纺社区调查点和南苑社区调查点现场检查指导2013年人口变动情况抽样调查工作，市统计局副局长张宁陪同。

◆11月19日，经全国统计科学研究计划项目领导小组审批，由市统计局党组书记、局长万昱原主持的一篇课题获得立项。

◆11月21日，市统计局召开全市社会科技和文化产业统计年报工作布置会议。

◆12月4日，省统计局与市统计局联合开展“送法律进园区、进企业”活动。省统计局巡视员彭师怀、法规处处长康冬明，市统计局纪检组长陈正军等参加。

◆12 月 7 日，市统计局干部职工赴湾里区开展亲近自然放飞心情的登山摄影活动。

◆12 月 9 日，市统计局社情民意调查中心撰写的《南昌市民高度赞成“拆违拆临”行动》报告分别获得江西省委副书记、省长鹿心社和省委常委、常务副省长莫建成，省委常委、南昌市委书记王文涛的批示。

◆12 月 9 日，市统计局召开局第三次全国经济普查职能组暨局各单位负责人会议，市第三次全国经济普查领导小组副组长，市统计局党组书记、局长万昱原出席会议并讲话。

◆12 月 12 日，市统计局召开全市社会口统计调查工作年报会，副局长张宁出席会议并讲话。

◆12 月 12 日，全市第三次全国经济普查领导小组扩大会召开，市委常委、常务副市长、市第三次经济普查领导小组组长张鸿星出席会议并讲话。

◆12 月 13 日，市统计局撰写的《1–10 月全市工业用电分析报告》获市委常委、常务副市长张鸿星批示。

◆12 月 15—18 日，全市经济普查方案暨 PDA 使用培训会议在省统计局统计培训基地举行，市经普领导小组成员、市统计局副局长张宁出席会议并讲话。

◆12 月 20 日，市统计局公共机构节能降耗统计工作培训会议召开，副局长肖玉芳出席会议并讲话。

◆12 月 20 日，市统计局召开全市工业生产数据联审暨工业统计报表制度布置工作会议。副局长张根全出席会议并讲话。

◆12 月 24 日，省第三次经济普查领导小组副组长、省统计局党组书记、局长王建农，省经普办常务副主任喻滨一行到南昌市督导第三次经济普查工作。

◆12 月 26 日，南昌市召开第三次经济普查领导小组扩大会议，市委常委、常务副市长、市第三次经济普查领导小组组长张鸿星主持会议并讲话。

◆12 月 30 日，市统计局六篇统计课题研究和统计分析文章在 2013 年度全省统计系统评比中分别获得一、二、三等奖。

◆12 月 31 日，市统计局及时召开专题会议，传达全市领导干部会议和全市开展公款送礼、公款吃喝、奢侈浪费，公车私用、酒后驾车，参与赌博、出入私人会所专项整治工作动员部署会议的相关精神。